Vahlens Handbücher

der Wirtschafts – und Sozialwissenschaften

Grundlagen der modernen Makroökonomie

Vollbeschäftigung
Preisniveaustabilität
Außenwirtschaftliches Gleichgewicht
Stetiges Wirtschaftswachstum

von
Dr. Jürgen Heubes

Professor für Volkswirtschaftslehre
an der Universität Regensburg

Verlag Franz Vahlen München

Die Deutsche Bibliothek - CIP -Einheitsaufnahme

Heubes, Jürgen:
Grundlagen der modernen Makroökonomie:
Vollbeschäftigung, Preisniveaustabilität, aussenwirtschaftliches
Gleichgewicht, stetiges Wirtschaftswachstum / von Jürgen
Heubes. - München: Vahlen, 1995
ISBN 3 -8006 -1938 -5

ISBN 3 8006 1938 5
© 1995 Verlag Franz Vahlen GmbH, München
Satz: DTP -Vorlagen des Autors
Druck: Paderborner Druck Centrum

Vorwort

Das vorliegende Lehrbuch führt problemorientiert in die Grundlagen der modernen Makroökonomie ein. Als Problembereiche werden die vier gesamtwirtschaftlichen Ziele, nämlich Vollbeschäftigung, Preisniveaustabilität, außenwirtschaftliches Gleichgewicht sowie stetiges und angemessenes Wirtschaftswachstum, ausgewählt.

Schwerpunkt des Lehrbuches ist die Darstellung der jeweiligen theoretischen Zusammenhänge. Hierzu wird einleitend in Kapitel I ein allgemeines makroökonomisches Modell vorgestellt, das dann - bei entsprechender Anpassung an die konkrete Fragestellung - der Diskussion der erwähnten Ziele in den nachfolgenden Kapiteln zugrunde liegt.

Die Diskussion der makroökonomischen Ziele in den Kapiteln II-V gliedert sich jeweils in drei Abschnitte. Jedes Kapitel beginnt mit einer Einführung in den angesprochenen Problemkreis sowie einem Überblick über die entsprechende Situation in der BRD. Danach folgt die Darstellung der theoretischen Zusammenhänge mit Hilfe des erwähnten Makro-Modells. Hierbei geht es um die Frage, inwieweit die Marktkräfte die Realisierung des jeweiligen Ziels sicherstellen. Die Beantwortung dieser Frage erfolgt unter Berücksichtigung sowohl unterschiedlicher Lehrmeinungen als auch der neuesten theoretischen Ansätze. Der dritte Abschnitt gibt einen Überblick über wirtschaftspolitische Maßnahmen zur Korrektur eventueller Zielverletzungen durch die Marktkräfte. Nach jedem Kapitel finden sich noch einige Fragen zur Wiederholung und Anwendung des behandelten Stoffes sowie die zugehörigen Musterlösungen.

Das Lehrbuch ist studienbegleitend konzipiert i.d.S., daß es die Makroökonomie im Grundstudium weitgehend und im Hauptstudium über weite Bereiche abdeckt. Die Darstellung des Stoffes erfolgt grundsätzlich verbal, jedoch durch zahlreiche Graphiken und algebraische Ansätze ergänzt. Für das Verständnis des dargebotenen

Stoffes sind Grundkenntnisse in volkswirtschaftlicher Gesamtrech-
nung, in Mikroökonomie sowie in Mathematik zweckmäßig, jedoch
nicht Voraussetzung. In einige nicht elementare mathematische
Methoden, die im Text Anwendung finden, führt ein Anhang I, von
Dr. Bernhard Rauch, ein. In einem Anhang II werden wichtige
Fachausdrücke aus der Makroökonomie noch einmal kurz erläutert.
Zahlreiche Hinweise auf ergänzende und vertiefende Literatur runden
die Darstellung ab.

Dieses Lehrbuch kam unter Mitwirkung von Roswitha Geiger, die
das Typoskript erstellt hat, sowie von Christoph Knoppik und Dr.
Bernhard Rauch, die zahlreiche Verbesserungsvorschläge eingebracht
haben, zustande. Ihnen sei an dieser Stelle für ihre Mitarbeit ge-
dankt.

Regensburg, im Herbst 1994   Jürgen Heubes

Inhaltsüberblick

Symbolverzeichnis

Nachfolgende Übersicht enthält in diesem Buch häufig benutzte Symbole. Bedarfsweise werden diese - soweit unmißverständlich - auch noch in anderer Bedeutung verwendet sowie um weitere Symbole ergänzt.

A   Arbeit (Beschäftigung)

A^r Außenbeitrag, real

C   Konsumnachfrage, real

D   gesamtwirtschaftliche Güter-nachfrage

E   Erwartungsoperator

G   Staatsnachfrage, real

H   Hamilton-Funktion

I   Investitionsnachfrage, real

J   Importe, real

K   Kapitalstock, real

L   Geldnachfrage, nominell

M   Geldmenge

P   Preisniveau

$\hat{P}$ Inflationsrate

P_a Preisniveau des Inlandes

Q   Gewinn

R   Devisenbestand, Rohstoff

S   gesamtwirtschaftliches Güter-angebot; Sparen, real

T   Pauschalsteuer, real; Planungshorizont

V   Vermögen

W   Nominallohn

X   Exporte, real

Y   Volkseinkommen, real

Y_a Volkseinkommen des Auslandes

Z   Umweltbelastung

c   Konsumneigung

e   Wechselkurs; (hochgestellt) erwartete Größe

k   Kapitalkoeffizient; Kassenhaltungskoeffizient

l   Geldnachfrage, real

m   Geldschöpfungsmultiplikator

n   Wachstumsrate der Arbeit

r   Zinssatz, nominell

r_a Zinssatz des Auslandes

s   Sparneigung (Sparquote)

t   Zeit

u   Arbeitslosenquote

v   Kapitalintensität der Arbeit; Umlaufsgeschwindigkeit der Geldmenge

w	Reallohn; Wachstumsrate	μ	Lagrange-Multiplikator
y	Arbeitsproduktivität	π	Wachstumsrate des technischen Fortschritts
ε	Elastizität	ϱ	Zinssatz, real
ϑ	Zeitpräferenzrate, Diskontierungsfaktor	σ	Standardabweichung; Substitutionselastizität
λ	Anpassungskoeffizient	Θ	realer Wechselkurs

Kapitel I

Grundlagen

Nach einer kurzen Einführung in die Makroökonomie, in der Gegenstand und Methode sowie einige Grundbegriffe skizziert werden, folgt als Schwerpunkt dieses einleitenden Kapitels die Formulierung eines allgemeinen makroökonomischen Modells. Dieses Modell dient – bei entsprechender Anpassung an die jeweilige Problemstellung – als Bezugsrahmen für die Diskussion der vier makroökonomischen Ziele Vollbeschäftigung, Preisniveaustabilität, außenwirtschaftliches Gleichgewicht und stetiges Wirtschaftswachstum in den nachfolgenden Kapiteln.

Gliederung des I. Kapitels

I.1 Einführung

Bevor der Schwerpunkt dieses Kapitels behandelt wird, nämlich die Formulierung eines makroökonomischen Modells, werden zunächst Gegenstand und Methode der Makroökonomie sowie einige Grundbegriffe erläutert.

I.1.1 Gegenstand der Makroökonomie[1]

Die Volkswirtschaftstheorie wird heute üblicherweise in die beiden Teilgebiete Mikroökonomie und Makroökonomie unterteilt. Diese beiden Teilgebiete unterscheiden sich sowohl hinsichtlich ihrer Fragestellung als auch hinsichtlich ihrer Betrachtungsweise.

Die Mikroökonomie befaßt sich insbesondere mit dem Problem der optimalen Faktorallokation. Hierbei geht es um die Frage, inwieweit die Marktkräfte die Produktionsfaktoren so in die verschiedenen Verwendungsmöglichkeiten lenken, daß eine maximale Bedürfnisbefriedigung der Haushalte erreicht wird. Damit steht die Steuerung der Produktion einzelner Güter durch Angebot und Nachfrage auf den jeweiligen Märkten im Vordergrund der Betrachtung (Mikroökonomie als Preistheorie). Stellvertretend für die Vielzahl der (Konsum-)Gütermärkte wird im allgemeinen ein repräsentativer Markt betrachtet, d.h. es wird eine partial-analytische Untersuchung durchgeführt, bei der die Interdependenzen zwischen dem betrachteten Markt und den übrigen Märkten vernachlässigt werden (ceteris-paribus-Klausel).

Die Makroökonomie befaßt sich mit bestimmten gesamtwirtschaftlichen Phänomenen, so vor allem mit der Beschäftigungssituation,

---

[1] Burda, M. und Ch. Wyplosz, Macroeconomics, Oxford u.a. 1993, S. 3ff; Mankiw, N.G., Macroeconomics, New York 1992, S. 3ff; Sachs, J.D. und F.B. Larrain, Macroeconomics in the Global Economy, Englewood Cliffs 1993, S. 1ff.

der Preisentwicklung, der außenwirtschaftlichen Situation und dem
Wirtschaftswachstum. Sie versucht aufzuzeigen, inwieweit die Marktkräfte die Realisierung bestimmter wirtschaftspolitischer Zielvorstellungen bzgl. dieser Phänomene (bspw. Vollbeschäftigung oder Preisniveaustabilität) gewährleisten (wirtschaftstheoretischer Aspekt), bzw.
welche Eingriffsmöglichkeiten dem Staat zur Korrektur von Ziel-
abweichungen (bspw. Arbeitslosigkeit oder Inflation) zur Verfügung
stehen (wirtschaftspolitischer Aspekt). Da diese gesamtwirtschaftlichen Phänomene das Ergebnis des Zusammenwirkens aller ökonomischen Kräfte sind, erfordert ihre Analyse die Berücksichtigung
aller ökonomischen Interdependenzen im Rahmen eines Totalmodells.

Die Konzentration der Betrachtung auf einzelne Güter und Märkte
im Rahmen der Mikroökonomie macht eine Analyse auf einzelwirtschaftlicher, d.h. disaggregierter, Ebene erforderlich. Eine derartige
disaggregierte Analyse ist grundsätzlich auch dann möglich, wenn
nicht nur ein Ausschnitt, sondern die gesamte Volkswirtschaft betrachtet werden soll. Derartige Totalmodelle auf mikroökonomischer
Basis (sog. Walras-Modelle) erlauben aber nur die formale Abbildung der wirtschaftlichen Zusammenhänge, sie ermöglichen jedoch
keinerlei konkrete Aussagen, wie sie bspw. in der Wirtschaftspolitik
benötigt werden. Aus diesem Grund dienen Totalmodelle auf mikroökonomischer Basis lediglich dem Nachweis der Existenz und Stabilität eines allgemeinen Gleichgewichts, d.h. der logischen Konsistenz
der einzelnen Partialmodelle.

Sollen hingegen im Rahmen der Makroökonomie die gesamtwirtschaftlichen Interdependenzen nicht nur rein formal, sondern über-
schaubar dargestellt werden, so daß konkrete Aussagen möglich sind,
muß die Analyse auf gesamtwirtschaftlicher, d.h. aggregierter, Ebene
durchgeführt werden. In diesem Fall sind die einzelwirtschaftlichen
Größen nach bestimmten Kriterien zusammenzufassen, so daß das
Gesamtsystem auf wenige handhabbare Zusammenhänge reduziert
wird; es ist ein makroökonomisches Totalmodell zu bilden.

I.1.2 Methode der Makroökonomie[1]

Die Makroökonomie versucht, mit Hilfe eines gesamtwirtschaftlichen
Modells bestimmte wirtschaftliche Phänomene zu erklären und Möglichkeiten zur Beeinflussung des Wirtschaftsgeschehens aufzuzeigen.
Damit stellt sich die Frage nach der Formulierung eines derartigen
Modells bzw. nach der Vorgehensweise bei der Erklärung und Beeinflussung wirtschaftlicher Ereignisse. Hierzu nachfolgend einige grund-
sätzliche Überlegungen.

1. Erklärung des wirtschaftlichen Geschehens

Auf die Frage nach der Vorgehensweise bei der Erklärung wirtschaftlicher Ereignisse gibt es keine eindeutige Antwort, vielmehr
kommen hier mehrere Methoden nebeneinander zur Anwendung.
Nachfolgend wird beispielhaft der von K. Popper begründete Kritische Rationalismus kurz skizziert.

Logische Struktur einer Erklärung

Eine (kausale) Erklärung bedeutet, einen Ursache-Wirkungs-Zusam-
menhang aufzuzeigen, d.h. ein bestimmtes Ereignis als Wirkung
(bspw. Erhöhung der Nachfrage nach einem Gut) auf seine Ursachen
(bspw. Rückgang des Preises dieses Gutes) zurückzuführen.

Eine derartige Erklärung erfordert zunächst einmal, einen allgemein
gültigen Zusammenhang zwischen den betrachteten Größen (Preis
und Menge eines Gutes in obigem Beispiel) zu formulieren, d.h. allgemeine Hypothesen (allgemeine Gesetze) aufzustellen (bspw. immer,
wenn der Preis sinkt, steigt die nachgefragte Menge an). Darüber
hinaus ist zu prüfen, inwieweit die Bedingungen für die Anwendung

---

[1]   Brinkmann, G., Analytische Wissenschaftstheorie, München/Wien 1989;
      Czayka, L., Formale Logik und Wissenschaftsphilosophie, München/Wien
      1991, S. 72ff; Jetzer, J.-P., Kritischer Rationalismus und Nationalökono-
      mie, Bern u.a. 1987; Kromphardt, J., P. Clever und H. Klippert,
      Methoden der Wirtschafts- und Sozialwissenschaften, Wiesbaden 1979,
      S. 51ff.

dieser Hypothesen (die sog. Anwendungsbedingungen) erfüllt sind. Diese Anwendungsbedingungen umfassen zum einen die Anfangsbedingungen, die den Kausalprozeß anstoßen (bspw. Rückgang des Preises eines Gutes), und zum anderen die Randbedingungen, die die Umstände angeben, unter denen der Kausalprozeß abläuft (bspw. bei freier Marktwirtschaft). Die Erklärung eines Ereignisses bedeutet nun, daß dieses Ereignis aus den allgemeinen Hypothesen sowie den Anwendungsbedingungen logisch abgeleitet wird (sog. Deduktion).

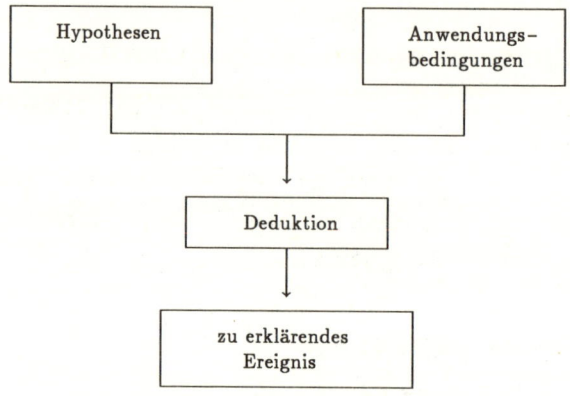

Übersicht I.1: Kausalerklärung

Bei dem obigen Erklärungsprozeß ist das zu erklärende Ereignis bekannt, während die Hypothesen sowie die Anwendungsbedingungen unbekannt sind. Obwohl die Bestimmung der Anwendungsbedingungen mit großen Schwierigkeiten verbunden sein kann, stellt doch die Ermittlung der allgemeinen Hypothesen das eigentliche theoretische Problem dar.

Falsifizierbarkeit

Der oben skizzierte Erklärungsprozeß wirft unmittelbar zwei Fragen auf, nämlich zum einen, wie sich allgemeine Hypothesen ermitteln lassen, und zum anderen, inwieweit diese Hypothesen auch richtig (wahr) sind. Zunächst soll auf die zweite Frage eingegangen werden.

Der Kritische Rationalismus fordert, daß Hypothesen

- der Kritik zugänglich sein müssen und

- der Kritik auch tatsächlich unterworfen werden.

Die erste Forderung ist die nach Falsifizierbarkeit. Hiernach muß eine allgemeine Hypothese den Spielraum des möglichen Geschehens so einengen, daß Ereignisse denkbar sind, die nicht mit ihr in Einklang stehen, die Hypothese muß sog. empirischen Gehalt haben.

Die allgemeine Aussage, daß bei einer Preissenkung die nachgefragte Menge gleich bleibt oder sich ändert, enthält keinerlei Information über die Reaktion der Nachfrage bei einer Preissenkung; diese Aussage ist ohne jeden empirischen Gehalt (Tautologie). Hingegen schließt die Hypothese, daß bei einer Preissenkung die nachgefragte Menge ansteigt, die denkbaren Fälle gleichbleibender oder sinkender Nachfrage aus. Damit besteht für die Aussage die Möglichkeit, daß sie sich als falsch herausstellt, d.h., daß sie an der Erfahrung scheitert, sie ist also falsifizierbar.

Der Kritische Rationalismus fordert nun weiter, daß alle Anstrengungen unternommen werden, eine falsifizierbare Hypothese auch zu falsifizieren. Diese zunächst verblüffende Forderung folgt aus einer Asymmetrie zwischen Verifizierung und Falsifizierung.

Verifizierung bedeutet den Nachweis der Richtigkeit einer Hypothese, d.h., daß kein Ereignis mit dieser Hypothese nicht im Einklang steht. Eine allgemein gültige Hypothese ist in ihrem Geltungsbereich weder räumlich noch zeitlich eingeschränkt. Allein aus der Unmöglichkeit zu zeigen, daß in Zukunft keine Ereignisse dieser Hypothese widersprechen, folgt die Unmöglichkeit der Verifizierung einer Hypothese.

Falsifizierung bedeutet entsprechend den Nachweis, daß eine Hypothese falsch ist. Dieser Falsifizierungsversuch (Test der Hypothese) erfolgt in der Weise, daß entsprechend dem oben dargestellten Erklärungsschema aus der Hypothese unter Berücksichtigung der Anwendungsbedingungen ein bestimmtes Ereignis abgeleitet (prognostiziert) wird. Dieses Ereignis wird dann mit dem realisierten Ereignis

verglichen. Stimmen beide überein, so hat sich die Hypothese vorläufig bewährt; im anderen Fall ist sie falsifiziert.

Je intensiver somit vergeblich nach Ereignissen gesucht wird, die
nicht mit der Hypothese in Einklang stehen, um so besser hat diese
sich bewährt. Wird eine Hypothese falsifiziert, so ist sie entweder
unter Berücksichtigung der neuen Erkenntnisse zu modifizieren und
erneut der Falsifikation auszusetzen, oder aber sie ist endgültig zu
verwerfen.[1]

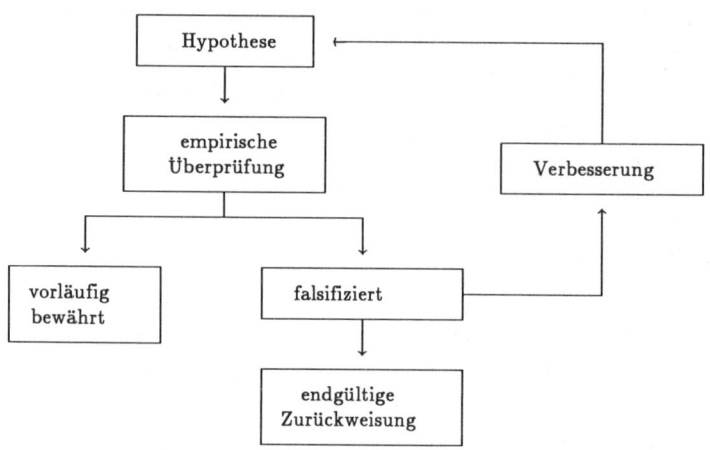

Übersicht I.2: *Überprüfung einer Hypothese*

Es bleibt noch die erste Frage zu beantworten, wie sich allgemeine
Hypothesen ermitteln lassen. Unter Beachtung der obigen Überlegungen ergibt sich als Antwort auf diese Frage, daß es völlig uninteres-
sant ist, woher eine Hypothese stammt (ob aus Intuition, Beobach-
tung oder sonst woher), wesentlich ist lediglich, wie ernsthaft sie
überprüft wurde.

---

[1]   Diese Folgerung wird in weitergehenden Überlegungen dahingehend
        abgeschwächt, Theorien zunächst durch konventionellen Entscheid die
        Chance zu geben, ihr explanatorisches Potential voll zu entfalten, ohne
        der Gefahr einer vorschnellen Elimination ausgesetzt zu sein.

Modelle und Theorien

Die Befassung mit makroökonomischen Fragen erfordert eine Konzentration auf die wesentlichen Zusammenhänge, da die Realität in
ihrer Vielfalt einer unmittelbaren Analyse unzugänglich ist. Dieses
auf die wesentlichen Zusammenhänge reduzierte Abbild der Realität
ist Grundlage sowohl ökonomischer Modelle als auch ökonomischer
Theorien.

Ökonomische Theorien haben die Aufgabe, die Realität zu erklären.
Hierzu müssen die ihnen zugrundeliegenden Hypothesen über die
Ursache-Wirkungs-Zusammenhänge falsifizierbar sein und sich in
Falsifikationsversuchen vorläufig bewährt haben. Ökonomische Modelle hingegen bilden den Rahmen für Gedankenexperimente, mit
deren Hilfe die Volkswirtschaftslehre versucht, die komplizierten
Zusammenhänge der Realität zu durchdringen. Die den Modellen
zugrundeliegenden Ursache-Wirkungs-Beziehungen haben die Form
von Annahmen, die zwar plausibel erscheinen mögen, die aber nicht
empirisch überprüft sind bzw. auch nicht überprüft werden sollen.

Diese strenge methodologische Trennung zwischen Modell und Theorie wird jedoch kaum beibehalten; vielmehr werden beide Ausdrücke
üblicherweise gleichbedeutend verwandt. Diesem Sprachgebrauch folgt
auch die vorliegende Makroökonomie, wobei es sich bei den einzelnen Theorien (bspw. der Beschäftigungstheorie) strenggenommen um
Modelle i.o.S. handelt.

2. Beeinflussung des wirtschaftlichen Geschehens

Wie bereits kurz dargestellt wurde, wird eine Beeinflussung des
Wirtschaftsgeschehens durch wirtschaftspolitische Maßnahmen dann
erforderlich, wenn die Marktkräfte zu einer Abweichung von den
angestrebten Zielen führen. Basis dieser Eingriffe sind die Erkenntnisse der Wirtschaftstheorie, wobei die oben abgeleiteten Ursache-
Wirkungs-Zusammenhänge zu Mittel-Ziel-Beziehungen der Wirtschaftspolitik werden.

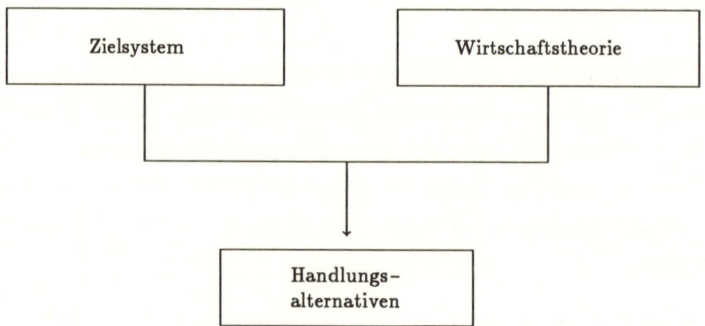

Übersicht I.3:   *Problemstruktur der Wirtschaftspolitik*

In der Wirtschaftstheorie werden bestimmte Wirkungen (bspw. die erhöhte Nachfrage nach einem Gut) auf ihre Ursachen zurückgeführt (Verringerung des Preises dieses Gutes). In der Wirtschaftspolitik ist nun diese Wirkung das angestrebte Ziel, während die Ursache das Mittel zur Zielrealisierung darstellt. Die teleologische (zielgerichtete) Betrachtungsweise der ökonomischen Zusammenhänge in der Wirtschaftspolitik ist also gerade entgegengesetzt der kausalen Betrachtungsweise in der Wirtschaftstheorie.

Die Aufgabe der Wirtschaftspolitik ergibt sich also aus einer Divergenz zwischen tatsächlicher wirtschaftlicher Lage und bestimmten Zielen. Die Festlegung der Ziele ist hierbei nach herrschender Meinung nicht Gegenstand der Volkswirtschaftslehre (Wertfreiheit der Wissenschaft).

Ziele sind Werturteile, die angeben, was sein soll. Derartige Werturteile sind subjektiver Art (sog. normative Aussagen) und nicht objektiv überprüfbar (wie die sog. positiven Aussagen der Wirtschaftstheorie). Damit sind Werturteile keiner wissenschaftlichen Analyse (i.S. einer Begründung) zugänglich. Entsprechend sind die wirtschaftspolitischen Ziele nicht Ergebnis einer ökonomischen Analyse, sondern eines politischen Entscheidungsprozesses.

I.1.3 Statik, komparative Statik, Dynamik[1]

Die makroökonomische Theorie versucht, mit Hilfe formalisierter Modelle bestimmte gesamtwirtschaftliche Phänomene zu erklären. Hierbei konzentriert sie sich auf zwei Fragen, nämlich zum einen nach der Existenz einer Gleichgewichtslösung des verwandten Modells (statische und komparativ-statische Analyse) und zum anderen nach der Stabilität dieses Gleichgewichts (dynamische Analyse).

Statische Analyse

Im Rahmen formalisierter Modelle wird zwischen exogenen und endogenen Variablen unterschieden. Hierbei sind exogene Variable Größen, die durch Faktoren außerhalb der ökonomischen Theorie festgelegt werden; endogene Variable hingegen Größen, die mittels der ökonomischen Theorie sowie den exogenen Variablen bestimmt werden.

Zur Erläuterung dieser Begriffe sei die Nachfrage der Haushalte nach einem Konsumgut (x^n) betrachtet. Diese Nachfrage hänge positiv von dem Einkommen der Haushalte (y) und negativ von dem Preis dieses Gutes (p) ab:

(1) $x^n = x^n(p,y)$, $\partial x^n / \partial p < 0$, $\partial x^n / \partial y > 0$.

Gleichung (1) gibt diesen Zusammenhang wieder. Hierbei ist x^n (auf der linken Seite) die gesuchte endogene (abhängige) Größe, y und p sind die vorgegebenen exogenen (unabhängigen) Größen; in dem funktionalen Zusammenhang kommt die entsprechende ökonomische Theorie (Theorie der Haushaltsnachfrage) zum Ausdruck. Das Symbol für die endogene Größe wurde, wie üblich, auch als Funktionszeichen verwendet (x^n auf der rechten Seite). Dies hat den

---

[1]   Fuhrmann, W., Makroökonomik, 3. Aufl., München/Wien 1991, S. 18f;
Wohltmann, H.-W., Grundzüge der makroökonomischen Theorie, München/Wien 1994, S. 37ff.

Vorteil, daß das Funktionszeichen unmittelbar den erfaßten ökonomischen Sachverhalt (die Nachfrage nach einem Konsumgut) erkennen läßt.

Weiterhin wird noch das Angebot der Unternehmen an diesem Konsumgut (x^a) erfaßt. Dieses Angebot sei eine zunehmende Funktion des Preises dieses Gutes:

$$(2) \quad x^a = x^a(p), \qquad dx^a/dp > 0.$$

In Gleichung (2) stellt x^a die endogene und p die exogene Variable dar.

Mittels der Gleichungen (1) und (2) sowie der Marktgleichgewichtsbedingung:

$$(3) \quad x^n = x^a$$

lassen sich nun nicht nur x^n und x^a bestimmen, sondern auch noch p, während y nach wie vor exogen vorgegeben ist.

Es zeigt sich also, daß die Unterscheidung in exogene und endogene Variable von der jeweiligen Theorie abhängt, d.h. davon, welche Größen erklärt werden sollen. Ist das Erklärungsziel die Nachfrage nach einem Konsumgut, so ist der Marktpreis eine exogene Größe; ist das Erklärungsziel das Marktgleichgewicht, so ist der Marktpreis eine endogene Größe. Zur Endogenisierung exogener Variablen ist das Modell entsprechend zu erweitern (d.h. es sind weitere Gleichungen zu berücksichtigen).

Werden für die Nachfrage nach dem Konsumgut sowie für das entsprechende Angebot explizite Funktionen angenommen:

$$(4) \quad x^n = a + bp + cy_0; \qquad a,c > 0, \quad b < 0$$

$$(5) \quad x^a = \alpha + \beta p; \qquad \alpha < 0, \quad \beta > 0,$$

so lassen sich Preis und umgesetzte Menge im Gleichgewicht an diesem Markt bei vorgegebenem Einkommen y_0 bestimmen. Aus $x^n = x^a$ ergibt sich der Gleichgewichtspreis p_0^*; wird dieser Preis -

unter Beachtung von $x^n = x^a = x$ - in Gleichung (5) eingesetzt, so folgt die Gleichgewichtsmenge x_0^*:

$$(6) \quad p_0^* = \frac{a-\alpha}{\beta-b} + \frac{c}{\beta-b} y_0$$

$$(7) \quad x_0^* = \frac{\beta a - b\alpha}{\beta-b} + \frac{\beta c}{\beta-b} y_0.$$

Diese Gleichgewichtsbetrachtung wird als statische Analyse bezeichnet. Mit der Bestimmung der Gleichgewichtswerte der endogenen Variablen zeigt die statische Analyse die Existenz (und Eindeutigkeit, soweit sich nur je ein Gleichgewichtswert der endogenen Variablen ergibt) eines Gleichgewichts auf.

Dieser Sachverhalt ist in Abbildung I.1 veranschaulicht. Nach Gleichung (1) stellt die Güternachfrage (x_0^n) in diesem Diagramm eine fallende Kurve (nach Gleichung (4) eine fallende Gerade) dar, deren Lage durch die Höhe des Einkommens bestimmt wird; nach Gleichung (2) ist das Güterangebot (x_0^a) eine ansteigende Kurve (nach Gleichung (5) eine ansteigende Gerade).

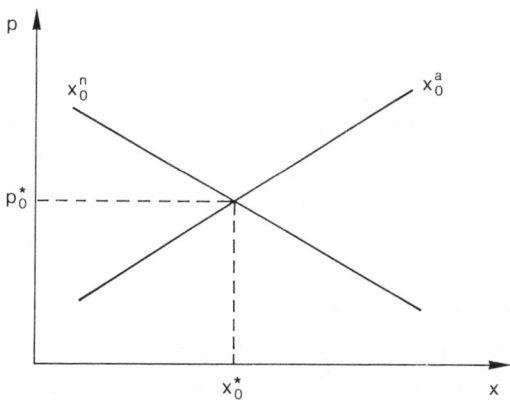

Abb. I.1: *Marktgleichgewicht, statische Analyse*

Gleichung (3) ist im Schnittpunkt der beiden Kurven erfüllt; dieser bestimmt somit die Gleichgewichtswerte von p und x, was den Gleichungen (6) und (7) entspricht.

Komparativ–statische Analyse

Obige Darstellung gilt für ein vorgegebenes Einkommen. Damit stellt sich aber auch die Frage, welche neuen Gleichgewichtswerte sich für die endogenen Größen ergeben, wenn für die exogene Größe ein anderer Wert vorgegeben wird. Wird also angenommen, daß die exogene Größe y nun $y_1 > y_0$ beträgt, so ergibt sich:

$$(8) \quad p_1^* = \frac{a-\alpha}{\beta-b} + \frac{c}{\beta-b}\, y_1$$

$$(9) \quad x_1^* = \frac{\beta a - b\alpha}{\beta-b} + \frac{\beta c}{\beta-b}\, y_1,$$

bzw.:

$$(10) \quad dp = p_1^* - p_0^* = \frac{c}{\beta-b}\,(y_1 - y_0)$$

$$(11) \quad dx = x_1^* - x_0^* = \frac{\beta c}{\beta-b}\,(y_1 - y_0).$$

Die Gleichungen (10) und (11) zeigen, daß die neuen Gleichgewichtswerte der endogenen Variablen um einen bestimmten Betrag über den alten Gleichgewichtswerten liegen. Es werden hier also zwei Gleichgewichte bei geänderter exogener Größe miteinander verglichen; dieser Vergleich wird als komparativ-statische Analyse bezeichnet.

Da y die Lage der Nachfragekurve bestimmt, verschiebt sich diese – unter Beachtung des positiven Zusammenhangs zwischen x^n und y – mit größerem y nach rechts (von x_0^n nach x_1^n): Bei jedem Preis wird dieses Gut jetzt mehr nachgefragt, wie in Abbildung I.2 dargestellt ist.

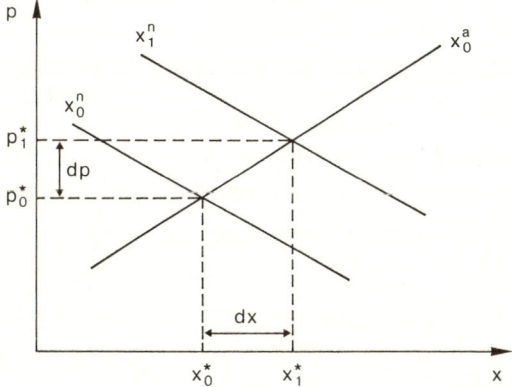

Abb. I.2: *Marktgleichgewicht, komparativ–statische Analyse*

Bei unveränderter Angebotssituation führt die größere Güternachfrage zu einem höheren Gleichgewichtspreis bei größerer Umsatzmenge, was den Gleichungen (8) und (9) bzw. (10) und (11) entspricht.

Liegen die Nachfrage- und Angebotsfunktion nicht in der spezifischen Form (4) und (5), sondern nur in der allgemeinen Form (1) und (2) vor, so lassen sich zwar nicht die (neuen) Gleichgewichtswerte explizit berechnen, dennoch können die Veränderungen dp und dx abgeschätzt werden. Hierzu ist das totale Differential der Gleichungen (1) und (2) zu bilden:[1]

$$(12) \quad dx^n = \frac{\partial x^n}{\partial p}\, dp + \frac{\partial x^n}{\partial y}\, dy$$

$$(13) \quad dx^a = \frac{dx^a}{dp}\, dp.$$

Gleichung (12) gibt an, daß sich die gesamte Nachfrageänderung (dx^n) aus dem Preiseffekt und dem Einkommenseffekt auf die Nachfrage zusammensetzt. Der Preiseffekt ergibt sich aus der Nachfrage-

---

[1] Siehe hierzu den mathematischen Anhang.

änderung bei einer sehr kleinen Preisänderung $(\partial x^n / \partial p)$ und der Höhe der eingetretenen Preisänderung (dp). Entsprechendes gilt für den Einkommenseffekt bzw. für die Änderung des Güterangebots.

Sind (1) und (2) nicht-lineare Funktionen, so ergeben sich mit Hilfe der Gleichungen (12) und (13) nur Näherungswerte für die tatsächlichen Änderungen, wobei die Differenz zwischen diesen Größen mit zunehmender Abweichung vom Ausgangsgleichgewicht immer größer werden kann.

Im neuen Gleichgewicht gilt:

$$(14) \quad dx^n = dx^a = dx.$$

Damit läßt sich aus den Gleichungen (12)-(14) die Preisänderung bestimmen:

$$(15) \quad dp = - \frac{\partial x^n / \partial y}{\frac{\partial x^n}{\partial p} - \frac{dx^a}{dp}} \, dy > 0.$$

Wird dp aus Gleichung (15) in Gleichung (13) eingesetzt, so ergibt sich unter Beachtung von Gleichung (14) für die Änderung der umgesetzten Menge:

$$(16) \quad dx = - \frac{dx^a}{dp} \frac{\partial x^n / \partial y}{\frac{\partial x^n}{\partial p} - \frac{dx^a}{dp}} \, dy > 0.$$

Wie die Gleichungen (15) und (16) zeigen, kann im vorliegenden Fall abgeschätzt werden, daß sowohl der Gleichgewichtspreis als auch die Gleichgewichtsmenge bei einer Erhöhung des Einkommens ansteigen.

Dynamische Analyse

Vielfach wird noch die weitere Frage behandelt, wie sich p und x im Zeitablauf verändern, wenn das ursprüngliche Gleichgewicht durch eine Änderung der exogenen Größe gestört wird. Um diese zeitliche Entwicklung darzustellen, ist es erforderlich, anzugeben, wie

die endogenen Größen einer bestimmten Periode aus den vorangehenden Perioden folgen, d.h. eine zeitliche Verknüpfung verschiedener Perioden vorzunehmen. Da nun die einzelnen Größen aus
verschiedenen Zeitperioden stammen können, sind sie zeitlich zu
indizieren. Bei der statischen bzw. komparativ-statischen Analyse
hingegen interessieren nur die Gleichgewichtswerte; da diese konstant
bleiben, ist hier eine zeitliche Indexierung nicht erforderlich.

Die Bestimmung des Zeitpfades der endogenen Größen wird als
dynamische Analyse bezeichnet. Das obige Modell läßt sich bspw.
wie folgt dynamisieren. Das Güterangebot einer Periode t richte sich
nach dem von den Unternehmern für diese Periode erwarteten
Güterpreis (p^e):

$$(17) \quad x_t^a = \alpha + \beta p_t^e.$$

Die zeitliche Verknüpfung erfolgt nun durch die Annahme, daß die
Unternehmer in der Periode t den realisierten Preis der Vorperiode
erwarten:

$$(18) \quad p_t^e = p_{t-1},$$

womit das Angebot der Periode t festliegt.

Die Güternachfrage einer Periode t richte sich nach dem Preis und
dem Einkommen dieser Periode:

$$(19) \quad x_t^n = a + b p_t + c y_t.$$

Der Preis in der betrachteten Periode t ergebe sich daraus, was die
Haushalte für die angebotene Gütermenge zu zahlen bereit sind. Gilt
$y_t = y_1$, so folgt unter Beachtung von $x_t^n = x_t^a = x_t$ aus Gleichung (19) für den realisierten Preis:

$$(20) \quad p_t = \frac{x_t - a - c y_1}{b} .$$

Wird x_t in Gleichung (20) durch Gleichung (17) und p_t^e durch Gleichung (18) ersetzt, so ergibt sich folgende sog. inhomogene Differen-

zengleichung erster Ordnung in p:

$$(21) \quad p_t - \frac{\beta}{b} p_{t-1} = \frac{\alpha - a - cy_1}{b} .$$

Die Lösung dieser Gleichung setzt sich aus zwei Teillösungen zusammen, nämlich aus einer speziellen Lösung der inhomogenen Form, wozu die Gleichgewichtslösung ausgewählt wird, und zum anderen aus der allgemeinen Lösung des homogenen Teils.[1]

Die Gleichgewichtslösung ist dadurch gekennzeichnet, daß die betrachteten Größen konstant bleiben. Mit $p_t = p_{t-1} = p_1^*$ ergibt sich dann:

$$(22) \quad p_1^* = \frac{a - \alpha}{\beta - b} + \frac{c}{\beta - b} y_1.$$

Die allgemeine Lösung des homogenen Teils lautet:

$$(23) \quad p_t = A \left[\frac{\beta}{b}\right]^t ,$$

wobei A ein Konstante darstellt, die durch die Anfangsbedingungen festgelegt wird (sie entspricht der Differenz zwischen Ausgangs- und Gleichgewichtspreis).

Damit folgt für die allgemeine Lösung der Gleichung (21):

$$(24) \quad p_t = p_1^* + A \left[\frac{\beta}{b}\right]^t .$$

Für $|\beta/b| < 1$ nähert sich der Güterpreis (unter Schwankungen, da $\beta/b < 0$) seinem (neuen) Gleichgewichtswert; für $|\beta/b| > 1$ hingegen entfernt sich der Güterpreis immer weiter von seinem Gleichgewichtswert. Entsprechendes gilt für die umgesetzte Gütermenge, die sich aus den Gleichungen (17), (18) und (24) ermitteln läßt.

---

[1]   Siehe hierzu den mathematischen Anhang.

Die komparativ statische Analyse zeigt also, daß in dem gewählten Beispiel zwar ein neues Gleichgewicht existiert; inwieweit dieses auch erreicht wird, läßt erst die dynamische Analyse erkennen. Wird das Gleichgewicht erreicht, so wird es als stabil bezeichnet, im anderen Fall als instabil. Die dynamische Analyse ermöglicht also eine Stabilitätsuntersuchung.

Abbildung I.3 gibt diese Zusammenhänge wieder. Sie entspricht Abbildung I.2, wobei nun jedoch noch die zeitliche Abfolge des Marktpreises und der umgesetzten Menge angezeigt wird, das sog. Spinngewebe-Modell. Ausgangspunkt ist das Gleichgewicht p_0^* und x_0^*; das Gleichgewicht nach Erhöhung der Güternachfrage ist p_1^* und x_1^*.

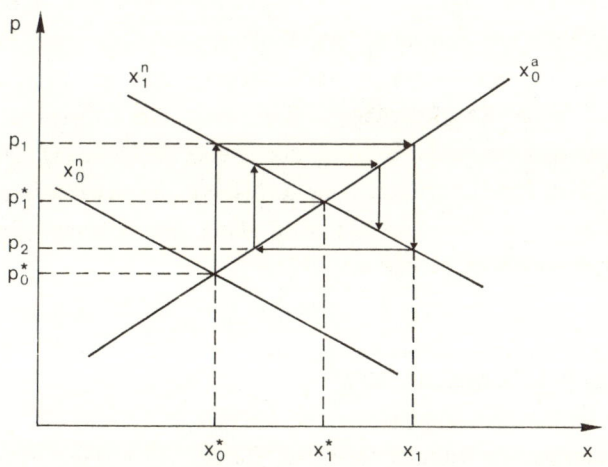

Abb. I.3: *Marktgleichgewicht, dynamische Analyse*

In der Periode nach der Erhöhung der Nachfrage erwarten die Unternehmer weiterhin den Marktpreis p_0^* und bieten entsprechend die Menge x_0^* an. Bei bereits gestiegener Nachfrage entsteht jetzt ein Nachfrageüberschuß, der zu Preissteigerungen auf p_1 führt. In der folgenden Periode gehen die Unternehmer von dem Preis p_1 aus und bieten die Menge x_1 an. Nun entsteht ein Angebotsüberschuß, wodurch der Preis auf p_2 sinkt, usw.

Abbildung I.3 gibt ein stabiles Marktgleichgewicht wieder, d.h. das neue Marktgleichgewicht p_1^*, x_1^* wird von der Ausgangssituation p_0^*, x_0^* aus auch erreicht. Die Stabilitätsbedingung lautet hier, daß die Steigung der Angebotskurve $(1/\beta)$ betragsmäßig größer sein muß als die Steigung der Nachfragekurve $(1/b)$, was der obigen Stabilitätsbedingung $|\beta/b| < 1$ entspricht.

Vielfach wird nun von einer teilweise recht komplizierten Formulierung eines exakten dynamischen Modells abgesehen und eine komparativ-statische Analyse quasi-dynamisch interpretiert (Plausibilitätsüberlegungen). Wird im obigen Beispiel auf eine Dynamisierung verzichtet, so lassen sich die Auswirkungen einer Einkommenserhöhung auch wie folgt darstellen: Ausgehend von einem Marktgleichgewicht führt die Erhöhung des Einkommens über eine Erhöhung der Güternachfrage zu einem Nachfrageüberschuß an diesem Markt. Aufgrund dieses Nachfrageüberschusses steigt der Güterpreis, so daß der Nachfrageüberschuß einerseits durch eine Reduzierung der Nachfrage und andererseits durch eine Erhöhung des Angebots abgebaut wird. Ein neues Gleichgewicht wird dann bei höherem Preis und größerer umgesetzter Menge erreicht.

I.1.4 Erwartungsbildung[1]

Im vorangehenden Beispiel legen die Unternehmer ihrem Güterangebot in einer bestimmten Periode den für diese Periode erwarteten Güterpreis zugrunde. Auch in den nachfolgenden Ausführungen tritt dieses Problem wieder auf, nämlich, daß sich die Wirtschaftssubjekte an unbekannten Größen orientieren, für die sie dann Erwartungs-

---

[1] Branson, W.H., Makroökonomie, 3. Aufl., München/Wien 1992, S. 130ff; Claassen, E.-M., Grundlagen der makroökonomischen Theorie, München 1980, S. 299ff; Dieckheuer, G., Makroökonomik, Berlin u.a. 1993, S. 354ff.

werte bilden müssen. Aus diesem Grund werden vorab die bekanntesten Möglichkeiten der Erwartungsbildung dargestellt.

Der einfachste Fall der Erwartungsbildung liegt vor, wenn die Wirtschaftssubjekte erwarten, daß der Wert einer bestimmten Größe x der Vorperiode auch in der laufenden Periode gilt:

$$(1) \quad x_t^e = x_{t-1},$$

der Fall der bereits erwähnten statischen Erwartungen.

Sogenannte extrapolative oder autoregressive Erwartungen liegen vor bei:

$$(2) \quad x_t^e = \lambda_1 x_{t-1} + \lambda_2 x_{t-2} + \dots$$

mit: $\qquad \sum_{i=1}^{T} \lambda_i = 1; \quad 0 < \lambda_i < 1.$

Der in t erwartete Wert der Variablen x ist hier gleich einem gewichteten Durchschnitt der vergangenen T Werte. Der Faktor λ_i stellt hierbei das jeweilige Gewicht dar: Je größer λ_i, um so stärker bestimmt der zugehörige Wert der Variablen den Erwartungswert. Üblicherweise wird angenommen, daß weiter zurückliegende Werte einen geringeren Einfluß auf den Erwartungswert haben als Werte jüngeren Datums. Dies wird häufig mittels folgender unendlicher geometrischer Reihe erfaßt (sog. verteilte Verzögerung, distributed lag):

$$(3) \quad x_t^e = \lambda x_{t-1} + \lambda(1-\lambda)x_{t-2} + \lambda(1-\lambda)^2 x_{t-3} + \dots$$

mit:

$$(4) \quad \sum_{i=1}^{\infty} \lambda(1-\lambda)^{i-1} = 1.$$

Eine weitere Form der Erwartungsbildung sind adaptive Erwartungen, die sich wie folgt darstellen lassen:

$$(5) \quad x_t^e = x_{t-1}^e + \lambda(x_{t-1} - x_{t-1}^e), \quad 0 < \lambda \leq 1.$$

In diesem Fall korrigieren die Wirtschaftssubjekte ihre bisherige Erwartung um den gewichteten Erwartungsfehler.

Für $\lambda_1 = 1$ in Gleichung (2), bzw. $\lambda = 1$ in Gleichung (5) gehen sowohl extrapolative als auch adaptive Erwartungen in statische Erwartungen über.

Gleichung (5) läßt sich wie folgt umformen:

$$(6) \quad x_t^e = \lambda x_{t-1} + (1-\lambda)x_{t-1}^e.$$

Unter Beachtung von:

$$x_{t-1}^e = \lambda x_{t-2} + (1-\lambda)x_{t-2}^e$$

$$x_{t-2}^e = \lambda x_{t-3} + (1-\lambda)x_{t-3}^e$$

...

folgt aus Gleichung (6):

$$(7) \quad x_t^e = \lambda x_{t-1} + (1-\lambda)\lambda x_{t-2} + (1-\lambda)^2 \lambda x_{t-3} + \ldots$$

Gleichung (7) ist mit Gleichung (3) identisch, d.h. adaptive Erwartungen entsprechen einem Spezialfall autoregressiver Erwartungen.

Die obigen Formen der Erwartungsbildung führen zu einem systematischen Prognosefehler. Sog. rationale Erwartungen vermeiden nun derartige systematische Prognosefehler. Rationale Erwartungen bedeuten, daß die Wirtschaftssubjekte bei ihrer Erwartungsbildung alle verfügbaren Informationen verwenden. Diese Informationen umfassen neben den Vergangenheitswerten der einzelnen Größen auch die ökonomische Theorie, d.h. die Gesetzmäßigkeiten, nach denen sich die endogenen Variablen bestimmen; außerdem die exogenen Größen sowie die Stochastik der Zufallsvariablen. Der Prognosewert einer Variablen ist dann gleich der mathematischen Erwartung dieser Größe aufgrund der Informationen zu Beginn der Prognoseperiode (E_t):

$$(8) \quad x_t^e = E_t(x_t).$$

Rationale Erwartungen führen zu korrekten Prognosen, wenn die verfügbare Information vollständig ist. Dies ist dann der Fall, wenn keine Störgrößen auftreten (deterministisches Modell), und die wirtschaftspolitischen Maßnahmen bekannt sind. Rationale Erwartungen entsprechen dann der vollkommenen Voraussicht. Treten hingegen Störgrößen auf (stochastisches Modell), oder werden die wirtschaftspolitischen Maßnahmen nicht vorab bekannt gegeben, so treten zwar auch bei rationalen Erwartungen Erwartungsirrtümer auf, diese sind jedoch nicht systematischer Art.

I.2 Ein makroökonomisches Totalmodell

Wie bereits erwähnt wurde, liegt sowohl der Erklärung als auch der Beeinflussung gesamtwirtschaftlicher Phänomene ein makroökonomisches Totalmodell zugrunde. Dieses Modell stellt ein auf die wesentlichen Zusammenhänge reduziertes Abbild der Realität dar. Da je nach der Fragestellung oder Sichtweise unterschiedliche Zusammenhänge wesentlich sein können, existieren auch verschiedene makroökonomische Modelle.

Nachfolgend wird gewissermaßen ein makroökonomisches Standardmodell vorgestellt, das dann in den weiteren Kapiteln an die jeweilige Fragestellung oder Sichtweise angepaßt wird und somit zur Analyse spezifischer Probleme herangezogen werden kann.

I.2.1 Überblick[1]

In diesem Überblick werden zunächst die einzelnen Elemente des Makro-Modells kurz vorgestellt.

Sektoren und Märkte

Kern eines makroökonomischen Totalmodells sind die ökonomischen Aktivitäten verschiedener Akteure auf unterschiedlichen Märkten. Hierbei handelt es sich bei den Akteuren um nach bestimmten Kriterien zusammengefaßte (aggregierte) Wirtschaftssubjekte (Sektoren), bei den (Makro-)Märkten um Aggregate der jeweiligen Einzelmärkte.

Die Wirtschaftssubjekte werden auf hoher Aggregationsstufe wie folgt zusammengefaßt:

---

1   Fuhrmann, W., Makroökonomik, a.a.O., S. 2ff; Westphal, U., Makroökonomik, Berlin u.a. 1988, S. 15ff.

- Haushaltssektor: Alle privaten Haushalte, d.h. Wirtschaftssubjekte, deren wirtschaftliche Tätigkeit vorwiegend in der Einkommenserzielung durch Verkauf von Faktorleistungen und in der Einkommensverwendung für Konsum und Sparen besteht.

- Unternehmenssektor: Alle Unternehmen, d.h. Wirtschaftssubjekte, deren wirtschaftliche Tätigkeit vorwiegend in der Produktion von Gütern unter Einsatz von Produktionsfaktoren zur Gewinnerzielung besteht.

- Staat: Gebietskörperschaften, deren wirtschaftliche Tätigkeit vorwiegend in der Bereitstellung von Kollektivgütern, die durch Zwangsabgaben (Steuern) finanziert werden, besteht, einschließlich einer Zentralbank als nationaler Währungsbehörde.

- Ausland: Alle Wirtschaftssubjekte, die nicht der inländischen Wirtschaft zugerechnet werden.

Die ökonomischen Aktivitäten der verschiedenen Sektoren lassen sich - abgesehen von den Steuerzahlungen - als Angebot und Nachfrage auf verschiedenen Märkten darstellen. Zur Erfassung aller Aktivitäten sind auf hohem Aggregationsniveau folgende gesamtwirtschaftliche Märkte zu berücksichtigen:

- Arbeitsmarkt: Der Arbeitsmarkt umfaßt das gesamtwirtschaftliche Angebot an sowie die gesamtwirtschaftliche Nachfrage nach Arbeit, wobei die unterschiedlichen Arbeitsleistungen zu einem homogenen Faktor Arbeit zusammengefaßt werden. Das Arbeitsangebot stammt vom Haushaltsektor, die Arbeitsnachfrage vom Unternehemenssektor. Hierbei wird unterstellt, daß der Staat die von ihm bereitgestellten Güter nicht selbst produziert, so daß er auch keine Arbeitsnachfrage entfaltet.

- Gütermarkt: Auf dem Gütermarkt werden das gesamtwirtschaftliche Güterangebot sowie die gesamtwirtschaftliche Güternachfrage erfaßt (Sachgüter und Dienstleistungen). Auch hier werden die unterschiedlichen inländischen Güter zu einem homogenen Gut zusammengefaßt (sog. Ein-Gut-Wirtschaft). Das Güterangebot erfolgt durch den Unternehmenssektor, ergänzt durch Importe. Die

Güternachfrage umfaßt die Konsumnachfrage des Haushaltssektors, die Investitionsnachfrage des Unternehmenssektors, die Staatsnachfrage sowie schließlich die Exporte.

– Wertpapiermarkt (Kreditmarkt): Der Wertpapiermarkt erfaßt das gesamtwirtschaftliche Wertpapierangebot sowie die gesamtwirtschaftliche Wertpapiernachfrage, wobei unter dem Begriff Wertpapier sämtliche Vermögenstitel zusammengefaßt werden, die nicht Geld darstellen. Die Wertpapiernachfrage kommt von den Sektoren, die einen Finanzierungsüberschuß aufweisen, das Wertpapierangebot entsprechend von den Sektoren mit einem Finanzierungsdefizit.

– Geldmarkt: Dieser Markt stellt eine Fiktion i.d.S. dar, daß es weder einzel- noch gesamtwirtschaftlich einen Markt gibt, auf dem Geld gehandelt wird (es ist hier nicht der Handel zwischen Banken mit Zentralbankgeld bzw. zwischen Banken und der Zentralbank mit Geldmarktpapieren gemeint). Da Geld jedoch ein eigenständiges Gut ist, das zwar auf anderen Märkten angeboten und nachgefragt wird, ist es dennoch zweckmäßig, hierfür einen eigenen Markt einzuführen, der das gesamtwirtschaftliche Geldangebot sowie die gesamtwirtschaftliche Geldnachfrage erfaßt. Das Geldangebot kommt teils vom Staatssektor (Zentralbank), teils vom Unternehmenssektor, nämlich von den Geschäftsbanken. Die Geldnachfrage umfaßt die Nachfrage des gesamten Nichtbankensektors.

– Devisenmarkt: Auf diesem Markt stehen sich Angebot an und Nachfrage nach ausländischer Währung (= Devisen) gegenüber. Das Devisenangebot resultiert aus Güterexport und Kapitalimport; die Devisennachfrage entsprechend aus Güterimport und Kapitalexport.

Die obigen Zusammenhänge sind in Übersicht I.4 dargestellt. Zur Vereinfachung wird eine sog. geschlossene Volkswirtschaft betrachtet, d.h. ohne Berücksichtigung des Auslandes; weiter werden der Geldmarkt sowie Steuerzahlungen des Unternehmenssektors vernachlässigt.

Wertpapiernachfrage

```
                  Wertpapieran-                Arbeitsnach-
                     gebot                        frage
 Wertpapier-   ←————     Unternehmen     ————→  Arbeitsmarkt
   markt

   Wertpapier-      Investi-      Güter-       Arbeits-
   angebot          tions-       angebot       angebot
                    nachfrage

   Staat    ————————→  Gütermarkt  ←————————  Haushalte
        Staats-                     Konsum-
        nachfrage                   nachfrage
              Steuerzahlungen
```

Übersicht I.4:   *Wirtschaftliche Verflechtung der Sektoren*

Nachfolgend bleibt somit das Angebots- und Nachfrageverhalten der verschiedenen Sektoren auf den verschiedenen Märkten zu bestimmen.

Das Walras-Gesetz

Die Darstellung vereinfacht sich jedoch insoweit, als nicht alle Märkte betrachtet werden müssen. Diese Vereinfachung ergibt sich, wenn beachtet wird, daß für jeden Sektor geplante Einnahmen und Ausgaben übereinstimmen müssen, daß also bei jedem Sektor die sog. Budgetgleichung erfüllt sein muß.

Für den Haushaltssektor gilt somit, daß das Lohneinkommen WA^a (W = Nominallohn, A^a = Arbeitsangebot) zuzüglich dem Zinseinkommen rB_i (als Verzinsung des Bestandes an inländischen Wertpapieren B_i mit dem Zinssatz r) gleich sein muß den nominellen Steuerzahlungen PT (P = Preisniveau, T = reale Steuerzahlung), den nominellen Konsumausgaben PC (C = realer Konsum) sowie der Ersparnisbildung, d.h. einer nominellen Vermögensänderung dV:

$$(1) \quad PC + PT + dV = WA^a + rB_i.$$

Das Vermögen des Haushaltssektors setzt sich aus seinem Geldvermögen M^n, seinem Bestand an inländischen B_i^n sowie an ausländischen Wertpapieren B_a^n (in inländischer Währung) zusammen. Damit
ergibt sich:

$$(2) \quad dV = dM^n + dB_i^n + dB_a^n,$$

d.h. eine Vermögensänderung schlägt sich in einer Veränderung des
Geldvermögens, des Bestandes an inländischen Wertpapieren und/
oder des Bestandes an ausländischen Wertpapieren nieder.

Nach der Budgetgleichung des Unternehmenssektors müssen die
Lohnkosten WA^n (A^n = Arbeitsnachfrage) und Zinskosten rB_u (Verzinsung des Bestandes an Schuldtiteln der Unternehmen B_u) sowie
die Ausgaben für Investitionen PI (I = reale Investitionsnachfrage)
gleich sein den Erlösen aus dem Verkauf der produzierten Güter
PY^a (Y^a = Güterangebot) zuzüglich einer eventuellen Kreditaufnahme dB_u^a:

$$(3) \quad WA^n + rB_u + PI = PY^a + dB_u^a.$$

Der Staat kann seine Ausgaben für Güterkäufe PG (G = reale
Staatsnachfrage) sowie für Zinszahlungen rB_s (Verzinsung des
Bestandes an Schuldtiteln des Staates) mittels seiner Steuereinnahmen PT, mittels Kreditaufnahme dB_s^a sowie mittels Geldschöpfung
dM^a finanzieren:

$$(4) \quad PG + rB_s = PT + dB_s^a + dM^a.$$

Die Budgetrestriktion bzgl. des Auslandes lautet, daß das Devisenangebot als Exporterlöse abzüglich der Ausgaben für Importe, der
sog. Leistungsbilanzsaldo oder nominelle Außenbeitrag AB, gleich ist
der (Netto-)Devisennachfrage zum Kauf ausländischer Wertpapiere
dB_a^a, dem Saldo der sog. Kapitalverkehrsbilanz:[1]

$$(5) \quad AB = dB_a^a.$$

---

[1]   Von Zinszahlungen zwischen In- und Ausland wird zur Vereinfachung
       abgesehen.

Die obigen Budgetgleichungen lassen sich nun wie folgt zusammenfassen:

$$(6) \quad W(A^n - A^a) + P(Y^n - Y^a) + (dM^n - dM^a) + (dB_i^n - dB_i^a) + \\ + (dB_a^n - dB_a^a) = 0$$

mit:
$$PY^n = P(C + I + G + AB/P)$$
$$B_i = B_u + B_s$$
$$dB_i^a = dB_u^a + dB_s^a.$$

Die Klammerausdrücke auf der linken Seite von Gleichung (6) geben
die Situation auf dem Arbeits-, Güter-, Geld-, Wertpapier- und
Devisenmarkt an. Befindet sich ein Markt im Gleichgewicht, so
stimmen Angebot (Index „a") und Nachfrage (Index „n") überein.
Wie aus Gleichung (6) ersichtlich ist, gilt für den Fall, daß vier
Märkte im Gleichgewicht sind, notwendigerweise, daß auch der
fünfte Markt im Gleichgewicht ist, das sog. Walras-Gesetz (Léon
Walras, 1834-1910). Dieser fünfte Markt liefert also keine zusätzliche Information und kann deshalb bei der Gleichgewichtsbetrachtung vernachlässigt werden. Welcher Markt unberücksichtigt bleibt,
ist grundsätzlich gleichgültig; üblicherweise, so auch nachfolgend,
wird der Wertpapiermarkt vernachlässigt.

Die Darstellung wird zunächst weiter dadurch vereinfacht, daß eine
geschlossene Volkswirtschaft betrachtet wird. Diese Vereinfachung
wird in Kapitel IV aufgegeben.

Modell–Struktur

Im Rahmen des vorliegenden Modells soll die gesamtwirtschaftliche
Situation mit Hilfe des Angebots- und Nachfrageverhaltens der
verschiedenen Sektoren auf den einzelnen Märkten erklärt werden.
Die Struktur dieses Erklärungsprozesses ist in Übersicht I.5 veranschaulicht.

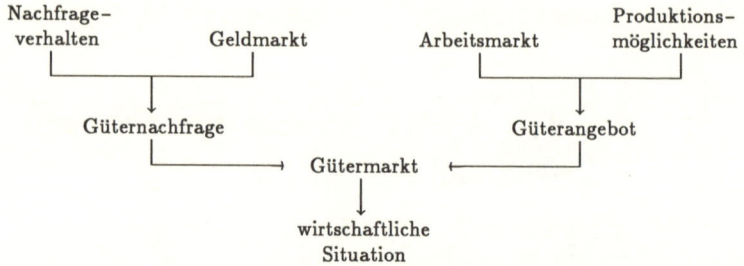

Übersicht I.5: Erklärung der wirtschaftlichen Situation

Wie Übersicht I.5 zeigt, ergibt sich die gesamtwirtschaftliche Situation aus Angebot und Nachfrage auf dem Gütermarkt. Die gesamtwirtschaftliche Güternachfrage ist auf das Nachfrageverhalten der Sektoren zurückzuführen, wobei dessen Realisierung wesentlich von der Situation auf dem Geldmarkt beeinflußt wird. Das gesamtwirtschaftliche Güterangebot ergibt sich aus der Höhe der Beschäftigung, die auf dem Arbeitsmarkt bestimmt wird, unter Beachtung der Produktionsmöglichkeiten der Volkswirtschaft.[1]

Die Konkretisierung des Modells geschieht nachfolgend in zwei Stufen. Auf der ersten Stufe (I.2.2) wird die wirtschaftliche Situation unter der Annahme abgeleitet, daß das Güterangebot (zu dem herrschenden Preisniveau) vollkommen elastisch ist. Damit erübrigt sich eine weitere Betrachtung der Produktionsmöglichkeiten und des Arbeitsmarktes; die Analyse kann sich auf die Güternachfrage konzentrieren.

Auf dieser ersten Stufe werden zwei Fälle unterschieden, nämlich zunächst, daß das Geldangebot (zu dem herrschenden Zinssatz) vollkommen elastisch ist. Damit kann der Geldmarkt außer Betracht bleiben, so daß die wirtschaftliche Situation ausschließlich durch das Nachfrageverhalten bestimmt wird (erste Version des Makro-Modells). Diese Annahme wird dann im zweiten Schritt aufgegeben, so

---

[1]   Die übrigen Produktionsfaktoren werden zunächst als konstant unterstellt; diese Annahme wird im V. Kapitel aufgegeben.

daß nun auch der Geldmarkt in die Betrachtung einzubeziehen ist (zweite Version des Makro-Modells).

Auf der zweiten Stufe (I.2.3) wird schließlich auch die Annahme aufgegeben, daß das Preisniveau konstant ist. Damit sind dann auch die Produktionsmöglichkeiten und der Arbeitsmarkt bei der Bestimmung der wirtschaftlichen Situation zu berücksichtigen (dritte Version des Makro-Modells).[1]

I.2.2 Vollkommen elastisches Güterangebot

Diesem Abschnitt liegt die Annahme zugrunde, daß das Güterangebot vollkommen elastisch (das Preisniveau konstant) ist, d.h. das Güterangebot paßt sich (bei dem herrschenden Preisniveau) stets an die Güternachfrage an, so daß letztere die gesamtwirtschaftliche Situation bestimmt.

Wie erwähnt, wird zunächst die weitere Annahme gemacht, daß auch das Geldangebot vollkommen elastisch (der Zinssatz konstant) ist. Dies bedeutet, daß stets genügend Geld vorhanden ist, um die gesamtwirtschaftlichen Umsätze (zu dem herrschenden Zinssatz) zu finanzieren. Damit erübrigt sich eine weitere Betrachtung des Geldmarktes. Diese Annahme wird im zweiten Teil dieses Abschnitts aufgegeben, so daß dann auch der Geldmarkt bei der Ableitung der Güternachfrage zu berücksichtigen ist.

1. Vollkommen elastisches Geldangebot

Unter den Annahmen, daß Güter- und Geldangebot vollkommen elastisch sind, bestimmt das Nachfrageverhalten der einzelnen Sektoren die wirtschaftliche Situation. Nachfolgend werden dieses Nach-

---

[1] Die nachfolgende Darstellung des Angebots- und Nachfrageverhaltens geht teilweise über die Formulierung der einzelnen Bausteine des Makro-Modells hinaus; hierauf wird jedoch in den entsprechenden Abschnitten hingewiesen.

frageverhalten sowie die sich hieraus ergebende wirtschaftliche Situation abgeleitet.

1.1 Das Nachfrageverhalten

Wie im voranstehenden Überblick bereits dargestellt, setzt sich die gesamtwirtschaftliche Güternachfrage in einer geschlossenen Volkswirtschaft aus der Konsumnachfrage des Haushaltssektors, der Investitionsnachfrage des Unternehmenssektors sowie der Staatsnachfrage zusammen.

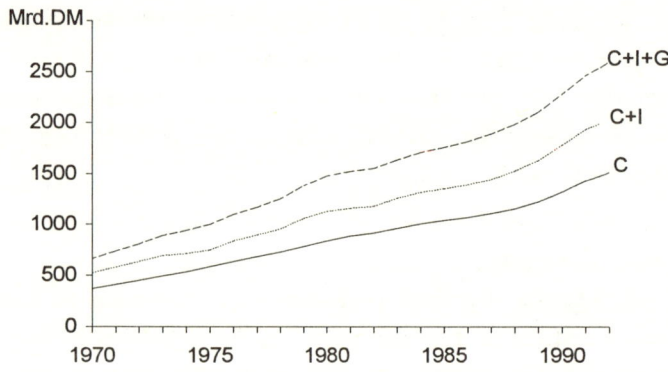

Abb. I.4: *Komponenten der gesamtwirtschaftlichen Güternachfrage*

Abbildung I.4 gibt die verschiedenen Nachfragekomponenten in laufenden Preisen wieder, nämlich die private Konsumnachfrage (C), die private (Brutto-)Investitionsnachfrage (I) sowie die Staatsnachfrage (G), die den Staatsverbrauch und die staatlichen Investitionen umfaßt.[1] Wie die Abbildung zeigt, ist die private Konsumnachfrage die bei weitem wichtigste Nachfragekomponente. Ihr Anteil liegt bei ca. 60% der Gesamtnachfrage, während der Anteil der Investitions- und Staatsnachfrage jeweils ca. 20% ausmacht.

---

[1]   Sachverständigenrat zur Begutachtung der gesamtwirtschaftlichen Entwicklung, Jahresgutachten 1993/94, Tabellen 35* und 36*.

Die nachfolgenden Ausführungen befassen sich mit diesen verschiedenen Nachfragekomponenten. Hierbei wird jedoch wie üblich davon
ausgegangen, daß die Staatsnachfrage politisch determiniert ist und
somit eine exogene Größe darstellt. Damit bleiben also die Konsumnachfrage des Haushaltssektors und die Investitionsnachfrage des
Unternehmenssektors zu bestimmen.

1.1.1 Die Konsumnachfrage[1]

Von den zahlreichen Theorien, die die Erklärung des Konsumver-
haltens des Haushaltssektors zum Gegenstand haben, werden nachfolgend drei Ansätze dargestellt, nämlich die absolute Einkommenshypothese von John Maynard Keynes (1936), die Lebenszyklushypothese, die von Franco Modigliani u.a. in mehreren Aufsätzen Anfang
der fünfziger Jahre entwickelt wurde, sowie die permanente Einkommenshypothese von Milton Friedman (1957).

(1) Die absolute Einkommenshypothese

Nach der absoluten Einkommenshypothese, der keynesianischen
Konsumtheorie, ist die reale Konsumnachfrage (C) von der Höhe des
realen verfügbaren Einkommens (Y^v) abhängig. Kern dieser absoluten Einkommenshypothese ist das von Keynes so bezeichnete
„grundlegende psychologische Gesetz", nach dem die Konsumnachfrage unterproportional mit dem verfügbaren Einkommen ansteigt.
Gleichung (1) gibt diesen Zusammenhang wieder:

$$(1) \quad C = C(Y^v)$$

mit: $\qquad 0 < dC/dY^v < 1.$

Nach Gleichung (1) ist die Konsumnachfrage eine zunehmende
Funktion des verfügbaren Einkommens; die Veränderung des

---

1   Branson, W.H., Makroökonomie, a.a.O., S. 231ff; Gordon, R.J., Macro-
economics, 6. Aufl., Harper Collins 1993, S. 506ff; Mankiw, N.G.,
Macroeconomics, a.a.O., S. 392ff; Westphal, U., Makroökonomik, a.a.O.,
S. 120ff.

Konsums bei einer Veränderung des verfügbaren Einkommens (dC/dY^v) wird als marginale Konsumneigung (Grenzneigung zum Konsum) bezeichnet; ihr Wert liegt zwischen Null und eins. Das grundlegende psychologische Gesetz äußert sich darin, daß die durchschnittliche Konsumneigung (C/Y^v) mit steigendem Einkommen abnimmt, wobei $C/Y^v > dC/dY^v$ gilt.

Häufig wird Gleichung (1) durch folgende lineare Konsumfunktion exemplifiziert, die in Abbildung I.5 dargestellt ist:

$$(2) \quad C = \bar{C} + cY^v$$

mit: $\qquad \bar{C} =$ Basiskonsum

$\qquad\qquad c =$ marginale Konsumneigung.

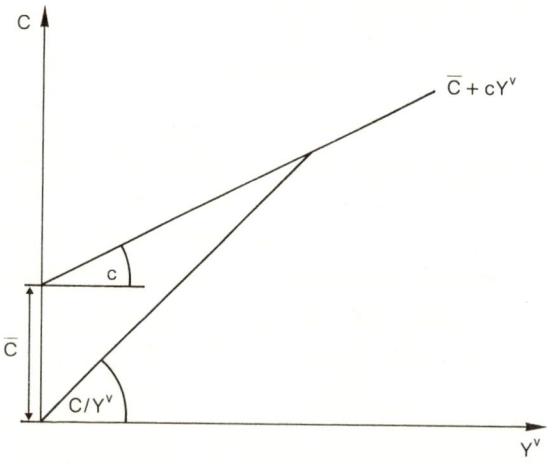

Abb. I.5: *Die absolute Einkommenshypothese*

Die lineare Konsumfunktion der Gleichung (2) stellt in Abbildung I.5 eine Gerade dar; ihr Ordinatenabschnitt ist der Basiskonsum, ihre Steigung ist gleich der marginalen Konsumneigung. Die durchschnittliche Konsumneigung entspricht dem Winkel eines Fahrstrahls an die Konsumkurve.

Die Haushalte können ihr verfügbares Einkommen für Konsum und Sparen (S) verwenden; es gilt somit:

(3) $Y^v = C + S$.

Da C eine Funktion von Y^v ist, gilt dies somit auch für S:

(4) $S = S(Y^v)$

mit: $0 < dS/dY^v < 1$.

Die Veränderung des Sparens bei einer Veränderung des verfügbaren Einkommens (dS/dY^v) wird als marginale Sparneigung (Grenzneigung zum Sparen) bezeichnet.

Aus Gleichung (3) folgt weiter:

$$(5)\quad \frac{dY^v}{dY^v} = \frac{dC}{dY^v} + \frac{dS}{dY^v}$$

bzw.:

(6) $1 = c + s$,

d.h. die marginale Konsumneigung und die marginale Sparneigung ergänzen sich zu eins.

Aus den Gleichungen (2), (3) und (6) folgt unmittelbar für die entsprechende Sparfunktion:

(7) $S = -\bar{C} + sY^v$

mit: s = marginale Sparneigung.

Die Funktionen (2) und (7) sind in Abbildung I.6 dargestellt.

Der Ordinatenabschnitt der Spar-Kurve ist $-\bar{C}$; ihre Steigung beträgt s. Die 45°-Gerade gibt alle Punkte an, bei denen Konsum und verfügbares Einkommen übereinstimmen. Im Schnittpunkt der Kurve $C(Y^v)$ und der 45°-Geraden wird somit das gesamte verfügbare Einkommen für Konsumzwecke verwendet; die Ersparnisbildung ist also gleich Null (Sparschwelle). Rechts von diesem Schnittpunkt ist die Ersparnisbildung positiv, links davon negativ, d.h. die Haushalte lösen ihr Vermögen auf (Entsparen) oder verschulden sich, um ihre Konsumnachfrage zu finanzieren.

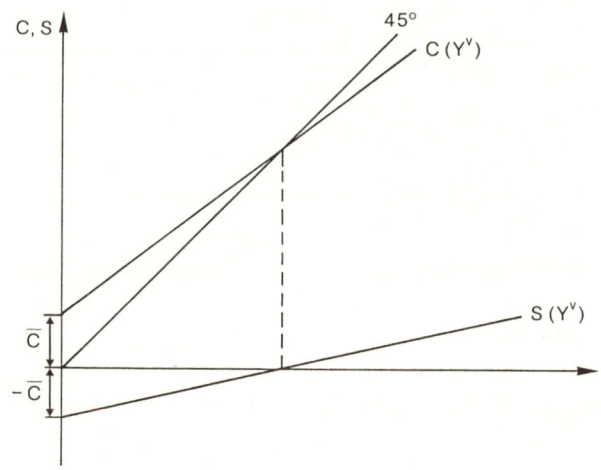

Abb. I.6: *Verwendung des verfügbaren Einkommens*

Für die nachfolgenden Ausführungen ist nicht die Abhängigkeit des Konsums vom verfügbaren Einkommen von primärem Interesse, sondern der Zusammenhang zwischen Konsum und Volkseinkommen Y (da die Höhe des Volkseinkommens für die wirtschaftliche Situation relevant ist). Wird zur Vereinfachung eine Pauschalsteuer (T) unterstellt, so gilt:

$$(8) \quad Y^v = Y - T.$$

Die Konsumfunktion (2) läßt sich dann schreiben:

$$(9) \quad C = \bar{C} + c(Y - T)$$

bzw.:

$$(10) \quad C = \bar{C} - cT + cY.$$

Gleichung (10) ist in Abbildung I.7 dargestellt.

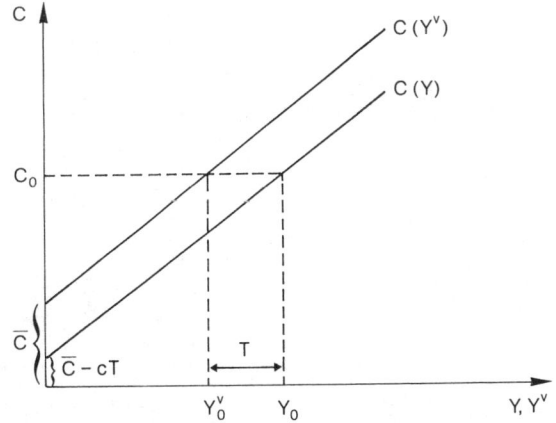

Abb. I.7: *Konsum als Funktion des Volkseinkommens*

Wie unmittelbar ersichtlich, liegt die Konsumfunktion (10) unterhalb der Konsumfunktion (2), da der Ordinatenabschnitt bei gleicher Steigung der beiden Kurven um cT verringert wurde. Dies läßt sich wie folgt interpretieren: Ein bestimmter Konsum C_0 wird bei einem verfügbaren Einkommen von Y_0^v realisiert; das entsprechende Volkseinkommen Y_0 ist dann um den Steuerbetrag T größer.

Für die Sparfunktion (7) gilt entsprechend:

$$(11) \quad S = -(\bar{C}+sT)+sY,$$

d.h. auch die Funktion $S(Y)$ liegt unterhalb der Funktion $S(Y^v)$. In Abbildung I.8 sind diese Zusammenhänge noch einmal dargestellt.

Wie Abbildung I.8 zeigt, liegt die Sparschwelle bei Y_0, wenn das Volkseinkommen zugrunde gelegt wird. Hierin kommt zum Ausdruck, daß sich das Volkseinkommen nicht nur auf Konsum und Sparen aufteilt (wie das verfügbare Einkommen), sondern daß hieraus auch noch die Steuern aufzubringen sind (die Konsumfunktion verschiebt sich um cT, die Sparfunktion um sT nach unten, beide Kurven zusammen also um cT+sT = T).

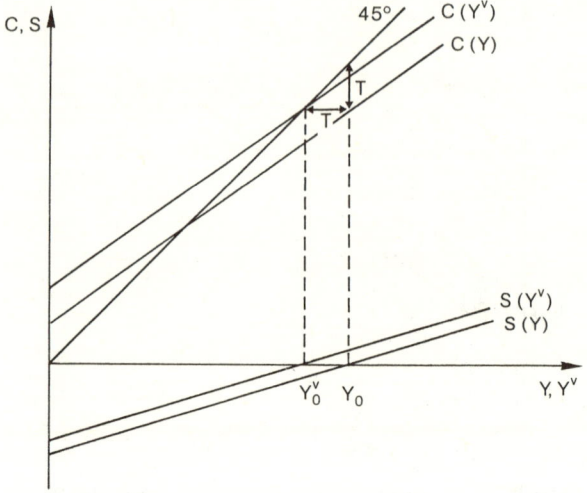

Abb. I.8:   Verwendung des Volkseinkommens

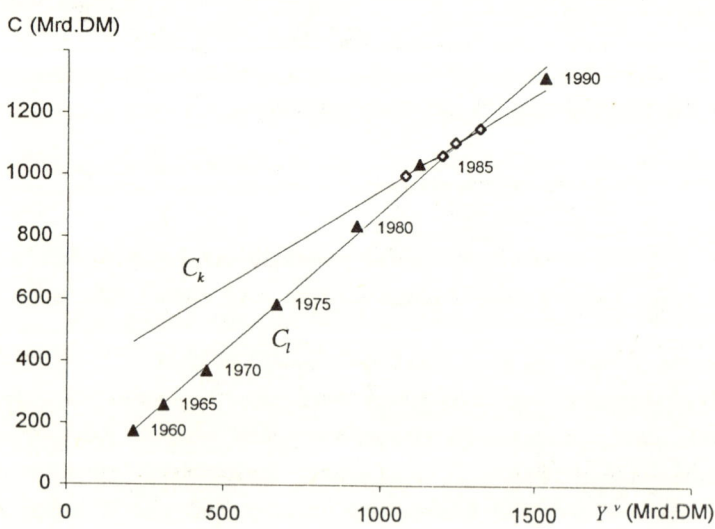

Abb. I.9:   Konsum in Abhängigkeit vom verfügbaren Einkommen

Abbildung I.9 gibt die Konsumnachfrage in Abhängigkeit vom verfügbaren Einkommen wieder.[1] Wird das Konsumverhalten über einen kurzen Zeitraum betrachtet, bspw. über die Jahre 1984-1988 (die entsprechenden Werte sind durch eine Raute gekennzeichnet), so läßt sich dieses durch die kurzfristige Konsumfunktion (C_k) erfassen, die der absoluten Einkommenshypothese entspricht. Über den gesamten Zeitraum 1960-1990 hingegen ergibt sich die langfristige Konsumfunktion (C_l), die durch eine konstante durchschnittliche Konsumneigung gekennzeichnet ist.[2]

Dieser teilweise Widerspruch der Daten mit der absoluten Einkommenshypothese hat zur Entwicklung alternativer Konsumtheorien geführt, worauf nachfolgend eingegangen wird.[3]

(2) Die Lebenszyklushypothese

Im Gegensatz zu der ad-hoc-Formulierung der absoluten Einkommenshypothese leitet die Lebenszyklushypothese das gesamtwirtschaftliche Konsumverhalten aus einem Nutzenmaximierungsansatz ab. Hierzu wird ein repräsentativer Haushalt betrachtet, dessen Konsumverhalten für den gesamten Haushaltssektor verallgemeinert wird.

Der repräsentative Haushalt verfolge das Ziel, seinen Nutzen (U) aus seinem Konsum über seine gesamte Lebenszeit (0, T) zu maximieren:

$$(1) \quad U = U(C_0,...,C_T).$$

Die Nutzenfunktion unterliege dem Gesetz des abnehmenden Grenznutzens. Dies läßt sich bspw. durch eine logarithmische Form

---

1   Sachverständigenrat zur Begutachtung der gesamtwirtschaftlichen Entwicklung, Jahresgutachten 1993/94, Tabelle 34*.

2   Auf diesen Sachverhalt hat erstmalig Simon Kuznetz (1946) anhand amerikanischer Daten hingewiesen.

3   Im Rahmen des nachfolgenden Makromodells wird auf die absolute Einkommenshypothese zurückgegriffen; die Abschnitte (2) und (3) dienen der Vertiefung der Konsumtheorie.

$U(C) = \ln C$ ausdrücken $(U' = 1/C, \quad U'' = -1/C^2)$. Weiterhin sei die Nutzenfunktion additiv separabel bezüglich der einzelnen Perioden. Dies bedeutet, daß der Grenznutzen einer Periode unabhängig von dem Konsum in den anderen Perioden ist. Schließlich wird eine gewisse Gegenwartsvorliebe unterstellt, d.h. der Nutzen zukünftiger Perioden wird geringer eingeschätzt, was sich durch Abdiskontierung mittels einer sog. Zeitpräferenzrate (ϑ) erfassen läßt. Damit läßt sich Gleichung (1) wie folgt schreiben:

$$(2) \quad U = \ln C_0 + \frac{\ln C_1}{1+\vartheta} + \ldots + \frac{\ln C_T}{(1+\vartheta)^T}$$

bzw.:

$$(3) \quad U = \sum_{t=0}^{T} \frac{\ln C_t}{(1+\vartheta)^t} \, .$$

Gleichung (3) ist unter der Nebenbedingung zu maximieren, daß die Konsumausgaben während des Planungszeitraums (0, T) das in dieser Zeit erzielte Einkommen nicht übersteigen dürfen (von Erbschaften wird zur Vereinfachung abgesehen).[1] Hierbei müssen jedoch Konsum und Einkommen nicht in jeder Periode übereinstimmen. Vielmehr kann der Haushalt entweder zur Finanzierung des gegenwärtigen Konsums auf das Einkommen späterer Perioden oder zur Finanzierung des zukünftigen Konsums auf gegenwärtige Ersparnisse zurückgreifen. Weiter ist zu beachten, daß der Haushalt im ersten Fall einen Konsumentenkredit aufnehmen muß, den er zusammen mit den anfallenden Zinsen aus dem zukünftigen Einkommen zurückzahlen muß, während er im zweiten Fall mittels der Ersparnisse Zinsen erzielen kann, die dann in späteren Perioden ebenfalls für Konsumzwecke zur Verfügung stehen. Dieser Sachverhalt läßt sich so ausdrücken, daß der Gegenwartswert der Konsumausgaben gleich dem Gegenwartswert des Einkommens sein muß. Wird ein vollkommener Kapitalmarkt unterstellt, so daß Soll- und Haben-

---

[1] Es handelt sich wieder um das verfügbare Einkommen; auf eine entsprechende Indizierung wird zur Vereinfachung der Schreibweise verzichtet.

Zinsen größengleich sind, ergibt sich für die Nebenbedingung (inter-temporale Budgetgleichung):

$$(4) \qquad C_0 + \frac{C_1}{1+r} + \ldots + \frac{C_T}{(1+r)^T} = Y_0 + \frac{Y_1}{1+r} + \ldots + \frac{Y_T}{(1+r)^T}$$

bzw.:

$$(5) \qquad \sum_{t=0}^{T} \frac{C_t}{(1+r)^t} = \sum_{t=0}^{T} \frac{Y_t}{(1+r)^t} \, ,$$

wobei: $\qquad r_1 = \ldots \qquad r_T = r$

$$P_0 = P_1 = \ldots \quad P_T = P$$

unterstellt und zur Vereinfachung $P = 1$ gesetzt wurde.

Die Lösung des Problems, Gleichung (3) unter der Nebenbedingung (5) zu maximieren, erfolgt mit Hilfe der folgenden Lagrange-Funktion (Λ):[1]

$$(6) \qquad \max_{C_t,\mu} \Lambda = \sum_{t=0}^{T} \frac{\ln C_t}{(1+\vartheta)^t} + \mu\left[\sum_{t=0}^{T} \frac{Y_t}{(1+r)^t} - \sum_{t=0}^{T} \frac{C_t}{(1+r)^t} \right]$$

mit: $\qquad \mu =$ Lagrange-Multiplikator.

Die notwendigen Bedingungen für ein Nutzenmaximum lauten:

$$\frac{\partial \Lambda}{\partial C_0} = \frac{1}{C_0} - \mu \qquad = 0$$

$$\vdots$$

$$(7) \qquad \frac{\partial \Lambda}{\partial C_t} = \frac{1}{(1+\vartheta)^t} \frac{1}{C_t} - \frac{\mu}{(1+r)^t} = 0$$

$$\vdots$$

$$\frac{\partial \Lambda}{\partial C_T} = \frac{1}{(1+\vartheta)^T} \frac{1}{C_T} - \frac{\mu}{(1+r)^T} = 0$$

sowie die Nebenbedingung (5), die aus $\partial \Lambda / \partial \mu$ folgt.

---

[1]   Siehe hierzu den mathematischen Anhang.

Aus der notwendigen Bedingung (5) folgt, daß die gesamten Konsumausgaben und damit auch der Konsum jeder Periode von dem Gegenwartswert (Kapitalwert) des Einkommenstroms abhängt. Wird definiert:

$$(8) \qquad KW_0 = \sum_{t=0}^{T} \frac{Y_t}{(1+r)^t} \,,$$

so läßt sich schreiben:

$$(9) \qquad C_t \quad = C_t(KW_0), \qquad dC_t/d(KW_0) > 0.$$

Aus den notwendigen Bedingungen (7) folgt weiter für zwei beliebige Perioden t und t-1:

$$(10) \qquad C_t \quad = \frac{1+r}{1+\vartheta} C_{t-1}.$$

Gleichung (10) zeigt, daß der Konsum im Laufe der Zeit konstant bleibt, wenn $r = \vartheta$ gilt. In diesem Fall ist der Zinsertrag der Ersparnisse (r) in t gleich groß wie der Nutzenverlust (ϑ) infolge dieser Ersparnisbildung, d.h. infolge Konsumverzichts in t-1. Gilt $r > \vartheta$ ($r < \vartheta$), so steigt (fällt) der Konsum mit zunehmendem t.

Der optimale Konsum wird in Abbildung I.10 für den Zwei-Perioden-Fall graphisch abgeleitet. Die Nutzenfunktion ist mit Hilfe von Indifferenzkurven (U) dargestellt. Die Gegenwartsvorliebe drückt sich darin aus, daß die Grenzrate der Substitution zwischen zukünftigem (C_1) und gegenwärtigem Konsum (C_0) bei $C_0 = C_1$ (also auf der 45°-Linie) größer als eins ist: Der Haushalt ist nur dann indifferent, wenn er für die Aufgabe einer Konsumeinheit in der Gegenwart eine größere Konsumgütermenge in der Zukunft erhält $[dC_1/dC_0 = -(1+\vartheta)]$.

Die Nebenbedingung (5) wird durch die Budgetgerade B mit der Steigung $dY_1/dY_0 = -(1+r)$ angegeben. Die Lage dieser Budgetgeraden hängt von dem erzielten Einkommen in den beiden Perioden ab. Betragen diese Einkommen $\bar{Y}_0$ und $\bar{Y}_1$, so wird die Lage der

Budgetgeraden durch den Abszissenabschnitt $\bar{Y}_0 + \bar{Y}_1/(1+r)$ festgelegt. In Abbildung I.10 wurde $\bar{Y}_1 = 0$ angenommen; der Abszissenabschnitt ist also $\bar{Y}_0$.

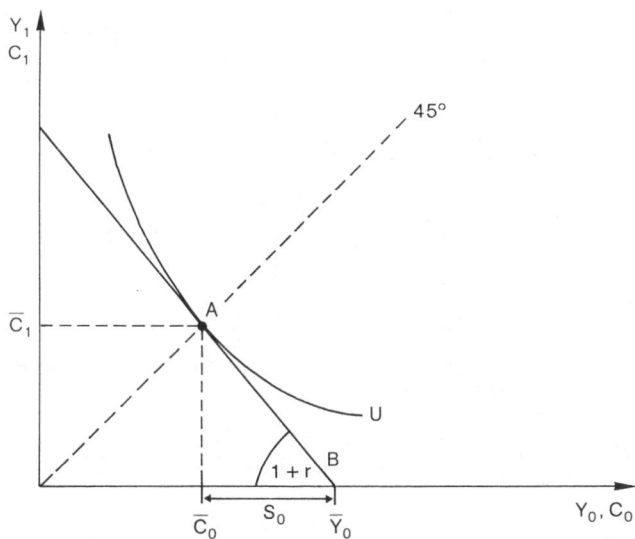

Abb. I.10: *Intertemporales Haushaltsoptimum*

Stimmen Zinssatz und Zeitpräferenzrate überein $(r = \vartheta)$, so realisiert der betrachtete Haushalt den Punkt A, d.h. der Konsum ist in beiden Perioden größengleich $(\bar{C}_0 = \bar{C}_1)$. Aus dem Einkommen $\bar{Y}_0$ spart er dann den Betrag S_0, der in der folgenden Periode zuzüglich der entsprechenden Zinsen zur Finanzierung des Konsums dieser Periode zur Verfügung steht.

Das in Abbildung I.10 für den Zwei-Perioden-Fall dargestellte Ergebnis ist in Abbildung I.11 (a) für einen gesamten Lebenszyklus (0, T) verallgemeinert. Das Einkommen steige mit Eintritt ins Erwerbsleben (t = 0) stetig bis zum Ausscheiden aus dem Erwerbsleben $(t = t_2)$ an und sinke dann auf konstante Rentenzahlungen. Der Konsum paßt sich nun nicht diesem Verlauf des Einkommens an, sondern die Konsumausgaben werden geglättet; wird wieder

$r = \vartheta$ unterstellt, so bleibt der Konsum in dem gesamten Zeitraum konstant.

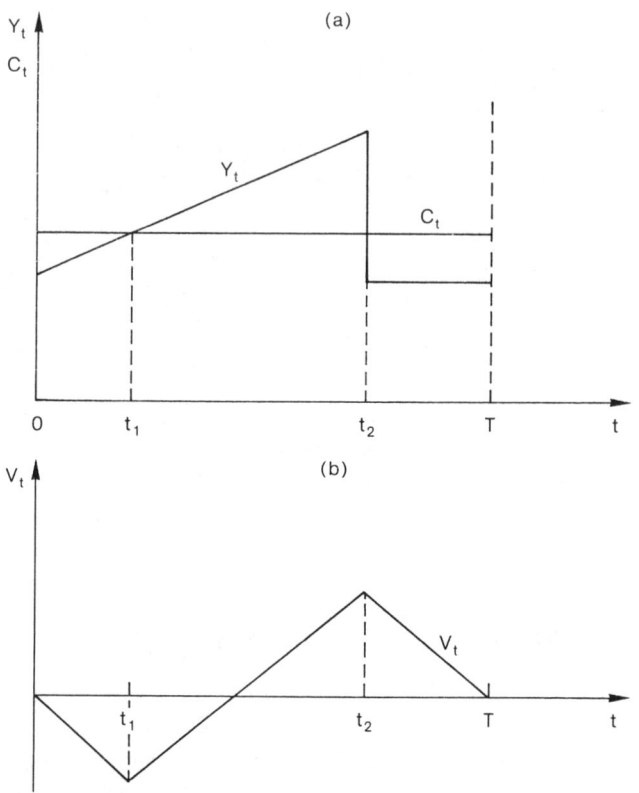

Abb. I.11:   *Zeitliche Entwicklung von Einkommen,*
Konsum und Vermögen

Wie Abbildung I.11 (a) zeigt, übersteigt in der Zeit $0 < t < t_1$ sowie $t_2 < t < T$ der Konsum das laufende Einkommen. In der Zeit $0 < t < t_1$ muß sich der Haushalt somit verschulden.[1] In der

---

[1]   Zur Vereinfachung werden Zinszahlungen vernachlässigt. Weiterhin wird angenommen, daß der Haushalt den gewünschten Kredit auch aufnehmen kann. Gerade letztere Annahme wird in der neueren Konsumforschung aufgegeben.

Zeit $t_2 < t < T$ hingegen löst er sein Vermögen auf, das er bildet, wenn das laufende Einkommen die Konsumausgaben übersteigt ($t_1 < t < t_2$), nachdem er den aufgenommenen Kredit zurückgezahlt hat. Diese zeitliche Entwicklung des Vermögensbestandes (V_t) ist in Abbildung I.11 (b) veranschaulicht.

Nach Gleichung (9) ist der Konsum jeder Periode abhängig von dem abdiskontierten Lebenszeiteinkommen; nach Gleichung (10) besteht eine feste Relation zwischen dem Konsum in unterschiedlichen Perioden. Damit folgt, daß der gesuchte gegenwärtige Konsum C_0 proportional zum abdiskontierten Lebenseinkommen ist:

$$(11) \quad C_0 = c KW_0.$$

Die Größe KW_0 enthält das abdiskontierte zukünftige, erwartete Einkommen. Es bleibt also noch das erwartete Einkommen zu bestimmen. Hierzu wird das gesamte Lebenseinkommen in Arbeitseinkommen Y_t^L und Einkommen aus Vermögen Y_t^P aufgespalten:

$$(12) \quad KW_0 = \sum_{t=0}^{T} \frac{Y_t^L}{(1+r)^t} + \sum_{t=0}^{T} \frac{Y_t^P}{(1+r)^t} \, .$$

Als nächstes wird angenommen, daß der Gegenwartswert des erwarteten Einkommens aus (nicht-menschlichem) Vermögen gleich dem Wert des Vermögens zum gegenwärtigen Zeitpunkt V_0 ist (Ertrags- oder Kapitalwertmethode):

$$(13) \quad \sum_{t=0}^{T} \frac{Y_t^P}{(1+r)^t} = V_0.$$

Das Arbeitseinkommen läßt sich in das bekannte gegenwärtige Einkommen (Y_0^L) und in das unbekannte zukünftige Einkommen einteilen:

$$(14) \quad \sum_{t=0}^{T} \frac{Y_t^L}{(1+r)^t} = Y_0^L + \sum_{t=1}^{T} \frac{Y_t^L}{(1+r)^t} \, .$$

Das zukünftige Einkommen wird als nächstes durch ein durchschnittliches erwartetes Einkommen Y_0^e ausgedrückt:

$$(15) \quad Y_0^e = \frac{1}{T-1} \sum_{t=1}^{T} \frac{Y_t^L}{(1+r)^t} \, .$$

Damit gilt:

$$(16) \quad (T-1)Y_0^e = \sum_{t=1}^{T} \frac{Y_t^L}{(1+r)^t} \, .$$

Es bleibt also noch das durchschnittlich erwartete Einkommen zu bestimmen. Hierzu wird angenommen, daß das durchschnittliche erwartete Arbeitseinkommen ein Vielfaches β des gegenwärtigen Arbeitseinkommens ist:

$$(17) \quad Y_0^e = \beta Y_0^L, \qquad \beta > 0.$$

Werden die Gleichungen (11)–(17) zusammengefaßt, so folgt schließlich die Konsumfunktion:[1]

$$(18) \quad C_0 = c[1+\beta(T-1)]Y_0^L + cV_0.$$

Nach Gleichung (18) hat die Konsumfunktion kurzfristig, d.h. bei gegebenem Vermögen, die Eigenschaft, daß die durchschnittliche Konsumneigung abnimmt; längerfristig, d.h. bei veränderlichem Vermögen, hingegen bleibt die durchschnittliche Konsumneigung konstant.

In Abbildung I.12 äußert sich dieser Zusammenhang darin, daß die kurzfristige Konsumfunktion (C_k) längerfristig (wenn das Vermögen bspw. von V_0 auf V_1 steigt) nach oben verschoben wird, so daß in längerfristiger Betrachtung die langfristige Konsumfunktion (C_l) resultiert.

---

[1]   Für die BRD liegen mehrere Schätzungen der Lebenszyklushypothese vor. Eine Schätzung lautet bspw.:

$$C_t = 0{,}93 Y_t^L + 0{,}06 V_{t-1}.$$

Westphal, U., Makroökonomik, a.a.O., S. 137.

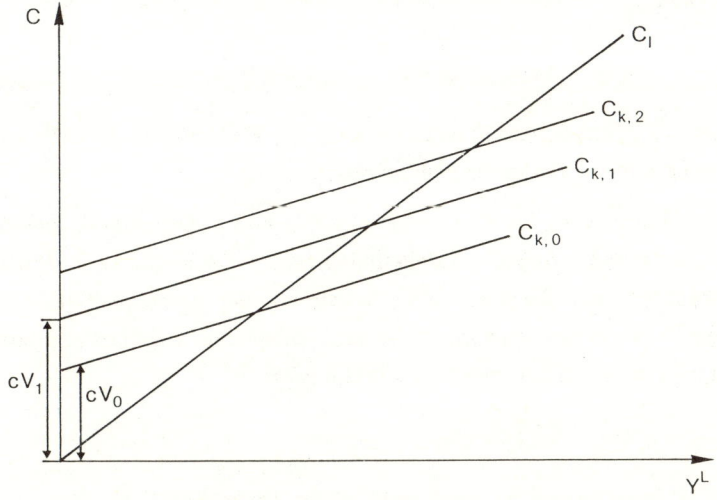

Abb. I.12: Die Lebenszyklushypothese

(3) Die permanente Einkommenshypothese

Der permanenten Einkommenshypothese liegt die gleiche Mikrofundierung wie der Lebenszyklushypothese zugrunde. Es kann also das Ergebnis (9) der vorangehenden Ausführungen übernommen werden:

$$(1) \quad C_t \quad = C_t(KW_0), \quad dC_t/d(KW_0) > 0$$

mit:

$$(2) \quad KW_0 = \sum_{t=0}^{T} \frac{Y_t}{(1+r)^t},$$

wobei T einen bestimmten Planungshorizont angibt, der nicht mit dem Zeitpunkt des Ablebens wie in der Lebenszyklushypothese zusammenfallen muß.

Die permanente Einkommenshypothese unterscheidet sich nun von der Lebenszyklushypothese darin, wie die unbekannte Größe KW_0 bestimmt wird. Für nicht zu kleines T läßt sich Gleichung (2) annähern:

$$(3) \quad KW_0 = Y_t/r.$$

Hieraus folgt:

$$(4) \quad Y_{P,t} = rKW_0,$$

wobei $Y_{P,t}$ ein durchschnittlich erwartetes Einkommen darstellt, das als permanentes Einkommen bezeichnet wird.[1]

Damit kann KW_0 in Gleichung (1) durch Y_P angenähert werden. Der aufgrund dieses durchschnittlichen Einkommens geplante Konsum ist ebenfalls ein Durchschnittswert, der permanente Konsum (C_P). Wird weiter eine proportionale Beziehung zwischen Einkommen und Konsum unterstellt, so ergibt sich:

$$(5) \quad C_{P,t} = cY_{P,t}.$$

Die Größen C_P und Y_P sind nicht direkt beobachtbar; es gilt jedoch die Beziehung:

$$(6) \quad C_t = C_{P,t} + C_{tr,t}$$

$$(7) \quad Y_t = Y_{P,t} + Y_{tr,t},$$

d.h. der tatsächliche (beobachtbare) Konsum einer Periode t setzt sich aus einer permanenten ($C_{P,t}$) und einer transitorischen Komponente ($C_{tr,t}$) zusammen. Entsprechendes gilt für das Einkommen. Obige rein definitorischen Zusammenhänge erhalten empirischen Gehalt durch die Annahmen, daß einerseits die transitorischen Komponenten unabhängig sind von den permanenten Komponenten, und andererseits der transitorische Konsum unabhängig ist vom transitorischen Einkommen.

Die Unabhängigkeit zwischen transitorischem Konsum und permanentem Konsum einerseits sowie transitorischem Einkommen andererseits bedeutet, daß der transitorische Konsum für jeden einzelnen Haushalt eine Zufallsgröße mit Erwartungswert Null ist (z.B. mangelnde oder zufällige Kaufgelegenheit). Für die gesamte Volks-

---

[1]   Das permanente Einkommen entspricht der Verzinsung des menschlichen und nicht-menschlichen Vermögens.

wirtschaft gleichen sich diese Zufälle aus, so daß gilt $C_{tr,t} = 0$ und damit $C_{P,t} = C_t$.

Entsprechendes gilt für das Einkommen. Auch hier ist die transitorische Komponente für jeden einzelnen Haushalt eine Zufallsgröße mit dem Erwartungswert Null (z.B. gute bzw. schlechte Verdienstmöglichkeiten). Für die gesamte Volkswirtschaft gilt hingegen, daß die transitorische Komponente von der konjunkturellen Lage abhängt und sich somit bei der Aggregation nicht gegenseitig aufhebt. Es gilt vielmehr, daß im Boom gilt $Y_{tr} > 0$; in der Baisse entsprechend $Y_{tr} < 0$. Die Konsumfunktion (5) läßt sich somit wie folgt schreiben:

$$(8) \quad C_t = cY_{P,t}.$$

Damit bleibt schließlich noch das permanente Einkommen zu bestimmen. Dies geschieht mittels einer verteilten Verzögerung:

$$(9) \quad Y_{P,t} = \sum_{\tau=0}^{\infty} \lambda(1-\lambda)^\tau Y_{t-\tau}; \quad \sum_{\tau=0}^{\infty} \lambda(1-\lambda)^\tau = 1,$$

d.h. das permanente Einkommen der laufenden Periode ist gleich einem gewichteten Mittel aller Einkommen der Vergangenheit.[1]

Die permanente Einkommenshypothese ist in Abbildung I.13 graphisch veranschaulicht.

Nach der Konsumfunktion $C(Y_P)$ entspricht dem permanenten Einkommen $Y_{P,0}$ ein (tatsächlicher und zugleich permanenter) Konsum in Höhe von C_0. Das permanente Einkommen stelle das durchschnittliche Einkommen über einen Konjunkturzyklus dar. Dieses durchschnittliche Einkommen möge nun im Boom überschritten werden (Y_1). Wird angenommen, daß die Haushalte bei der Bestimmung des permanenten Einkommens das laufende Einkommen sowie das der Vorperiode (mit gleichem Gewicht) berücksichtigen, so

---

[1]   Zur Vereinfachung wird zunächst eine nicht wachsende Wirtschaft unterstellt. Schätzungen der permanenten Einkommenshypothese finden sich bspw. bei König, H., Konsumfunktionen, in: HdWW, Bd. 4, Stuttgart u.a. 1978, S. 513ff.

beträgt das erwartete permanente Einkommen nun $Y_{P,1}$. Entsprechend diesem Einkommen planen die Haushalte einen Konsum in
Höhe C_1. Da der geplante Konsum (gesamtwirtschaftlich) auch realisiert wird, sind C_1 und Y_1 beobachtbar, während $Y_{P,1}$ nicht beobachtbar ist. Werden somit die beobachtbaren Werte in Abbildung
I.13 miteinander verbunden, so ergibt sich die eingezeichnete Funktion $C(Y)$. Diese Funktion entspricht der keynesianischen absoluten
Einkommenshypothese. Nach der Meinung der Neoklassiker stellt
dieser Zusammenhang jedoch nur eine Scheinfunktion dar.

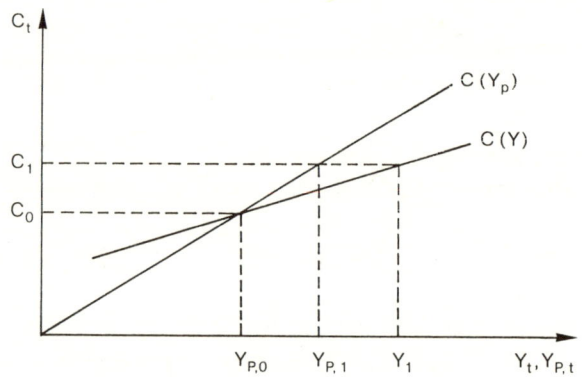

Abb. I.13:　*Die permanente Einkommenshypothese*

In Abbildung I.13 stellt $Y_{P,0}$ das durchschnittliche Einkommen
während eines Konjunkturzyklus dar. In einer wachsenden Wirtschaft
bleibt dieses Durchschnittseinkommen nun nicht konstant, vielmehr
steigt es an (in Gleichung (9) wäre noch ein entsprechender Trend-
faktor zu berücksichtigen). Damit wiederholt sich der dargestellte
Vorgang beim nächsten Konjunkturzyklus auf höherem Niveau des
permanenten Einkommens. Beträgt dieses höhere Niveau bspw. $Y_{P,1}$,
so ergibt sich eine neue Funktion $C(Y)$, die durch den Punkt
$C_1/Y_{P,1}$ verläuft (ähnlich wie Abbildung I.12).

Im dargestellten Beispiel wird im längerfristigen Durchschnitt das
permanente Einkommen realisiert, damit folgt die Konsumnachfrage

längerfristig der Funktion $C(Y_P)$, die eine konstante durchschnittliche Konsumneigung aufweist. Kürzerfristig hingegen kann das tatsächliche Einkommen vom permanenten Einkommen abweichen, wodurch der Konsum dann scheinbar durch die Funktion $C(Y)$ bestimmt wird, die eine abnehmende durchschnittliche Konsumneigung beinhaltet.

1.1.2 Die Investitionsnachfrage[1]

Investitionen lassen sich in Lager- und in Anlageinvestitionen unterscheiden. Die nachfolgenden Ausführungen beschränken sich auf Anlageinvestitionen (Ausrüstungen und Bauten).

Die gesamten Anlageinvestitionen (der gesamte Zugang an Anlagen) sind die sog. Brutto-Investitionen. Da die Anlagen im Produktionsprozeß abgenutzt werden, dient ein gewisser Teil der Brutto-Investitionen dem Ersatz dieser Abnutzungen, die sog. Ersatz- oder Re-Investitionen. Diese Ersatzinvestitionen werden üblicherweise als proportional zum Bestand der Anlagen (dem bestehenden Kapitalstock) angenommen. Die Differenz zwischen Brutto- und Ersatzinvestitionen sind die sog. Netto-Investitionen; sie verändern den Bestand der Anlagen (den bestehenden Kapitalstock), positive Nettoinvestitionen erhöhen den Kapitalstock und umgekehrt.

Nachfolgend soll die Höhe der Netto-Investitionen bestimmt werden. Hierzu ist es offensichtlich zunächst einmal erforderlich, den angestrebten (optimalen) Kapitalstock zu bestimmen.

(1) Der optimale Kapitalstock

Die gesamtwirtschaftliche Investitionsnachfrage wird mit Hilfe des Investitionsverhaltens eines repräsentativen Unternehmens bestimmt.

---

[1] Fuhrmann, W., Makroökonomik, a.a.O., S. 54ff; Krelle, W., Investitionsfunktion, Handwörterbuch der Wirtschaftswissenschaft, Bd. 4, Stuttgart u.a. 1978, S. 275ff; Westphal, U., Makroökonomik, a.a.O., S. 149ff; Woglom, G., Modern Macroeconomics, Glenview/London 1988, S. 487ff; Wohltmann, H.-W., Grundzüge der makroökonomischen Theorie, a.a.O., S. 121ff.

Die Investitionsnachfrage dieses Unternehmens folgt aus der Optimierung einer Zielfunktion unter Beachtung von Nebenbedingungen.

Ziel des betrachteten Unternehmens sei die Maximierung des Kapitalwerts der Unternehmung. Der Kapitalwert ist gleich der Summe der abdiskontierten Periodengewinne. Der Kapitalwert erreicht dann sein Maximum, wenn die Periodengewinne maximiert werden.

Der Periodengewinn ist gleich dem Erlös aus dem Verkauf des produzierten Gutes abzüglich den Faktorkosten zur Produktion dieses Gutes. Die Nebenbedingung beinhaltet nun den möglichen Faktoreinsatz in der Produktion, der durch folgende sog. Produktionsfunktion erfaßt wird, wobei als Produktionsfaktoren Arbeit (A) und Kapital (K) berücksichtigt werden:[1]

$$(1) \quad Y_t = Y(A_t, K_t)$$

mit:

$$(2) \quad \begin{array}{ll} \partial Y / \partial A_t > 0, & \partial Y / \partial K_t > 0 \\ \partial^2 Y / \partial A_t^2 > 0, & \partial^2 Y / \partial K_t^2 < 0. \end{array}$$

Die in (2) zusammengefaßten Eigenschaften der Produktionsfunktion besagen, daß die Produktionsmenge bei erhöhtem Einsatz auch nur eines Produktionsfaktors ansteigt; der sog. Grenzertrag der Produktionsfaktoren ($\partial Y / \partial A$ bzw. $\partial Y / \partial K$) ist positiv. Der Grenzertrag nimmt jedoch mit zunehmendem Faktoreinsatz ab ($\partial^2 Y / \partial A^2 < 0$ bzw. $\partial^2 Y / \partial K^2 < 0$).

Es wird nun angenommen, daß das Unternehmen in jeder Periode t eine bestimmte Produktionshöhe (Y_t) aufgrund entsprechender Nachfrageerwartungen plant.

Der Periodengewinn (Q) ist somit dann maximal, wenn die Kosten dieser vorgegebenen Produktionshöhe minimiert werden.[2] Die Zielfunktion lautet also, die Arbeits- und Kapitalkosten zu minimieren; die Nebenbedingung besagt, daß die vorgegebene Produktionshöhe

---

[1]   Siehe hierzu Abschnitt I.2.3, 1. dieses Kapitels.

[2]   Es wird Q $\geq$ 0 angenommen; bei Q < 0 würde die Produktion eingestellt.

realisiert wird (Gleichung (1)). Die Arbeitskosten sind gleich dem
Produkt aus Nominallohn (W) und Arbeitseinsatz, die Kapitalkosten
gleich dem Produkt aus Kapitalkosten pro Kapitaleinheit (q) und
dem Kapitalstock. Der optimale Faktoreinsatz läßt sich dann mit
Hilfe folgender Lagrange-Funktion (Λ) ermitteln:[1]

$$(3) \quad \min_{A_t, K_t, \mu} \Lambda = W_t A_t + q_t K_t + \mu[Y_t - Y(A_t, K_t)].$$

Die notwendigen Bedingungen für ein Kostenminimum lauten:

$$(4) \quad \begin{aligned} \frac{\partial \Lambda}{\partial A_t} &= W_t - \mu \frac{\partial Y}{\partial A_t} = 0 \\ \frac{\partial \Lambda}{\partial K_t} &= q_t - \mu \frac{\partial Y}{\partial K_t} = 0 \end{aligned}$$

sowie die Nebenbedingung (1), die aus $\partial \Lambda / \partial \mu = 0$ folgt.

Diese beiden Gleichungen (4) lassen sich wie folgt zusammenfassen:

$$(5) \quad \frac{\partial Y / \partial A_t}{\partial Y / \partial K_t} = \frac{W_t}{q_t} .$$

Gleichung (5) besagt, daß das Kostenminimum dann erreicht ist,
wenn das Verhältnis der Grenzerträge der beiden Faktoren gleich
dem Verhältnis der entsprechenden Kostensätze ist. Aus (2) folgt,
daß der Grenzertrag eines Faktors eine monoton abnehmende Funktion des Faktoreinsatzes ist. Damit gibt Gleichung (5) das optimale
Faktoreinsatzverhältnis an.

Bei gegebener Produktionshöhe ist der optimale Kapitalstock (K_t^*)
offensichtlich um so größer, je höher der Nominallohn und je niedriger der Kapitalkostensatz q ist. Da der optimale Kapitalstock
weiterhin mit der Produktionshöhe ansteigt (Gleichung (1)), läßt
sich zusammenfassen:

$$(6) \quad K_t^* = K(W_t, q_t, Y_t)$$

mit: $\quad \partial K / \partial W > 0; \quad \partial K / \partial q < 0; \quad \partial K / \partial Y > 0.$

---

[1] Siehe hierzu den mathematischen Anhang.

Entsprechend gilt für den optimalen Kapitalstock der Periode $t+1$:

$$(7) \quad K_{t+1}^* = K(W_{t+1}, q_{t+1}, Y_{t+1}).$$

Damit müssen in der Periode t (Netto-)Investitionen I_t^* in Höhe von:

$$(8) \quad I_t^* = K_{t+1}^* - K_t^*,$$

getätigt werden, damit in der Periode $t+1$ der optimale Kapitalstock realisiert wird.

(2) Die Investitionstätigkeit

Im vorangehenden Abschnitt wurde unterstellt, daß der optimale Kapitalstock über eine entsprechende Investitionstätigkeit jederzeit realisiert werden kann. Diese Annahme wird nachfolgend aufgegeben.

(2.1) Geplante und realisierte Investitionen

Es wird hier angenommen, daß das betrachtete Unternehmen den obigen Investitionsplan aufgrund von Anpassungskosten nicht in einer einzigen Periode realisiert, sondern diese Investitionen über mehrere Perioden verteilt.[1,2] Eine häufige Hypothese bezüglich dieser Zeitverteilung besagt, daß in jeder Periode $(t+\tau)$ ein bestimmter Teil $(a_{t+\tau})$ der Investitionspläne der Periode t (I_t^*) durchgeführt wird, wobei dieser Anteil mit dem Abstand zur laufenden Periode t geometrisch abnimmt $[a_{t+\tau} = \lambda(1-\lambda)^\tau]$. Hierbei gilt:

$$\sum_{\tau=0}^{\infty} \lambda(1-\lambda)^\tau = 1; \qquad 0 < \lambda < 1,$$

d.h. die Investitionspläne werden im Laufe der Zeit in vollem Umfang realisiert.

---

[1]   Diese Anpassungskosten können bspw. in steigenden Preisen für die Investitionsgüter aufgrund knapper Kapazitäten bestehen, was in der vorliegenden Ein-Gut-Wirtschaft jedoch nicht darstellbar ist.

[2]   Der eilige Leser kann mit Gleichung (13) fortfahren.

Die durchgeführten Investitionen (I_t) der Periode t umfassen somit:

(1) $\quad I_t = \lambda I^* + \lambda(1-\lambda)I^*_{t-1} + \lambda(1-\lambda)^2 I^*_{t-2} + \dots$

bzw.:

(2) $\quad I_t = \sum\limits_{\tau=0}^{\infty} \lambda(1-\lambda)^\tau I^*_{t-\tau},$

oder:

(3) $\quad I_t = \lambda I^*_t + \sum\limits_{\tau=1}^{\infty} \lambda(1-\lambda)^\tau I^*_{t-\tau}.$

Die rechte Seite der Gleichung (3) läßt sich auf den optimalen Kapitalstock (K^*):

(4) $\quad K^*_{t+1} = \sum\limits_{\tau=0}^{\infty} I^*_{t-\tau}$

und den realisierten Kapitalstock (K):

(5) $\quad K_t = \sum\limits_{\tau=0}^{\infty} I_{t-\tau-1}$

zurückführen.

Unter Beachtung von Gleichung (2) läßt sich für Gleichung (5) schreiben:

(6) $\quad K_t = \sum\limits_{\tau=0}^{\infty} \left[\sum\limits_{i=0}^{\tau} \lambda(1-\lambda)^i \right] I^*_{t-\tau-1}$

bzw.:

(7) $\quad K_t = \sum\limits_{\tau=0}^{\infty} \varphi_\tau I^*_{t-\tau-1}$

mit: $\quad\quad \varphi_\tau = \sum\limits_{i=0}^{\tau} \lambda(1-\lambda)^i.$

Die Differenz zwischen optimalem und realisiertem Kapitalstock ist:

(8) $\quad K^*_{t+1} - K_t = \sum\limits_{\tau=0}^{\infty} I^*_{t-\tau} - \sum\limits_{\tau=0}^{\infty} \varphi_\tau I^*_{t-\tau-1}$

bzw.:

(9) $\quad K^*_{t+1} - K_t = I^*_t + \sum\limits_{\tau=0}^{\infty} (1-\varphi_\tau)I^*_{t-\tau-1}$

oder:

$$(10) \quad K^*_{t+1} - K_t = I^*_t + \sum_{\tau=1}^{\infty} (1 - \varphi_{\tau-1}) I^*_{t-\tau}.$$

Nun gilt:

$$(11) \quad 1 - \varphi_{\tau-1} = (1-\lambda)^\tau$$

und somit:

$$(12) \quad K^*_{t+1} - K_t = I^*_t + \sum_{\tau=1}^{\infty} (1-\lambda)^\tau I^*_{t-\tau}.$$

Unter Berücksichtigung von Gleichung (12) läßt sich schließlich für Gleichung (3) schreiben:

$$(13) \quad I_t = \lambda(K^*_{t+1} - K_t).$$

Gleichung (13) ist die gesuchte Investitionsfunktion, die als flexibler Akzelerator bezeichnet wird. Die Funktion besagt, daß die Investitionstätigkeit (der Periode t) proportional zur Differenz zwischen dem optimalen Kapitalstock (der Periode t+1) und dem realisierten Kapitalstock (der Periode t) ist. Bei gegebenem K_t ist die Investitionsnachfrage also um so größer, je größer K^*_{t+1} ist, d.h. je niedriger die Kapitalkosten sind bzw. je höher der Lohnsatz oder die Nachfrage sind:

$$(14) \quad I_t = I(W_{t+1}, q_{t+1}, Y_{t+1})$$

mit: $\quad \partial I/\partial W > 0; \quad \partial I/\partial q < 0; \quad \partial I/\partial Y > 0.$

Im Rahmen der Investitionstheorie richtet sich das Interesse vor allem auf den Zusammenhang zwischen Investitionsnachfrage und Kapitalkosten.

(2.2) Kapitalkosten und Investitionstätigkeit

Die sog. Leih- oder Gebrauchskosten (rental costs, user costs) des Kapitals q_t setzen sich aus drei Komponenten zusammen:

- Den Zinskosten als tatsächliche oder kalkulatorische Zinszahlungen auf den Wert des Kapitalstocks zu Preisen der Vorperiode;[1] pro Kapitaleinheit fallen dann Zinskosten in Höhe von $r_{t-1}P_{t-1}$ an.

- Den Abschreibungen ebenfalls auf den Wert des Kapitalstocks zu Preisen der Vorperiode; ist δ die Abschreibungsrate, so betragen die Abschreibungen pro Kapitaleinheit δP_{t-1}.

- Dem Kapitalgewinn aufgrund von Preissteigerungen; da dieser Gewinn jedoch nur auf den noch nicht abgeschriebenen Teil des Kapitalstocks anfällt, ergibt sich pro Kapitaleinheit eine Verringerung der Kosten um $(P_t-P_{t-1})(1-\delta)$.

Damit folgt für q_t:

$$(1) \qquad q_t = r_{t-1}P_{t-1}+\delta P_{t-1}-(P_t-P_{t-1})(1-\delta).$$

Umstellung liefert:

$$(2) \qquad q_t = (r_{t-1}-\hat{P}_t)\frac{P_{t-1}}{P_t}+\delta$$

mit: $\qquad \hat{P}_t = (P_t-P_{t-1})/P_{t-1}.$

In Gleichung (2) gibt r den Marktzins an; dies ist eine nominelle Größe. Die Differenz zwischen dem nominellen Zinssatz und der Inflationsrate ($\hat{P}$) ist der Realzins. Damit umfaßt der Kapitalkostensatz den Realzins, wobei die reale Zinsbelastung bei steigenden Preisen entsprechend verringert wird (P_{t-1}/P_t), sowie die Abschreibungen.

Bei gemäßigter Inflation wird vielfach die Inflationsrate in Gleichung (2) vernachlässigt, so daß der nominelle Zinssatz als Determinante der Investitionsnachfrage erscheint. In Abbildung I.14 wurde diesem Vorgehen gefolgt.[2]

---

[1]   Das Unternehmen könnte den Kapitalstock am Ende der Periode $t-1$ zum Preis P_{t-1} verkaufen und den Erlös zum Zinssatz r_{t-1} anlegen.

[2]   Sachverständigenrat zur Begutachtung der gesamtwirtschaftlichen Entwicklung, Jahresgutachten 1993/94, Tabellen 6* und 36*.

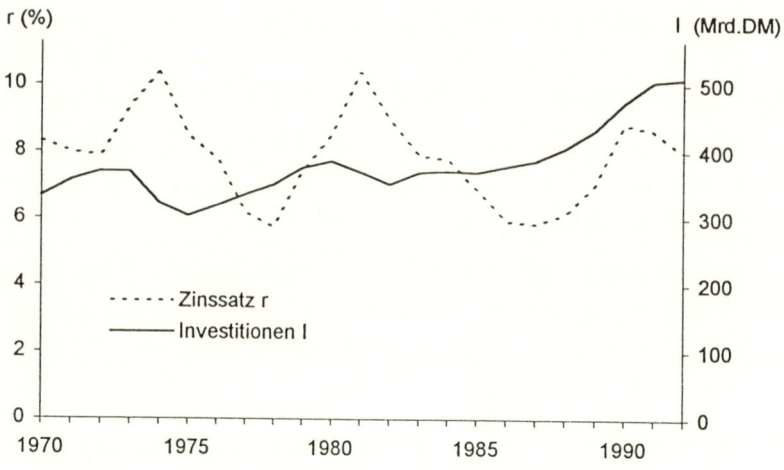

Abb. I.14:   *Zinsabhängigkeit der Investitionsnachfrage*

Wie Abbildung I.14 entnommen werden kann, reagiert die Investitionstätigkeit deutlich auf eine Zinsänderung. Bei steigendem Zinssatz geht die Investitionstätigkeit zurück und umgekehrt, wobei eine gewisse Zeitverzögerung zu beobachten ist.

In Gleichung (2) stellt der Marktzins r den Diskontierungsfaktor dar.[1] Dieser Zinssatz entspricht somit dem Sollzins bei Fremdfinanzierung des Kapitals bzw. dem Habenzins bei Selbstfinanzierung (Opportunitätskosten). Soll- und Habenzins stimmen jedoch nur bei vollkommenem Kapitalmarkt überein.

Unterscheiden sich Soll- und Habenzins bei unvollkommmenem Kapitalmarkt, so stellt r in Gleichung (2) einen Kalkulationszinssatz als gewichtetes Mittel aus diesen beiden Zinssätzen dar, wobei der Anteil der jeweiligen Finanzierungsart an der Gesamtfinanzierung als Gewichtungsfaktor dient:

---

[1]   Der eilige Leser kann die weiteren Ausführungen dieses Abschnitts überschlagen.

$$(3) \quad r \quad = r_h \cdot \varphi + r_s(1-\varphi)$$

mit: r_h = Habenzinssatz, r_s = Sollzinssatz;

         φ = Selbstfinanzierungsquote,

         $(1-\varphi)$ = Fremdfinanzierungsquote.

Die Selbstfinanzierungsquote ist um so größer, je höher die (einbehaltenen) Gewinne der Unternehmung sind. Da $r_h < r_s$ gilt, sind dann der Kalkulationszinssatz und damit die Leihkosten des Kapitals entsprechend niedriger, woraus eine höhere Investitionsnachfrage folgt.

Bei der obigen Darstellung der Investitionstheorie wurde zur Vereinfachung von Steuerzahlungen abgesehen. Es soll nun noch untersucht werden, welchen Einfluß eine Gewinnsteuer auf die Höhe der Investitionstätigkeit hat.

Es wird angenommen, daß der steuerlich relevante Gewinn gleich der Differenz zwischen den Erlösen ($P_t Y_t$) und den Faktorkosten ist. Während die Lohnkosten voll abzugsfähig sind, werden von den Kapitalkosten die Zinskosten und die Abschreibungen mit der Konstante δ_s anerkannt. Beträgt der Steuersatz φ, so erhöhen sich die Kosten um $\varphi(P_t Y_t - W_t A_t - r_{t-1} P_{t-1} K_t - \delta_s P_{t-1} K_t)$. Unter Beachtung dieser Kosten folgt für das optimale Faktoreinsatzverhältnis:

$$(4) \quad \frac{A_t}{K_t} = F\left[\frac{(1-\varphi)W_t}{q_t - \varphi P_{t-1}(r_{t-1}+\delta_s)}\right]$$

bzw.

$$(5) \quad \frac{A_t}{K_t} = F\left[\frac{(1-\varphi)W_t}{(r_{t-1}-\hat{P}_t)\frac{P_{t-1}}{P_t} + \delta - \varphi \frac{P_{t-1}}{P_t}(r_{t-1}+\delta_s)}\right] \, .$$

Gilt $P_t = P_{t-1}$ und $\delta = \delta_s$, so reduziert sich Gleichung (5) auf:

$$(6) \quad \frac{A_t}{K_t} = F\left[\frac{(1-\varphi)W_t}{(1-\varphi)q_t}\right] \, ,$$

d.h. sowohl das optimale Faktoreinsatzverhältnis als auch die Investitionsnachfrage bleiben trotz Besteuerung der Gewinne unverändert.

Gilt hingegen $\delta_s < \delta$, so steigen die Kapitalkosten relativ zu den Arbeitskosten an, so daß sich das optimale Faktoreinsatzverhältnis zugunsten der Arbeit verändert. Mit verbesserten Abschreibungsmöglichkeiten erhöhen sich der optimale Kapitalstock und die Investitionsnachfrage.

Werden die Kapitalgewinne infolge von Preissteigerungen $(P_t > P_{t-1})$ steuerlich nicht erfaßt, so sind die realen Zinskosten nach Steuer $[(1-\varphi)r_{t-1}-\hat{P}_t]$ kleiner als bei steuerlicher Erfassung $[(1-\varphi)(r_{t-1}-\hat{P}_t)]$. Dieser Effekt sowie die Verringerung der realen steuerlichen Belastung $[\varphi(r_{t-1}+\delta_s)P_{t-1}/P_t]$ führt zu einer Erhöhung des optimalen Kapitalstocks und der Investitionsnachfrage.

(2.3) Der naive Akzelerator[1]

Wie dargestellt wurde, hängt der optimale Kapitalstock von dem Faktorpreisverhältnis sowie von der Produktionshöhe ab. Bei konstantem Faktorpreisverhältnis und proportionaler Beziehung zwischen optimalem Kapitalstock und Produktionshöhe läßt sich schreiben:

$$(1) \quad K_t^* = kY_t.$$

Der Faktor k gibt an, wieviel Kapital pro Outputeinheit (K^*/Y) eingesetzt wird; k ist der sog. Kapitalkoeffizient, er ist, wie empirische Untersuchungen zeigen, größer als eins. Entsprechend gilt:

$$(2) \quad K_{t+1}^* = kY_{t+1}.$$

Vielfach wird nun zur Vereinfachung auf die obige Annahme der sofortigen Realisierbarkeit des optimalen Kapitalstocks zurückgegriffen:

$$(3) \quad I_t = K_{t+1}^* - K_t^*.$$

Unter Beachtung der Gleichungen (1) und (2) folgt hieraus:

$$(4) \quad I_t = k(Y_{t+1}-Y_t).$$

---

[1]   Auf diese Investitionstheorie wird im V. Kapitel zurückgegriffen.

Gleichung (4) stellt die sog. naive Akzeleratortheorie dar. Hiernach ist die Investitionstätigkeit proportional zur Änderung der Produktionshöhe bzw. der Güternachfrage. Der Proportionalitätsfaktor k wird als Akzelerator(koeffizient) bezeichnet.

Da die Investitionen nach Gleichung (4) proportional zur Änderung der Güternachfrage sind, nehmen sie zu, solange die Nachfrageänderung größer wird; sie erreichen ihren höchsten Wert, wenn die Nachfrageänderung am größten ist. Steigt die Nachfrage dann mit geringeren Änderungen weiter an, so gehen die Investitionen bereits zurück. Sobald die Nachfrage ihr neues Niveau erreicht hat, sinken die Investitionen auf Null.

Aus Gleichung (4) folgt nach Division durch Y_t:

$$(5) \quad \frac{I_t}{Y_t} = k \, \frac{Y_{t+1} - Y_t}{Y_t} \, .$$

Nach Gleichung (5) ist die Investitionsquote (I/Y) proportional zur Wachstumsrate der Güternachfrage $[w_Y = (Y_{t+1} - Y_t)/Y_t]$. Die Wachstumsrate stellt wiederum einen Erwartungswert dar; bei statischen Erwartungen gilt:

$$(6) \quad \frac{Y_{t+1} - Y_t}{Y_t} = \frac{Y_t - Y_{t-1}}{Y_{t-1}} \, .$$

Damit ergibt sich aus Gleichung (5):

$$(7) \quad \frac{I_t}{Y_t} = k \, \frac{Y_t - Y_{t-1}}{Y_{t-1}} \, .$$

Die empirisch beobachteten Werte sind in Abbildung I.15 dargestellt.[1]

Abbildung I.15 zeigt deutlich eine gleichgewichtete Bewegung der Investitionsquote und der Wachstumsrate des realen Bruttosozialprodukts (BSP). Jedoch sind die nach den bisherigen Ausführungen zu erwartenden stärkeren Ausschläge der Investitionsquote (k > 1)

---

[1] Sachverständigenrat zur Begutachtung der gesamtwirtschaftlichen Entwicklung, Jahresgutachten 1993/94, Tabellen 27* und 30*.

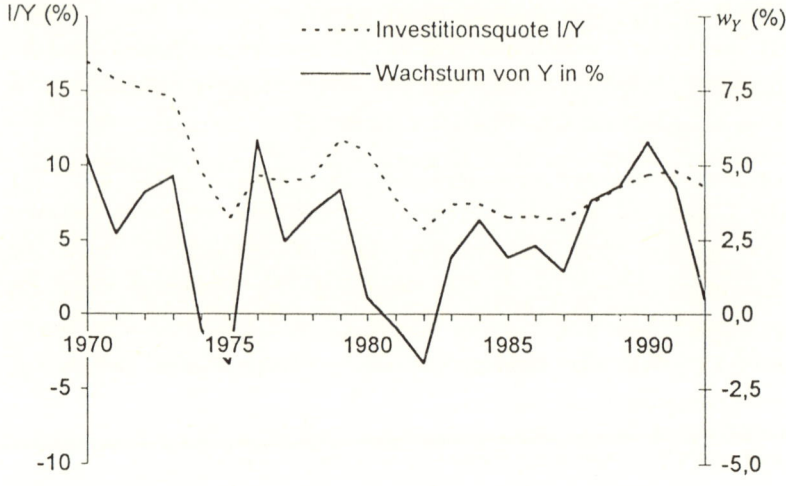

Abb. I.15: *Investitionsquote und Wachstumsrate des realen BSP*

nicht zu beobachten. Dies ist zum einen darauf zurückzuführen, daß die Erwartungsbildungshypothese (6) sehr einfach ist. Wird die erwartete Wachstumsrate als gewichtetes Mittel der vergangenen Wachstumsraten gebildet, so bewirkt dies eine Glättung der Zeitreihe für w_Y. Zum anderen bleibt zu beachten, daß die Durchführung der geplanten Investitionen eine gewisse Zeit erfordert, wodurch die Ausschläge der Zeitreihe für I/Y vermindert werden.

1.2 Das makroökonomische Modell I[1]

In diesem Abschnitt wird zunächst eine erste (vereinfachte) Version eines makroökonomischen Totalmodells dargestellt. Dieser Version liegt die Annahme zugrunde, daß Zinssatz und Preisniveau exogen vorgegeben sind. Daran anschließend wird mit Hilfe dieses Modells die wirtschaftliche Situation bestimmt.

---

[1]   Branson, W.H., Makroökonomie, a.a.O., S. 31ff; Otruba, H. u.a., Makroökonomik, Wien/New York 1992, S. 159ff; Woglom, G., Modern Macroeconomics, a.a.O., S. 55ff; Wohltmann, H.-W., Grundzüge der makroökonomischen Theorie, a.a.O., S. 42ff.

1.2.1 Formulierung des Modells

Die wirtschaftliche Situation, erfaßt durch die Höhe des Volkseinkommens, wird durch Angebot und Nachfrage auf dem Gütermarkt
bestimmt. Bezüglich des Güterangebots (Y^a) wurde angenommen,
daß dieses (bei dem geltenden Preisniveau) vollkommen elastisch ist
und sich somit jederzeit an die Güternachfrage (Y^n) anpaßt. Unter
Beachtung, daß das reale Volkseinkommen (Y) gleich der produzierten Gütermenge ist, läßt sich somit schreiben:

$$(1) \quad Y^a = Y^n = Y.$$

Die Güternachfrage umfaßt die Konsumnachfrage der Haushalte, die
Investitionsnachfrage der Unternehmer sowie die Staatsnachfrage.
Bezüglich der Konsumnachfrage wird auf die absolute Einkommenshypothese zurückgegriffen; bezüglich der Investitionsnachfrage wird
die Zinsabhängigkeit berücksichtigt.

Unter der Annahme eines konstanten Zinssatzes (vollkommen elastisches Geldangebot) nimmt die Investitionsnachfrage einen ganz
bestimmten Wert an (I_0). Die Staatsnachfrage ist exogen vorgegeben
und sei konstant (G). Wird auf die obige lineare Konsumfunktion
zurückgegriffen, so läßt sich für die Güternachfrage schreiben:[1]

$$(2) \quad Y^n = \bar{C} - cT + cY + I_0 + G.$$

Die erste Version des Makro-Modells umfaßt somit diese beiden
Gleichungen.

1.2.2 Lösung des Modells

Nachfolgend wird zunächst die Höhe des Volkseinkommens im
Gleichgewicht bestimmt (Existenz eines Gleichgewichts); daran
anschließend wird die Stabilität des Gleichgewichts untersucht.

---

[1] Ohne Spezifizierung der Konsumfunktion läßt sich das Volkseinkommen
nicht bestimmen.

(1) Existenz eines Gleichgewichts

Die obigen beiden Gleichungen lassen sich zu folgender Gleichgewichtsbedingung zusammenfassen:

(3) $Y = \bar{C} - cT + cY + I_0 + G.$

Hieraus folgt für das gleichgewichtige Volkseinkommen (Y^*):[1]

(4) $Y^* = \dfrac{1}{1-c} (\bar{C} - cT + I_0 + G).$

Unter Beachtung von $0 < c < 1$ sowie $(\bar{C} - cT + I_0 + G) > 0$
existiert somit nach Gleichung (4) ein eindeutiges, ökonomisch
sinnvolles $(Y^* > 0)$ Gleichgewicht.

Bei $0 < c < 1$ gilt $[1/(1-c)] > 1$, d.h. das Gleichgewichtseinkommen (endogene Größe) ist ein Vielfaches der exogenen Größen.[2]
Der Ausdruck $[1/(1-c)]$ wird als Multiplikator bezeichnet. Der Wert
des Multiplikators ist offensichtlich um so größer, je größer die
marginale Konsumneigung ist.

Die Gleichgewichtslösung ist in Abbildung I.16 graphisch dargestellt.
Zunächst wird die Konsumnachfrage $C(Y)$ eingezeichnet. Zu dieser
Konsumnachfrage werden noch die konstante Investitions- und die
Staatsnachfrage addiert (Parallelverschiebung der Kurve $C(Y)$ nach
oben), so daß sich die gesamte Güternachfrage Y^n ergibt. Weiter
enthält diese Abbildung die 45°-Linie, die dadurch ausgezeichnet
ist, daß jeder Punkt auf dieser Geraden von beiden Achsen gleich
weit entfernt ist.

Das gesuchte Gleichgewicht ist im Schnittpunkt zwischen der Kurve
der Güternachfrage (Y^n) und der 45°-Geraden erreicht.

---

[1]   Sog. Gleichgewicht auf dem Gütermarkt (bei vorgegebenem Zinssatz und
       Preisniveau).

[2]   Dieser Zusammenhang wird in nachfolgendem Abschnitt 1.2.3 näher
       erläutert.

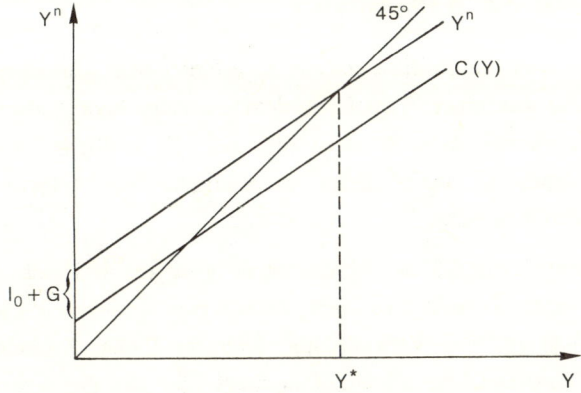

Abb. I.16: *Bestimmung des Gleichgewichtseinkommens*

Das gleichgewichtige Volkseinkommen entsteht aufgrund der Güternachfrage:

$$(5) \quad Y = C(Y) + I_0 + G.$$

Dieses Gleichgewichtseinkommen kann wie folgt verwendet werden:

$$(6) \quad Y = C(Y) + S(Y) + T.$$

Aus den Gleichungen (5) und (6) ergibt sich unmittelbar:

$$(7) \quad I_0 + G = S(Y) + T.$$

Gleichung (7) läßt sich wie folgt kreislauftheoretisch interpretieren: Zum Unternehmenssektor hin fließt die Güternachfrage. In Höhe dieser Güternachfrage entsteht Einkommen, das an den Haushaltssektor fließt, woraus erneut die Güternachfrage (des Haushaltssektors) folgt. Damit das Einkommen konstant bleibt (Gleichgewicht), muß der Nachfrageausfall seitens des Haushaltssektors (nämlich S und T) durch zusätzliche Nachfrage der übrigen Sektoren (nämlich I + G) ausgeglichen werden.

(2) Stabilität des Gleichgewichts

Im Rahmen der Stabilitätsanalyse wird untersucht, inwieweit endogene Kräfte aus einer Ungleichgewichtssituation heraus zum Gleichgewicht hinführen. Gesucht wird hier also die zeitliche Entwicklung
des Einkommens, wenn dieses ursprünglich von seinem Gleichgewichtswert abweicht.

Der gesuchte Zeitpfad des Einkommens gibt an, wie sich das Einkommen einer Periode aus dem Einkommen früherer Perioden ergibt, d.h. es ist eine Verknüpfung unterschiedlicher Perioden erforderlich. Diese zeitliche Verknüpfung folgt hier aus der Konsumfunktion.

Gemäß der absoluten Einkommenshypothese hängt die Konsumnachfrage vom verfügbaren Einkommen ab. Zum Zeitpunkt der Aufstel-
lung des Konsumplans, nämlich zu Beginn einer Periode, ist das
verfügbare Einkommen während dieser Periode jedoch noch nicht
bekannt. Die Haushalte müssen somit bestimmte Erwartungen
bezüglich des verfügbaren Einkommens bilden. Unter der Annahme,
daß die (konstante) Pauschalsteuer (T) bekannt ist, richten sich
diese Erwartungen auf die Höhe des Volkseinkommens (Y^e):

$$(8) \quad C_t = C(Y_t^e).$$

Damit bleibt nun noch anzugeben, wie die Haushalte ihre Erwartungen bilden. Werden - als einfaches Beispiel - statische Erwartungen
angenommen, so gilt:

$$(9) \quad Y_t^e = Y_{t-1}.$$

Aus den Gleichungen (3), (8) und (9) ergibt sich nun folgende
Differenzengleichung für Y:

$$(10) \quad Y_t = \Phi + cY_{t-1}; \qquad \Phi = \bar{C} - cT + I_0 + G \ (= \text{const.}).$$

Die Lösung dieser Gleichung setzt sich aus obiger Gleichgewichtslösung und der allgemeinen Lösung der homogenen Form

$Y_t - cY_{t-1} = 0$ zusammen.[1] Letztere lautet:

$$(11) \quad \tilde{Y}_t = \Psi c^t; \qquad \Psi = Y_0 - Y^*.$$

Damit ergibt sich für den gesuchten Zeitpfad des Einkommens:

$$(12) \quad Y_t = Y^* + \Psi c^t.$$

Da die marginale Konsumneigung kleiner als eins ist, geht der Ausdruck Ψc^t mit $t \to \infty$ gegen Null. Damit nähert sich das Volkseinkommen im Laufe der Zeit seinem Gleichgewichtswert, d.h. das Gleichgewicht ist stabil.[2]

Die Stabilitätsanalyse ist in Abbildung I.17 graphisch veranschaulicht. Es wird angenommen, daß die Haushalte in der Periode $t = 1$ das Einkommen $Y_0 > Y^*$ erwarten.

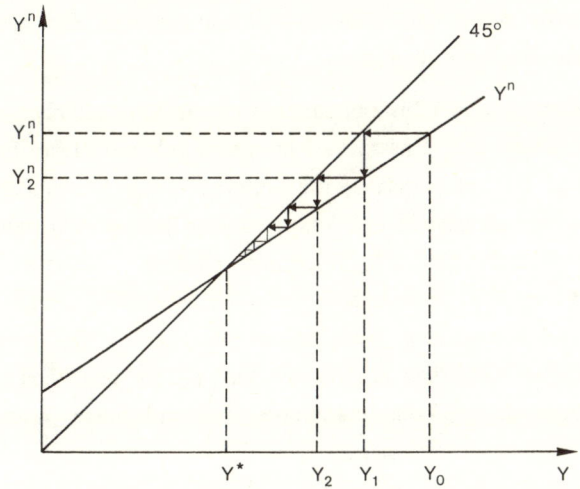

Abb. I.17: *Zeitliche Entwicklung des Einkommens*

---

1 Siehe hierzu den mathematischen Anhang.
  Unter Beachtung von Gleichung (8) zeigt sich, daß das Gleichgewicht dann erreicht ist, wenn die Einkommenserwartungen korrekt sind.

2 Der Nachweis der Stabilität gilt streng genommen nur für das gewählte Beispiel.

Bei einem erwarteten Einkommen von Y_0 beträgt die gesamte Güternachfrage Y_1^n, was zu einem realisierten Einkommen in Höhe von Y_1 führt.[1] Wird nun für die nächste Periode das Einkommen Y_1 erwartet, so stellt sich die Nachfrage Y_2^n ein, das Einkommen beträgt dann Y_2 usw. Das Einkommen nähert sich also schrittweise seinem Gleichgewichtswert, wie durch die Pfeile angedeutet ist.

1.2.3 Ergänzung: Die IS-Kurve

Im vorangehenden Abschnitt wurde die wirtschaftliche Situation - erfaßt durch das gleichgewichtige Volkseinkommen - bei vorgegebenem Zinssatz und Preisniveau bestimmt. Im Rahmen der endgültigen Formulierung des Gesamtmodells sollen jedoch neben dem Volkseinkommen auch Zinssatz und Preisniveau endogen erklärt werden. Für die endogene Bestimmung des Zinssatzes ist es erforderlich, den Zusammenhang zwischen Einkommen und Zinssatz abzuleiten. Es wird deshalb noch das Gleichgewichtseinkommen für alternative, vorgegebene Zinssätze abgeleitet.

Die Ableitung des Zusammenhangs zwischen gleichgewichtigem Volkseinkommen und Zinssatz erfolgt graphisch mit Hilfe der Abbildung I.18 a. Hier ist zunächst die Güternachfrage bei Gültigkeit des Zinssatzes r_0 dargestellt $[Y^n(r_0)]$; das Gleichgewichtseinkommen beträgt in diesem Fall Y_0^*. Wird ein niedriger Zinssatz $r_1 < r_0$ vorgegeben, so folgt eine höhere Investitionsnachfrage, was zu einer Parallelverschiebung der Nachfragekurve nach $Y^n(r_1)$ führt; das Gleichgewichtseinkommen erhöht sich auf Y_1^*. Es zeigt sich also, daß das gleichgewichtige Volkseinkommen mit sinkendem Zinssatz ansteigt.

Für die weitere Analyse ist es zweckmäßig, die beiden endogenen Größen Einkommen und Zinssatz wie in Abbildung I.18 b auf den Koordinatenachsen abzutragen. Die Verbindungslinie der sich entsprechenden Zins-Einkommens-Kombinationen $(r_0/Y_0; r_1/Y_1)$ wird

---

[1]   Die 45°-Gerade besitzt die Eigenschaft, daß jeder Punkt von beiden Achsen gleich weit entfernt ist. Damit folgt unmittelbar $Y_1 = Y_1^n$.

als IS-Kurve bezeichnet. In dieser Bezeichnung kommt die Gleichgewichtsbedingung $(I+G) = (S+T)$ zum Ausdruck, die sich in
Abwesenheit des Staates auf $I = S$ reduziert.

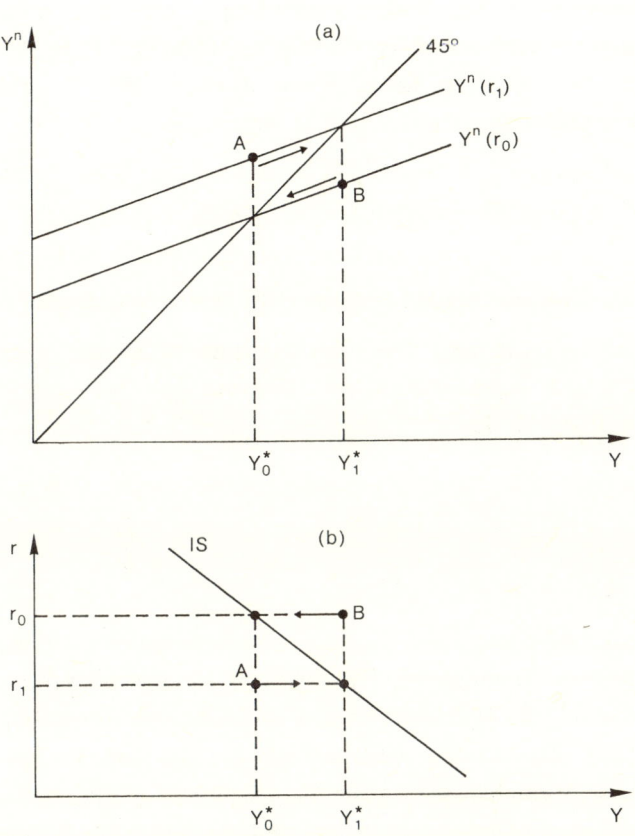

Abb. I.18: *Ableitung der IS–Kurve*

Wie oben dargestellt wurde, ist das jeweilige Gleichgewicht stabil.
Aus den Ungleichgewichtssituationen r_1/Y_0 oder r_0/Y_1 wird somit
das jeweilige Gleichgewicht r_1/Y_1 bzw. r_0/Y_0 erreicht, wie durch die
Pfeile in Abbildung I.18 angedeutet wird. Außerhalb der IS-Kurve
treten also Kräfte auf, die zu dieser Kurve hinführen.

Die IS-Kurve hat einen fallenden Verlauf: Einem niedrigeren Zinssatz entspricht ein höheres Gleichgewichtseinkommen. Der Verlauf
der IS-Kurve ist um so flacher, je größer die Änderung des Gleichgewichtseinkommens bei einer gegebenen Zinsänderung ist.

Zur Bestimmung der Einkommensänderung bei einer bestimmten
Zinsänderung wird auf obige Gleichgewichtslösung (4) zurückgegrif-
fen, die die Gleichung der IS-Kurve darstellt. Wird I_0 durch die
Investitionsfunktion $\bar{I}+ir$ mit $i < 0$ ersetzt, so gilt:[1]

$$(1) \quad Y^* = \frac{1}{1-c}\,[\bar{C}-cT+\bar{I}+ir+G)]$$

mit $\bar{I}$ als zinsunabhängiger (exogener) Investitionsnachfrage.

Die gesuchte Änderung des Gleichgewichtseinkommens ergibt sich
mittels totaler Differentiation der Gleichung (1). Bei $d\bar{C} = dT =$
$= d\bar{I} = dG = 0$ folgt:[2]

$$(2) \quad dY^* = \frac{1}{1-c}\,idr$$

mit: $i = dI/dr < 0.$

Bei gegebener Zinsänderung (dr) ist die Einkommensänderung gleich
dem Produkt aus Multiplikator und zinsinduzierter Investitionsänderung (idr). Die Einkommensänderung ist also um so größer, je
größer der Multiplikator und die Zinsreagibilität (Zinselastizität) der
Investitionen (i) sind.

---

[1] $\bar{I}$ stellen zinsunabhängige Investitionen dar.

[2]   Sind die Konsum- und Investitionsfunktion nicht näher spezifiziert, so
     lautet die Gleichgewichtsbedingung:

$$Y = C(Y-T)+I(r)+G.$$

Totale Differentiation liefert:

$$dY = cdY+idr \quad \text{mit:} \quad c = dC/dY, \quad i = dI/dr,$$

was wiederum Gleichung (2) ergibt.

Bei dieser Einkommensänderung aufgrund einer Zinsänderung handelt es sich um eine Bewegung entlang einer gegebenen IS-Kurve, bspw. von r_0/Y_0^* nach r_1/Y_1^* in Abbildung I.18 b oder entlang IS_1 in Abbildung I.19 b.

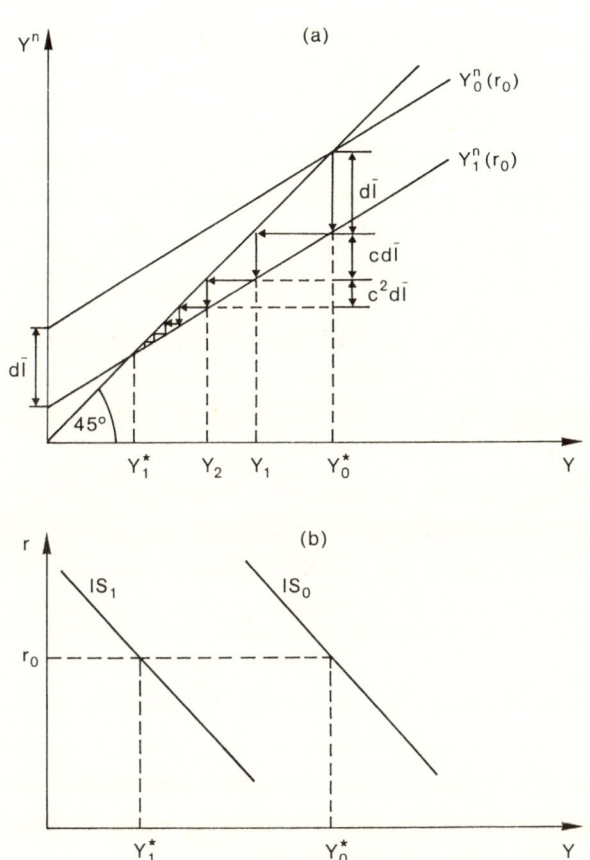

Abb. I.19: *Multiplikator–Prozeß*

Von dieser Bewegung entlang einer gegebenen IS-Kurve ist eine Veränderung der Lage dieser Kurve zu unterscheiden. Die Lage der IS-Kurve wird durch die exogenen Größen in Gleichung (1) bestimmt (durch die Determinanten, die nicht auf den Achsen erscheinen). Eine Veränderung dieser Größen führt dann zu einer Verschiebung der IS-Kurve. Wird bspw. ein Rückgang der zinsunabhängigen Investitionsnachfrage um $d\bar{I}$ (< 0) betrachtet, so sinkt das Gleichgewichtseinkommen bei konstantem Zinssatz um (totales Differential der Gleichung (1) mit $d\bar{C} = dT = dG = dr = 0$):

$$(3) \quad dY^* = \frac{1}{1-c} \, d\bar{I},$$

d.h. von Y_0^* auf Y_2^* in Abbildung I.19 a; die IS-Kurve verlagert sich in Abbildung I.19 b um diesen Betrag nach links (von IS_0 nach IS_1). Die Verschiebung der IS-Kurve ist offensichtlich um so ausgeprägter, je größer der Multiplikator ist.

Anhand dieses Beispiels läßt sich die multiplikative Wirkung exogener Größen auf das Volkseinkommen sehr einfach erklären. Ein Ausgangsgleichgewicht (Y_0^* als Schnittpunkt der Nachfragekurve $Y_0^D(r_0)$ mit der 45°-Geraden in Abbildung I.19 a) wird durch einen Rückgang der exogenen (autonomen) Investitionsnachfrage in der Periode 1 um $d\bar{I}$ (< 0) gestört. Dies führt bei noch unveränderten Einkommenserwartungen zu einem Rückgang der Nachfrage und damit des Einkommens in der gleichen Periode um ebenfalls $d\bar{I}$ (von Y_0^* auf Y_1).

Korrigieren die Haushalte in der nächsten Periode ihre Einkommenserwartungen um $d\bar{I}$ (sie erwarten in der Periode 2 wiederum das Einkommen der Periode 1), so geht die Konsumnachfrage um $c\,d\bar{I}$ zurück, so daß Nachfrage und Einkommen in der Periode 2 noch einmal um $c\,d\bar{I}$ sinken (von Y_1 auf Y_2).

Eine erneute Erwartungskorrektur in der Periode 3 um $c\,d\bar{I}$ hat eine weitere Änderung der Konsumnachfrage und damit des Einkommens um $c \cdot c\,d\bar{I}$ ($= c^2 d\bar{I}$) zur Folge. Nach weiteren Schritten wird schließlich das neue Gleichgewicht (Y_1^* als Schnittpunkt der Nachfragekurve $Y_0^D(r_0)$ mit der 45°-Geraden in Abbildung I.19 a) erreicht. Der gesamte Rückgang des Einkommens beträgt dann:

(4) $dY = d\bar{I} + cd\bar{I} + c^2 d\bar{I} + ...,$

was Gleichung (3) als Summe dieser unendlichen geometrischen Reihe entspricht.

2. Nicht vollkommen elastisches Geldangebot

Im vorangehenden Abschnitt wurde mit Hilfe der ersten Version des Makro-Modells (r,P = const.) ein Gleichgewicht auf dem Güter-markt abgeleitet.

Zur Finanzierung des gleichgewichtigen Volkseinkommens (Kauf der produzierten Güter, Entlohnung der Produktionsfaktoren) sowie sonstiger Transaktionen (Steuerzahlungen, Kauf von Vorlieferungen, Vermögenstransaktionen) ist eine bestimmte Geldmenge erforderlich. Die benötigte Geldmenge war unter der Annahme eines vollkommen elastischen Geldangebots (konstanter Zinssatz) stets verfügbar.

Diese Annahme wird nachfolgend aufgegeben. Damit bleiben die Finanzierungsmöglichkeiten, nämlich der Geldmarkt (2.1) sowie das sich unter dieser geänderten Annahme ergebende wirtschaftliche Gleichgewicht zu analysieren (2.2). Die Bestimmung des wirtschaft-lichen Gleichgewichts (gleichgewichtiges Volkseinkommen) erfolgt mit Hilfe einer zweiten Version des Makro-Modells, in dem nur noch das Preisniveau exogen vorgegeben ist (vollkommen elastisches Güterangebot).

2.1 Der Geldmarkt

Nach einer kurzen Klärung des Begriffs und der ökonomischen Bedeutung des Geldes wird nachfolgend zunächst das Geldangebot dargestellt. Daran anschließend wird die bereits kurz angesprochene Geldnachfrage ausführlicher diskutiert und das Gleichgewicht auf dem Geldmarkt bestimmt.

2.1.1 Geldfunktionen und Geldarten[1]

Bevor nachfolgend Geldangebot und Geldnachfrage abgeleitet werden, sollen zunächst einige Grundbegriffe geklärt werden. So ist zuerst einmal der Begriff Geld zu definieren. Heute hat sich weitgehend eine funktionelle Definition des Geldes durchgesetzt: Alles, was die Geldfunktionen erfüllt, ist Geld. Als Geldfunktionen lassen sich die Recheneinheitsfunktion, die Zahlungsmittelfunktion sowie die Wertaufbewahrungsfunktion unterscheiden.

Recheneinheitsfunktion

Entwickelte Volkswirtschaften sind durch weitgehende Arbeitsteilung gekennzeichnet. Infolge der Arbeitsteilung ist ein Gütertausch in größerem Umfang erforderlich. Gemäß dem ökonomischen Prinzip ist dieser Tauschverkehr so zu organisieren, daß seine Abwicklung durch einen möglichst geringen Einsatz an Produktionsfaktoren erfolgen kann. Eine wichtige Voraussetzung hierzu ist die Existenz einer Recheneinheit, die eine einheitliche Bewertung aller Güter ermöglicht.

Eine Teilnahme am Tauschverkehr erfordert die Kenntnis aller Austauschrelationen. Diese Austauschrelationen sind in einer sog. Naturaltauschwirtschaft, d.h. in einer Wirtschaft, in der keine allgemeine Recheneinheit existiert, die Realaustauschverhältnisse (terms of trade oder relative Preise) der Form x Einheiten des Gutes A je Einheit des Gutes B usw. Werden n verschiedene Güter unterschieden, so existieren in dieser Naturaltauschwirtschaft (n^2-n) Austauschrelationen. Wird berücksichtigt, daß je zwei Austauschrelationen nicht unabhängig voneinander sind, in obigem Beispiel ist mit dem dargestellten relativen Preis auch das Austauschverhältnis y Einheiten des Gutes B je Einheit des Gutes A gegeben - was jedoch nicht ohne weitere Rechenarbeit zu ermitteln ist -, so reduziert sich die Zahl der unabhängigen Austauschverhältnisse auf

---

[1]   Borchert, M., Geld und Kredit, 2. Aufl., München/Wien 1992, S. 14ff; Issing, O., Einführung in die Geldtheorie, 9. Aufl., München 1993, S. 1ff.

$(n^2-n)/2$. In einer Geldwirtschaft sind die Austauschrelationen die (Geld-)Preise der verschiedenen Güter, nämlich die Relation z Geldeinheiten je Einheit des Gutes A usw. Entsprechend sinkt bei n Gütern (inklusive Geld) die Zahl der Tauschverhältnisse auf $n-1$ (Preis des Geldes $= 1$).

Bei $n = 10$ ergeben sich 45 unabhängige relative Preise, aber nur 9 Geldpreise. Dies Größenrelation sowie die bessere Vergleichbarkeit der Geldpreise zeigen deutlich die Möglichkeiten der Einsparung an Zeit der Informationsbeschaffung und -verarbeitung und damit an Produktionsfaktoren infolge der Verwendung einer allgemeinen Recheneinheit.

Zahlungsmittelfunktion

Eine weitere Voraussetzung für die Organisation des allgemeinen Tauschverkehrs im Rahmen einer arbeitsteiligen Wirtschaft nach dem ökonomischen Prinzip ist die Existenz eines allgemeinen Tauschmittels. Beim Realtausch in einer Naturaltauschwirtschaft ist jeder Marktteilnehmer entweder gezwungen einen Tauschpartner zu suchen, der nicht nur das angebotene Gut nachfragt, sondern der darüber hinaus auch noch das nachgefragte Gut anbietet. Oder aber er muß versuchen, sein Ziel über Zwischentransaktionen zu erreichen, d.h. er erwirbt angebotene Güter zu dem Zweck, diese in weiteren Tauschaktionen schließlich gegen das gewünschte Gut einzutauschen. In einer Geldwirtschaft wird nun jeder Realtausch in zwei Vorgänge aufgespalten, nämlich in Verkauf, d.h. Tausch des angebotenen Gutes gegen das allgemeine Tauschmittel, und Kauf, d.h. Tausch des allgemeinen Tauschmittels gegen das nachgefragte Gut. Da in diesem Fall Käufer des angebotenen und Verkäufer des nachgefragten Gutes nicht identisch sein müssen, wird offensichtlich der Tauschvorgang erheblich vereinfacht und erleichtert mit der Folge, daß wiederum Produktionsfaktoren, die in einer Realtauschwirtschaft zur Informationsgewinnung oder zur Durchführung von kettenweisen Tauschtransaktionen benötigt werden, freigesetzt werden und damit für Produktionszwecke zur Verfügung stehen.

Geld dient in einer Geldwirtschaft jedoch nicht nur als ein allgemein akzeptiertes Tauschmittel, sondern als ein allgemeines Zahlungsmittel. Das heißt, Geld ist auch ein Mittel zur Tilgung von Schulden oder zur Übertragung von Krediten.

Wertaufbewahrungsfunktion

Infolge der Verwendung eines allgemeinen Tauschmittels fallen üblicherweise Verkauf oder Geldeinnahmen und Kauf oder Geldausgaben zeitlich auseinander. Diese zeitliche Diskrepanz erfordert eine gewisse Geldhaltung, um jederzeit zahlungsfähig (liquide) zu sein. Diese zur Aufrechterhaltung der Zahlungsfähigkeit erforderliche Geldhaltung beruht auf der Zahlungsmittelfunktion des Geldes. Darüber hinaus besteht aber auch die Möglichkeit, die durch den Verkauf von Gütern erworbene Kaufkraft in Form von Vermögensobjekten zu „lagern". Mit der Wertaufbewahrungsfunktion des Geldes wird nun auf seine Eigenschaft als Vermögensobjekt verwiesen. Die erworbene Kaufkraft kann in Form eines Geldbestandes aufbewahrt werden. Hierbei ist Geld jedoch nicht die einzige Form der Wertaufbewahrung, es ist vielmehr eine Vermögensform neben vielen, die jedoch durch den höchsten Liquiditätsgrad ausgezeichnet ist.

Als Geld werden nun alle Dinge bezeichnet, die die dargestellten Geldfunktionen ausüben. In der BRD sind dies (auf inländische Währung lautende) Banknoten und Münzen sowie Buch- oder Giralgeld. Banknoten und Münzen sind gesetzliche Zahlungsmittel, d.h. inländische Wirtschaftssubjekte sind kraft Gesetz verpflichtet, Banknoten und (in begrenztem Umfang) Münzen zur Tilgung von Verpflichtungen entgegenzunehmen. Der Zahlungsverkehr in modernen Volkswirtschaften wird jedoch zum größten Teil nicht durch Barzahlungen unter Verwendung der gesetzlichen Zahlungsmittel abgewickelt, sondern bargeldlos in Form des Scheck- und Überweisungsverkehrs. Diesen bargeldlosen Zahlungen liegen die Sichtguthaben, d.h. jederzeit fällige Guthaben bei den Banken zugrunde, die als Buch- oder Giralgeld bezeichnet werden.

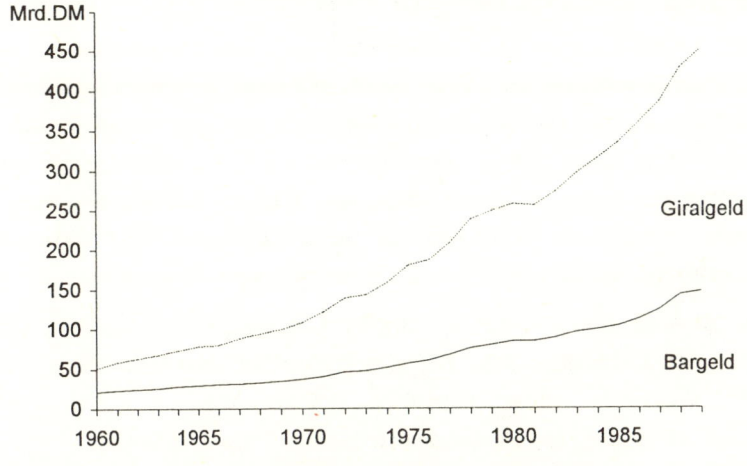

Abb. I.20: Bar- und Giralgeldhaltung

Abbildung I.20 gibt die zeitliche Entwicklung der Bar- und Giralgeldbestände wieder.[1] Diese Abbildung zeigt deutlich die große
Bedeutung des Giralgeldes. So sind einerseits die Giralgeldbestände
mehr als doppelt so hoch wie die Bargeldbestände, andererseits ist
diese Relation in dem betrachteten Zeitraum sogar noch geringfügig
angestiegen.

Inwieweit Banknoten, Münzen und Giralgeld die Geldfunktionen
ausüben, hängt weder vom Stoffwert des Geldes, noch von der
Eigenschaft eines gesetzlichen Zahlungsmittels ab; denn einerseits
stellen die verschiedenen Geldarten stoffwertloses Geld dar – dies
gilt nicht nur für Banknoten und Giralgeld, sondern im Prinzip
auch für Münzen, deren Tauschwert über ihrem Metallwert liegt
(sog. Scheidemünzen). Andererseits sind weder alle Geldarten gesetzliche Zahlungsmittel, noch läßt sich hierdurch eine generelle Verwendung, d.h. ausgenommen eine zwangsweise Annahme durch Geld-
gläubiger, sicherstellen. Die Erfüllung der Geldfunktion durch die
verschiedenen Geldarten beruht ausschließlich auf dem Vertrauen der

---

1   Sachverständigenrat zur Begutachtung der gesamtwirtschaftlichen Ent-
     wicklung, Jahresgutachten 1993/94, Tabelle 48*.

Wirtschaftssubjekte in die Funktionsfähigkeit des Geldsystems. Denn jeder einzelne ist nur dann bereit, Geld im Tausch anzunehmen oder als Vermögensanlage zu halten, wenn er darauf vertrauen kann, daß auch die übrigen Wirtschaftssubjekte Geld als allgemeines Tauschmittel akzeptieren. Dieses Vertrauen in die Funktionsfähigkeit des Geldsystems wird bei anhaltendem und starkem Anstieg des Preisniveaus erschüttert. In diesem Fall werden dann die Geldfunktionen teilweise von anderen Medien übernommen (bspw. Zigaretten).

Als nächstes bleibt noch der Begriff Geldmenge zu erläutern. Mit Hilfe der Geldmenge soll die potentielle Kaufkraft (Nachfrage) in einer Volkswirtschaft erfaßt werden. Bei der Abgrenzung der Geldmenge steht also die Zahlungsmittelfunktion des Geldes im Vordergrund. Nach diesem Abgrenzungskriterium ist die Geldmenge gleich den Geldbeständen in einer Volkswirtschaft, die unmittelbar der Abwicklung des Tauschverkehrs dienen. Dies sind die Bestände an Banknoten und Münzen (BG) sowie an Giralgeld (GG) bei den inländischen Nichtbanken (Publikum), die sog. Geldmenge M1:

(1)   M1 = BG+GG.

Nicht zur Geldmenge dagegen zählen die Geldbestände der Banken. Diese Geldbestände dienen der Geldversorgung des Nichtbankensektors und werden aus technischen Gründen gehalten. So ist bspw. ein gewisser Bargeldbestand erforderlich, um den Wünschen des Publikums auf Umwandlung von Giralgeld in Bargeld entsprechen zu können. In der BRD werden auch die Sichtguthaben des Staates bei der Deutschen Bundesbank nicht zur Geldmenge gerechnet. Denn diese Guthaben dienen in vielen Fällen anderen Zwecken als dem Zahlungsverkehr, so z.B. der Kaufkraftstillegung im Rahmen der Konjunkturpolitik.

Neben Bargeld und Giralgeld existieren in einer Volkswirtschaft gewisse geldnahe Forderungen, die auch als Quasi-Geld bezeichnet werden. Hierunter sind Aktiva zu verstehen, die zwar nicht unmittelbar als Zahlungsmittel verwendet werden, die jedoch leicht in Zahlungsmittel umgetauscht werden können. Zu diesen geldnahen

Forderungen werden üblicherweise Termineinlagen (TE) und Spareinlagen (SE) gerechnet. Termineinlagen sind Guthaben bei Banken,
die entweder nach einer fest vereinbarten Zeit fällig werden (Fest-
gelder), oder über die der Einleger unter Einhaltung einer bestimmten Kündigungsfrist verfügen kann (Kündigungsgelder). Unter Spareinlagen werden Guthaben verstanden, die im Gegensatz zu den
Termineinlagen nicht von vorneherein nur einer zeitlich befristeten
Geldanlage dienen.

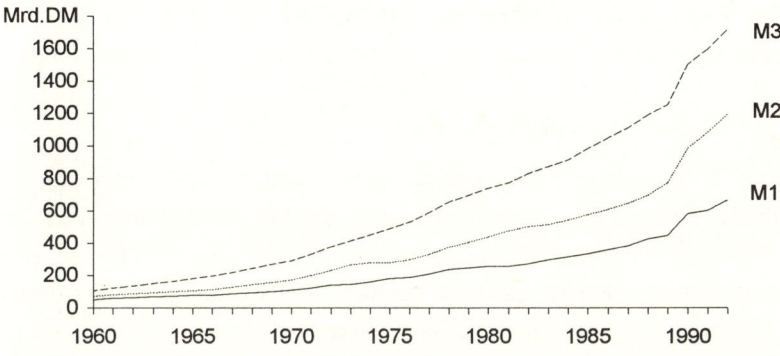

Abb. I.21: *Geldmengenaggregate*

Da auch die geldnahen Forderungen somit gewissermaßen potentielle
Kaufkraft darstellen, finden sich neben der obigen Definition häufig
noch zwei weitere Abgrenzungen der Geldmenge, nämlich die Geldmenge M2:

$$(2) \quad M2 = M1 + TE$$

sowie die Geldmenge M3:

$$(3) \quad M3 = M2 + SE,$$

wobei die Deutsche Bundesbank nur Terminguthaben mit einer
Laufzeit bis zu vier Jahren und Spareinlagen mit gesetzlicher
Kündigungsfrist berücksichtigt.

Abbildung I.21 gibt diese verschiedenen Geldmengenaggregate wieder.[1] Dieser Abbildung kann einerseits entnommen werden, daß sich die Geldmengenaggregate längerfristig ungefähr gleich entwickeln. Andererseits weist die kurzfristige Entwicklung starke zinsbedingte Schwankungen auf: Bei steigenden Zinssätzen werden die kaum verzinsten Sichtguthaben zugunsten der verzinslichen Termin- und Spareinlagen eingeschränkt und umgekehrt.

2.1.2 Das Geldangebot[2]

Im Rahmen des Geldangebots interessieren vor allem die Fragen, wer auf welche Weise und in welchem Umfang Geld anbieten kann.

(1) Finanzsektor und Geldangebot

Der Finanzsektor einer Volkswirtschaft umfaßt alle Unternehmen, deren Haupttätigkeit darin besteht, Kredite zu nehmen und zu gewähren. Unterschiedliche Rechtsformen, Eigentumsverhältnisse und Zielsetzungen haben zu einer großen Vielfalt an Finanzinstituten geführt. Um einen Überblick über diese Vielfalt zu gewinnen, ist es zweckmäßig, die verschiedenen Finanzinstitute nach bestimmten Kriterien zu gliedern.

Im Hinblick auf die Geldversorgung der Wirtschaft lassen sich die Finanzinstitute in Banken und Finanzintermediäre unterscheiden. Bei dieser Einteilung liegt das Kriterium zugrunde, inwieweit die Geschäftstätigkeit der Finanzinstitute das Führen von Girokonten und damit die Möglichkeit der Geldschöpfung umfaßt oder nicht. In der Gruppe der Banken werden alle die Institute zusammengefaßt, die Girokonten führen, während alle übrigen Finanzinstitute zu den Finanzintermediären zählen.

---

1 Sachverständigenrat zur Begutachtung der gesamtwirtschaftlichen Entwicklung, Jahresgutachten 1993/94, Tabelle 48* (bis 1989 früheres Bundesgebiet).

2 Borchert, M., Geld und Kredit, a.a.O., S. 39ff; Duwendag, D. u.a., Geldtheorie und Geldpolitik, 4. Aufl., Köln 1993, S. 117ff; Issing, O., Einführung in die Geldtheorie, a.a.O., S. 52ff; Jarchow, H.-J., Theorie und Politik des Geldes, I. Geldtheorie, 8. Aufl., Göttingen 1990, S. 90ff.

Die Gruppe der Banken umfaßt neben der Deutschen Bundesbank noch die sog. Geschäftsbanken. Die Geschäftsbanken sind Universalbanken, d.h. Finanzinstitute, die sämtliche Bankgeschäfte betreiben. Die Geschäftsbanken umfassen die Kreditbanken, den Sparkassensektor und den Kreditgenossenschaftssektor. Zu den Kreditbanken wiederum zählen bspw. die Großbanken, Privatbanken oder auch Regionalbanken.

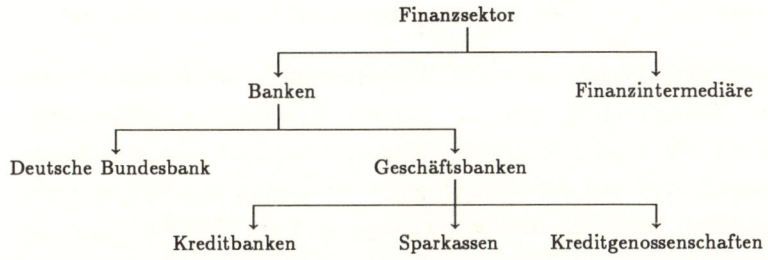

Übersicht I.4: Der Finanzsektor

Die Finanzintermediäre lassen sich in Kapitalanlage- oder Investmentgesellschaften, Bausparkassen und Versicherungen unterteilen, denen zum Teil noch Spezialinstitute zugerechnet werden. Die Spezialinstitute umfassen vor allem die Realkreditinstitute (private Hypothekenbanken und öffentlich-rechtliche Grundkreditanstalten) sowie das Postscheck- und Postsparkassenwesen.

Das Geldangebot stammt somit von der Zentralbank sowie den Geschäftsbanken. Unter Geldangebot oder Geldschöpfung ist hierbei die Bereitstellung von Geld - Bargeld und Sichtguthaben - an die Geldnachfrager zu verstehen. Das Bargeld umfaßt Banknoten und Münzen. In der BRD werden die Münzen vom Staat geprägt, jedoch von der Bundesbank in Umlauf gebracht. Unter dem Aspekt der Geldschöpfung lassen sich somit die Münzen zur Vereinfachung den Banknoten zurechnen. Damit folgt, daß die Banknoten von der Bundesbank und das Giralgeld sowohl von der Bundesbank als auch von den Geschäftsbanken angeboten wird.

Geld stellt eine Forderung gegen die Geld schöpfende Bank dar.
Dies ist offensichtlich hinsichtlich des Giralgeldes. Der Inhaber einer
Girokontos kann von der Bank verlangen, daß ihm sein Guthaben in
Bargeld ausgezahlt wird. Bei älteren Währungsverfassungen, bspw.
bei der Goldwährung, konnten auch die Besitzer von Banknoten
diese bei der ausgebenden Bank in Gold umtauschen. Die heutige
Währungsverfassung in der BRD sieht zwar eine solche Einlöse-
pflicht hinsichtlich der Banknoten nicht mehr vor, dennoch stellen
Banknoten formal eine Forderung gegenüber der Bundesbank dar.

Unter Berücksichtigung dieses Wesensmerkmals des Geldes läßt sich
eine Geldschöpfung generell dadurch kennzeichnen, daß Banken
Aktiva, die keine inländischen Zahlungsmittel sind, von Nichtbanken
erwerben und mit Forderungen gegen sich selbst, die Zahlungsmittel
darstellen, bezahlen. Dieser Vorgang wird als Monetisierung von
Aktiva bezeichnet. Entsprechend findet eine Geldvernichtung durch
Demonetisierung von Aktiva statt, d.h. durch Verkauf dieser Aktiva
an Nichtbanken.

In den §§ 19-25 Bundesbankgesetz ist geregelt, welche Aktiva die
Bundesbank erwerben kann.[1] Dies sind Forderungen aus Kredit-
geschäften mit dem Ausland, mit Kreditinstituten und mit dem
Staat. Die Kreditgeschäfte mit Kreditinstituten umfassen die Rediskontierung von Wechsel sowie Lombardkredite. Rediskontierung von
Wechsel bedeutet den Ankauf von Wechsel seitens der Bundesbank
unter Abzug des Diskontsatzes. Lombardkredite stellen Kredite dar,
die gegen Verpfändung von Wertpapieren gewährt werden. Zu den
Kreditgeschäften mit dem Staat rechnen die Kassenkredite als kurzfristige Kredite sowie die Ausgleichsforderungen als langfristige
Kredite. Die Ausgleichsforderungen im Besitz der Bundesbank sind
ein bilanzieller Gegenposten für die Erstausstattung der Bundesrepublik mit Banknoten im Rahmen der Währungsreform von 1948.
Schließlich kann die Bundesbank im Rahmen ihrer Offenmarktpolitik

---

1   Siehe hierzu den Abschnitt „Instrumente der Geldpolitik" im nächsten
     Kapitel.

auch noch bestimmte sog. offenmarktfähige Papiere (bspw. Schatz-wechsel und U-Schätze) ankaufen.

Diese Geschäftsvorfälle sind in Übersicht I.5 zusammengestellt, die eine vereinfachte Zentralbankbilanz wiedergibt.

Aktiva	Passiva
Kredite an das Ausland	Bargeldumlauf bei Nichtbanken
Kredite an den Staat	Mindestreserven
Kredite an Geschäftsbanken	

Übersicht I.5: Zentralbankbilanz

Die Kredite an das Ausland sind ein Nettoposten, nämlich die Währungsreserven der Zentralbank, insbesondere Gold und Devisen, abzüglich der Verbindlichkeiten gegenüber dem Ausland. Gleiches gilt für die Kredite an den Staat, diese sind gleich der Differenz zwischen den dem Staat gewährten Krediten und den Zentralbank-einlagen des Staates. Die Kredite an die Geschäftsbanken setzen sich aus den den Geschäftsbanken gewährten Krediten abzüglich der an die Geschäftsbanken abgegebenen offenmarktfähigen Papiere zusam-men. Diesen Aktiva stehen als Passiva vor allem der Bargeldumlauf (Banknotenumlauf ergänzt um die umlaufenden Münzen) sowie die Einlagen der Geschäftsbanken zur Erfüllung ihrer Mindesreserve-pflicht gegenüber.

Die Geschäftsbanken erwerben als Aktiva Forderungen aus Kredit-geschäften mit dem privaten Sektor der Wirtschaft und mit dem Staat. Im Rahmen der Kreditgeschäfte räumen die Geschäftsbanken dem Nichtbankensektor in Höhe der gewährten Kredite Sichtgut-haben ein, die Geld darstellen. Geldschöpfung aufgrund einer Kredit-gewährung wird als aktive Giralgeldschöpfung bezeichnet. Hiervon zu unterscheiden ist eine passive Giralgeldschöpfung. In diesem Fall tauschen die Nichtbanken Termin- und Sparguthaben bei den

Geschäftsbanken in Sichtguthaben um. Die vereinfachte Bilanz der
Geschäftsbanken ist in Übersicht I.6 dargestellt.

Aktiva	Passiva
Mindestreserven	Sichteinlagen der Nichtbanken
Kredite an den Staat	Termineinlagen der Nichtbanken
Kredite an private Nichtbanken	Spareinlagen der Nichtbanken
	Kredite bei der Zentralbank

Übersicht I.6:   *Geschäftsbankenbilanz*

Die Aktiva der Geschäftsbanken umfassen ihre Guthaben bei der
Zentralbank sowie die Forderungen aus Kreditgeschäften mit den
Nichtbanken, nämlich Staat und private Nichtbanken, abzüglich der
aufgenommenen Kredite (Bankschuldverschreibungen). Als Passiva
erscheinen die Guthaben der Nichtbanken in Form von Sicht-,
Termin- und Spareinlagen sowie die Verbindlichkeiten gegenüber
der Zentralbank.

Aktiva	Mrd. DM	Passiva	
Kredite an das Ausland	393,224	Bargeldumlauf bei Nichtbanken	158,567
Kredite an den Staat	616,290	Sichteinlagen der Nichtbanken	425,771
Kredite an private Nichtbanken	2.272,272	Termineinlagen der Nichtbanken	403,280
		Spareinlagen der Nichtbanken	515,365
		sonstige Passiva	1.778,803
	3.281,786		3.281,786

Übersicht I.7:   *Konsolidierte Bilanz des Bankensektors*

Werden beide Bilanzen zur konsolidierten Bilanz des Bankensektors zusammengefaßt,[1] so weist die Passiv-Seite die verschiedenen Geld-mengenaggregate in der obigen Abgrenzung aus (die nicht in M2 bzw. M3 eingeschlossenen Termin- und Spareinlagen sind in dem Posten „sonstige Passiva" enthalten). Die Geldmenge ist von ihrer Entstehungsseite her auf die Kreditgewährung des Bankensektors an das Ausland, an den Staat sowie an die privaten Nichtbanken zurückzuführen.

(2) Grenzen der Geldschöpfung

In diesem Abschnitt wird die Höhe des Geldangebots zunächst in ausführlicher, daran anschließend in verkürzter Form dargestellt.

(2.1) Multiple Giralgeldschöpfung

Geldschöpfung ist nur innerhalb bestimmter Grenzen möglich, die einerseits durch gesetzliche Bestimmungen und andererseits durch die Erfordernis der stetigen Zahlungsfähigkeit (Liquidität) gezogen werden. Stetige Zahlungsfähigkeit bedeutet, daß eine Bank jederzeit in der Lage sein muß, Auszahlungen aufgrund ihrer Aktiv- und Passiv-(Einlagen-)Geschäfte leisten zu können. Für die Bundesbank einerseits und für die Geschäftsbanken andererseits sind diese beiden Grenzen von unterschiedlicher Bedeutung.

Bundesbank

Eine gesetzliche Begrenzung der Geldschöpfung ist in § 3 Bundes-bankgesetz gegeben. Hiernach ist die Bundesbank verpflichtet, den Geldumlauf mit dem Ziel der Preisniveaustabilität zu regeln. Da eine zu hohe Geldmenge zu Preissteigerungen führt, verbietet diese Vorschrift der Bundesbank eine Geldschöpfung in beliebiger Höhe.

Auszahlungen erfolgen ganz allgemein in heimischen Banknoten. Da die Bundesbank diese Banknoten selbst schöpfen kann, und da die

---

[1]   Konsolidierte Bilanz des Bankensektors zum 31.12.1990; Deutsche Bun-desbank, Monatsbericht Mai 1993, S. 10*f.

Ausgabe von Banknoten in der BRD an keinerlei Deckungsvor-
schriften (bspw. Golddeckung) gebunden ist, existiert für die
Bundesbank kein Liquiditätsproblem.

Einzelne Geschäftsbank

Eine Begrenzung der (aktiven) Geldschöpfung der Geschäftsbanken
ergibt sich - abgesehen von einigen allgemeinen Richtlinien im
Rahmen der „Grundsätze über das Eigenkapital und die Liquidität
der Kreditinstitute" - aus der Erfordernis der stetigen Liquidität.
Da die Geschäftsbanken in Zusammenhang mit ihren Aktiv- und
Passivgeschäften Auszahlungen in Zentralbankgeld leisten müssen,
ein Geld das sie nicht selbst schöpfen können, begrenzen ihre frei
verfügbaren aktuellen und ihre potentiellen Zentralbankgeldbestände,
ihre sog. freien Liquiditätsreserven, ihre Geldschöpfungsmöglichkeiten.

Die frei verfügbaren aktuellen Zentralbankgeldbestände sind die sog.
Überschußreserven. Die Überschußreserven sind gleich der Differenz
zwischen den Zentralbankguthaben der Geschäftsbanken und ihrem
Mindestreserve-Soll. Als potentielles Zentralbankgeld werden die
Aktiva bezeichnet, die von den Geschäftsbanken jederzeit bei der
Bundesbank in aktuelles Zentralbankgeld eingetauscht werden
können. Hierzu zählen inländische Geldmarktpapiere (bspw. Schatzwechsel und U-Schätze) sowie unausgenutzte Rediskontkontingente.
Rediskontkontingente sind von der Bundesbank den Geschäftsbanken
vorgegebenen Beschränkungen im Hinblick auf die Rediskontierung
von Wechsel. Jede Bank kann maximal in Höhe eines bestimmten
Kontingents Wechsel bei der Bundesbank einreichen. Insoweit als
eine Bank dieses Kontingent noch nicht ausgeschöpft hat, kann sie
sich also noch bei der Bundesbank refinanzieren, d.h. sich Zentralbankgeld beschaffen.

Dem potentiellen Zentralbankgeld sind darüber hinaus unausgenützte
Lombardkontingente sowie unter Umständen auch kurzfristige
Auslandsanlagen der Geschäftsbanken zuzurechnen. Da in der BRD
jedoch keine präzise Begrenzung der Möglichkeit der Inanspruch-

nahme von Lombardkrediten besteht, entzieht sich der unausgenutzte Lombardspielraum einer Quantifizierung. Kurzfristige Auslandsanlagen ermöglichen ebenfalls eine Refinanzierung der Geschäftsbanken bei der Bundesbank, dies aber nur, wenn die Bundesbank im Rahmen eines Systems fester Wechselkurse zum Ankauf der aus der Auflösung der Auslandsanlagen resultierenden Devisen verpflichtet ist.[1]

Gewährt eine Bank einen Kredit, so ist anzunehmen, daß der Kreditnehmer über das hierdurch geschaffenen Giralgeld in voller Höhe verfügt, da die Kreditaufnahme mit Zinskosten verbunden ist, und er somit nur einen Kredit in benötigter Höhe aufnimmt. Das heißt also, daß die Geschäftsbank Zentralbankgeld in Höhe des gewährten Kredits verliert. Damit ist eine einzelne Bank nur in der Lage, Kredite und damit Giralgeld maximal in Höhe der freien Liquiditätsreserven zu schöpfen.

Eine einzelne Geschäftsbank kann also auf der Grundlage ihrer freien Liquiditätsreserven Kredite gewähren und damit Giralgeld schöpfen. Inwieweit sie diese Möglichkeit ausnutzt, hängt jedoch von Rentabilitäts-, Liquiditäts- und Risikoüberlegungen ab. Da die Geschäftsbanken, anders als die Bundesbank, erwerbswirtschaftlich orientiert sind, werden sie bei der Kreditgewährung Kosten und Ertrag des Kreditgeschäfts miteinander vergleichen. Hierbei besteht der Ertrag in den Zinseinnahmen aufgrund des gewährten Kredits, die Kosten bspw. in Zinszahlungen an die Bundesbank infolge einer zusätzlichen Verschuldung. Aber selbst wenn der Ertrag des Kredits die Kosten übersteigt, unterläßt die Geschäftsbank möglicherweise aus Liquiditätsüberlegungen die Nutzung dieser Gewinnchance. Infolge bspw. einer zusätzlichen Verschuldung bei der Bundesbank verringern sich ihre freien Liquiditätsreserven, wodurch möglicherweise ihre Zahlungsfähigkeit in Frage gestellt wird. In diesem Fall wird die Bank den Liquiditätsüberlegungen Priorität einräumen. Schließlich muß die Geschäftsbank auch noch das mit der Kreditgewährung verbundene Risiko in ihre Überlegungen mit einbeziehen.

---

[1] Siehe hierzu Kapitel IV.

Sie wird ihr Engagement in risikobehaftete Anlagen auf ein bestimmtes Maß einschränken, wodurch ebenfalls ihre Bereitschaft zur Kreditgewährung eingeschränkt wird.

Geschäftsbankensektor insgesamt

Alle Geschäftsbanken zusammen sind in der Lage, ein Vielfaches der ursprünglich im Bankensystem existierenden freien Liquiditätsreserven an Giralgeld zu schöpfen, die sog. multiple Giralgeldschöpfung. Hierzu sei nachfolgendes Beispiel betrachtet, wobei zur Vereinfachung von Termin- und Spareinlagen abgesehen wird.

Eine Geschäftsbank 1 komme durch den Verkauf von Devisen an die Zentralbank in den Besitz von zusätzlichem Zentralbankgeld in Höhe von ΔB. Da die Einlagen bei dieser Bank - und damit ihre Mindestreserveverpflichtungen - unverändert sind, stellt dieses Zentralbankgeld eine Überschußreserve (ÜR) dar. Die Bank gewährt nun einen Kredit in Höhe dieser Überschußreserve an einen Kunden A und schreibt ihm den Kreditbetrag auf dessen Girokonto gut, womit sie (aktiv) Giralgeld in dieser Höhe schöpft.[1] Der Kunde A hebt den gutgeschriebenen Betrag in Bargeld ab und zahlt diesen an seinen Gläubiger a. Diese Geschäftsvorgänge schlagen sich auf der Bilanz dieser Bank wie folgt nieder:

Aktiva		Geschäftsbank 1	Passiva
Devisen	$-\Delta B$		
ÜR	ΔB		
Kredit an A	ΔB	Sichtguthaben des A	ΔB
ÜR	$-\Delta B$	Sichtguthaben des A	$-\Delta B$

---

[1] Für die Sichteinlage des A in Höhe von ΔB sind nun Mindestreserven in Höhe von $m_r \Delta B$ zu halten. Der Rest, nämlich $(1-m_r)\Delta B$ stellt eine Liquiditätsreserve dar, die zusammen mit der Auflösung dieser zusätzlichen Mindestreserve die Auszahlung des Kreditbetrages sichert.

Der Gläubiger a hält einen Teil n des erworbenen Betrages als Bargeld, den Rest $(1-n)\Delta B$ zahlt er auf sein Girokonto bei der Geschäftsbank 2 ein. Für diese Einlagen muß die Bank 2 bei einem Mindestreservensatz von m_r Mindestreserven in Höhe von $m_r(1-n)\Delta B$ halten, das übrige zugeflossene Zentralbankgeld $(1-m_r)(1-n)\Delta B$ stellt Überschußreserven dar. Diese Überschußreserven erlauben es der Bank 2 dem Kunden B einen Kredit in gleicher Höhe zu gewähren; mit der entsprechenden Gutschrift auf dem Girokonto des B schöpft auch die Bank 2 Giralgeld in Höhe dieser Gutschrift. Der Kunde B hebt wiederum den auf seinem Girokonto gutgeschriebenen Betrag in Bargeld ab und zahlt in an seinen Gläubiger b. Damit verbleibt der Geschäftsbank 2 von dem zugeflossenen Zentralbankgeld ein Betrag in Höhe der Mindestreserven. Auf der Bilanz der Bank 2 ergeben sich somit folgende Buchungen:

Aktiva		Geschäftsbank 2	Passiva
MR	$m_r(1-n)\Delta B$	Sichtguthaben des a	$(1-n)\Delta B$
ÜR	$(1-m_r)(1-n)\Delta B$		
Kredit an B	$(1-m_r)(1-n)\Delta B$	Sichtguthaben des B	$(1-m_r)(1-n)\Delta B$
ÜR	$-(1-m_r)(1-n)\Delta B$	Sichtguthaben des B	$-(1-m_r)(1-n)\Delta B$

Wird dieser Prozeß weiter verfolgt, so zeigt sich, daß die Geschäftsbanken insgesamt so lange Kredite gewähren können, bis schließlich die ursprüngliche Überschußreserve (ΔB) entweder an den Nichtbankensektor abgeflossen oder als Mindestreserve gebunden ist. Die gesamte (aktive) Giralgeldschöpfung (ΔM) ergibt sich als Summe einer unendlichen geometrischen Reihe:

$$(1) \quad \Delta M = \Delta B + (1-m_r)(1-n)\Delta B + \ldots = $$

$$= \frac{1}{1-(1-m_r)(1-n)}\Delta B = \frac{1}{n+m_r(1-n)}\Delta B.$$

Das an den Nichtbankensektor abgeflossene Bargeld (ΔBG) ist:

(2) $\Delta BG = n\Delta B + n(1-m_r)(1-n)\Delta B + ... =$

$$= \frac{n}{1-(1-m_r)(1-n)} \Delta B = \frac{n}{n+m_r(1-n)} \Delta B.$$

Für die zusätzlichen Mindestreserveverpflichtungen (ΔMR) folgt:

(3) $\Delta MR = m_r(1-n)\Delta B + m_r(1-m_r)(1-n)^2\Delta B + ... =$

$$= \frac{m_r(1-n)}{1-(1-m_r)(1-n)} \Delta B = \frac{m_r(1-n)}{n+m_r(1-n)} \Delta B.$$

Wie sofort ersichtlich, gilt:

(4) $\Delta BG + \Delta MR = \Delta B.$

Aufgrund dieser multiplen Giralgeldschöpfung ist also die gesamte Geldmenge in einer Volkswirtschaft größer als die von der Zentralbank bereitgestellte Zentralbankgeldmenge B (Aktiv- oder Passivposten obiger Zentralbankbilanz):

(5) $M = mB$

mit: $m = \dfrac{1}{n+m_r(1-n)}$.

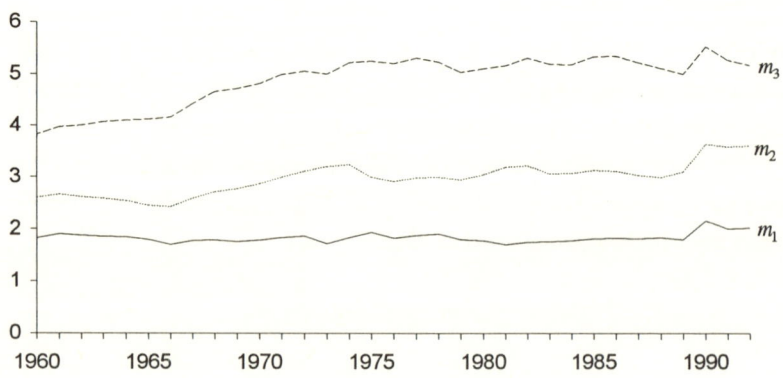

Abb. I.22: Geldschöpfungsmultiplikator

Nach Gleichung (5) ist die gesamte Geldmenge ein Vielfaches (m) der Zentralbankgeldmenge oder der sog. Geldbasis (monetäre Basis, high-powered money). Der sog. Geldschöpfungsmultiplikator (m) ist hierbei abhängig von den geldpolitischen Maßnahmen der Zentralbank (m_r), dem Verhalten der Nichtbanken, des sog. Publikums (n), sowie von dem Verhalten der Geschäftsbanken (inwieweit diese ihre Geldschöpfungsmöglichkeiten ausnutzen).

Abbildung I.22 gibt die zeitliche Entwicklung der Geldschöpfungsmultiplikatoren bzgl. der Geldmengenaggregate M1 (m_1), M2 (m_2) sowie M3 (m_3) wieder.[1] Wie diese Abbildung zeigt, schwanken diese Multiplikatoren kürzerfristig um einen längerfristig konstanten Mittelwert.

(2.2) Das Geldbasiskonzept[2]

Das Geldbasiskonzept geht von Gleichung (5) aus und führt m auf seine Determinanten zurück. Darüber hinaus wird Gleichung (5) im Hinblick auf geldpolitische Maßnahmen geeignet umgeformt.

Grundlage des Geldbasiskonzepts ist:

$$(1) \quad M = mB.$$

Für m ergibt sich:

$$(2) \quad m = M/B.$$

Damit folgt aus den Gleichungen (1) und (2):

$$(3) \quad M = \frac{M}{B} B.$$

---

[1] Sachverständigenrat zur Begutachtung der gesamtwirtschaftlichen Entwicklung, Jahresgutachten 1993/94, Tabelle 48* (bis 1989 früheres Bundesgebiet).

[2] Dieser Abschnitt dient der Vertiefung der Theorie des Geldangebots.

Die Geldmenge (M1) setzt sich aus Bargeld (BG) und Giralgeld (GG) zusammen:

$$(4) \quad M = BG + GG.$$

Die Geldbasis umfaßt das Bargeld sowie die Mindestreserven der Geschäftsbanken (MR):

$$(5) \quad B = BG + MR.$$

Die Gleichungen (3)-(5) liefern:

$$(6) \quad M = \frac{BG + GG}{BG + MR} \, B.$$

Gleichung (6) erlaubt bereits erste Aussagen bzgl. des Geldschöpfungsprozesses. Werden bspw. Sichteinlagen in Bargeld umgewandelt, so verringert sich die Geldmenge.

Eine quantitative Abschätzung der Änderung der Geldmenge bei einer Änderung des Verhaltens der Zentralbank, der Geschäftsbanken oder des Nichtbankensektors ermöglicht der Koeffizientenansatz. Dieser Ansatz geht davon aus, daß zwischen den einzelnen Größen in Gleichung (6) bestimmte Relationen bestehen. So sei die Bargeldhaltung proportional zur Geldmenge:

$$(7) \quad BG = nM,$$

die Mindestreserven sind ein bestimmter Prozentsatz der Sichteinlagen (zur Vereinfachung werden nur Sichteinlagen berücksichtigt):

$$(8) \quad MR = m_r GG.$$

Unter Beachtung der Gleichungen (4) und (7) folgt für die Sichteinlagen:

$$(9) \quad M = nM + GG$$

bzw.:

$$(10) \quad GG = (1-n)M.$$

Die Mindestreserven sind dann:

(11) $MR = m_r(1-n)M$.

Die Gleichungen (6), (7), (10) und (11) ergeben schließlich:

(12) $M = \dfrac{nM + (1-n)M}{nM + m_r(1-n)M} B$

bzw.:

(13) $M = \dfrac{1}{n + m_r(1-n)} B$.

Unter geldpolitischem Aspekt ist es nun zweckmäßig, Gleichung (13) derart abzuwandeln, daß der Geldschöpfungsmultiplikator die endogenen Größen enthält und die monetäre Basis die exogenen Größen. Die exogenen Größen sind hierbei die ausschließlich von der Zentralbank kontrollierten Quellen der Geldversorgung. Um diese Quellen aufzuzeigen, wird obige Zentralbankbilanz wiederholt.

Aktiva			Passiva
Kredite an das Ausland	R	Bargeldumlauf bei	
Kredite an den Staat	H	Nichtbanken	BG
Kredite an Geschäftsbanken	F	Mindestreserven	MR

Übersicht I.8: Zentralbankbilanz

Für die Geldbasis von der Verwendungsseite (B^v) gilt:

(14) $B^v = BG + MR$

und von der Entstehungsseite (B^e):

(15) $B^e = R + H + F$.

Die Größe F unterliegt - wenigstens kurzfristig - dem Verhalten der Geschäftsbanken; F ist somit als endogene Größe aus der Geldbasis zu eliminieren. Für die derart bereinigte Geldbasis (B^b) ergibt sich:

$$(16) \quad B^b = B - F.$$

Für die Geldmenge folgt somit:

$$(17) \quad M = \frac{BG + GG}{BG + MR - F} B^b.$$

Der Teil der Mindestreserven MR, der durch eine Veränderung des Mindestreservesatzes freigesetzt oder gebunden wird, ist eine exogene Größe und somit in die Geldbasis einzubeziehen. Diese erweiterte bereinigte Geldbasis ($\tilde{B}$) ist:

$$(18) \quad \tilde{B} = B^b + MR^{mr}$$

mit:

$$(19) \quad MR^{mr} = \sum_{\tau = 1}^{t} (m_{r,\tau-1} - m_{r,\tau}) GG_{\tau-1}.$$

Damit ergibt sich schließlich für die Geldmenge:

$$(20) \quad M = \frac{M}{\tilde{B}} \tilde{B}$$

bzw.:

$$(21) \quad M = \frac{BG + GG}{BG + MR + MR^{mr} - F} \tilde{B}.$$

Unter Beachtung der obigen Relationen $BG = nM$, $GG = (1-n)M$ und $MR = m_r(1-n)M$ sowie zusätzlich:

$$(22) \quad MR^{mr} = \bar{m}_r D = \bar{m}_r(1-n)M$$

und:

$$(23) \quad F = fGG$$

läßt sich Gleichung (21) wie folgt schreiben:

$$(24) \quad M = \frac{nM + (1-n)M}{nM + m_r(1-n)M + \bar{m}_r(1-n)M - f(1-n)M} \tilde{B}$$

bzw.:

$$(25) \quad M = \frac{1}{n+(m_r+\bar{m}_r-f)(1-n)} (R+H+MR^{m_r}).$$

In den Koeffizienten n und f des Geldschöpfungsmultiplikators drückt sich nun das Verhalten der Nichtbanken bzw. der Geschäftsbanken aus. Die Geldbasis $\tilde{B}$ zeigt mit H bzw. MR^{m_r} die Offenmarkt-Politik[1] bzw. die Mindestreservepolitik der Zentralbank an. Bei festen Wechselkursen unterliegt jedoch R nicht der Kontrolle der Zentralbank.

2.1.3 Die Geldnachfrage[2]

Unter Geldnachfrage wird der Wunsch eines Wirtschaftssubjektes verstanden, eine bestimmte Geldmenge als Kasse zu halten. Die Geldnachfrage resultiert aus den Funktionen des Geldes, nämlich der Zahlungsmittelfunktion und der Wertaufbewahrungsfunktion. Aus der Zahlungsmittelfunktion folgt die Geldnachfrage zur Finanzierung der laufenden Transaktionen, die sog. Transaktionskasse sowie die sog. Vorsichtskasse; aus der Wertaufbewahrungsfunktion folgt die Geldnachfrage als Vermögensanlage, die sog. Spekulationskasse.

(1) Die Nachfrage nach Transaktionskasse

Die Kassenhaltung zu Transaktionszwecken wird zunächst unter institutionellem Aspekt, daran anschließend unter dem Aspekt der Kostenminimierung dargestellt.

(1.1) Der Kassenhaltungsansatz

Die Nachfrage nach Geld für Transaktionszwecke (Transaktionskasse) resultiert aus der Diskrepanz zwischen Ein- und Auszahlungen.

---

[1] In H sind auch Geldmarktpapiere, die im Rahmen von Offen-Markt-Geschäften erworben werden, enthalten.

[2] Borchert, M., Geld und Kredit, a.a.O., S. 92ff; Branson, W.H., Makroökonomie, a.a.O., S. 312ff; Claassen, E.-M., Grundlagen der Makroökonomischen Theorie, München 1980, S. 112ff; Jarchow, H.-J., Theorie und Politik des Geldes, I. Geldtheorie, a.a.O., S. 36ff.

Wären Zahlungseingänge und Zahlungsausgänge zeit- und größengleich, so würde die Notwendigkeit einer Kassenhaltung für Transaktionszwecke entfallen. Bei einem Auseinanderfallen von Zahlungs-
eingängen und Zahlungsausgängen sind die Wirtschaftssubjekte
jedoch zur Vermeidung ihrer Zahlungsunfähigkeit gezwungen, einen
bestimmten Kassebestand zu halten.

Die Nachfrage nach Transaktionskasse (L_T) gibt den durchschnittlichen Kassenbestand während einer Periode wieder. Dieser Kassenbestand hängt offensichtlich sowohl von der Höhe der geplanten
Ausgaben als auch von dem Zeitpunkt der Zahlungseingänge und
-ausgänge, den sog. Zahlungssitten, ab. Bei gegebenen Zahlungssitten hängt die Nachfrage nach Transaktionskasse somit von der
Höhe des Ausgabenbetrages ab. Da letzterer wiederum von der Höhe
des Einkommens bestimmt wird, ist auch die Nachfrage nach Transaktionskasse eine Funktion des Einkommens: Je größer das Einkommen, um so größer ist die Nachfrage nach Transaktionskasse,
was üblicherweise durch folgenden proportionalen Zusammenhang
erfaßt wird:

(1) $L_T = kPY.$

Der Proportionalitätsfaktor k, der sog. Kassenhaltungskoeffizient, gibt
an, wie lange im Durchschnitt eine Geldeinheit in der Kasse gehalten wird. Je länger diese Zeit, um so geringer ist die sog. Einkommenskreislaufgeschwindigkeit der Geldmenge (Umlaufsgeschwindigkeit). Die Umlaufsgeschwindigkeit (v) ist gleich dem Reziprokwert
des Kassenhaltungskoeffizienten (v = 1/k). Offensichtlich wird zur
Finanzierung bestimmter Umsätze eine um so größere Transaktionskasse benötigt, je niedriger v (höher k) ist.

Die Nachfrage nach Transaktionskasse sei an folgendem Beispiel
verdeutlicht. Es werden nur der Haushalts- und der Unternehmenssektor unterschieden. Der Unternehmenssektor zahlt zu Beginn einer
Periode das gesamte Einkommen (PY) an den Haushaltssektor, der

wiederum seine Güterkäufe vom Unternehmenssektor stetig über die
Periode verteilt. In diesem Fall ergeben sich die in Abbildung I.23
dargestellten Kassenbestände.

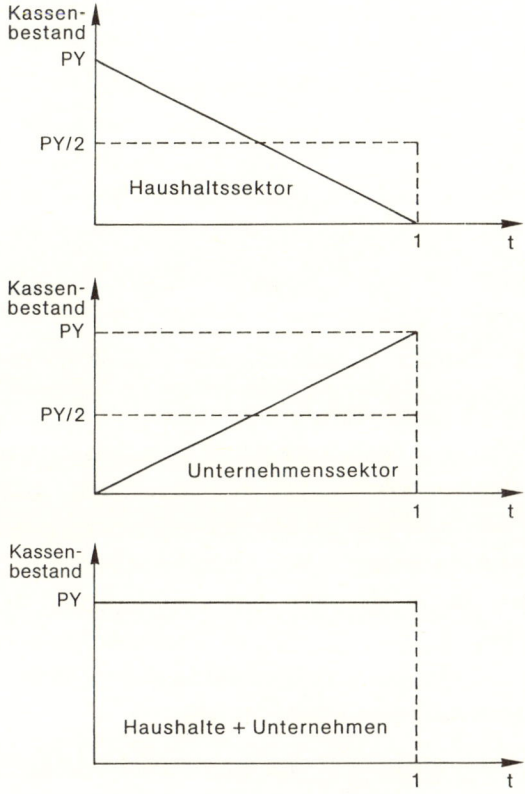

Abb. I.23: *Nachfrage nach Transaktionskasse*

Als Transaktionskasse wird die durchschnittliche Kassenhaltung
bezeichnet. Sie beträgt in obigem Beispiel mit k = 1 sowohl beim
Haushalts- als auch beim Unternehmenssektor PY/2; gesamtwirtschaftlich also PY.

Abbildung I.24 gibt die Einkommenskreislaufgeschwindigkeit der Geldmenge (v) wieder.[1]

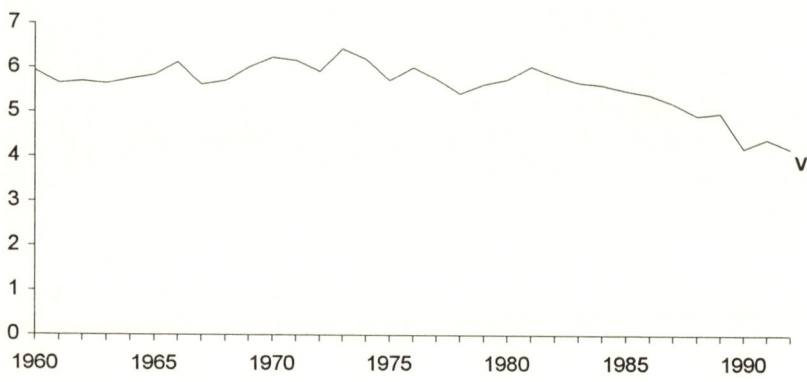

Abb. I.24: *Einkommenskreislaufgeschwindigkeit der Geldmenge*

Wie diese Abbildung zeigt, nimmt v in dem betrachteten Zeitraum trendmäßig ab, was bedeutet, daß die Geldnachfrage relativ stärker ansteigt als das nominelle Einkommen (sog. Luxusgut-Hypothese). Darüber hinaus unterliegt die Umlaufsgeschwindigkeit gewissen Schwankungen, die in den 70er Jahren ausgeprägter waren als in den 80er Jahren.

(1.2) Der lagerhaltungstheoretische Ansatz[2]

Die obige Geldnachfrage gibt den maximalen Umfang der Transaktionskasse wieder. Hiervon zu unterscheiden ist die optimale Höhe der Transaktionskasse, die aus einem ökonomischen Entscheidungsprozeß folgt. Hierbei ist zu berücksichtigen, daß ein Teil der Transaktionskasse vorübergehend nicht benötigt wird und daher verzinslich angelegt werden kann.

---

[1] Sachverständigenrat zur Begutachtung der gesamtwirtschaftlichen Entwicklung, Jahresgutachten 1993/94, Tabellen 27* und 48* (v = BSP/M1).

[2] Die Abschnitte (1.2) und (2) dienen der Vertiefung der Theorie der Geldnachfrage.

Haushalte wie auch Unternehmen stehen somit vor dem Problem, die optimale Höhe der Transaktionskasse, den optimalen Lagerbestand an Geld, zu bestimmen. Diese Geldnachfragetheorie wird deshalb auch als lagerhaltungstheoretischer Ansatz bezeichnet.

Die optimale Höhe der Transaktionskasse läßt sich mittels eines Kostenminimierungsansatzes bestimmen. Hierzu wird ein Haushalt betrachtet, der zu Beginn der Periode ein bestimmtes Einkommen (PY) erzielt, das er gleichmäßig über die Periode verausgabt. Der Hauhalt teilt nun diese Periode in n gleiche Subperioden ein. Zu Beginn einer Subperiode benötigt der Haushalt somit Zahlungsmittel in Höhe der Ausgaben während dieser Subperiode. Den übrigen Teil des Einkommens kann er hingegen so lange verzinslich anlegen, bis wiederum ein Teil für Konsumkäufe benötigt wird. Es bleibt die optimale Anzahl der Subperioden (n) bzw. die optimale durchschnittliche Kassenhaltung zu bestimmen.

Die Gesamtkosten der Transaktionskasse setzen sich aus den Opportunitätskosten der Geldhaltung (K^o) sowie aus den Transaktionskosten zusammen. Die Opportunitätskosten (Lagerkosten des Geldes) sind gleich dem Produkt aus durchschnittlicher Kassenhaltung während der Subperioden (L_T) sowie dem Marktzins (r):

(2) $K^o = rL_T$.

Die Transaktionskosten sind gleich dem Produkt aus Umwandlungskosten pro Umwandlung und der Anzahl der Umwandlungen. Die Umwandlungskosten seien ein fester Betrag (ϕ) pro Umwandlung. Die Anzahl der Umwandlungen entspricht der Anzahl der Subperioden. Unter Beachtung, daß der jeweilige Umwandlungsbetrag gleich dem Quotienten aus gesamtem Einkommen und Anzahl der Subperioden (PY/n) bzw. definitionsgemäß gleich dem zweifachen Betrag der durchschnittlichen Kassenhaltung während der Subperiode ($2L_T$) ist, also $PY/n = 2L_T$ gilt, ergibt sich für die Umwandlungskosten ($K^u = \phi n$):

(3) $K^u = \phi \dfrac{PY}{2L_T}$.

Damit sind die Gesamtkosten (GK):

$$(4) \quad GK = rL_T + \phi \frac{PY}{2L_T} \ .$$

Die Gesamtkosten sind bzgl. L_T zu minimieren:

$$(5) \quad \frac{dGK}{dL_T} = r - \frac{\phi PY}{2L_T^2} = 0.$$

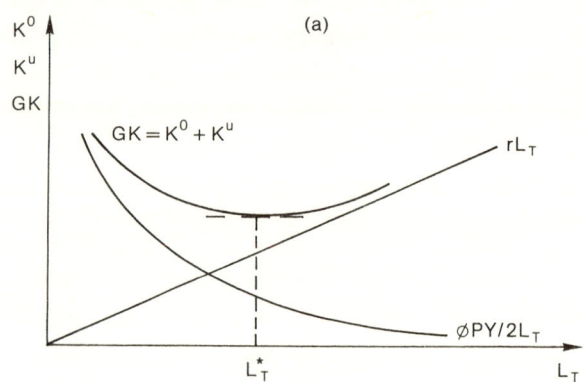

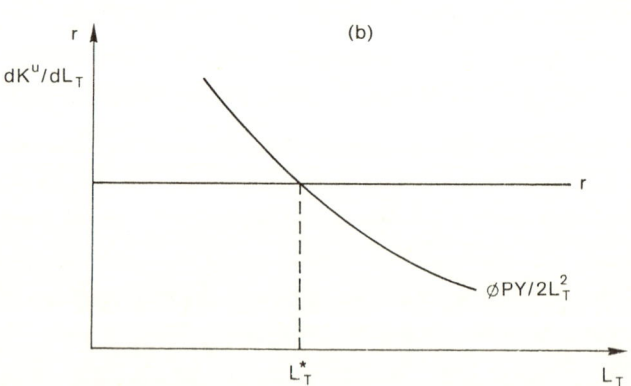

Abb. I.25: *Optimale Transaktionskasse*

Die optimale Kassenhaltung ist dann erreicht, wenn die Grenzkosten (r) gleich sind den Grenzerträgen. Die Grenzerträge der Kassenhaltung bestehen hierbei in der Reduktion der Transaktionskosten $(\phi PY/2L_T^2)$.

Aus Gleichung (5) folgt:

$$(6) \quad L_T = \sqrt{\frac{\phi PY}{2r}}$$

bzw.:

$$(7) \quad L_T = L_T(PY,r); \quad \partial L_T/\partial(PY) > 0, \quad \partial L_T/\partial r < 0.$$

Die optimale Kassenhaltung ist in Abbildung I.25 graphisch dargestellt.

Offensichtlich ist die Kassenhaltung um so größer, je größer das Einkommen, je größer die Transaktionskasse pro Umwandlung und je niedriger der Zinssatz ist. Damit ist die Kassenhaltung bei gegebenen Umwandlungskosten wie bisher vom Einkommen abhängig, nun jedoch unterproportional, und zusätzlich auch noch vom Zinssatz.

(2) Die Nachfrage nach Vorsichtskasse

Bisher wurde davon ausgegangen, daß einer einmaligen Einzahlung zu Beginn der Periode stetige Auszahlungen während der Periode gegenüberstehen. Die obigen Überlegungen behalten jedoch auch dann ihre Gültigkeit, wenn Ein- und Auszahlungen zu unregelmäßigen Zeitpunkten und in unregelmäßiger Höhe anfallen, solange die Zahlungsvorgänge bekannt sind.

Eine andere Situation ergibt sich jedoch, wenn Zeitpunkt und Höhe der Zahlungsvorgänge nicht bekannt sind. So kann sich bspw. eine Einnahme dadurch verzögern, daß eine Überweisung verspätet zugeht; eine Ausgabe kann früher und höher als geplant anfallen. Hierdurch entsteht die Gefahr einer vorübergehenden Illiquidität, der durch Haltung einer Vorsichtskasse begegnet werden kann.

Die Haltung von Vorsichtskasse (L_V) ist wiederum mit Opportunitätskosten verbunden. Andererseits entstehen im Falle der Illiquidität ebenfalls Kosten, bspw. Strafzinsen. Wird nun wieder angenommen, daß das Wirtschaftssubjekt die Kosten der Kassenhaltung sowie der Illiquidität minimieren will, so läßt sich die optimale Vorsichtskasse analog zu dem vorangehenden Ansatz bestimmen.

Die Opportunitätskosten sind wieder die Zinskosten; die Illiquiditätskosten seien zur Vereinfachung feste Kosten ϕ pro Illiquiditätsfall. Sie sollen immer dann fällig sein, wenn am Ende einer Abrechnungsperiode ein Zahlungsdefizit vorliegt. Da im voraus nicht bekannt ist, ob ein Zahlungsdefizit eintreten wird, ist der Erwartungswert dieser Kosten und damit der Erwartungswert der Gesamtkosten (GK) zu bilden. Er beträgt:

$$(1) \qquad GK = rL_V + \phi p_{ill}(L_V),$$

wobei $p_{ill}(L_V)$ die Wahrscheinlichkeit eines Zahlungsdefizits bei der Kassenhaltung L_V angibt. Sie ist um so geringer, je größer L_V ist.

Ist die Häufigkeitsverteilung der Kassenlage bei $L_V = 0$ explizit bekannt, ist sie z.B. durch die in Abbildung I.26 dargestellte Funktion gegeben, so läßt sich die Wahrscheinlichkeit $p_{ill}(L_V)$ explizit angeben. Sie ist gleich der Fläche unter der Häufigkeitsverteilung zwischen L_V und $\bar{L}$.

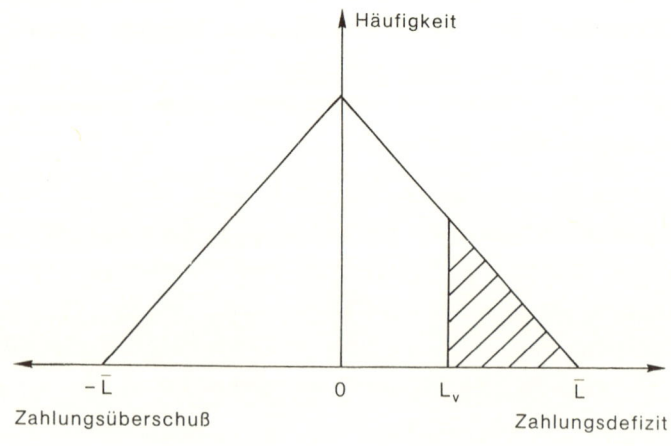

Abb. I.26: Häufigkeitsverteilung der Kassenlage

Im allgemeinen ist die Häufigkeitsverteilung der Kassenlage nicht explizit bekannt. Es wird jedoch angenommen, daß Zahlungsüberschüsse und -defizite bei einer Kassenhaltung $L_V = 0$ symmetrisch verteilt sind mit dem Mittelwert Null. Dies bedeutet, daß die Wahrscheinlichkeit des Auftretens eines bestimmten Zahlungsdefizits gleich groß ist wie die eines ebenso großen Zahlungsüberschusses. Weiterhin wird angenommen, daß die Zahlungsdefizite bzw. -überschüsse einen bestimmten maximalen Wert ($\bar{L}$) nicht überschreiten können.

Zur weiteren Bestimmung der optimalen Kassenhaltung kann dann auf die sog. Tschebyscheff'sche Ungleichung zurückgegriffen werden, ein Theorem der Wahrscheinlichkeitstheorie. Dieses Theorem besagt, daß die Wahrscheinlichkeit, daß eine Zufallsvariable um mehr als das n-fache ihrer Standardabweichung σ vom Mittelwert entfernt liegt, höchstens gleich ist dem Wert $1/n^2$. Im vorliegenden Fall interessiert als Zufallsvariable nur ein Zahlungsdefizit; die Wahrscheinlichkeit (p) eines Zahlungsdefizits, das größer als $n\sigma$ ist, reduziert sich damit auf die Hälfte dieses Wertes (bei unterstellter symmetrischer Verteilung):

$$(2) \quad p \leq \frac{1}{2n^2} \cdot$$

Eine Vorsichtskasse in Höhe von L_V (die gleichzeitig auch die Abweichung vom Mittelwert 0 angibt), läßt sich als n-faches der Standardabweichung σ darstellen:

$$(3) \quad L_V = n\sigma.$$

Damit ergibt sich als Wahrscheinlichkeit dafür, daß bei einer Vorsichtskasse von L_V dennoch ein Zahlungsdefizit auftritt:

$$(4) \quad p_{ill}(L_V) \leq \frac{1}{2(L_V/\sigma)^2} = \frac{\sigma^2}{2L_V^2} \cdot$$

Das Gleichheitszeichen in Gleichung (4) gibt eine obere Grenze für die Wahrscheinlichkeit eines Zahlungsdefizits an.

Damit ergibt sich für die erwarteten maximalen Gesamtkosten:

$$(5) \quad GK = rL_V + \phi \frac{\sigma^2}{2L_V^2} .$$

Hierbei ist zu beachten, daß die erwarteten Illiquiditätskosten mit $L_V \to 0$ sehr groß werden, da die Wahrscheinlichkeit eines Zahlungsdefizits, die offensichtlich höchstens 1 betragen kann, durch Gleichung (4) dann stark überschätzt wird, so daß der Vorteil einer positiven Vorsichtskasse überbewertet wird.

Ein Kostenminimum erfordert:

$$(6) \quad \frac{dGK}{dL_V} = r - \frac{\phi\sigma^2}{L_V^3} = 0,$$

nämlich daß Grenzkosten (r) und Grenzerlös übereinstimmen:

$$(7) \quad r = \frac{\phi\sigma^2}{L_V^3} .$$

Als obere Grenze für die optimale Vorsichtskasse folgt hieraus:

$$(8) \quad L_V = \sqrt[3]{\frac{\phi\sigma^2}{r}} .$$

Da σ durch die Höhe der Ein- und Auszahlungen und damit des Einkommens bestimmt wird, ergibt sich allgemein:

$$(9) \quad L_V = L_V(PY,r); \quad \partial L_V/\partial(PY) > 0, \quad \partial L_V/\partial r < 0,$$

d.h. auch die Vorsichtskasse hängt positiv vom Einkommen und negativ vom Zinssatz ab.

(3) Die Nachfrage nach Spekulationskasse

Die Nachfrage nach Geld als Vermögensanlage hängt wesentlich von den Zinserwartungen ab. Hier werden üblicherweise zwei Fälle unterschieden, nämlich einerseits, daß der Anleger für die Zukunft einen ganz bestimmten Zinssatz erwartet (sichere Erwartungen), und andererseits, daß er verschieden hohe Zinssätze mit jeweils einer bestimmten Wahrscheinlichkeit erwartet (unsichere Erwartungen).

Sichere Erwartungen

Die Nachfrage nach Geld als Wertaufbewahrungsmittel wird als Spekulationskasse bezeichnet. Geld stellt in diesem Zusammenhang eine Alternative zur Vermögensanlage in Wertpapieren dar (von weiteren Vermögensobjekten wird zur Vereinfachung abgesehen). Es geht in diesem Falle also um das Problem, wie das gesamte Vermögen (V) auf Geld (M) und Wertpapiere (B) aufzuteilen ist.

Die Zielsetzung eines Wirtschaftssubjektes ist es, einen möglichst großen Ertrag aus seiner Vermögensanlage zu erzielen. Dies legt die Annahme nahe, daß ein Wirtschaftssubjekt sein gesamtes Vermögen in Wertpapieren anlegt, da nur diese Vermögensform einen Zinsertrag abwirft. Die Vermögensanlage in Wertpapieren ist jedoch noch mit einem anderen Problem verbunden, nämlich mit dem Problem des Kursrisikos.

Ein Wirtschaftssubjekt wird dann sein Vermögen in Wertpapieren anlegen, wenn die erwartete Rendite positiv ist. Diese erwartete Rendite umfaßt die Verzinsung sowie die erwartete relative Kursänderung.

Wird zur Vereinfachung von Wertpapieren in Form einer ewigen Rente ausgegangen, die einen Zinsertrag von x DM/Periode erbringen, so wird bei einem Marktzinssatz von r deren Kurs (als Summe einer unendlichen geometrischen Reihe $x + x/(1+r) + ...$) durch den Ausdruck x/r angegeben. Der erwartete Kurs ist dann x/r_7, wobei r_7 den für die Zukunft mit Sicherheit erwarteten Zinssatz darstellt. Die erwartete relative Kursänderung (g) eines Wertpapiers ist dann:

$$(1) \quad g = \frac{x/r_7 - x/r}{x/r} = \frac{r}{r_7} - 1.$$

Damit folgt für die mit Sicherheit erwartete Rendite (ϕ):

$$(2) \quad \phi = r + \frac{r}{r_7} - 1.$$

Bei derart sicheren Erwartungen lohnt sich eine Wertpapieranlage, wenn gilt $\phi \geq 0$ bzw.:

$$(3) \quad r \geq \frac{r_\tau}{1+r_\tau} = \underline{r}.$$

Liegt der gegenwärtige Zinssatz über $\underline{r}$, so legt das betrachtete Wirtschaftssubjekt sein gesamtes Vermögen in Wertpapieren an; bei einem niedrigeren Zinssatz dagegen hält es sein Vermögen in Form von Geld (Alles-oder-Nichts-Wahl). Die entsprechende Nachfrage nach Spekulationskasse (L_S) ist in Abbildung I.27 dargestellt.

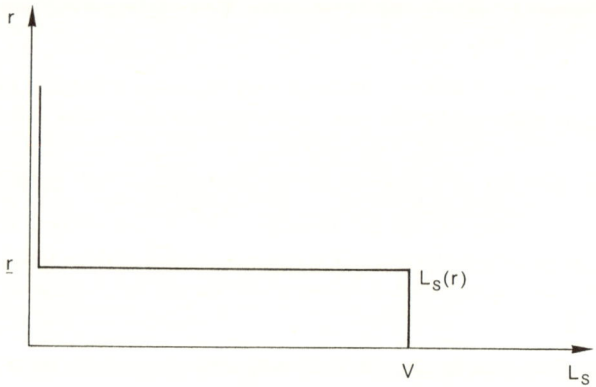

Abb. I.27: *Individuelle Nachfrage nach Spekulationskasse*

Die Wirtschaftssubjekte haben nun unterschiedliche Vorstellungen bezüglich des erwarteten Zinssatzes und damit bezüglich $\underline{r}$. Bei gegebenem gegenwärtigen Zinssatz erwarten die einen einen steigenden, die anderen einen sinkenden Zinssatz. Je höher jedoch der gegenwärtige Zinssatz ist, um so mehr Wirtschaftssubjekte erwarten, daß der zukünftige Zinssatz niedriger sein wird und umgekehrt. Aufgrund dieser unterschiedlichen Zinserwartungen verläuft die gesamtwirtschaftliche Nachfragekurve nach Spekulationskasse monoton fallend, d.h. gesamtwirtschaftlich werden sowohl Wertpapiere als auch Geld zur Vermögensanlage nachgefragt, wobei die Geldnachfrage mit sinkendem Zinssatz zu- und die Wertpapiernachfrage abnimmt.

Unsichere Erwartungen

Die vorangehende Ableitung der Nachfrage nach Spekulationskasse ist insoweit unbefriedigend, als einzelne Wirtschaftssubjekte üblicherweise keine Alles-oder-Nichts-Entscheidung treffen, sondern sowohl Geld als auch Wertpapiere in ihrem Portefeuille halten. Eine derartige individuelle Zusammensetzung des Vermögens folgt aus der sog. Portfoliotheorie.

Die Portfoliotheorie geht davon aus, daß ein Wirtschaftssubjekt nicht einen einzigen zukünftigen Zinssatz mit Sicherheit erwartet, sondern verschieden hohe Zinssätze mit bestimmter Wahrscheinlichkeit. In diesem Fall kann sich das Wirtschaftssubjekt bei seiner Portfoliowahl nicht mehr nach der mit Sicherheit erwarteten Rendite richten, sondern wird sich eher auf die durchschnittliche Rendite (mathematische Erwartung) konzentrieren. Seine Portfolioentscheidung wird jetzt darüber hinaus auch noch durch die Abweichungen von diesem Mittelwert, dem Risiko der Vermögensanlage, mitbeeinflußt.

Zur formalen Bestimmung des optimalen Portfolios sind einerseits der erwartete Ertrag alternativer Portfolio-Zusammensetzungen sowie das jeweils damit verbundene Risiko darzustellen, andererseits die subjektive Einstellung bzgl. Ertrag und Risiko.

Gilt der zukünftige Zinssatz r_τ, so ist die Rendite der Bonds (ϕ_τ) wie im obigen Fall:

$$(1) \quad \phi_\tau = r + \frac{r}{r_\tau} - 1.$$

Im Unterschied zur obigen Darstellung ist der zukünftige Zinssatz (r_τ) und damit auch die Rendite jetzt eine Zufallsgröße. Es wird nun angenommen, daß sie normalverteilt ist mit dem Mittelwert $\bar{\phi}$ (= $E(\phi_\tau)$) und der Standardabweichung σ, die ein Maß für das Risiko der Wertpapieranlage darstellt. Die Häufigkeitsverteilung der Rendite ist in Abbildung I.28 dargestellt.

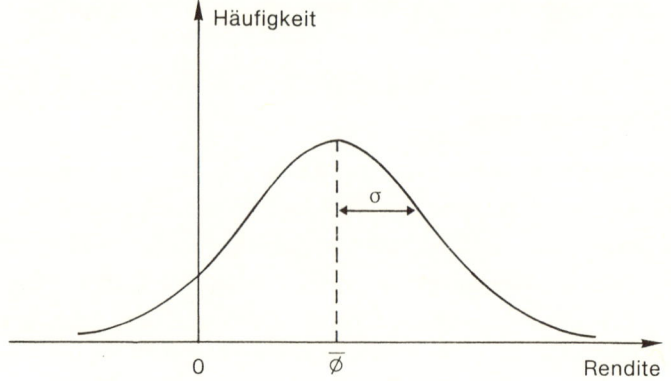

Abb. I.28: *Häufigkeitsverteilung der Rendite*

Die Rendite des gesamten Portefeuilles (RP) ist ein gewichtetes Mittel der Renditen der beiden Vermögensformen Geld ($\phi_1 = 0$) und Wertpapiere (ϕ), wobei der jeweilige Anteil am Vermögen (m = M/V, b = B/V) als Gewichtungsfaktor dient:

$$(2) \quad RP = m\phi_1 + b\phi = b\phi.$$

Auch die Rendite des Gesamtvermögens ist eine Zufallsgröße, die – bei normalverteiltem ϕ – ebenfalls normalverteilt ist. Sie läßt sich wieder durch Mittelwert ($\overline{RP}$) und Standardabweichung (Σ) charakterisieren:[1]

$$(3) \quad \overline{RP} = \bar{\phi}b$$

$$(4) \quad \Sigma = \sigma b.$$

Aus den Gleichungen (3) und (4) folgt:

$$(5) \quad \overline{RP} = \bar{\phi} \cdot \frac{\Sigma}{\sigma} .$$

---

[1]   Bamberg, G. und F. Baur, Statistik, 4. Aufl., München/Wien 1985, S. 119ff.

Diese Gleichung gibt den Zusammenhang zwischen dem Erwartungswert der Rendite des Gesamtportefeuilles sowie dem damit verbundenen Risiko an. Dieser Zusammenhang ist in Abbildung I.29 dargestellt.

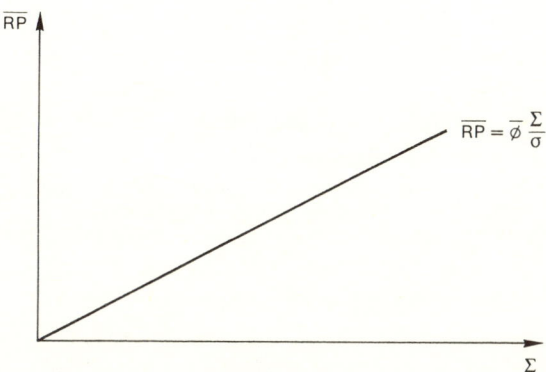

Abb. I.29: *Erwarteter Ertrag und Risiko des Portefeuilles*

Es bleibt noch die subjektive Einstellung bzgl. erwarteter Rendite
und Risiko darzustellen. Hierzu wird angenommen, daß sich die
erwartete Rendite und das Risiko als Determinanten einer Nutzenfunktion erfassen lassen:

$$(6) \quad U = U(\overline{RP}, \Sigma).$$

Aus dem totalen Differential der Nutzenfunktion:

$$(7) \quad dU = \frac{\partial U}{\partial \overline{RP}} \, d\overline{RP} + \frac{\partial U}{\partial \Sigma} \, d\Sigma = 0$$

folgt als Steigung der Indifferenzkurven:

$$(8) \quad \frac{d\overline{RP}}{d\Sigma} = - \frac{\partial U}{\partial \Sigma} \Big/ \frac{\partial U}{\partial \overline{RP}} .$$

Während der Einfluß der erwarteten Rendite auf den Nutzen positiv ist ($\partial U/\partial \overline{RP} > 0$), lassen sich bzgl. Σ drei Fälle unterscheiden:

- risikoneutral: $\partial U/\partial \Sigma = 0$ und damit $d\overline{RP}/d\Sigma = 0$, d.h. die Indifferenzkurven verlaufen - in Abbildung I.30 - parallel zur Σ-Achse (Fall a);

- risikofreudig: $\partial U/\partial \Sigma > 0$ und damit $d\overline{RP}/d\Sigma < 0$, d.h. die Isoquanten verlaufen fallend (Fall b);

- risikoscheu: $\partial U/\partial \Sigma < 0$ und damit $d\overline{RP}/d\Sigma > 0$, d.h. die Isoquanten verlaufen ansteigend.

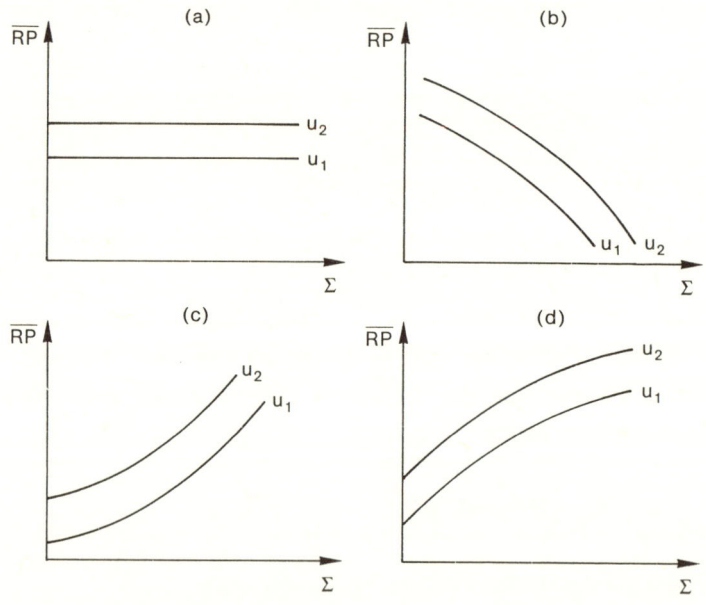

Abb. I.30: *Alternatives Risikoverhalten*

Wird letzterer Fall weiterverfolgt,[1] so können die Indifferenzkurven verlaufen mit:

---

[1] In den beiden ersten Fällen kommt es nicht zur Geldhaltung.

- zunehmender Steigung: Ein höheres Risiko wird nur dann akzeptiert, wenn der erwartete Ertrag überproportional steigt, sog. Diversifizierer (Fall c);

- abnehmender Steigung: Ein höheres Risiko wird akzeptiert, auch wenn der erwartete Ertrag nur unterproportional zunimmt, sog. Spekulant (Fall d).

Das optimale Portefeuille ergibt sich aus der Zusammenfassung der Abbildungen I.29 und I.30, wie in Abbildung I.31 für den Fall des Diversifizierers dargestellt.[1] Im unteren Teil dieser Abbildung ist der mit einem bestimmten Risiko verbundene Anteil der Wertpapiere am gesamten Portefeuille abgetragen.

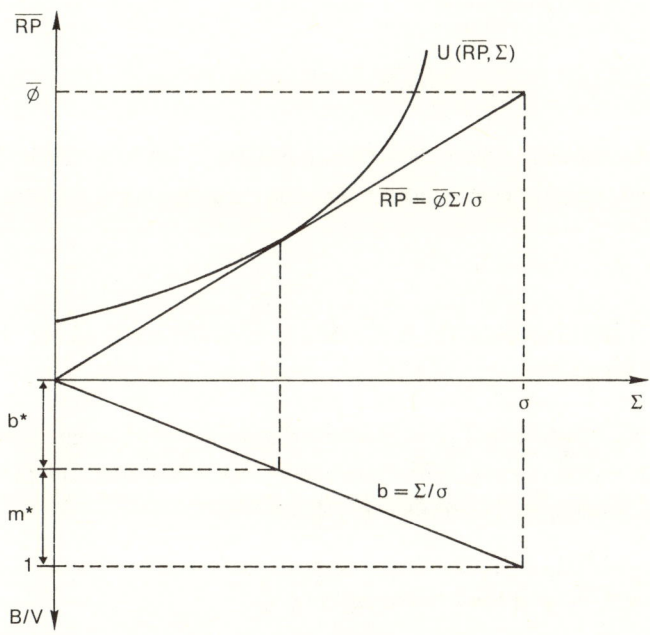

Abb. I.31: *Optimale Portfoliowahl*

---

[1]   Verlaufen die Indifferenzkurven relativ steil (flach), so wird nur Geld (das Wertpapier) gehalten.

Das optimale Portefeuille ist im Berührpunkt zwischen einer Indifferenzkurve und der Ertrag-Risiko-Geraden erreicht; der Anteil der
Wertpapiere am Gesamtvermögen beträgt hier b*, der der Geldhaltung m*. Wie Gleichung (1) zeigt, führt eine Erhöhung des
laufenden Zinssatzes bei gegebener Wahrscheinlichkeitsverteilung
bzgl. des zukünftigen Zinssatzes zu einem Anstieg des Erwartungs-
wertes der Wertpapierrendite. Damit verläuft die $\overline{RP}$-Gerade in
Abbildung I.31 steiler. Wird eine additiv-separable Nutzenfunktion
unterstellt, so liegt der Berührpunkt - mit einer höheren Indifferenzkurve - weiter rechts, d.h. im Bereich eines größeren Wert-
papieranteils am gesamten Portefeuille. Es ergibt sich also, daß der
Anteil des Vermögens, der in Form von Geld gehalten wird, oder
eben die Nachfrage nach Spekulationskasse (L_S) eine abnehmende
Funktion des Zinssatzes ist:

$$(9) \quad L_S = L_S(r), \qquad dL_S/dr < 0.$$

Zusammenfassend läßt sich somit festhalten, daß die Geldhaltung
insgesamt positiv vom Einkommen und negativ vom Zinssatz abhängt.[1]

2.1.4 Gleichgewicht auf dem Geldmarkt: Die LM-Kurve

Das Gleichgewicht auf dem Geldmarkt wird nachfolgend zunächst
für eine exogen vorgegebene Geldmenge, daran anschließend für eine
endogen bestimmte Geldmenge abgeleitet.

(1) Exogen vorgegebene Geldmenge

Hier wird zuerst ein Gleichgewicht auf dem Geldmarkt abgeleitet;
dieses Gleichgewicht wird dann noch näher analysiert.

---

[1]   Eine Schätzung der Geldnachfragefunktion findet sich bspw. bei
      Westphal, U., Makroökonomik, a.a.O., S. 299.

(1.1) Existenz und Stabilität des Geldmarktgleichgewichts

Zur Bestimmung von Existenz und Stabilität des Geldmarktgleichgewichts wird nachfolgend zunächst das vollständige Modell des
Geldmarktes formuliert.

Modell des Geldmarktes

Ein Gleichgewicht auf dem Geldmarkt ist erreicht, wenn Geldangebot und Geldnachfrage übereinstimmen. Wie bereits erwähnt,
wird das Geldangebot in diesem Abschnitt als exogen vorgegeben
angenommen:

$$(1) \quad M^a = M;$$

es entspricht damit zugleich der vorhandenen Geldmenge.

Bezüglich der Geldnachfrage wird auf die einkommensabhängige
Transaktionskasse und die zinsabhängige Spekulationskasse zurückgegriffen. Die Geldnachfrage ist somit:

$$(2) \quad L = L(P,Y,r); \quad \partial L/\partial P, \; \partial L/\partial Y > 0, \quad \partial L/\partial r < 0.$$

Da nachfolgend Güter- und Geldmarkt zusammengefaßt werden,
müssen die einzelnen Größen miteinander kompatibel sein. Während
auf dem Gütermarkt reale Größen betrachtet wurden, handelt es sich
auf dem Geldmarkt um nominelle Größen. Unter Beachtung, daß
bspw. die Beschäftigung von realen Größen (Produktionshöhe) bestimmt wird, ist es sinnvoll, die Größen auf dem Geldmarkt in reale
Größen zu transformieren.

Das reale Geldangebot bzw. die reale Geldmenge ist gleich der
nominellen Geldmenge dividiert durch das Preisniveau (M/P). Die
reale Geldmenge gibt die Kaufkraft der Geldmenge an.

Bezüglich der nominellen Geldnachfrage (2) wird üblicherweise
angenommen, daß sie eine linear-homogene Funktion in P ist:

$$(3) \quad l = L/P = l(Y,r); \quad \partial l/\partial Y > 0, \quad \partial l/\partial r < 0,$$

d.h. die Geldnachfrage (Nachfrage nach realer Kasse) steigt proportional mit dem Preisniveau an.

Existenz eines Geldmarktgleichgewichts

Das Gleichgewicht auf den Geldmarkt ist erreicht bei:[1]

(4) $M/P = l(Y,r)$.

Die Bestimmung des Gleichgewichts erfolgt nachfolgend graphisch. Hierzu sind in Abbildung I.32 a das reale Geldangebot sowie die reale Geldnachfrage eingezeichnet. Da das reale Geldangebot unabhängig vom Zinssatz ist, stellt die Geldangebotskurve eine Parallele zur Zinsachse dar. Die Lage der Geldnachfragekurve wird durch die einkommensabhängige Nachfrage nach Transaktionskasse bestimmt, ihre Steigung durch die zinsabhängige Nachfrage nach Spekulationskasse.

Ein Gleichgewicht auf dem Geldmarkt ist im Schnittpunkt zwischen der Geldnachfrage- und der Geldangebotskurve erreicht. Bei einem Einkommen in Höhe von Y_0 wird die Geldnachfrage durch die Kurve $l(Y_0,r)$ angegeben; der gleichgewichtige Zinssatz ist dann r_0.[2] Bei einem höheren Einkommen (Y_1) verschiebt sich die Geldnachfragekurve nach rechts, so daß der gleichgewichtige Zinssatz auf r_1 ansteigt.

Wie bereits erwähnt, ist es für die weitere Analyse zweckmäßig, die endogenen Größen Zinssatz und Einkommen wie in Abbildung I.32 b auf den Koordinatenachsen abzutragen. Die Verbindungslinie der aus Abbildung I.32 a übertragenen Gleichgewichtswerte r_0/Y_0 und r_1/Y_1 wird als LM-Kurve bezeichnet. In dieser Bezeichnung kommt die Gleichgewichtsbedingung Geldangebot (M) = Geldnachfrage (L) zum Ausdruck.

---

[1]   Bei vollkommen elastischem Geldangebot ist stets ein Gleichgewicht auf dem Geldmarkt realisiert.

[2]   Die Transaktionskasse beträgt dann $l_T(Y_0)$, die Spekulationskasse $l_S(r_0)$.

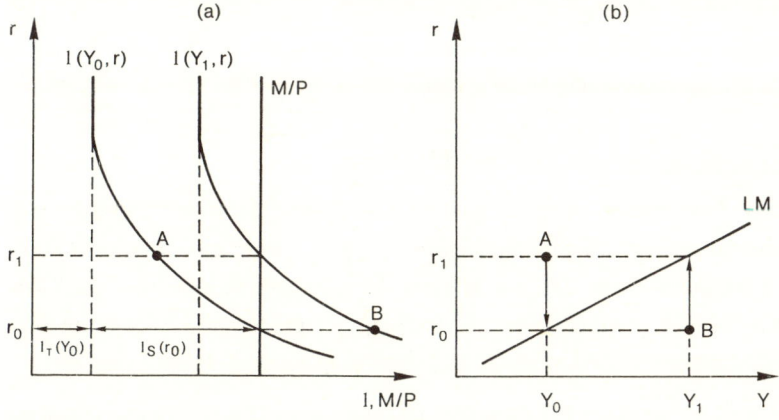

Abb. I.32: Ableitung der LM–Kurve

Die LM-Kurve als Gleichgewichtskurve auf dem Geldmarkt gibt also an, welches Einkommen (sowie sonstige Transaktionen) mit der vorhandenen Geldmenge - bei Realisierung der gewünschten Kassenbestände - finanzierbar ist; sie stellt somit die Finanzierungsmöglichkeiten in der betrachteten Volkswirtschaft dar.

Stabilität des Geldmarktgleichgewichts

Bezüglich der Geldnachfrage gelten die gleichen Überlegungen wie im Hinblick auf die Konsumnachfrage: Die Determinanten der Geldnachfrage sind zu Beginn der Periode noch nicht bekannt; die Wirtschaftssubjekte müssen hierüber Erwartungen bilden.

Wird angenommen, daß das Einkommen Y_0 und der Zinssatz r_1 erwartet werden, so ist die Geldnachfrage kleiner als das Geldangebot (Abbildung I.32 a). In diesem Fall kommt es zu Zinssenkungen. Stabilität erfordert, daß diese Zinssenkungen so lange anhalten, bis Geldangebot und Geldnachfrage übereinstimmen.

Werden hingegen das Einkommen Y_1 und der Zinssatz r_0 erwartet, so übersteigt die Geldnachfrage das Geldangebot, wodurch Zinssteigerungen ausgelöst werden, bis wiederum Geldangebot und Geldnachfrage größengleich sind. Außerhalb der LM-Kurve treten also Kräfte auf, die zu dieser Kurve hinführen, wie in Abbildung I.32 b durch die Pfeile angedeutet wird.

(1.2) Steigung und Lage der LM–Kurve

Die LM-Kurve verläuft ansteigend: Einem höheren Zinssatz entspricht eine niedrigere Spekulations- und damit eine höhere Transaktionskasse, mit der ein höheres Einkommen finanzierbar ist.[1] Die LM-Kurve verläuft um so flacher, je größer die Änderung des finanzierbaren Einkommens bei einer gegebenen Zinsänderung ist.

Zur Bestimmung der Einkommensänderung (dY) bei einer bestimmten Zinsänderung (dr) wird auf die Gleichgewichtsbedingung (4) zurückgegriffen, die die Gleichung der LM-Kurve darstellt. Totale Differentiation liefert (dM = dP = 0):

$$(5) \quad d\left[\frac{M}{P}\right] = 0 = kdY + ldr$$

mit: $k = \partial l / \partial Y > 0, \qquad l = \partial l / \partial r < 0$

bzw.:

$$(6) \quad dY = -\frac{l}{k} \, dr.$$

Bei gegebenem Kassenhaltungskoeffizienten (k) wird die Steigung der LM-Kurve durch die Zinsreagibilität (Zinselastizität) der Geldnachfrage (l) bestimmt. Je größer (betragsmäßig) die Zinselastizität der Nachfrage nach Spekulationskasse, um so größer ist die Änderung des finanzierbaren Einkommens, um so flacher verläuft also die LM-Kurve.

Bei der dargestellten Änderung des finanzierbaren Einkommens aufgrund einer Zinsänderung handelt es sich um eine Bewegung entlang einer gegebenen LM-Kurve, bspw. von A nach B entlang LM_0 in Abbildung I.33.

---

[1]   Das maximal finanzierbare Einkommen ist dann erreicht, wenn die gesamte Geldmenge für Transaktionszwecke Verwendung findet; die LM-Kurve verläuft bei diesem Einkommen senkrecht.

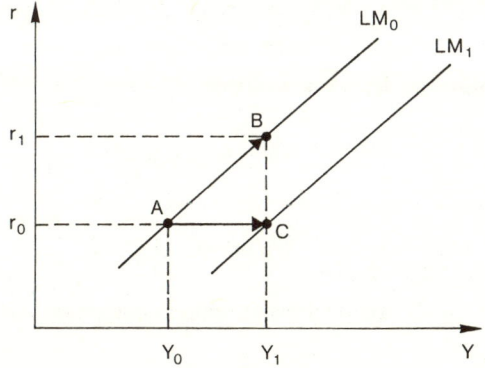

Abb. I.33: *Steigung und Lage der LM–Kurve*

Von dieser Bewegung entlang einer gegebenen LM-Kurve ist eine Veränderung der Lage dieser Kurve zu unterscheiden. Die Lage der LM-Kurve wird durch die Größen in Gleichung (4) bestimmt, die nicht auf den Achsen abgetragen sind, nämlich M und P. Eine Veränderung dieser Größen führt zu einer Verschiebung der LM-Kurve. Wird bspw. eine Erhöhung des Geldangebots betrachtet, so folgt mittels totaler Differentiation aus Gleichung (4) bei $dP = dr = 0$:

$$(7) \quad dY = dM/k = vdM.$$

Bei konstantem Zinssatz steht die zusätzliche Geldmenge ausschließlich für Transaktionszwecke zur Verfügung. In diesem Fall ist die Änderung des finanzierbaren Einkommens gleich dem Produkt aus zusätzlicher Geldmenge und Umlaufgeschwindigkeit. In Abbildung I.33 steigt das Einkommen bei r_0 von Y_0 auf Y_1 (Bewegung von A nach C), d.h. die LM-Kurve verlagert sich nach LM_1. Entsprechendes gilt für einen Rückgang des Preisniveaus.

(2) Endogen bestimmte Geldmenge

Im vorangehenden Abschnitt wurde unterstellt, daß die Zentralbank die Geldmenge exakt steuern kann; die Geldmenge ist dann exogen vorgegeben. Nachfolgend wird nun noch der Fall betrachtet, daß die Geldmenge auch vom Verhalten der Geschäftsbanken mitbestimmt wird; die Geldmenge ist dann endogen.

Im Rahmen des Geldbasiskonzepts wurde abgeleitet:

$$(1) \quad M = M^a = \frac{1}{n+(m_r+\bar{m}_r-f)(1-n)} \, (R+H+MR^{m_r}),$$

wobei M die durch die Geldbasis exakt steuerbare Geldmenge angibt.

Das Verhalten der Geschäftsbanken kommt in der Größe f (= F/GG) zum Ausdruck. Im obigen Zusammenhang wurde f als konstant unterstellt.

Es ist nun jedoch naheliegend anzunehmen, daß die Kreditaufnahme der Geschäftsbanken bei der Zentralbank (F), die die Basis für eigene Kredite an den Nichtbankensektor darstellt, von der Höhe des vom Nichtbankensektor zu zahlenden Zinssatzes (Kreditzinssatz r) abhängt:

$$(2) \quad f = f(r), \quad df/dr > 0.$$

Damit folgt, daß auch das Geldangebot (M^a) eine zunehmende Funktion des Kreditzinssatzes ist:

$$(3) \quad M^a = M^a(r); \quad dM^a/dr > 0.$$

Zur Bestimmung der realisierten Geldmenge bleibt noch die Geldnachfrage zu berücksichtigen; diese war:

$$(4) \quad L = L(P,Y,r); \quad \partial L/\partial P, \partial L/\partial Y > 0, \quad \partial L/\partial r < 0.$$

Die Gleichungen (3) und (4) sind in Abbildung I.34 - als reale Größen - dargestellt. Die realisierte Geldmenge ergibt sich aus dem Schnittpunkt der beiden Kurven.

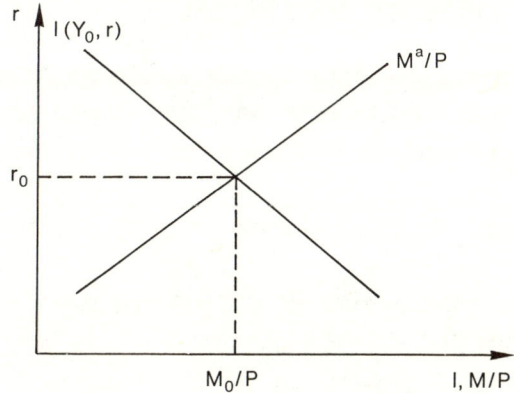

Abb. I.34: *Endogen determinierte Geldmenge*

Die Geldnachfrage wurde in Abbildung I.34 bei gegebenem Volkseinkommen eingezeichnet. Eine Erhöhung des Volkseinkommens verschiebt diese Kurve nach außen, wodurch ein höherer Zinssatz resultiert. Auch hier ergibt sich also wieder ein positiver Zusammenhang zwischen Zinssatz und Einkommen, wie er durch die LM-Kurve erfaßt wird. Die LM-Kurve verläuft hier jedoch flacher, da mit steigendem Zinssatz das Geldangebot zunimmt.

2.2 Das makroökonomische Modell II[1]

In diesem Abschnitt wird zunächst eine zweite, ebenfalls noch vereinfachte Version des Makro-Modells dargestellt. Gegenüber der ersten Version wird nun angenommen, daß die Zentralbank nicht den Zinssatz, sondern die Geldmenge fixiert (so daß der Zinssatz variiert). Das Preisniveau ist weiterhin exogen vorgegeben. Daran anschließend wird mit Hilfe dieses Modells die wirtschaftliche Situation bestimmt.

1   Branson, W.H., Makroökonomie, a.a.O., S. 62ff; Otruba, H. u.a., Makroökonomik, a.a.O., S. 181ff; Mankiw, N.G., Macroeconomics, a.a.O., S. 263ff; Woglom, G., Modern Macroeconomics, a.a.O., S. 113ff; Wohltmann, H.-W., Grundzüge der makroökonomischen Theorie, a.a.O., S. 227ff.

2.2.1 Formulierung des Modells

Die zweite Version des Makro-Modells umfaßt den Güter- und den Geldmarkt. Das Gleichgewicht auf dem Gütermarkt wird (bei $Y^a = Y^n = Y$) durch die IS-Kurve erfaßt; ihre Gleichung lautet:

$$(1) \quad Y = C(Y) + I(r) + G.$$

Bei linearer Konsumfunktion $[C = \bar{C} + c(Y-T)]$ sowie linearer Investitionsfunktion $[I(r) = \bar{I} + ir]$ ergibt sich:

$$(2) \quad Y = \bar{C} - cT + cY + \bar{I} + ir + G$$

bzw.:

$$(3) \quad Y_t = \Phi_1 + \varphi_1 r$$

mit:

$$\Phi_1 = (\bar{C} + cT + \bar{I} + G)/(1-c) > 0$$

$$\varphi_1 = i/(1-c) < 0.$$

Das Gleichgewicht auf dem Geldmarkt wird durch die LM-Kurve wiedergegeben; ihre Gleichung ist:

$$(4) \quad M/P = l(Y,r).$$

Bei linearer Geldnachfrage $[l(Y,r) = kY + \bar{l} + lr; \quad k > 0, \quad l < 0]$ läßt sich schreiben:

$$(5) \quad M/P = kY + \bar{l} + lr$$

bzw.:

$$(6) \quad r = \Phi_2 + \varphi_2 Y$$

mit:

$$\Phi_2 = \frac{M/P - \bar{l}}{l} < 0$$

$$\varphi_2 = -k/l > 0.$$

Es bleibt nun zu untersuchen, inwieweit ein simultanes Gleichgewicht auf Güter- und Geldmarkt (bei konstantem Preisniveau) existiert.

2.2.2 Lösung des Modells

Im Hinblick auf das simultane Gleichgewicht auf Güter- und Geldmarkt werden wieder die Fragen nach Existenz und Stabilität unterschieden.

(1) Existenz eines Gleichgewichts

Ein simultanes Gleichgewicht auf Güter- und Geldmarkt ist erreicht, wenn die beiden Gleichungen (3) und (6) zugleich erfüllt
sind. Wird r aus Gleichung (6) in Gleichung (3) eingesetzt, so
ergibt sich:

$$(7) \quad Y = \Phi_1 + \varphi_1(\Phi_2 + \varphi_2 Y)$$

bzw. für das gleichgewichtige Volkseinkommen:

$$(8) \quad Y^* = \frac{\Phi_1 + \varphi_1 \Phi_2}{1 - \varphi_1 \varphi_2} .$$

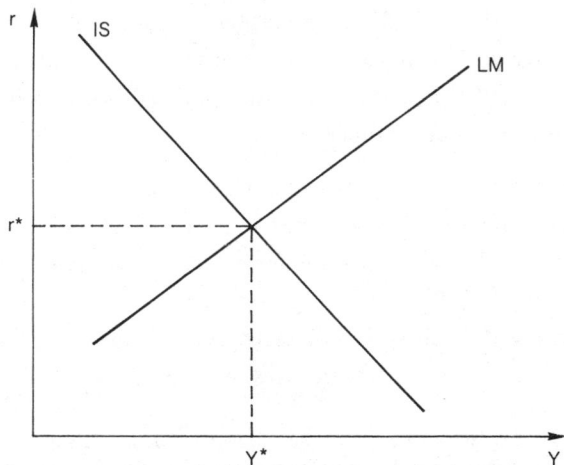

Abb. I.35:   *Existenz eines Gleichgewichts*
                     auf Güter- und Geldmarkt

Der gleichgewichtige Zinssatz folgt aus Gleichung (6), indem Y^* durch Gleichung (8) ersetzt wird:

$$(9) \quad r^* = \Phi_2 + \varphi_2 \frac{\Phi_1 + \varphi_1 \Phi_2}{1 - \varphi_1 \varphi_2} \,.$$

Unter Beachtung der Definitionen für φ und Φ gilt $Y^* > 0$, während $r^* > 0$ nur bei $|\Phi_2| < \varphi_2 \dfrac{\Phi_1 + \varphi_2 \Phi_2}{1 - \varphi_1 \varphi_2}$ gesichert ist.[1]

In Abbildung I.35 ist der Fall $Y^*, r^* > 0$ graphisch dargestellt. Das gesuchte simultane Gleichgewicht auf Güter- und Geldmarkt bei konstantem Preisniveau P_0 ist im Schnittpunkt zwischen der IS- und der LM-Kurve erreicht. In diesem Schnittpunkt gilt:

- die Einkommens- und Zinserwartungen sind korrekt,

- Güterangebot und Güternachfrage stimmen (annahmegemäß) über-ein,

- Geldangebot und Geldnachfrage sind größengleich.

(2) Stabilität des Gleichgewichts

Wie gezeigt wurde, sind die Gleichgewichte auf Güter- und Geld-markt unter bestimmten Voraussetzungen jeweils stabil. Es bleibt jedoch noch zu prüfen, inwieweit auch das simultane Gleichgewicht auf Güter- und Geldmarkt stabil ist. Dies geschieht nachfolgend anhand einiger Plausibilitätsüberlegungen.

Die Stabilität des Gütermarktgleichgewichts äußert sich darin, daß sich das Einkommmen bei gegebenem Zinssatz an seinen Gleich-gewichtswert anpaßt, wie in Abbildung I.36 durch die dick einge-zeichneten Pfeile zur IS-Kurve angezeigt wird. Entsprechend gilt für den Geldmarkt, daß sich der Zinssatz bei gegebenem Einkommen seinem Gleichgewichtswert nähert, was in Abbildung I.36 durch die

---

[1] Ein Gleichgewicht existiert möglicherweise dann nicht, wenn die Zinselastizität sowohl der Investitions- als auch der Geldnachfrage klein ist (φ_1 und φ_2 gehen gegen Null). In Abbildung I.35 verlaufen dann die IS- und die LM-Kurve relativ steil, so daß kein Schnittpunkt bei $r_1 > 0$ existiert. (Im Extremfall $\varphi_1 = \varphi_2 = 0$ gibt es überhaupt keinen Schnittpunkt zwischen der IS- und LM-Kurve.)

dünn eingezeichneten Pfeile zur LM-Kurve angedeutet wird. Wie die Pfeile erkennen lassen, treten außerhalb des Gleichgewichts Kräfte auf, die in Richtung Gleichgewicht wirken.

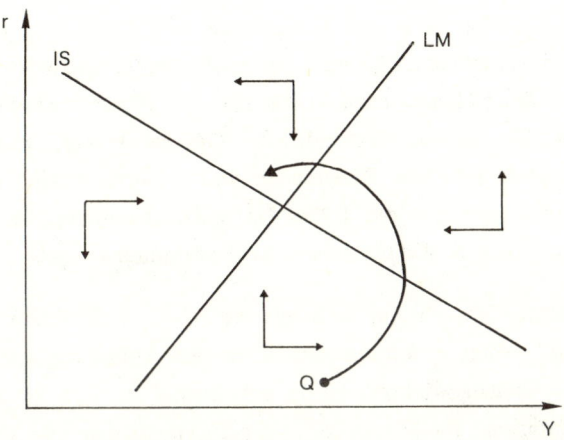

Abb. I.36: *Stabilität des Gleichgewichts auf Güter– und Geldmarkt*

Es wird nun angenommen, daß bei gegebenen Zins- und Einkommenserwartungen eine r/Y-Kombination realisiert wird, die durch Punkt Q in Abbildung I.36 angezeigt wird.[1] In dieser Situation werden Zins- und Einkommenssteigerungen ausgelöst. Wird (wie in Abbildung I.36 angedeutet) infolge dieser Reaktionen ein Punkt rechts von der IS-Kurve erreicht, so setzt – bei weiterhin steigenden Zinsen – ein Einkommensrückgang ein. Führt dies zu einer Situation oberhalb der LM-Kurve, so folgen Zinssenkungen bei sinkendem Einkommen usw. Sind die jeweiligen Reaktionen nicht zu ausgeprägt, so nähern sich Einkommen und Zinssatz (möglicherweise unter Schwankungen, wie in Abbildung I.36 dargestellt) ihren Gleichgewichtswerten, d.h. das simultane Gleichgewicht auf Güter- und Geldmarkt ist stabil.

---

1 Auch im Hinblick auf die Investitionsnachfrage gilt, daß die Unternehmer Erwartungen bzgl. des laufenden Zinssatzes bilden müssen.

2.2.3 Ergänzung: Die D-Kurve

Im vorangehenden Abschnitt wurden Volkseinkommen und Zinssatz bei vorgegebenem Preisniveau bestimmt. Im Rahmen der endgültigen Formulierung des Gesamtmodells soll neben dem Volkseinkommen und dem Zinssatz auch das Preisniveau mit Hilfe der gesamtwirtschaftlichen Güternachfrage und des geplanten gesamtwirtschaftlichen Güterangebots endogen erklärt werden. In diesem Abschnitt wird nun noch die gesamtwirtschaftliche Güternachfrage, nämlich der Zusammenhang zwischen Preisniveau und Güternachfrage, abgeleitet. Hierzu bleibt zunächst die Höhe des Volkseinkommens bei alternativen, vorgegebenen Werten von P zu bestimmen.

Die Ableitung des Zusammenhangs zwischen Volkseinkommen und Preisniveau erfolgt graphisch mit Hilfe der Abbildung I.37. In Teil (a) ist die Gleichgewichtssituation der Abbildung I.35 bei Gültigkeit des Preisniveaus P_0 wiederholt. Wird ein niedrigeres Preisniveau (P_1) vorgegeben, so verschiebt sich die LM-Kurve nach rechts (LM(P_1)); es ergibt sich das gleichgewichtige Volkseinkommen Y_1.

Für die weitere Analyse ist es zweckmäßig, die Größen P und Y auf den Koordinatenachsen abzutragen (Abbildung I.37 b). Die Verbindungslinie der sich entsprechenden Preis-Einkommens-Kombinationen (P_0/Y_0; P_1/Y_1) wird als D-Kurve bezeichnet. Wie dargestellt wurde, sind die jeweiligen Gleichgewichte (unter bestimmten Bedingungen) auch stabil. Außerhalb der D-Kurve treten dann also Kräfte auf, die zur D-Kurve hinführen.

Wie aus der Ableitung der D-Kurve ersichtlich ist, gibt diese Kurve ein simultanes Gleichgewicht auf Güter- und Geldmarkt wieder, d.h. es stimmen sowohl Güterangebot und -nachfrage als auch Geldangebot und -nachfrage überein. Die Übereinstimmung von Güterangebot und -nachfrage wird hier durch die Annahme gesichert, daß das Güterangebot keine selbständig geplante Größe ist, sondern sich an die Güternachfrage anpaßt. Damit repräsentiert die D-Kurve letztlich die gesamtwirtschaftliche Güternachfrage, die sich aus dem

Nachfrageverhalten der verschiedenen Sektoren bei Berücksichtigung des Geldmarktes ergibt.

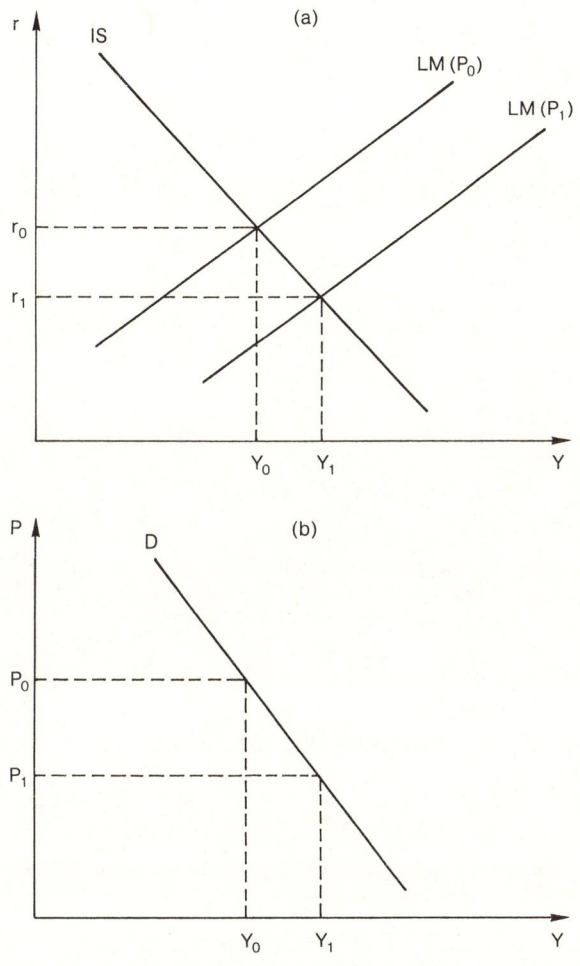

Abb. I.37: *Ableitung der D–Kurve*

Die D-Kurve verläuft fallend: Einem niedrigeren Preisniveau entspricht ein höheres Volkseinkommen. Die Änderung des

Volkseinkommens bei einer gegebenen Änderung des Preisniveaus läßt sich mit Hilfe der Gleichungen für die IS- und die LM-Kurve bestimmen:

$$(1) \quad Y \quad = C(Y)+I(r)+G$$

$$(2) \quad M/P = l(Y,r).$$

Totale Differentiation der Gleichungen (1) und (2) liefert:

$$(3) \quad dY = cdY+idr$$

mit: $\quad\quad c \quad = dC/dY, \quad\quad i \quad = dI/dr$

$$(4) \quad -\frac{M}{P^2} \, dP = kdY+ldr$$

mit: $\quad\quad k \quad = \partial l/\partial Y, \quad\quad l = \partial l/\partial r.$

Aus Gleichung (4) läßt sich dr freistellen:

$$(5) \quad dr = -\frac{M}{lP^2} \, dP - \frac{k}{l} \, dY.$$

Gleichung (5) in Gleichung (3) eingesetzt ergibt nach einigen Umformungen:

$$(6) \quad dY = \frac{1}{1-c+\frac{k}{l}\,i} \left[-i\,\frac{M}{lP^2} \right] dP > 0.$$

Eine Verringerung des Preisniveaus (dP < 0) führt zu einer Erhöhung der realen Geldmenge und damit bei konstantem Einkommen (dY = 0 in Gleichung (5)) zu einem Rückgang des Zinssatzes um:

$$\left[-\frac{M}{lP^2} \, dP \right] < 0.$$

Hierdurch nimmt die Investitionsnachfrage um:

$$-i \, \frac{M}{IP^2} \, dP > 0$$

zu, was eine multiplikative Wirkung auf die Höhe des Volkseinkommens hat (siehe unten).

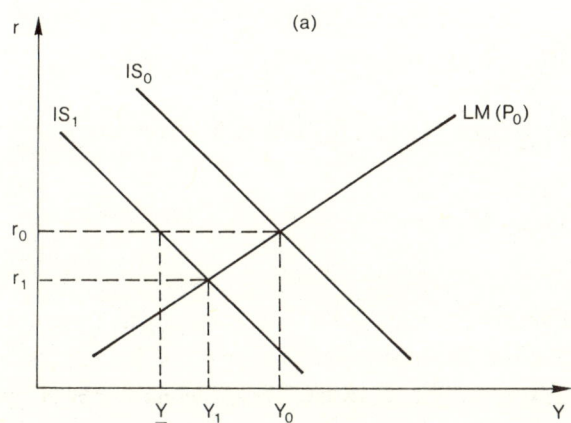

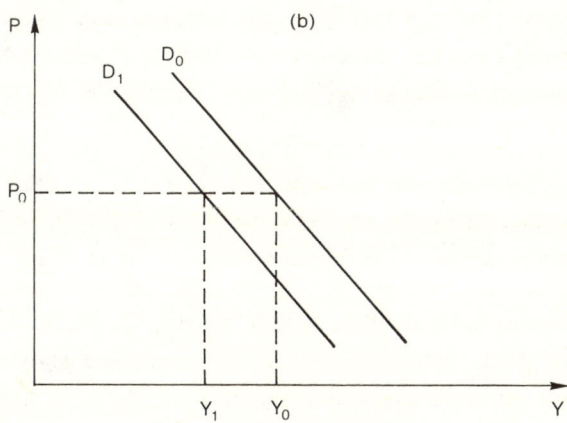

Abb. I.38: *Lage der D–Kurve*

Die dargestellte Einkommensänderung aufgrund einer Änderung des Preisniveaus wird durch eine Bewegung entlang einer gegebenen D-Kurve wiedergegeben. Hiervon zu unterscheiden ist wiederum eine Veränderung der Lage der D-Kurve. Wird c.p. ein Rückgang der autonomen Investitionen betrachtet ($d\bar{I} < 0$), so lautet das totale Differential der Gleichungen (1) und (2):

(7) $dY = cdY + d\bar{I} + idr$

(8) $0 = kdY + ldr.$

Aus den Gleichungen (7) und (8) läßt sich berechnen:

$$(9) \quad dY = \frac{1}{1-c+\dfrac{k}{l}i} \, d\bar{I} < 0.$$

Das Volkseinkommen geht somit bei konstantem Preisniveau (P_0) um ein Vielfaches der Investitionsänderung von Y_0 auf Y_1 in Abbildung I.38 a zurück; die D-Kurve in Abbildung I.38 b verschiebt sich von D_0 nach D_1.

Anhand dieses Beispiels läßt sich die multiplikative Wirkung der Änderung einer exogenen Größe auf die Höhe des Volkseinkommens erklären. Ausgangspunkt sei das Gleichgewicht bei Y_0 in Abbildung I.38 a.

Gehen die autonomen Investitionen um $d\bar{I}$ (< 0) zurück, so verlagert sich die IS-Kurve von IS_0 nach IS_1. Das gleichgewichtige Volkseinkommen sinkt - wie früher dargestellt wurde - auf $\underline{Y}$.

Bei $r_0/\underline{Y}$ ist die Geldnachfrage kleiner als das Geldangebot, so daß der Zinssatz sinkt. Hierdurch werden die zinsabhängigen Investitionen angeregt, wodurch die Güternachfrage ansteigt, bis mit Y_1 ein neues Gleichgewicht erreicht ist.

Infolge der Erhöhung der zinsabhängigen Investitionsnachfrage wird somit die Verringerung der exogenen Investitionsnachfrage teilweise ausgeglichen, so daß der Rückgang des Volkseinkommens im Vergleich zur ersten Version des Makro-Modells abgemildert wird.[1]

I.2.3 Nicht vollkommen elastisches Güterangebot

Wie einleitend dargestellt wurde, ergibt sich die wirtschaftliche Situation durch Angebot und Nachfrage auf dem gesamtwirtschaftlichen Gütermarkt. Vorangehend wurde unterstellt, daß das Güterangebot vollkommen elastisch ist, so daß sich die Analyse auf die gesamtwirtschaftliche Güternachfrage konzentrieren konnte.

Die Annahme eines vollkommen elastischen Güterangebots mag kurzfristig zutreffend sein; sie ist jedoch als Grundlage für ein allgemeines makroökonomisches Modell zu speziell. Sie wird deshalb nachfolgend aufgegeben. Damit bleibt die Aufgabe, das gesamtwirtschaftliche Güterangebot zu bestimmen. Dieses ergibt sich aus der Höhe der Beschäftigung (Abschnitt 2) unter Beachtung der Produktionsmöglichkeiten (Abschnitt 1).

1. Die Produktionsmöglichkeiten[2]

Wie bereits dargestellt wurde, lassen sich die Produktionsmöglichkeiten einer Volkswirtschaft mit Hilfe einer gesamtwirtschaftlichen Produktionsfunktion erfassen. In einer Ein-Gut-Wirtschaft (Y) mit

---

[1] Der Multiplikator auf dem Gütermarkt beträgt 1/(1-c); der auf Güter- und Geldmarkt 1/(1-c+ik/l). Es gilt:

$$\frac{1}{1-c} > \frac{1}{1-c+\dfrac{k}{l}\,i} \ .$$

[2] Hesse, H. und R. Linde, Gesamtwirtschaftliche Produktionstheorie, Würzburg/Wien 1976; Linde, R., Produktion II: Produktionsfunktionen, HdWW, Bd. 6, Stuttgart u.a. 1981, S. 276ff; Neumann, M., Theoretische Volkswirtschaftslehre II, 3. Aufl., München 1991, S. 51ff; Scheper, W. Produktion I: Produktionstheorie, HdWW, Bd. 6, Stuttgart u.a. 1981, S. 256ff.

den beiden Produktionsfaktoren Arbeit (A) und Kapital (K) läßt sich - bei gegebenem technischen Wissen - schreiben:

$$Y = Y(A,K),$$

wobei angenommen wird, daß sowohl das Produkt als auch die Produktionsfaktoren beliebig teilbar sind. Weiterhin seien die Produktionsfaktoren - wenigstens in Grenzen - gegeneinander austauschbar; es handelt sich dann um eine sog. substitutionale Produktionsfunktion. Schließlich stellt Y die maximale Produktionsmenge dar, die durch den Einsatz von A und K erreichbar ist (sog. effiziente Produktion).

Nachfolgend werden zunächst die wichtigsten Eigenschaften einer derartigen Produktionsfunktion diskutiert; daran anschließend werden die beiden am häufigsten verwandten Produktionsfunktionen vorgestellt.

1.1 Eigenschaften einer Produktionsfunktion[1]

Die wichtigsten Eigenschaften einer Produktionsfunktion zeigen sich einerseits darin, wie sich der Output ändert, wenn der Einsatz der Produktionsfaktoren geändert wird (1.1.1), und andererseits darin, welche Faktorkombinationen zum gleichen Output führen (1.1.2).

1.1.1 Faktorvariation

Unter Faktorvariation wird die Änderung des Einsatzes eines Produktionsfaktors (partielle Faktorvariation) oder aller Produktionsfaktoren in gleicher Richtung (totale Faktorvariation) verstanden.

---

[1] Im Rahmen des nachfolgenden Makro-Modells wird auf das Gesetz des abnehmenden Grenzertrages zurückgegriffen (Abschnitt 1.1.1, partielle Faktorvariation); die übrigen Eigenschaften werden erst in Kapitel V benötigt.

Partielle Faktorvariation

Die Eigenschaften obiger Produktionsfunktion bei partieller Faktorvariation wurden bereits im Zusammenhang mit der Ableitung der Investitionsnachfrage aufgeführt, nämlich:

(1) $\partial Y / \partial A > 0, \qquad \partial Y / \partial K > 0$

(2) $\partial^2 Y / \partial A^2 < 0, \qquad \partial^2 Y / \partial K^2 < 0.$

Gleichung (1) besagt, daß der Output bei erhöhtem Einsatz auch nur eines Faktors ansteigt, der Grenzertrag (die Grenzproduktivität) der beiden Faktoren ist also positiv; nach Gleichung (2) nimmt er jedoch mit zunehmendem Einsatz des Faktors ab.

Diese Eigenschaft wird als das Gesetz des abnehmenden Grenzertrages oder als neoklassisches Ertragsgesetz bezeichnet. Eine Produktionsfunktion, die dem neoklassischen Ertragsgesetz unterliegt, wird vielfach als neoklassische Produktionsfunktion bezeichnet. Der ertragsgesetzliche Verlauf der Produktionsfunktion ist in Abbildung I.39 für den Faktor Arbeit bei konstantem Kapitaleinsatz $\bar{K}$ dargestellt.

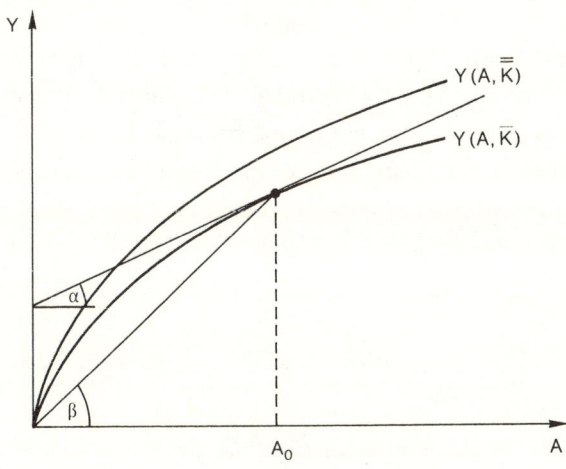

Abb. I.39: *Neoklassisches Ertragsgesetz*

Der Grenzertrag der Arbeit bei einem Arbeitseinsatz in Höhe von A_0 entspricht der Steigung der Ertragsfunktion der Arbeit bei A_0, er ist gleich dem Tangens des Winkels α. Das neoklassische Ertragsgesetz äußert sich darin, daß die Steigung mit zunehmendem Arbeitseinsatz abnimmt. Der Grenzertrag der Arbeit hat somit den in Abbildung I.40 dargestellten fallenden Verlauf.

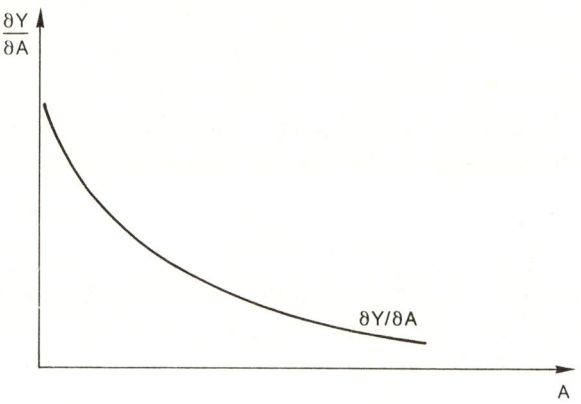

Abb. I.40: *Grenzertrag der Arbeit*

Der Tangens des Winkels β in Abbildung I.39 gibt den Durchschnittsertrag der Arbeit (Y/A) bei dem Einsatz A_0 an; auch der Durchschnittsertrag geht mit zunehmendem Arbeitseinsatz zurück. Das Verhältnis von Grenzertrag zu Durchschnittsertrag wird als partielle Produktionselastizität (ε) des betreffenden Faktors bezeichnet. Für den Faktor Arbeit gilt also:

$$(3) \quad \varepsilon_A = \frac{\partial Y/Y}{\partial A/A} = \frac{\partial Y}{\partial A}\frac{A}{Y}.$$

Die partielle Produktionselastizität eines Faktors gibt an, um wieviel Prozent der Output variiert ($\partial Y/Y$), wenn der Einsatz eines Faktors um ein Prozent ($\partial A/A$) verändert wird.

2 Ein makroökonomisches Totalmodell

Wie Abbildung I.39 weiter entnommen werden kann, ist der Grenzertrag der Arbeit auch vom Kapitaleinsatz abhängig; es gelte:

(4) $\partial(\partial Y/\partial A)/\partial K > 0$,

d.h. bei höherem Kapitalstock $(\bar{\bar{K}} > \bar{K})$ ist auch der Grenzertrag
der Arbeit größer.

Totale Faktorvariation

Totale oder proportionale Faktorvariation liegt vor, wenn der Einsatz beider Produktionsfaktoren um den gleichen Prozentsatz (λ) (in
gleicher Richtung) verändert wird. Es wird angenommen, daß gilt:

(5) $Y(\lambda A, \lambda K) = \lambda^m Y(A,K)$.

Gleichung (5) besagt, daß der Output um das λ^m-fache ansteigt,
wenn der Einsatz beider Produktionsfaktoren um das λ-fache erhöht
wird. Es handelt sich hier um eine sog. homogene Produktionsfunktion vom Grade m.

Der Faktor λ gibt das Einsatzniveau der beiden Produktionsfaktoren
an. Es stellt sich die Frage, um wieviel Prozent der Output ansteigt,
wenn das Einsatzniveau um ein Prozent erhöht wird. Diese Relation
wird als Niveau- oder Skalenelastizität $(\varepsilon_{Y\lambda})$ bezeichnet:

(6) $\varepsilon_{Y\lambda} = \dfrac{\partial Y/Y}{\partial \lambda/\lambda} = \dfrac{\partial Y}{\partial \lambda} \dfrac{\lambda}{Y}$.

Unter Beachtung von Gleichung (5) folgt aus Gleichung (6):

(7) $\varepsilon_{Y\lambda} = \dfrac{\partial[\lambda^m Y(A,K)]}{\partial \lambda} \cdot \dfrac{\lambda}{\lambda^m Y(A,K)}$

bzw.:

(8) $\varepsilon_{Y\lambda} = m\lambda^{m-1} A(A,K) \cdot \lambda \cdot \lambda^{-m} \cdot Y(A,K)^{-1} = m$,

d.h. die Skalenelastizität entspricht dem Homogenitätsgrad.

Je nach dem Wert der Skalenelastizität lassen sich drei Fälle unterscheiden; bei

$\varepsilon_{Y\lambda} > 1$ liegen zunehmende Skalenerträge vor (increasing returns to scale)

$\varepsilon_{Y\lambda} = 1$ liegen konstante Skalenerträge vor (constant returns to scale)

$\varepsilon_{Y\lambda} < 1$ liegen abnehmende Skalenertrage vor (decreasing returns to scale).

Abbildung I.41 gibt diese drei Fälle wieder: Im ersten Fall steigt der Output überproportional mit dem Faktoreinsatzniveau an, im zweiten Fall proportional und im dritten Fall unterproportional.

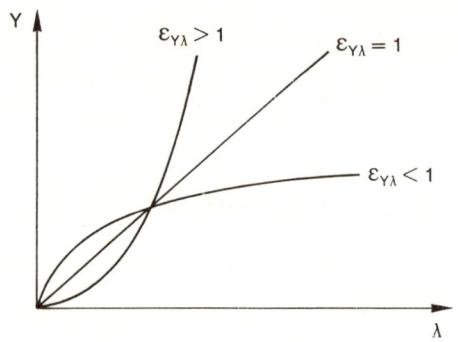

Abb. I.41: *Niveauvariation bei unterschiedlichen Skalenelastizitäten*

Das totale Differential der Produktionsfunktion $Y = Y(A,K)$ lautet:

$$(9) \quad dY = \frac{\partial Y}{\partial A}\, dA + \frac{\partial Y}{\partial K}\, dK.$$

Tautologische Erweiterung ergibt:

$$(10) \quad \frac{dY}{Y}\, Y = \frac{\partial Y}{\partial A}\, \frac{dA}{A}\, A + \frac{\partial Y}{\partial K}\, \frac{dK}{K}\, K.$$

Die relativen Veränderungen der beiden Produktionsfaktoren sind bei totaler Faktorvariation gleich und geben die relative Änderung des Einsatzniveaus an:

$$(11) \quad \frac{dA}{A} = \frac{dK}{K} = \frac{d\lambda}{\lambda} \, .$$

Damit folgt aus Gleichung (10):

$$(12) \quad \frac{dY}{Y} Y = \frac{\partial Y}{\partial A} A \frac{d\lambda}{\lambda} + \frac{\partial Y}{\partial K} K \frac{d\lambda}{\lambda}$$

bzw.:

$$(13) \quad \frac{dY}{\partial \lambda} \cdot \frac{\lambda}{Y} Y = \varepsilon_{Y\lambda} Y = \frac{\partial Y}{\partial A} A + \frac{\partial Y}{\partial K} K.$$

Für linear-homogene Funktionen ($m = \varepsilon_{Y\lambda} = 1$) ist nach Gleichung (13) der Output gleich der Summe der mit ihren Grenzproduktivitäten gewichteten Faktoreinsatzmengen (Euler'sches Theorem).

Division von Gleichung (13) durch Y liefert:

$$(14) \quad \varepsilon_{Y\lambda} = \frac{\partial Y}{\partial A} \frac{A}{Y} + \frac{\partial Y}{\partial K} \frac{K}{Y} = \varepsilon_A + \varepsilon_K.$$

Nach Gleichung (14) ist die Skalenelastizität gleich der Summe der partiellen Produktionselastizitäten der beiden Produktionsfaktoren.

1.1.2 Faktorsubstitution

Unter Faktorsubstitution (isoquante Faktorvariation) wird die gegenläufige Änderung des Einsatzes beider Produktionsfaktoren bei Konstanz des Outputs verstanden.

Grenzrate der Substitution

Werden kontinuierlich substituierbare Produktionsfaktoren unterstellt, so lassen sich alle Faktorkombinationen, die zu dem gleichen Output ($\bar{Y}$) führen, mit Hilfe einer (stetigen) Isoquante darstellen (Abbildung I.42).

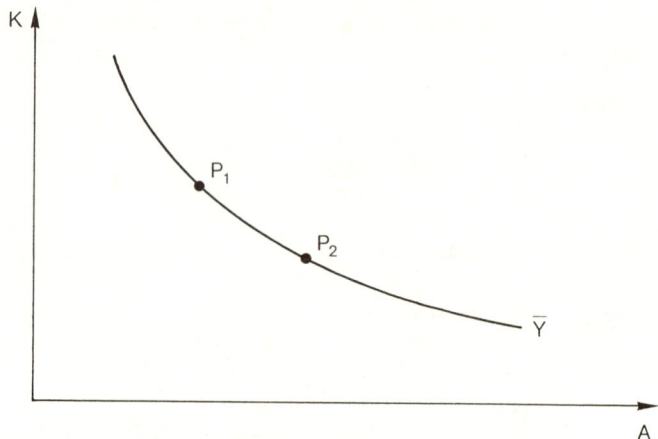

Abb. I.42: *Isoquante*

Aus der Produktionsfunktion $Y = Y(A,K)$ ergibt sich für eine Isoquante ($Y = \bar{Y} = $ const.):

$$(1) \quad 0 = \frac{\partial Y}{\partial A}\, dA + \frac{\partial Y}{\partial K}\, dK$$

bzw.:

$$(2) \quad \frac{dK}{dA} = -\frac{\partial Y/\partial A}{\partial Y/\partial K} \ (= -s).$$

Gleichung (2) gibt die Steigung der Isoquanten an, die als Grenzrate der Substitution von Kapital durch Arbeit bezeichnet wird. Die Grenzrate der Substitution ist also gleich dem negativen reziproken Verhältnis der Grenzerträge. Da die Grenzerträge positiv sind, ist die Steigung der Isoquanten negativ.

Bei einer Bewegung entlang der Isoquanten von P_1 nach P_2 nimmt der Kapitaleinsatz ab und der Arbeitseinsatz zu (die Kapitalintensität der Arbeit sinkt). Damit geht der Grenzertrag der Arbeit zurück, während der des Kapitals ansteigt. Damit nimmt die Grenzrate der Substitution mit zunehmendem Arbeitseinsatz betragsmäßig ab, das sog. Gesetz der abnehmenden Grenzrate der (technischen) Substitu–

tion.[1] Graphisch äußert sich dieses Gesetz in dem konvexen Verlauf der Isoquante.

Substitutionselastizität

Vorangehend wurde gezeigt, daß zwischen der Kapitalintensität der Arbeit und der Grenzrate der Substitution von Kapital durch Arbeit ein bestimmter Zusammenhang besteht. Ein Maß für diesen Zusammenhang ist die sog. Substitutionselastizität (σ):[2]

$$(3) \quad \sigma = \frac{d(K/A)}{K/A} \Big/ \frac{ds}{s} = \frac{d(K/A)}{ds} \cdot \frac{s}{K/A} \geq 0.$$

Die Substitutionselastizität gibt an, um wieviel Prozent die Kapitalintensität der Arbeit ansteigt, wenn die Grenzrate der Substitution betragsmäßig um ein Prozent zunimmt. Sie äußert sich graphisch in der Krümmung der Isoquanten: Je geringer diese Krümmung ist, um so größer ist die Substitutionselastizität (Abbildung I.43).

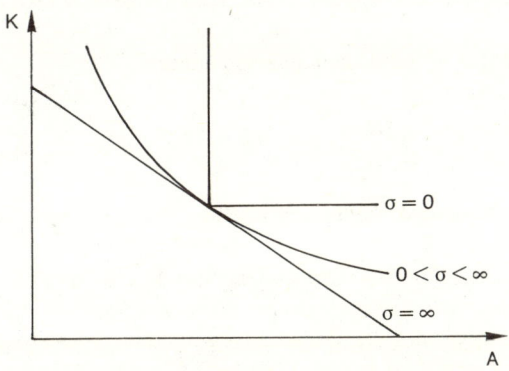

Abb. I.43: *Isoquanten bei unterschiedlichen Substitutionselastizitäten*

---

[1] Da die Grenzrate der Substitution wertmäßig zunimmt, findet sich in der Literatur auch die Formulierung des Gesetzes von der zunehmenden Grenzrate der Substitution.

[2] Auch bzgl. der Substitutionselastizität finden sich in der Literatur verschiedene Definitionen.

Bei $\sigma > 1$ schneiden die Isoquanten die Achsen, d.h. das vorgegebene Outputniveau kann allein durch den Einsatz eines Produktionsfaktors erstellt werden. Gilt $\sigma = 1$, so nähern sich die Isoquanten asymptotisch den Achsen, bei $\sigma < 1$ nähern sie sich
asymptotisch Parallelen zu den Achsen. Im Falle $\sigma = 0$ ist
keinerlei Faktorsubstitution möglich; es liegt eine sog. limitationale
Produktionsfunktion vor.

1.2 Zwei parametrisch spezifizierte Produktionsfunktionen

Abschließend sollen noch zwei Produktionsfunktionen dargestellt
werden, die in der Literatur häufig Verwendung finden, nämlich die
Cobb-Douglas-Produktionsfunktion und die CES-Produktionsfunktion.

1.2.1 Die Cobb–Douglas–Produktionsfunktion

Die Cobb-Douglas-Produktionsfunktion lautet:

(1) $Y = \gamma A^{\alpha} K^{\beta}, \qquad \alpha, \beta < 1,$

wobei γ einen Niveauparameter darstellt.

Aus (1) ergibt sich für den Grenzertrag der Faktoren:

$$\frac{\partial Y}{\partial A} = \alpha \, \frac{Y}{A}$$

(2)

$$\frac{\partial Y}{\partial K} = \beta \, \frac{Y}{K} \, .$$

Unter Beachtung der Beschränkung $\alpha, \beta < 1$ nimmt der Grenzertrag eines Faktors mit zunehmendem Faktoreinsatz ab (und mit
zunehmendem Einsatz des anderen Faktors zu).

Gleichung (2) liefert nach Umstellung:

$$(3) \quad \frac{\partial Y}{\partial A} \frac{A}{Y} = \alpha$$

$$\frac{\partial Y}{\partial K} \frac{K}{Y} = \beta,$$

d.h. der Exponent α (β) stellt die partielle Produktionselastizität der Arbeit (des Kapitals) dar.

Die Skalenelastizität ist:

$$(4) \quad \varepsilon_{Y\lambda} = \alpha + \beta.$$

Im Fall einer linear-homogenen Cobb-Douglas-Produktionsfunktion gilt somit:

$$(5) \quad 1 = \alpha + \beta,$$

d.h. die Exponenten ergänzen sich zu eins.

Für die Grenzrate der Substitution ergibt sich:

$$(6) \quad \frac{dK}{dA} = -\frac{\partial Y/\partial A}{\partial Y/\partial K} = -\frac{\alpha}{\beta} \frac{K}{A},$$

die Grenzrate der Substitution ist nach Gleichung (6) betragsmäßig proportional zur Kapitalintensität der Arbeit.

Die Substitutionselastizität läßt sich aus folgender Relation bestimmen:

$$(7) \quad \frac{\beta}{\alpha} = \frac{\dfrac{\partial Y}{\partial K} \dfrac{K}{Y}}{\dfrac{\partial Y}{\partial A} \dfrac{A}{Y}} = \frac{Y_K K}{Y_A A} = \frac{K/A}{Y_A/Y_K} = \frac{K/A}{s}$$

mit: $\quad Y_K = \partial Y/\partial K, \quad Y_A = \partial Y/\partial A.$

Da α und β konstant sind, ist die Veränderung von β/α gleich Null, d.h. die Kapitalintensität der Arbeit und die Grenzrate der Substi-

tution müssen sich in relativ gleichem Ausmaß verändern. Dies
bedeutet, daß die Substitutionselastizität gleich eins ist.

1.2.2 Die CES–Produktionsfunktion

Die "Constant Elasticity of Substitution"– oder kurz CES–Produktionsfunktion lautet:

(1) $Y = \gamma\{\delta K^{-\varrho} + (1-\delta)A^{-\varrho}\}^{-\upsilon/\varrho}$

mit: γ = Niveauparameter, $\gamma > 0$,

δ = Distributionsparameter, $0 < \delta < 1$,

ϱ = Substitutionsparameter, $-1 \leq \varrho \leq \infty$, $\varrho \neq 0$,

υ = Skalenparameter, $\upsilon > 0$.

Bei $\upsilon = 1$ handelt es sich um eine linear–homogene CES–Produktionsfunktion. Die Grenzerträge der beiden Faktoren sind in
diesem Fall (für $\gamma = 1$):

$$\frac{\partial Y}{\partial A} = (1-\delta)(Y/A)^{\varrho+1}$$

(2)

$$\frac{\partial Y}{\partial K} = \delta(Y/K)^{\varrho+1},$$

sie nehmen für $\varrho \geq -1$ mit zunehmendem Einsatz des betreffenden
Faktors ab (und zunehmendem Einsatz des anderen Faktors zu).

Für die partiellen Produktionselastizitäten ergibt sich in diesem Fall:

$$\frac{\partial Y}{\partial A}\frac{A}{Y} = (1-\delta)(Y/A)^{\varrho}$$

(3)

$$\frac{\partial Y}{\partial K}\frac{K}{Y} = \delta(Y/K)^{\varrho}.$$

Die Grenzrate der Substitution lautet:

(4) $\dfrac{dK}{dA} = -\dfrac{1-\delta}{\delta}\left[\dfrac{K}{A}\right]^{\varrho+1}$,

sie nimmt bei $\varrho > -1$ betragsmäßig mit zunehmendem Arbeitseinsatz ab.

Die Substitutionselastizität wird durch den Substitutionsparameter
bestimmt:

$$(5) \quad \sigma \;\; = \frac{1}{1+\varrho}\,,$$

sie nimmt für $-1 \leq \varrho \leq \infty$ die Werte $\infty \geq \sigma \geq 0$ an.[1]

2. Der Arbeitsmarkt[2]

Auf dem Arbeitsmarkt treffen Arbeitsangebot und Arbeitsnachfrage
zusammen. Der Faktor Arbeit wird als homogen unterstellt, d.h. von
unterschiedlicher Qualifikation der Arbeitskräfte wird zur Vereinfachung abgesehen. Weiterhin wird die Betrachtung auf den Fall
vollständiger Konkurrenz auf dem Arbeitsmarkt beschränkt.

2.1 Das Arbeitsangebot

Das Arbeitsangebot stammt vom Haushaltssektor. Es folgt aus der
Maximierung einer Nutzenfunktion unter Beachtung von Neben-
bedingungen. Der Nutzen (U) hänge positiv sowohl vom (realen)
Konsum (C) als auch von der Freizeit (F) ab:

$$(1) \quad U = U(C,F).$$

Als Nebenbedingungen hat der Haushalt zunächst seine sog.
Konsumsumme zu beachten, nämlich den Betrag, den er für
Konsumzwecke ausgeben will. Es wird angenommen, daß der Haushalt sein ganzes Einkommen, das er mittels Arbeitseinsatz erzielt,
verausgabt:

---

[1]   Die CES-Funktion geht für $\varrho = 0$ in die Cobb–Douglas–Funktion $Y = K^\delta A^{1-\delta}$ über.

[2]   Branson, W.H., Makroökonomie, a.a.O., S. 102ff; Burda, M. und Ch. Wyplosz, Macroeconomics, a.a.O., S. 89ff; Woglom, G., Modern Macro-economics, a.a.O., S. 195ff.

(2) $C = wA$

mit: $w = \text{Reallohn} \ (= W/P)$.

Desweiteren hat er seine Zeitrestriktion zu beachten, nämlich, daß ihm nur eine bestimmte Gesamtzeit (bspw. 24 Stunden pro Tag) zur Verfügung steht. Diese Gesamtzeit (T) kann er auf Arbeits- und Freizeit aufteilen:

(3) $T = A + F$.

Die optimale Arbeitszeit läßt sich jetzt mittels folgender Lagrange-Funktion (L) ermitteln:[1]

(4) $L = U(C,F) - \mu[C - w(T - F)]$

mit: $\mu = \text{Lagrange-Multiplikator}$.

Die notwendige Bedingung für ein Nutzenmaximum ergibt sich aus den ersten Ableitungen der Lagrange-Funktion nach den gesuchten Größen, die gleich Null gesetzt werden:

(5) $\dfrac{\partial L}{\partial C} = \dfrac{\partial U}{\partial C} - \mu = 0$

(6) $\dfrac{\partial L}{\partial F} = \dfrac{\partial U}{\partial F} - \mu w = 0$.

Hieraus folgt als Optimalitätsbedingung:

(7) $\dfrac{\partial U / \partial F}{\partial U / \partial C} = w$.

Die Aufteilung der Gesamtzeit auf Arbeits- und Freizeit ist dann optimal, wenn die Grenzrate der Substitution, nämlich der Quotient aus Grenznutzen der Freizeit und Grenznutzen des Konsums, gleich dem Reallohn ist. Wird die Freizeit um eine Zeiteinheit erhöht, so steigt der Nutzen des Haushaltes um den Grenznutzen der Freizeit

---

[1]   Siehe hierzu den mathematischen Anhang.

an. Gleichzeitig geht sein Einkommen um den Reallohn zurück, so daß er auch einen Nutzenverlust in Höhe des Grenznutzens des Konsums multipliziert mit der Einkommensänderung erleidet. Das Nutzenmaximum ist dann erreicht, wenn Nutzensteigerung und Nutzenverlust größengleich sind.

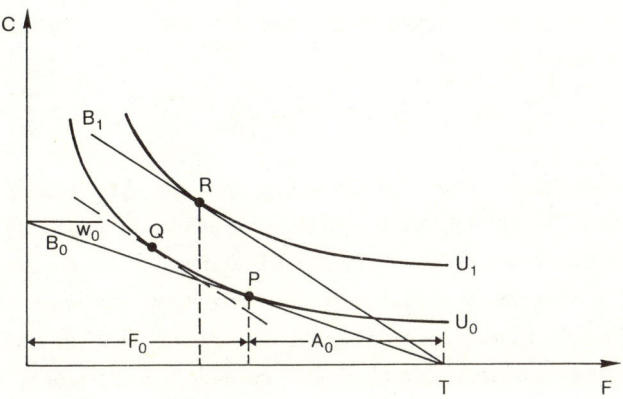

Abb. I.44: *Arbeitsangebot*

Das Nutzenmaximum ist in Abbildung I.44 graphisch dargestellt. Es ist dort erreicht, wo die Steigungen der Nutzenindifferenzkurve (U_0) und der Budgetgeraden (B_0) übereinstimmen. Auf einer Indifferenzkurve gilt (totale Differentiation):

$$(8) \quad dU = 0 = \frac{\partial U}{\partial C}\, dC + \frac{\partial U}{\partial F}\, dF$$

bzw.:

$$(9) \quad \frac{dC}{dF} = -\,\frac{\partial U/\partial F}{\partial U/\partial C}\;.$$

Gleichung (9) gibt die Steigung der Indifferenzkurve an.[1] Die Steigung der Budgetgeraden ist gemäß den Gleichungen (2) und (3):

$$(10) \quad \frac{dC}{dF} = -w.$$

---

[1]   Es gilt das Gesetz der abnehmenden Grenzrate der Substitution.

Im Berührpunkt (P) zwischen Indifferenzkurve und Budgetgeraden ist somit die Optimalitätsbedingung (7) erfüllt. Das optimale Arbeitsangebot bei dem Lohnsatz w_0 ist also A_0.

In Abbildung I.44 wurde noch ein höherer Lohnsatz betrachtet. In diesem Fall verläuft die Budgetgerade steiler (B_1), so daß der Haushalt ein höheres Nutzenniveau bei höherem Arbeitseinsatz erreicht (R). Die Arbeitsangebotskurve ist hier also eine zunehmende Funktion des Reallohns:

$$(11) \quad A^a = A^a(w); \quad dA^a/dw > 0.$$

Der Gesamteffekt einer Lohnänderung auf das Arbeitsangebot läßt sich (nach Hicks) in einen Substitutionseffekt (P nach Q) sowie einen Einkommenseffekt (Q nach R) zerlegen. Infolge der Lohnerhöhung verteuert sich einerseits die Freizeit, so daß diese reduziert wird (Substitutionseffekt). Andererseits erhöht sich hierdurch das Einkommen, wodurch C und F (als normale Güter) erhöht werden. Überwiegt der Substitutionseffekt, so wird die Freizeit insgesamt eingeschränkt und das Arbeitsangebot ausgedehnt.

2.2 Die Arbeitsnachfrage[1]

Die Arbeitsnachfrage stammt vom Unternehmenssektor. Sie resultiert aus dem Ziel der Unternehmer, den Kapitalwert der Unternehmen zu maximieren. Der Kapitalwert erreicht dann sein Maximum, wenn die Periodengewinne maximiert werden.

Wird von begrenzten Absatzmöglichkeiten abgesehen, so ist der Periodengewinn (Q) gleich der Differenz zwischen dem Erlös und den Faktorkosten. Der Erlös ist – bei vollständiger Konkurrenz auf dem Absatzmarkt – gleich dem Produkt aus Marktpreis und Absatzmenge (PY); die Faktorkosten umfassen die Arbeitskosten (WA) und die fixen Kapitalkosten (KK). Die Produktionshöhe folgt

---

[1] Arbeitsnachfrage und Güterangebot werden hier für die Marktform der vollständigen Konkurrenz auf Arbeits- und Gütermarkt bestimmt. Zu unvollkommenen Märkten siehe bspw. Dieckheuer, G., Makroökonomik, a.a.O., S. 196ff; Fuhrmann, W., Makroökonomik, a.a.O., S. 108ff.

bei gegebenem Kapitalstock ($\bar{K}$) aus dem Arbeitseinsatz gemäß der gesamtwirtschaftlichen Produktionsfunktion $Y = Y(A,\bar{K})$. Damit ergibt sich die Arbeitsnachfrage aus:

(1) $\max\limits_{A} Q = PY(A,\bar{K}) - WA - KK.$

Die notwendige Bedingung für ein Gewinnmaximum ist:

(2) $\dfrac{\partial Q}{\partial A} = P\,\dfrac{\partial Y}{\partial A} - W = 0.$

Der optimale Arbeitseinsatz ist also erreicht bei:

(3) $\partial Y / \partial A = W/P,$

d.h., wenn der Grenzertrag der Arbeit gleich dem Reallohn ist. Aufgrund des Gesetzes abnehmender Grenzerträge sinkt der Grenzertrag der Arbeit mit zunehmendem Arbeitseinsatz. Eine größere Arbeitsnachfrage erfordert somit einen niedrigeren Reallohn. Die Arbeitsnachfrage ist folglich eine abnehmende Funktion des Reallohns ($w = W/P$):

(4) $A^n = A^n(w); \quad dA^n/dw < 0.$

Die Arbeitsnachfragekurve entspricht der in Abbildung I.40 dargestellten Grenzertragskurve der Arbeit, die in Abbildung I.45 als Gerade wiederholt ist.

2.3 Gleichgewicht auf dem Arbeitsmarkt und Güterangebot: Die S-Kurve

Gleichgewicht auf dem Arbeitsmarkt ist erreicht, wenn Arbeitsangebot und Arbeitsnachfrage übereinstimmen ($A^a = A^n = A$). Diese gleichgewichtige Beschäftigung wird als Vollbeschäftigung bezeichnet, sie ist in Abbildung I.45 im Schnittpunkt zwischen Arbeitsangebots- und Nachfragekurve realisiert (A_0).

Für die nachfolgenden Ausführungen ist es zweckmäßig, Arbeitsangebot und Arbeitsnachfrage in Abhängigkeit vom Nominallohn

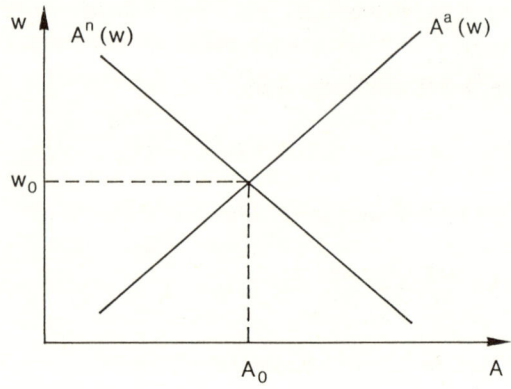

Abb. I.45:   *Vollbeschäftigung I*

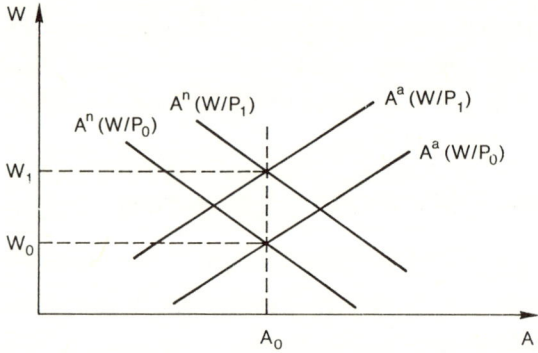

Abb. I.46:   *Vollbeschäftigung II*

(W) darzustellen. Bei gegebenem Preisniveau (P_0) folgt Abbildung
I.46 aus Abbildung I.45, indem die Ordinatenwerte mit P multipliziert werden (W = Pw). Bei einer Veränderung des Preisniveaus
kommt es zu einer entsprechenden Verschiebung sowohl der Kurve
der Arbeitsnachfrage als auch des Arbeitsangebots (P ist ein Lageparameter dieser Kurven). Bei höherem Preisniveau ($P_1 > P_0$) wird
die gleiche Arbeitsmenge bei entsprechend höherem Nominallohn
nachgefragt und angeboten. Die beiden Kurven in Abbildung I.46

verschieben sich nach oben, wobei die gleiche Beschäftigung (A_0) erhalten bleibt. (In Abbildung I.46 wurde nur die typische Verlagerung der Kurven eingezeichnet; von einer maßstabsgetreuen Darstellung hingegen wurde abgesehen.)

Als nächstes wird eine Ungleichgewichtssituation auf dem Arbeitsmarkt betrachtet. Ist bspw. der Nominallohn größer als der gleichgewichtige Lohnsatz W_0 in Abbildung I.46, so entsteht ein Angebotsüberschuß auf dem Arbeitsmarkt. Es wird angenommen, daß die Konkurrenz der Arbeitsanbieter um die knappen Arbeitsplätze zu einem Rückgang des Nominallohns führt. Hierdurch geht einerseits das Arbeitsangebot zurück, andererseits steigt die Arbeitsnachfrage an. Stabilität erfordert, daß dieser Prozeß so lange anhält, bis bei W_0 Vollbeschäftigung erreicht ist.

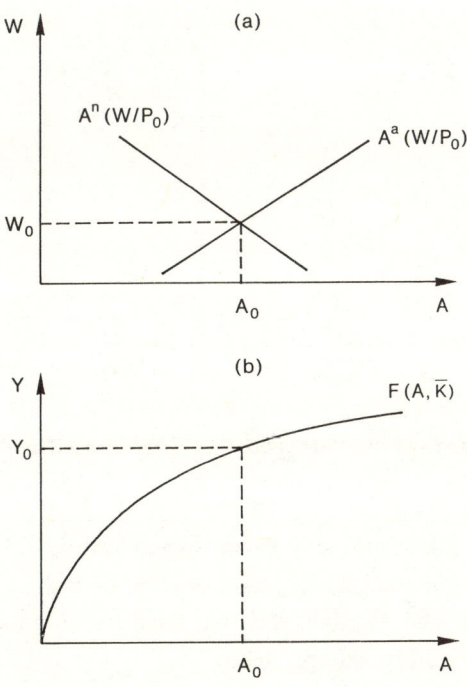

Abb. I.47: *Güterangebot bei Vollbeschäftigung I*

Das gesuchte gesamtwirtschaftliche, von den Unternehmen geplante Güterangebot ist nun die Produktionshöhe, die sich bei Vollbeschäftigung ergibt. Graphisch läßt sich das Güterangebot ermitteln, indem der Vollbeschäftigungswert der Arbeit (A_0 in Abbildung I.47 a) in die Produktionsfunktion $Y(A, \bar{K})$ eingesetzt wird; es folgt das Güterangebot in Höhe von Y_0 (Abbildung I.47 b).

Wie aus Abbildung I.47 ersichtlich ist, sind A_0 und damit auch Y_0 unabhängig von der Höhe des Preisniveaus. Das Güterangebot bei Vollbeschäftigung ist somit in einem P/Y-Diagramm eine Parallele zur P-Achse, wie in Abbildung I.48 als S-Kurve dargestellt.

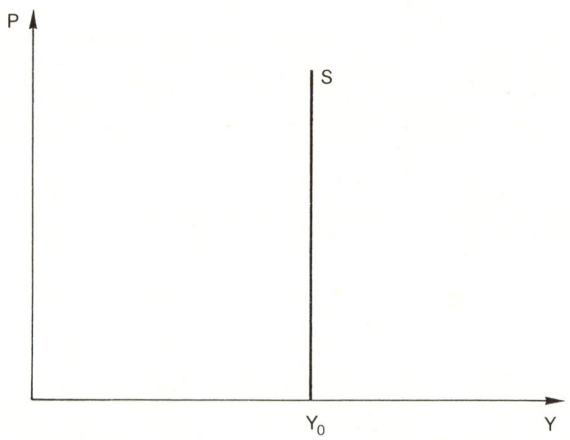

Abb. I.48: *Güterangebot bei Vollbeschäftigung II*

Die S-Kurve gibt somit das gesamtwirtschaftliche Güterangebot an, das von den Unternehmen geplant wird. Hiervon zu unterscheiden ist das tatsächliche Angebot, das sich nach den Absatzmöglichkeiten, also nach der Güternachfrage richtet.

3. Das makroökonomische Modell III[1]

In diesem Abschnitt wird die dritte und endgültige Fassung des Makro-Modells dargestellt. In dieser Version werden alle interessierenden Variablen (also auch das Preisniveau) endogenisiert.

3.1 Formulierung des Modells

Das Makro-Modell läßt sich in hoch aggregierter Form mittels Angebot und Nachfrage auf dem Gütermarkt darstellen. Wie vorangehend gezeigt wurde, folgt die Güternachfrage - unter der Annahme, daß sich das tatsächliche Güterangebot an die Nachfrage anpaßt - aus dem Nachfrageverhalten der verschiedenen Wirtschaftssektoren (IS-Kurve) unter Beachtung des Geldmarktes (LM-Kurve):

$$(1) \quad Y \quad = C(Y) + I(r) + G$$

$$(2) \quad M/P = l(Y,r).$$

Diese beiden Gleichungen lassen sich zur D-Kurve zusammenfassen:

$$(3) \quad Y^n \quad = Y^n(\Phi, P)$$

mit: $\partial Y^n / \partial P < 0,$

wobei Φ die exogenen Größen enthält.

Das geplante gesamtwirtschaftliche Güterangebot ergibt sich aus der Beschäftigungshöhe (Gleichgewicht auf dem Arbeitsmarkt) unter Berücksichtigung der Produktionsmöglichkeiten:

$$(4) \quad A^a(w) = A^n(w) = A$$

$$(5) \quad Y \quad = Y(A, \bar{K}).$$

---

[1]   Branson, W.H., Makroökonomie, a.a.O., S. 138ff; Fuhrmann, W., Makroökonomik, a.a.O., S. 157ff; Otruba, H. u.a., Makroökonomik, a.a.O., S. 212ff; Wohltmann, H.-W., Grundzüge der makroökonomischen Theorie, a.a.O., S. 335ff.

Diese beiden Gleichungen liefern das geplante Güterangebot bei Vollbeschäftigung (S-Kurve):

(6) $Y^a = Y_0$.

Es bleibt wiederum die Lösung dieses Modells zu bestimmen, was nachfolgend graphisch geschieht.

3.2 Lösung des Modells

Im Hinblick auf die Lösung des obigen Modells werden wieder die Fragen nach Existenz und Stabilität getrennt diskutiert.

3.2.1 Existenz eines Gleichgewichts

Die Bestimmung der Existenz des gesamtwirtschaftlichen Gleichgewichts (Gleichgewicht auf Güter-, Geld- und Arbeitsmarkt) erfolgt nachfolgend mit Hilfe der Abbildung I.49. In Teil b sind die D-Kurve und S-Kurve dargestellt. Dieses Diagramm wird zum besseren Verständnis ergänzt zum einen um das IS/LM-Schema (Abbildung I.49 a) und zum anderen um den Arbeitsmarkt (Abbildung I.49 c). Zur Vereinfachung der Abbildung wird die Produktionsfunktion bei der Skalierung der Abszissenachse in Abbildung I.49 c berücksichtigt, so daß sie nicht mehr explizit dargestellt werden muß.[1]

Ein gesamtwirtschaftliches Gleichgewicht existiert, wenn sich die D- und die S-Kurve (bei P > 0) schneiden. In diesem Fall bestimmt das reale Vollbeschäftigungsangebot Y_0 die Höhe der realen Güternachfrage, was gemäß der IS-Kurve einen ganz bestimmten (realen) Zinssatz (r_0) erfordert.[2]

Die reale Geldmenge bestimmt die Lage der LM-Kurve. Bei gegebener nomineller Geldmenge ist somit ein ganz bestimmtes Preisniveau

---

[1]   Die Einteilung der A-Achse wird so gewählt, daß sie die zur Produktion der auf der Y-Achse der Abbildung I.49 b abgetragenen Gütermenge erforderliche Beschäftigung angibt.

[2]   Offensichtlich existiert kein Gleichgewicht, wenn die IS- und damit die D-Kurve die Abszissenachse bei einem Y < Y_0 schneiden.

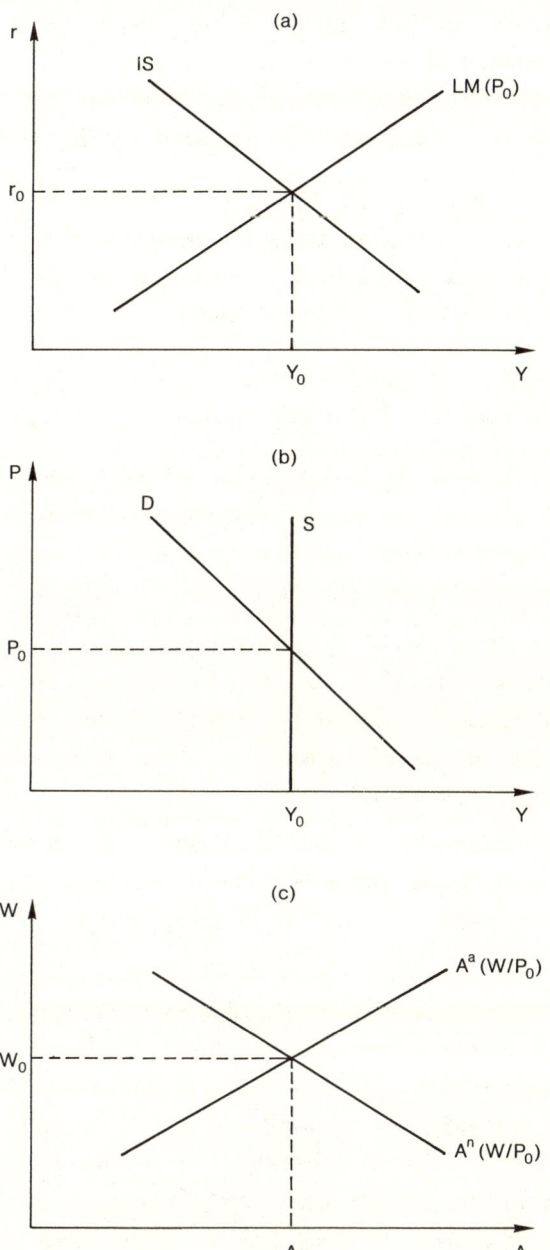

Abb. I.49: *Existenz eines gesamtwirtschaftlichen Gleichgewichts*

(P_0) erforderlich, so daß die LM-Kurve die IS-Kurve bei Y_0 schneidet. Damit schneidet auch die D-Kurve die S-Kurve bei diesem P_0. Das Preisniveau bestimmt schließlich auch den Nominallohn (W_0), der mit dem Reallohn w_0 vereinbar ist ($W_0 = P_0 w_0$).

Wie ersichtlich, läßt sich das Modell (im Gleichgewicht) in einen realen Teil (A_0, Y_0, w_0, r_0) und einen nominellen Teil (P_0, W_0) aufspalten, wobei die realen Größen unabhängig von der Höhe der Geldmenge sind (sog. Neutralität des Geldes).

3.2.2 Stabilität des Gleichgewichts

In Abbildung I.50 ist als Ausgangspunkt ein zu hohes Preisniveau (P_1) gewählt. Es bleibt zu prüfen, inwieweit das Vollbeschäftigungsgleichgewicht erreicht wird, was nachfolgend mit Hilfe einiger Plausibilitätsüberlegungen geschieht.

In der Ausgangssituation ist die Güternachfrage (Y_1) kleiner als das geplante Güterangebot (Y_0). Da die Unternehmer nur so viele Arbeitskräfte einsetzen, wie sie zur Produktion von Y_1 benötigen (A_1), weist die Arbeitsnachfragekurve an dieser Stelle einen Knick auf. Der Nominallohn betrage W_1.

Bei dem Preisniveau P_1 und dem Nominallohn W_1 ist der Grenzerlös der Unternehmen größer als ihre Grenzkosten. Die Unternehmen werden somit versuchen, durch Preissenkungen ihren Absatz zu erhöhen.

Infolge der Preissenkungen erhöht sich die reale Geldmenge, wodurch sich die LM-Kurve nach rechts verschiebt. Hierdurch steigt die Güternachfrage entlang der IS- bzw. D-Kurve an. Auf dem Arbeitsmarkt verschieben sich Angebots- und Nachfragekurve nach unten. Gleichzeitig steigt die Arbeitsnachfrage entlang der verschobenen A^n-Kurve an; infolge des Angebotsüberschusses sinkt der Nominallohn. Stabilität ist dann gegeben, wenn dieser Prozeß so lange anhält, bis bei P_0/Y_0 (r_0/Y_0 bzw. W_0/A_0) das Gleichgewicht bei Vollbeschäftigung erreicht ist.

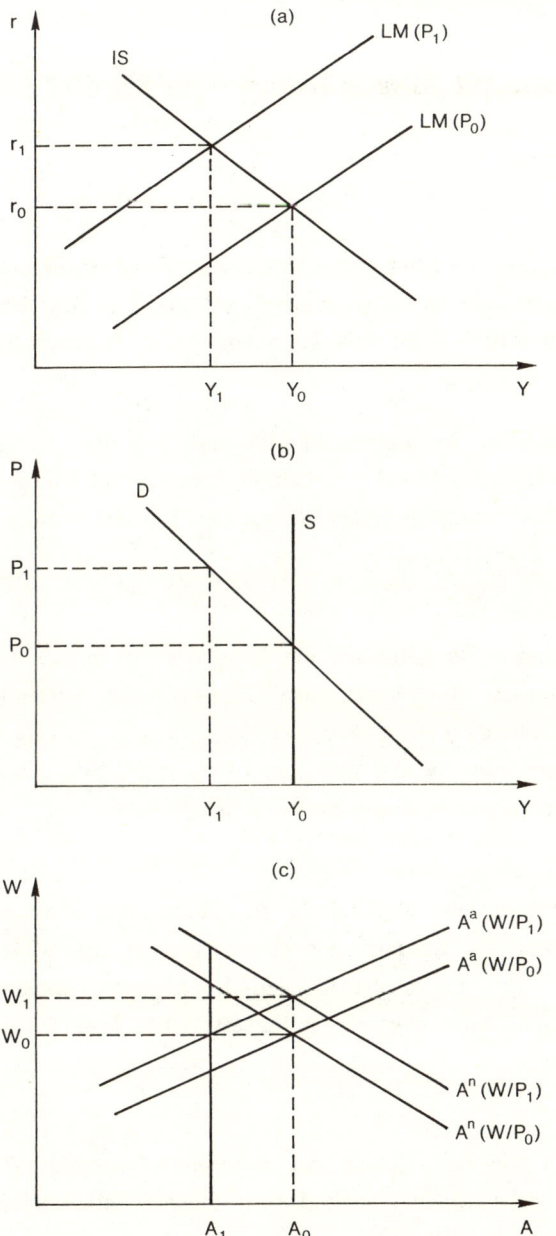

Abb. I.50: Stabilität des gesamtwirtschaftlichen Gleichgewichts

Aufgaben mit Musterlösungen zu Kapitel I

Aufgaben

1. Leiten Sie die Konsumnachfrage des Haushaltssektors mit Hilfe der permanenten Einkommenshypothese ab. Beurteilen Sie die keynesianische Konsumfunktion vor diesem Hintergrund.

2. Untersuchen Sie algebraisch die Stabilität des gleichgewichtigen Volkseinkommens bei konstantem Zinssatz und Preisniveau, wenn die Einkommenserwartungen wie folgt gebildet werden:
$$Y_t^e = \frac{1}{2} (Y_{t-1} + Y_{t-2}).$$

3. Bestimmen Sie graphisch die Höhe des gleichgewichtigen Volkseinkommens bei konstantem Zinssatz und Preisniveau unter Verwendung der Gleichgewichtsbedingung $I + G = S(Y) + T$. Interpretieren Sie die Situation $I + G < S(Y) + T$; welche Reaktionen werden in dieser Situation ausgelöst?

4. Bestimmen Sie algebraisch die Höhe des Gleichgewichtseinkommens im Rahmen der ersten Version des Makro-Modells, wenn die Pauschalsteuer durch folgende Einkommensteuer $T = \varphi Y$ mit $0 < \varphi < 1$ ersetzt wird. Interpretieren Sie das Ergebnis.

5. Stellen Sie den Prozeß der multiplen Giralgeldschöpfung dar, wenn neben Sicht- auch Termineinlagen berücksichtigt werden. Die Nichtbanken teilen ihre Einlagen im Verhältnis d zu (1-d) auf Sicht- bzw. Termineinlagen auf; der Mindestreservesatz auf Sichteinlagen sei m_S, der auf Termineinlagen m_T.

6. Gegeben sei:

   (1) $Y = \bar{C} + c(Y - \varphi Y) + \bar{I} + ir + G$

   (2) $M/P = kY + \bar{I} + lr$

mit: $\bar{C} = 230$, $\bar{I} = G = 300$, $M = 1200$, $P = 1$, $\bar{I} = 200$;
  $c = 0,7$, $\varphi = 0,2$, $i = -100$, $k = 1$, $l = -500$.

Bestimmen Sie (a) die Gleichgewichtswerte für: Zinssatz, Einkommen, Konsumnachfrage, Investitionsnachfrage, Nachfrage nach Transaktionskasse (l_T), Nachfrage nach Spekulationskasse (l_S); (b) die Höhe des Budgetsaldos des Staates (BS).

7. Untersuchen Sie algebraisch und graphisch die Stabilität des simultanen Gleichgewichts auf Güter- und Geldmarkt im Rahmen der zweiten Version des Makro-Modells für folgendes Beispiel:

   (1) $Y_t = \Phi_1 + \varphi_1 r_{t-1}$

   (2) $r_t = \Phi_2 + \varphi_2 Y_{t-1}$.

Wählen Sie als Ausgangspunkt (t = 0) der Betrachtung einen Punkt auf der IS-Kurve.

8. Untersuchen Sie die Bedeutung einer Arbeitslosenunterstützung für die Höhe des Arbeitsangebots.

Musterlösungen

1. Betrachtung eines repräsentativen Haushalts, dessen Konsumverhalten im Analogieschluß auf den gesamten Haushaltssektor übertragen wird. Die Konsumnachfrage des repräsentativen Haushalts folgt aus einem intertemporalen Nutzenmaximierungsansatz; hiernach ist die Konsumnachfrage abhängig vom Gegenwartswert des zukünftigen Einkommens. Als Indikator für den unbekannten Gegenwartswert des zukünftigen Einkommens dient das ebenfalls unbekannte, aber leichter schätzbare permanente Einkommen.

Mittels Aufspaltung der Größen Konsum und Einkommen in permanente und transitorische Komponenten sowie einiger Annahmen ergibt sich, daß der Konsum proportional zum permanenten Einkommen ist. Das permanente Einkommen wird als gewichtetes Mittel der Einkommen in der Vergangenheit bestimmt.

Nach der keynesianischen Konsumfunktion hängt der Konsum vom laufenden Einkommen ab. Statistische Zahlen sind nur für den Konsum und das laufende (nicht für das permanente) Einkommen verfügbar. Werden diese statistischen Zahlen zueinander in Beziehung gesetzt, so folgt zwar die keynesianische Konsumfunktion, die aber nach der permanenten Einkommenshypothese nicht die richtige Relation wiedergibt (nämlich Konsum und permanentes Einkommen). Die keynesianische Konsumfunktion ist vor dem Hintergrund der permanenten Einkommenshypothese lediglich eine Scheinfunktion.

2. Unter der Annahme $Y_t^e = (Y_{t-1} + Y_{t-2})/2$ ergibt sich der Zeitpfad des Einkommens aus folgender Differenzengleichung:

$$(1) \quad Y_t = \Phi + c(Y_{t-1} + Y_{t-2})/2$$

$$\Phi = \bar{C} - cT + I_0 + G.$$

Die Gleichgewichtslösung lautet:

$$(2) \quad Y^* = \Phi/(1-c).$$

Die allgemeine Lösung der homogenen Form:

$$(3) \quad Y_t = c(Y_{t-1}+Y_{t-2})/2 = 0$$

ist:

$$(4) \quad Y_t = \Psi_1\lambda_1^t+\Psi_2\lambda_2^t$$

mit:
$$\lambda_{1,2} = \frac{c}{4} \pm \sqrt{\frac{c^2}{16} + \frac{c}{2}}$$

Ψ_1,Ψ_2 = Konstante, die von den beiden letzten bekannten Y-Werten abhängen.

Die allgemeine Lösung der Gleichung (1) ist somit:

$$(5) \quad Y_t = \Psi_1\lambda_1^t+\Psi_2\lambda_2^t+Y^*.$$

Das Gleichgewicht ist stabil, wenn $\lambda_1 < 1$ und $|\lambda_2| < 1$ gilt. Da $\lambda_1 > |\lambda_2|$, reicht es aus nachzuprüfen, ob $\lambda_1 < 1$ ist. Wie leicht einsichtig, ist dies bei $0 < c < 1$ gegeben.

3. Da die Höhe des Volkseinkommens (Y) gesucht wird, ist dieses auf einer der beiden Achsen (in Abbildung I.51 auf der Abszisse) abzutragen. Die Größen I, G, S(Y) und T sind nun in Abhängigkeit von Y darzustellen.

Die Ersparnisbildung ist eine zunehmende Funktion des Einkommens; die übrigen Größen sind vom Einkommen unabhängig. Damit folgt der Nachfrageausfall (S+T) aus einer Parallelverschiebung der S-Kurve um T nach oben; die Zusatznachfrage (I+G) wird durch eine Parallele der Y-Achse erfaßt. Das Gleichgewichtseinkommen (Y*) entspricht dem Schnittpunkt zwischen diesen beiden Kurven.

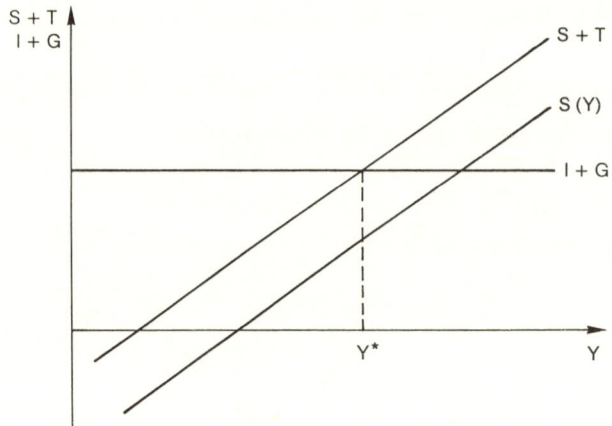

Abb. I.51

Gilt $I+G < S(Y)+T$, so erwarten die Haushalte ein zu hohes Einkommen. Setzen sie ihre entsprechend hohe Konsumnachfrage durch, so ist die tatsächliche Ersparnisbildung kleiner als geplant. Erwartungsrevision führt dann zu einer Reduzierung der Konsumnachfrage, bis schließlich das Gleichgewicht erreicht ist.

4. Die Gleichgewichtsbedingung lautet in diesem Fall:

$$(1) \quad Y = \bar{C}+c(Y-\varphi Y)+I_0+G.$$

Hieraus folgt für das Gleichgewichtseinkommen:

$$(2) \quad Y^* = \frac{1}{1-c(1-\varphi)}\,(\bar{C}+I_0+G).$$

Der Multiplikator bei Gültigkeit einer Pauschalsteuer ist $1/(1-c)$. Nun gilt $1/(1-c) > 1/[1-c(1-\varphi)]$, d.h. der Multiplikator bei einer Einkommensteuer ist kleiner als der bei einer Pauschalsteuer. Infolgedessen ist der Einkommensrückgang bei einer Reduzierung der Investitionsnachfrage nun geringer. Mit rückläufigem Einkommen verringert sich jetzt die Steuerlast, so daß das verfügbare Einkommen und damit die Konsumnachfrage nicht so stark sinken wie bei einer Pauschalsteuer. Die Einkommensteuer wirkt also stabilisierend i.d.S., daß die Einkommensänderung aufgrund einer exogenen Störung geringer ausfällt.

5. Die Geschäftsbank 1 schöpft Giralgeld in Höhe ihrer Überschuß-reserve ΔB. Der Betrag $(1-n)\Delta B$ fließt Geschäftsbank 2 zu, und zwar in Höhe von $d(1-n)\Delta B$ als Sichteinlage und in Höhe von $(1-d)(1-n)\Delta B$ als Termineinlage.

Unter Beachtung der entsprechenden Mindestreserven kann die zweite Geschäftsbank Giralgeld schöpfen in Höhe von $(1-m_S)d(1-d)\Delta B+(1-m_T)(1-d)(1-n)\Delta B$. Hieraus läßt sich bereits die Änderung der Geldmenge bestimmen:

$$(1) \quad \Delta M = \Delta B+[(1-m_S)d(1-n)+(1-m_T)(1-d)(1-n)]\Delta B+ \ldots$$

bzw.:

$$(2) \quad \Delta M = \frac{1}{1-[d(1-m_S)(1-n)+(1-d)(1-m_T)(1-n)]} \Delta B$$

oder:

$$(3) \quad \Delta M = \frac{1}{n+dm_S(1-n)+(1-d)m_T(1-n)} \Delta B.$$

6. Wird r aus Gleichung (2) in Gleichung (1) eingesetzt, so ergibt sich:

$$(3) \quad Y = \frac{1}{1-c(1-\varphi)+\frac{k}{l} i} \left[\Phi_1+\frac{i}{l}\Phi_2\right]$$

mit: $\Phi_1 = \bar{C} + \bar{I} + G$

$\Phi_2 = M/P - \bar{I}.$

Für die angegebenen Werte folgt:

$Y = 1030; \quad r = 0,06; \quad C = 806,8; \quad I = 240;$

$l_T = 1030; \quad l_S = 170; \quad BS = -94.$

7. Wird Gleichung (2) um eine Periode zeitverzögert und für r_{t-1} in Gleichung (1) eingesetzt, so folgt:

$$(3) \quad Y_t = \Phi_3 + \varphi_3 Y_{t-2}$$

mit: $\Phi_3 = \Phi_1 + \varphi_2 \Phi_2; \quad \varphi_3 = \varphi_1 \varphi_2.$

Die allgemeine Lösung dieser Gleichung umfaßt die obige Gleichgewichtslösung:

$$(4) \quad Y^* = \Phi_3 / (1 - \varphi_3)$$

und die allgemeine Lösung der homogenen Form $Y_t - \varphi_3 Y_{t-2} = 0$, nämlich:

$$(5) \quad \tilde{Y}_t = \Psi_1 \varphi_3^{t/2} + \Psi_2 (-\varphi_3^{t/2})^t$$

mit: $\Psi_1 = \dfrac{Y_1 - Y^*}{2\varphi^{1/2}} + \dfrac{Y_0 - Y^*}{2}$

$\Psi_2 = -\dfrac{Y_1 - Y^*}{2\varphi^{1/2}} + \dfrac{Y_0 - Y^*}{2}.$

Die allgemeine Lösung von (3) lautet also:

$$(6) \quad Y_t = Y^* + \left[\frac{Y_1 - Y^*}{2\varphi^{1/2}} + \frac{Y_0 - Y^*}{2} \right] \varphi_3^{t/2} +$$

$$+ \left[\frac{Y_0 - Y^*}{2} - \frac{Y_1 - Y^*}{2\varphi_3^{1/2}} \right] (-\varphi_3^{t/2})^t.$$

Für t gerade gilt nun:

(7) $Y_t = Y^* + (Y_0 - Y^*)\varphi_3^{t/2}$;

für t ungerade ergibt sich (Ausgangspunkt ist ein Punkt der IS-Kurve, so daß $Y_1 = Y_0$ ist):

(8) $Y_t = Y_{t-1}$.

Ausgangspunkt ist Punkt A in Abbildung I.52. Die zeitliche Entwicklung von Y und r ist durch die Pfeile angedeutet.

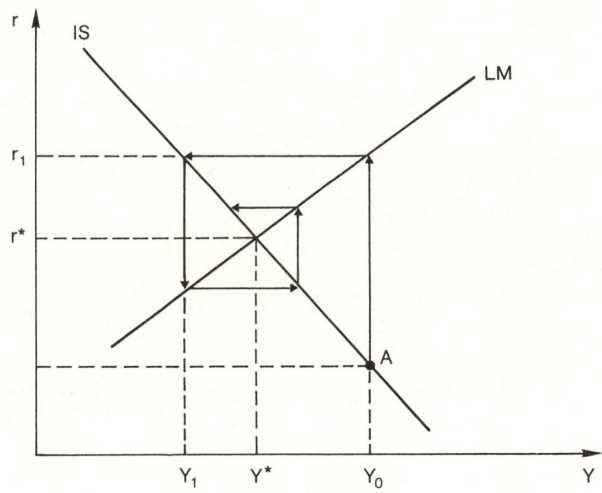

Abb. I.52

Stabilität des Gleichgewichts erfordert, daß:

(9) $|\varphi_3| = \left| -\dfrac{ik/l}{1-c} \right| < 1$

gilt. Unter Beachtung von:

(10) $\varphi_3 = \varphi_1\varphi_2 = \dfrac{i}{1-c}(-k/l)$,

wobei $(1-c)/i$ die Steigung der IS-Kurve und $(-k/l)$ die Steigung der LM-Kurve angibt, läßt sich festhalten, daß das Gleichgewicht im vorliegenden Beispiel dann stabil ist, wenn die IS-Kurve steiler verläuft als die LM-Kurve.

8. Ohne Arbeitslosenunterstützung verläuft die Budgetgerade in Abbildung I.53 durch den Punkt P. Bei einem Lohnsatz von w_0 ergibt sich ein Arbeitsangebot in Höhe von A_0.

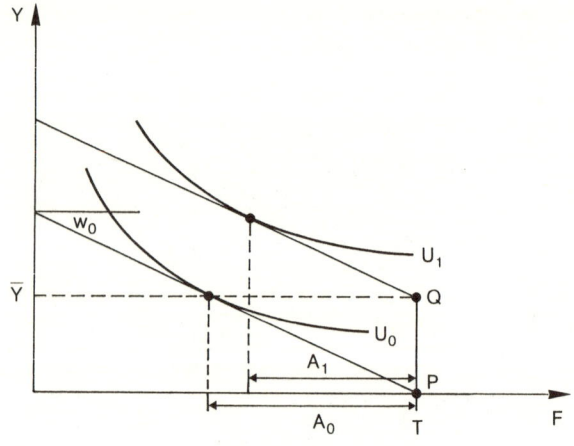

Abb. I.53

Eine Arbeitslosenunterstützung ermöglicht dem betrachteten Haushalt - unabhängig von seiner Arbeitszeit - ein Einkommen in Höhe von $\bar{Y}$. Die Budgetgerade verläuft in diesem Fall also durch den Punkt Q. Bei gleichem Lohnsatz ist das Arbeitsangebot nun niedriger (A_1). Arbeitslosenunterstützung bewirkt also ein niedrigeres Arbeitsangebot (Linksverschiebung der A^a-Kurve).

Kapitel II

Vollbeschäftigung

In diesem Kapitel stehen die Fragen nach den Ursachen der Arbeitslosigkeit sowie nach den Möglichkeiten zu ihrer Bekämpfung im Mittelpunkt.

Einleitend wird kurz auf den Begriff der Arbeitslosigkeit sowie auf die Beschäftigungssituation in der BRD eingegangen. Daran anschließend werden mit Hilfe des im I. Kapitel dargestellten Makro–Modells die Ursachen der Arbeitslosigkeit analysiert, wobei durch entsprechende Ausgestaltung dieses Modells unterschiedlichen Lehrmeinungen Rechnung getragen wird. Dieses Modell dient dann abschließend auch als Grundlage zur Bestimmung beschäftigungspolitischer Maßnahmen.

Gliederung des II. Kapitels

II.1 Erfassung der Beschäftigungssituation

Zur Einführung in den Problemkreis dieses Kapitels wird zunächst kurz auf den Begriff der Arbeitslosigkeit sowie auf die Beschäftigungssituation in der BRD eingegangen.

II.1.1 Messung und Formen der Arbeitslosigkeit[1]

Nachfolgend werden zuerst die Möglichkeiten der Messung der Arbeitslosigkeit aufgezeigt, daran anschließend die verschiedenen Formen der Arbeitslosigkeit.

1. Messung der Arbeitslosigkeit

Die Beschäftigungssituation wird üblicherweise mit Hilfe der Arbeitslosenquote gemessen. Zur Ableitung dieser Größe wird die amtliche Untergliederung der gesamten (Wohn-)Bevölkerung herangezogen, die in Übersicht II.1 wiedergegeben ist.

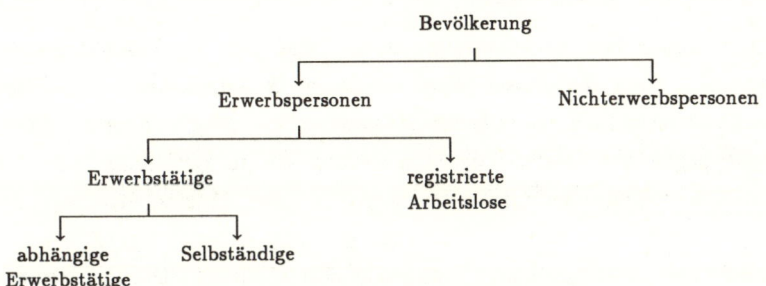

Übersicht II.1: *Untergliederung der Wohnbevölkerung I*

---

1 Burda, M. und Ch. Wyplosz, Macroeconomics, a.a.O., S. 96ff; Dornbusch, R. und St. Fischer, Makroökonomie, 5. Aufl., München/Wien 1992, S. 565ff; Gordon, R.J., Macroeconomics, a.a.O., S. 315ff; Mankiw, N.G., Macroeconomics, a.a.O., S. 118ff; Siebert, H., Geht den Deutschen die Arbeit aus?, München 1994.

In Übersicht II.1 wird die gesamte Bevölkerung nach ihrer Beteiligung am Erwerbsleben in Erwerbspersonen sowie Nichterwerbspersonen untergliedert. Die Erwerbspersonen sind der Teil der Gesamtbevölkerung, der eine auf Erwerb gerichtete Tätigkeit ausübt oder sucht. Der restliche Teil der Gesamtbevölkerung sind die Nichterwerbspersonen.

Nach ihrem Einsatz im Produktionsprozeß lassen sich die Erwerbspersonen weiter in Erwerbstätige und registrierte Arbeitslose unterteilen. Die Erwerbstätigen sind also der Teil der Erwerbspersonen, der tatsächlich beschäftigt ist, nämlich die Selbständigen sowie die abhängigen Erwerbstätigen.

Die registrierten Arbeitslosen sind die bei der Arbeitsverwaltung als arbeitslos gemeldeten Personen. Hiervon zu unterscheiden sind die nicht registrierten Arbeitslosen (bspw. Arbeitskräfte, die sich mangels Anspruch auf Arbeitslosenunterstützung nicht bei der Arbeitsverwaltung melden); sie werden auch als versteckte (verdeckte) Arbeitslose oder stille Reserve bezeichnet.

Die Arbeitslosenquote ist (in der BRD) definiert als Prozentsatz der registrierten Arbeitslosen an der Gesamtzahl der abhängigen Erwerbspersonen, nämlich den abhängigen Erwerbstätigen zuzüglich der registrierten Arbeitslosen.[1]

Der Vorteil der Arbeitslosenquote als Maß für die Beschäftigungssituation liegt darin, daß diese Größe leicht berechenbar und allgemein verständlich ist. Diesem Vorteil stehen jedoch mehrere Nachteile gegenüber, die aus der Abgrenzung der in Beziehung gesetzten Größen folgen. So umfassen einerseits, wie bereits erwähnt, die registrierten Arbeitslosen nicht die gesamte Arbeitslosigkeit, da die verdeckte Arbeitslosigkeit unberücksichtigt bleibt. Darüber hinaus kann Arbeitslosigkeit auch in Form von Kurzarbeit oder unterwertiger Beschäftigung (d.h. Beschäftigung unter dem Qualifikationsniveau) auftreten, was ebenfalls nicht erfaßt wird. Andererseits ist

---

[1] Hiervon zu unterscheiden ist die sog. Europäische Standardmethode, nach der die Zahl der registrierten Arbeitslosen auf die Gesamtzahl der Erwerbspersonen bezogen wird.

auch die Bezugsgröße angesichts des Strukturwandels der Beschäftigung nicht unproblematisch. Der Rückgang der Zahl der Selbständigen und die damit verbundene Zunahme der Zahl der abhängigen Erwerbstätigen erschwert einen zeitlichen Vergleich der Höhe der Arbeitslosenquote.

2. Formen der Arbeitslosigkeit

Zur Verdeutlichung des Phänomens der Arbeitslosigkeit wird die in Übersicht II.1 dargestellte amtliche Untergliederung, die sich auf beobachtbare Daten bezieht, nachfolgend geringfügig abgewandelt (Übersicht II.2).

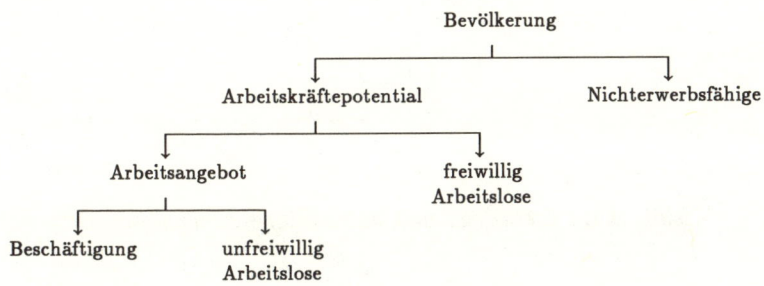

Übersicht II.2: *Untergliederung der Wohnbevölkerung II*

Die Nichterwerbspersonen der amtlichen Statistik werden noch einmal unterteilt in diejenigen, die nichterwerbsfähig sind (Kinder, Kranke), und diejenigen, die zum herrschenden Lohnsatz nichterwerbswillig sind. Letztere stellen zusammen mit den Erwerbspersonen das Arbeitskräftepotential dar.[1]

In Abbildung II.1 wird dieses Arbeitskräftepotential durch die Senkrechte bei $\bar{A}$ angezeigt. Bei dem herrschenden (realen) Lohnsatz (w_0) ist ein Teil dieses Arbeitskräftepotentials bereit zu arbeiten, das Arbeitsangebot (A_0) gemäß der Arbeitsangebotskurve (A^a), der

---

[1] In einer offenen Volkswirtschaft sind noch die Pendler zu berücksichtigen.

Rest ist freiwillig arbeitslos $(\bar{A} - A_0)$.[1] Diejenigen Arbeitskräfte, die Arbeit finden, stellen die Beschäftigung $(\underline{A})$ dar, die übrigen sind unfreiwillig arbeitslos $(A_0 - \underline{A})$.

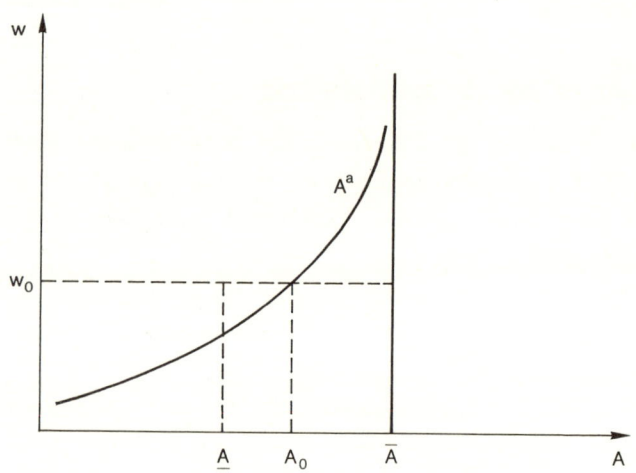

Abb. II.1: *Freiwillige und unfreiwillige Arbeitslosigkeit*

Während die Beschäftigung (nach Übersicht II.2) den Erwerbstätigen (nach Übersicht II.1) entspricht, umfassen die unfreiwillig Arbeitslosen sowohl die registrierten als auch die nicht registrierten Arbeitslosen; entsprechend ist das Arbeitsangebot gleich den Erwerbspersonen zuzüglich der nicht registrierten Arbeitslosen.

Die unfreiwillige Arbeitslosigkeit ist auf verschiedene Ursachen zurückzuführen, nach denen sich zwischen friktioneller, struktureller und konjunktureller Arbeitslosigkeit unterscheiden läßt, wobei die ersten beiden Formen zur natürlichen Arbeitslosigkeit zusammengefaßt werden. Diese verschiedenen Ursachen der Arbeitslosigkeit sind in Übersicht II.3 zusammengestellt.

---

[1]   Die Arbeitsangebotskurve nähert sich mit steigendem Reallohn dem Arbeitskräftepotential.

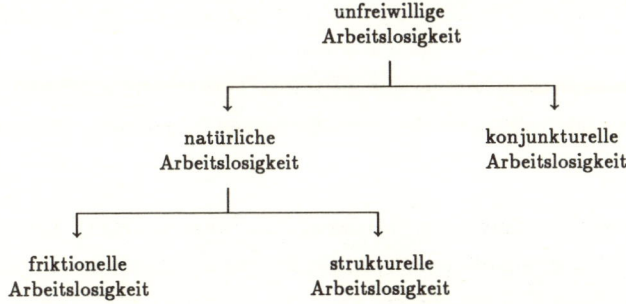

Übersicht II.3: *Ursachen der Arbeitslosigkeit*

Friktionelle Arbeitslosigkeit oder Fluktuationsarbeitslosigkeit (turn-over unemployment) entsteht aus einem Arbeitsplatzwechsel, wenn die Aufgabe des bisherigen und die Annahme des neuen Arbeitsplatzes nicht gleichzeitig geschieht. Die friktionelle Arbeitslosigkeit ist dadurch gekennzeichnet, daß sie für die Betroffenen nur von kurzer Dauer ist, während sie für die gesamte Volkswirtschaft ein permanentes Problem darstellt, da zu jedem Zeitpunkt eine gewisse Anzahl von Erwerbspersonen ihren Arbeitsplatz wechselt. Ein Teil der friktionellen Arbeitslosigkeit ist die saisonale Arbeitslosigkeit, die durch Anpassungen von Produktion und Beschäftigung an jahreszeitlich bedingte Schwankungen der Nachfrage entsteht (bspw. Fremdenverkehrsgewerbe).

Auch für die Betroffenen von längerer Dauer ist die strukturelle Arbeitslosigkeit (mismatch unemployment). Diese Form der Arbeitslosigkeit kann durch Marktvorgänge wie bspw. technologische Änderungen oder Nachfrageverschiebungen ausgelöst werden, die zu einer partiellen (regionalen und/oder sektoralen) Freisetzung von Arbeitskräften führen, deren schnelle Wiedereingliederung in den Arbeitsprozeß bspw. durch zu spezielle Qualifikation oder Immobilität verhindert wird.

Diese natürliche Arbeitslosigkeit gibt die längerfristige Komponente der Unterbeschäftigung wieder. Hiervon zu unterscheiden ist die konjunkturelle Arbeitslosigkeit als kürzerfristige Komponente, näm-

lich die in konjunkturellen Abschwüngen auftretende Unterbeschäftigung. Es handelt sich hierbei um einen gleichzeitigen Nachfragerückgang nach Arbeitskräften in der gesamten Wirtschaft, der durch ein
Nachlassen der allgemeinen wirtschaftlichen Aktivität verursacht
wird.[1]

Die späteren Ausführungen befassen sich ausschließlich mit dem
Problem der konjunkturellen Arbeitslosigkeit, dem traditionellen
Gebiet der Beschäftigungstheorie.[2]

II.1.2 Die Beschäftigungssituation in der BRD

Die Abbildungen II.2 a und b geben die Beschäftigungssituation in
der BRD (ehemalige Bundesländer) - erfaßt mit Hilfe der Arbeitslosenquote (u) - im weltweiten Vergleich wieder.[3] Diese Abbildungen zeigen zunächst einmal, daß die Arbeitslosenquote starke konjunkturelle Schwankungen aufweist. In Baissezeiten (in der BRD
bspw. 1975 oder 1983) steigt sie an, in den darauffolgenden Boomphasen geht sie wieder zurück. Diese Konjunkturreagibilität der
Arbeitslosenquote ist besonders ausgeprägt in der BRD, in Großbritannien und in den USA; bei den übrigen Ländern, insbesondere
bei Japan, hingegen sind die konjunkturellen Schwankungen der
Arbeitslosenquote schwächer.

---

[1]   Abweichungen von der Arbeitsangebotskurve in Abbildung II.1 geben nur
konjunkturelle Arbeitslosigkeit wieder. Zur Darstellung friktioneller und
struktureller Arbeitslosigkeit siehe bspw. Otruba, H. u.a., Makroökonomik,
a.a.O., S. 209ff.

[2]   Infolge der friktionellen und strukturellen Arbeitslosigkeit ist die sog.
natürliche Arbeitslosenquote größer als Null. Die in Kapitel I definierte
Vollbeschäftigungssituation (ein Punkt auf der Arbeitsangebotskurve)
beinhaltet somit stets diese natürliche Arbeitslosigkeit; Vollbeschäftigung
bedeutet hier also lediglich, daß keine konjunkturelle Arbeitslosigkeit
existiert.

[3]   OECD, Labour Force Statistics, Paris 1993, S. 32f.

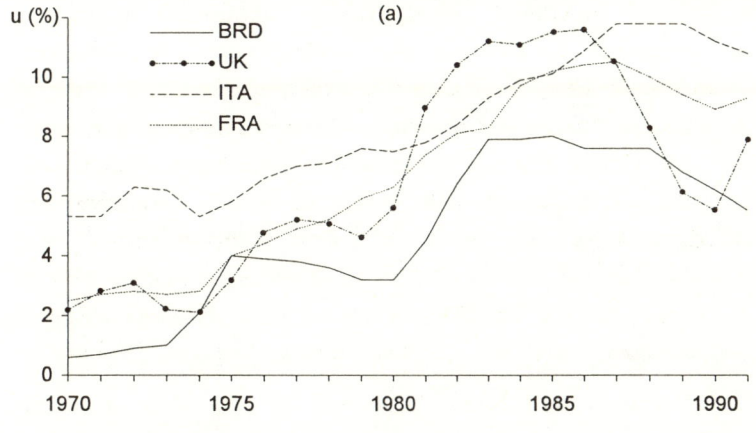

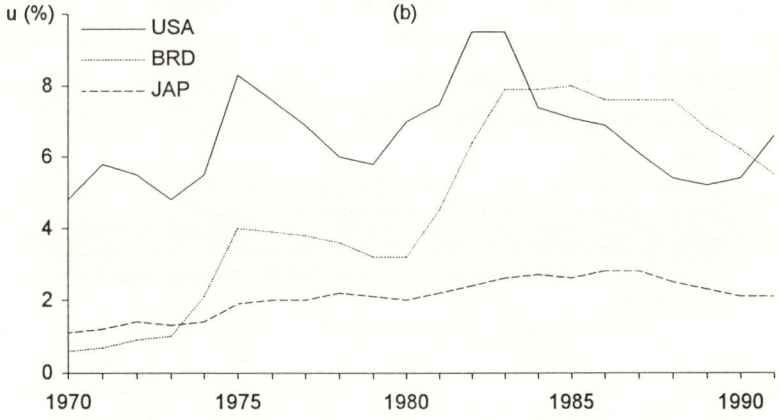

Abb. II.2: *Beschäftigungslage im internationalen Vergleich*

Den Abbildungen II.2 a und b kann weiter entnommen werden, daß die durchschnittliche Arbeitslosenquote über einen Konjunkturzyklus, die natürliche Arbeitslosenquote, von Zyklus zu Zyklus ansteigt. Dieses Phänomen ist bei den europäischen Ländern besonders ausgeprägt.

Zur Erklärung dieses Phänomens existieren zwei unterschiedliche Hypothesen, nämlich die Hysteresis-Hypothese und die strukturalistische Hypothese.

Die Hysteresis-Hypothese besagt, daß die natürliche Arbeitslosenquote durch die Entwicklung der tatsächlichen Arbeitslosenquote
bestimmt wird: Hohe konjunkturelle Arbeitslosigkeit führt hiernach
auch zu einem Anstieg der natürlichen Arbeitslosenquote und umgekehrt.[1] Als Grund für die Zunahme der natürlichen Arbeitslosenquote wird u.a. angeführt, daß Arbeitslose schnell berufsspezifische
Qualifikationen verlieren und so nur schwer wiedervermittelbar sind,
oder auch, daß die Gewerkschaften in Tarifverhandlungen eher an
hohen Löhnen für die Beschäftigten als an einer Wiedereingliederung
der Arbeitslosen interessiert sind (sog. Insider-Outsider-Hypothese).

Nach der strukturalistischen Hypothese ist die hohe natürliche
Arbeitslosenquote auf Behinderungen der Marktkräfte zurückzuführen. Verwiesen wird hier insbesondere auf staatliche Regulierungen (bspw. Mindestlöhne, Sozialpläne bei Entlassungen), auf das
Sozialsystem (bspw. Arbeitslosenunterstützung) sowie auf monopoli-
stische Strukturen (bspw. Gewerkschaften).[2]

---

[1]   In diesem Fall ist das Vollbeschäftigungsgleichgewicht nicht mehr ein-
       deutig, vielmehr existieren sog. multiple Gleichgewichte.

[2]   Die hohe natürliche Arbeitslosenquote in Europa wird hiernach vor allem
       mit staatlichen Regulierungen sowie dem Wohlfahrtsstaat begründet (sog.
       Eurosclerose).

II.2 Erklärung der Beschäftigungssituation

In diesem Abschnitt geht es um die Frage, inwieweit ein marktwirtschaftliches System stets zu Vollbeschäftigung führt. Oder, m.a.w.,
es wird untersucht, auf welche Ursachen (konjunkturelle) Arbeitslosigkeit zurückzuführen ist.

Arbeitslosigkeit entsteht dadurch, daß ein Vollbeschäftigungsgleichgewicht durch exogene Schocks gestört wird, auf die die Wirtschaft
in bestimmter Weise reagiert. Bezüglich der adäquaten Modellierung
dieser Reaktionen existieren bei aller Annäherung in Teilfragen
dennoch zwei grundsätzlich unterschiedliche Vorstellungen, nämlich
die der Keynesianer und die der Neoklassiker.

Nach Vorstellung der Neoklassiker besteht die beste Annäherung an
die Realität in der Annahme, daß der Marktmechanismus gut funktioniert i.d.S., daß stets alle Märkte geräumt (im Gleichgewicht)
sind. Ihr Modell wird deshalb auch als Markträumungs–Ansatz
bezeichnet. Auf diesen geräumten Märkten existieren jedoch Unvoll-
kommenheiten, die zu einer Abweichung der Beschäftigung von
ihrem Vollbeschäftigungswert führen. Nach keynesianischer Vorstellung hingegen ist es zweckmäßiger anzunehmen, daß der Marktmechanismus nicht stets gut funktioniert, d.h., daß Funktionsstörungen eine stetige Markträumung verhindern (Nichtmarkträumungs-
Ansatz), so daß Arbeitsangebot und Arbeitsnachfrage auseinanderfallen. Beide Theorien werden nachfolgend dargestellt.

II.2.1 Keynesianische Beschäftigungstheorie

Ausgangspunkt der modernen Beschäftigungstheorie ist die Theorie
von John Maynard Keynes (1883-1946), die er in seiner "General
Theory of Employment, Interest and Money" (1936) dargestellt hat.
Seine Theorie richtet sich gegen die bis dahin vorherrschende klassische Theorie, die im Ergebnis dem obigen Makromodell ent-

spricht.[1] Dieses Ergebnis ist auch als Say'sches Gesetz bekannt, nach dem sich das Angebot die Nachfrage selbst schafft, so daß stets Vollbeschäftigung herrscht (sog. Stabilitäts-These). Keynes kehrt dieses Gesetz um, d.h., daß seiner Meinung nach die Nachfrage das Angebot und damit die Höhe der Beschäftigung bestimmt - die „Keynesianische Revolution". Damit besteht in einem marktwirtschaftlichen System die Gefahr, daß es aufgrund fehlender Nachfrage zu Arbeitslosigkeit kommt (sog. Instabilitäts-These).

1. Die „Keynesianische Revolution"

Nach der klassischen Theorie erreicht die Güternachfrage nach einem exogen bedingten Rückgang über flexible Löhne und Preise wieder ihr ursprüngliches Niveau, so daß Vollbeschäftigung erhalten bleibt.[2] Die keynesianische Theorie erkennt diese Zusammenhänge zwar grundsätzlich, d.h. längerfristig, an, weist jedoch darauf hin, daß der Wiederanstieg der Güternachfrage auf das ursprüngliche Niveau kürzerfristig aufgrund von Funktionsstörungen in Form einer Investitions- oder Liquiditätsfalle bzw. in Form von starren Löhnen und Preisen verhindert wird, so daß Arbeitslosigkeit entsteht.

1.1 Unterbeschäftigung trotz flexibler Löhne und Preise[3]

Der erste Einwand der keynesianischen gegen die klassische Theorie besagt, daß ein erforderlicher Wiederanstieg der Güternachfrage

---

[1] Als „klassische" Theorie wird hier die Theorie vor Keynes bezeichnet, also bspw. von Adam Smith (1723-1790), David Ricardo (1772-1832) und Jean Baptiste Say (1767-1832) sowie von Leon Walras (1834-1910), Alfred Marshall (1842-1924) und Arthur Cecil Pigou (1877-1959). Die klassische Theorie unterscheidet sich in ihrer Struktur von dem obigen Makro-Modell. Siehe hierzu bspw. Hillier, B., The Macroeconomic Debate, Oxford 1991, S. 9ff.

[2] Siehe den Abschnitt I.2.3, 3. des I. Kapitels.

[3] Branson, W.H., Makroökonomie, a.a.O., S. 147ff; Felderer, B. und St. Homburg, Makroökonomik und neue Makroökonomik, 5. Aufl., Berlin u.a. 1991, S. 140ff; Gordon, R.J., Macroeconomics a.a.O., S. 167ff; Gruber, U. und M. Kleber, Grundlagen der Volkswirtschaftslehre, München 1992, S. 219ff.

selbst bei flexiblen Löhnen und Preisen in konjunkturellen Extrem-
situationen unterbleibt, was jedoch von den Vertretern der klassischen Theorie bestritten wird.

1.1.1 Investitions- und Liquiditätsfalle

Ausgangspunkt der nachfolgenden Ausführungen ist die dritte
Version des Makro-Modells. Dieses Modell wird hier in zwei Punk-
ten abgeändert. Die erste Änderung betrifft die Investitionsnachfrage.
Es wird angenommen, daß die Zinsen bei sehr pessimistischen
Absatzerwartungen keinen Einfluß auf die Investitionsnachfrage
haben. Sind die Unternehmer der Meinung, daß die durch die Inve-
stitionen geschaffenen Kapazitäten in Zukunft nicht ausgelastet sind
(Ertragsseite), so werden sie auch bei sinkenden Zinsen (Kostenseite)

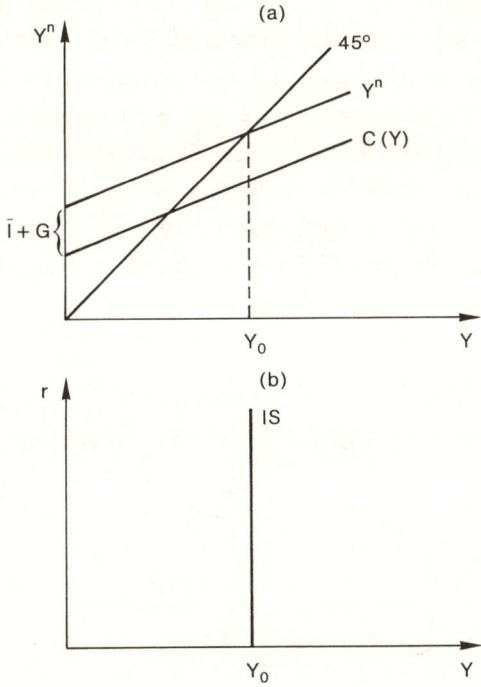

Abb. II.3: Investitionsfalle

ihre Investitionsnachfrage nicht ausdehnen. Die Investitionsnachfrage
(als langfristig geplante Investitionen) ist dann unabhängig vom
Zinssatz, d.h. es gilt $I = \bar{I}$.

Bei zinsunabhängigen Investitionen verläuft die IS-Kurve senkrecht,
wie in Abbildung II.3 dargestellt. Da hier die Investitionsnachfrage
und damit auch die gesamtwirtschaftliche Güternachfrage trotz
sinkender Zinsen nicht ansteigen, wird diese Situation als Investitionsfalle bezeichnet.

Die zweite Änderung betrifft die Nachfrage nach Spekulationskasse.
Es wird angenommen, daß bei sehr niedrigem Zinssatz alle Wirtschaftssubjekte ein Ansteigen des Zinssatzes erwarten, so daß infolge
der damit verbundenen Kursverluste die Gesamtrendite einer Wert-
papierhaltung negativ ist. Aus diesem Grund wird kein Wirtschaftssubjekt bereit sein, Wertpapiere zu kaufen; sie halten ihr Vermögen
als Spekulationskasse, d.h. die Nachfrage nach Spekulationskasse und
damit die LM-Kurve sind bei diesem niedrigen Zinssatz unendlich
elastisch, so wie in Abbildung II.4 veranschaulicht. Da hier zusätzliches Geld als Spekulationskasse gehalten wird und nicht zu sinkenden Zinsen führt, wird diese Situation als Liquiditätsfalle bezeichnet.
Bei Konstanz des Zinssatzes bleiben – selbst bei zinsabhängigen
Investitionen – die Investitionsnachfrage und damit auch die
gesamtwirtschaftliche Güternachfrage wiederum unverändert.

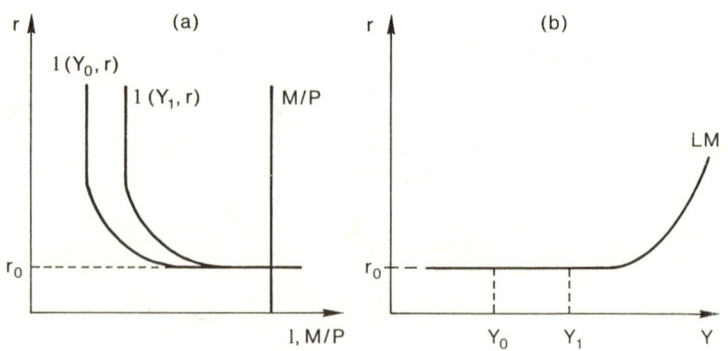

Abb. II.4: *Liquiditätsfalle*

Zinsunelastische Investitionen sowie völlig zinselastische Geldnachfrage (sofern die IS-Kurve die LM-Kurve in diesem elastischen
Bereich schneidet) führen dazu, daß die D-Kurve senkrecht verläuft:
Eine Preissenkung führt im ersten Fall zwar zu einer Zinssenkung,
diese jedoch nicht zu einer Erhöhung der Investitionsnachfrage; im
zweiten Fall unterbleibt bereits die Zinssenkung.

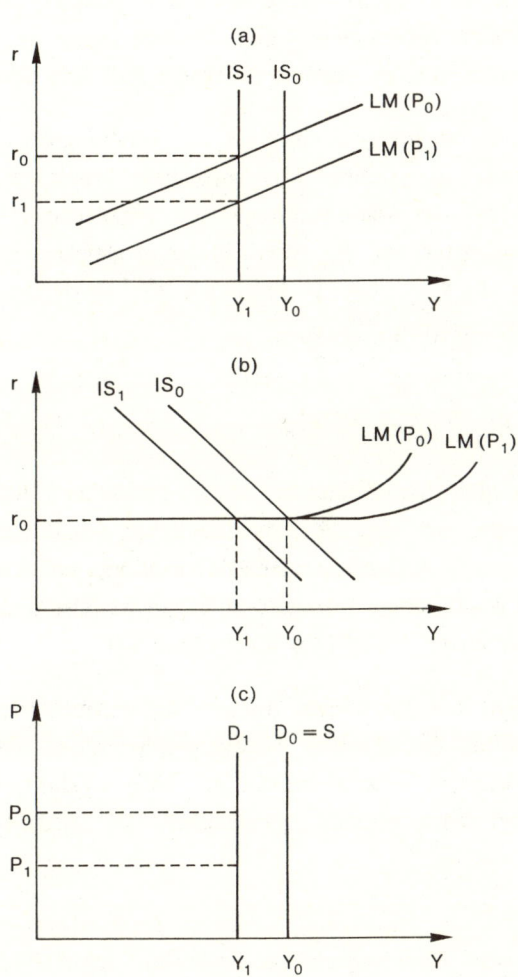

Abb. II.5: *Unterbeschäftigung trotz flexibler Löhne und Preise*

In Abbildung II.5 sind die Investitionsfalle (IS$_0$ in Teil a) und die Liquiditätsfalle (LM(P$_0$) in Teil b) für den Fall eines Vollbeschäftigungsgleichgewichts dargestellt (in Teil c fallen die D$_0$- und die S-Kurve zusammen).

Reduzieren die Unternehmer nun ihre Investitionstätigkeit (d$\bar{\text{I}}$ < 0), so verschieben sich die IS-Kurve in Teil a und b nach links (IS$_1$) und damit auch die D-Kurve in Teil c nach D$_1$. Wie ersichtlich, stimmen nun Güterangebot und Güternachfrage in keinem Punkt mehr überein, d.h. es existiert in diesem Fall kein Gleichgewicht.

Da die Güternachfrage kleiner als das Güterangebot ist (Y$_1$ < Y$_0$), sinken zwar die Preise. Mit sinkendem Preisniveau ändert sich jedoch weder die Güternachfrage (wie vorangehend erläutert) noch das Güterangebot (da der Nominallohn in gleichem Maße sinkt, vgl. Abschnitt I.2.3, 3. des I. Kapitels); die Ungleichgewichtssituation bleibt also bestehen.

1.1.2 Der Pigou–Effekt

Während der Liquiditätsfalle kaum praktische Bedeutung beigemessen wird, erscheint die Zinsunelastizität der Investitionsnachfrage insbesondere in Baissesituationen durchaus von empirischer Relevanz. Dennoch ist die obige Inkonsistenz möglicherweise nicht zu erwarten, worauf als erster A.C. Pigou hingewiesen hat.

Pigou lehnt die der obigen Analyse zugrundeliegende Konsumfunktion, nämlich die absolute Einkommenshypothese, ab. Statt dessen berücksichtigt er – entsprechend der Lebenszyklushypothese – auch das (reale) Vermögen als Determinante der (realen) Konsumnachfrage.

Sinken nun die Güterpreise, so steigt der Realwert des Vermögens, wodurch die Konsumnachfrage zunimmt. In Abbildung II.6 (zur Vereinfachung werden nur die Teile a und c der Abbildung II.5 wiederholt) verschiebt sich somit die IS-Kurve mit sinkendem

Preisniveau aufgrund der Erhöhung der Konsumnachfrage nach rechts. Die D-Kurve verläuft in diesem Fall wieder fallend, d.h. die

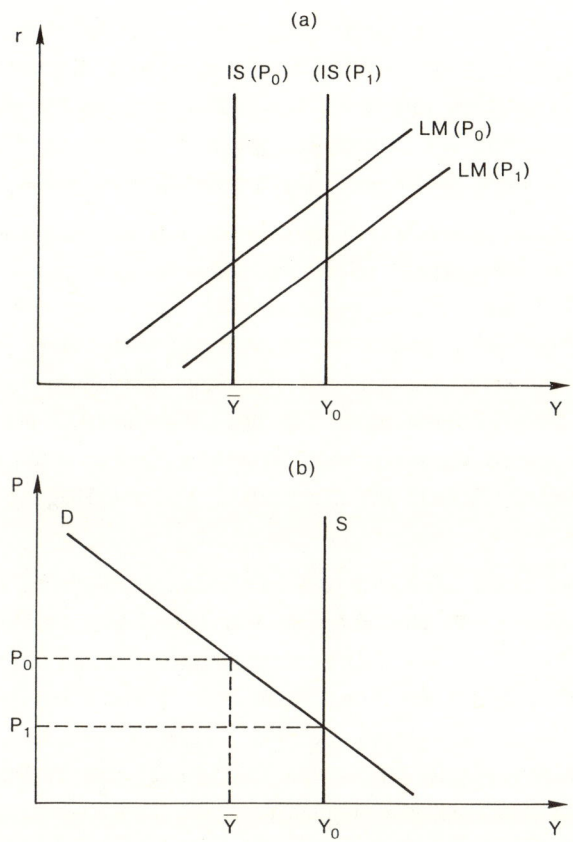

Abb. II.6: *Vermögensabhängiger Konsum*

Güternachfrage steigt mit sinkendem Preisniveau an. Die Preissenkungen werden also so lange anhalten, bis Güternachfrage und Güterangebot übereinstimmen, d.h. bis wiederum ein gesamtwirtschaftliches Gleichgewicht erreicht ist.

1.2 Unterbeschäftigung infolge starrer Löhne und Preise

Der Haupteinwand der Keynesianer gegen die klassische Theorie gilt jedoch der Annahme flexibler Löhne und Preise. Diese sind nach Meinung der Keynesianer nur längerfristig flexibel, so daß der Preismechanismus auch nur längerfristig tendenziell zu einem Vollbeschäftigungsgleichgewicht führt. Dies ist aber nach Keynes nur von geringem praktischen Interesse ("in the long run, we are all dead"). Der Haupteinwand der Keynesianer gegen die klassische Theorie ist also, daß sie einen relativ unwichtigen Spezialfall betrachtet.

Die Keynesianer konzentrieren deshalb ihr Interesse auf einen praktisch (wirtschaftspolitisch) relevanten, kürzeren Zeitraum, der durch Lohn- und Preisstarrheiten gekennzeichnet ist. Infolge dieser Lohn- und Preisrigiditäten kommt es kürzerfristig nicht stets zu einem Ausgleich zwischen Angebot und Nachfrage auf den verschiedenen Märkten. Dies gilt vor allem für den Arbeitsmarkt, der als ein Markt sui generis angesehen wird. Arbeitslosigkeit ist somit nach der keynesianischen Theorie der Normalfall, Vollbeschäftigung nur die Ausnahme.

Nachfolgend bleibt also noch die kürzerfristige Beschäftigungssituation darzustellen, die sich aufgrund von Lohn- und Preisrigiditäten ergibt. Hierbei wird, wie üblich, angenommen, daß der Zinssatz voll flexibel ist, während der Nominallohn nach unten starr ist. Bezüglich des Preisniveaus werden die zwei Versionen betrachtet, nämlich Preisstarrheit einerseits (Hicks'sche Darstellung) und Preisflexibilität andererseits (Neoklassische Synthese).

1.2.1 Die Hicks'sche Darstellung[1]

J.R. Hicks (1937) liefert mit dem im I. Kapitel dargestellten IS/LM-Modell (zweite Version des Makro-Modells) eine auch heute noch akzeptierte formale Darstellung der Theorie von Keynes.

---

[1]   Fuhrmann, W., Makroökonomik, a.a.O., S. 145ff; Wohltmann, H.-W., Grundzüge der makroökonomischen Theorie, a.a.O., S. 227ff.

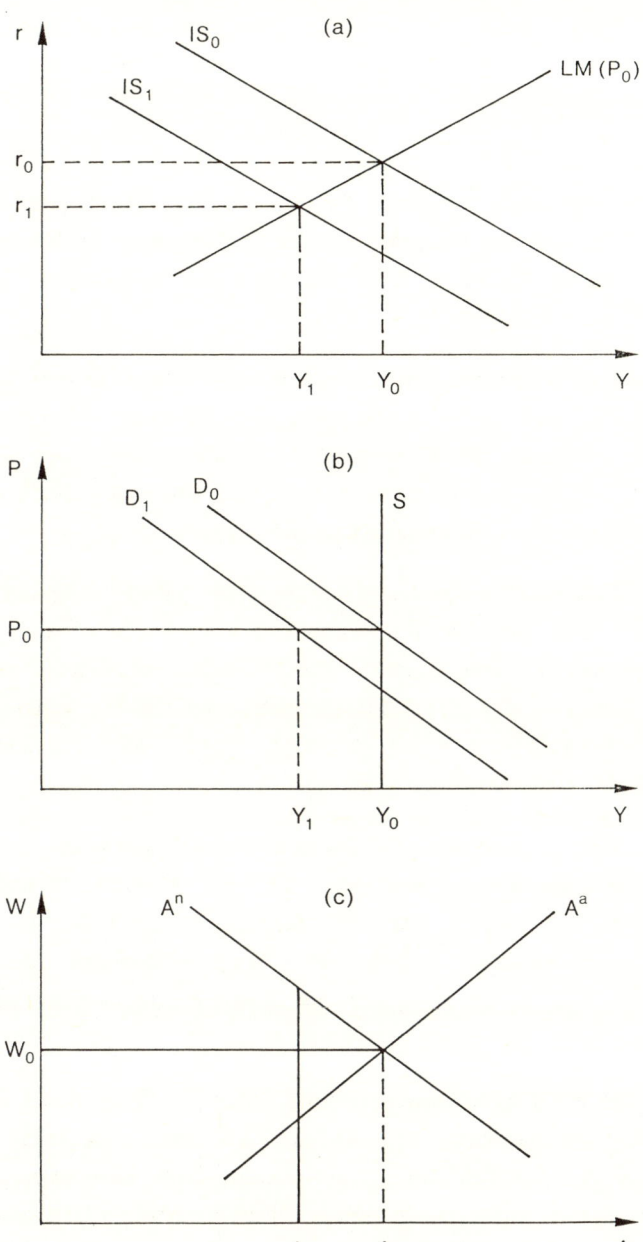

Abb. II.7: *Unterbeschäftigung infolge starrer Löhne und Preise*

Diesem Modell liegt die Annahme eines vollkommen elastischen Güterangebots - oder eben eines konstanten Preisniveaus - zugrunde.

Die Abbildungen II.7 a und b geben dieses Modell zunächst für das Vollbeschäftigungsgleichgewicht (Index „0") als Ausgangssituation wieder. Zum besseren Vergleich mit der nachfolgenden neoklassischen Synthese ist in Abbildung II.7 c außerdem der Arbeitsmarkt dargestellt.

Geht nun wiederum die Investitionsnachfrage zurück, so verschieben sich die IS - und die D-Kurve nach links (IS$_1$ bzw. D$_1$). Wie ersichtlich, schneidet die D$_1$-Kurve die S-Kurve bei einem Preisniveau P $<$ P$_0$, d.h. es existiert auch nach Rückgang der Investitionsnachfrage ein Vollbeschäftigungsgleichgewicht.

Dieses Vollbeschäftigungsgleichgewicht wird jedoch aufgrund der Annahme nach unten starrer Löhne und Preise - in politisch vertretbarer Zeit - nicht erreicht. Die Annahme nach unten starrer Preise bedeutet, daß die Güterangebotskurve bei P$_0$ vollkommen elastisch verläuft (0 $<$ Y $<$ Y$_0$). Damit ergibt sich ein Einkommen in Höhe der Güternachfrage (Y$_1$).

Da die Unternehmer nur Y$_1$ absetzen können, schränken sie ihre Arbeitsnachfrage entsprechend ein, d.h. die Arbeitsnachfragekurve hat bei A$_1$ einen Knick. Das Arbeitsangebot ist unter der Annahme nach unten starrer Löhne bei W$_0$ vollkommen elastisch (0 $<$ A $<$ A$_0$). Damit stellt sich die Beschäftigung in Höhe von A$_1$ ein.

Infolge des Nachfragerückgangs kommt es also auch zu einem Rückgang der Beschäftigung von A$_0$ auf A$_1$. Unter Beachtung, daß weiterhin A$_0$ Arbeitskräfte Arbeit suchen, liegt hier unfreiwillige Arbeitslosigkeit vor. Da in dieser Unterbeschäftigungssituation - kurzfristig - keinerlei Kräfte auftreten, die zu Vollbeschäftigung führen, wird diese wirtschaftliche Lage auch als Gleichgewicht bei Unterbeschäftigung bezeichnet.

1.2.2 Die Neoklassische Synthese

Als Neoklassische Synthese wird üblicherweise ein makroökonomisches Modell bezeichnet, das einerseits die keynesianische Nachfragetheorie in Form des IS/LM-Systems bzw. der D-Kurve und andererseits die neoklassische Angebotstheorie, nämlich Arbeitsmarkt und Produktionsfunktion bzw. S-Kurve, umfaßt, wobei Angebot und Nachfrage durch ein variables Preisniveau verbunden werden. Die neoklassische Synthese entspricht somit der dritten Version des Makro-Modells, wobei jedoch ein konstanter Nominallohn (W_0) unterstellt wird.

Traditionellerweise wird auch im Rahmen dieses Modells Unterbeschäftigung als Folge eines Nachfragerückgangs erklärt;[1] in jüngerer Zeit wird jedoch auch auf angebotsseitige Ursachen der (zyklischen) Arbeitslosigkeit hingewiesen.

(1) Nachfrageschock[2]

Abbildung II.8 enthält wieder das Vollbeschäftigungsgleichgewicht (Index „0") als Ausgangssituation. Ein exogener Nachfragerückgang (bspw. Rückgang der Investitionsnachfrage) verschiebt sowohl die IS-Kurve (von IS_0 nach IS_1) als auch die D-Kurve (von D_0 nach D_1) nach links. Ein neues Vollbeschäftigungsgleichgewicht existiert dann im Schnittpunkt zwischen der D_1-Kurve und der S-Kurve. Dieses Vollbeschäftigungsgleichgewicht wird hier jedoch aufgrund der Annahme nach unten starrer Nominallöhne (in politisch vertretbarer Zeit) nicht erreicht.

---

[1]   Vielfach wird konjunkturelle Arbeitslosigkeit als Arbeitslosigkeit infolge eines Nachfragerückgangs definiert. Siehe bspw. Dieckheuer, G., Makroökonomik, Berlin u.a. 1993, S. 239.

[2]   Branson, W.H., Makroökonomie, a.a.O., S. 185ff; Claassen, E.-M., Grundlagen der makroökonomischen Theorie, a.a.O., S. 243ff; Felderer, B. und St. Homburg, Makroökonomik und neuere Makroökonomik, a.a.O., S. 149ff; Wohltmann, H.-W., Grundzüge der makroökonomischen Theorie, a.a.O., S. 376ff.

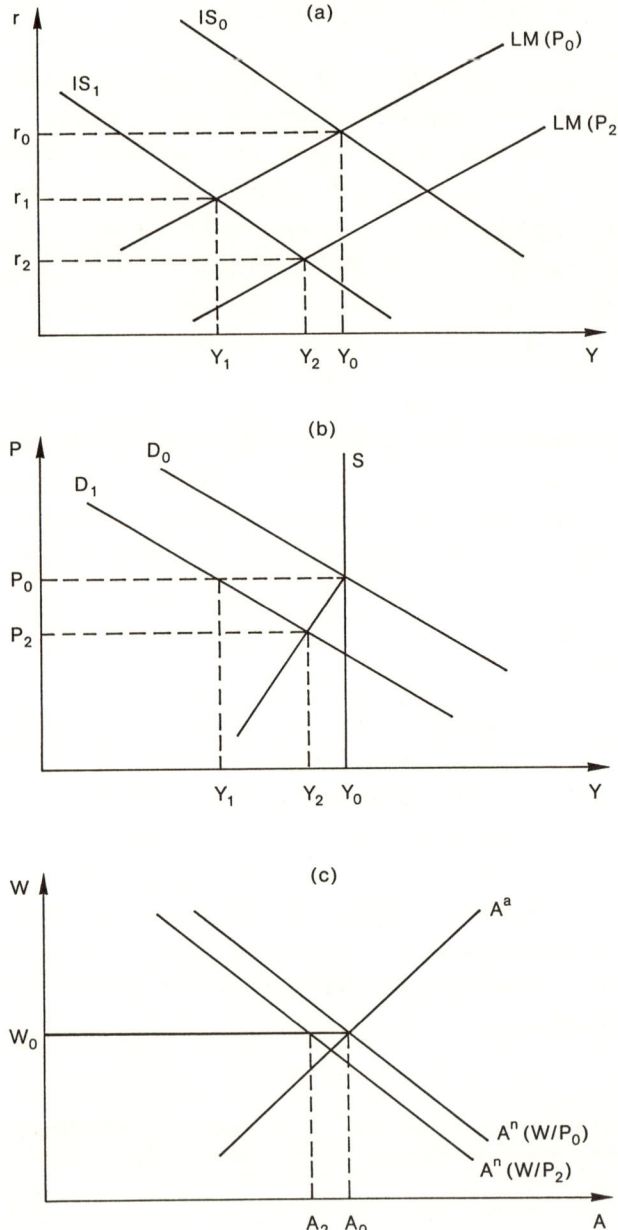

Abb. II.8:   Unterbeschäftigung infolge starrer Löhne

Bei unverändertem Preisniveau P_0 sinkt die Güternachfrage auf Y_1.[1] Damit herrscht bei P_0 eine deflatorische Lücke in Höhe von $Y_0 - Y_1$, die zu einem Rückgang des Preisniveaus (auf P_2) führt. Dieser Rückgang des Preisniveaus hat zwei Effekte.

Einerseits steigt die Güternachfrage an (von Y_1 auf Y_2 entlang der D-Kurve): Mit niedrigerem Preisniveau erhöht sich die reale Geldmenge, was einen Rückgang des Zinssatzes und einen Anstieg der Investitionsnachfrage zur Folge hat (sog. Keynes-Effekt); über den Multiplikator erhöht sich dann auch die gesamtwirtschaftliche Güternachfrage.

Andererseits sinkt das Güterangebot (von Y_0 auf Y_2): Niedrigeres Preisniveau bei unverändertem Nominallohn (W_0) bedeutet einen höheren Reallohn. Hierdurch geht die Arbeitsnachfrage zurück (Linksverschiebung der Arbeitsnachfragekurve von $A^n(W/P_0)$ nach $A^n(W/P_2)$), so daß die Beschäftigung sinkt (von A_0 auf A_2). Damit sinkendem Preisniveau Beschäftigung und Produktion zurückgehen, hat die Angebotskurve (kurzfristig) den in Abbildung II.8 b dargestellten, teilweise ansteigenden Verlauf.

Damit wird hier bei Y_2 bzw. A_2 wieder ein Gleichgewicht bei Unterbeschäftigung erreicht. Wird angenommen, daß die Arbeitsangebotskurve bei sinkendem Preisniveau unverändert bleibt, so stellt sich unfreiwillige Arbeitslosigkeit in Höhe von $A_0 - A_2$ ein.

Infolge der Preisflexibilität unterscheiden sich die beiden dargestellten Modelle (Abschnitt 1.2.1 und 1.2.2) in dreifacher Weise. Zum einen führt der Rückgang des Preisniveaus zu einem Wiederanstieg der Güternachfrage, so daß die Arbeitslosigkeit abgemildert wird (in Abschnitt 1.2.1 entspricht die Beschäftigung dem Produktionsniveau Y_1, hier dem Niveau Y_2 in Abbildung II.8).

Zum anderen stimmen im vorliegenden Fall Grenzertrag der Arbeit und Reallohn überein (die Beschäftigung wird durch die fallende Arbeitsnachfragekurve bestimmt), während im vorhergehenden Fall

---

[1] Aufgrund einsetzender Preissenkungen wird Y_1 nur tendenziell erreicht.

der Grenzertrag der Arbeit größer als der Reallohn ist (die Beschäftigung ist kleiner, als sie der fallenden Arbeitsnachfragekurve entspricht). Damit führt eine Senkung des Nominallohns im vorliegenden Fall zu einer Erhöhung der Beschäftigung, im vorangehenden Fall dagegen hat dies keinerlei Beschäftigungseffekte. Arbeitslosigkeit bei starren Löhnen und Preisen ist der „typische" keynesianische Fall von Unterbeschäftigung, nämlich aufgrund mangelnder Güternachfrage; Unterbeschäftigung bei starren Nominallöhnen ist ein Grenzfall zur sog. klassischen Arbeitslosigkeit, die auf zu hohen Reallöhnen beruht (und die der strukturellen Arbeitslosigkeit zuzurechnen ist).

Schließlich kommt es im vorliegenden Fall – bei vollständiger Konkurrenz auf den Produktmärkten – zu einer antizyklischen Bewegung des Reallohns: In einer Rezession steigt der Reallohn an und umgekehrt. Ein derartiges antizyklisches Verhalten ist empirisch jedoch nicht zu beobachten.

Im Vergleich zum Vollbeschäftigungsgleichgewicht ist zu beachten, daß die Beschäftigung in beiden Fällen nicht mehr ausschließlich auf dem Arbeitsmarkt bestimmt wird. Entscheidend für die Beschäftigungshöhe ist vielmehr die sog. effektive (Güter-)Nachfrage (Lage der D-Kurve), die wiederum von der Höhe der Geldmenge abhängt; Geld ist hier also nicht neutral.

(2) Angebotsschock[1]

Seit den beiden Ölpreisschocks in den Jahren 1973/74 sowie 1979/80 richtet sich das Interesse der Keynesianer auch auf sog. negative Angebotsschocks (adverse supply shocks) als eine weitere Ursache für Arbeitslosigkeit. Ein negativer Angebotsschock liegt vor, wenn sich die Produktionsverhältnisse verschlechtern, d.h., wenn mit den vorhandenen Produktionsfaktoren Arbeit und Kapital nur noch eine

---

[1]   Branson, W.H., Makroökonomie, a.a.O., S. 149ff; Mankiw, N.G., Macroeconomics, a.a.O., S. 226ff; Woglom, G., Modern Macroeconomics, a.a.O., S. 369ff.

geringere Gütermenge produziert werden kann. Abbildung II.9 gibt
diesen Fall wieder.

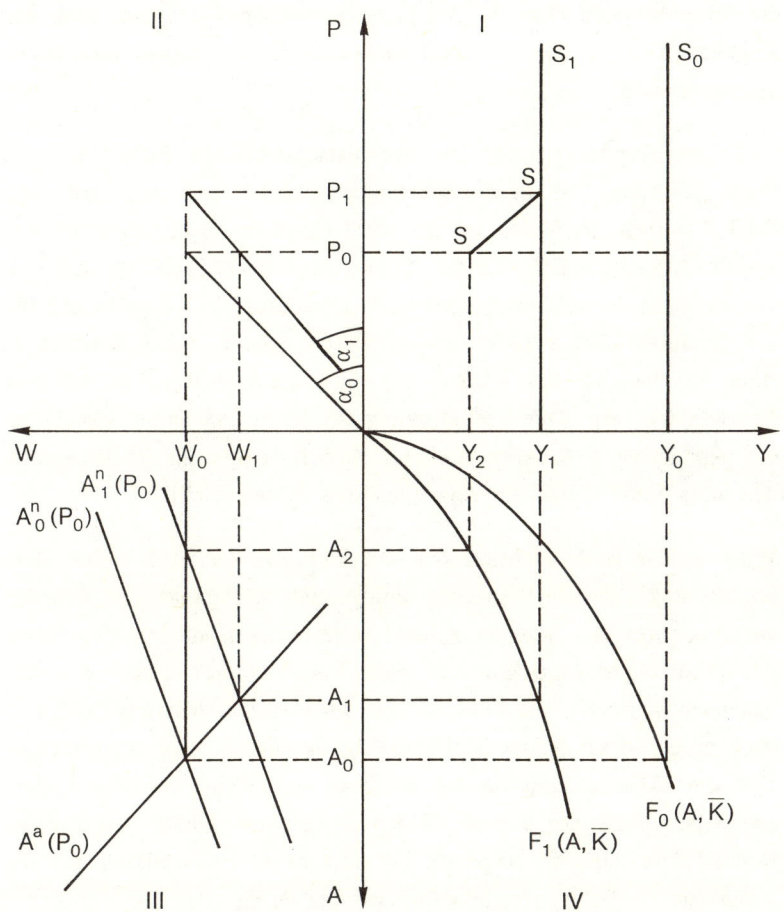

Abb. II.9: *Auswirkungen eines negativen Angebotsschocks auf das Güterangebot*

In Abbildung II.9 ist zunächst die ursprüngliche Angebotssituation
dargestellt. Bei dem Preisniveau P_0 ergibt sich im III. Quadranten
die Arbeitsangebotskurve $A^a(P_0)$ und die Arbeitsnachfragekurve

$A_0^N(P_0)$; die Vollbeschäftigung ist bei A_0 und dem Nominallohn W_0 erreicht. Der entsprechende Reallohn ist gleich dem Tangens des Winkels α_0 im II. Quadranten. Mittels der Beschäftigung A_0 und der Produktionsfunktion $F_0(A,\bar{K})$ ergibt sich im IV. Quadranten das Angebot Y_0, was im I. Quadranten durch die Angebotskurve S_0 angezeigt wird.

Die Verschlechterung der Produktionsmöglichkeiten äußert sich in einer „Drehung" der Produktionsfunktion nach unten, und zwar von $F_0(A,\bar{K})$ nach $F_1(A,\bar{K})$. Infolge der verschlechterten Produktions-verhältnisse verringert sich der Grenzertrag der Arbeit, so daß sich die Arbeitsnachfragekurve von $A_0^N(P_0)$ nach $A_1^N(P_0)$ verschiebt. Bei voll flexiblen Löhnen stellt sich bei W_1/A_1 (sowie einem Reallohn in Höhe des Tangens des Winkels α_1) ein neues Gleichgewicht auf dem Arbeitsmarkt ein. Die Beschäftigung A_1 führt nun unter Beachtung der geänderten Produktionsfunktion $F_1(A,\bar{K})$ zu einem Rückgang des Angebots auf Y_1, was der Angebotskurve S_1 entspricht.

Wird wieder berücksichtigt, daß der Nominallohn nach unten starr ist, so sinkt die Beschäftigung infolge des Rückgangs der Arbeits-nachfrage auf A_2, was zu einem Angebot in Höhe von Y_2 führt. Preiserhöhungen bewirken nun eine Verschiebung sowohl der Ar-beitsnachfragekurve nach unten als auch der Arbeitsangebotskurve nach oben. Damit steigt die Beschäftigung entlang dem waagerechten Teil der Arbeitsangebotskurve an, was eine Erhöhung des Güter-angebots gemäß der Kurve SS zur Folge hat. Dieser Anstieg der Beschäftigung hält so lange an, bis infolge der Preissteigerungen der gesunkene Reallohn erreicht wird, was bei P_1 der Fall ist.

In Abbildung II.10 ist Abbildung II.9 teilweise wiederholt. Ergänzt wird diese Darstellung um die Nachfragesituation, nämlich die D-Kurve.

Wie dem I. Quadranten der Abbildung II.10 entnommen werden kann, existiert nach der Verschlechterung der Angebotsbedingungen ein neues Vollbeschäftigungsgleichgewicht im Schnittpunkt zwischen der D- und der S_1-Kurve.

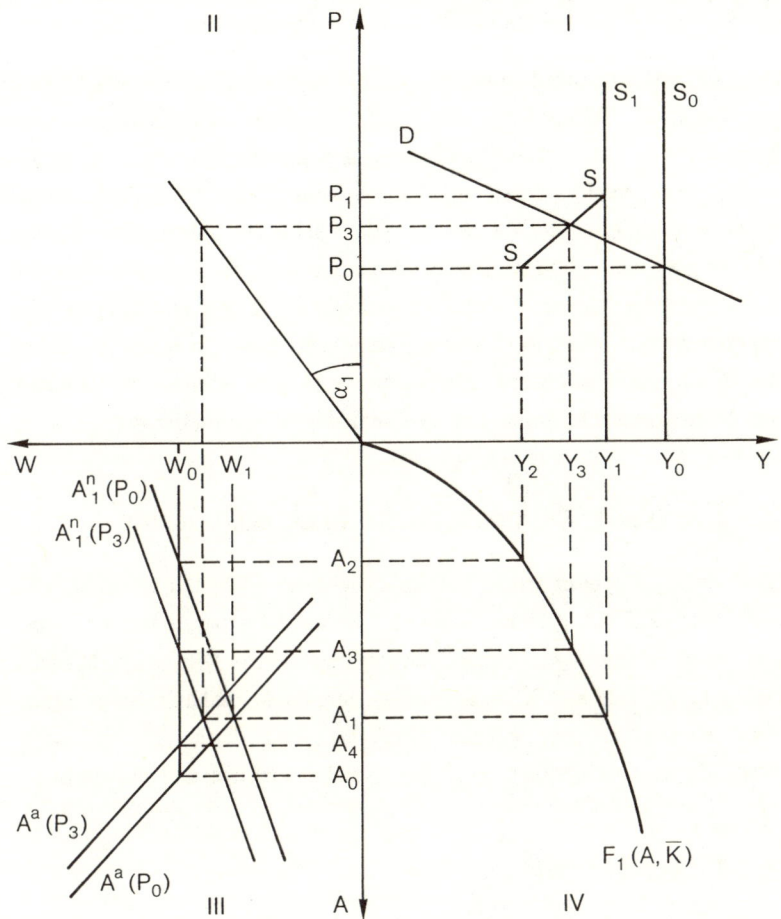

Abb. II.10: *Arbeitslosigkeit infolge eines negativen Angebotsschocks*

Dieses Gleichgewicht wird jedoch - kürzerfristig - infolge des starren Nominallohns nicht erreicht. Vielmehr stellt sich die Situation P_3/Y_3 ein. Der Produktionshöhe Y_3 entspricht ein Arbeitseinsatz von A_3, der durch die Arbeitsnachfrage $A_1^n(P_3)$ festgelegt wird. Da bei Gültigkeit von P_3 ein Arbeitsangebot gemäß der Kurve $A^a(P_3)$ von A_4 existiert, kommt es auch hier zu unfreiwilliger Arbeitslosigkeit in Höhe von $A_4 - A_3$.

2. Weiterentwicklungen

Die dargestellte traditionelle keynesianische Theorie zeigt zwei grundlegende Schwächen. Einerseits werden Auswirkungen von Restriktionen auf einzelnen Märkten auf andere Märkte (sog. spill - overs) nur unvollkommen und unsystematisch erfaßt.[1] Andererseits fehlt, was insbesondere die Neoklassiker kritisiert haben, eine Mikrofundierung wesentlicher Verhaltensannahmen, so insbesondere der Annahme der Lohn - und Preisstarrheit. Zwei Richtungen der neueren keynesianischen Theorie versuchen, diese Probleme zu lösen, die Neue Keynesianische Makroökonomie das spill-over-Problem; der Neue Keynesianismus das Problem der Mikrofundierung.

2.1 Die Neue Keynesianische Makroökonomie[2]

Die Neue Keynesianische Makroökonomie (NKM) versucht, die spill-over-Effekte systematisch und vollständig zu erfassen, wobei von fixen Löhnen und Preisen ausgegangen wird (fix-price-Modell). Nachfolgend soll der Grundgedanke der NKM anhand eines einfachen Modells skiziert werden. Zunächst wird dieses Modell vorgestellt, daran anschließend wird die Gleichgewichtslösung bestimmt.

2.1.1 Das Modell

Im vorliegenden Modell werden zwei Sektoren unterschieden, nämlich ein Haushalts - und ein Unternehmenssektor, die jeweils durch ein repräsentatives Wirtschaftssubjekt erfaßt werden. Zur Darstellung der ökonomischen Transaktionen zwischen diesen beiden Sektoren werden explizit zwei Märkte, der Güter und der Arbeitsmarkt, berücksich -

---

[1]   Beschränkungen auf dem Arbeitsmarkt führen bspw. dazu, daß sich die Konsumnachfrage nach dem erzielten Einkommen richtet.

[2]   Branson, W.H., Makroökonomie, a.a.O., S. 421ff; Felderer, B. und St. Homburg, Makroökonomik und neuere Makroökonomik, a.a.O., S. 287ff; Hess Silva, F.D., Neue Keynesianische Makroökonomie, Berlin 1985; Schmitt-Rink, G. und D. Bender, Makroökonomie geschlossener und offener Volkswirtschaften, 2. Aufl., Berlin u.a. 1992, S. 145ff.

tigt. Auf dem Gütermarkt wird das Gut Y gehandelt, das durch Einsatz der Faktoren Arbeit und Kapital produziert wird und für Konsum sowie Investitionszwecke zur Verfügung steht.

Haushaltssektor

Der repräsentative Haushalt verfolge das Ziel, seinen Nutzen (U) zu maximieren, der aus dem Verbrauch des Konsumguts, aus seinem Arbeitseinsatz sowie aus seinem Vermögensbestand (V) resultiert:

$$(1) \quad U = U(C,A,V).$$

Diese Nutzenmaximierung erfolgt in dem Fall, daß sich der Haushalt keiner weiteren Restriktion gegenübersieht, unter der Nebenbedingung, daß er seine Budgetgleichung einhalten muß. Hiernach sind die Konsumausgaben sowie die Vermögensakkumulation durch sein Arbeits- und Gewinneinkommen zu finanzieren, wobei das Gewinneinkommen gleich den realisierten Gewinnen der Vorperiode (Q_0) sein möge:

$$(2) \quad PC+V = WA+Q_0+V_0$$

mit: $\qquad V_0$ = Anfangsvermögen.

Das Vermögen bestehe aus (unverzinslichen) Wertpapieren, die der Haushaltssektor vom Unternehmenssektor erwirbt, wo sie zur Finanzierung der Investitionen dienen $(PI+Q_0-Q = \Delta V = V-V_0)$. Die Berücksichtigung des Vermögens in der Nutzenfunktion zeigt an, daß es sich um eine intertemporale Nutzenmaximierung handelt, wobei der Nutzen des Vermögens aus seiner geplanten Verwendung in der Zukunft (bei festen Preiserwartungen) resultiert.

Wird V gemäß Gleichung (2) in Gleichung (1) eingesetzt, so ergibt sich die Nutzenfunktion mit absorbierter Budgetbeschränkung:

$$(3) \quad U = U(C,A,WA+Q_0+V_0-PC).$$

Die nutzenmaximierende Konsumnachfrage (C^n) sowie das entsprechende Arbeitsangebot (A^a) ergeben sich durch Nullsetzen der jeweiligen ersten Ableitung der Gleichung (3). Offensichtlich werden diese Größen von dem herrschenden Reallohn $(w = W/P)$, vom Gewinneinkommen sowie von den Anfangsbedingungen bestimmt:

$$(4) \quad C^n = C^n(w, Q_0, V_0)$$

$$\partial C^n / \partial w \; > 0$$

$$\partial C^n / \partial Q_0 \; > 0$$

$$\partial C^n / \partial V_0 \; > 0$$

$$(5) \quad A^a = A^a(w, Q_0, V_0)$$

$$\partial A^a / \partial w \; > 0$$

$$\partial A^a / \partial Q_0 \; < 0$$

$$\partial A^a / \partial V_0 \; < 0.$$

Die Nachfrage- bzw. Angebotsfunktionen (4) und (5) werden als unbeschränkte (walrasianische, hypothetische) Funktionen bezeichnet.

Es wird nun der Fall betrachtet, daß der Haushalt außer seiner Budgetgleichung weiteren Beschränkungen unterliegt. Zunächst wird angenommen, daß der Haushalt auf dem Arbeitsmarkt beschränkt (rationiert) ist i.d.S., daß er sein unbeschränktes Arbeitsangebot nicht realisieren kann, da die Arbeitsnachfrage zu gering ist.

Für den Fall, daß der Haushalt weiterhin sein unbeschränktes Arbeitsangebot am Markt kundtut, während er diese Beschränkung bei seiner Konsumnachfrage berücksichtigt (duale Entscheidungshypothese), gilt weiterhin die Arbeitsangebotsfunktion (5), während er seine Konsumnachfrage unter der zusätzlichen Nebenbedingung:

$$(6) \quad A = \bar{A}^n$$

mit: $\bar{A}^n$ = maximale Arbeitsnachfrage

bestimmen muß. In diesem Fall ergibt sich:[1]

$$(7) \quad C^n = \bar{C}^n(w, Q_0, V_0, \bar{A}^n); \quad \partial \bar{C}^n / \partial \bar{A}^n > 0.$$

Arbeitsangebot und Güternachfrage werden im Fall einer zusätzlichen Beschränkung und unter der obigen Verhaltensannahme als beschränkte (effektive) Größen (im Sinne von Clower oder Benassy) bezeichnet.

Ist der Haushalt auf dem Gütermarkt rationiert, so ist er nicht in der Lage, seine unbeschränkte Konsumnachfrage zu realisieren. Unter der obigen Verhaltenshypothese zeigt er auch jetzt seine unbeschränkte Konsumnachfrage (4) an, während er jedoch bei seinem Arbeitsangebot diese Restriktion:

$$(8) \quad C = \bar{C}^a$$

mit: $\bar{C}^a$ = maximales Konsumgüterangebot

berücksichtigt. Als beschränktes Arbeitsangebot folgt dann:

$$(9) \quad A^a = \bar{A}^a(w, Q_0, V_0, \bar{C}^a); \quad \partial \bar{A}^a / \partial \bar{C}^a > 0.$$

Schließlich kann der Haushalt auch auf beiden Märkten rationiert sein. Für diesen Fall ergeben sich unmittelbar die Funktionen (7) und (9).

Die verschiedenen Situationen des Haushaltes sind in Abbildung II.11 veranschaulicht. Diese Abbildung enthält zunächst die Indifferenzkurven des Haushaltes, die einen ellipsenförmigen Verlauf aufweisen. Der Punkt H entspricht dem unbeschränkten Angebots- und Nachfrageverhalten des Haushaltes und stellt somit sein Nutzenmaximum dar. Mit der Entfernung von H nimmt das Nutzenniveau des Haushaltes ab. Hierbei ist jedoch zu beachten, daß jedem Punkt des Diagramms eine bestimmte Vermögenshaltung entspricht. Eine

---

[1]   Damit bestimmt das erzielte und nicht das aufgrund der relativen Preise erwünschte Einkommen die Konsumnachfrage, so wie auch im Rahmen der absoluten Einkommenshypothese angenommen wird.

Erhöhung des Arbeitsangebots bei konstanter Konsumnachfrage und konstantem Gewinn bedeutet also gleichzeitig eine höhere Vermögenshaltung. Nun ist offensichtlich, daß das Nutzenniveau bei konstanter Konsumnachfrage (Arbeitseinsatz) mit steigendem Arbeitseinsatz (Konsum) zunächst zu- und dann abnimmt. Es bleibt zu beachten, daß die Lage dieser Indifferenzkurven von w, Q_0 und V_0 abhängt.

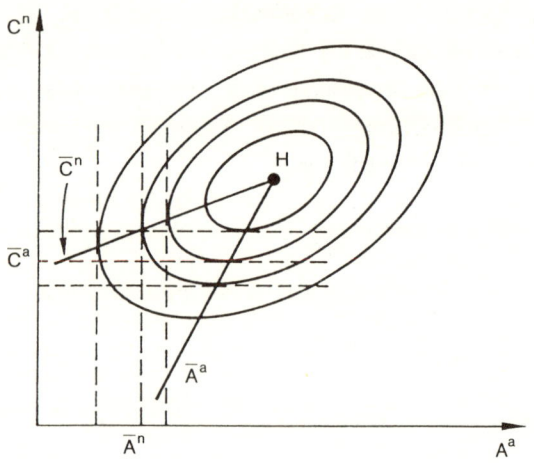

Abb. II.11: *Nutzenmaximum bei alternativen Restriktionen*

Ist der Haushalt auf dem Arbeitsmarkt rationiert, so erreicht er sein (beschränktes) Nutzenmaximum im Berührpunkt einer Senkrechten im Abstand $\bar{A}^n$ und einer Indifferenzkurve. Für alternative Werte für $\bar{A}^n$ ergibt sich die Reaktionskurve $\bar{C}^n$. Entsprechendes gilt, wenn der Haushalt auf dem Gütermarkt rationiert ist. Sein Nutzenmaximum ist dann im Berührpunkt einer Waagerechten im Abstand $\bar{C}^a$ und einer Indifferenzkurve erreicht. Bei alternativen Werten von $\bar{C}^a$ folgt eine entsprechende Reaktionskurve $\bar{A}^a$. Ist der Haushalt schließlich auf beiden Märkten beschränkt, so realisiert er einen Punkt innerhalb des durch die beiden Reaktionskurven gebildeten Keils.

Unternehmenssektor

Das repräsentative Unternehmen verfolge das Ziel, seinen Gewinn (Q) zu maximieren. Der Gewinn ist gleich der Differenz zwischen dem Erlös aus dem Verkauf des produzierten Gutes und den Lohnkosten sowie den fixen Kapitalkosten $\bar{K}$:

$$(10) \quad Q = PY - WA - \bar{K}.$$

Bei der Maximierung seines Gewinns hat der Unternehmer, in Abwesenheit sonstiger Restriktionen, noch die technischen Produktionsmöglichkeiten zu beachten, die mittels einer Produktionsfunktion erfaßt werden:

$$(11) \quad Y = Y(A, \bar{K}).$$

Nach Einsetzen der Gleichung (11) in (10) ergeben sich durch Nullsetzen der entsprechenden ersten Ableitungen die folgenden unbeschränkten Güterangebots- (Y^a) und Arbeitsnachfragefunktionen (A^n) des Unternehmens:

$$(12) \quad Y^a = Y^a(w); \quad dY^a/dw < 0$$

$$(13) \quad A^n = A^n(w); \quad dA^n/dw < 0.$$

Die Investitionsnachfrage sei exogen vorgegeben:

$$(14) \quad I = \bar{I}.$$

Wiederum lassen sich verschiedene Fälle der Rationierung unterscheiden. Ist das Unternehmen auf dem Arbeitsmarkt rationiert:

$$(15) \quad A = \bar{A}^a$$

mit: $\bar{A}^a$ = maximales Arbeitsangebot,

so ergibt sich für sein beschränktes Güterangebot:

$$(16) \quad Y^a = \bar{Y}^a(\bar{A}^a); \quad d\bar{Y}^a/d\bar{A}^a > 0,$$

während seine Arbeitsnachfrage weiterhin durch Gleichung (13) bestimmt wird.

Bei Rationierung auf dem Gütermarkt:

$$(17) \quad Y = \bar{Y}^n = \bar{C}^n + \bar{I}$$

mit: $\bar{C}^n$ = maximale Konsumnachfrage

wird nun umgekehrt das Güterangebot durch Gleichung (12) angezeigt, während sich die beschränkte Arbeitsnachfrage unter Berücksichtigung dieser Restriktion bestimmt:

$$(18) \quad A^n = \bar{A}^n(\bar{Y}^n); \quad d\bar{A}^n/d\bar{Y}^n > 0.$$

Eine Restriktion des Unternehmens auf beiden Märkten ist im vorliegenden Modell, d.h. in Abwesenheit von Lagerhaltung, nicht möglich.

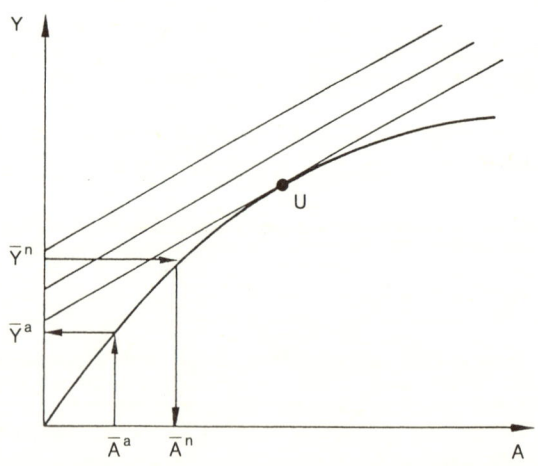

Abb. II.12: *Gewinnmaximum bei alternativen Restriktionen*

Die verschiedenen Situationen des Unternehmens sind in Abbildung II.12 veranschaulicht. Die eingezeichnete Schar von Isogewinnkurven

ergibt sich unmittelbar aus Gleichung (10) für alternative Gewinn-
höhen; ihre Steigung ist gleich dem Reallohn. Der maximale Gewinn
entspricht dem Punkt U, dem Berührpunkt einer Isogewinnlinie und
der Produktionsfunktion, in dem das Unternehmen sein unbeschränktes Güterangebot und seine unbeschränkte Arbeitsnachfrage entfalten
kann.

Ist das Unternehmen auf dem Güter- oder Arbeitsmarkt rationiert,
so erreicht es sein (beschränktes) Gewinnmaximum, indem es den
jeweils der Produktionsfunktion entsprechenden Wert der anderen
Größe wählt. Die Produktionsfunktion (bis zum Punkt U) stellt also
die Reaktionskurve des Unternehmens dar.

2.1.2 Die Gleichgewichtslösung

Im Rahmen des vorliegenden Modells sind mehrere Gleichgewichtssituationen möglich, die zunächst dargestellt werden. Daran anschließend wird untersucht, bei welchen Anfangsbedingungen diese
unterschiedlichen Gleichgewichte erreicht werden.

Alternative Gleichgewichtssituationen

Je nach der Konstellation der Größen w, Q_0 und V_0 lassen sich
neben einem walrasianischen Gleichgewicht drei typische temporäre
Gleichgewichtssituationen unterscheiden. Gleichgewicht bedeutet, daß
die den effektiven Entscheidungen zugrunde liegenden Restriktionen
gleich den tatsächlichen Entscheidungen der jeweils anderen Markt-
seite sind. Temporär heißt, daß die Marktkräfte im Laufe der Zeit
zu einer Revision dieser Ungleichgewichtssituation im walrasianischen Sinne führen. Graphisch entsprechen diese Gleichgewichte
unterschiedlichen Konstellationen der Reaktionskurven der Haushalte
und der Unternehmen.

Sind weder die Haushalte noch die Unternehmen auf einem Markt
beschränkt, so liegt ein walrasianisches Gleichgewicht (W) vor. In
diesem Fall gilt für den Arbeits- bzw. Gütermarkt:

(19) $A^a(w,Q_0,V_0) = A^n(w)$

(20) $Y^n = C^n(w,Q_0,V_0)+I = Y^a(w)$.

Graphisch entspricht dies der Situation, daß die beiden Punkte H
und U zusammenfallen, wobei die Reaktionskurven der Haushalte
um $\bar{I}$ nach oben verschoben sind (Abbildung II.13).

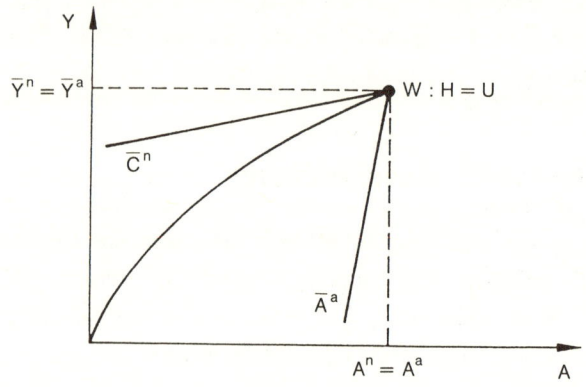

Abb. II.13: *Walrasianisches Gleichgewicht*

Sind die Haushalte hingegen auf dem Arbeitsmarkt und die Unternehmen auf dem Gütermarkt rationiert, so handelt es sich um
keynesianische Unterbeschäftigung (K), die der Gegenstand der
traditionellen keynesianischen Theorie ist. Es gilt also:

(21) $\bar{A}^n = \bar{A}^n(\bar{Y}^n) < A^a(w,Q_0,V_0)$

(22) $\bar{Y}^n = \bar{C}^n(w,Q_0,V_0,\bar{A}^n)+\bar{I} < Y^a(w)$.

Diese Situation entspricht graphisch einem Schnittpunkt der Reaktionskurve des Unternehmens mit der Reaktionskurve $\bar{C}^n$ des Haushaltes (Abbildung II.14).

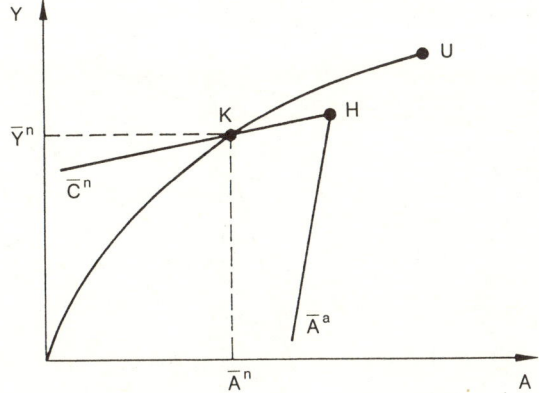

Abb. II.14: *Keynesianische Unterbeschäftigung*

Im umgekehrten Fall, wenn die Haushalte auf dem Gütermarkt und die Unternehmen auf dem Arbeitsmarkt rationiert ist, liegt zurückgestaute Inflation (I) vor:

$$(23) \quad \bar{A}^a = \bar{A}^a(w,Q_0,V_0,\bar{C}^a) < A^n(w)$$

$$(24) \quad \bar{Y}^a = \bar{Y}^a(\bar{A}^a) < C^n(w,Q_0,V_0)+\bar{I},$$

wobei davon ausgegangen wird, daß die Investitionsnachfrage voll befriedigt wird.

Zurückgestaute Inflation wird graphisch durch einen Schnittpunkt der Reaktionskurve des Unternehmens mit der Reaktionskurve $\bar{A}^a$ des Haushaltes dargestellt (Abbildung II.15).

Schließlich können die Haushalte auch auf beiden Märkten rationiert sein, während die Unternehmen nicht rationiert ist, ein Fall, der als klassische Unterbeschäftigung (C) bezeichnet wird:

$$(25) \quad \bar{A}^n = A^n(w) < \bar{A}^a(w,Q_0,V_0,\bar{C}^a)$$

$$(26) \quad \bar{Y}^a = Y^a(w) < \bar{C}^n(w,Q_0,V_0,\bar{A}^n)+\bar{I}.$$

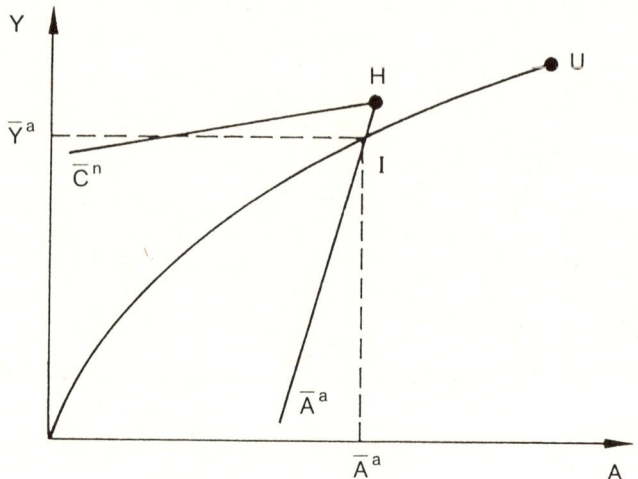

Abb. II.15: Zurückgestaute Inflation

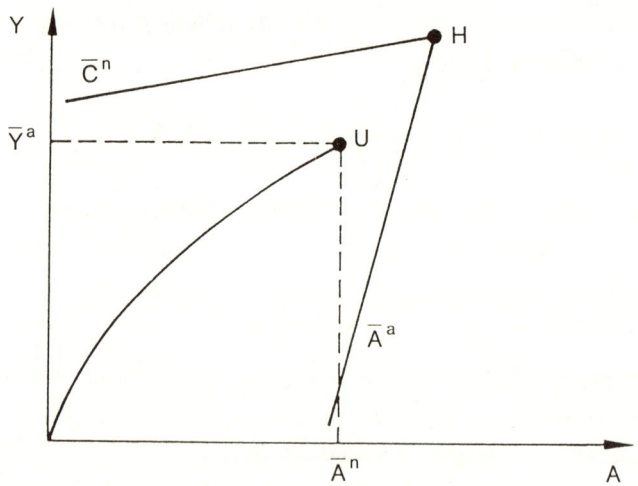

Abb. II.16: Klassische Unterbeschäftigung

Graphisch liegt nun die Reaktionskurve des Unternehmens völlig innerhalb des durch die Reaktionskurven des Haushaltes gebildeten Keils (Abbildung II.16).

Abgrenzung der verschiedenen Regime

Die verschiedenen Konstellationen zwischen den Reaktionskurven des Haushaltes und der Unternehmung hängen von w, Q_0 und V_0 ab. Es soll als nächstes untersucht werden, welche w/V_0-Kombinationen bei gegebenem Q_0 zu welchen Gleichgewichten führen.

Die w/V_0-Kombinationen, die zu einem walrasianischen Gleichgewicht führen, ergeben sich aus der Differentiation der Gleichungen (19) und (20) nach w und V_0. Hierbei zeigt sich, daß zur Aufrechterhaltung des Gleichgewichts auf dem Arbeitsmarkt mit steigendem Reallohn auch das Anfangsvermögen zunehmen muß (dw/dV > 0), während zur Aufrechterhaltung des Gleichgewichts auf dem Gütermarkt das Anfangsvermögen mit steigendem Lohnsatz sinken muß. (dw/dV < 0). Hieraus folgt, daß das walrasianische Gleichgewicht in Abbildung II.20 durch eine einzige w/V_0-Kombination repräsentiert wird, dem Schnittpunkt dieser beiden Gleichgewichtskurven, der zur Unterscheidung der weiteren Regionen als Referenzpunkt dient.

Die dargestellten drei Unterbeschäftigungssituationen werden offensichtlich durch drei Grenzfälle voneinander unterschieden. Der Grenzfall zwischen keynesianischer Unterbeschäftigung und Unterbeschäftigung bei zurückgestauter Inflation wird in der in Abbildung II.17 dargestellten Situation erreicht. Diese Situation (KI) läßt sich beschreiben durch:

$$(27) \quad A^a(w,Q_0,V_0) = \bar{A}^n(Y^n)$$

$$(28) \quad Y^n = C^n(w,Q_0,V_0) + \bar{I},$$

d.h. die Haushalte erreichen ihr unbeschränktes Nutzenmaximum, während die Unternehmer auf dem Gütermarkt rationiert sind.

Differentiation dieser beiden Gleichungen nach w und V_0 führt schließlich zu $dw/dV_0 \gtrless 0$, d.h. zu einer Kurve im w/V_0-Diagramm (Abbildung II.20), deren Steigung unbestimmt ist. Die Lage dieser Kurve läßt sich weiter bestimmen, wenn berücksichtigt wird, daß das keynesianisch-inflationäre Gleichgewicht der Abbildung II.17

im Vergleich zum walrasianischen Gleichgewicht bei niedrigerem
Reallohn erreicht wird. Im w/V_0-Diagramm verläuft die Grenze
zwischen keynesianischer und inflationärer Unterbeschäftigung also
unterhalb des walrasianischen Gleichgewichts. Nach dem Prinzip des
mangelnden Grundes wird ihre Steigung als senkrecht angenommen.

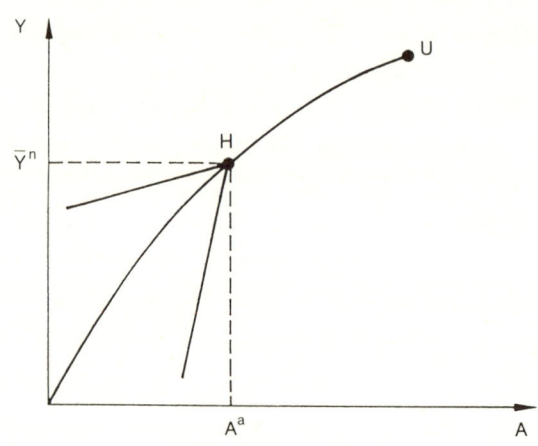

Abb. II.17: *Keynesianisch–inflationäres Gleichgewicht*

Zur weiteren Bestimmung der Lage keynesianischer und inflationärer
Unterbeschäftigungssituationen wird als alternative Situation ein
höheres V_0 betrachtet. Unter Berücksichtigung von $\partial A^a/\partial V_0 < 0$
und $\partial C^n/\partial V_0 > 0$ folgt, daß dann Punkt H in Abbildung II.17 in
nordwestlicher Richtung liegt, d.h. im Bereich zurückgestauter Inflation. Damit liegt im w/V_0-Diagramm links von der abgeleiteten
Trennungslinie keynesianische, rechts davon inflationäre Unterbeschäftigung vor.

Der Grenzfall zwischen Unterbeschäftigung bei zurückgestauter Inflation und klassischer Unterbeschäftigung - während die Unternehmer
ihr unbeschränktes Gewinnmaximum erreichen, sind die Haushalte
auf dem Gütermarkt rationiert - ist in Abbildung II.18 dargestellt.

In diesem Fall (CI) gilt offensichtlich:

(29) $A^n(w) = \bar{A}^a(w,Q_0,V_0,\bar{C}^a)$

(30) $\bar{C}^a = Y^a(w) - \bar{I}.$

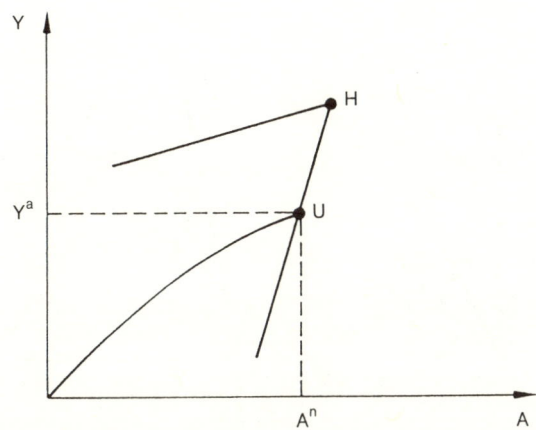

Abb. II.18: *Klassisch–inflationäres Gleichgewicht*

Differentiation dieser beiden Gleichungen nach w und V_0 liefert schließlich $dw/dV_0 > 0$, d.h. eine im w/V_0-Diagramm (Abbildung II.20) ansteigende Kurve. Unter Beachtung, daß das klassisch-inflationäre Gleichgewicht in Abbildung II.18 aus dem walrasianischen Gleichgewicht bei höheren Löhnen folgt, zeigt sich, daß die abgeleitete Trennungslinie (in Abbildung II.20) ab dem walrasianischen Gleichgewicht in nordöstlicher Richtung verläuft.

Höhere Anfangsausstattung führt zu einer Verschiebung des Punktes H in Abbildung II.18 in nordwestlicher Richtung, d.h. zu zurückgestauter Inflation. Im w/V_0-Diagramm liegt dieses Regime somit rechts von dieser Trennungslinie, während links hiervon entsprechend klassische Unterbeschäftigung vorliegt.

Der letzte Grenzfall schließlich ist der zwischen klassicher und keynesianischer Unterbeschäftigung: Wieder erreichen die Unternehmer ihr unbeschränktes Gewinnmaximum, die Haushalte hingegen sind auf dem Arbeitsmarkt rationiert. Diese Situation ist in Abbildung II.19 veranschaulicht.

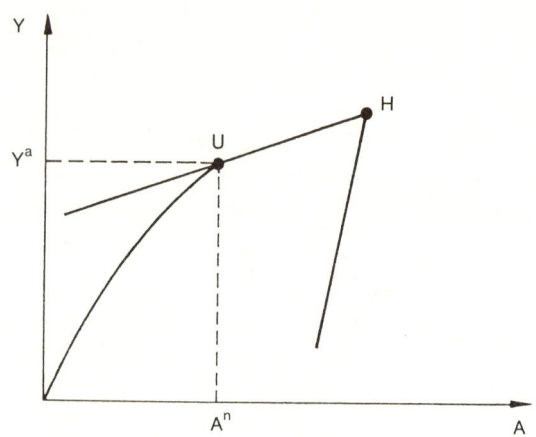

Abb. II.19:   *Klassisch–keynesianisches Gleichgewicht*

In diesem Fall (CK) gilt:

$$(31) \quad \bar{C}^n(w,Q_0,V_0,\bar{A}^n) + \bar{I} = Y^a(w)$$

$$(32) \quad \bar{A}^n = A^n(w).$$

Differentiation dieser beiden Gleichungen nach w und V_0 liefert schließlich $dw/dV_0 < 0$,   d.h. eine im w/V_0-Diagramm fallende Kurve. Unter Beachtung, daß auch das klassisch-keynesianische Gleichgewicht der Abbildung II.19 nur bei einem höheren Lohnsatz als dem walrasianischen Gleichgewichtswert erreichbar ist, folgt, daß diese Trennungslinie in Abbildung II.20 aus nordwestlicher Richtung bis zum walrasianischen Vollbeschäftigungsgleichgewicht verläuft.

Höhere Anfangsausstattung führt in Abbildung II.19 wieder zu einer nordwestlichen Verschiebung des Punktes H und damit in den

Bereich klassischer Unterbeschäftigung. Folglich liegt das Regime klassischer Unterbeschäftigung im w/V_0-Diagramm rechts und das keynesianischer Unterbeschäftigung links von dieser Trennungslinie, ein Ergebnis, das wie das vorangehende auch unmittelbar aus den vorangehenden Überlegungen folgt.

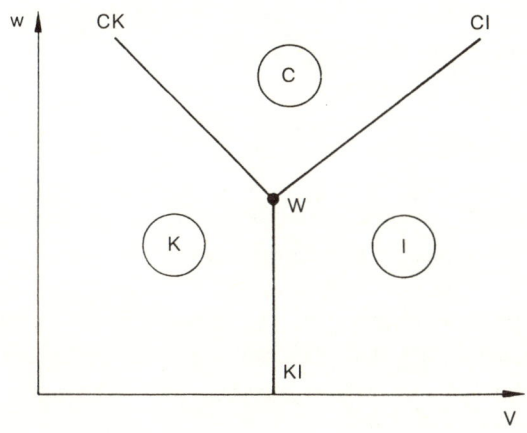

Abb. II.20: *Alternative Beschäftigungssituationen*

Eine systematische Berücksichtigung von Mengenrestriktionen zeigt also, daß unterschiedliche temporäre Gleichgewichte möglich sind, von denen die im vorangehenden Abschnitt dargestellte keynesiani- sche Unterbeschäftigung sowie der Grenzfall klassisch-keynesiani- sches Gleichgewicht nur zwei Unterfälle darstellen. Diese beiden Fälle sind dadurch charakterisiert, daß die Haushalte auf dem Arbeitsmarkt rationiert sind, so daß die Konsumnachfrage nicht durch den (Real-)Lohn, sondern durch die Beschäftigung bzw. durch das Einkommen bestimmt wird.

Welches der möglichen temporären Gleichgewichte realisiert wird, hängt von der Ausgangskonstellation ab, hier also vom Lohnsatz sowie vom Vermögen. Die Art des realisierten temporären Gleich- gewichts bestimmt wiederum die erforderlichen wirtschaftspolitischen Maßnahmen zur Erreichung des walrasianischen Gleichgewichts.

2.2 Der Neue Keynesianismus[1]

In den vorangehenden Abschnitten wurden die Konsequenzen starrer Löhne und Preise für die Beschäftigungssituation untersucht. Hierbei wurden Lohn- und Preisstarrheiten ohne nähere Begründung unterstellt. Die Vertreter des Neuen Keynesianismus (new Keynesian economics) versuchen nun u.a., Lohn- und Preisstarrheiten aus dem Optimierungsverhalten der betroffenen Wirtschaftssubjekte abzuleiten (Mikrofundierung der Makroökonomie).

2.2.1 Lohnrigidität

Aus der Vielzahl der Versuche, Lohnrigidität zu begründen, wird nachfolgend die bekannte Effizienzlohntheorie dargestellt.

Der gemeinsame Grundgedanke der verschiedenen Versionen einer Effizienzlohntheorie ist der, daß ein positiver Zusammenhang zwischen Reallohn (w) und Arbeitsproduktivität (y) besteht:

$$(1) \quad y = y(w); \quad \partial y / \partial w > 0, \quad \partial^2 y / \partial w^2 < 0.$$

Abbildung II.21 gibt diesen Zusammenhang wieder.

Bei konstantem Kapitalstock läßt sich dann für die Produktion einer repräsentativen Unternehmung schreiben:

$$(2) \quad Y = F[y(w)A],$$

d.h. die Produktion wird nicht nur durch den Arbeitseinsatz (A), sondern auch durch die lohnabhängige Arbeitsproduktivität bestimmt.

---

1   Blanchard, O.J. und St. Fischer, Lectures on Macroeconomics, Cambridge/London 1989, S. 372ff, S. 427ff; Gordon, R.J., Macroeconomics, a.a.O., S. 211ff; Hall, R.E. und J.B. Taylor, Macroeconomics, 2. Aufl., New York/London 1988, S. 413ff; Mankiw, N.G., Macroeconomics, a.a.O., S. 312ff.

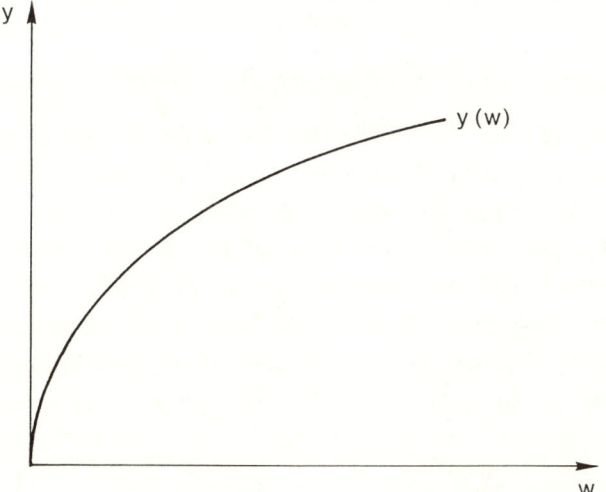

Abb. II.21: Zusammenhang zwischen Arbeitsproduktivität
und Reallohn

Ziel der betrachteten Unternehmung sei die Gewinnmaximierung.
Der (reale) Gewinn (Q) ist gleich dem (realen) Umsatz abzüglich
der Lohnkosten und der fixen Kapitalkosten ($\bar{K}$):

$$(3) \quad Q = sF[y(w)A] - wA - \bar{K}.$$

Der Faktor s in Gleichung (3) soll die Nachfrage- (Absatz-)Situa-
tion erfassen; $s = 1$ repräsentiere eine „normale" Nachfragesituation, $s < 1$ hingegen einen Nachfragerückgang.

Maximierung von Gleichung (3) bezüglich w und A liefert:

$$(4) \quad \frac{\partial Q}{\partial w} = sF'y'A - A = 0$$

$$(5) \quad \frac{\partial Q}{\partial A} = sF'y - w = 0$$

bzw.:

$$(6) \quad sF'y'A = A$$

$$(7) \quad sF'y = w$$

mit: $F' = dF/d(yA); \quad y' = dy/dw.$

Gleichung (6) ist die notwendige Bedingung für einen optimalen Lohnsatz. Die rechte Seite dieser Gleichung gibt die Grenzkosten einer Lohnerhöhung (von einer Geldeinheit dw = 1) an, die linke Seite (bei gegebenem s) den Grenzertrag, nämlich die Produktivitätssteigerung und die dadurch bewirkte Produktionserhöhung. Die optimale Lohnhöhe ist dann erreicht, wenn Grenzertrag und Grenzkosten des Lohnsatzes größengleich sind. Unter Berücksichtigung von Gleichung (7) läßt sich diese Bedingung auch wie folgt schreiben:

$$(8) \quad \frac{y'w}{y} = 1,$$

d.h. der optimale Lohnsatz ist dann erreicht, wenn die Elastizität der Arbeitsproduktivität bezüglich des Lohnsatzes (η) gleich eins ist $[\eta = (dy/y)/(dw/w) = dyw/ydw; \quad dw = 1]$.

Gleichung (7) ist die notwendige Bedingung für den optimalen Arbeitseinsatz. Die rechte Seite dieser Gleichung gibt bei gegebenem Lohnsatz die Grenzkosten einer Erhöhung des Arbeitseinsatzes (dA = 1) an, die linke Seite (bei gegebenem s) den entsprechenden Grenzertrag. Der optimale Arbeitseinsatz ist also dann erreicht, wenn Grenzertrag und Grenzkosten des Arbeitseinsatzes größengleich sind.

Im vorliegenden Zusammenhang ist nun von besonderem Interesse, daß die gewinnmaximierende Lohnhöhe unabhängig von s ist, wie Gleichung (8) zeigt. Dies bedeutet, daß der Lohnsatz bei Optimierungsverhalten der Unternehmer nicht auf exogene (Nachfrage-) Störungen reagiert, sondern rigide ist. Hängt nämlich die Arbeitsproduktivität vom Lohnsatz ab, so würden durch eine Lohnsenkung letztlich die Produktionskosten erhöht statt gesenkt; somit unterbleibt also eine Lohnanpassung. Statt der Lohnhöhe reagiert, wie Gleichung (7) zeigt, die Beschäftigung auf eine derartige Störung.

Es bleibt noch der Zusammenhang zwischen Lohnhöhe und Arbeits-produktivität zu begründen. Eine häufig angeführte ökonomische Erklärung stellt darauf ab, daß die Arbeitnehmer aus Nutzenüber-legungen versuchen, bei gegebenem Lohnsatz ihre Arbeitsleistungen zu minimieren (shirking). Können die Unternehmer andererseits die Arbeitsleistungen nicht genau überwachen, so ist es für sie (einzel-wirtschaftlich) von Vorteil, einen höheren Lohnsatz als den Gleich-gewichtslohnsatz bei vollständiger Konkurrenz zu zahlen.[1] In diesem Fall erhöhen sich die Opportunitätskosten der Arbeiter im Falle einer Entlassung wegen Bummelns, wodurch sie zur Mitarbeit veran-laßt werden.

Die dargestellte Begründung für rigide Löhne ist jedoch nicht unbestritten. Der Haupteinwand besteht in der Kritik, daß diese Theorie nur die Konstanz des Reallohns erklären kann, während Arbeitslosigkeit auf der Konstanz des Nominallohns beruht.

2.2.2 Preisrigidität

Zur Erklärung von Preisrigiditäten existieren ebenfalls zahlreiche Ansätze, von denen nachfolgend der oft zitierte Menü-Kosten-Ansatz skizziert wird.

Dieser Ansatz geht von der Marktform der monopolistischen Kon-kurrenz aus, so daß jeder Anbieter - im Gegensatz zu der bisheri-gen Marktform der vollständigen Konkurrenz - einen gewissen Preissetzungsspielraum hat, wie in Abbildung II.22 durch die fallen-de individuelle Nachfragekurve d für einen repräsentativen Anbieter dargestellt ist. Die Absatzmenge des betrachteten Anbieters (Y_i) hängt einerseits von dem verlangten individuellen Preis (P_i) im Verhältnis zum allgemeinen Preisniveau (P) ab und andererseits von der gesamtwirtschaftlichen Güternachfrage, repräsentiert durch die reale Geldmenge (M/P). Die Kurve E' gibt den Grenzerlös bezogen auf das allgemeine Preisniveau an; GK sind die Grenzkosten in Form von Lohnkosten, ebenfalls bezogen auf das Preisniveau.

---

[1]   Dies ist zugleich ein weiterer Grund für die Existenz struktureller Arbeitslosigkeit.

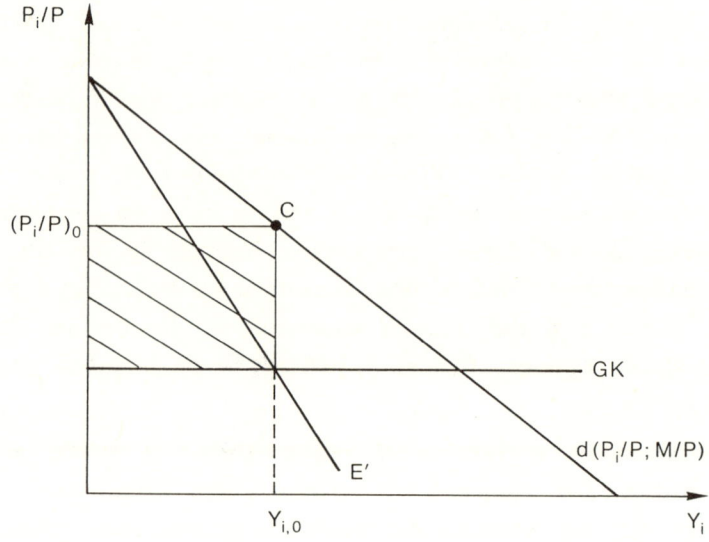

Abb. II.22: *Preisbildung bei monopolistischer Konkurrenz*

Der gewinnmaximierende Anbieter realisiert den Cournot'schen Punkt C, d.h. er verlangt den Preis $(P_i/P)_0$, zu dem er die Menge $Y_{i,0}$ absetzen kann. Der erzielte Gewinn (vor Abzug der fixen Kosten) wird durch das schraffierte Rechteck angegeben. Diese Ausbringungsmenge $Y_{i,0}$ entspreche dem gesamtwirtschaftlichen Vollbeschäftigungsgleichgewicht.

Nun möge die gesamtwirtschaftliche Güternachfrage aufgrund einer Verringerung der Geldmenge zurückgehen. Dies äußert sich in einer Linksverschiebung der individuellen Nachfragekurve von d_0 nach d_1 in Abbildung II.23. Wird angenommen, daß die Grenzkosten (der Reallohn pro Stück) konstant bleiben, so senkt der Anbieter seinen Preis auf $(P_i/P)_1$ und die Menge auf $Y_{i,1}$. Da sich alle Unternehmer so verhalten, sinkt auch das allgemeine Preisniveau, wodurch die reale Geldmenge und damit die Güternachfrage wieder ansteigen. Es stellt sich also wieder die ursprüngliche Vollbeschäftigungssituation ein.

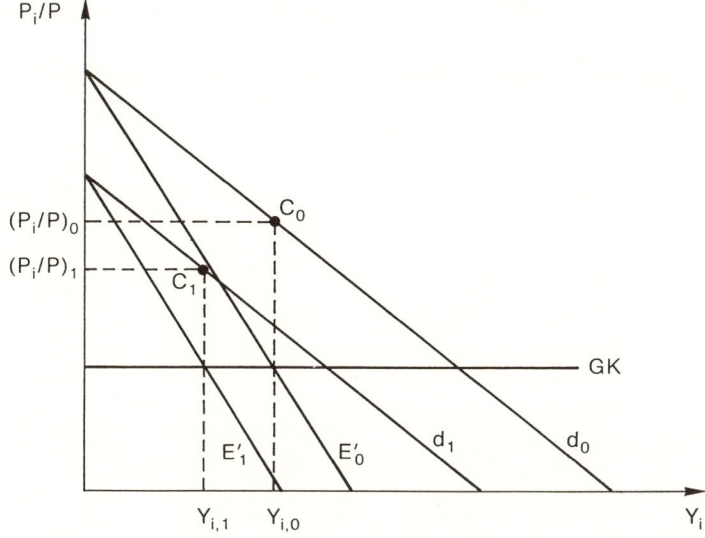

Abb. II.23: Nachfragerückgang

Abbildung II.24 macht das Entscheidungsproblem des betrachteten Anbieters noch einmal deutlich. Senkt er den Preis von $(P_i/P)_0$ auf $(P_i/P)_1$, so verringert sich sein Gewinn um das durch „./." gekennzeichnete Rechteck, während er sich um das durch „+" gekennzeichnete Rechteck erhöht. Insgesamt steigt sein Gewinn also um die Differenz dieser beiden Rechtecke. Diese Differenz ist möglicherweise nur sehr gering (aber stets positiv, da C_1 das Gewinnmaximum angibt). In diesem Fall können selbst geringe Kosten der Preisanpassung (bspw. das Drucken neuer Preislisten, sog. Menü-Kosten) eine Preissenkung verhindern, so daß die Produktion entsprechend der Nachfragekurve d_1 auf $Y_{i,2}$ zurückgeht.

Eine Produktionshöhe von $Y_{i,2}$ bedeutet gesamtwirtschaftlich Unterbeschäftigung und damit soziale Kosten. Da diese Kosten zwar durch die unternehmerische Preisgestaltung ausgelöst werden, aber nicht von diesen Unternehmen getragen werden, liegt eine sog. makroökonomische Externalität vor. Diese makroökonomische Externalität ist Folge eines sog. Koordinationsmangels (coordination failure), nämlich fehlender privater Anreize zu einem gesellschaftlich optimalen Verhalten.

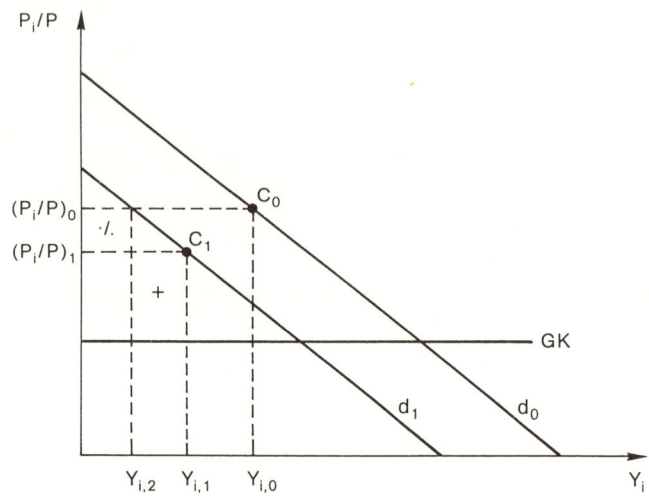

Abb. II.24: *Gewinnsituation*

Auch dieser Ansatz ist mehrfacher Kritik ausgesetzt. Insbesondere wird darauf hingewiesen, daß zwar die Kosten einer Preisanpassung, nicht hingegen die einer Mengenanpassung berücksichtigt werden.

II.2.2 Neoklassische Beschäftigungstheorie

Wie bereits erwähnt wurde, haben Keynesianer und Neoklassiker unterschiedliche Vorstellungen darüber, wie die Marktwirtschaft zweckmäßigerweise mittels eines Modells abgebildet werden kann. Während die Keynesianer der Meinung sind, daß sich die Lohn- und Preisentwicklung in einer Rezession am besten durch die Annahme starrer Löhne und eventuell starrer Preise annähern läßt, gehen die Neoklassiker davon aus, daß die Annahme flexibler Löhne und Preise die bessere Annäherung darstellt.

Die neoklassische Theorie stellt somit eine Wiederbelebung der klassischen Vorstellungen einer funktionierenden Wirtschaft dar: Angebot und Nachfrage auf den einzelnen Märkten werden über flexible Löhne und Preise zum Ausgleich gebracht. Da auch die Beschäftigungshöhe immer dem jeweiligen Arbeitsangebot entspricht (es wird ein Punkt auf der Arbeitsangebotskurve realisiert), ist auftretende Arbeitslosigkeit stets freiwilliger Art.

Die neoklassische Theorie wurde von Milton Friedman als Alternative („Gegenrevolution") zur keynesianischen Theorie konzipiert und später in mehrfacher Weise weiterentwickelt.

1. Die „*Neoklassische Gegenrevolution*"[1]

Nachfolgend werden zunächst die theoretischen Grundlagen der „neoklassischen Gegenrevolution" dargestellt, daran anschließend die Folgen eines Rückgangs der Güternachfrage für die Höhe der Beschäftigung.

1.1 Modifikationen des Grundmodells

Zur Darstellung der Friedman'schen Version der neoklassischen Theorie - nach ihrer wirtschaftspolitischen Konzeption auch als Monetarismus bezeichnet - wird auf die im I. Kapitel dargestellte dritte Version des Makro-Modells zurückgegriffen. Dieses Modell ist hier in zweifacher Weise zu modifizieren, nämlich im Hinblick zum einen auf den Verlauf der LM-Kurve und zum anderen auf die kurzfristige Güterangebotskurve.

1.1.1 Die Neo-Quantitätstheorie

Der erste Unterschied zum obigen Makro-Modell betrifft die Geldnachfrage. Mit Friedman verzichten die Neoklassiker auf die auf Keynes zurückgehende Aufspaltung der Geldnachfrage nach Motiven

---

1   Gordon, R.J., Macroeconomics, a.a.O., S. 181ff; Hall, R.E. und J.B. Taylor, Macroeconomics, a.a.O., S. 392ff; Westphal, U., Makroeconomic, a.a.O., S. 213ff; Woglom, G., Modern Macroeconomics, a.a.O., S. 211ff.

in einzelne Nachfragekomponenten[1] und leiten statt dessen die gesamte Geldnachfrage aus einem vermögenstheoretischen Ansatz ab. Hiernach legen die Wirtschaftssubjekte ihr Vermögen entsprechend der jeweiligen Verzinsung in verschiedenen Vermögensformen an, wobei der zinslosen Geldhaltung ein nichtmonetärer Nutzen zugeordnet wird. Als Indikator des schwer erfaßbaren Vermögens dient das durchschnittlich erwartete, das permanente Einkommen. Wird das permanente Einkommen zur Vereinfachung durch das laufende (nominelle Einkommen) ersetzt, so läßt sich bei konstanter Zinsstruktur, die durch den Marktzinssatz repräsentiert wird, für die gesamtwirtschaftliche Geldnachfrage schreiben:

$$(1) \quad L = L(PY,r); \qquad \partial L / \partial (PY) > 0, \qquad \partial L / \partial r < 0.$$

Es wird angenommen daß die Geldnachfragefunktion linear-homogen in PY ist, d.h., daß eine Verdoppelung des nominellen Volkseinkommens auch eine Verdoppelung der Geldnachfrage zur Folge hat. In diesem Fall läßt sich schreiben:

$$(2) \quad L = l(r)PY; \qquad l(r) = L(1,r).$$

Da empirische Beobachtungen nur eine sehr geringe Zinselastizität der Geldnachfrage erkennen lassen, kann annäherungsweise $l(r) = k$ (= const.) gesetzt werden, so daß gilt:

$$(3) \quad L = kPY.$$

Gleichgewicht auf dem Geldmarkt erfordert:

$$(4) \quad Mv = PY; \qquad v = 1/k.$$

Gleichung (4) entspricht der klassischen Quantitätstheorie;[2] aus diesem Grund wird der dargestellte Ansatz als Neo-Quantitätstheorie bezeichnet.

---

[1]   Die sog. keynesianische Liquiditätspräferenztheorie.

[2]   Zur klassischen Quantitätstheorie siehe bspw. Borchert, M., Geld und Kredit, a.a.O., S. 94ff.

Gemäß Gleichung (4) besteht ein stabiler Zusammenhang zwischen der Geldmenge und dem nominellen Volkseinkommen. Dies bedeutet, daß bei gegebener Geldmenge nur ein ganz bestimmtes nominelles Einkommen bzw. bei auch gegebenem Preisniveau nur ein ganz bestimmtes reales Einkommen finanzierbar ist:[1]

$$(5) \quad Y = Mv/P.$$

Gleichgewicht auf dem Geldmarkt ist in diesem Fall unabhängig vom Zinssatz bei einem ganz bestimmten Y-Wert erreicht; die LM-Kurve verläuft also senkrecht.

Bei senkrechtem Verlauf der LM-Kurve kann eine Variation der Güternachfrage nicht durch eine Veränderung einer exogenen Nachfragekomponenten ausgelöst werden. Sinken bspw. die zinsunabhängigen Investitionen (Linksverschiebung der IS-Kurve von IS_0 nach IS_1 in Abbildung II.25), so fällt der Zinssatz so weit (von r_0 auf r_1), bis dieser exogene Investitionsrückgang durch eine Zunahme der zinsabhängigen Investitionen gerade ausgeglichen wird; die Kurve D_0 bleibt erhalten.

Eine Verringerung der realen Geldmenge hingegen, bspw. infolge einer Verringerung der nominellen Geldmenge bei konstantem Preisniveau (P_0) (Linksverschiebung der LM-Kurve von $LM_0(P_0)$ nach $LM_1(P_0)$), führt über steigende Zinsen (von r_0 auf r_2) und einen Rückgang der zinsabhängigen Investitionen zu sinkender Güternachfrage (von Y_0 auf Y_2); die D-Kurve verlagert sich von D_0 nach D_1.

---

[1] Nach Meinung der Keynesianer besteht kein stabiler Zusammenhang zwischen der Geldmenge und dem nominellen Volkseinkommen, vielmehr ist v bei Gültigkeit der Liquiditätsfalle eine instabile Funktion des Zinssatzes. Die Umlaufgeschwindigkeit der gesamten Geldmenge ist ein gewichtetes Mittel der Umlaufgeschwindigkeit der beiden Teilkassen:

$$vM = v_T L_T + v_S L_S; \qquad v_S = 0$$

$$v = v_T \frac{L_T}{M}.$$

Zinsbedingte Umschichtungen der Geldmenge bewirken somit eine Veränderung der Umlaufgeschwindigkeit der gesamten Geldmenge. Im Bereich der Liquiditätsfalle ist das Ausmaß dieser Umschichtung jedoch offen.

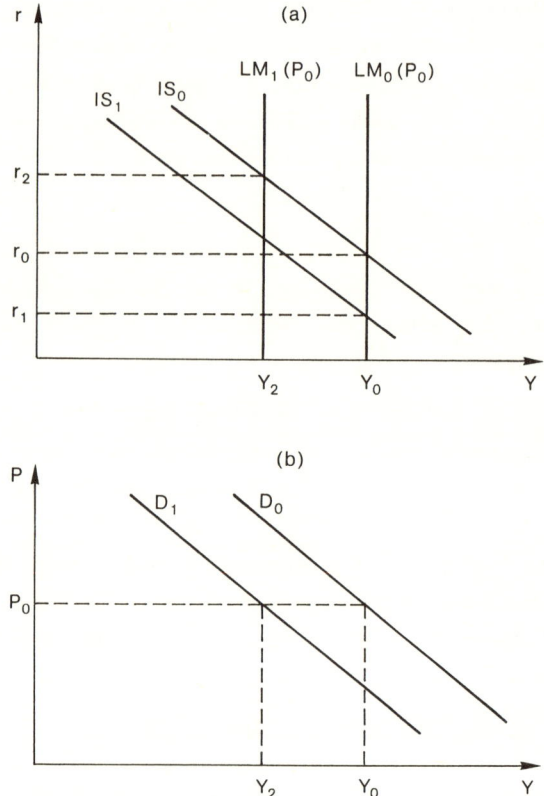

Abb. II.25: Variation der Güternachfrage

1.1.2 Das kurzfristige Güterangebot

Im obigen Makro-Modell wurde das geplante Güterangebot durch die senkrechte S-Kurve erfaßt. Dieses Güterangebot entspricht nach Meinung der Neoklassiker der längerfristigen Angebotssituation, von der noch ein kürzerfristiges (geplantes) Angebotsverhalten zu unterscheiden ist.

Den obigen Ausführungen zum Arbeitsmarkt – und damit zur S-Kurve – lag stillschweigend die Annahme vollständiger Information zugrunde. Dies bedeutet, daß sowohl den Haushalten als auch den Unternehmen der Nominallohn und das Preisniveau (und damit auch der Reallohn) bekannt sind. Dies ist jedoch nach Meinung der Neoklassiker nur längerfristig der Fall. Kürzerfristig hingegen verfügen die Wirtschaftssubjekte nur über unvollkommene Information. Es bleiben somit noch die Auswirkungen unvollkommener Information auf die Höhe der Beschäftigung zu untersuchen.

Als Beispiel für unvollkommene Information wird der Fall sog. identisch unvollkommener Information betrachtet. In diesem Fall haben Unternehmen und Haushalte die gleichen Informationen, aber eben nicht über alle relevanten Größen. Unternehmen und Haushalte sind jeweils über den sie betreffenden Teilmarkt voll informiert, hingegen nicht über andere Märkte. Dies bedeutet, daß die Unternehmen mit dem Preis der Güter, die sie produzieren, und dem herrschenden Nominallohnsatz auch den für sie jeweils relevanten Reallohn kennen. Der die Haushalte interessierende Reallohn ist mit der Kenntnis des Nominallohns und dieses speziellen Güterpreises jedoch noch nicht bestimmt, da die Konsumnachfrage auf ein ganzes Güterbündel gerichtet ist, dessen Preise jedoch unbekannt sind. Die Haushalte müssen also Erwartungen hinsichtlich dieser unbekannten Preise bilden.

Gesamtwirtschaftlich folgt hieraus, daß das Arbeitsangebot vom Nominallohn und dem erwarteten Preisniveau (dem erwarteten Reallohn) abhängt, während das Arbeitsangebot nach wie vor eine Funktion des (tatsächlichen) Reallohns ist:

$$(1) \quad A^a = A^a(W/P^e)$$

$$(2) \quad A^n = A^n(W/P)$$

mit: P^e = erwartetes Preisniveau.

Die Konsequenzen dieser unvollkommenen Information für das Güterangebot sind in Abbildung II.26 dargestellt.

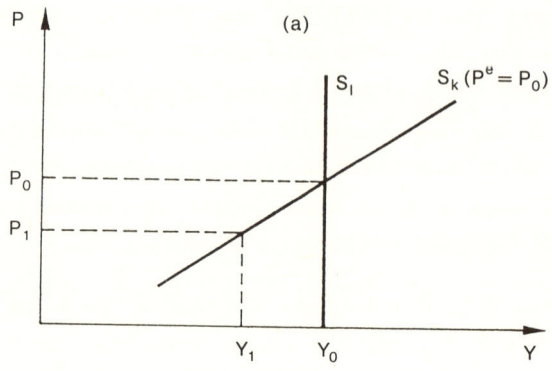

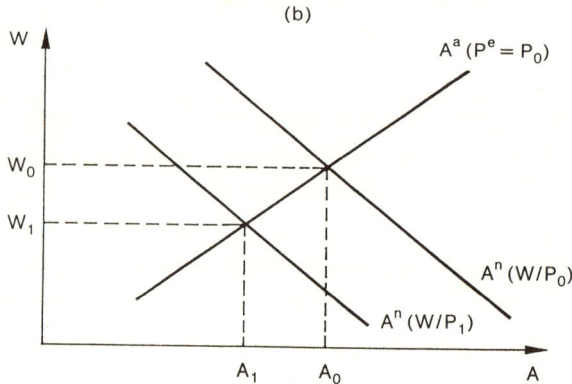

Abb. II.26: Kurzfristiges Güterangebot

Bei korrekten Erwartungen ($P = P^e = P_0$) ergibt sich das langfristige Güterangebot Y_0 (senkrechte langfristige Angebotskurve S_l).
Bei einem niedrigeren Preisniveau (P_1) aber noch unveränderten
Preiserwartungen ($P^e = P_0$) gehen nun Beschäftigung (A_1) und Produktion (Y_1) zurück, wie durch die kurzfristige Angebotskurve
$S_k(P^e{=}P_0)$ in Abbildung II.26 dargestellt ist.

Bei niedrigerem Preisniveau verschiebt sich die Arbeitsnachfragekurve nach links ($A^n(W/P_1)$), während die Arbeitsangebotskurve

aufgrund unveränderter Preiserwartungen ihre Lage beibehält (P ist ein Lageparameter der A^n-Kurve; der Lageparameter der A^a-Kurve ist hingegen P^e). Damit entsteht bei W_0 ein Angebotsüberschuß am Arbeitsmarkt, der zu einer Verringerung des Nominallohns (W_1) führt. Hierdurch sinkt der Reallohn, wodurch die Arbeitsnachfrage (entlang $A^n(W/P_1)$) etwas ansteigt. Der niedrigere Nominallohn wird von den Haushalten aufgrund ihrer falschen Preiserwartungen als ein Rückgang des Reallohns interpretiert, so daß sie ihr Arbeitsangebot senken (entlang $A^a(P^e=P_0)$). Entsprechendes gilt für $P > P_0$.

Es bleibt nun noch das erwartete Preisniveau zu bestimmen. Die Monetaristen gehen davon aus, daß die Haushalte ihre Erwartungen adaptiv bilden:

$$(3) \quad P_t^e = P_{t-1}^e + \lambda(P_{t-1} - P_{t-1}^e); \quad 0 < \lambda \leq 1,$$

d.h. sie korrigieren ihre bisherige Erwartung um den (gewichteten) Erwartungsfehler in der vorhergehenden Periode. Wird zur Vereinfachung $\lambda = 1$ angenommen, so gilt:

$$(4) \quad P_t^e = P_{t-1}.$$

In diesem Fall erwarten die Haushalte, daß auch in der laufenden Periode das Preisniveau der Vorperiode gilt (statische Erwartungen).

Erwartungsänderungen führen somit zu einer Verschiebung der Arbeitsangebotskurve in Abbildung II.27 nach unten $(A^a(P^e=P_1))$, was auch eine Verlagerung der kurzfristigen Güterangebotskurve bewirkt. Im dargestellten Beispiel verschiebt sie sich in der nächsten Periode nach unten, so daß sie bei P_1 die langfristige Angebotskurve schneidet (bei $P = P_1 = P^e$ stimmen kurz- und langfristiges Güterangebot überein), wie in Abbildung II.27 dargestellt.

Die obigen Zusammenhänge werden vielfach mit Hilfe einer sog. Lucas-Angebotsfunktion erfaßt, die üblicherweise in einer der beiden Formulierungen:

$$(5) \quad Y_t^a = Y_0 + \alpha(P_t - P_t^e)$$

oder:

$$(6) \quad Y_t^a = Y_0(P_t/P_t^e)^\alpha$$

mit: $\alpha > 0$

dargestellt wird.

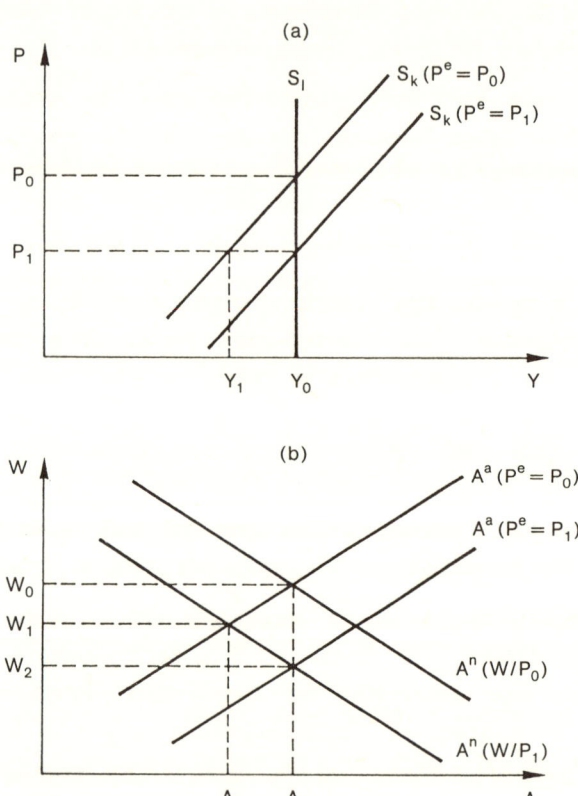

Abb. II.27: *Erwartungsrevision*

Nach diesen beiden Gleichungen entspricht das Güterangebot (Y^a) bei korrekten Erwartungen ($P_t - P_t^e = 0$ bzw. $P_t/P_t^e = 1$) seinem natürlichen Wert (Y_0). Unterschätzen die Haushalte hingegen das

Preisniveau $(P_t - P_t^e > 0$ bzw. $P_t/P_t^e > 1)$, so liegt das Güterangebot über seinem natürlichen Wert und umgekehrt.

1.2 Unterbeschäftigung aufgrund falscher Preiserwartungen

Nachfolgend werden nun noch die Auswirkungen eines Rückgangs der Güternachfrage auf die Höhe der Beschäftigung im Rahmen des vorliegenden neoklassischen Modells untersucht.

1.2.1 Graphische Darstellung

In Abbildung II.28 ist wiederum ein Vollbeschäftigungsgleichgewicht - unter Beachtung der geänderten Annahmen bzgl. der LM-Kurve sowie des Arbeitsmarktes bzw. der kurzfristigen Güterangebotskurve - als Ausgangspunkt gewählt (Index „0").[1]

Infolge einer Verringerung der Geldmenge $(LM_1(P_0))$ gehe die Güternachfrage bei noch konstantem Preisniveau (P_0) von Y_0 auf Y_1 zurück (Verschiebung der D-Kurve nach D_1).[2] Wie ersichtlich, existiert ein neues Vollbeschäftigungsgleichgewicht im Schnittpunkt zwischen der D_1-Kurve und der S_1-Kurve.

Aufgrund falscher Preiserwartungen wird dieses Gleichgewicht jedoch nur zögernd - in einer Abfolge temporärer Gleichgewichte - erreicht. Der Rückgang der Güternachfrage auf Y_1 führt zu einer deflatorischen Lücke $(Y_0 - Y_1)$, die Preissenkungen zur Folge hat. Hierdurch kommt es einerseits zu einer Erhöhung der Güternachfrage (Verschiebung der Kurve $LM_1(P_0)$ nach $LM_1(P_2)$, bzw. Bewegung entlang der Kurve D_1 von Y_1 nach Y_2) und andererseits zu einer Verringerung des kurzfristigen Güterangebots (Verschiebung der Kurve $A^n(W/P_0)$ nach $A^n(W/P_2)$, bzw. Bewegung entlang der $S_k(P^e = P_0)$Kurve von Y_0 nach Y_2).

---

[1] Vollbeschäftigung bedeutet hier Übereinstimmung von Arbeitsangebot und Arbeitsnachfrage bei korrekten Preiserwartungen. Siehe hierzu Woglom, G., Modern Macroeconomics, a.a.O., S. 207.

[2] Infolge einsetzender Preissenkungen wird der Wert Y_1 wieder nur tendenziell erreicht.

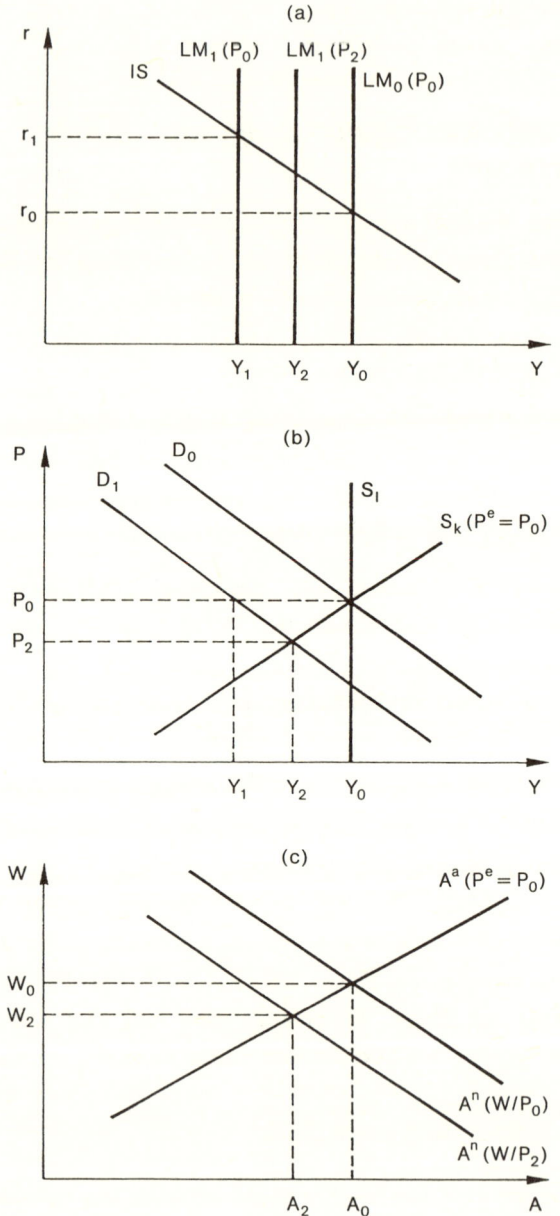

Abb. II.28: Unterbeschäftigung aufgrund falscher Preiserwartungen

Bei P_2 und Y_2 existiert nun ein temporäres Unterbeschäftigungsgleichgewicht. Ein Gleichgewicht liegt vor, da alle Märkte geräumt
sind. Im Hinblick auf die Beschäftigungshöhe in der Ausgangssituation (A_0) herrscht Unterbeschäftigung. Diese Unterbeschäftigung
entsteht, weil die Haushalte aufgrund ihrer falschen Erwartungen
nicht mehr arbeiten wollen. Sie sind (noch) nicht bereit, eine
Nominallohnsenkung hinzunehmen, um ihre Beschäftigungslage zu
verbessern; sie suchen vielmehr nach einer Beschäftigung zum alten
Lohnsatz. Diese Arbeitslosigkeit wird deshalb auch als Sucharbeits-
losigkeit bezeichnet; sie ist offensichtlich freiwilliger Art. Temporär
bedeutet, daß dieses Gleichgewicht nur so lange existiert, bis die
Haushalte ihre Erwartungen revidiert haben.

Dieser weitere Anpassungsprozeß an das langfristige Gleichgewicht
ist in Abbildung II.29 angedeutet.

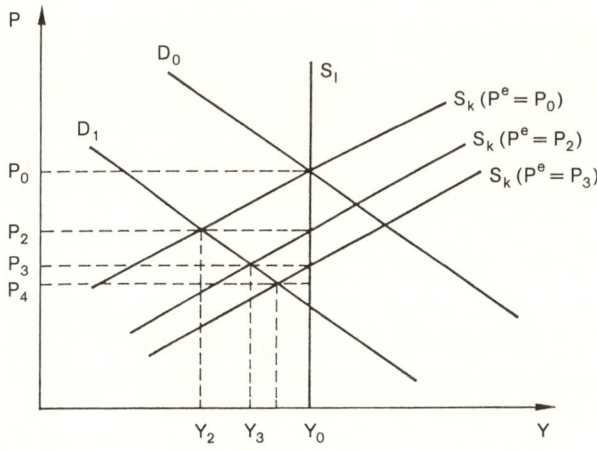

Abb. II.29: *Abfolge temporärer Gleichgewichte*

Infolge der Erwartungsrevision verlagert sich die kurzfristige Güterangebotskurve nach $S_k(P^e=P_2)$. Bei unverändertem Preisniveau (P_2)
entsteht wieder eine deflatorische Lücke, die zu einem zweiten

temporären Gleichgewicht bei P_3 und Y_3 führt. Erneute Erwartungsrevision verschiebt die Güterangcbotskurve nach $S_k(P^e=P_3)$ usw.
Das langfristige Gleichgewicht (Schnittpunkt zwischen der D-Kurve
und der S_1-Kurve) ist dann der Endpunkt dieser Entwicklung, der
dann erreicht wird, wenn die Haushalte korrekte Erwartungen haben.

Die Verringerung der Geldmenge führt also zunächst zu einem
Rückgang der Beschäftigung und der Produktion, Geld ist also kurzfristig nicht neutral. Mit der Korrektur der falschen Erwartungen
verschwinden diese realen Effekte wieder, d.h. Beschäftigung und
Produktion nehmen wieder zu, bis sie schließlich ihre Ausgangswerte
erreicht haben; dann verbleibt als einziger Effekt der Geldmengenreduzierung eine Verringerung der nominellen Größen wie Preisniveau und Nominallohn.

1.2.2 Algebraische Darstellung

Die Abfolge temporärer Gleichgewichte sei noch algebraisch mit
Hilfe der Gleichungen für das Güterangebot sowie die Güternachfrage dargestellt. Die Güternachfrage folgt hier, d.h. bei senkrechter
LM-Kurve, aus der Neoquantitätstheorie (Mv = PY): $Y_t^n = vM_t/P_t$
bzw., zur Vereinfachung der Rechnung:

$$(1) \quad y_t^n = \beta + m_t - p_t$$

mit: $y_t^n = \ln Y_t^n,$ $\beta = \ln v,$

            $m_t = \ln M_t,$ $p_t = \ln P_t.$

Das Güterangebot wird wieder durch die Lucas-Angebotsfunktion
erfaßt. Aus der multiplikativen Form $Y_t^a = Y_0(P_t/P_t^e)^\alpha$ folgt:

$$(2) \quad y_t^a = y_0 + \alpha(p_t - p_t^e)$$

mit: $y_t^a = \ln Y_t^a,$ $y_0 = \ln Y_0,$ $p_t^e = \ln P_t^e.$

Bezüglich der Erwartungsbildung wird die einfachste Form adaptiver Erwartungen unterstellt:

(3) $p_t^e = p_{t-1}.$

Die Wirtschaft möge sich bis einschließlich der Periode Null im Gleichgewicht befinden, die Geldmenge sei m_0. In der Periode eins werde dieses Gleichgewicht durch einen Rückgang der Geldmenge auf m_1 gestört:

$$(4) \quad m_t = \begin{cases} m_0 & \text{für } t \leq 0 \\ m_1 & \text{für } t > 0 \end{cases}$$

mit: $m_1 < m_0.$

Zur Lösung des anstehenden Problems wird Gleichung (1) um eine Periode zeitverzögert und die Differenz zwischen y_t^n und y_{t-1}^n gebildet:

(5) $y_t^n - y_{t-1}^n = m_t - m_{t-1} - (p_t - p_{t-1}).$

Wird Gleichung (3) in Gleichung (2) eingesetzt, so ergibt sich nach Umformung:

(6) $(y_t^a - y_0)/\alpha = p_t - p_{t-1}.$

Die linke Seite von Gleichung (6) wird nun für den Ausdruck $(p_t - p_{t-1})$ in Gleichung (5) substituiert. Unter Beachtung der Markträumung $(y^a = y^n = y)$ folgt:

(7) $y_t - y_{t-1} = m_t - m_{t-1} - (y_t - y_0)/\alpha$

bzw.:

$$(8) \quad y_t - \frac{\alpha}{1+\alpha} \, y_{t-1} = \frac{\alpha}{1+\alpha} \, (m_t - m_{t-1}) + \frac{1}{1+\alpha} \, y_0.$$

Aus Gleichung (8) folgt für $t = 1$:

$$(9) \quad y_1 - \frac{\alpha}{1+\alpha} \, y_0 = \frac{\alpha}{1+\alpha} \, (m_1 - m_0) + \frac{1}{1+\alpha} \, y_0$$

bzw.:

$$(10) \quad y_1 = y_0 - \frac{\alpha}{1+\alpha}(m_0 - m_1).$$

Für $t > 1$ folgt die Differenzengleichung:

$$(11) \quad y_t - \frac{\alpha}{1+\alpha} y_{t-1} = \frac{1}{1+\alpha} y_0$$

mit der Lösung:

$$(12) \quad y_t = y_0 - \Psi \left[\frac{\alpha}{1+\alpha}\right]^t$$

mit: $\qquad \Psi = m_0 - m_1 > 0.$

Die Gleichungen (10) und (12) zeigen, daß die Produktion und damit auch die Beschäftigung zunächst ihren Vollbeschäftigungswert unterschreiten, sich aber im Laufe der Zeit, nämlich mit der Korrektur falscher Erwartungen, an diesen annähern.[1]

Das Preisniveau läßt sich - unter Beachtung von $y^a = y^n = y$ - aus Gleichung (1) berechnen:

$$(13) \quad p_t = \beta + m_t - y_t.$$

Für $t = 1$ ergibt sich:

$$(14) \quad p_1 = \beta + m_1 - y_0 + \frac{\alpha}{1+\alpha}(m_0 - m_1).$$

Für $t > 1$ gilt:

$$(15) \quad p_t = \beta + m_1 - y_0 + \Psi \left[\frac{\alpha}{1+\alpha}\right]^t .$$

---

[1]   Es gilt $\alpha/(1+\alpha) < 1$, so daß der Ausdruck $\Psi \left[\dfrac{\alpha}{1+\alpha}\right]^t$ mit zunehmender Zeit immer kleiner wird.

Unter Beachtung, daß der Ausdruck $\Psi\left[\dfrac{\alpha}{1+\alpha}\right]^{t}$ mit $t \to \infty$ gegen Null geht, nähert sich p schrittweise seinem Gleichgewichtswert $\beta+m_1-y_0$. Dieser Wert liegt um m_0-m_1 unter seinem Ausgangswert ($p_0 = \beta+m_0-y_0$). Das Preisniveau sinkt somit in prozentual gleichem Ausmaß wie die Geldmenge. Hierdurch erreichen die reale Geldmenge und damit auch die Güternachfrage wieder ihren ursprünglichen Wert.

Wie dargestellt, ist die abgeleitete Arbeitslosigkeit freiwilliger Art. Dieses Ergebnis resultiert aus der Konzeption der stetigen Markträumung. Aufgrund dieser Konzeption ist die neoklassische Theorie nicht in der Lage, unfreiwillige Arbeitslosigkeit zu erklären.

2. Weiterentwicklungen

Der dargestellte Monetarismus wurde - unter Beibehaltung der Konzeption der stetigen Markträumung - in zweifacher Hinsicht weiterentwickelt. Einerseits wird im Rahmen der „Neuen Klassischen Makroökonomie" die Annahme adaptiver durch die rationaler Erwartungsbildung ersetzt. Andererseits treten im Rahmen der „realen Konjunkturtheorie" reale Schocks an die Stelle monetärer Störungen.

2.1 Die Neue Klassische Makroökonomie[1]

Die Neue Klassische Makroökonomie (NCM) geht wie der Monetarismus von der Annahme flexibler Preise und stetiger Markträumung aus. Der wesentliche Unterschied zwischen diesen beiden Richtungen besteht in der Annahme über die Erwartungsbildung. Während die obige Theorie adaptive Preiserwartungen unterstellt, bilden die Wirtschaftssubjekte nach der NCM rationale Erwartungen:

(1) $P_t^e = E_t(P_t)$,

---

1   Heubes, J., Konjunktur und Wachstum, München 1991, S. 89ff; Hillier, B., The Macroeconomic Debate, a.a.O., S. 167ff; Otruba, H. u.a., Makroökonomik, a.a.O., S. 260ff.

wobei $E_t(P)$ die mathematische Erwartung des Preisniveaus aufgrund der Information zu Beginn der Periode darstellt.

Bei rationalen Erwartungen sind systematische Prognosefehler, so wie sie bei adaptiven Erwartungen auftreten, ausgeschlossen. Folglich läßt sich in diesem Fall Unterbeschäftigung auch nicht auf systematisch falsche Preiserwartungen zurückführen. Die NCM liefert statt dessen verschiedene weitere Erklärungen für die Existenz von Arbeitslosigkeit, von denen nachfolgend ein Ansatz kurz dargestellt wird, in dem Unterbeschäftigung auf die Existenz von Anpassungskosten zurückgeführt wird.

Die Beschäftigungstheorie der NCM entspricht in ihren Grundzügen der dargestellten älteren neoklassischen Theorie. Das Güterangebot läßt sich wieder mittels der Lucas-Angebotsfunktion darstellen. Bei Existenz von Anpassungskosten, bspw. in Form von Anlernkosten neu eingestellter Arbeitskräfte, ist diese Funktion entsprechend zu modifizieren. Zur Erfassung dieser Kosten wird das Produktionsniveau der Vorperiode (y_{t-1}) als weitere Determinante der laufenden Güterproduktion berücksichtigt. Hierdurch ändert sich die Lucas-Angebotsfunktion wie folgt (in logarithmischer Schreibweise):

$$(2) \quad y_t^a = (1-\alpha_2)y_0 + \alpha_1[p_t - E_t(p_t)] + \alpha_2 y_{t-1}; \quad 0 < \alpha_2 < 1.$$

Nach Gleichung (2) ist das Güterangebot bei korrekten Erwartungen und in Abwesenheit einer Störung $(Y_t = Y_{t-1})$ gleich Y_0. Tritt zu einem Zeitpunkt t hingegen eine Störung auf $(Y_t \neq Y_{t-1})$, so weicht das Güterangebot auch in zukünftigen Perioden von Y_0 ab.

Die Güternachfrage folgt wieder aus der Quantitätstheorie (in logarithmischer Schreibweise):

$$(3) \quad y_t^n = \beta + m_t - p_t.$$

Aus Gleichung (3) ergibt sich unter Beachtung der Markträumung $(y_t^a = y_t^n = y_t)$ für das Preisniveau:

$$(4) \quad p_t = \beta + m_t - y_t.$$

Damit folgt für das erwartete Preisniveau:[1]

(5) $E_t(p_t) = \beta + E_t(m_t) - E_t(y_t).$

Die Gleichungen (4) und (5) in Gleichung (2) eingesetzt liefern nach Umformung für y_t (mit $y_t^a = y_t^n = y_t$):

(6) $y_t = \dfrac{1}{1+\alpha_1} \{(1-\alpha_2)y_0 + \alpha_1[m_t - E_t(m_t)] +$

$\qquad\qquad + \alpha_1 E_t(y_t) + \alpha_2 y_{t-1}\}.$

Als Störung des Systems wird wieder eine nicht angekündigte Verringerung der Geldmenge betrachtet:

(7) $m_t = \begin{cases} m_0 & \text{für } t \leq 0 \\ m_1 & \text{für } t > 0; \quad m_1 < m_0. \end{cases}$

Zur Vereinfachung wird von weiteren Störeinflüssen abgesehen. In $t = 1$ gilt nun $y_{t-1} = y_0$ sowie:

(8) $\begin{aligned} E_1(m_1) &= m_0 \\ E_1(y_1) &= y_0, \end{aligned}$

da den Wirtschaftssubjekten zu Beginn der Periode eins die Geldmengenänderung noch nicht bekannt war, so daß sie diese bei ihren Dispositionen auch nicht berücksichtigen konnten. Für $t > 1$ hingegen gilt:

(9) $\begin{aligned} E_t(m_t) &= m_1 \\ E_t(y_t) &= y_t, \end{aligned}$

d.h. aufgrund fehlender weiterer Störeinflüsse entsprechen die erwarteten den tatsächlichen Größen (korrekte Erwartungen).

---

[1] Die Geldmenge ist hier eine stochastische Größe; damit sind auch alle endogenen Variablen stochastische Größen.

Aus den Gleichungen (6) und (8) ergibt sich für $t = 1$ (bei $y_{-1} = y_0$):

$$(10) \quad y_1 = y_0 + \frac{\alpha_1}{1+\alpha_1}(m_1 - m_0).$$

Für $t > 1$ folgt aus den Gleichungen (6) und (9) die Differenzengleichung:

$$(11) \quad y_t = (1-\alpha_2)y_0 + \alpha_2 y_{t-1}$$

mit der Lösung:[1]

$$(12) \quad y_t = y_0 + \Psi \alpha_2^t$$

mit:

$$(13) \quad \Psi = \frac{\alpha_1}{\alpha_2(1+\alpha_1)}(m_1 - m_0) < 0.$$

Wie die Gleichungen (10), (12) und (13) zeigen, führt auch hier die Geldmengenreduzierung zu einem Rückgang der Produktion und der Beschäftigung, wobei sich diese Größen im Laufe der Zeit wieder ihren Vollbeschäftigungswerten anpassen. Diese verzögerte Anpassung beruht hier nicht auf nur schrittweisen Erwartungskorrekturen, sondern auf der Existenz von Anpassungskosten. Dies wird sofort deutlich, wenn von Anpassungskosten abgesehen wird ($\alpha_2 = 0$). In diesem Fall kommt es nur in der ersten Periode zu Unterbeschäftigung; ab der zweiten Periode hingegen wird wieder Vollbeschäftigung erreicht.

Die Beschäftigungseffekte der Geldmengenreduzierung sind in Abbildung II.30 dargestellt. Die Verringerung der Geldmenge führt zu einer Verlagerung der Güternachfragekurve nach D_1. Aufgrund falscher Erwartungen gilt in der ersten Periode die kurzfristige Güterangebotskurve $S_k(P^e = P_0)$. Das erste temporäre Gleichgewicht wird also bei Y_1 bzw. A_1 erreicht.

---

[1]   Siehe hierzu den mathematischen Anhang.

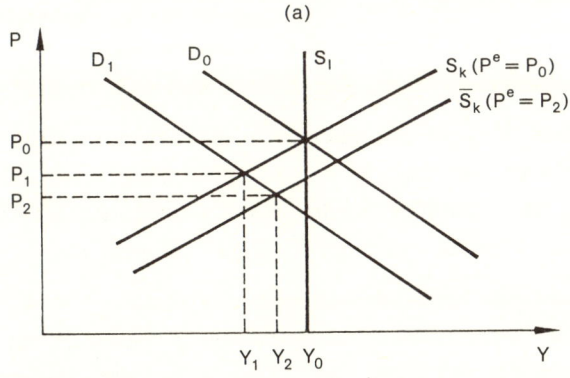

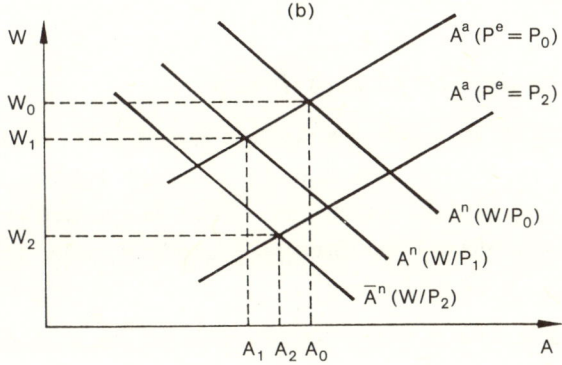

Abb. II.30: *Arbeitslosigkeit infolge von Anpassungskosten*

Im weiteren Verlauf erkennen die Wirtschaftssubjekte den Rückgang der Geldmenge und erwarten – in Kenntnis auch der Anpassungskosten – ein niedrigeres Preisniveau. Damit verschieben sich Arbeitsangebotskurve und Arbeitsnachfragekurve entsprechend der Preissenkung nach unten. Aufgrund der Anpassungskosten verschiebt sich die Arbeitsnachfragekurve jedoch noch zusätzlich nach unten.

Wird in der nächsten Periode P_2 realisiert, so verschiebt sich die Arbeitsangebotskurve nach $A^a(P^e = P_2)$; die Arbeitsnachfragekurve nach $\bar{A}^n(W/P_2)$. Es resultiert die Beschäftigung A_2 bzw. das Güterangebot Y_2 entsprechend der kurzfristigen Güterangebotskurve $\bar{S}_k(P^e=P_2)$. Dieser kurzfristigen Güterangebotskurve liegen nun korrekte Preiserwartungen, aber Anpassungskosten zugrunde.

Im weiteren Verlauf verringern sich die Anpassungskosten, so daß die zusätzliche Verschiebung der Arbeitsnachfragekurve immer geringer wird, bis schließlich wieder das Vollbeschäftigungsgleichgewicht (Schnittpunkt der D_1- und der S_1-Kurve) erreicht ist.

Da jederzeit ein Arbeitsmarktgleichgewicht realisiert wird, handelt es sich bei der dargestellten Unterbeschäftigung wiederum um freiwillige Arbeitslosigkeit. Aufgrund der Konzeption der stetigen Markträumung ist also auch die NCM nicht in der Lage, unfreiwillige Arbeitslosigkeit zu erklären.

2.2 Die reale Konjunkturtheorie[1]

Arbeitslosigkeit ist nach den beiden dargestellten Versionen der neoklassischen Theorie auf negative monetäre Schocks zurückzuführen. Demgegenüber betont die reale Konjunkturtheorie (real business cycle theory) die Bedeutung negativer realer Schocks als Ursache für Unterbeschäftigung.[2]

Reale Schocks können sowohl Nachfrageschocks (bspw. Änderung der Höhe der Staatsausgaben) als auch Angebotsschocks (bspw. Ölpreiserhöhung) sein. Nachfolgend wird der Fall eines negativen Angebotsschocks weiter betrachtet.

---

[1]   Gordon, R.J., Macroeconomics, a.a.O., S. 189ff; Mankiw, N.G., Macroeconomics, a.a.O., S. 374ff; McCallum, B.T., Real Business Cycle Models, in: R.J. Barro (Hrsg.), Modern Business Cycle Theory, Cambridge, Mass. 1989, S. 16ff.

[2]   Die obigen Versionen der neoklassischen Theorie erkennen ebenfalls an, daß reale Angebotsschocks ursächlich für Unterbeschäftigung sein können; ihre Bedeutung tritt jedoch hinter der monetärer Schocks zurück. Nach der realen Konjunkturtheorie sind hingegen monetäre Schocks relativ bedeutungslos, während reale Schocks die dominierende Rolle spielen. Dies wird damit begründet, daß angesichts der guten Informationsmöglichkeiten gerade im Hinblick auf monetäre Größen eine auf falschen Erwartungen bzgl. dieser Größen basierende Erklärung wenig überzeugend ist.

Der Grundgedanke der realen Konjunkturtheorie läßt sich anhand der dritten Version des Makro-Modells entwickeln, das in Abbildung II.31 wiederholt ist. Diese Abbildung enthält einerseits die Nachfragesituation, repräsentiert durch die IS- und LM-Kurve; andererseits die Angebotssituation bei Vollbeschäftigung, repräsentiert durch die zinsunabhängige S-Kurve. Da das Vollbeschäftigungsangebot unabhängig vom Zinssatz war, wird dieses durch eine Parallele zur Zinsachse (S-Kurve) wiedergegeben.

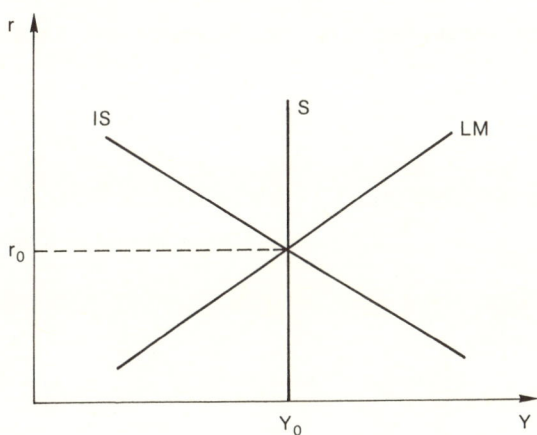

Abb. II.31: *Angebot und Nachfrage I*

Zur Darstellung der realen Konjunkturtheorie ist Abbildung II.31 in zweifacher Weise zu modifizieren. Zum einen ist zu beachten, daß aufgrund flexibler Zinsen, Löhne und Preise stets alle Märkte geräumt werden. Bei stets korrekten Erwartungen folgt damit das Güterangebot aus der Vollbeschäftigungssituation am Arbeitsmarkt unter Beachtung der Produktionsmöglichkeiten. Die entsprechende Güternachfrage wird über den Zinsmechanismus sichergestellt. Der erforderliche Zinssatz (r_0) folgt aus der IS-Kurve; die LM-Kurve ist in diesem Zusammenhang bedeutungslos (Neutralität des Geldes) und kann somit vernachlässigt werden.[1] Die IS-Kurve, als Kurve der gleichgewichtigen realen Güternachfrage, wird nachfolgend als NN-Kurve bezeichnet.

Zum anderen betont die reale Konjunkturtheorie die Bedeutung intertemporaler Substitutionseffekte im Hinblick auf das Arbeits- und damit auch auf das Güterangebot. Auf das Arbeitsangebot wirkt neben dem bereits diskutierten Reallohneffekt ein intertemporaler Lohn-Substitutionseffekt: Ist der gegenwärtige Reallohn niedrig, so ziehen die Haushalte in der gegenwärtigen Periode Freizeit vor und verschieben ihr Arbeitsangebot teilweise in eine zukünftige Periode mit höherem Reallohn. Formal kommt auch dieser Effekt in dem ansteigenden Verlauf der Arbeitsangebotskurve zum Ausdruck.

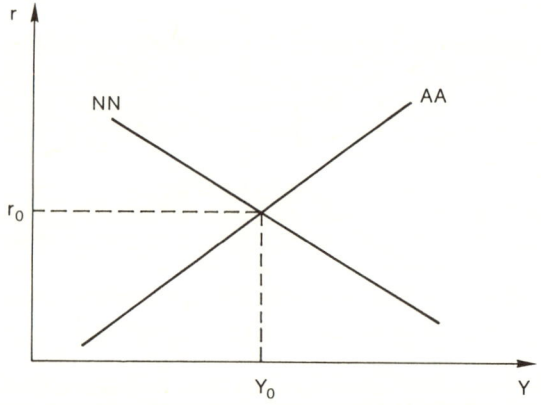

Abb. II.32: *Angebot und Nachfrage II*

Darüber hinaus berücksichtigt die reale Konjunkturtheorie noch einen intertemporalen Zins-Substitutionseffekt: Ist der Zinssatz in der gegenwärtigen Periode niedrig, so ist eine Ersparnisbildung wenig lohnend. Aus diesem Grund werden die Haushalte auch nur ein geringes Einkommen anstreben, d.h. sie werden wiederum die

---

[1]   Das Preisniveau stellt sich bei gegebener Geldmenge stets so ein, daß auch die LM-Kurve durch den Schnittpunkt zwischen IS- und S-Kurve verläuft.

Freizeit auf Kosten der Arbeitszeit ausdehnen. Formal äußert sich dieser Effekt darin, daß die Lage der Arbeitsangebotskurve vom Zinssatz abhängt. Je höher der Zinssatz ist, um so größer ist das Arbeitsangebot. Bei gegebener Arbeitsnachfrage nehmen somit auch Beschäftigung und Güterproduktion bei steigendem Zinssatz zu, d.h. die Angebotskurve – als AA-Kurve bezeichnet – verläuft im r/Y-Diagramm ansteigend.

Abbildung II.32 faßt die Ergebnisse zusammen. Der Ausgleich zwischen Angebot und Nachfrage erfolgt hier über den Zinssatz, nicht – wie im Grundmodell – über das Preisniveau.

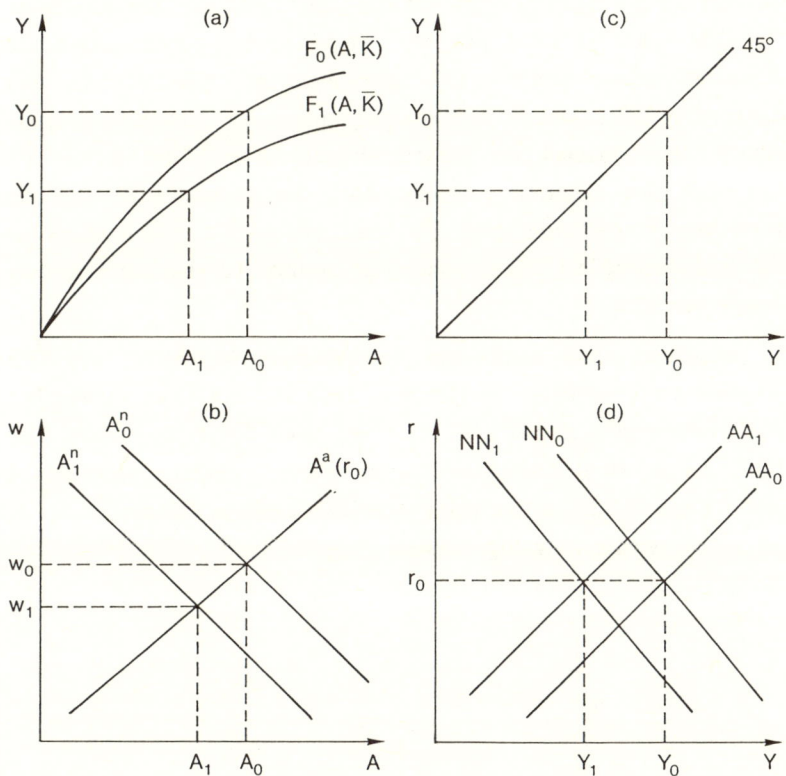

Abb. II.33: *Arbeitslosigkeit infolge eines negativen Angebots-schocks bei flexiblen Löhnen und Preisen*

Als nächstes bleiben nun noch die Auswirkungen eines negativen Angebotsschocks auf die Höhe der Beschäftigung zu bestimmen. In Abbildung II.33 ist die Ausgangssituation wieder mit dem Index „0" gekennzeichnet. Bei den ursprünglichen Produktionsmöglichkeiten $F_0(A,\bar{K})$ folgt die Angebotssituation AA_0.

Ein negativer Angebotsschock verschiebt die Produktionsfunktion von $F_0(A,\bar{K})$ nach $F_1(A,\bar{K})$ und die Arbeitsnachfragekurve von A_0^N nach A_1^N. Bei flexiblem Reallohn ergibt sich eine Beschäftigung von A_1; das entsprechende Güterangebot ist Y_1, d.h. die Angebotskurve verlagert sich von AA_0 nach AA_1.

Der negative Angebotsschock hat nach der realen Konjunkturtheorie darüber hinaus Auswirkungen auf die Güternachfrage: Der niedrigere Reallohn reduziert nicht nur das Arbeitsangebot, sondern auch die Konsumnachfrage (intra- und intertemporaler Substitutions- und Einkommenseffekt einer Lohnsenkung gehen zu Lasten des Konsums). Das Ausmaß der Konsumeinschränkung hängt davon ab, inwieweit der negative Angebotsschock als transitorisch oder als permanent eingeschätzt wird. Bei transitorischem Angebotsschock ist die Reduzierung der Konsumnachfrage geringer als bei permanentem Angebotsschock.

In Abbildung II.33 wurde zur Vereinfachung unterstellt, daß sich Angebot und Nachfrage in gleichem Ausmaß nach links verschieben (die Nachfrage verlagert sich von NN_0 nach NN_1). In diesem Fall führt der negative Angebotsschock zu einem Beschäftigungsrückgang von A_0 auf A_1. Die entstehende Arbeitslosigkeit in Höhe von A_0-A_1 ist jedoch wieder freiwilliger Natur.

II.3 Beeinflussung der Beschäftigungssituation

Im vorangehenden theoretischen Teil wurde gezeigt, daß ein marktwirtschaftliches System nicht immer zu Vollbeschäftigung führt.[1] Da
Vollbeschäftigung ein Ziel der Wirtschaftspolitik ist, bleibt zu untersuchen, welche Maßnahmen der Staat ergreifen kann, um dieses Ziel
zu realisieren.[2]

Arbeitslosigkeit kann auf negativen Angebots- oder Nachfrageschocks
beruhen. Da sich als gesamtwirtschaftlich relevante Angebotsschocks
lediglich die beiden Ölpreiserhöhungen identifizieren lassen, spielen
offensichtlich Nachfrageschocks bei den periodisch zu beobachtenden
Beschäftigungseinbrüchen die größere Rolle. Aus diesem Grund steht
seit Keynes die Nachfragesteuerung (demand management) als
Beschäftigungpolitik im Vordergrund. Der nachfolgende Abschnitt
zeigt zunächst die verschiedenen Möglichkeiten der Nachfragesteuerung auf.

II.3.1 Beschäftigungspolitische Möglichkeiten[3]

Um möglichst Allokationswirkungen zu vermeiden, sollten beschäftigungspolitische Maßnahmen global ergriffen werden (sog. Globalsteuerung). Damit bietet sich eine Variation der Höhe der staatlichen Einnahmen und Ausgaben (Fiskalpolitik) einerseits und der
Geldmenge (Geldpolitik) andererseits zur Beeinflussung der Güternachfrage an.

---

1   Eine Ausnahme bildet die reale Konjunkturtheorie. Hiernach wird stets
    Vollbeschäftigung erreicht, wobei dieser Wert selbst konjunkturellen
    Schwankungen unterliegt.

2   Zu den gesamtwirtschaftlichen Kosten der Arbeitslosigkeit (bzw. allgemei-
    ner einer wirtschaftlichen Rezession) siehe Abschnitt V.1.3.

3   Die nachfolgenden Ergebnisse sind in einer offenen Volkswirtschaft noch
    zu modifizieren; siehe hierzu Kapitel IV.

1. Überblick

Dem Staat (einschließlich Zentralbank) fällt somit die Aufgabe zu, mittels Fiskal- oder Geldpolitik ein für Unterbeschäftigung ursächliches Nachfragedefizit auszugleichen (antizyklische Politik). Da somit die Nachfragewirkungen fiskal- und geldpolitischer Maßnahmen im Vordergrund stehen, wird nachfolgend zur Vereinfachung ein vollkommen elastisches Güterangebot unterstellt (zweite Version des Makro-Modells, das IS/LM-Modell).

Bei vollkommen elastischem Güterangebot bzw. konstantem Preisniveau bestimmt die D-Kurve die Höhe des Volkseinkommens. Die D-Kurve wiederum wird durch die IS- und LM-Kurve festgelegt:

$$(1) \quad Y = C(Y-T)+I(r)+G \qquad \text{IS-Kurve}$$

$$(2) \quad M/P = l(Y,r) \qquad \text{LM-Kurve.}$$

Die Wirkungen einer Veränderung der Politik-Parameter T und G (Fiskalpolitik) sowie M (Geldpolitik) auf die letztlich interessierende Güternachfrage Y läßt sich mit Hilfe des totalen Differentials dieser beiden Gleichungen ermitteln:

$$(3) \quad dY = c(dY-dT)+idr+dG$$

$$(4) \quad dm = kdY+ldr$$

mit: $m = M/P, \qquad dm = dM/P \quad (\text{bei } P = \text{const.}),$

              $c = dC/d(Y-T) > 0, \quad i = dI/dr < 0,$

              $k = dl/dY > 0, \qquad l = dl/dr < 0.$

Wird dr aus Gleichung (4) in Gleichung (3) eingesetzt, so folgt nach einigen Umformungen:

$$(5) \quad dY = \frac{1}{1-c+\frac{ik}{l}}\left[-cdT+i\,\frac{dm}{l}+dG\right].$$

Gleichung (5) wiederholt das bereits bekannte Ergebnis, nämlich, daß die Einkommensänderung ein Vielfaches der sie verursachenden Veränderung exogener Größen ist, die hier auf die Änderung der Politik-Parameter zurückgeht.

2. Fiskalpolitik[1]

Die Fiskalpolitik umfaßt die Veränderung der staatlichen Einnahmen und Ausgaben. Zur Belebung der Güternachfrage ist eine expansive Fiskalpolitik erforderlich, nämlich eine Senkung der Steuern oder eine Erhöhung der Staatsnachfrage.

2.1 Steuersenkung

Im vorliegenden Modell umfaßt eine Steuersenkung eine Reduzierung der Pauschalsteuer. Bei Konstanz der übrigen Politik-Parameter (dG = dm = 0) folgt somit aus obiger Gleichung (5):

$$(6) \quad dY = - \frac{1}{1-c+\frac{k}{l}i} \, cdT.$$

Infolge der Steuersenkung erhöht sich das verfügbare Einkommen der Haushalte um dT. Ein Teil dieses zusätzlichen Einkommens wird für Konsumzwecke verwandt (cdT), der Rest wird gespart. Diese zusätzliche Konsumnachfrage stellt eine exogene Nachfrageänderung dar, die wiederum den einkommensabhängigen Konsum erhöht und somit die multiplikative Wirkung zur Folge hat. Diese Zusammenhänge sind in Abbildung II.34 dargestellt.

Die Steuersenkung von T_0 auf T_1 bewirkt in Abbildung II.34 a eine Parallelverschiebung der Güternachfragekurve um cdT nach oben. Die gleichgewichtige Güternachfrage steigt somit bei unverändertem

[1] Branson, W.H., Makroökonomie, a.a.O., S. 158ff; Hesse, H., Theoretische Grundlagen der "Fiscal Policy", München 1983; Heubes, J., Finanz-theorie, München 1985, S. 126ff; Wagner, H., Stabilitätspolitik, 2. Aufl., München/Wien 1992, S. 69ff.

Zinssatz (r_0) auf Y_1. In Abbildung II.34 b verlagert sich somit die IS-Kurve nach IS_1.

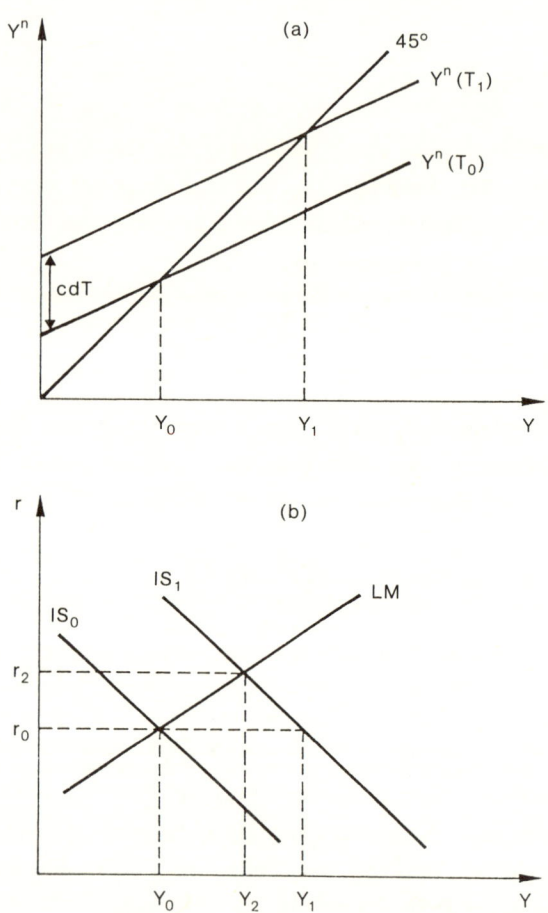

Abb. II.34:   *Wirkung einer Steuersenkung auf die Höhe der Güternachfrage*

Die Güternachfrage Y_1 ist jedoch nicht finanzierbar; es besteht ein Nachfrageüberschuß am Geldmarkt, der zu Zinssteigerungen führt. Diese Zinssteigerung hat zwei Effekte. Zum einen verringern sich die zinsinduzierten Investitionen, so daß die Güternachfrage sinkt (entlang IS$_1$). Zum anderen wird Geld aus der Spekulationskasse in die Transaktionskasse überführt, so daß ein höheres Einkommen finanziert werden kann. Das neue Gleichgewicht ist bei Y$_2$ und r$_2$ erreicht.

2.2 Erhöhung der Staatsausgaben

Die vorangehend diskutierte Steuersenkung wie auch die nachfolgend dargestellte Erhöhung der Staatsausgaben erfordern eine entsprechende Erhöhung der staatlichen Einnahmen. Im Rahmen der Steuersenkung wurde implizit eine Kreditaufnahme am Kapitalmarkt unterstellt. Zur Finanzierung der erhöhten Ausgaben kann der Staat entweder wiederum Kredite am Kapitalmarkt aufnehmen,[1] oder aber die Pauschalsteuer erhöhen.

2.2.1 Finanzierung über den Kreditmarkt

Bezüglich der Erhöhung der Staatsausgaben sind zwei Fälle zu unterscheiden, die völlig verschiedene Nachfragewirkungen haben, nämlich einerseits eine dauerhafte und andererseits eine einmalige Staatsausgabenerhöhung.

(1) Dauerhafte Nachfrageerhöhung

Aus obiger Gleichung (5) ergibt sich nun für die Nachfrageänderung (dT = dm = 0):

$$(7) \quad dY = \frac{1}{1-c+\frac{k}{l}\,i}\,dG.$$

In diesem Fall ist die Erhöhung der Staatsnachfrage von G$_0$ auf G$_1$ die exogene Änderung der Nachfrage, die wieder über den Multiplikator auf die Gesamtnachfrage wirkt.

---

[1] Eine Kreditaufnahme bei der Notenbank wird in Abschnitt 3.1.2 diskutiert.

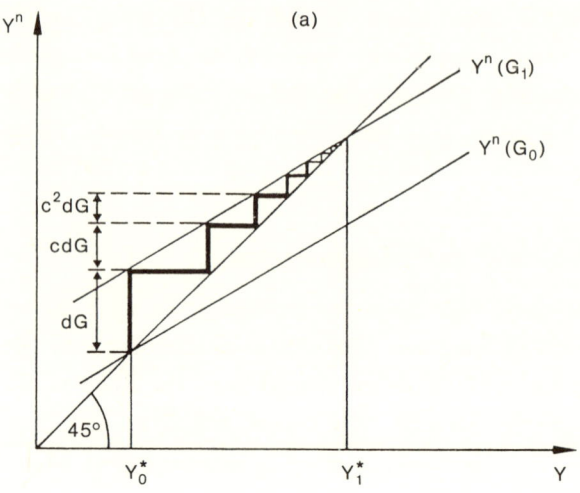

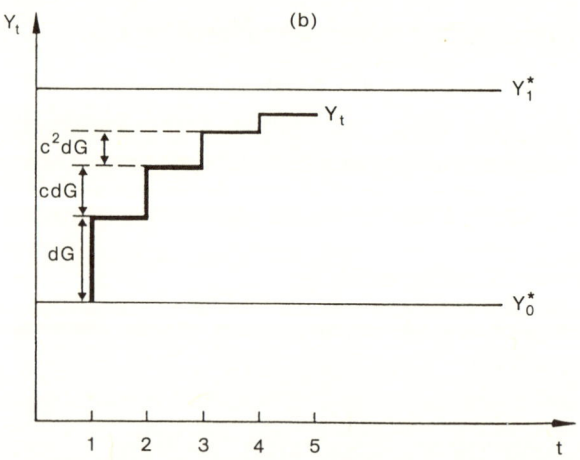

Abb. II.35: *Wirkung einer dauerhaften Erhöhung der Staatsausgaben auf die Güternachfrage*

Die graphische Darstellung entspricht völlig der Abbildung II.34, nur daß jetzt die Verschiebung der Nachfragekurve nicht cdT, sondern dG beträgt. Auch jetzt kommt es infolge der Staatsausgabenerhöhung (erhöhte Kreditnachfrage auf dem Kreditmarkt) zu einem Zinsanstieg, der zu einem Rückgang der privaten Investitionen führt. Die privaten Investitionen werden also durch die zusätzliche Staatsnachfrage zurückgedrängt, es findet ein sog. (Staatsausgaben induziertes) crowding-out statt. Dieser crowding-out-Effekt vermindert also die Effektivität der Staatsausgabenerhöhung bezüglich der Nachfragesteigerung.

Bei linearer Konsumfunktion mit einer Zeitverzögerung von einer Periode sowie zur Vereinfachung konstantem Zinssatz läßt sich die zeitliche Entwicklung der Nachfrageänderung wie folgt darstellen:

$$(8) \quad Y_t = c(Y_{t-1} - T) + I_0 + G_0 + dG.$$

Die Lösung dieser Differenzengleichung ist:

$$(9) \quad Y_t = Y_0^* + \frac{dG}{1-c} (1 - c^t)$$

mit: $\qquad Y_0^* =$ Ausgangsgleichgewicht,

bzw.:

$$(10) \quad Y_t = Y_0^* + dG + cdG + c^2 dG + \ldots + c^{t-1} dG.$$

Die zeitliche Veränderung der gleichgewichtigen Güternachfrage ist in Abbildung II.35 dargestellt.

In der ersten Periode steigt die Güternachfrage um die Änderung der Staatsnachfrage (dG); in den darauffolgenden Perioden um die erhöhte Konsumnachfrage (cdG, $c^2 dG$, ...). Insgesamt steigt die Güternachfrage auf ein neues Gleichgewichtsniveau (Y_1^*) an, das um den Wert dY gemäß Gleichung (7) über dem Ausgangsniveau (Y_0^*) liegt.

(2) Vorübergehende Nachfrageerhöhung

In der praktischen Beschäftigungspolitik werden jedoch keine derartigen dauerhaften Maßnahmen ergriffen; Konjunkturprogramme enthalten vielmehr nur vorübergehende Maßnahmen. Nachfolgend sollen deshalb noch die Nachfragewirkungen derartiger vorübergehender Maßnahmen untersucht werden. Zur Vereinfachung wird wieder ein konstanter Zinssatz unterstellt.

Die vorübergehenden Maßnahmen mögen darin bestehen, daß der Staat nur in der ersten Periode (t = 1) seine Nachfrage um dG auf G_1 erhöht, in den weiteren Perioden (t > 1) hingegen wiederum G_0 realisiert:

$$(11) \quad dG \begin{cases} > 0 & \text{für } t = 1 \\ = 0 & \text{für } t > 1. \end{cases}$$

Wird wieder auf obige Konsumfunktion zurückgegriffen, so läßt sich die Nachfrage in einer Periode t durch folgende Gleichung darstellen:

$$(12) \quad Y_t = c(Y_{t-1} - T) + I_0 + G_0 + dG.$$

Für t = 1 ergibt sich somit:

$$(13) \quad Y_1 = c(Y_0 - T) + I_0 + G_0 + dG$$

bzw.:

$$(14) \quad Y_1 = Y_0^* + dG; \qquad Y_0^* = c(Y_0 + T) + I_0 + G_0.$$

Für t > 1 gilt:

$$(15) \quad Y_t = c(Y_{t-1} - T) + I_0 + G_0.$$

Die allgemeine Lösung dieser Differenzengleichung lautet:

$$(16) \quad Y_t = Y_0^* + \Psi c^t$$

mit:

$$(17) \quad \Psi = dG/c.$$

Wie Gleichung (14) zeigt, führt die Erhöhung der Staatsausgaben um dG in der ersten Periode zu einer gleich großen Erhöhung der Nachfrage, nämlich auf Y_1 in Abbildung II.36. Diese Nachfrage und damit auch Einkommenserhöhung bewirkt in der nächsten Periode eine Konsumsteigerung um cdG. Da gleichzeitig jedoch die Erhöhung

der Staatsausgaben wieder entfällt, sinkt die Nachfrage der zweiten
Periode um $(1-c)dG$ auf Y_2, d.h. es liegt nur noch um cdG über
dem Ausgangsniveau (Y_0^*). Entsprechendes gilt für die nachfolgenden
Perioden. Die gleichgewichtige Gütenachfrage ist schließlich wiederum bei Y_0^* erreicht.

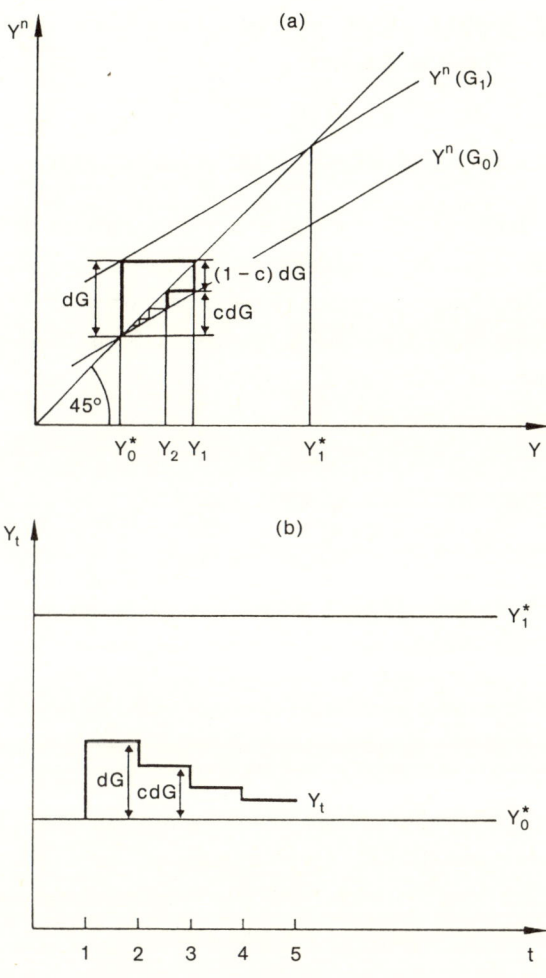

Abb. II.36: *Wirkung einer vorübergehenden Erhöhung der*
Staatsausgaben auf die Güternachfrage

Die vorangehende Analyse zeigt, daß eine vorübergehende Erhöhung der Staatsnachfrage keine dauerhaften Effekte auf die gleichgewichtige Güternachfrage hat. Dauerhafte Wirkungen treten nur dann ein, wenn diese vorübergehende staatliche Maßnahme als Initialzündung wirkt, d.h. eine dauerhafte Veränderung der privaten Güternachfrage auslöst. Ein solcher Fall wäre bspw. dann gegeben, wenn hierdurch ein gewisser Optimismus bezüglich der weiteren wirtschaftlichen Entwicklung geweckt würde, der die Unternehmen veranlaßt, ihre Investitionsnachfrage zu erhöhen.

2.2.2 Finanzierung über Steuererhöhungen

Dieser Fall unterscheidet sich von dem vorhergehenden dadurch, daß der Staat das durch die Ausgabenerhöhung entstandene Budgetdefizit durch eine Erhöhung der Pauschalsteuer, statt durch erhöhte Kreditnachfrage ausgleicht. Die Auswirkungen auf die Güternachfrage folgen wieder aus Gleichung (5). Unter Beachtung von $dT = dG$ (sowie $dm = 0$) ergibt sich:

$$(18) \quad dY = \frac{1}{1-c+\frac{k}{l}i} (1-c)dG.$$

Wird ein konstanter Zinssatz unterstellt ($dr = 0$), so vereinfacht sich Gleichung (18) zu:[1]

$$(19) \quad dY = \frac{1}{1-c} (1-c)dG = dG.$$

Gleichung (19) ist die übliche Formulierung des sog. Haavelmo-Theorems, sie besagt, daß der Multiplikator eines ausgeglichenen Budgets gleich eins ist, d.h., daß die Nachfrageänderung genauso groß ist wie die Änderung der Staatsausgaben.

---

[1]   In diesem Fall gilt $dm = kdY$.

Dieses zunächst vielleicht überraschende Ergebnis läßt sich wie folgt erklären. Die Staatsausgabenerhöhung bewirkt einen expansiven Nachfrageeffekt in gleicher Höhe, nämlich dG. Die Steuererhöhung hat jedoch nur einen Nachfrageausfall in Höhe von $cdT = cdG$ zur Folge, da sie teilweise durch Konsumverzicht und teilweise durch verringertes Sparen finanziert wird. Die exogene Nachfrageänderung beträgt somit $dG - cdG = (1-c)dG$ und wirkt wieder über den Multiplikator auf die gleichgewichtige Gesamtnachfrage.

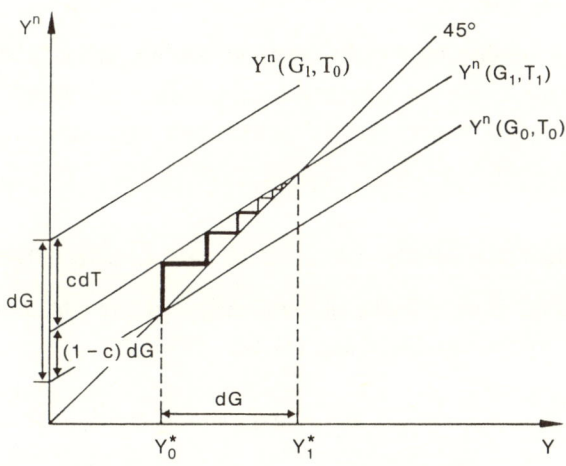

Abb. II.37: *Das Haavelmo–Theorem*

In Abbildung II.37 führt die Erhöhung der Staatsnachfrage von G_0 auf G_1 zu einer Verschiebung der Güternachfragekurve um dG nach $Y^n(G_1,T_0)$. Infolge der Steuererhöhung von T_0 auf T_1 verlagert sich die Güternachfragekurve um cdT wieder zurück nach $Y^n(G_1,T_1)$. Es verbleibt als exogene Nachfragesteigerung somit die Größe $(1-c)dG$, die gemäß dem eingezeichneten treppenstufigen Verlauf eine weitere Erhöhung der einkommensabhängigen Konsumnachfrage nach sich zieht.

3. Geldpolitik[1]

Geldpolitik bedeutet eine Veränderung der Geldmenge zur Beeinflussung der gesamtwirtschaftlichen Güternachfrage. Im vorliegenden
Fall einer Unterbeschäftigung ist eine expansive Geldpolitik, d.h.
eine Erhöhung der Geldmenge, erforderlich. Im ersten Unterabschnitt
werden die Nachfragewirkungen einer expansiven Geldpolitik untersucht; im zweiten Unterabschnitt werden dann die Mittel zur Erhöhung der Geldmenge dargestellt.

3.1 Erhöhung der Geldmenge

Nachfolgend werden zwei Fälle unterschieden. Im ersten Fall handelt
es sich ausschließlich um expansive Geldpolitik, im zweiten Fall um
eine Kombination expansiver Geldpolitik und expansiver Fiskalpolitik.

3.1.1 Ausschließliche Erhöhung der Geldmenge

Die Wirkung einer Geldmengenerhöhung auf die Güternachfrage
ergibt sich wieder aus Gleichung (5) bei dT = dG = 0:

$$(20) \quad dY = \frac{1}{1-c+\frac{k}{l}i} \; i \; \frac{dm}{l} \; .$$

In Gleichung (20) stellt der Ausdruck idm/l die exogene Nachfrageänderung in Form induzierter Investitionen dar, die über den Multiplikator auf die Güternachfrage wirkt. Wird in Gleichung (4)
dY = 0   gesetzt, so ergibt sich mit dm/l die erforderliche Zinssenkung, damit die zusätzliche Geldmenge (als Spekulationskasse)
nachgefragt wird. Das Produkt aus Zinsänderung und Investitions-
neigung stellt die induzierte Investitionsänderung dar.

---

[1]   Borchert, M., Geld und Kredit, a.a.O., S. 172ff; Duwendag, D. u.a.,
        Geldtheorie und Geldpolitik, a.a.O., S. 368ff; Issing, O., Einführung in
        die Geldpolitik, 4. Aufl., München 1992.

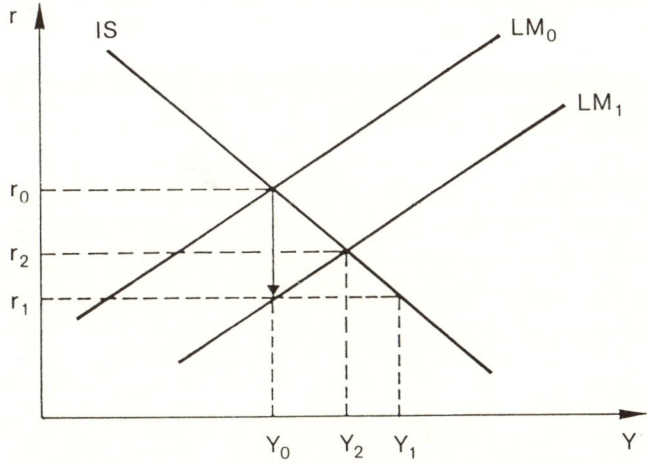

Abb. II.38: Wirkung einer Erhöhung der Geldmenge
auf die Güternachfrage

In Abbildung II.38 führt die Geldmengenerhöhung, erfaßt durch die
neue LM-Kurve (LM_1), zu einer Zinssenkung von r_0 auf r_1. Die
hierdurch induzierten Investitionen sowie die darauf basierenden
höheren Konsumausgaben haben eine Nachfragesteigerung auf Y_1 zur
Folge. Diese hohe Nachfrage kann bei dem Zinssatz r_1 jedoch nicht
finanziert werden. Der Nachfrageüberschuß auf dem Geldmarkt
(zusätzliche Kreditnachfrage der Unternehmer auf dem Kreditmarkt)
führt zu einem Anstieg des Zinssatzes, wodurch einerseits die Güternachfrage wieder etwas zurückgeht (von Y_1 auf Y_2) und andererseits
Spekulationskasse in Transaktionskasse überführt wird, wodurch ein
höheres Einkommen finanzierbar ist. Das neue Gleichgewicht ist
dann bei Y_2 und r_2 erreicht.

3.1.2 Erhöhung der Geldmenge und der Staatsnach-
frage

Als letzte Möglichkeit einer Nachfragesteuerung bietet sich eine
Kombination der Geld- und Fiskalpolitik an. In diesem Fall folgt

aus Gleichung (5) bei dT = 0:

$$(21) \quad dY = \frac{1}{1-c+\frac{k}{I}i}\left[i\,\frac{dm}{l}+dG\right].$$

Wie nicht anders zu erwarten, führen in diesem Fall beide exogenen
Nachfrageänderungen zu einer Erhöhung der Güternachfrage gemäß
dem üblichen Multiplikator. In Abbildung II.39 verschieben sich in
diesem Fall sowohl die IS- als auch die LM-Kurve nach rechts, so
daß sich die neue Güternachfrage bei Y_1 einstellt.

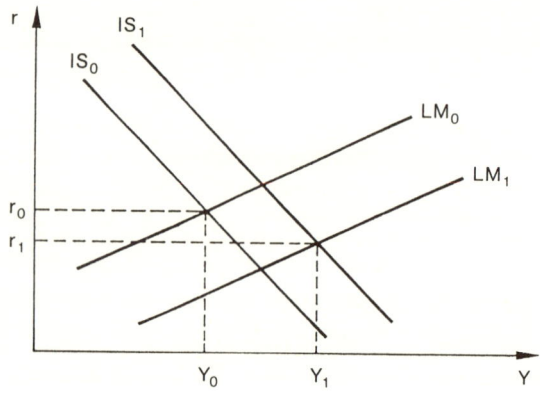

Abb. II.39:   *Wirkung expansiver Geld– und Fiskalpolitik*
                   auf die Güternachfrage

Für dr = 0 ergibt sich aus Gleichung (3) die Verschiebung der
IS-Kurve:

$$(22) \quad dY = \frac{1}{1-c}\,dG,$$

aus Gleichung (4) die der LM-Kurve:

$$(23) \quad dY = dm/k.$$

Wird die Staatsausgabenerhöhung über eine Geldmengenerhöhung
finanziert (Kreditaufnahme bei der Zentralbank), dann ist

PdG = dM   bzw.   dG = dM/P = dm.   Da empirisch
$1/(1-c) < 1/k$ gilt, verschiebt sich in diesem Fall die LM-Kurve
weiter nach rechts als die IS-Kurve, so daß der Zinssatz sinkt. Die
Geldmengenerhöhung verhindert hier nicht nur den crowding-out-
Effekt der Fiskalpolitik, sondern sie hat darüber hinaus sogar noch
eine Steigerung der induzierten Investitionen zur Folge.

3.2 Instrumente der Geldpolitik

In der BRD obliegt die Geldpolitik der (unabhängigen) Deutschen
Bundesbank. Zur Steuerung der Geldmenge stehen ihr verschiedene
währungspolitische Befugnisse zur Verfügung, insbesondere die
Diskont- und Lombardpolitik als sog. Refinanzierungspolitik, die
Offenmarktpolitik sowie die Mindestreservepolitik.

3.2.1 Refinanzierungspolitik

Die Kreditinstitute können sich durch Verkauf von Wechsel und
durch die Beleihung von Wertpapieren bei der Bundesbank Zentralbankgeld beschaffen, d.h. sich refinanzieren. Die Festsetzung der
Bedingungen für die Rediskontierung von Wechsel wird als Diskont-
politik, für die Lombardgeschäfte als Lombardpolitik bezeichnet.

Gesetzliche Grundlagen dieser sog. Refinanzierungspolitik sind die
§§ 15 und 19 des Bundesbankgesetzes. Nach § 15 kann die Bundesbank die für ihre Kreditgeschäfte geltenden Zins- und Diskontsätze
sowie auch die anzuwendenden Grundsätze bestimmen; in § 19,
Abs. 1, Ziff. 1-3 sind die zulässigen Kreditgeschäfte mit den
Kreditinstituten aufgeführt, nämlich die Rediskontierung von
Wechsel sowie die Beleihung von Wertpapieren, wobei gleichzeitig
die qualitativen Mindestanforderungen für rediskontfähige Wechsel
sowie die Art der lombardfähigen Wertpapiere festgelegt werden.
Diese Rechtsgrundlagen bieten der Bundesbank die Möglichkeit zu
einer Diskont- und Lombardsatzpolitik, einer qualitativen Diskont-
und Lombardpolitik sowie schließlich zu einer quantitativen Dis-
kont- und Lombardpolitik.

Unter Diskont- und Lombardsatzpolitik wird die Veränderung des Diskont- bzw. Lombardsatzes verstanden. Da Lombardkredite grundsätzlich nur zur Überbrückung kurzfristiger Liquiditätsengpässe und nicht nur zur allgemeinen Refinanzierung gewährt werden, legt die Bundesbank den Lombardsatz über den Diskontsatz fest. Der Abstand beträgt bis zu drei Prozentpunkte. Eine Erhöhung des Diskont- und Lombardsatzes bedeutet eine Erhöhung der Refinanzierungskosten der Geschäftsbanken. Dies führt dazu, daß die Geschäftsbanken entweder ihren Refinanzierungsspielraum nicht in bisherigem Umfang ausschöpfen, so daß die Geldbasis und damit die Möglichkeiten der Kreditgewährung und Giralgeldschöpfung zurückgeht, oder aber, daß sie die Kreditzinsen ebenfalls anheben mit der Folge, daß die Nachfrage nach Krediten sinkt. Eine Anhebung des Diskont- und Lombardsatzes führt somit tendenziell zu einer Reduzierung der gesamtwirtschaftlichen Geldmenge. Entsprechend schafft eine Senkung des Diskont- und Lombardsatzes die Voraussetzungen für eine Erhöhung der gesamtwirtschaftlichen Geldmenge. Inwieweit diese Möglichkeiten ausgeschöpft werden, hängt jedoch auch entscheidend von dem Verhalten der Nichtbanken ab, d.h. von ihrer Bereitschaft, den größeren Kreditspielraum der Geschäftsbanken auch auszunutzen.

Im Rahmen der qualitativen Diskont- und Lombardpolitik bestimmt die Bundesbank die Anforderungen, die sie an rediskontfähige Wechsel bzw. an lombardfähige Wertpapiere stellt. Die quantitative Diskont- und Lombardpolitik umfaßt die Festlegung von Rediskont- und Lombardkontingenten, d.h. von Höchstgrenzen für Diskont- und Lombardkredite. Beide Instrumente können sowohl selektiv als auch generell eingesetzt werden. Um selektive Maßnahmen, d.h. um Maßnahmen, die die Finanzierungsmöglichkeiten bestimmter Wirtschaftsbereiche betreffen, handelt es sich bspw., wenn die Bundesbank die Wechsel bestimmter Branchen von einer Rediskontierung ausschließt; eine generelle Maßnahme dagegen ist bspw. eine allgemeine Veränderung der Rediskontkontingente. Eine Herabsetzung der qualitativen Anforderungen oder eine Erhöhung der Kontingente

führt zu einer Erhöhung der freien Liquiditätsreserven der Geschäftsbanken. Da die Geschäftsbanken eine von der Zinsstruktur abhängige
Relation zwischen freien Liquiditätsreserven und Krediten an den
Nichtbankensektor aufrechterhalten wollen, werden sie in diesem Fall
versuchen, ihre Kreditgeschäfte auszuweiten, d.h. diese Maßnahmen
wirken expansiv bezüglich der gesamtwirtschaftlichen Geldmenge.
Umgekehrt reduzieren erhöhte qualitative Anforderungen und verringerte Kontingente die freien Liquiditätsreserven mit der Folge,
daß die Geschäftsbanken ihre Kreditgewährung und damit ihre
Giralgeldschöpfung einschränken.

3.2.2 Offenmarktpolitik

Unter Offenmarktpolitik wird der An- und Verkauf von festverzins-
lichen Wertpapieren durch die Bundesbank für eigene Rechnung auf
dem offenen Markt verstanden. Zu den offenmarktfähigen Papieren,
d.h. zu den Papieren, die am offenen Markt auch von der Bundesbank gehandelt werden, zählen einerseits kurzfristige und andererseits
langfristige Wertpapiere. Mit dem Ausdruck „offener Markt" ist der
Wertpapiermarkt gemeint, auf dem diese Papiere gehandelt werden
und zu dem neben der Zentralbank und den Geschäftsbanken auch
Nichtbanken Zugang haben. Im Falle kurzfristiger Wertpapiere ist
dies der Geldmarkt, bei langfristigen Wertpapieren der Kapitalmarkt. In der BRD werden Offenmarktgeschäfte überwiegend auf
dem Geldmarkt zwischen Bundesbank und Geschäftsbanken abgewickelt.

Gesetzliche Grundlagen der Offenmarktpolitik sind die §§ 15 und 21
des Bundesbankgesetzes. Nach § 15 ist die Bundesbank befugt, zur
Beeinflussung des Geldumlaufs Offenmarktpolitik zu betreiben; in
§ 21 wird bestimmt, auf welche Wertpapiere sich diese Offenmarktgeschäfte erstrecken dürfen. Aus dem Katalog der zu Offenmarktgeschäften zugelassenen Wertpapiere wählt die Bundesbank die
Papiere aus, die sie im konkreten Fall einsetzt. Bisher hat die
Bundesbank vor allem Schatzwechsel und U-Schätze des Bundes als

kurzfristige Papiere und Anleihen des Bundes als langfristige Papiere
verwendet. Da bezüglich der Schatzwechsel und U-Schätze, die der
Finanzierung eines kurzfristigen Kassenbedarfs dienen, bei der
Bundesbank gewisse Plafonds bestehen, wäre die Effektivität der
Offenmarktpolitik stark eingeschränkt, wenn die Bundesbank nur auf
diese Bestände zurückgreifen könnte. In § 42 des Bundesbankgesetzes
ist deshalb vorgesehen, daß die Bundesbank bei Bedarf ihre Ausgleichsforderungen (Schuldbuchforderungen an den Staat aus der
Währungsreform von 1948 in Höhe von 8,1 Mrd. DM) in Schatzwechsel und U-Schätze umtauschen kann (sog. Mobilisierungs-
papiere). Falls auch dies noch nicht für eine effektive Offenmarktpolitik ausreicht, kann die Bundesbank nach § 42a des Bundesbankgesetzes vom Bund verlangen, daß dieser ihr weitere Schatzwechsel
und U-Schätze bis zu einer bestimmten Höhe (8 Mrd. DM) aus-
händigt (sog. Liquiditätspapiere).

Die Technik der Offenmarktgeschäfte hängt davon ab, ob die Interventionen auf dem Kapitalmarkt oder auf dem Geldmarkt durchgeführt werden. Die Offenmarktgeschäfte auf dem Kapitalmarkt werden
abgewickelt, indem die Bundesbank wie auch die übrigen Marktteilnehmer als Käufer oder Verkäufer von Anleihen auftritt. Die sich
ergebenden Anleihenkurse sind das Ergebnis eines marktmäßigen
Preisbildungsprozesses. Auf dem Geldmarkt dagegen setzt die
Bundesbank die Konditionen fest, zu denen sie Geldmarktpapiere
abgibt bzw. ankauft. Diese Konditionen umfassen einerseits die Zinssätze und andererseits den Liquiditätsgrad dieser Papiere. Die Zinssätze sind Abgabesätze, zu denen die Bundesbank die Papiere verkauft oder Rücknahmesätze, zu denen sie die Papiere ankauft. Beide
Sätze werden beim Kauf oder Verkauf vom Nennwert der Papiere
abgezogen. Der Liquiditätsgrad der Papiere richtet sich danach, ob
sie von der Bundesbank auch vor Fälligkeit zurückgekauft werden
oder nicht.

Will die Bundesbank im Rahmen ihrer Offenmarktpolitik Wertpapiere ankaufen, so tritt sie auf dem Kapitalmarkt als Käufer auf,
oder sie senkt auf dem Geldmarkt die Abgabe- und Rücknahme-

sätze der Geldmarktpapiere. Die zusätzliche Nachfrage auf dem Kapitalmarkt führt zu einem Anstieg der Kurse der gehandelten Anleihen und damit, bei fester Nominalverzinsung, zu einem Rückgang der Effektivverzinsung; die Senkung der Abgabe- und Rücknahmesätze bedeutet unmittelbar eine Verringerung der Verzinsung der Geldmarktpapiere. Da sich die Zinssenkung bei den gehandelten Papieren über Arbitragegeschäfte auch auf die übrigen Zinssätze auswirkt, gilt allgemein, daß die dargestellte Offenmarktpolitik zu einer Zinssenkung und damit möglicherweise zu erhöhter Nachfrage nach Krediten führt. Gleichzeitig erhöht sich die Geldbasis, da die Bundesbank die angekauften Papiere mit Zentralbankgeld bezahlt, und auch die Geldmenge. Die umgekehrte Wirkung tritt ein, wenn die Bundesbank Offenmarktpapiere verkauft. In diesem Fall kommt es zu einem Anstieg des Zinsniveaus sowie zu einer Verringerung der Geldbasis und der Geldmenge. Hierbei bleibt jedoch zu beachten, daß, soweit die Bundesbank Papiere, die vor Fälligkeit rückgabefähig sind, in ihre Aktion einbezieht, die freien Liquiditätsreserven der Geschäftsbanken hiervon nicht berührt werden. Es findet lediglich ein Tausch von bspw. unverzinslicher Überschußreserve in verzinsliche Geldmarktpapiere statt.

In den letzten Jahren greift die Bundesbank zur Steuerung der Geldmenge verstärkt auf sog. Wertpapierpensionsgeschäfte zurück, die zwar nicht im strikten Sinne der obigen Definition, wohl aber in ihrer Wirkung den Offenmarktgeschäften zuzurechnen sind. Bei diesen Wertpapierpensionsgeschäften handelt es sich um den Kauf von Wertpapieren (bspw. lombardfähige festverzinsliche Wertpapiere) mit gleichzeitiger Rückkaufsvereinbarung durch die Kreditinstitute zu einem bestimmten Termin. Auf diese Weise erhalten die Kreditinstitute Zentralbankgeld für die Dauer des Pensionsgeschäfts (i.d.R. vier bis acht Wochen); der zu zahlende Zinssatz ist der sog. Pensionssatz.

Die Durchführung der Wertpapierpensionsgeschäfte erfolgt im sog. Tenderverfahren, d.h. die Bundesbank legt die Menge der Papiere fest, die sie bereit ist aufzukaufen. Beim sog. Mengentender bestimmt die Bundesbank neben der Menge der Wertpapiere auch den Zinssatz; beim Zinstender geben die Kreditinstitute den Zinssatz an, zu dem sie das Geschäft abschließen wollen.

3.2.3 Mindestreservepolitik

Mindestreserven sind Einlagen, die die Kreditinstitute zinslos bei der Bundesbank halten müssen. Die Höhe der Mindestreserven ergeben sich aus dem Mindestreservesatz und dem Umfang der mindestreservepflichtigen Bilanzposten der Kreditinstitute. Knüpft die Mindestreserveverpflichtung an Posten der Aktivseite der Banken an, so handelt es sich um eine Aktivreserve; sind Posten der Passivseite Grundlage der Mindestreserven (wie bspw. in der BRD), so handelt es sich um eine Passivreserve. Die Mindestreservepolitik besteht in der Steuerung dieser Mindestreserven durch die Bundesbank.

Die Mindestreservepolitik ist in § 16 des Bundesbankgesetzes geregelt. Hiernach kann die Bundesbank zur Beeinflussung des Geldumlaufs von den Kreditinstituten verlangen, daß diese unverzinsliche Einlagen in bestimmter Höhe bei ihr unterhalten. Nähere Bestimmungen über die Reservepflicht sind in den „Anweisungen der Deutschen Bundesbank über Mindestreserven" festgelegt.

Der Mindestreservepflicht sind grundsätzlich alle Kreditinstitute unterworfen; hiervon ausgenommen sind lediglich einige Spezialbanken, Pfandbriefanstalten oder Kapitalanlagegesellschaften. Mindestreservepflichtig sind sämtliche Verbindlichkeiten aus Einlagen und aufgenommenen Geldern mit einer Befristung von weniger als vier Jahren, und zwar gegenüber Nichtbanken, nicht reservepflichtigen Kreditinstituten und gegenüber Banken im Ausland.

Die Mindestreservesätze sind nach mehreren Gesichtspunkten gestaffelt. Ihre Höhe hängt einmal von der Fristigkeit der Verbindlichkeiten ab. Nach der Fristigkeit werden die reservepflichtigen Verbindlichkeiten in Sichtverbindlichkeiten, Termineinlagen und Spareinlagen unterteilt. Der Mindestreservesatz ist bei den Sichteinlagen am höchsten und bei den Spareinlagen am niedrigsten. Im Bundesbankgesetz sind als Höchstgrenzen vorgesehen 30% bei Sichteinlagen, 20% bei befristeten Einlagen und 10% bei Spareinlagen.[1] Eine weitere Differenzierung der Mindestreservesätze ergibt sich aus dem Umfang der reservepflichtigen Verbindlichkeiten. Hiernach werden Kreditinstitute mit niedrigeren reservepflichtigen Verbindlichkeiten mit geringeren Mindestreserven belegt. Ebenfalls unterschiedliche Mindestreservesätze kann die Bundesbank je nach der Herkunft der Verbindlichkeiten, nämlich Einlagen von Gebietsansässigen oder von Gebietsfremden, festlegen. Zur Abwehr ausländischer Gelder kann die Bundesbank die Mindestreservesätze für Einlagen Gebietsfremder auf 100% anheben. Ebenfalls der Eindämmung vor allem des Geldzuflusses dient auch eine letzte Differenzierung der Mindestreservesätze, und zwar nach dem Bestand bzw. nach dem Zuwachs der Verbindlichkeiten. Üblicherweise liegt der Mindestreserveverpflichtung der Einlagenbestand zugrunde, jedoch kann die Bundesbank neben dieser Bestandsreserve auch eine Zuwachsreserve festlegen, deren Bezugsgrundlage der Zuwachs an reservepflichtigen Verbindlichkeiten bildet.

Die Mindestreserveverpflichtung, das Reserve-Soll, wird unter Zugrundelegung der von der Bundesbank festgelegten Mindestreservesätze auf den Monatsdurchschnitt aller reservepflichtigen Verbindlichkeiten berechnet. Diesem Reserve-Soll wird das Reserve-Ist gegenübergestellt, nämlich das durchschnittliche Guthaben der Kreditinstitute bei der Bundesbank pro Monat. Die Banken genügen der Reservepflicht, wenn Reserve-Soll und Reserve-Ist übereinstimmen. Die Art der Berechnung, nämlich jeweils als Monatsdurchschnitt, erlaubt es den Banken, die Mindestreserven kurzfristig auch als Liquiditätsreserven zu verwenden, so daß die Notwendigkeit einer weitergehenden Überschußreserve weitgehend entfällt. Unterschreiten die Kreditinstitute ihre Mindestreserveverpflichtung, so berechnet ihnen die Bundesbank einen Sonderzins in Höhe von drei Prozentpunkten über dem jeweiligen Lombardsatz auf den Fehlbetrag.

Mittels der Mindestreservepolitik nimmt die Bundesbank Einfluß auf die Verwendung der Geldbasis, nicht jedoch auf deren Höhe. Bei

---

[1]   Die aktuellen Werte liegen weit unter diesen Höchstgrenzen.

einer Erhöhung der Mindestreservesätze sind die Banken verpflichtet, einen größeren Teil der Geldbasis bei der Bundesbank stillzulegen. Da dieser Teil somit nicht mehr für ihre Kreditgeschäfte zur Verfügung steht, werden ihre Möglichkeiten der Kreditgewährung und der Giralgeldschöpfung eingeschränkt. Eine Erhöhung der Mindestreservesätze führt also zu einer Verringerung des Geldschöpfungsmultiplikators sowie der Geldmenge und damit zu einer Erhöhung der Zinssätze. Umgekehrt bewirkt eine Senkung der Mindestreservesätze, daß die Banken nun über bisher bei der Bundesbank gehaltene Mittel frei verfügen und damit ihre Kreditgewährung und Giralgeldschöpfung ausdehnen können.

II.3.2 Beschäftigungspolitische Konzeptionen

Vor dem Hintergrund der theoretischen Überlegungen haben sich verschiedene Vorstellungen über adäquate beschäftigungspolitische Maßnahmen herausgebildet. Als wichtigste derartiger beschäftigungspolitischer Konzeptionen sind der Fiskalismus und der Monetarismus zu nennen.[1]

1. Fiskalismus

Der Fiskalismus stellt das wirtschaftspolitische Konzept der Keynesianer dar. Wie dargestellt wurde, führen die Marktkräfte nach Vorstellung der Keynesianer nicht stets zu Vollbeschäftigung, vielmehr ist gerade Unterbeschäftigung, also eine konjunkturelle Fehlentwicklung, der Normalzustand der Wirtschaft (Instabilitäts-These). Aus diesem Grund steht der Staat vor der Aufgabe der Konjunkturstabilisierung durch geeignete geld- und fiskalpolitische Maßnahmen. Damit stellt sich die Frage, welche der dargestellten Maßnahmen gegebenenfalls zu ergreifen sind.

---

[1]   Branson, W.H., Makroökonomie, a.a.O., S. 376ff; Gordon, R.J., Macroeconomics, a.a.O., S. 470ff; Woglom, G., Modern Macroeconomics, a.a.O., S. 676ff.

1.1 Die Effektivität geld- und fiskalpolitischer Maßnahmen

Die Auswirkungen geld- und fiskalpolitischer Maßnahmen auf die Höhe der Güternachfrage (bzw. des Volkseinkommens) lassen sich durch die oben abgeleitete Multiplikator-Formel:

$$(1) \quad dY = \frac{1}{1-c+\frac{ik}{l}} \left[-cdT + i\, \frac{dm}{l} + dG \right]$$

darstellen.

Die Keynesianer verweisen nun auf die Gefahr des Auftretens einer Investitions- oder Liquiditätsfalle, Situationen, in denen die Geldpolitik völlig wirkungslos ist.

Im Falle der Investitionsfalle gilt $i = 0$, im Falle der Liquiditätsfalle $l = -\infty$. In beiden Fällen reduziert sich Gleichung (1) auf:

$$(2) \quad dY = \frac{1}{1-c} \left(-cdT + dG \right).$$

Gleichung (2) zeigt, daß die Geldpolitik in den dargestellten Fällen keinen Einfluß auf die Höhe des Volkseinkommens hat, während die Fiskalpolitik ihre größte Wirksamkeit entfaltet.

Der Transmissionsmechanismus der Geldpolitik ist wie folgt: Eine Erhöhung der Geldmenge führt zu niedrigeren Zinsen, wodurch die Investitionsnachfrage ansteigt, was via Multiplikator ein höheres Volkseinkommen zur Folge hat. Dieser Transmissionsmechanismus wird bei Auftreten einer Investitions- oder Liquiditätsfalle unterbrochen; die Investitionsfalle verhindert einen Anstieg der Investitionsnachfrage bei sinkenden Zinsen, die Liquiditätsfalle verhindert eine Zinssenkung bei erhöhter Geldmenge.

Die gleichen Ursachen, die dazu führen, daß die Geldpolitik unwirksam ist, bewirken, daß die Fiskalpolitik höchst wirksam ist, da sie ein crowding-out verhindern. Crowding-out besagt, daß aufgrund höherer Zinsen infolge fiskalpolitischer Maßnahmen die private

Investitionstätigkeit teilweise zurückgedrängt wird. Bei zinsunelastischer Investitionsnachfrage Investitionsfalle) reagiert nun die Investitionsnachfrage nicht auf einen derartigen Zinsanstieg; bei völlig zinselastischer Geldnachfrage (Liquiditätsfalle) kommt es überhaupt nicht zu diesem Zinsanstieg.

Da in den geschilderten Fällen die Geldpolitik völlig wirkungslos ist, während die Fiskalpolitik höchst wirksam ist, ziehen die Keynesianer die Fiskalpolitik vor, deshalb auch ihre Bezeichnung als Fiskalisten.[1]

1.2 Defizitfinanzierung

Finanziert der Staat seine zusätzlichen Ausgaben über zusätzliche Kreditaufnahme, so hat dies weitere Konsequenzen einerseits für das Verhalten des privaten Sektors und andererseits für den Spielraum staatlicher Beschäftigungspolitik.

1.2.1 Strom–Bestands–Gleichgewicht

Zusätzliche Staatsschuldtitel erhöhen das Vermögen der privaten Wirtschaftssubjekte.[2] Wird wieder angenommen, daß die Konsumnachfrage und auch die Geldnachfrage vom Vermögen abhängen, so steigen sowohl die Konsumnachfrage als auch die Geldnachfrage infolge des größeren Vermögens an. In Abbildung II.40 verlagert sich also die IS-Kurve weiter nach rechts (IS$_2$) als bei ausschließlicher Berücksichtigung der Staatsausgabenerhöhung (IS$_1$); die LM-Kurve verlagert sich nach links (LM$_1$), so daß die gleichgewichtige Güternachfrage Y$_2$ beträgt.

Entsprechendes gilt für die nächsten Perioden. Solange das Budgetdefizit nicht durch zusätzliche Steuereinnahmen geschlossen wird, erhöht sich der Bestand an Staatsschuldtitel im privaten Sektor, so

---

[1]   Es bleibt noch zu beachten, daß eine erforderliche expansive Geldpolitik in der Praxis aufgrund eines möglichen Konflikts mit dem Primärziel der Bundesbank, nämlich der Sicherung der Preisniveaustabilität, nicht durchführbar ist.

[2]   Siehe hierzu aber das Ricardianische Äquivalenztheorem im nachfolgenden Abschnitt 2.1.

daß sich die IS- und LM-Kurve von Periode zu Periode erneut verschieben.

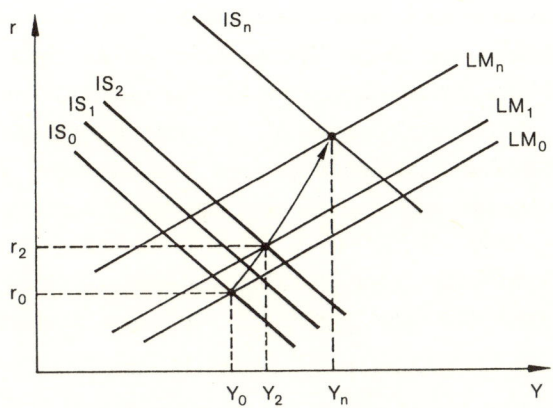

Abb. II.40: *Vermögenseffekte*

Wird eine Einkommensteuer $T = tY$ unterstellt, so wird ein Budgetausgleich bei:

(1) $dG = tdY$

bzw.:

(2) $dY = dG/t$

erreicht.

Ein Budgetausgleich erfordert also, daß das Volkseinkommen so lange ansteigt, bis Gleichung (2) erfüllt ist, bspw. bei Y_n in Abbildung II.40.

Es ist jedoch fraglich, ob dieses langfristige Gleichgewicht auch erreicht wird (d.h. ob es stabil ist). Ist die Verlagerung der LM-Kurve in Abbildung II.40 ausgeprägter als die der IS-Kurve, so geht die Güternachfrage mit zunehmendem Bestand an Staatsschuldtitel zurück (die D-Kurve verlagert sich nicht - wie erforderlich - nach rechts, sondern nach links).

Wird ein allgemeines Gleichgewicht mit einem Budgetausgleich erreicht, so bleibt der Bestand an Staatsschuldtitel im privaten Sektor unverändert. Es handelt sich um ein sog. Bestands-Gleichgewicht (es bleibt aber zu beachten, daß der Kapitalstock bei positiven Nettoinvestitionen nicht konstant bleibt), im Gegensatz zu dem oben abgeleiteten sog. Strom-Gleichgewicht, bei dem Bestandsgrößen unberücksichtigt bleiben (ausgenommen den exogenen Geldbestand). Liegt nur ein Strom-Gleichgewicht aber kein Bestandsgleichgewicht vor, so führen Bestandsänderungen zu Veränderungen der Stromgrößen (bspw. der Konsumnachfrage) und damit auch zu Veränderungen des Strom-Gleichgewichts. Ein Strom-Gleichgewicht ist also nur eine kurzfristige (aber wirtschaftspolitisch relevante), ein Bestands-Gleichgewicht eine längerfristige Gleichgewichtssituation.

1.2.2 Problematik der Staatsverschuldung[1]

Beschäftigungspolitik in Form verringerter Steuereinnahmen oder erhöhter Staatsausgaben führt zu einem Budgetdefizit (deficit spending), das über erhöhte Kreditaufnahme ausgeglichen werden muß. Es stellt sich somit die Frage nach den Grenzen der Staatsverschuldung – und somit nach der Möglichkeit aktiver Beschäftigungspolitik.

Die Grenzen der Staatsverschuldung können institutioneller (juristischer), ökonomischer oder psychologischer Art sein. Institutionelle Grenzen finden sich zum einen in der Erfordernis, daß die Kreditaufnahme des Staates einer Ermächtigung durch das Parlament bedarf, und zum anderen in bestimmten Höchstgrenzen, die durch die Verfassung oder durch sonstige Gesetze (Bundes- und Landeshaushaltsordnungen, Stabilitätsgesetz, Bundesbankgesetz) festgelegt sind.

---

[1] Brümmerhoff, D., Finanzwissenschaft, 4. Aufl., München/Wien 1989, S. 360ff; Cezanne, W., Allgemeine Volkswirtschaftslehre, München/Wien 1993, S. 446ff; Petersen, H.-G., Finanzwissenschaft II, Stuttgart u.a., 1988, S. 87ff; Zimmermann, H. und K.-D. Henke, Finanzwissenschaft, 6. Aufl., München 1990, S. 182ff.

Bezüglich der Deckungskredite des Bundes bestimmt Art. 115 GG, daß die Einnahmen aus Krediten im Normalfall die Höhe der Investitionsausgaben nicht überschreiten dürfen. Ähnliche Vorschriften gelten auch für die Länder und Gemeinden. Gemäß Art. 115 GG sind Ausnahmen von dieser Regel nur zur Abwehr einer Störung des gesamtwirtschaftlichen Gleichgewichts zulässig. Gemäß § 20 Bundesbankgesetz darf die Bundesbank dem Staat, Bund und Länder, nur kurzfristige Kredite, nämlich Kassenverstärkungskredite, gewähren. Gleichzeitig sind in § 20 Bundesbankgesetz bestimmte Höchstgrenzen für diese kurzfristigen Kredite festgelegt.

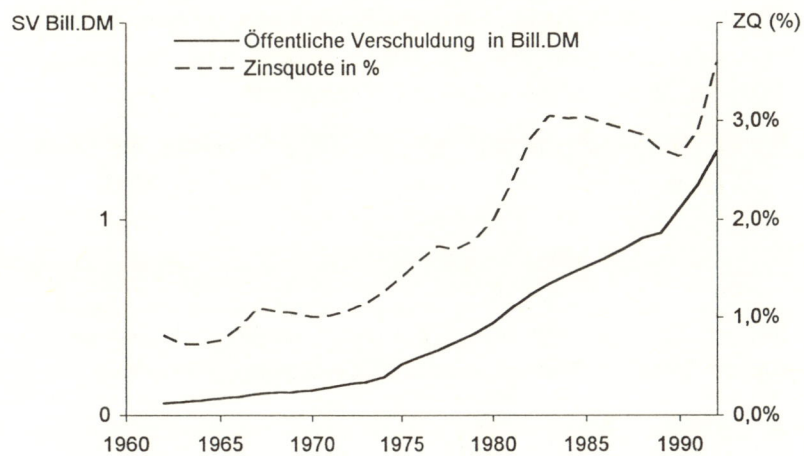

Abb. II.41: *Staatsverschuldung und Zinsquote*

Ökonomische Grenzen der Staatsverschuldung werden insbesondere durch die Belastung zukünftiger Budgets durch den Schuldendienst gezogen. Hiernach ist eine Kreditaufnahme prinzipiell so lange möglich, wie der in späteren Jahren erforderliche Schuldendienst finanziert werden kann. Zur Bestimmung einer absoluten Grenze der öffentlichen Verschuldung ist deshalb die Entwicklung sowohl der Steuereinnahmen als auch der unabweisbaren Ausgaben zu prognostizieren. Die Differenz zwischen diesen beiden Größen kann für die

Finanzierung des Schuldendienstes verwendet werden und stellt somit eine Begrenzung der öffentlichen Verschuldung dar. Eine Erweiterung dieses Spielraums ist nur durch eine Erhöhung der Steuerbelastung möglich, dies jedoch auch nur im Rahmen einer noch als erträglich angesehenen volkswirtschaftlichen Steuerquote.

Abbildung II.41 gibt die Entwicklung der Staatsverschuldung (SV) sowie der Zinsquote (ZQ = Zinszahlungen/BSP) wieder.[1] Diese Abbildung zeigt sowohl ein gewaltiges Ansteigen der Staatsverschuldung als auch eine Erhöhung der Zinsquote auf nahezu 3% in den letzten Jahren.

Es läßt sich zeigen, daß sich bei positivem Wirtschaftswachstum die Zinsquote trotz laufender Neuverschuldung einem bestimmten Grenzwert nähert, so daß nicht ein immer größerer Teil des Sozialprodukts für Zinszahlungen aufgewandt werden muß.

Hierzu wird angenommen, daß die Neuverschuldung des Staates (ΔSV) mit konstanter Rate (g) zum Sozialprodukt (Y) erfolgt:

$$(1)\quad \Delta SV(t) = gY(t).$$

Das Sozialprodukt wachse mit konstanter, exogen vorgegebener, d.h. von der Höhe der Staatsverschuldung unabhängiger, Rate (w):

$$(2)\quad Y(t) = Y(0)e^{wt}.$$

Im Zeitpunkt 0 sei der Schuldenstand SV(0); für die Entwicklung der Staatsschuld gilt dann:

$$(3)\quad SV(t) = SV(0) + gY(0)\int_0^t e^{wt}dt$$

bzw.:

$$(4)\quad SV(t) = SV(0) + \frac{g}{w}Y(0)(e^{wt}-1).$$

---

[1] Sachverständigenrat zur Begutachtung der gesamtwirtschaftlichen Entwicklung, Jahresgutachten 1993/94, Tabellen 27*, 42* und 45*.

Für das Verhältnis von Staatsschuld zum Sozialprodukt, die sog. Schuldenquote, folgt:

$$(5) \quad \frac{SV(t)}{Y(t)} = \frac{SV(0) + \frac{g}{w} Y(0)(e^{wt} - 1)}{Y(0)e^{wt}}$$

bzw.:

$$(6) \quad \frac{SV(t)}{Y(t)} = \frac{SV(0)}{Y(0)} e^{-wt} + \frac{g}{w} (1 - e^{-wt}).$$

Auf lange Sicht, d.h. für $t \to \infty$, ergibt sich:

$$(7) \quad \lim_{t \to \infty} \frac{SV(t)}{Y(t)} = \frac{g}{w},$$

d.h. die Schuldenquote strebt bei der dargestellten Schuldenpolitik einem Grenzwert zu, der direkt proportional zur Verschuldungsrate g und umgekehrt proportional zur Wachstumsrate des Sozialprodukts w ist.

Strebt die Schuldenquote einem Grenzwert zu, so gilt dies auch für die Zinsquote. Wird ein im Zeitablauf konstanter Zinssatz (r) unterstellt, so gilt:

$$(8) \quad \lim_{t \to \infty} \frac{rSV(t)}{Y(t)} = \frac{rg}{w}.$$

Wird angenommen, daß die Wachstumsrate des Sozialprodukts 4%, die Verschuldungsrate 2% und der Zinssatz ebenfalls 4% beträgt, so nähert sich die Schuldenquote dem Wert 0,5 und die Zinsquote dem Wert 0,02. In diesem Beispiel ist also die Neuverschuldung in Höhe von 2% des Sozialprodukts zur Zahlung der Zinsen auf die Staatsschuld zu verwenden.

Den obigen Ausführungen liegt implizit die Annahme eines konstanten Preisniveaus zugrunde. Wird eine Veränderung des Preisniveaus mit konstanter Inflationsrate ($\hat{P}$) zugelassen, so wächst das nominelle

Sozialprodukt mit der Rate $w+\hat{P}$. Für die Schuldenquote folgt damit:

$$(9) \quad \lim_{t\to\infty} \frac{SV(t)}{Y(t)} = \frac{g}{w+\hat{P}} ,$$

d.h. der Grenzwert der Schuldenquote wird aufgrund der inflationären Aufblähung des Sozialprodukts reduziert.

Liegt der Nominalzins um die Inflationsrate über dem Realzins (r), so ergibt sich für die Zinsquote:

$$(10) \quad \lim_{t\to\infty} \frac{rSV(t)}{Y(t)} = \frac{(r+\hat{P})g}{w+\hat{P}} ,$$

d.h. es tritt keine entsprechende Entlastung bezüglich der Zinsverpflichtungen ein, da die Reduktion des Realwerts der Staatsschuld aufgrund des Inflationsprozesses durch einen höheren Nominalzins kompensiert wird.

Die psychologische Grenze der Staatsverschuldung schließlich ist dann erreicht, wenn das Vertrauen der Bürger in eine „ordentliche" Finanzwirtschaft durch einen starken Anstieg der Staatsschuld erschüttert wird. Diese Grenze kann enger sein als die obigen institutionellen und ökonomischen Grenzen.

1.3 Messung des Budgetimpulses[1]

Antizyklische Fiskalpolitik bedeutet, daß die Fiskalpolitik in der Konjunkturbaisse expansiv und im Konjunkturboom kontraktiv wirkt. Damit stellt sich die Frage nach einem Maß, mit dem sich die Wirkung der Fiskalpolitik messen läßt. In der BRD wurde vom Sachverständigenrat zur Begutachtung der gesamtwirtschaftlichen

---

[1] Petersen, H.-G., Finanzwissenschaft II, a.a.O., S. 250ff; Sachverständigenrat zur Begutachtung der gesamtwirtschaftlichen Entwicklung, Anhang D der Jahresgutachten; Teichmann, U., Grundriß der Konjunkturpolitik, 4. Aufl., München 1988, S. 265ff.
Aufgrund des durch die deutsche Einheit ausgelösten Strukturbruchs wird das Konzept des konjunkturneutralen Haushalts zur Zeit vom Sachverständigenrat nicht verwendet.

Entwicklung als ein derartiges Maß das Konzept des konjunktur-neutralen Haushalts entworfen.

Ein Haushalt gilt dann als konjunkturneutral, wenn er eine mittel-fristig als normal angesehene Inanspruchnahme des Produktions-potentials durch den Staat beinhaltet. Die Ermittlung des konjunk-turneutralen Haushalts erfolgt in zwei Schritten:

- Festlegung eines Basishaushalts
- Fortschreibung des Basishaushalts.

Der Basishaushalt (G_0) gibt die politisch bestimmten allokations-politischen Vorstellungen des Staates in einem bestimmten Basisjahr wieder. Er ist durch folgende Strukturquoten gekennzeichnet:

- g_0. Die Staats(ausgaben)quote, nämlich die Staatsausgaben bezo-gen auf das Produktionspotential, gibt die Inanspruchnahme der volkswirtschaftlichen Produktionskapazität durch den Staat an.

- τ_0. Die Steuerquote, die Steuereinnahmen bezogen auf das Produktionspotential, gibt die Zurückdrängung der privaten Ansprüche an das Produktionspotential durch das Steuersystem wieder.

- ν_0. Die sonstigen Einnahmen des Staates bezogen auf das Pro-duktionspotential geben die Zurückdrängung der privaten An-sprüche an das Produktionspotential durch Gebühren, Beiträge u.a. wieder.

Der konjunkturneutrale Haushalt eines Jahres t (G_t^n) ergibt sich einerseits durch Fortschreibung der Staatsausgaben und andererseits durch Berücksichtigung einer Änderung der Staatseinnahmen:

$$G_t^n = g_0 Y_t + (\tau_t - \tau_0) Y_t + (\nu_t - \nu_0) Y_t.$$

Die Fortschreibung der Staatsausgaben erfolgt mit Hilfe des laufen-den Produktionspotentials (Y_t). Erhöht der Staat seine Einnahmen $(\tau_t > \tau_0, \; \nu_t > \nu_0)$, so geht die private Inanspruchnahme des Produktionspotentials zurück, so daß der konjunkturneutrale Haus-halt entsprechend ansteigt.

Ist G_t der tatsächliche Haushalt des Jahres t, so wirkt dieser bei:

$G_t > G_t^n$ expansiv

$G_t = G_t^n$ konjunkturneutral

$G_t < G_t^n$ kontraktiv.

Ein konjunkturneutraler Haushalt ist also nach keynesianischer Vor-stellung nur dann auch konjunkturgerecht, wenn eine ausgeglichene Konjunkturlage vorliegt. In der Rezession, zur Überwindung der Arbeitslosigkeit hingegen übersteigt der konjunkturgerechte den konjunkturneutralen Haushalt.

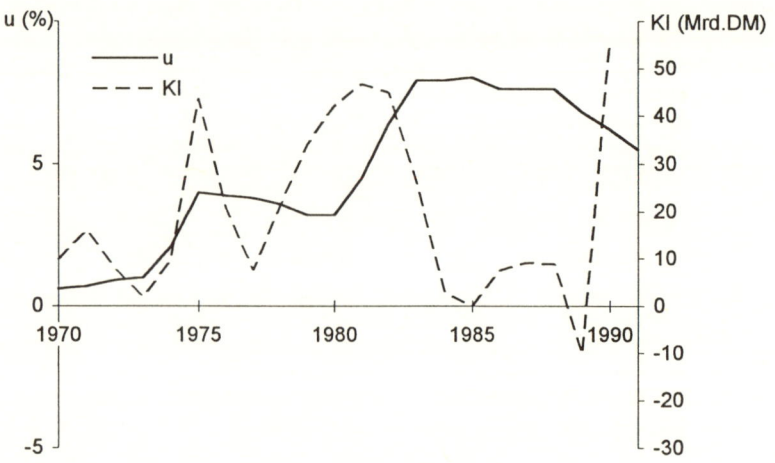

Abb. II.42: *Konjunkturimpuls des öffentlichen Haushalts*

Abbildung II.42 gibt den Konjunkturimpuls KI ($= G_t - G_t^n$) des öffentlichen Haushalts wieder.[1] Wird die Arbeitslosenquote u als Indikator der konjunkturellen Lage herangezogen, so wirkte der öffentliche Haushalt bis Mitte der 70er Jahre gemäßigt antizyklisch: Bei hoher Arbeitslosenquote war der Konjunkturimpuls relativ hoch, bei niedriger Arbeitslosenquote hingegen relativ niedrig (aber immer

---

[1]   OECD, Labour Force Statistics, Paris 1993, S. 32f; Sachverständigenrat zur Begutachtung der gesamtwirtschaftlichen Entwicklung, Jahresgutach-ten, verschiedene Jahrgänge.

noch positiv). Seit Mitte der 70er Jahre ist dagegen eine ausgeprägt prozyklische Entwicklung des öffentlichen Haushalts festzustellen.

2. Monetarismus

Der Monetarismus ist das wirtschaftspolitische Konzept der (älteren) Neoklassiker, das, wie erwähnt, dieser ganzen Richtung den Namen gegeben hat. Die Vertreter der Neoklassik gehen davon aus, daß die Marktkräfte wirtschaftliche Fehlentwicklungen (wie bspw. Arbeits-losigkeit) schnell korrigieren (Stabilitäts-These). Aus diesem Grund fordern sie, daß der Staat wirtschaftliche Rahmenbedingungen setzt, die eine volle Entfaltung der Marktkräfte ermöglichen; weitergehende Eingriffe des Staates in den Wirtschaftsablauf werden hingegen grundsätzlich abgelehnt.

2.1 Die Effektivität geld- und fiskalpolitischer Maß-nahmen

Nachfolgend wird die Wirksamkeit geld- und fiskalpolitischer Maßnahmen nach den Vorstellungen der Monetaristen sowie der Vertreter der Neuen Klassischen Makroökonomie diskutiert.[1]

2.1.1 Vollständiges Crowding Out

Zur Bestimmung der Auswirkungen geld- und fiskalpolitischer Maß-nahmen auf das Volkseinkommen wird wieder auf die Multiplikator-Formel zurückgegriffen:

$$(1) \quad dY = \frac{1}{1-c+\frac{ik}{T}} \left[-cdT +i\,\frac{dm}{T} + dG \right].$$

---

[1] Unterbeschäftigung ist nach den Vorstellungen der älteren und neueren Neoklassik freiwillig, aber nicht Pareto-optimal, da sie auf falschen Erwartungen beruht; erfolgreiche Beschäftigungspolitik ist somit durchaus sinnvoll. Die Vertreter der realen Konjunkturtheorie kommen hingegen zu dem Ergebnis, daß ein Beschäftigungsrückgang eine nicht nur freiwillige, sondern auch optimale Anpassung an gegebene Umstände darstellt; Beschäftigungspolitik wird deshalb abgelehnt.

Wie dargestellt wurde, ist die Zinselastizität der Geldnachfrage nach monetaristischer Vorstellung sehr gering, so daß angenähert l = 0 gilt. In diesem Fall nimmt der Wert des Multiplikators in Gleichung (1) den Wert 0 an. Damit folgt unmittelbar, daß expansive Fiskalpolitik (dT < 0, dG > 0) keinen Einfluß auf die Höhe des Volkseinkommens hat.

Die Annahme l = 0 bedeutet, daß trotz Zinssteigerungen keine Spekulationskasse in Transaktionskasse überführt wird. Steigen nun die Staatsausgaben bei konstanter Transaktionskasse, so müssen die privaten Investitionen in gleichem Umfang zurückgedrängt werden, damit die Finanzierungsrestriktion eingehalten wird. Es findet also ein vollständiges crowding-out statt, die Fiskalpolitik ist also völlig wirkungslos.

Auf einen weiteren Einwand der Monetaristen gegen die Fiskalpolitik sei noch kurz hingewiesen. Bei Gültigkeit der permanenten Einkommenshypothese haben staatliche Konjunkturprogramme möglicherweise nur sehr geringe Auswirkungen auf das Einkommen, so daß auch ihre Initialzündungs-Funktion fraglich erscheint.

Nimmt der Staat im Rahmen fiskalpolitischer Maßnahmen zusätzliche Kredite am Kreditmarkt auf, so erwarten (nach neoklassischer Meinung) rational planende Wirtschaftssubjekte, daß der Staat in Zukunft die Steuern erhöhen wird, um die Kredite zurückzuzahlen. Eine gegenwärtige Kreditaufnahme bei späterer Steuererhöhung zur Rückzahlung der Kredite hat somit den gleichen Effekt auf das während eines bestimmten Planungszeitraumes verfügbare Einkommen der Haushalte wie eine gegenwärtige Steuererhöhung im Umfang der aufgenommenen Kredite (sog. Ricardianisches Äquivalenztheorem). Folglich werden die Haushalte bereits in der gegenwärtigen Periode ihre Konsumnachfrage entsprechend einschränken, so daß eine Steuersenkung keine expansiven Effekte zur Folge hat, während eine über Kredit finanzierte Staatsausgabenerhöhung die gleichen Auswirkungen auf das Volkseinkommen hat wie ein über Steuererhöhungen ausgeglichenes Budget.

Zur Bestimmung der Wirksamkeit der Geldpolitik wird Gleichung (1) wie folgt umgeformt:

$$(2) \quad dY = \frac{i/l}{1-c+\frac{ik}{l}} \, dm$$

bzw.:

$$(3) \quad dY = \frac{1}{\frac{l(1-c)}{i}+k} \, dm$$

oder (bei $l = 0$):

$$(4) \quad dY = vdm$$

mit: $\quad v = 1/k.$

Die Geldpolitik ist in diesem Fall also höchst wirksam. Die Geldmengenerhöhung steht hier ausschließlich für Transaktionszwecke zur Verfügung, so daß die Erhöhung des Volkseinkommens gleich dem Produkt aus zusätzlicher Geldmenge und Umlaufsgeschwindigkeit ist. Da diese ältere Richtung der Neoklassik somit allein die Geldpolitik (monetäre Politik) für effektiv hält, wird sie als Monetarismus bezeichnet.

2.1.2 Politikneutralität[1]

Die Vertreter den Neuen Klassischen Makroökonomie (NCM) bezweifeln, daß eine allgemein bekannte Geldpolitik Beschäftigungseffekte hat. Zur Erläuterung dieser These wird auf das obige NCM-Modell - unter Vernachlässigung von Anpassungskosten - zurückgegriffen:

$$(1) \quad y_t^a = y_0 + \alpha[p_t - E_t(p_t)]$$

$$(2) \quad y_t^n = \beta + m_t - p_t.$$

---

1   Maussner, A., Stabilisierungspolitik im Lichte von Gleichgewichts- und Ungleichgewichtstheorie, Göttingen 1985, S. 49ff; Wagner, A., Stabilitätspolitik, a.a.O., S. 118ff; Westphal, U., Makroökonomik, a.a.O., S. 404ff.

Aus den beiden Gleichungen ergibt sich für p_t:

$$(3) \qquad p_t = \frac{1}{1+\alpha} \left[-y_0 + \alpha E_t(p_t) + m_t + \beta \right]$$

sowie für den Erwartungswert des Preisniveaus (wobei zu beachten ist, daß auch bzgl. m_t ein Erwartungswert zu bilden ist):

$$(4) \qquad E_t p_t = \frac{1}{1+\alpha} \left[-y_0 + \alpha E_t(p_t) + E_t(m_t) + \beta \right].$$

Damit folgt für die Differenz:

$$(5) \qquad p_t - E_t(p_t) = \frac{1}{1+\alpha} \left[m_t - E_t(m_t) \right].$$

Dies in Gleichung (1) eingesetzt liefert (unter Beachtung von $y_t^a = y_t^n = y_t$):

$$(6) \qquad y_t = y_0 + \frac{\alpha}{1+\alpha} \left[m_t - E_t(m_t) \right].$$

Ist die Geldpolitik bekannt, d.h. gilt $m_t = E_t(m_t)$, so hat sie, wie Gleichung (6) zeigt, keinerlei Beschäftigungseffekte, da sie von rational handelnden Wirtschaftssubjekten bei ihrem eigenen Verhalten berücksichtigt wird. Nach Gleichung (3) führen Änderungen der Geldmenge lediglich zu einer entsprechenden Änderung des Preisniveaus (sowie des Nominallohns, so daß die reale Geldmenge (Reallohn) und damit die Güternachfrage (Güterangebot) unverändert bleiben.

Die Neutralität bekannter geldpolitischer Maßnahmen wird als Politikineffektivitäts-Postulat bezeichnet. Dieses Postulat gilt jedoch nur unter den Annahmen stetiger Markträumung, rationaler Erwartungen sowie gleichen Informationsstandes bei Staat und privaten Wirtschaftssubjekten.

2.2 Verstetigung der Geldpolitik

Da die Voraussetzungen der NCM kaum erfüllt sein dürften, läßt sich festhalten, daß nach den Vorstellungen der Neoklassiker Be–

schäftigungspolitik in Form expansiver Geldpolitik durchaus erfolgversprechend ist. Die praktische Umsetzung dieser theoretisch konzi-
pierten Beschäftigungspolitik stößt jedoch auf erhebliche Probleme.

2.2.1 Zeitverzögerungen[1]

Einer erfolgreichen Geldpolitik, über die von Fall zu Fall entschieden wird (sog. diskretionäre Geldpolitik), stehen zunächst verschiedene Zeitverzögerungen (time lags) entgegen. Aufgrund dieser Zeitverzögerungen besteht die Gefahr, daß diskretionäre Geldpolitik nicht
zum richtigen Zeitpunkt wirksam wird.

Die gesamte Zeitspanne zwischen dem Zeitpunkt, zu dem eine
Fehlentwicklung stabilisierungspolitische Maßnahmen erforderlich
macht, bis zu dem Zeitpunkt, zu dem diese Maßnahmen die Fehlentwicklung korrigieren, läßt sich in Innen- und Außenverzögerung
unterteilen. Die Innenverzögerung (inside lag) beruht vor allem auf
den Eigenarten der Träger der Wirtschaftspolitik, die Außenverzögerung (outside lag) auf dem Wirkungsmechanismus eines marktwirtschaftlichen Systems.

Bei der Innenverzögerung lassen sich weiter eine Erkenntnis-, eine
Entscheidungs- und eine Handlungs- (Durchführungs-)Verzögerung
unterscheiden. Die Erkenntnisverzögerung (recognition lag) gibt die
Zeitspanne an, die vergeht, bis die entsprechende wirtschaftspolitische Instanz anhand von Konjunkturindikatoren eine Veränderung der
konjunkturellen Lage und damit die Notwendigkeit für wirtschaftspolitische Eingriffe erkennt. Die Entscheidungsverzögerung (decision
lag) erfaßt die Zeitspanne zwischen dem Erkennen der Notwendigkeit
konjunkturpolitischer Maßnahmen und dem Beschluß dieser Maßnahmen. Die Handlungsverzögerung (action lag) schließlich gibt an,
wie lange es nach Beschluß einer Maßnahme dauert, bis diese auch
durchgeführt wird. Offensichtlich hängt die Länge der Entschei-
dungs- und auch der Handlungs-Verzögerung von der Art des

---

1   Gordon, R.J., Macroeconomics, a.a.O., S. 476ff; Pätzold, J., Stabilisierungspolitik, 3. Aufl., Bern/Stuttgart 1989, S. 122ff; Wagner, A., Stabilitätspolitik, a.a.O., S. 135ff.

wirtschaftspolitischen Akteurs ab. Während die beiden letzten lags bei der Bundesbank relativ kurz sind, können sie beim Staat aufgrund des Instanzenwegs oder der Einflußnahme von Interessengruppen recht lang sein.

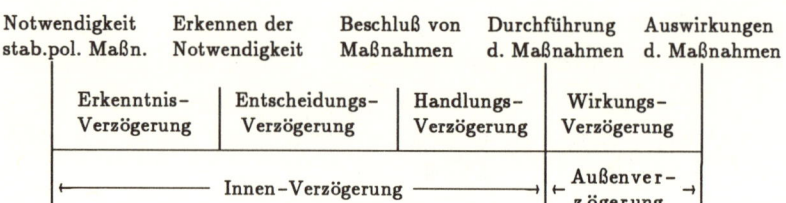

Notwendigkeit stab.pol. Maßn.	Erkennen der Notwendigkeit	Beschluß von Maßnahmen	Durchführung d. Maßnahmen	Auswirkungen d. Maßnahmen
Erkenntnis-Verzögerung	Entscheidungs-Verzögerung	Handlungs-Verzögerung	Wirkungs-Verzögerung	
Innen-Verzögerung			Außenverzögerung	

Übersicht II.4:   *Zeitverzögerungen*

Mit Außen- oder Wirkungsverzögerung wird die Zeitspanne zwischen der Durchführung stabilisierungspolitischer Maßnahmen und ihren Auswirkungen auf die angestrebten Ziele erfaßt. Diese Verzögerung hängt von den getroffenen Maßnahmen ab. Bei indirekten Maßnahmen, wie bspw. der Geldpolitik, dauert es relativ lange, bis die privaten Wirtschaftssubjekte hierauf mit entsprechenden Nachfrageänderungen reagieren. Hingegen ist diese Zeitspanne bei direkten Maßnahmen, wie bspw. einer Änderung der staatlichen Nachfrage, relativ kurz.

Speziell bei der Geldpolitik wird häufig noch eine Zwischenverzögerung (intermediate lag) unterschieden. Diese Verzögerung erfaßt die Zeitspanne zwischen dem Beschluß geldpolitischer Maßnahmen durch die Zentralbank und der angestrebten Veränderung geldpolitischer Größen (bspw. des Zinssatzes). Diese Zeitverzögerung beruht auf der Anpassungsreaktion des monetären Sektors auf eine Änderung der Geldpolitik.

Während die Fiskalisten der Meinung sind, daß die Fiskalpolitik trotz dieser Zeitverzögerung wirksam eingesetzt werden kann, lehnen die Monetaristen angesichts der Länge und Variabilität der Zeitverzögerungen eine diskretionäre Geldpolitik ab. Eine derartige diskretionäre Geldpolitik ist nicht nur nicht in der Lage, die Überwindung von Fehlentwicklungen zu beschleunigen, sondern stellt vielmehr eine zusätzliche Störung des wirtschaftlichen Systems dar. Aus diesem Grund schlagen sie eine Verstetigung der Geldpolitik als Rahmenbedingung vor, nämlich eine Ausrichtung am Wachstum des Produktionspotentials (Regelbindung).

Die Ausgestaltung der Geldpolitik folgt aus der Neo-Quantitätstheorie:

$$(1) \quad Mv = PY.$$

In Wachstumsraten $(_{\shortparallel}{\char94}{}^{\shortparallel})$ ergibt sich:[1]

$$(2) \quad \hat{M} + \hat{v} = \hat{P} + \hat{Y}.$$

Bei trendmäßig konstanter Einkommenskreislaufgeschwindigkeit der Geldmenge ($\hat{v} = 0$) herrscht Preisniveaukonstanz ($\hat{P} = 0$) bei:

$$(3) \quad \hat{M} = \hat{Y},$$

d.h. dann, wenn die Geldmenge mit der gleichen Rate wächst wie das Produktionspotential (im Trend), die sog. Friedman-Regel.

Die Geldmenge ist gleich dem Produkt aus Geldschöpfungsmultiplikator (m) und Zentralbankgeldmenge (B):

$$(4) \quad M = mB.$$

---

[1]   Aus: $Mv = PY$

folgt durch logarithmische Ableitung nach der Zeit:

$$\frac{v\dot{M} + M\dot{v}}{Mv} = \frac{\dot{Y}P + P\dot{Y}}{PY}$$

bzw.: $\dfrac{\dot{M}}{M} + \dfrac{\dot{v}}{v} = \dfrac{\dot{P}}{P} + \dfrac{\dot{Y}}{Y}$

mit: $\dot{M} = dM/dt \; ...$

Unter Beachtung von:

$$\dot{M}/M = \hat{M}$$

folgt obige Gleichung (2).

Bei im Trend konstantem Geldschöpfungsmultiplikator folgt für die potentialorientierte Geldpolitik, daß auch die Zentralbankgeldmenge mit der oben angegebenen Rate wachsen muß:

$$(5) \quad \hat{B} = \hat{M}.$$

Zur Realisierung dieses Geldmengenziels steht der Zentralbank die Offenmarktpolitik zur Verfügung. Mindestreserve- und Refinanzierungspolitik sind hingegen störend, da sie eine exakte Geldmengensteuerung über die Geldbasis aufgrund eines Ermessensspielraums der Geschäftsbanken beeinträchtigen können.

Ähnlichen Überlegungen folgt die Deutsche Bundesbank, die ein Wachstum der Geldmenge M3 gemäß dem Wachstum des Produktionspotentials sowie eines nicht vermeidbaren Preisniveauanstiegs anstrebt.

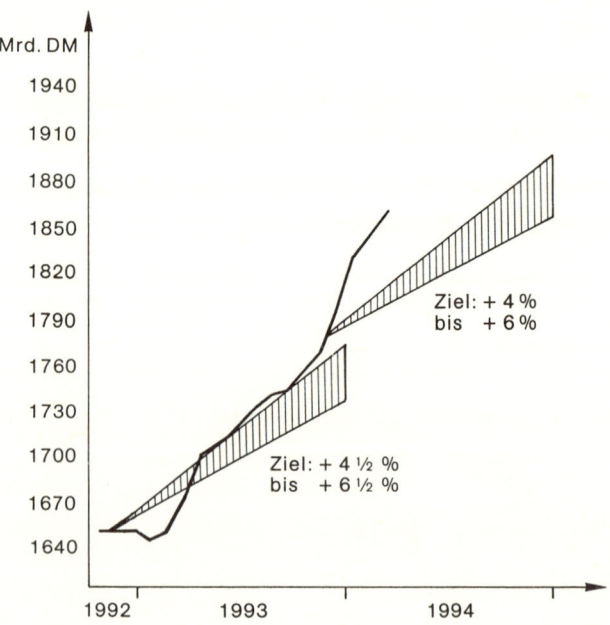

Abb. II.43:   *Wachstum der Geldmenge: Ziel und tatsächliche Entwicklung*

Aufgrund einer gewissen Toleranz bei der Schätzung des Wachstums des Produktionspotentials sowie der unvermeidbaren Inflationsrate ergibt sich eine gewisse Bandbreite der angestrebten Geldmengenentwicklung, die in Abbildung II.43 durch die Zielkorridore angezeigt wird.[1] Die durchgezogene Linie gibt die tatsächliche Entwicklung der Geldmenge M3 an. Wie Abbildung II.43 zeigt, gelingt es der Deutschen Bundesbank jedoch nicht immer, die angestrebte Geldmengenentwicklung durchzusetzen; so verfehlte sie bspw. Anfang 1994 ihr Geldmengenziel, was insbesondere auf eine Zinsinversion (die kurzfristigen Zinsen sind höher als die langfristigen) zurückzuführen war.

2.2.2 Zeitinkonsistenz[2]

Ein weiteres Argument für eine Regelbindung der Geldpolitik folgt aus dem Problem der Zeitinkonsistenz. Zur Demonstration des Grundgedankens dieses Problems wird auf das obige Modell der NCM zurückgegriffen, wobei zur Vereinfachung von Anpassungskosten abgesehen wird. Ein nicht vorausgesehener Rückgang der Geldmenge verschiebe die D-Kurve in Abbildung II.44 von D_0 nach D_1, so daß sich bei unveränderten Erwartungen ($P^e = P_0$) ein temporäres Gleichgewicht bei P_1 und Y_1 einstellt.

In der Periode 1 erkennt nun der Nichtbankensektor den Rückgang der Geldmenge; gleichzeitig kündige die Zentralbank an, daß dieser Rückgang dauerhaft sei. Damit können sich nun folgende Konstellationen ergeben: Die Zentralbank hält sich an ihre Ankündigung oder sie hält sich nicht daran, d.h. sie erhöht die Geldmenge wieder auf ihren ursprünglichen Wert. Der Nichtbankensektor glaubt der Ankündigung, oder er glaubt ihr nicht, d.h. er erwartet wieder die Realisierung der ursprünglichen Geldmenge. Diese verschiedenen

---

1   Deutsche Bundesbank, Monatsbericht Mai 1994, S. 6.

2   Klausinger, H., Rationale Erwartungen und die Theorie der Stabilisierungspolitik, Bern u.a. 1980, S. 189ff; Wagner, A., Stabilitätspolitik, a.a.O., S. 124ff.

Konstellationen sind in Kopfspalte bzw. Kopfzeile der Übersicht II.5 zusammengestellt.

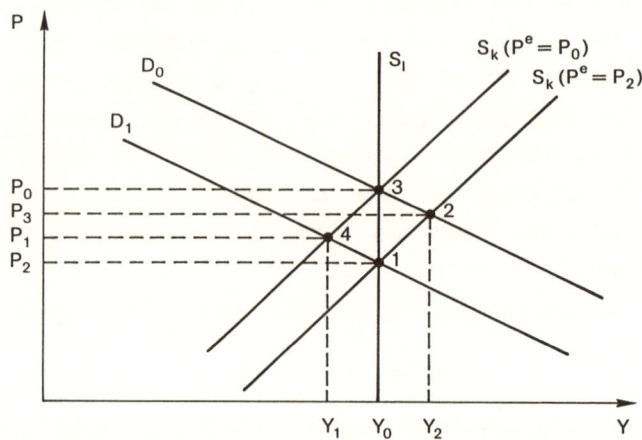

Abb. II.44: *Zeitinkonsistenz optimaler Beschäftigungspolitik*

	Ankündigung wird geglaubt	Ankündigung wird nicht geglaubt
Ankündigung wird eingehalten	1	4
Ankündigung wird nicht eingehalten	2	3

(Kopfspalte: Nichtbanken-sektor / Zentralbank)

Übersicht II.5: *Alternative wirtschaftliche Situationen*

Hält die Zentralbank ihre Ankündigung ein, so bleibt die Kurve D_1 erhalten; hält sie ihre Ankündigung nicht ein, so verschiebt sich die D-Kurve zurück nach D_0. Glaubt der Nichtbankensektor der Ankündigung, so ergibt sich die kurzfristige Angebotskurve

S_k ($P^e = P_2$); glaubt er der Ankündigung nicht, so gilt S_k ($P^e = P_0$). Somit können sich die wirtschaftlichen Situationen 1–4 der Abbildung II.44 ergeben, die noch einmal in Übersicht II.5 eingetragen sind.

Diese verschiedenen Situationen bleiben nun unter gesellschaftlichem Aspekt zu bewerten.[1] Es wird angenommen, daß eine höhere einer niedrigeren Beschäftigung vorgezogen wird und entsprechend ein niedrigeres einem höheren Preisniveau; weiter wird eine höhere Beschäftigung bei höherem Preisniveau gegenüber einer niedrigeren Beschäftigung bei niedrigerem Preisniveau präferiert. Damit ergibt sich folgende Rangordnung der verschiedenen wirtschaftlichen Situationen: 2 ≻ 1 ≻ 3 ≻ 4.

Die erstbeste Lösung wird durch einen Überraschungseffekt erreicht; die vor der Erwartungsbildung des Nichtbankensektors bzgl. der Zentralbankpolitik bzw. des Preisniveaus angekündigte Geldpolitik entspricht nicht der nach der Erwartungsbildung durchgeführten Politik (sog. Zeitinkonsistenz). Eine derartige Überraschung ist jedoch nicht laufend wiederholbar, d.h. die erstbeste Lösung scheidet aus.

Stellt sich der Nichtbankensektor auf die Täuschung durch die Zentralbank ein, so folgt die drittbeste Lösung. Das wirtschaftliche Ergebnis läßt sich jedoch verbessern, wenn die Zentralbank zur Einhaltung ihrer Ankündigung gezwungen wird, so daß auch der Nichtbankensektor der Ankündigung glauben kann; in diesem Fall ergibt sich die zweitbeste Lösung. Ein derartiger Zwang könnte durch die erwähnte Regelbindung eingeführt werden.

Der Haupteinwand gegen die obigen Überlegungen besteht darin, daß auch die Zentralbank diese Zusammenhänge erkennt und somit von sich aus an ihrer Ankündigung festhält.

---

[1] Eine ausführliche Darstellung einer derartigen optimalen Stabilisierungspolitik findet sich im nächsten Kapitel unter der Überschrift „Optimale Anti-Inflationspolitik".

Aufgaben mit Musterlösungen zu Kapitel II

Aufgaben

1. Gegeben sei ein Gleichgewicht bei Vollbeschäftigung. Dieses Gleichgewicht werde durch einen Rückgang der Geldmenge gestört. Bestimmen Sie algebraisch und graphisch die Auswirkungen auf die Höhe des Volkseinkommens und des Preisniveaus nach den Vorstellungen der Neuen Klassischen Makroökonomie, wenn von Anpassungskosten abgesehen wird. Vergleichen Sie das Ergebnis mit dem bei Berücksichtigung von Anpassungskosten.

2. Leiten Sie ausführlich die Angebotskurve AA_0 der Abbildung II.33 ab.

3. Es gelte:

   (1) $Y = \bar{C} + c(Y-T) + \bar{I} + ir + G$ (IS-Kurve)

   (2) $m = kY + \bar{I} + lr$ (LM-Kurve)

   mit: $\bar{C} = 70$, $T = G = 100$, $\bar{I} = 75$, $m = 700$,

           $\bar{I} = 200$, $c = 0,7$, $i = -100$, $l = -500$, $k = 1$.

   Das Güterangebot sei vollkommen elastisch; das Vollbeschäftigungseinkommen betrage 600.

   a) Um welchen Betrag müssen die Staatsausgaben im Rahmen eines deficit spending erhöht werden, um Vollbeschäftigung zu erreichen?

   b) Um welchen Betrag müssen die Staatsausgaben bei ausgeglichenem Budget in diesem Fall erhöht werden?

   c) Wie verändern sich Konsum- und Investitionsnachfrage in beiden Fällen?

4. Es gelte:

(1) $Y = C(Y-T)+I(r)+G$ (IS-Kurve)

(2) $m = l(Y,r)$ (LM-Kurve).

Die Pauschalsteuer T werde durch eine Einkommensteuer tY ersetzt. Leiten Sie für diesen Fall die Wirkungen einer Veränderung der Politik-Parameter t und G sowie m (= M/P   bei P = const.) auf die Höhe des Volkseinkommens ab (bei vollkommen elastischem Güterangebot). Vergleichen Sie das Ergebnis mit dem bei einer Pauschalsteuer.

5. Untersuchen Sie die Auswirkungen expansiver Fiskalpolitik (dG > 0,   dT = 0) auf die Höhe der Beschäftigung, wenn die Angebotsseite mittels der Relation $P = p(Y)$ mit $p' = dp/dY > 0$ berücksichtigt wird. Vergleichen Sie das Ergebnis mit dem bei vollkommen elastischem Güterangebot.

6. Untersuchen Sie im Rahmen des neoklassischen Modells algebraisch und graphisch den Anpassungspfad an das neue Gleichgewicht, wenn in   t = 1   die Geldmenge von M_0 auf M_1 verringert wird und wenn $P_t^e = (P_{t-1}+P_{t-2})/2$ gilt.

Musterlösungen

1. Im Text wurde bereits abgeleitet für t = 1:

$$(1) \quad y_1 = y_0 + \frac{\alpha_1}{1+\alpha_1} (m_1 - m_0),$$

für t > 1:

$$(2) \quad y_t = y_0 + \Psi \alpha_2^t.$$

Wird von Anpassungskosten abgesehen, so gilt: $\alpha_2 = 0$. In diesem Fall bleibt das Ergebnis für die erste Periode erhalten; hingegen erreicht die Wirtschaft bereits ab der zweiten Periode wieder ihr Vollbeschäftigungsniveau y_0.

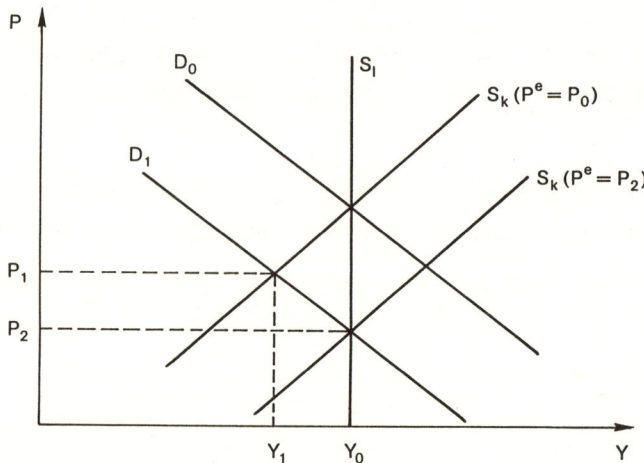

Abb. II.45

Die Gleichung für die Güternachfrage liefert:

$$(3) \quad p_t = \beta + m_t - y_t.$$

Wird y_t gemäß (1) für t = 1 bzw. gemäß (2) für t > 1 in (3) eingesetzt, so folgt:

(4) $p_t = \beta + m_1 - y_t = p^*;$ $t > 1$

(5) $p_1 = p^* - \frac{\alpha_1}{1+\alpha_1}(m_1 - m_0);$ $t = 1.$

In der ersten Periode ergibt sich mit oder ohne Anpassungs- kosten das gleiche Ergebnis, nämlich (P_1, Y_1) in Abbildung II.45.

In $t = 2$ erkennen die Wirtschaftssubjekte, daß die Geldmenge gesunken ist, und, daß hierdurch bedingt das Preisniveau in Abbildung II.45 auf P_2 sinken wird. Da sie dies in ihrem Ver- halten berücksichtigen, verschiebt sich die kurzfristige Angebots- kurve in die Lage $S_k(P^e = P_2)$, so daß bereits in $t = 2$ wieder Vollbeschäftigung erreicht wird.

2.

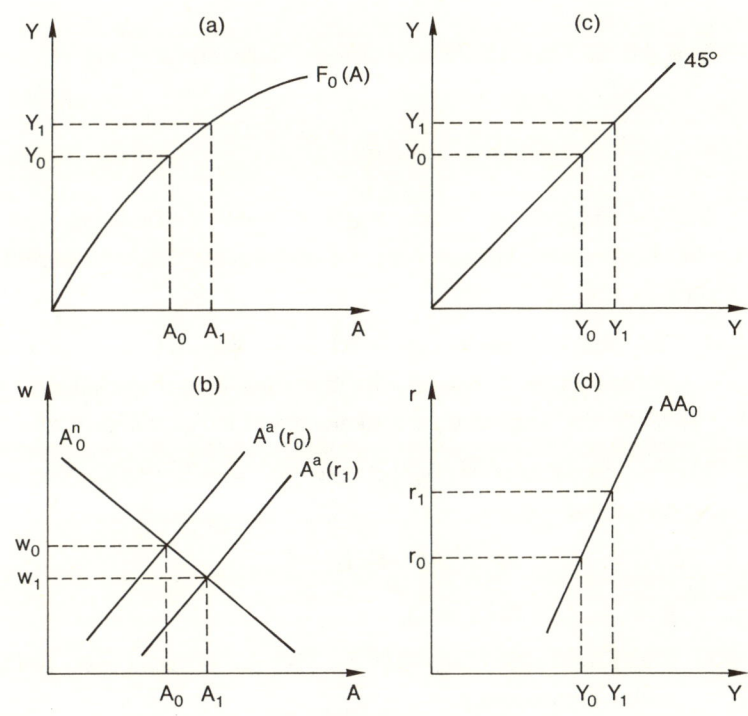

Abb. II.46

Die Lage der Arbeitsangebotskurve hängt vom Zinssatz ab. Bei vorgegebenem Zinssatz r_0 ergibt sich in Abbildung II.46 die Beschäftigung A_0 sowie das Güterangebot Y_0, r_0/Y_0 ist ein Punkt der gesuchten Angebotskurve.

Bei höherem Zinssatz r_1 verläuft die Arbeitsangebotskurve weiter rechts. Es folgen eine höhere Beschäftigung (A_1) sowie ein höheres Güterangebot (Y_1); r_1/Y_1 ist ein weiterer Punkt der Angebotskurve. Mit diesen beiden Punkten liegt der typische Verlauf der Angebotskurve fest, nämlich ansteigend.

3. Aus den Gleichungen (1) und (2) folgt:

$$(3) \quad Y = \frac{1}{1-c+\frac{ik}{l}} \left[\bar{C} -cT+\bar{I}+ \frac{i}{l} (m-\bar{I})+G \right]$$

bzw. im Hinblick auf fiskalpolitische Maßnahmen:

$$(4) \quad dY = \frac{1}{1-c+\frac{ik}{l}} (-cdT+dG).$$

Für die angegebenen Werte ergibt sich ein Multiplikator von 2, das Einkommen beträgt 550, die angestrebte Einkommensdifferenz ist also 50.

a) Bei deficit spending gilt $dG > 0$ bei $dT = 0$. Da der Multiplikator 2 beträgt, ist die Staatsausgabenerhöhung die Hälfte der angestrebten Einkommensdifferenz, nämlich 25.

b) Bei ausgeglichenem Budget gilt $dT = dG$. Somit folgt aus Gleichung (4):

$$50 = 2 \cdot (1-c)dG$$

$$dG = 83{,}3.$$

c) Die Konsumänderung folgt aus der Veränderung des verfügbaren Einkommens:

$$(5) \quad dC = c(dY-dT).$$

Im Fall (a) ergibt sich: $dC = 0{,}7 \cdot 50 = 35$;

im Fall (b) folgt: $dC = 0{,}7(50 - 83{,}3) = -23{,}3$.

Die Einkommensänderung setzt sich aus einer Änderung der Konsum-, Investitions- und Staatsnachfrage zusammen:

(6) $\quad dY = dC + dI + dG$.

Damit folgt:

(7) $\quad dI = dY - dC - dG$.

Im Fall (a) gilt: $dI = 50 - 35 - 25 = -10$,

im Fall (b) folgt ebenfalls $dI = -10$, da es in beiden Fällen zum gleichen crowding-out-Effekt kommt.

4. Die gesuchten Wirkungen lassen sich mit Hilfe des totalen Differentials der Gleichungen (1) und (2):

(3) $\quad dY = c(dY - tdY - dtY) + idr + dG$

(4) $\quad dm = kdY + ldr$

mit: $\quad dm = dM/P \quad$ (bei $P = const.$)

berechnen. Es ergibt sich:

(5) $\quad dY = \dfrac{1}{1 - c(1-t) + \frac{ik}{l}} \left[-cdtY + i\,\dfrac{dm}{l} + dG \right]$.

Im Vergleich zur Pauschalsteuer hat sich der Wert des Multiplikators geändert. An Stelle von $(1-c)$ steht nun der Ausdruck $[1 - c(1-t)]$ im Nenner; der Wert des Multiplikators hat sich verringert. Steigendes Einkommen bspw. führt nun zu steigenden Steuerabzügen, so daß das verfügbare Einkommen und damit die Konsumnachfrage in geringerem Maße ansteigen.

Des weiteren hat sich der Wert des Multiplikanden geändert, der Term $(-cdT)$ wird jetzt durch $(-cdtY)$ ersetzt. Eine Veränderung des Steuersatzes (statt der Pauschalsteuer) verändert das verfügbare Einkommen und damit auch die Konsumnachfrage.

5. Es gilt für die Güternachfrage:

$$(1) \quad Y = C(Y-T)+I(r)+G$$

$$(2) \quad M = Pl(Y,r)$$

sowie für das Güterangebot:

$$(3) \quad P = p(Y).$$

Das totale Differential dieser Gleichungen lautet:

$$(4) \quad dY = c(dY-dT)+idr+dG$$

$$(5) \quad dM = dPl(Y,r)+P(kdY+ldr)$$

$$(6) \quad dP = p'dY.$$

Unter Beachtung von $l(Y,r) = M/P$ folgt hieraus:

$$(7) \quad dY = \frac{1}{1-c+\dfrac{ik}{l}+\dfrac{ip'M}{lP^2}}\, dG.$$

Gegenüber dem Fall vollkommen elastischen Güterangebots erscheint hier noch der Ausdruck $\dfrac{ip'M}{lP^2} > 0$ im Nenner des Multiplikators; der Wert des Multiplikators ist also kleiner. Dies ist darauf zurückzuführen, daß zur Ausweitung des Güterangebots ein Anstieg des Preisniveaus erforderlich ist, wodurch die Güternachfrage wiederum zurückgedrängt wird.

6. Das neoklassische Modell lautet:

$$(1) \quad y_t^n = \beta+m_t-p_t$$

$$(2) \quad y_t^a = y_0+\alpha(p_t-p_t^e).$$

Weiter gilt:

$$(3) \quad p_t^e = (p_{t-1}+p_{t-2})/2$$

sowie im Gleichgewicht:

$$(4) \quad y_t^n = y_t^a = y.$$

Die Gleichungen (1)–(4) liefern:

$$(5) \quad \beta + m_t - p_t = y_0 + \alpha[p_t - (p_{t-1}+p_{t-2})/2]$$

bzw.:

$$(6) \quad p_t - \frac{\alpha}{2(1+\alpha)}\,p_{t-1} - \frac{\alpha}{2(1+\alpha)}\,p_{t-2} = \frac{\beta + m_t - y_0}{1+\alpha}.$$

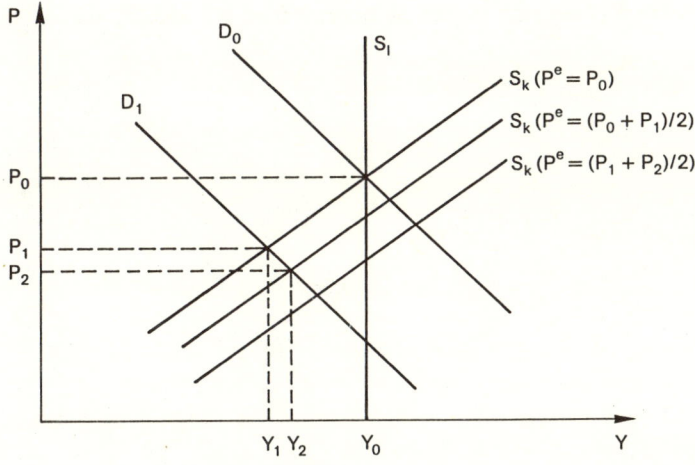

Abb. II.47

Die Gleichgewichtslösung für p ist:

$$(7) \quad p^* = \beta + m_1 - y_0.$$

Die allgemeine Lösung der Gleichung (6) lautet:

$$(8) \quad p_t = p^* + \Psi_1 \lambda_1^t + \Psi_2 \lambda_2^t$$

mit:

$$(9) \quad \lambda_{1,2} = \frac{\alpha}{4(1+\alpha)} \pm \sqrt{\frac{\alpha^2}{16(1+\alpha)^2} + \frac{\alpha}{2(1+\alpha)}}$$

Ψ_1, Ψ_2 = Konstante, die durch die ersten beiden Werte von p festgelegt werden.

Wie sich leicht überprüfen läßt, gilt $\lambda_1 < 1$ und $|\lambda_2| < 1$;
d.h. p nähert sich seinem Gleichgewichtswert an.

Werden (7) bzw. (8) in (1) eingesetzt, so ergibt sich - unter
Beachtung von (4) - der zugehörige Wert von y.

Die geänderte Annahme bzgl. der Erwartungsbildung führt in
Abbildung II.47 dazu, daß sich die kurzfristige Angebotskurve in
t = 2 nicht soweit nach unten verlagert, daß sie die S_1-Kurve
bei P_1, sondern in der Mitte zwischen P_0 und P_1 schneidet, usw.

Kapitel III

Preisniveaustabilität

In diesem Kapitel stehen die Fragen nach den Ursachen einer Inflation sowie nach den Möglichkeiten einer Anti-Inflationspolitik im Vordergrund.

Einleitend wird zunächst auf die Definition und die Messung eines Inflationsprozesses sowie auf die Preisentwicklung in der BRD eingegangen. Daran anschließend werden mit Hilfe des in Kapitel I dargestellten Makro-Modells, das entsprechend der vorliegenden Fragestellung modifiziert wird, die Ursachen eines Inflationsprozesses aufgezeigt. Abschließend werden auf der Basis dieses modifizierten Makro-Modells Mittel zur Bekämpfung einer Inflation abgeleitet.

Gliederung des III. Kapitels

III.1 Messung der Inflation[1]

Neben Vollbeschäftigung ist Preisniveaustabilität das wohl am häufigsten genannte makroökonomische Ziel. Preisniveaustabilität bedeutet, daß keine Inflation vorliegt. Abweichungen von dem Ziel der Preisniveaustabilität lassen sich somit durch ein entsprechendes Inflationsmaß darstellen.

III.1.1 Begriff der Inflation

Preisniveaustabilität bedeutet Konstanz des Preisniveaus (P), d.h. Abwesenheit von Inflation (und Deflation). Bei Beachtung, daß der Reziprokwert des Preisniveaus (1/P) die Gütermenge angibt, die pro Geldeinheit gekauft werden kann, also die Kaufkraft der Geldmenge darstellt, läßt sich Preisniveaustabilität auch als Konstanz der Kaufkraft des Geldes definieren.

Unter Inflation wird ein anhaltender Anstieg des Preisniveaus bzw. ein permanenter Rückgang der Kaufkraft des Geldes verstanden. Da das Preisniveau einen Durchschnittspreis darstellt, liegt Inflation erst dann vor, wenn die Preise im Durchschnitt ansteigen. Der Anstieg einzelner Preise bei gleichzeitigem Rückgang anderer Preise hat hingegen nichts mit Inflation zu tun; es handelt sich hierbei vielmehr um die Funktionsweise eines marktwirtschaftlichen Systems, in dem sich Nachfrage- und/oder Angebotsänderungen in Preisbewegungen niederschlagen.

Der Anstieg des Preisniveaus wird als offene Inflation bezeichnet. Daneben gibt es verschiedene Fälle, die ebenfalls der Inflation

---

1   Anderson, O., Indexzahlen, in: HdWW, Bd. 4, Stuttgart u.a. 1978, S. 98ff; Heubes, J., Inflationstheorie, München 1989, S. 1ff; Pohl, R., Theorie der Inflation, München 1981, S. 5ff; Schubert, M., Preisindizes als Inflationsindikatoren, Frankfurt/Bern 1981.

zugeordnet werden, obwohl das Preisniveau nicht ansteigt. Hier sind die verdeckte, die relative und die zurückgestaute Inflation zu nennen.

Verdeckte Inflation liegt vor, wenn Qualitätsverschlechterungen und/oder Einschränkungen sonstiger Leistungen bei konstanten Preisen auftreten. Als relative Inflation wird der Sachverhalt bezeichnet, daß das Preisniveau konstant bleibt, obwohl seine Bestimmungsgründe (Kosten) einen Rückgang ermöglichen würden. Eine zurückgestaute Inflation schließlich erfaßt den Fall des Preisstopps, in dem der Anstieg des Preisniveaus durch administrative Maßnahmen verhindert wird.

Nach dem Inflationstempo lassen sich eine schleichende ($< 10\%$), eine trabende ($< 20\%$), eine galoppierende ($< 50\%$) und eine Hyperinflation unterscheiden, wobei die Abgrenzung uneinheitlich und willkürlich ist.

Nach der Veränderung des Inflationstempos werden eine konstante (stabile) und eine akzelerierende bzw. dezelerierende Inflation unterschieden.

Nach der Entstehung der Inflation lassen sich hausgemachte und importierte Inflation unterscheiden; nach dem Erkennen letztlich noch antizipierte und nicht-antizipierte Inflation.

III.1.2 Preisindizes

Zur Inflationsmessung wird auf sog. Preisindizes zurückgegriffen. Bei der Konstruktion von Preisindizes lassen sich zwei grundsätzlich verschiedene Ansätze unterscheiden, nämlich einerseits ein statistischer und andererseits ein ökonomischer Ansatz. Während der statistische Ansatz die Preisentwicklung ausschließlich mittels verschiedener mathematischer Formeln erfaßt, berücksichtigt der ökonomische Ansatz auch die Reaktionen der Wirtschaftssubjekte auf diese Preisänderungen.

1. Statistische Preisindizes

Unter Inflation wird ein Anstieg des Preisniveaus verstanden; entsprechend dient die Änderungsrate des Preisniveaus, die sog. Inflationsrate ($\hat{P}$), als Inflationsmaß.

Die Änderungs- (oder Wachstums-)Rate des Preisniveaus gibt die relative Änderung des Preisniveaus wieder, d.h. die während einer bestimmten Zeitdauer eingetretene Änderung des Preisniveaus bezogen auf das Ausgangspreisniveau. Die Inflationsrate einer Berichtsperiode (t) bezogen auf eine Basisperiode (0) lautet somit (in %):

$$(1) \quad \hat{P}_{0t} = \frac{P_t - P_0}{P_0} \, 100$$

bzw.:

$$(2) \quad \hat{P}_{0t} = \left[\frac{P_t}{P_0} - 1\right] 100.$$

Ein Preisniveau ist ein gewichteter Durchschnittspreis, d.h. die einzelnen Güterpreise (p_i) sind mit den jeweiligen Gütermengen (x_i) zu gewichten; für die Periode t gilt:

$$(3) \quad P_t = \frac{\sum_i p_i^t x_i^t}{\sum_i x_i^t} \ .$$

Damit ergibt sich für die Inflationsrate:

$$(4) \quad \hat{P}_{0t} = \left[\frac{\sum_i p_i^t x_i^t}{\sum_i p_i^0 x_i^0} \cdot \frac{\sum_i x_i^0}{\sum_i x_i^t} - 1\right] 100.$$

Gleichung (4) ist jedoch in zweifacher Hinsicht problematisch. Zum einen ist die Inflationsrate nach der angegebenen Formel nicht berechenbar, da die Summenausdrücke $\sum x_i^0$ und $\sum x_i^t$ nicht gebildet werden können. Zum anderen wäre eine derartige Inflationsrate wenig aussagekräftig, da sie neben Preis- auch Mengenänderungen enthält.

Diese beiden Probleme lassen sich durch die Bildung von Preis-
indizes lösen. Ein Preisindex gibt die relative Preishöhe in einer
Berichtsperiode gegenüber der Basisperiode an, wobei zu beiden
Zeitpunkten die gleichen Mengen herangezogen werden. Werden die
Mengen des Basisjahres zur Berechnung des Preisindex herange-
zogen, so ergibt sich der Preisindex von Laspeyres (P^L). Für die
Berichtsperiode ist er definiert als:

$$(5) \quad P_t^L = \frac{\sum_i p_i^t x_i^0}{\sum_i p_i^0 x_i^0} \; 100.$$

Der Preisindex von Laspeyres gibt also an, um wieviel sich die
Kosten des Warenkorbes der Basisperiode in der Berichtsperiode
gegenüber der Basisperiode geändert haben.

Unter Verwendung der Mengen des Berichtsjahres folgt der Preisindex von Paasche (P^P). Dieser ist für die Berichtsperiode wie folgt
definiert:

$$(6) \quad P_t^P = \frac{\sum_i p_i^t x_i^t}{\sum_i p_i^0 x_i^t} \; 100.$$

Entsprechend zeigt der Preisindex von Paasche an, um wieviel sich
die Kosten des Warenkorbes der Berichtsperiode in der Berichtsperiode gegenüber der Basisperiode geändert haben.

Damit läßt sich nun die Inflationsrate als Wachstumsrate eines
Preisindex bestimmen. Werden die Preisindizes nach Laspeyres und
nach Paasche jeweils für die Berichts- und die Basisperiode in
Gleichung (2) eingesetzt, so folgt:

$$(7) \quad \hat{P}_{0t}^L = \left[\frac{\sum_i p_i^t x_i^0}{\sum_i p_i^0 x_i^0} \; / \; \frac{\sum_i p_i^0 x_i^0}{\sum_i p_i^0 x_i^0} -1 \right] 100$$

bzw., da $(\sum_i p_i^0 x_i^0)/(\sum_i p_i^0 x_i^0) = 1$:

$$(8) \quad \hat{P}_{0t}^L = P_t^L - 100$$

sowie:

$$(9) \quad \hat{P}_{0t}^P = \left[\frac{\sum\limits_i p_i^t x_i^t}{\sum\limits_i p_i^0 x_i^t} \bigg/ \frac{\sum\limits_i p_i^0 x_i^t}{\sum\limits_i p_i^0 x_i^t} - 1 \right] 100$$

bzw., da $(\sum_i p_i^0 x_i^t)/(\sum_i p_i^0 x_i^t) = 1:$ [1]

$$(10) \quad \hat{P}_{0t}^P = P_t^P - 100.$$

Die Gleichungen (8) und (10) geben die Inflationsrate über den gesamten Zeitraum 0 bis t an. Die periodenweise (jährliche) Inflationsrate $(\hat{P}_t)$ mittels des Laspeyres-Preisindex ist entsprechend:

$$(11) \quad \hat{P}_t^L = \left[\frac{P_t^L -}{P_{t-1}^L} - 1 \right] 100.$$

Ein ähnlicher Ausdruck läßt sich mit Hilfe des Paasche-Preisindex jedoch nicht aufstellen. Aufgrund der periodischen Neugewichtung der Preise mit den Mengen des jeweiligen Berichtsjahres ist ein direkter Vergleich zweier aufeinanderfolgender Perioden nicht möglich. Aus diesem Grund ist die praktische Bedeutung des Preisindex von Paasche eingeschränkt.

2. Ökonomischer Preisindex

Der ökonomische Preisindex erfaßt die Bedeutung unterschiedlicher Preiskonstellationen für den Lebensstandard eines Haushaltes. Er vergleicht die minimalen Ausgaben, die zur Aufrechterhaltung eines bestimmten Lebensstandards oder Nutzenniveaus in unterschiedlichen Preissituationen erforderlich sind.

---

[1] Es gilt also $P_0^L = P_0^P = 100$.

Diese minimalen Ausgaben zur Aufrechterhaltung eines Nutzenniveaus ū sind in Abbildung III.1 für den Fall zweier Konsumgüter
x_1 und x_2 dargestellt. Ein rational handelnder Haushalt realisiert zu
den Preisen der Basisperiode (ausgedrückt in der Steigung der
Budgetgeraden B_0) den Punkt P_0, zu den Preisen der Berichtsperiode den Punkt P_t.[1]

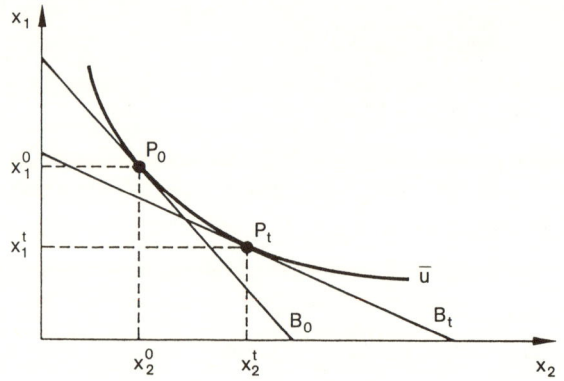

Abb. III.1: *Konsumausgaben*

Die Konsumausgaben (c) in den beiden Perioden sind somit:

$$(12) \quad c_0 = \sum_{i=1}^{2} p_i^0 \, x_i^0$$

$$(13) \quad c_t = \sum_{i=1}^{2} p_i^t \, x_i^t.$$

Der ökonomische Preisindex (P^0) ist dann:

$$(14) \quad P_t^0 = \frac{\sum_{i=1}^{2} p_i^t \, x_i^t}{\sum_{i=1}^{2} p_i^0 \, x_i^0} \; 100.$$

---

[1]   Es wird (im Gegensatz zu Gleichung (4)) lediglich der Substitutionseffekt
einer Preisänderung berücksichtigt.

Der ökonomische Preisindex ist aus der Sicht der Haushalte der einzig richtige Inflationsindikator. Seine Konstruktion wirft jedoch eine Reihe ungelöster Fragen auf (bspw. die Ermittlung der entsprechenden Ausgaben), so daß er in der Praxis nicht berechnet wird.

3. Vergleich der verschiedenen Preisindizes

Der wesentliche Unterschied zwischen den dargestellten Indizes besteht darin, daß der ökonomische Preisindex die durch Preisänderungen ausgelösten Substitutionseffekte erfaßt, während diese bei den statistischen Preisindizes unberücksichtigt bleiben. Hierbei liegen dem Laspeyres-Preisindex die Gütermengen vor einer Preisänderung zugrunde, dem Paasche-Preisindex diejenigen nach einer Preisänderung. Offensichtlich folgt hieraus ein bestimmtes Verhältnis der Werte der verschiedenen Preisindizes zueinander, das nachfolgend dargestellt wird.

Zum Vergleich des ökonomischen mit dem Laspeyres-Preisindex ist in Abbildung III.2 zunächst das Nachfrageverhalten eines Haushaltes, der in zwei verschiedenen Preissituationen das gleiche Nutzenniveau realisiert, wiederholt. Die optimalen Konsumpläne führen zu den Punkten P_0 bzw. P_t.

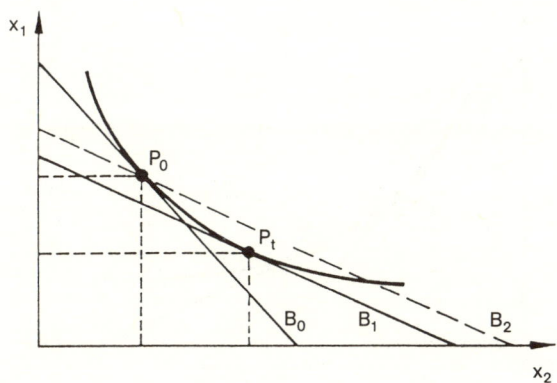

Abb. III.2: Ökonomischer und Laspeyres–Preisindex

Der ökonomische Preisindex vergleicht nun die Konsumausgaben in der Berichtsperiode t mit denen in der Basisperiode 0, die mittels der Budgetgeraden durch die Punkte P_t (B_1) und P_0 (B_0) erfaßt werden (B_1/B_0).

Der Laspeyres-Preisindex übernimmt auch in der Berichtsperiode die P_0 zugehörigen Gütermengen und bewertet diese zu den Preisen der Berichtsperiode. Graphisch läßt sich dies durch die gestrichelt eingezeichnete Budgetgerade durch P_0 darstellen, deren Steigung mit der Budgetgeraden durch P_t übereinstimmt. Wie ersichtlich, repräsentiert diese Budgetgerade höhere Ausgaben als in P_t anfallen.

Der Laspeyres-Preisindex vergleicht die durch die gestrichelte Budgetgerade erfaßten Konsumausgaben mit denen in der Basisperiode (B_2/B_0), er überschätzt also im Vergleich zum ökonomischen Preisindex die allgemeine Preisentwicklung. Dies kommt dadurch zustande, daß dieser Preisindex die teilweise Substitution verteuerter durch verbilligte Güter vernachlässigt, wodurch das Ausgabenniveau der Berichtsperiode zu hoch erscheint (sog. Laspeyres-Effekt).

Abbildung III.3 dient dem Vergleich zwischen ökonomischem Preisindex und dem Preisindex nach Paasche. Auch hier ist zunächst das Ausgaben minimierende Nachfrageverhalten des betrachteten Haushaltes wiederholt.

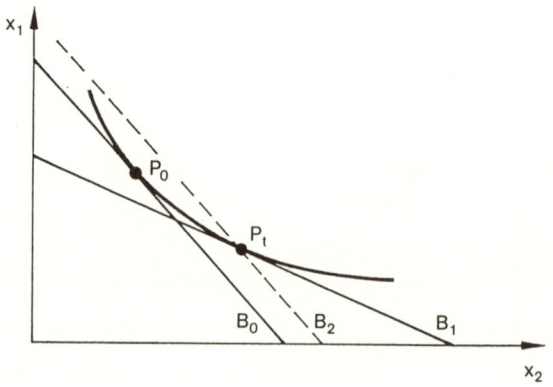

Abb. III.3: Ökonomischer und Paasche-Preisindex

Der Paasche-Preisindex überträgt die Gütermengen der Berichtsperiode in die Basisperiode und bewertet sie mit den entsprechenden
Preisen. Dies ist graphisch mittels der gestrichelten Budgetgeraden
B_2 durch P_t erfaßt, die die gleiche Steigung wie die Budgetgerade
durch P_0 hat. Die gestrichelte Budgetgerade gibt offensichtlich
höhere Ausgaben wieder als sie in P_0 angefallen sind.

Der Paasche-Preisindex vergleicht die P_t entsprechenden Konsumausgaben mit denen, die durch die gestrichelte Budgetgerade repräsentiert werden (B_1/B_2), er unterschätzt also im Vergleich zum
ökonomischen Preisindex den Anstieg des Preisniveaus. Der Grund
hierfür liegt darin, daß er die infolge von Substitutionseffekten
erhöhten Mengen relativ verbilligter Güter auch für die Basisperiode
übernimmt, als diese Verbilligung noch nicht vorlag, wodurch das
Ausgabenniveau der Basisperiode überhöht dargestellt wird.

Zusammenfassend läßt sich festhalten, daß die Preisindizes nach
Laspeyres und Paasche eine gewisse Approximation des ökonomischen Preisindex erlauben i.d.S., daß der Laspeyres-Preisindex die
Ober- und der Paasche-Preisindex die Untergrenze für den ökonomischen Preisindex darstellen.

III.1.3 Die Preisentwicklung in der BRD

Einerseits sollte ein Preisindex als globaler Indikator der allgemeinen
Preisentwicklung bzw. Geldwertänderung möglichst umfassend sein,
andererseits sollte er angesichts der Tatsache, daß die Kaufkraft des
Geldes von dessen Verwendung abhängt, weitgehend untergliedert
sein. In der statistischen Praxis werden deshalb vom Statistischen
Bundesamt verschiedene, relativ umfassende Preisindizes ermittelt,
die somit zum einen ihrem globalen Charakter und zum anderen der
erforderlichen Differenzierung Rechnung tragen.

Die wohl bekanntesten Preisindizes für die Bundesrepublik Deutschland sind die der Lebenshaltung. Da die Lebenshaltung kein eindeu-
tiger Begriff ist, sondern nach den persönlichen Verbrauchsgewohn-

heiten stark differiert, werden verschiedene Indizes aufgestellt, die für Haushalte unterschiedlicher Größe und unterschiedlicher Höhe des Familieneinkommens gelten. Die verschiedenen Indizes der Lebenshaltung sowie die entsprechende Haushaltsgröße und Höhe des Einkommens auf der Basis 1985 sind in Übersicht III.1 zusammengestellt.[1] Diese vier Indizes werden noch um einen fünften ergänzt, nämlich um den Preisindex für die einfache Lebenshaltung eines Kindes.

Preisindex für die Lebenshaltung	Haushalts-mitglieder	Zusammen-setzung der Haushalte	Verbrauchsausga-ben in DM je Mo-nat und Haushalt im Basisjahr
Alle privaten Haushalte	2,4		3105
Haushalte von Ange-stellten und Beamten mit höherem Einkommen	4	2 Erwachsene 2 Kinder	4964
Haushalte von Arbeitern und Angestellten mit mittlerem Einkommen	4	2 Erwachsene 2 Kinder	3044
Haushalte von Renten- u. Sozialhilfeempfängern mit geringem Einkommen	2	2 ältere Erwachsene	1526

Übersicht III.1: *Preisindizes für die Lebenshaltung*

Die Preisindizes der Lebenshaltung sind Laspeyres-Indizes, die für einen konstanten Warenkorb berechnet werden. Dieser Warenkorb folgt für den Preisindex der Lebenshaltung aller privaten Haushalte aus Einkommens- und Verbrauchsstichproben, für die Preisindizes der Lebenshaltung bestimmter Haushaltstypen aus laufenden Wirt-schaftsrechnungen der entsprechenden Haushalte und für den Preis-

---

[1]   Rasch, H.-G., Zur Neuberechnung des Preisindex für die Lebenshaltung auf Basis 1985, Wirtschaft und Statistik 1990, Heft 1, S. 47ff, hier S. 47.

index für die einfache Lebenshaltung eines Kindes aus einem von Sachverständigen aufgestellten Bedarfsschema.

Die Preisindizes der Lebenshaltung spielen in der BRD eine wesentliche Rolle. Der Anstieg speziell des Preisindex für die Lebenshaltung eines Arbeitnehmerhaushaltes mit mittlerem Einkommen dient üblicherweise als Inflationsindikator und findet somit sowohl in Tarifgesprächen als auch bei Indexierungen Verwendung.

Abbildung III.4 gibt die Entwicklung der Lebenshaltungskosten mittels der Wachstumsrate des entsprechenden Preisindex im internationalen Vergleich wieder.[1]

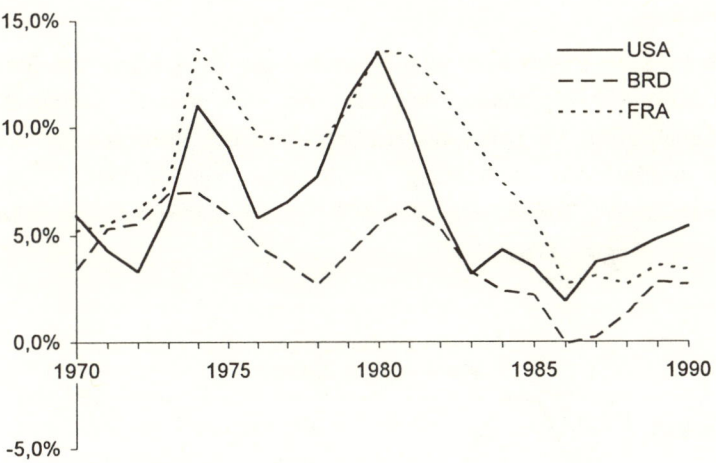

Abb. III.4: *Entwicklung der Lebenshaltungskosten*

Wie Abbildung III.4 entnommen werden kann, war die Wachstumsrate des dargestellten Preisindex in der BRD - abgesehen von dem Jahr 1986 - stets positiv. Die Lebenshaltungskosten haben sich also in dem betrachteten Zeitraum laufend erhöht, jedoch war dieser Anstieg der Lebenshaltungskosten im internationalen Vergleich eher gemäßigt.

---

1   OECD, Historical Statistics, Paris 1982, S. 77 und Paris 1992, S. 87.

Außer auf die Preisindizes für die Lebenshaltung sei noch auf die Preisindizes der Sozialproduktsberechnung als weitere bedeutsame Gruppe von Preisindizes hingewiesen. Die Preisindizes der Sozialproduktsberechnung dienen insbesondere der Darstellung der Preisentwicklung von umfassenden Aggregaten der Volkswirtschaftlichen Gesamtrechnung.

Im Rahmen der Sozialproduktsberechnung werden Zeitreihen für das nominelle und das reale Sozialprodukt sowohl von der Entstehungs- als auch von der Verwendungsseite her erstellt. Division der nominellen Reihen als Umsatzgrößen $\sum p_i^t x_i^t$ durch die entsprechenden realen Reihen $\sum p_i^0 x_i^t$ ergibt den zugehörigen Preisindex nach Paasche.

Als Paasche-Preisindizes erlauben somit die Preisindizes des Sozialprodukts (Sozialprodukts-Deflator) wie auch seiner Komponenten lediglich einen Vergleich der Berichts- mit der Basisperiode. Infolge der wechselnden Gewichtung ist hingegen ein direkter Vergleich benachbarter Terme der Zeitreihe streng genommen unzulässig, obwohl gängige Praxis.

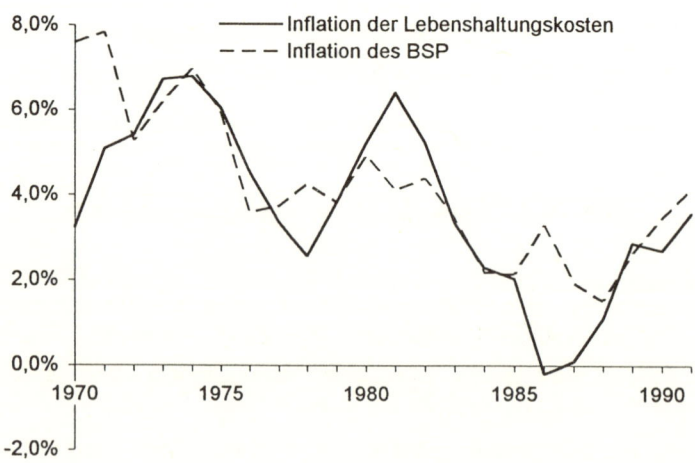

Abb. III.5:   *Entwicklung des Preisindex der Lebenshaltung und des Bruttosozialprodukts*

Abbildung III.5 gibt nun die Preisentwicklung in der BRD mittels der Wachstumsrate einerseits des Preisindex für die Lebenshaltung eines 4-Personen-Arbeitnehmerhaushalts mit mittlerem Einkommen und andererseits des Preisindex des Bruttosozialprodukts wieder.[1]

Wie Abbildung III.5 zeigt, weisen die beiden Inflationsraten - bei im großen und ganzen gleichem Verlauf - in einzelnen Jahren eine durchaus unterschiedliche Entwicklung auf. Ein Grund für diese unterschiedliche Entwicklung ist die Preisentwicklung der Importe. Während die Preise der Importe in den Preisindex der Lebenshaltung eingehen, sind sie im Sozialprodukts-Deflator nicht enthalten.

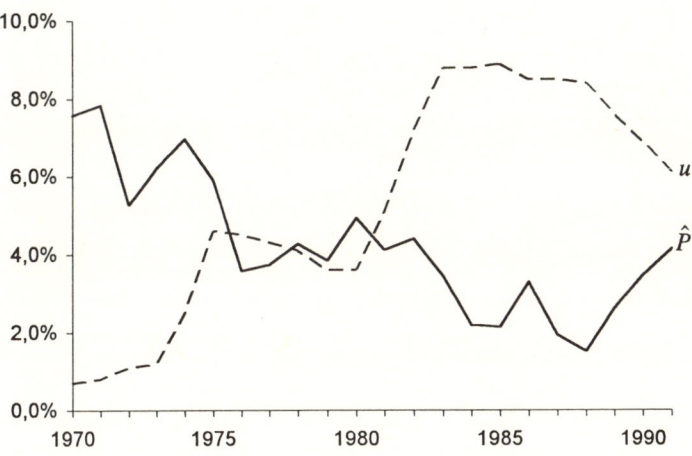

Abb. III.6: *Inflation im Konjunkturverlauf*

In Abbildung III.6 sind die Inflationsrate ($\hat{P}$) - als Wachstumsrate des Preisindex des Bruttosozialprodukts - sowie die Arbeitslosenquote (u) gegenübergestellt.[2] Es zeigt sich eine hohe Konjunkturreagibilität der Preisentwicklung: Bei niedriger Arbeitslosenquote ist

---

1   Sachverständigenrat zur Begutachtung der gesamtwirtschaftlichen Entwicklung, Jahresgutachten 1992/93, Tabellen 83* und 85*.

2   Sachverständigenrat zur Begutachtung der gesamtwirtschaftlichen Entwicklung, Jahresgutachten 1992/93, Tabellen 20* und 85*.

die Inflationsrate hoch und umgekehrt. Dabei war die Inflationsrate in dem betrachteten Zeitraum stets positiv, d.h. die Konjunkturschwankungen schlagen sich in einer Beschleunigung bzw. Verlangsamung des Preisniveauanstiegs nieder, hingegen ist in einer Konjunkturbaisse kein absoluter Rückgang des Preisniveaus festzustellen.

III.2 Erklärung der Inflation

Nachfolgend wird die Frage untersucht, welche Ursachen einem Inflationsprozeß zugrunde liegen.[1] Zur Einführung in diesen Problemkreis wird in Abschnitt III.2.1 an den bisherigen Ausführungen angeknüpft und ein einmaliger Preisniveauanstieg untersucht i.d.S., daß das Preisniveau auf ein höheres Niveau ansteigt und dort konstant bleibt. Erst in Abschnitt III.2.2 folgt eine Analyse des eigentlichen Inflationsprozesses i.S. eines permanenten Anstiegs des Preisniveaus.

III.2.1 Einmaliger Preisniveauanstieg

In diesem Abschnitt wird zunächst das zugrundeliegende Makro-Modell dargestellt; daran anschließend werden die verschiedenen Ursachen für einen Preisanstieg aufgezeigt.

1. Das Makro-Modell

Wie im vorangehenden Kapitel gezeigt wurde, ist Arbeitslosigkeit darauf zurückzuführen, daß ein Gleichgewicht bei Vollbeschäftigung und Preisniveaustabilität durch exogene Schocks gestört wird, auf die die Wirtschaft in bestimmter Weise reagiert. Bezüglich der adäquaten Modellierung dieser Reaktion sind Keynesianer und Neo-klassiker jedoch unterschiedlicher Meinung.

Ähnliches gilt für einen Inflationsprozeß. Auch hier wird ein Gleichgewicht bei Vollbeschäftigung und Preisniveaustabilität durch exogene Schocks gestört, wobei die Reaktionen der Wirtschaft auf diese Schocks zu Inflation führen. Im Gegensatz zum vorhergehenden Fall

---

[1]   Die Frage nach den Inflationsursachen wird hier im Rahmen einer geschlossenen Volkswirtschaft untersucht; das Problem einer internationalen Inflationsübertragung wird im IV. Kapitel diskutiert.

unterscheiden sich Keynesianer und Neoklassiker hier jedoch kaum in ihrer Vorstellung über diese Reaktionen. Aus diesem Grund gehen die nachfolgenden Ausführungen von einem für Keynesianer und Neoklassiker einheitlichen Makro-Modell aus.

Dieses einheitliche Modell entspricht der im I. Kapitel dargestellten dritten Version des Makro-Modells, das um das kurzfristige Angebotsverhalten bei falschen Preiserwartungen ergänzt wird. Wie in Kapitel I gezeigt wurde, folgt die gesamtwirtschaftliche Güternachfrage aus der IS- und LM-Kurve. Bei linearer Konsumfunktion $(C = \bar{C} - cT + cY)$ sowie linearer Investitionsfunktion $(I = \bar{I} + ir)$ gilt für die IS-Kurve:

$$(1) \quad Y = \beta_1 \Phi_1 + \beta_1 ir$$

mit:

$$\beta_1 = 1/(1-c)$$

$$\Phi_1 = \bar{C} - cT + \bar{I} +.$$

Bei linearer Geldnachfragefunktion $(1 = kY + \bar{I} + lr)$ ergibt sich für die LM-Kurve:

$$(2) \quad M/P = kY + \bar{I} + lr.$$

Damit läßt sich für die D-Kurve schreiben:

$$(3) \quad Y^n = \beta_2 \Phi + \frac{i}{I} \beta_2 \frac{M}{P}$$

mit:

$$\beta_2 = \frac{1}{1-c+ik/I}$$

$$\Phi = \Phi_1 - \frac{i}{I} \bar{I}.$$

Das Güterangebot folgt aus der in Kapitel II dargestellten Lucas-Angebotsfunktion; in multiplikativer Form gilt für die S-Kurve:

$$(4) \quad Y^a = Y_0 \left[\frac{P}{P^e}\right]^\alpha.$$

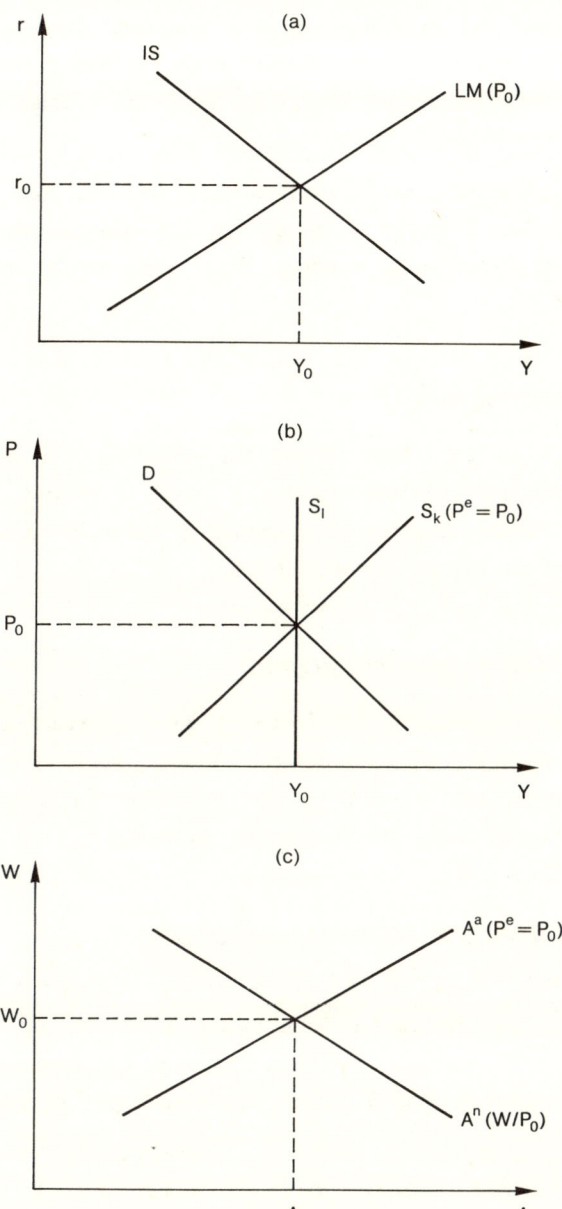

Abb. III.7: Gleichgewicht bei Vollbeschäftigung und Preisniveaustabilität I

Dieses Modell ist in Abbildung III.7 graphisch dargestellt, wobei wiederum auch die IS- und LM-Kurve als Ergänzung der D-Kurve sowie der Arbeitsmarkt als Ergänzung der S-Kurve aufgeführt sind.

Wie Abbildung III.7 zeigt, kann sowohl eine Rechtsverschiebung der D-Kurve (Erhöhung der Güternachfrage) als auch eine Linksverschiebung der S-Kurve (Verringerung des Güterangebots) einen Anstieg des Preisniveaus auslösen. Beide Fälle werden nachfolgend betrachtet.

2. Nachfrageimpuls[1]

Eine Erhöhung der Güternachfrage hat kurzfristig, d.h. bei falschen Preiserwartungen (Anpassungsprozeß), und langfristig, also bei korrekten Preiserwartungen (Gleichgewicht), unterschiedliche Auswirkungen auf die interessierenden Größen.

2.1 Die Gleichgewichtslösung

Eine Rechtsverschiebung der D-Kurve kann entweder durch eine autonome Nachfrageerhöhung ausgelöst werden, worauf die Keynesianer hinweisen, oder aber durch eine induzierte Nachfrageerhöhung, was den Vorstellungen der Neoklassiker entspricht.[2]

2.1.1 Autonome Nachfrageerhöhung

Eine autonome Nachfrageerhöhung (bspw. ein Anstieg von $\bar{I}$ oder G) führt zu einer Rechtsverschiebung der IS-Kurve in Abbildung III.8 a, von IS_0 nach IS_1. Bei dem ursprünglichen Zinssatz r_0 steigt die Güternachfrage auf $\bar{Y}$. Diese Güternachfrage ist jedoch nicht

---

1   Branson, W.H., Makroökonomie, a.a.O., S. 462ff; Pohl, R., Theorie der Inflation, a.a.O., S. 41ff; Ströbele, W., Inflation, 2. Aufl., München/Wien 1984, S. 28ff.

2   Die Neoklassiker gehen streng genommen von einer senkrechten LM-Kurve aus, so daß bei einer autonomen Nachfrageerhöhung ein vollständiges crowding-out eintritt.

finanzierbar. Die Geldnachfrage ist größer als das Geldangebot, wodurch der Zinssatz von r_0 auf r_1 ansteigt.

Infolge des Zinsanstiegs verringert sich die Güternachfrage entlang der IS_1-Kurve von $\bar{Y}$ auf Y_1. Gleichzeitig bewirkt der Zinsanstieg eine Umschichtung der Geldbestände: Spekulationskasse fließt in die Transaktionskasse, so daß das finanzierbare Einkommen entlang der $LM(P_0)$-Kurve von Y_0 ebenfalls auf Y_1 ansteigt.

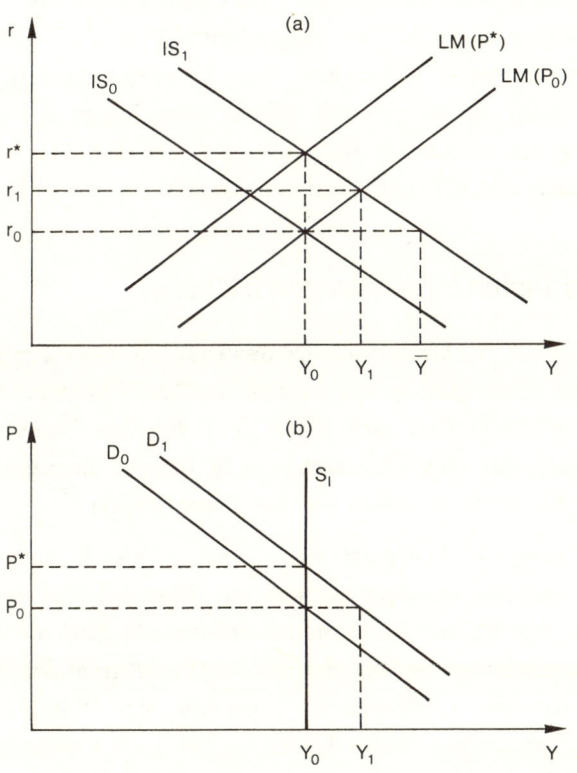

Abb. III.8: *Preiserhöhung infolge einer autonomen Nachfrageerhöhung*

Die Erhöhung der Güternachfrage von Y_0 auf Y_1 führt bei noch konstantem Preisniveau P_0 zu einer Rechtsverschiebung der

D-Kurve von D_0 nach D_1. Bei P_0 ist nun die Güternachfrage größer als das Güterangebot; es existiert eine inflatorische Lücke in Höhe von Y_1-Y_0. Diese inflatorische Lücke hat einen Preisanstieg zur Folge.

Werden korrekte Preiserwartungen unterstellt, so bleibt das Güterangebot unverändert (Y_0). Zur Schließung der inflatorischen Lücke ist somit ein Anstieg des Preisniveaus auf P^* erforderlich, d.h. es existiert bei P^*/Y_0 ein neues Vollbeschäftigungsgleichgewicht bei Preisniveaukonstanz. Infolge des höheren Preisniveaus sinkt die Güternachfrage auf ihr Ausgangsniveau: Der Preisniveauanstieg verringert die reale Geldmenge, was Zinssteigerungen und einen weiteren Rückgang der privaten Investitionsnachfrage zur Folge hat. In Teil a der Abbildung III.8 verlagert sich die LM-Kurve von $LM(P_0)$ nach $LM(P^*)$; der Zinssatz steigt auf r^*.

2.1.2 Induzierte Nachfrageerhöhung

Eine induzierte Nachfrageerhöhung resultiert aus einer Erhöhung der Geldmenge. Hierdurch verschiebt sich die LM-Kurve in Abbildung III.9 a von $LM(M_0/P_0)$ nach $LM(M_1/P_0)$. Bei dem bisherigen Zinssatz r_0 kann nun eine Güternachfrage in Höhe $\bar{Y}$ finanziert werden. Geld ist also reichlich vorhanden, der Zinssatz sinkt.

Der Rückgang des Zinssatzes von r_0 auf r_1 bewirkt einerseits eine höhere Investitionsnachfrage, so daß die Güternachfrage entlang der IS-Kurve von Y_0 auf Y_1 zunimmt; andererseits geht die finanzierbare Güternachfrage entlang der $LM(M_1/P_0)$-Kurve von $\bar{Y}$ auf Y_1 zurück, da die Geldbestände zugunsten der Spekulationskasse umgeschichtet werden. Somit kommt es bei noch konstantem Preisniveau (P_0) zu einem Anstieg der Güternachfrage auf Y_1, d.h. die D-Kurve in Teil b der Abbildung III.9 verlagert sich von D_0 nach D_1. Damit existiert wieder ein neues Gleichgewicht bei P^*/Y_0.

Infolge des höheren Preisniveaus geht die Güternachfrage (entlang der D_1-Kurve) wieder auf ihr ursprüngliches Niveau zurück. In Abbildung III.9 a verlagert sich die LM-Kurve wieder in die Ausgangsposition $(LM(M_1/P^*) = LM(M_0/P_0))$; der Zinssatz erreicht ebenfalls wieder seinen ursprünglichen Wert (r_0).

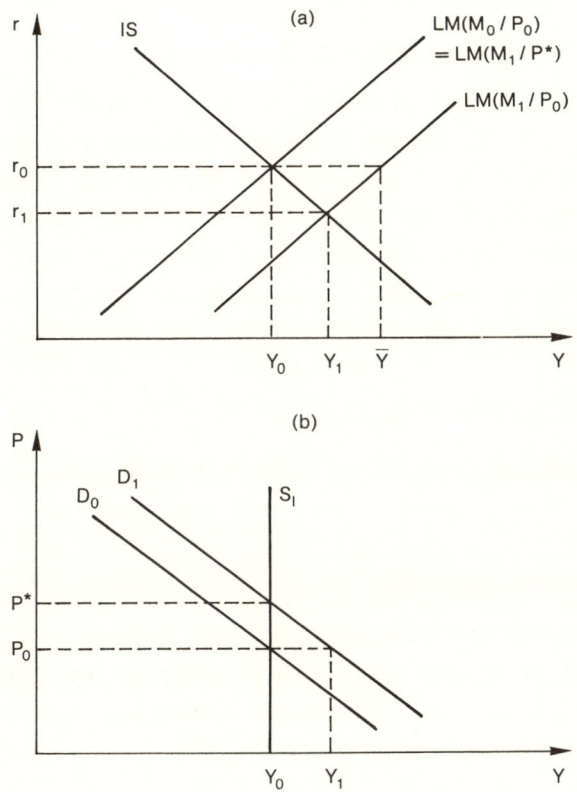

Abb. III.9: *Preiserhöhung infolge einer induzierten Nachfrageerhöhung*

Das Preisniveau bleibt somit sowohl bei autonomer als auch bei induzierter Nachfrageerhöhung auf höherem Niveau konstant, da bei diesem Preisniveau keine inflatorische Lücke mehr existiert: In beiden Fällen kommt es infolge einer Verringerung der realen Geldmenge zu einem Zinsanstieg. Bei autonomer Nachfrageerhöhung steigt der Zinssatz über seinen Ausgangswert an, wodurch die zinsabhängige Investitionsnachfrage im Ausmaß der autonomen Nach-

fragesteigerung zurückgedrängt wird. Bei induzierter Nachfrageerhöhung erreicht der Zinssatz wieder seinen Ausgangswert, so daß
kein Anreiz mehr für eine erhöhte Investitionstätigkeit besteht.

2.2 Der Anpassungsprozeß

Den vorangehenden Ausführungen lagen korrekte Erwartungen
zugrunde. Diese stellen sich jedoch erst nach einer gewissen Zeit ein.
Damit bleibt noch die kürzerfristige Reaktion der Wirtschaft auf
einen (autonomen oder induzierten) Nachfrageschock bei falschen
Erwartungen darzustellen, nämlich der Anpassungspfad an das langfristige Gleichgewicht (Stabilitätsbetrachtung). Dies geschieht nachfolgend sowohl für adaptive als auch für rationale Erwartungen.

2.2.1 Adaptive Erwartungen

Der Anpassungsprozeß an das langfristige Gleichgewicht wird nachfolgend sowohl graphisch als auch algebraisch dargestellt.

(1) Graphische Darstellung

Die Erhöhung der gesamtwirtschaftlichen Güternachfrage führt in
Abbildung III.10 a zu einer Rechtsverschiebung der D–Kurve von
D_0 nach D_1. Bei dem herrschenden Preisniveau P_0 entsteht eine
inflatorische Lücke in Höhe von Y_1-Y_0.[1]

Infolge der inflatorischen Lücke steigt das Preisniveau an (auf P_2),
wodurch einerseits die Güternachfrage sinkt (von Y_1 auf Y_2) und
andererseits das Güterangebot ansteigt (von Y_0 auf Y_2).

Der Anstieg des Güterangebots ist darauf zurückzuführen, daß der
Reallohn bei gegebenem Nominallohn sinkt, wodurch sich die
Arbeitsnachfragekurve nach rechts verschiebt (nach $A^n(W/P_2)$). Da
die Haushalte annahmegemäß den Preisniveauanstieg noch nicht
erkennen, bleibt die Arbeitsangebotskurve unverändert.

---

[1]   Es gilt wiederum, daß Y_1 aufgrund der sofort einsetzenden Preissteigerungen nur tendenziell erreicht wird.

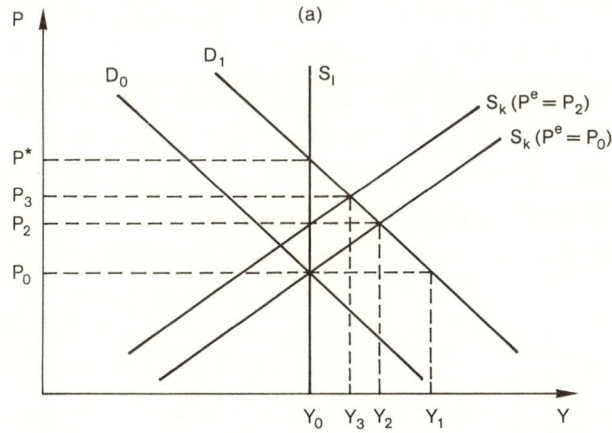

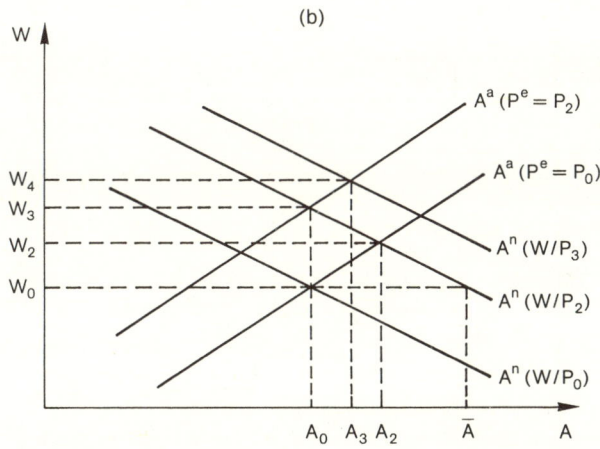

Abb. III.10: *Kurzfristige Reaktionen auf eine Erhöhung der Güternachfrage bei adaptiven Erwartungen*

Bei dem Nominallohn W_0 übersteigt nun die Arbeitsnachfrage ($\bar{A}$) das Arbeitsangebot (A_0), so daß der Nominallohn ansteigt (auf W_2). Dies bedeutet, daß sich der Reallohn von dem Wert W_0/P_2 auf W_2/P_2 erhöht, wodurch die Arbeitsnachfrage wieder etwas sinkt (von $\bar{A}$ auf A_2). Der steigende Nominallohn wird von den Haus-

halten als ein Anstieg des Reallohns von W_0/P_0 auf W_2/P_0 interpretiert, so daß sie ihr Arbeitsangebot von A_0 auf A_2 ausdehnen.

Der Beschäftigung in Höhe von A_2 entspricht das Güterangebot Y_2
gemäß der kurzfristigen Güterangebotskurve $S_k(P^e=P_0)$. Mit P_2/Y_2,
dem Schnittpunkt zwischen dieser S_k-Kurve und der D_1-Kurve, ist
also das erste temporäre Gleichgewicht erreicht. Im Unterschied zum
langfristigen Gleichgewicht treten kurzfristig Beschäftigungseffekte
auf.

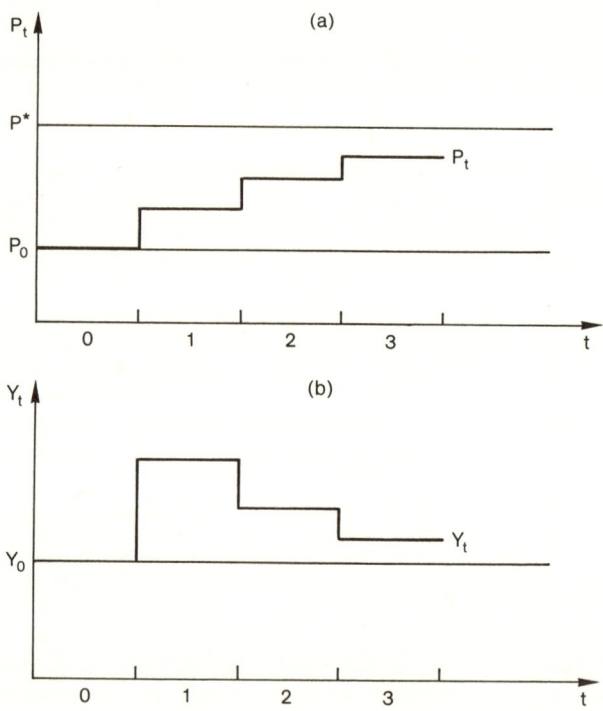

Abb. III.11:   *Zeitliche Entwicklung des Preisniveaus und des
Einkommens bei adaptiven Erwartungen*

Erwartungsrevision in der nächsten Periode führt zu einer Veränderung des Arbeitsangebots. Wird wieder der einfachste Fall

adaptiver Erwartungen unterstellt, nämlich $P_t^e = P_{t-1}$, so verschiebt sich die Arbeitsangebotskurve in Teil b der Abbildung III.10 nach links in die Position $A^a(P^e=P_2)$. Sie schneidet die Arbeitsnachfragekurve $A^n(W/P_2)$ bei dem Abszissenwert A_0: Arbeitsangebot und Arbeitsnachfrage sind wieder gleich A_0, wenn auch wieder der ursprüngliche Reallohn erreicht wird, d.h., wenn der Nominallohn (W_3) in gleichem Ausmaß angestiegen ist wie das Preisniveau $(W_0/P_0 = W_3/P_2)$.

In Teil a der Abbildung III.10 reduziert sich das Angebot bei dem Preisniveau P_2 auf Y_0, d.h. die kurzfristige Angebotskurve verschiebt sich nach oben in die Position $S_k(P^e=P_2)$. Das zweite temporäre Gleichgewicht ist somit bei P_3/Y_3 erreicht, dem Schnittpunkt zwischen der neuen S_k-Kurve und der D_1-Kurve. Weitere Erwartungsrevisionen führen schließlich zu dem langfristigen Gleichgewicht P^*/Y_0.

Abbildung III.11 macht noch einmal die zeitliche Entwicklung des Preisniveaus und des Einkommens deutlich. Während sich das Preisniveau schrittweise an das höhere Niveau P^* anpaßt, übersteigt das Einkommen zunächst seinen unveränderten Gleichgewichtswert, geht dann aber im Laufe der Zeit schrittweise auf diesen Wert zurück.

(2) Algebraische Darstellung

Das Güterangebot folgt aus obiger Lucas-Angebotsfunktion:

$$(1) \quad Y_t^a = Y_0 \left[\frac{P_t}{P_t^e}\right]^\alpha.$$

Bezüglich der Güternachfrage wird zur Vereinfachung von der Neoquantitätstheorie ausgegangen. In diesem Fall folgt die Güternachfrage aus obiger Gleichung für die LM-Kurve bei $\bar{I} = l = 0$ (senkrechter Verlauf):

$$(2) \quad Y_t^n = \frac{1}{k} \frac{M_t}{P_t}.$$

In logarithmischer Schreibweise (entsprechende Kleinbuchstaben) ergibt sich:

$$(3) \quad y_t^a = y_0 + \alpha(p_t - p_t^e)$$

$$(4) \quad y_t^n = \beta + m_t - p_t, \qquad \beta = \ln(1/k).$$

Es wird eine durch eine Erhöhung der Geldmenge induzierte Nachfrageerhöhung betrachtet; bzgl. der Geldmenge gelte:

$$(5) \quad m_t = \begin{cases} m_0 & \text{für} \quad t \leq 0 \\ m_1 & \text{für} \quad t > 0 \end{cases}$$

mit: $m_1 > m_0.$

Schließlich sei:

$$(6) \quad p_t^e = p_{t-1}.$$

Aus der Angebotsfunktion (3) und der Nachfragefunktion (4) folgt unter Beachtung der Markträumung ($y^a = y^n = y$):

$$(7) \quad p_t = \frac{1}{1+\alpha}(\beta + m_t - y_0 + \alpha p_t^e).$$

Unter Beachtung der Gleichungen (5) und (6) ergibt sich aus Gleichung (7) für $t > 0$:

$$(8) \quad p_t - \frac{\alpha}{1+\alpha} p_{t-1} = \frac{1}{1+\alpha}(\beta + m_1 - y_0).$$

Die Lösung dieser Differenzengleichung lautet:[1]

$$(9) \quad p_t = p^* + \Psi \left[\frac{\alpha}{1+\alpha}\right]^t$$

mit: $p^* = \beta + m_1 - y_0$

$$\Psi = m_0 - m_1 < 0.$$

---

[1]   Siehe hierzu den mathematischen Anhang.

Das Preisniveau liegt also zunächst unterhalb seines neuen Gleich-
gewichtswertes, steigt aber im Laufe der Zeit auf diesen Wert an.

Wird Gleichung (9) in Gleichung (4) eingesetzt, so folgt:

$$(10) \quad y_t = y_0 - \Psi \left[\frac{\alpha}{1+\alpha} \right]^t.$$

Nach Gleichung (10) übersteigt das Einkommen zunächst seinen
unveränderten Gleichgewichtswert und geht im Laufe der Zeit auf
diesen Wert zurück.

2.2.2 Rationale Erwartungen

Auch hier wird der Anpassungsprozeß zunächst graphisch, daran
anschließend algebraisch dargestellt.

(1) Graphische Darstellung

Wird der Nachfrageschock nicht vorausgesehen, so folgt zunächst
wiederum das oben dargestellte erste temporäre Gleichgewicht
P_2/Y_2, das in Abbildung III.12 wiederholt ist.

Erkennen nun die Wirtschaftssubjekte in der zweiten Periode die
Nachfrageerhöhung, so werden sie bei rationalen Erwartungen das
Preisniveau P^* erwarten (Schnittpunkt zwischen der D_1- und der
S_1-Kurve). Dies führt auf dem Arbeitsmarkt zu entsprechend hohen
Nominallohnforderungen, d.h. die Arbeitsnachfragekurve verschiebt
sich nach $A^a(P^e=P^*)$. Mit steigendem Preisniveau sind andererseits
die Unternehmer bereit, einen höheren Nominallohn zu akzeptieren;
die Arbeitsnachfragekurve verschiebt sich nach $A^n(W/P^*)$. Bei
korrekten Preiserwartungen stimmen Arbeitsangebot und Arbeitsnachfrage bei A_0 überein, was einem Nominallohn in Höhe von W^*
impliziert ($W_0/P_0 = W^*/P^*$).

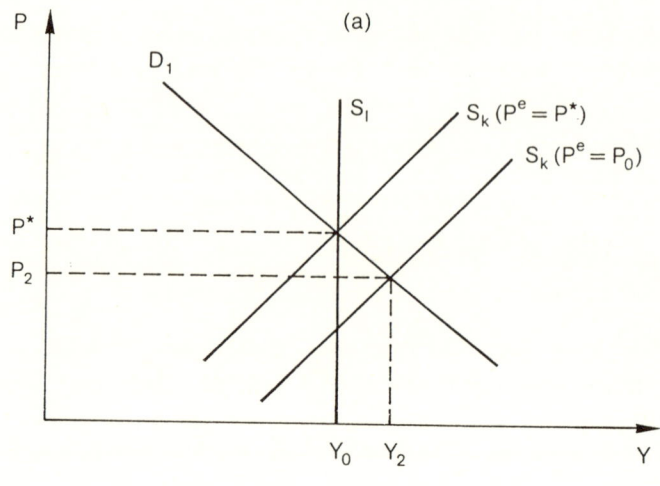

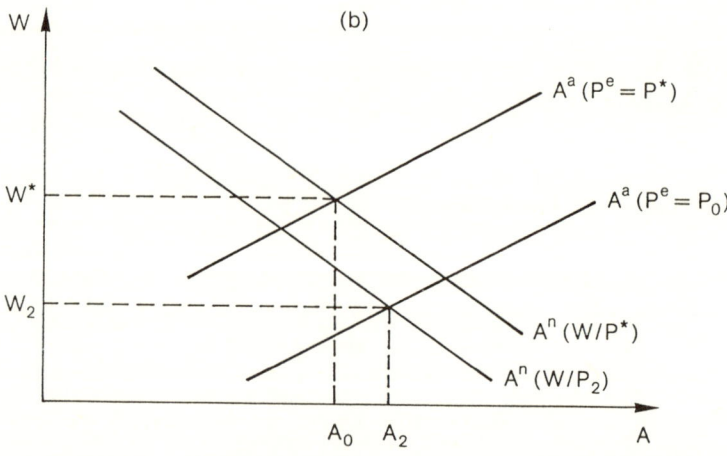

Abb. III.12:   *Kurzfristige Reaktionen auf eine Erhöhung*
der Güternachfrage bei rationalen Erwartungen

Damit verlagert sich die kurzfristige Angebotskurve in Teil a der
Abbildung III.12 nach Erkennen der Nachfragestörung in die langfristige Position $S_k(P^e=P^*)$, d.h. sie schneidet die S_l-Kurve bei P^*.
Bei rationalen Erwartungen wird also das langfristige Gleichgewicht
P^*/Y_0 bereits in der zweiten Periode erreicht.

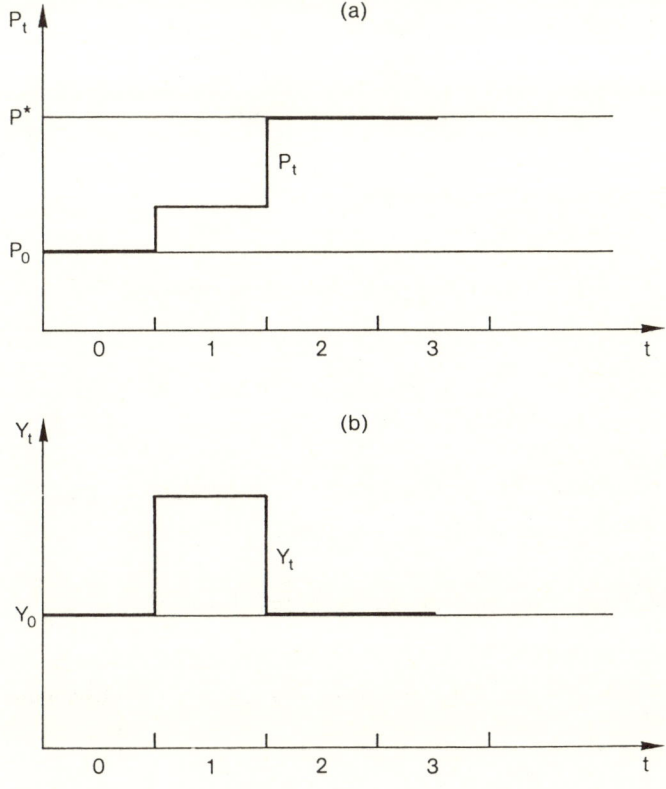

Abb. III.13: *Zeitliche Entwicklung des Preisniveaus und des Einkommens bei rationalen Erwartungen*

Abbildung III.13 wiederholt dieses Ergebnis. Wie Teil a dieser Abbildung zeigt, weicht das Preisniveau nur in der ersten Periode nach der Geldmengenerhöhung (t = 1) von seinem langfristigen Wert P* ab. Teil b dieser Abbildung ist die entsprechende Reaktion des Einkommens zu entnehmen: Nur in der Periode t = 1 treten positive Einkommens- und Beschäftigungseffekte ($Y_2 > Y_0$) auf.

(2) Algebraische Darstellung

Zur algebraischen Bestimmung des Anpassungsprozesses kann auf obige Gleichung (7) zurückgegriffen werden, die als Gleichung (1) wiederholt ist (mit $p_t^e = E_t(p_t)$):

(1) $p_t = \dfrac{1}{1+\alpha}\,[\beta + m_t - y_0 + \alpha E_t(p_t)]$.

Der Erwartungswert des Preisniveaus ist:

(2) $E_t(p_t) = \dfrac{1}{1+\alpha}\,[\beta + E_t(m_t) - y_0 + \alpha E_t(p_t)]$

bzw.:

(3) $E_t(p_t) = \beta + E_t(m_t) - y_0$.

Wird Gleichung (3) in Gleichung (1) eingesetzt, so gilt für das Preisniveau):

(4) $p_t = \beta + m_t - y_0 - \dfrac{\alpha}{1+\alpha}\,[m_t - E_t(m_t)]$.

Substitution von p_t aus Gleichung (4) in die Nachfragefunktion $y_t^n = \beta + m_t - p_t$ liefert (bei $y^n = y$):

(5) $y_t = y_0 + \dfrac{\alpha}{1+\alpha}\,[m_t - E_t(m_t)]$.

In der ersten Periode werden die Wirtschaftssubjekte von der Geldmengenerhöhung überrascht, d.h. es gilt $E_1(m_1) = m_0$.[1] Damit ergibt sich aus den Gleichungen (4) und (5):

(6) $p_1 = p^* - \dfrac{\alpha}{1+\alpha}\,(m_1 - m_0);\qquad p^* = \beta + m_1 - y_0$

(7) $y_1 = y_0 + \dfrac{\alpha}{1+\alpha}\,(m_1 - m_0)$.

Da die Wirtschaftssubjekte ab der zweiten Periode die Geldmengenerhöhung erkennen, gilt $E_t(m_t) = m_1$. Damit folgt aus den Glei-

---

[1]   Von weiteren Störungen wird zur Vereinfachung abgesehen.

chungen (4) und (5) für t > 1:

(8) $y_t = y_0$

(9) $p_t = p^*$.

Die Gleichungen (6)-(9) zeigen noch einmal, daß der Nachfrage-schock bei rationalen Erwartungen nur in der ersten Periode zu Abweichungen vom langfristigen Gleichgewicht führt.

3. Angebotsimpuls[1]

In diesem Abschnitt wird der Fall betrachtet, daß ein Anstieg des Preisniveaus durch eine Verringerung des Güterangebots verursacht wird. Auch hier werden zunächst die langfristigen Wirkungen (Gleichgewichtslösung), daran anschließend die kurzfristigen Wirkungen (Anpassungsprozeß) dargestellt.

3.1 Die Gleichgewichtslösung

Eine Verringerung des Güterangebots, d.h. eine Linksverschiebung der S-Kurve, kann sowohl auf erhöhte Lohnforderungen zurückzuführen sein, so die Vorstellungen der Keynesianer, als auch auf einen negativen Angebotsschock, worauf vor allem die Neoklassiker hinweisen.

3.1.1 Erhöhte Lohnforderungen

Die erhöhten Lohnforderungen aufgrund verstärkter gewerkschaftlicher Aktivität äußern sich in Abbildung III.14 b in einer Linksverschiebung der Arbeitsangebotskurve von $A_0^a(P^e=P_0)$ nach $A_1^a(P^e=P_0)$.

---

[1]   Branson, W.H., Makroökonomie, a.a.O., S. 464ff; Pohl, R., Theorie der Inflation, a.a.O., S. 87ff; Ströbele, W., Inflation, a.a.O., S. 33ff.

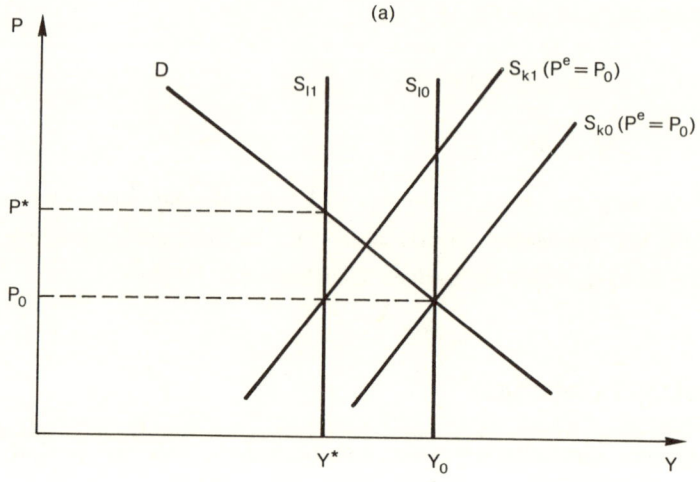

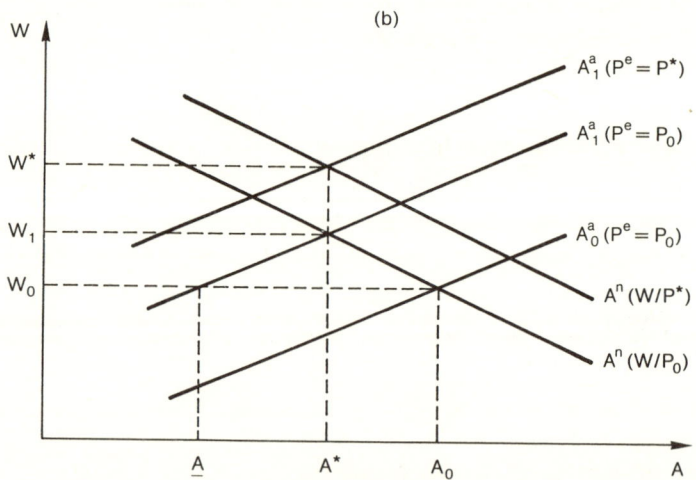

Abb. III.14: *Preiserhöhung infolge höherer Lohnforderungen*

Hierdurch wird das ursprüngliche Gleichgewicht auf dem Arbeitsmarkt (W_0/A_0) gestört; bei dem Lohnsatz W_0 ist die Arbeitsnachfrage nun größer als das Arbeitsangebot. Dies führt zu einem
Anstieg des Nominallohns auf W_1 sowie des Reallohns von W_0/P_0

auf W_1/P_0. Infolge des höheren Reallohns steigt einerseits das Arbeitsangebot wieder an (von $\underline{A}$ auf A^*), andererseits geht die Arbeitsnachfrage zurück (von A_0 auf A^*), so daß bei W_1/A^* und unverändertem Preisniveau ein neues Gleichgewicht auf dem Arbeitsmarkt erreicht wird.

Der Rückgang der Beschäftigung führt – bei unverändertem Preisniveau und unveränderten Preiserwartungen – zu einem Rückgang des Güterangebots von Y_0 auf Y^*. Bei Preisänderungen und korrekten Erwartungen bleibt dieses Angebot erhalten; bei falschen Preiserwartungen kommt es wieder zu Angebotsänderungen. In Teil a der Abbildung III.14 verlagern sich somit kurz- und langfristige Angebotskurve nach links in die Position $S_{k1}(P^e = P_0)$ bzw. S_{l1}.

Infolge verringerten Güterangebots bei unveränderter Güternachfrage entsteht eine inflatorische Lücke $(Y_0 - Y^*)$. Diese wird durch einen Anstieg des Preisniveaus auf P^* geschlossen, der langfristig zu einem entsprechenden Rückgang der Güternachfrage führt. Das neue Gütermarktgleichgewicht liegt also bei P^*/Y^*; das zugehörige Arbeitsmarktgleichgewicht bei W^*/A^*.

3.1.2 Negativer Angebotsschock

Wie in Kapitel II dargestellt wurde, führt ein negativer Angebotsschock zu einer „Drehung" der Produktionsfunktion von $F_0(A,\bar{K})$ nach $F_1(A,\bar{K})$ im IV. Quadranten der Abbildung III.15 sowie zu einer Verschiebung der Arbeitsnachfragekurve von $A_0^N(W/P_0)$ nach $A_1^N(W/P_0)$ im III. Quadranten derselben Abbildung.

Bei W_0 ist nun das Arbeitsangebot (A_0) größer als die Arbeitsnachfrage $(\underline{A})$. Markträumung führt dann sowohl zu einem niedrigeren Nominal- (W_1) als auch Reallohn $(W_1/P_0 < W_0/P_0)$. Hierdurch steigt die Arbeitsnachfrage wieder an (von $\underline{A}$ nach A^*), während das Arbeitsangebot sinkt (von A_0 auf A^*). Damit ist bei W_1/A^* und unverändertem Preisniveau ein neues Gleichgewicht auf dem Arbeitsmarkt erreicht.

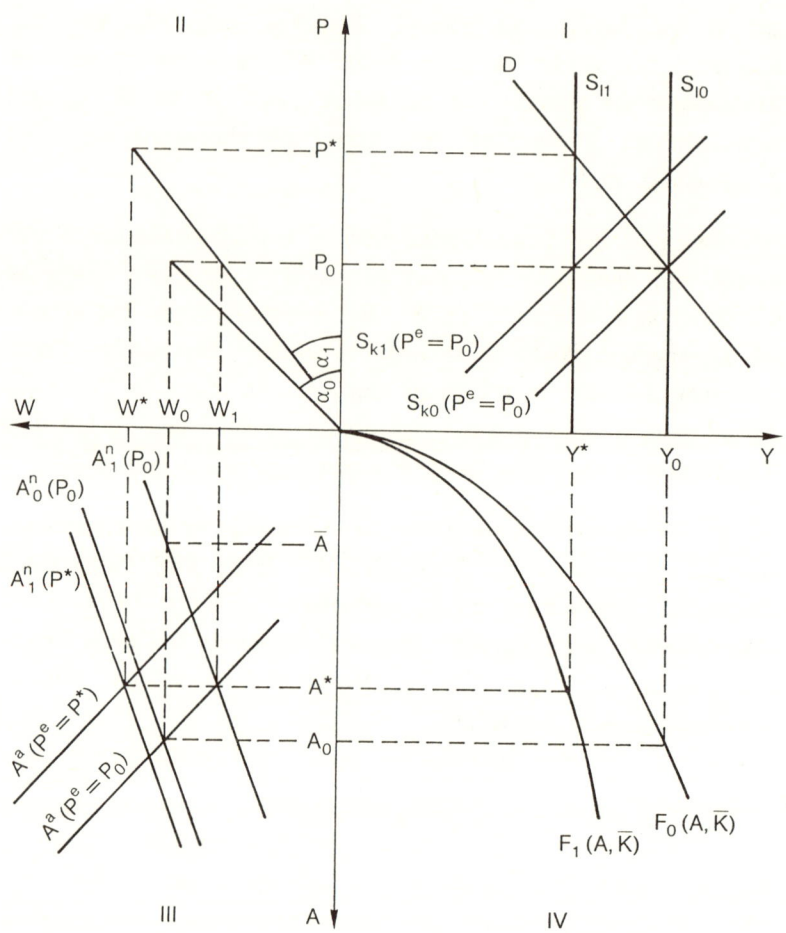

Abb. III.15: *Preiserhöhung infolge eines negativen Angebotsschocks*

Geringere Beschäftigung sowie verschlechterte Produktionsmöglich-
keiten haben ein niedrigeres Güterangebot zur Folge (Y^*), wie dem
IV. Quadranten der Abbildung III.15 zu entnehmen ist. Dieses
Angebot bleibt bei Preisänderungen und korrekten Erwartungen
erhalten; bei falschen Erwartungen hingegen kommt es wiederum zu
Angebotsänderungen. Damit verlagern sich auch hier die kurzfristige

$(S_{k0}(P^e=P_0))$ und die langfristige (S_{l0}) Angebotskurve nach links (nach $S_{k1}(P^e=P_0)$ bzw. S_{l1}), wie im I. Quadranten der Abbildung III.15 dargestellt ist.

Bei unveränderter Güternachfrage entsteht damit wieder eine inflatorische Lücke (Y_0-Y^*), die Preissteigerungen auslöst (auf P^*), wodurch die Güternachfrage längerfristig auf Y^* reduziert wird. Das Gütermarktgleichgewicht ist also bei P^*/Y^* erreicht; das entsprechende Arbeitsmarktgleichgewicht bei W^*/A^*.

3.2 Der Anpassungsprozeß

Nachfolgend werden noch die kurzfristigen Reaktionen auf eine Verringerung des Güterangebots untersucht, und zwar wiederum bei adaptiven und bei rationalen Erwartungen.

3.2.1 Adaptive Erwartungen

Die Ausführungen beginnen mit der graphischen Darstellung. Die Verringerung des Güterangebots hat eine inflatorische Lücke in Höhe Y_0-Y^* in Abbildung III.16 zur Folge.

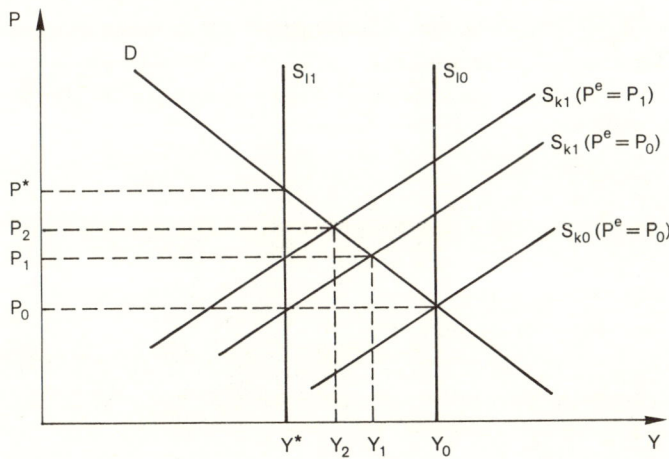

Abb. III.16: *Kurzfristige Reaktionen auf eine Verringerung des Güterangebots bei adaptiven Erwartungen*

Die hierdurch ausgelösten Preissteigerungen (auf P_1) führen zum einen wiederum zu einem Rückgang der Güternachfrage (von Y_0 auf Y_1); zum anderen jedoch noch zusätzlich - bei falschen Preiserwartungen - zu einer Ausweitung des Güterangebots (von Y^* auf Y_1). Das erste temporäre Gleichgewicht ist also bei P_1/Y_1 erreicht.

Erwartungsrevisionen führen nun weiter zu einer Verschiebung der kurzfristigen Angebotskurve. Wird wieder $P_t^e = P_{t-1}$ unterstellt, so verlagert sie sich in die Position $S_{k1}(P^e=P_1)$. Das zweite temporäre Gleichgewicht liegt dann bei P_2/Y_2. Nach weiteren Erwartungskorrekturen wird schließlich das langfristige Gleichgewicht P^*/Y^* erreicht.

Zur algebraischen Darstellung des Anpassungsprozesses wird wieder auf die obigen Gleichungen für Güterangebot und Güternachfrage zurückgegriffen:

$$(1) \quad y_t^a = y_0 + \alpha(p_t - p_t^e) + \delta_t^a$$

$$(2) \quad y_t^n = \beta + m_t - p_t,$$

wobei die Verringerung des Güterangebots durch einen entsprechenden Störterm δ_t^a erfaßt wird mit $\delta_t^a = \delta^a < 0$ für $t \geq 1$.

Weiter gelte:

$$(3) \quad p_t^e = p_{t-1}$$

sowie:

$$(4) \quad m_t = m_0.$$

Die Gleichungen (1) und (2) führen bei Markträumung $(y^a = y^n = y)$ zu:

$$(5) \quad p_t = \frac{1}{1+\alpha} (\beta + m_t - y_0 - \delta^a + \alpha p_t^e).$$

Unter Beachtung der Gleichungen (3) und (4) ergibt sich folgende Differenzengleichung in p:

$$(6) \quad p_t - \frac{\alpha}{1+\alpha} \, p_{t-1} = \frac{1}{1+\alpha} \, (\beta + m_0 - y_0 - \delta^a).$$

Die Lösung dieser Gleichung ist:

$$(7) \quad p_t = p^* + \delta^a \left[\frac{\alpha}{1+\alpha} \right]^t$$

mit: $\qquad p^* = p_0 - \delta^a.$

Wird Gleichung (7) in Gleichung (2) eingesetzt, so folgt für das Einkommen:

$$(8) \quad y_t = y^* - \delta^a \left[\frac{\alpha}{1+\alpha} \right]^t$$

mit: $\qquad y^* = y_0 + \delta^a.$

Die Gleichungen (7) und (8) wiederholen das graphisch abgeleitete Ergebnis: Infolge des Rückgangs des Güterangebots steigt das Preisniveau sukzessive auf ein höheres Gleichgewichtsniveau, während das Volkseinkommen schrittweise auf ein niedrigeres Niveau sinkt.

3.2.2 Rationale Erwartungen

Wird der Rückgang des Güterangebots nicht vorausgesehen, so stellt sich als erste Reaktion wiederum das oben abgeleitete erste temporäre Gleichgewicht ein (P_1/Y_1), das in Abbildung III.17 wiederholt ist.

Erkennen die Haushalte in der zweiten Periode den Rückgang des Güterangebots, so erwarten sie bei rationalen Erwartungen das Preisniveau P^* und stellen sich mit ihren Lohnforderungen hierauf ein. Damit verlagert sich die kurzfristige Angebotskurve bereits in der zweiten Periode in die endgültige Lage $S_{k1}(P^e = P^*)$, so daß ab dieser Periode auch schon das langfristige Gleichgewicht P*/Y* erreicht wird.

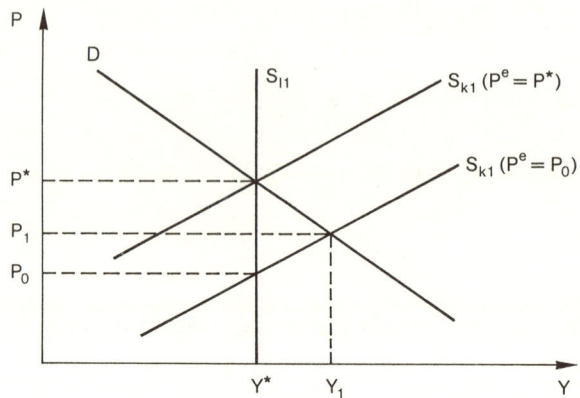

Abb. III.17:   *Kurzfristige Reaktionen auf eine Verringerung des Güterangebots bei rationalen Erwartungen*

Zur algebraischen Lösung kann auf die vorangehende Gleichung (5) zurückgegriffen werden, die als Gleichung (1) wiederholt ist (mit $p_t^e = E_t(p_t)$):

$$(1) \quad p_t = \frac{1}{1+\alpha} [\beta + m_t - y_0 - \delta^a + \alpha E_t(p_t)].$$

Der Erwartungswert des Preisniveaus ist:

$$(2) \quad E_t(p_t) = \frac{1}{1+\alpha} [\beta + E_t(m_t) - y_0 - E_t(\delta_t^a) + \alpha E_t(p_t)]$$

bzw.:

$$(3) \quad E_t(p_t) = \beta + E_t(m_t) - y_0 - E_t(\delta_t^a).$$

Wird Gleichung (3) in Gleichung (1) eingesetzt, so folgt für das Preisniveau:

$$(4) \quad p_t = \beta + m_t - y_0 + \frac{\alpha}{1+\alpha} [m_t - E_t(m_t) - \delta^a + E_t(\delta_t^a)] - \delta^a.$$

Nach Substitution von p_t in der Nachfragefunktion $y_t^n = \beta + m_t - p_t$ durch Gleichung (4) folgt für das Einkommen (bei $y^n = y$):

(5) $\quad y_t = y_0 + \dfrac{\alpha}{1+\alpha} [m_t - E_t(m_t) - \delta^a + E_t(\delta_t^a)] + \delta^a.$

In der ersten Periode gilt $E_1(m_1) = m_0$ und $E_1(\delta_1^a) = 0$, d.h. die Wirtschaftssubjekte werden von der Angebotsstörung überrascht. Die Gleichungen (4) bzw. (5) ergeben in diesem Fall:

(6) $\quad p_1 = p^* + \dfrac{1}{1+\alpha} \delta^a$

(7) $\quad y_1 = y^* - \dfrac{1}{1+\alpha} \delta^a$

mit: $\qquad p^* = p_0 - \delta^a$

$\qquad\qquad p_0 = \beta + m_0 - y_0$

$\qquad\qquad y^* = y_0 + \delta^a.$

Ab der zweiten Periode gilt $E_t(m_t) = m_0$ sowie $E_t(\delta_t^a) = \delta^a$, d.h. die Wirtschaftssubjekte erkennen jetzt die Angebotsstörung. Damit folgt aus den Gleichungen (4) bzw. (5) für $t > 1$:

(8) $\quad y_t = y^* = y_0 + \delta^a$

(9) $\quad p_t = p^* = p_0 - \delta^a.$

Die algebraische Lösung bestätigt wiederum die obigen Ergebnisse: Sobald die Veränderung des Güterangebots bemerkt wird, stellen sich die Wirtschaftssubjekte darauf ein, so daß dann unmittelbar das neue Gleichgewicht realisiert wird. Infolge der Verschlechterung der Angebotssituation ($\delta^a < 0$) ist dieses bei höherem Preisniveau und niedrigerem Volkseinkommen erreicht.

III.2.2 Permanenter Preisniveauanstieg

In diesem Abschnitt wird nun der eigentliche Inflationsprozeß i.S. eines permanenten Anstiegs des Preisniveaus betrachtet. Hierzu wird zunächst ein Modell einer inflationären Wirtschaft dargestellt; daran anschließend werden die Ursachen für einen permanenten Preisniveauanstieg diskutiert.

1. Modell einer inflationären Wirtschaft[1]

Zur Darstellung eines Inflationsprozesses wird auf das eingangs dargestellte Modell zurückgegriffen, das jedoch noch entsprechend zu modifizieren ist. So soll einerseits aus Zweckmäßigkeitsgründen statt des sich laufend ändernden Preisniveaus die Inflationsrate bestimmt werden. Andererseits sind die Verhaltensänderungen der Wirtschaftssubjekte in einer inflationären Wirtschaft zu berücksichtigen. Damit bleiben Güterangebot und Güternachfrage unter Beachtung der Verhaltensänderungen in Abhängigkeit von der Inflationsrate zu formulieren.

Der Güternachfrage liegt die IS-Kurve zugrunde, die die Konsum-, Investitions- und Staatsnachfrage erfaßt. Im Hinblick auf die Investitionsnachfrage ist nun die erste Modifikation gegenüber dem vorangehend dargestellten Modell zu beachten.

Wie im Zusammenhang mit der Ableitung der Investitionsnachfrage im I. Kapitel gezeigt wurde, ist in einer inflationären Wirtschaft zwischen nominellem und realem Zinssatz zu unterscheiden. Der reale Zinssatz (ϱ) entspricht dem nominellen Zinssatz (r) abzüglich der erwarteten Inflationsrate ($\hat{P}^e$), das sog. Fisher-Theorem. Weiter wurde gezeigt, daß die Investitionsnachfrage vom realen Zinssatz

---

1   Claassen, E.-M., Grundlagen der makroökonomischen Theorie, a.a.O., S. 306ff; Dieckheuer, G., Makroökonomie, Berlin u.a. 1993, S. 382ff; Jarchow, H.-J., Theorie und Politik des Geldes I, a.a.O., S. 281ff.

abhängt. Damit lautet die Gleichung der IS-Kurve in einer inflationären Wirtschaft (bei linearer Konsum- und Investitionsfunktion):[1]

$$(1) \quad Y_t = \Phi_{1,t} + cY_t + i(r_t - \hat{P}_t^e)$$

mit: $\quad \Phi_{1,t} = \bar{C} - cT + \bar{I} + G.$

Unter Beachtung der LM-Kurve bei linearer Geldnachfrage:

$$(2) \quad M_t/P_t = kY_t + \bar{I} + lr_t$$

folgt dann für die D-Kurve:

$$(3) \quad Y_t = \tilde{\beta}\left[\Phi_t + \frac{i}{I}\frac{M_t}{P_t} - i\hat{P}_t^e\right]$$

mit: $\quad \tilde{\beta} = \dfrac{1}{1 - c + ik/I}$

$$\Phi_t = \Phi_{1,t} - \frac{i}{I}\bar{I}.$$

Es bleibt noch die Güternachfrage in Abhängigkeit von der Inflationsrate darzustellen. Hierzu wird Gleichung (3) um eine Periode zeitverzögert:

$$(4) \quad Y_{t-1} = \tilde{\beta}\left[\Phi_{t-1} + \frac{i}{I}\frac{M_{t-1}}{P_{t-1}} - i\hat{P}_{t-1}^e\right]$$

sowie die Differenz $Y_t - Y_{t-1}$ gebildet:

$$(5) \quad Y_t - Y_{t-1} = \tilde{\beta}(\Phi_t - \Phi_{t-1}) + \tilde{\beta}\frac{i}{I}\left[\frac{M_t}{P_t} - \frac{M_{t-1}}{P_{t-1}}\right] - \tilde{\beta}i(\hat{P}_t^e - \hat{P}_{t-1}^e).$$

Wird der letzte Term auf der rechten Seite der Gleichung (5) vernachlässigt sowie die Differenz zwischen der realen Geldmenge in den beiden Perioden t und t-1 durch die entsprechenden Wachs-

---

[1] Bei einem einmaligen Preisniveauanstieg kommt es während des Anpassungsprozesses ebenfalls zu einer Abweichung zwischen realem und nominellem Zinssatz. Dieser Effekt wurde im vorangehenden Abschnitt zur Vereinfachung vernachlässigt.

tumsraten angenähert, so ergibt sich schließlich für die gesuchte gesamtwirtschaftliche Güternachfrage in Abhängigkeit von der Inflationsrate:

$$(6) \quad Y_t^n = Y_{t-1}^n + \beta(\hat{M}_t - \hat{P}_t) + \delta_t^n$$

mit:
$$\beta = \tilde{\beta}i/1$$

$$\delta_t^n = \tilde{\beta}(\Phi_t - \Phi_{t-1}).$$

Der Term δ_t^n erfaßt die Auswirkungen einer Änderung der exogenen Nachfragekomponenten auf die gesamtwirtschaftliche Güternachfrage, nämlich die Differenz des Niveaus der exogenen Größen in den beiden Perioden t und $t-1$.

IS- und LM-Kurve sowie die D-Kurve sind in Abbildung III.18 dargestellt. In Abbildung III.18 a ist auf der Ordinate der nominelle (Markt-)Zinssatz abgetragen. Damit ist die Lage der IS-Kurve in diesem Diagramm von der Höhe der erwarteten Inflationsrate abhängig. Je höher die erwartete Inflationsrate, um so niedriger ist bei gegebenem nominellen Zinssatz der reale Zinssatz, wodurch eine entsprechend hohe Investitionsnachfrage induziert wird. Damit verschiebt sich die IS-Kurve mit steigender Inflationsrate nach oben.

Die Lage der D-Kurve wird durch den Abszissenabschnitt $Y_{t-1}^n + \beta\hat{M}_t + \delta_t^n$ festgelegt; ihre Steigung beträgt $-1/\beta$. Für $\hat{M}_t = \delta_t^n = 0$ sowie $Y_{t-1} = Y_0$ ergibt sich der in Teil b der Abbildung III.18 eingezeichnete Verlauf dieser Kurve.

Das Güterangebot (S-Kurve) folgt aus der Situation auf dem Arbeitsmarkt (unter Berücksichtigung der Produktionsmöglichkeiten). Bezüglich des Arbeitsangebots ist nun die zweite Modifikation gegenüber dem oben dargestellten Modell zu beachten. Bisher wurde davon ausgegangen, daß sich die Haushalte im Hinblick auf ihr Arbeitsangebot (bei gegebenem Nominallohn) am erwarteten Preisniveau orientieren. In einer inflationären Wirtschaft, in der ein laufender Anstieg des Preisniveaus erwartet wird, erscheint hingegen die Annahme, daß sich die Haushalte nach der erwarteten Inflationsrate richten, die bessere Annäherung an die Realität.

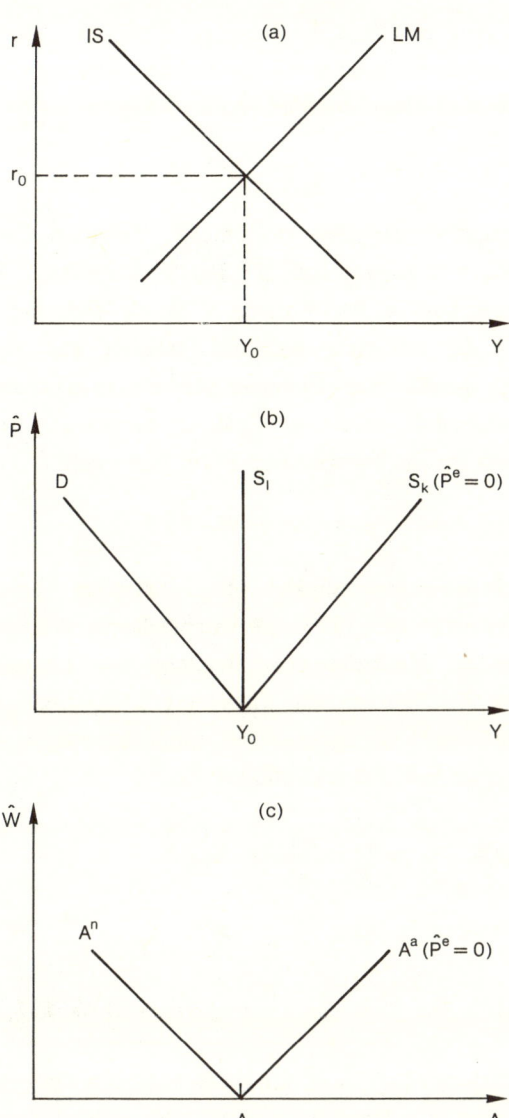

Abb. III.18: *Gleichgewicht bei Vollbeschäftigung und Preisniveaustabilität II*

Die Arbeitsnachfrage ist eine abnehmende Funktion des Reallohns. In der Periode t ist somit die Arbeitsnachfrage kleiner als in der

Vorperiode, wenn der Reallohn ansteigt, d.h., wenn die Wachstumsrate des Nominallohns größer als die Inflationsrate ist. In linearisierter Form läßt sich also schreiben ($A^n_{t-1} = A_{t-1}$):

$$(7) \quad A^n_t = A_{t-1} - \gamma_1(\hat{W}_t - \hat{P}_t).$$

Das Arbeitsangebot ist eine zunehmende Funktion des erwarteten
Reallohns. Wird erwartet, daß der Reallohn konstant bleibt, so ist
das Arbeitsangebot in der Periode t gleich dem der Vorperiode,
wenn in t-1 der erwartete Reallohn realisiert war, andernfalls ist
A^a_{t-1} ($= A_{t-1}$) gemäß dem Erwartungsirrtum in t-1 zu korrigieren
($\tilde{A}_t$). Mit steigendem erwarteten Reallohn nimmt das Arbeitsangebot
darüber hinaus zu. In linearisierter Form gilt somit:

$$(8) \quad A^a_t = A_{t-1} + \tilde{A}_t + \gamma_2(\hat{W}_t - \hat{P}^e_t).$$

Sind die Inflationserwartungen der laufenden Periode richtig
($\hat{P}^e_t = \hat{P}_t$), so stellt sich über eine entsprechende Wachstumsrate des
Nominallohns der markträumende Reallohn ein, d.h. die Beschäfti-
gung beträgt A_0. Werden die Gleichungen (7) und (8) nach $\hat{W}_t$
aufgelöst und sowohl A^n_t als auch A^a_t durch A_0 ersetzt, so folgt nach
Gleichsetzung für den Korrekturfaktor $\tilde{A}_t$:

$$(9) \quad \tilde{A}_t = \left[1 + \frac{\gamma_2}{\gamma_1}\right](A_0 - A_{t-1}).$$

Die Arbeitsangebotsfunktion lautet somit:

$$(10) \quad A^a_t = A_0\left[1 + \frac{\gamma_2}{\gamma_1}\right] - \frac{\gamma_2}{\gamma_1} A_{t-1} + \gamma_2(\hat{W}_t - \hat{P}^e_t).$$

Aus den Gleichungen (7) und (10) läßt sich nun für gegebene Inflationserwartungen die Beschäftigung in Abhängigkeit von der Inflationsrate bestimmen. Hierzu sind beide Gleichungen nach $\hat{W}_t$ aufzu-
lösen und gleichzusetzen; es folgt:

$$(11) \quad A_t = A_0 + \tilde{\alpha}(\hat{P}_t - \hat{P}^e_t)$$

mit: $$\tilde{\alpha} = \frac{\gamma_1\gamma_2}{\gamma_1 + \gamma_2}.$$

Umformung der Gleichung (11) sowie Erweiterung mit dem Faktor $(Y_t^a - Y_0)/(A_t - A_0)$ ergibt für das Güterangebot (Lucas-Angebotsfunktion in einer inflationären Wirtschaft):

$$(12) \quad Y_t^a = Y_0 + \alpha(\hat{P}_t - \hat{P}_t^e) + \delta_t^a$$

mit: $\qquad \alpha = \tilde{\alpha} \, \dfrac{Y_t^a - Y_0}{A_t - A_0}$

δ_t^a = Angebotsstörung.

Die kurz- und langfristige Güterangebotskurve sowie die Arbeitsangebots- und Arbeitsnachfragekurve sind ebenfalls in Abbildung III.18 eingezeichnet. (Die Größe α wird zur Vereinfachung als konstant angenommen.) Der Arbeitsangebots- und Arbeitsnachfragefunktion liegen die Annahmen $A_{t-1} = A_0$ und $\hat{P}_t = \hat{P}_t^e = 0$, der Güterangebotsfunktion die Annahme $\hat{P}_t^e = \delta_t^a = 0$ zugrunde.

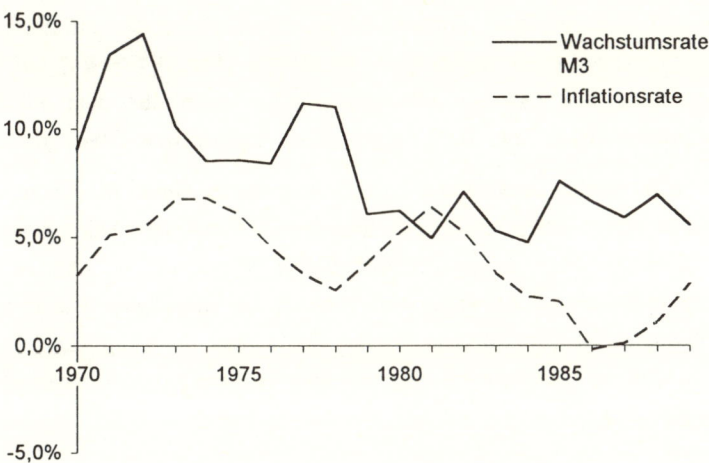

Abb. III.19: *Inflationsrate und Wachstumsrate der Geldmenge*

Wie ein einmaliger, so kann auch ein permanenter Preisniveauanstieg durch eine Erhöhung der Güternachfrage (Nachfrageinflation) oder durch eine Verringerung des Güterangebots (Angebotsinflation) ausgelöst werden. Dieser permanente Preisniveauanstieg erfordert in beiden Fällen eine fortlaufende Erhöhung der Geldmenge.

Dieser Zusammenhang ist auch Abbildung III.19 zu entnehmen, die eine grundsätzlich gleichgerichtete Entwicklung der Inflationsrate und der Wachstumsrate der Geldmenge anzeigt.[1] Hierbei liegt die Wachstumsrate der Geldmenge über der Inflationsrate, da zur Finanzierung des Wirtschaftswachstums ebenfalls eine Erhöhung der Geldmenge erforderlich ist.

2. Nachfrageinflation[2]

Ausgangspunkt der nachfolgenden Darstellung einer Nachfrageinflation ist die bekannte Preis-Lohn-Spirale. Wie vorangehend gezeigt wurde, führt sowohl eine autonome als auch eine induzierte Nachfrageerhöhung zu einer Verschiebung der D-Kurve, was in Abbildung III.20 noch einmal wiederholt ist (von D_0 nach D_1).

Die auf die erhöhte Güternachfrage zurückgehende inflatorische Lücke führt zu Preissteigerungen, kurzfristig (bei $P^e = P_0$) auf P_1, längerfristig auf P_2. Die Situation P_2/Y_0 entspricht dem in den Abbildungen III.8 bzw. III.9 dargestellten langfristigen Gleichgewicht.

Die inflatorische Lücke wird längerfristig durch einen Rückgang der Güternachfrage geschlossen. Bei autonomer Nachfrageerhöhung steigt der Zinssatz über seinen ursprünglichen Wert an, so daß es zu einem vollständigen crowding-out kommt; bei induzierter Nachfrageerhöhung steigt der Zinssatz wieder auf seinen ursprünglichen Wert an, so daß kein weiterer Anreiz für eine erhöhte Investitionstätigkeit besteht.

---

[1]   Sachverständigenrat zur Begutachtung der gesamtwirtschaftlichen Entwicklung, Jahresgutachten 1992/93, Tabellen 47* und 85*.

[2]   Cassel, D., Inflation, in: Vahlens Kompendium der Wirtschaftstheorie und Wirtschaftspolitik, Bd. 1, 5. Aufl., München 1992, S. 265ff, hier S. 283ff; Claassen, E.-M., Grundlagen der makroökonomischen Theorie, a.a.O., S. 274f und S. 313ff; Dieckheuer, G., Makroökonomik, a.a.O., S. 386ff; Woglom, G., Modern Macroeconomics, a.a.O., S. 233ff.

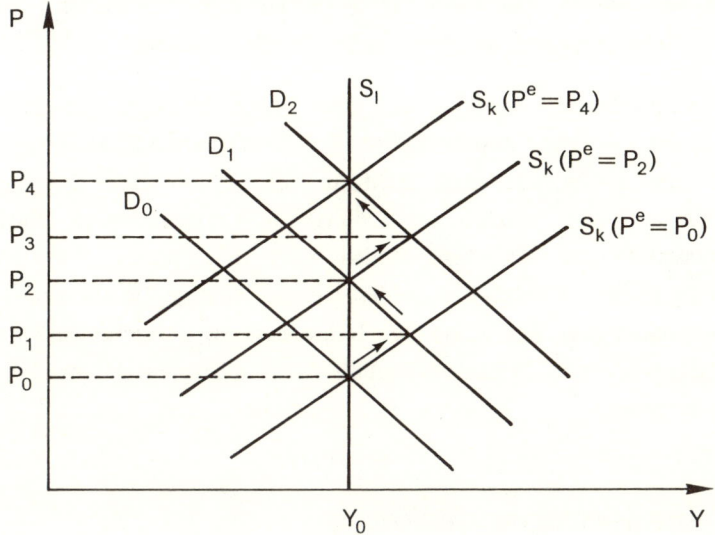

Abb. III.20: *Preis–Lohn–Spirale*

Ein weiterer Preisanstieg tritt nur dann ein, wenn in der Situation P_2/Y_0 erneut eine inflatorische Lücke entsteht. Nach Meinung der Keynesianer ist das Geldangebot sehr elastisch, so daß die zur Finanzierung einer Nachfrageerhöhung erforderliche Geldmenge stets (passiv) bereitgestellt wird. Nach neoklassischer Vorstellung erhöht die Zentralbank die Geldmenge (aktiv) stets aufs neue. In beiden Fällen kommt es dann nicht zu dem dargestellten Anstieg des Zinssatzes bzw. dem Rückgang der Investitionstätigkeit.

Wird angenommen, daß die Zentralbank in der Situation P_2/Y_0 die Geldmenge (passiv oder aktiv) derart erhöht, daß der dargestellte Zinsanstieg wieder rückgängig gemacht wird, so kommt es zu einer erneuten Verschiebung der D-Kurve (von D_1 nach D_2), was weitere Preissteigerungen auslöst, und zwar kurzfristig auf P_3, längerfristig auf P_4.

Weitere Geldmengenerhöhungen führen zu einem permanenten Anstieg des Preisniveaus. Da diese Preissteigerungen Lohnerhöhungen
nach sich ziehen, die wiederum Preiserhöhungen induzieren, wird
dieser Inflationsprozeß als Preis-Lohn-Spirale bezeichnet.

Die vorangehenden Ausführungen sind jedoch insoweit noch unbefriedigend, als sich das Verhalten der Wirtschaftssubjekte an der
Höhe des Preisniveaus und nicht an der Inflationsrate orientiert.
Nachfolgend wird deshalb zur adäquateren Erklärung einer Nachfrageinflation auf das obige Modell einer inflationären Wirtschaft
zurückgegriffen. Zunächst wird der gleichgewichtige Inflationsprozeß
(Vollbeschäftigung bei konstanter Inflationsrate), daran anschließend
der Übergang von Preisniveaustabilität zur gleichgewichtigen Inflation dargestellt.

2.1 Die Gleichgewichtslösung

Zur Bestimmung des Inflationsgleichgewichts wird auf Abbildung
III.18 zurückgegriffen, die (teilweise) als Abbildung III.21 wiederholt
ist. Das Ausgangsgleichgewicht ist r_0/Y_0 bzw. $\hat{P}_0/Y_0$ mit $\hat{P}_0 = 0$.

Dieses Gleichgewicht werde nun dadurch gestört, daß in $t = 1$ die
Wachstumsrate der Geldmenge (aktiv) von $\hat{M}_0 = 0$ auf $\hat{M}_1 > 0$
erhöht wird. Die Auswirkungen auf die Güternachfrage folgen aus
der Güternachfragefunktion. Bei $\delta_t^n = 0$ gilt:

$$(1) \quad Y_t^n = Y_{t-1}^n + \beta(\hat{M}_t - \hat{P}_t).$$

Die Erhöhung der Wachstumsrate der Geldmenge führt in Abbildung
III.21 b zu einer Verschiebung der D-Kurve von D_0 nach D_1 (der
Abszissenwert beträgt $Y_0 + \beta\hat{M}_1$). Das Inflationsgleichgewicht ist im
Schnittpunkt zwischen der D_1- und der S_1-Kurve erreicht. Hier gilt
$\hat{P}_t^e = \hat{P}_t$ sowie $Y_t^n = Y_{t-1}^n = Y_0$; damit folgt:

$$(2) \quad Y_0 = Y_0 + \beta(\hat{M}_1 - \hat{P}_t),$$

d.h. die gleichgewichtige Inflationsrate $(\hat{P}^*)$ ist gleich der Wachstumsrate der Geldmenge.[1]

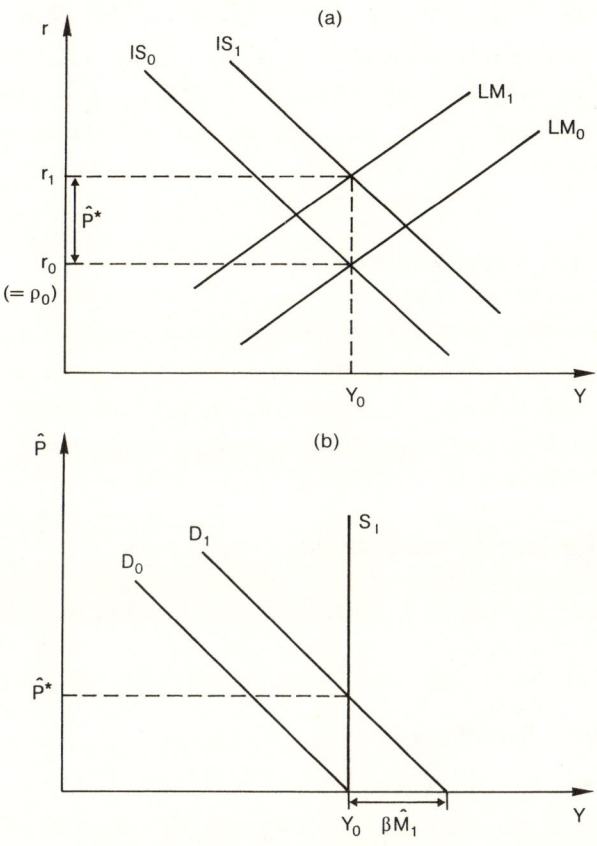

Abb. III.21: *Nachfrageinflation: Gleichgewichtslösung*

In Abbildung III.21 a verlagert sich die IS‑Kurve um $\hat{P}^*$ ($= \hat{P}^e$) nach oben (von IS_0 nach IS_1). Da Y_0 erhalten bleibt, muß sich auch die LM‑Kurve entsprechend nach oben verschieben (in die Lage

---

[1]   Bei korrekten Erwartungen hat die Erhöhung der Geldmenge keine realen Auswirkungen; Geld ist in diesem Fall neutral.

LM_1). Der neue nominelle Zinssatz ist dann r_1; der reale Zinssatz beträgt im vorliegenden Fall (induzierte Nachfrageerhöhung) nach wie vor ϱ_0.

Im Inflationsgleichgewicht ($\hat{M}_1 = \hat{P}^*$) behält die LM-Kurve ihre Lage bei (die reale Geldmenge bleibt konstant). Da LM_1 oberhalb von LM_0 verläuft, hat sich die reale Geldmenge gegenüber der Ausgangssituation verringert, d.h. während des Anpassungsprozesses muß vorübergehend $\hat{M}_1 < \hat{P}_t$ gelten.

2.2 Der Anpassungsprozeß

Als nächstes wird noch der Anpassungsprozeß verfolgt, d.h. der Übergang von Preisniveaustabilität zu einem Inflationsprozeß mit konstanter Inflationsrate (Stabilitätsbetrachtung). Wiederum wird zwischen adaptiven und rationalen Erwartungen unterschieden.

2.2.1 Adaptive Erwartungen

Der Anpassungsprozeß wird zunächst graphisch, daran anschließend algebraisch dargestellt.

(1) Graphische Darstellung

Zur Erfassung des Anpassungsprozesses ist Abbildung III.21 um die kurzfristigen Reaktionen des Güterangebots zu ergänzen, wie in Abbildung III.22 dargestellt ist.[1]

Die Erhöhung der Wachstumsrate der Geldmenge führt zu einer Verschiebung der D-Kurve von D_0 nach D_1. Damit übersteigt die Nachfrage bei $\hat{P} = 0$ ($\bar{Y} = Y_0 + \beta\hat{M}_1$) das Angebot, es existiert eine inflatorische Lücke ($\bar{Y} - Y_0$), die zu Preissteigerungen mit der Rate $\hat{P}_1$ führt.

---

[1]   Anders als im vorangehenden Beispiel der Abbildung III.20 steigt hier die Geldmenge von Periode zu Periode an und nicht erst, nachdem die Haushalte korrekte Erwartungen haben.

(a)

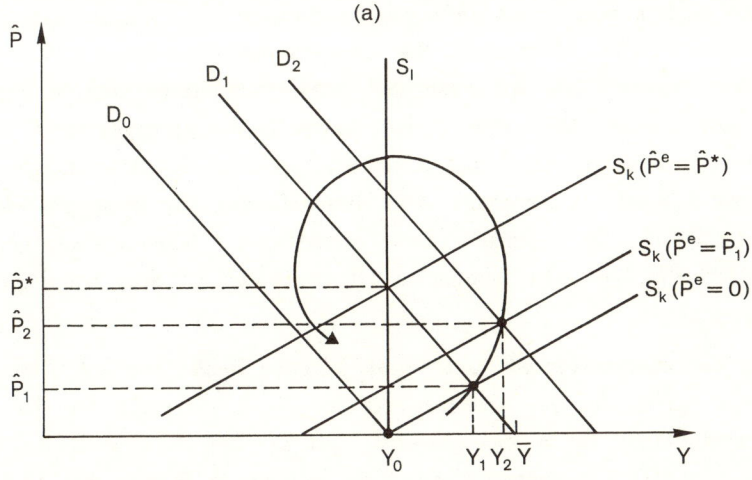

(b)

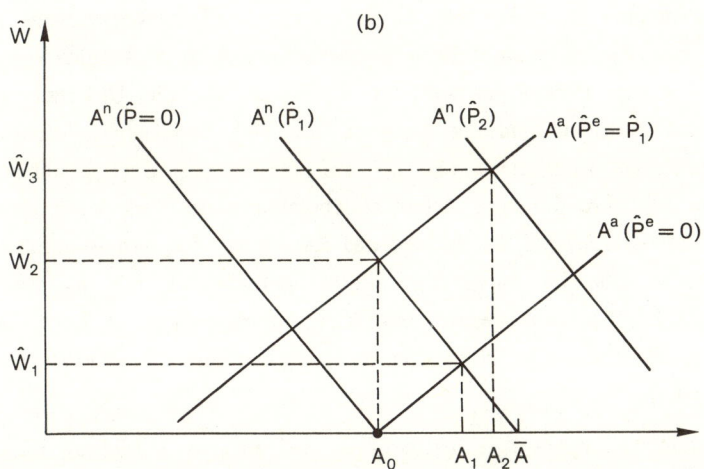

Abb. III.22:   Nachfrageinflation: Anpassungsprozeß
bei adaptiven Erwartungen

Infolge des einsetzenden Inflationsprozesses verringert sich die Güternachfrage von $\bar{Y}$ auf Y_1. Gleichzeitig dehnt sich das Güterangebot von Y_0 auf Y_1 aus: Mit $\hat{P}_1 > 0$ verlagert sich die Arbeitsnachfragekurve um $\gamma\hat{P}_1$ nach rechts, während die Arbeitsangebotskurve bei noch unveränderten Inflationserwartungen ($\hat{P}^e = 0$) unverändert bleibt. Damit übersteigt die Arbeitsnachfrage bei $\hat{W} = 0$ ($\bar{A} = A_0 + \gamma \hat{P}_1$) das Arbeitsangebot, wodurch Lohnsteigerungen ausgelöst werden ($\hat{W}_1$). Infolge der Nominallohnsteigerungen geht die Arbeitsnachfrage von $\bar{A}$ auf A_1 zurück, während das Arbeitsangebot von A_0 auf A_1 zunimmt. Der Beschäftigung A_1 entspricht die Produktion Y_1 gemäß der kurzfristigen Güterangebotskurve $S_k(\hat{P}^e=0)$. Das erste temporäre Gleichgewicht ist also bei $\hat{P}_1/Y_1$ erreicht.

In der zweiten Periode treten nun folgende Reaktionen auf. Einerseits erhöht sich der Abszissenwert der D-Kurve gemäß der Nachfragefunktion $Y_t^n = Y_{t-1} + \beta \hat{M}_t - \beta \hat{P}_t$ auf $Y_1 + \beta \hat{M}_1$; die neue D-Kurve ist somit D_2.[1] Andererseits verschiebt sich die S_k-Kurve nach oben: Die Haushalte korrigieren ihre Inflationserwartungen ($\hat{P}^e = \hat{P}_1$). Ein Arbeitsangebot in Höhe von A_0 erfordert nun Lohnsteigerungen in Höhe von $\hat{P}_1$ sowie zusätzliche Lohnerhöhungen zum Ausgleich des in der ersten Periode gesunkenen Reallohns. Da die Unternehmer stets den richtigen Reallohn erkennen, läßt sich die gesuchte Wachstumsrate des Lohnsatzes bei A_0 auf der Kurve $A^n(\hat{P}_1)$ ablesen ($\hat{W}_2 > \hat{P}_1$), d.h. die neue Arbeitsangebotskurve $A^a(\hat{P}^e=\hat{P}_1)$ schneidet die Kurve $A^n(\hat{P}_1)$ bei A_0. Infolge des Rückgangs des Arbeitsangebots verschiebt sich die kurzfristige Güterangebotskurve von $S_k(\hat{P}^e=0)$ nach $S_k(\hat{P}^e=\hat{P}_1)$. Das zweite temporäre Gleichgewicht ist dann bei $\hat{P}_2/Y_0$ erreicht, dem Schnittpunkt zwischen der D_2-Kurve und $S_k(\hat{P}^e=\hat{P}_1)$.

Die weiteren Anpassungsschritte liegen auf dem in Abbildung III.22 eingezeichneten Anpassungspfad, der unter Schwankungen zum langfristigen Gleichgewicht $\hat{P}^*/Y_0$ hinführt. Dieser Pfad läßt sich wie folgt charakterisieren:

- rechts von der S_1-Kurve steigt die Inflationsrate an (gegenüber korrekten Erwartungen besteht eine inflatorische Lücke);

---

[1]   Da $\hat{M}_1 > \hat{P}_1$ gilt, erhöht sich die reale Geldmenge, was eine Nachfragesteigerung zur Folge hat.

- unterhalb von $\hat{P}^*$ steigt die Güternachfrage und damit auch das Volkseinkommen an (die reale Geldmenge erhöht sich).

(2) Algebraische Darstellung

Der algebraischen Darstellung liegen die oben abgeleiteten Funktionen für Güterangebot und Güternachfrage zugrunde. Bei $\delta_t^a = \delta_t^n = 0$ gilt:

$$(1) \quad Y_t^a = Y_0 + \alpha(\hat{P}_t - \hat{P}_t^e)$$

$$(2) \quad Y_t^n = Y_{t-1}^n + \beta(\hat{M}_t - \hat{P}_t).$$

Die Geldpolitik führt zu:

$$(3) \quad \hat{M}_t = \begin{cases} \hat{M}_0 = 0 & \text{für} \quad t \le 0 \\ \hat{M}_1 > 0 & \text{für} \quad t > 0. \end{cases}$$

Schließlich gelten adaptive Erwartungen:

$$(4) \quad \hat{P}_t^e = \hat{P}_{t-1}.$$

Zur Bestimmung der Zeitpfade der Inflationsrate und des Einkommens wird zunächst Gleichung (1) um eine Periode zeitverzögert und unter Beachtung der Markträumung ($Y^a = Y^n = Y$) für Y_{t-1}^n in Gleichung (2) eingesetzt. Weiterhin wird Y_t^n in Gleichung (2) durch Y_t^a ($= Y_t$) gemäß Gleichung (1) ersetzt. Nach einigen Umformungen folgt schließlich:

$$(5) \quad \hat{P}_t = \frac{1}{\alpha+\beta} [\alpha\hat{P}_t^e + \alpha(\hat{P}_{t-1} - \hat{P}_{t-1}^e) + \beta\hat{M}_t].$$

Unter Beachtung der Gleichungen (3) und (4) ergibt sich hieraus für $t > 0$ folgende Differenzengleichung 2. Ordnung in $\hat{P}$:

$$(6) \quad \hat{P}_t - \frac{2\alpha}{\alpha+\beta} \hat{P}_{t-1} + \frac{\alpha}{\alpha+\beta} \hat{P}_{t-2} = \frac{\beta}{\alpha+\beta} \hat{M}_1.$$

Die allgemeine Lösung dieser Gleichung lautet:[1]

mit:

$$(7) \quad \hat{P}_t = \hat{P}^* + \Psi_1 \lambda_1^t + \Psi_2 \lambda_2^t$$

$$(8) \quad \hat{P}^* = \hat{M}_1$$

$$(9) \quad \lambda_{1/2} = \frac{\alpha \pm \sqrt{-\alpha\beta}}{\alpha + \beta}$$

$$\Psi_1, \Psi_2 = \text{Konstante.}$$

Die zeitliche Entwicklung des Volkseinkommens ergibt sich, indem Gleichung (7) für $\hat{P}_t$ sowie um eine Periode zeitverzögert für $\hat{P}_{t-1}$ in Gleichung (1) eingesetzt wird:

$$(10) \quad Y_t = Y_0 + \alpha[\Psi_1 \lambda_1^{t-1}(\lambda_1 - 1) + \Psi_2 \lambda_2^{t-1}(\lambda_2 - 1)].$$

Die Zeitpfade der Inflationsrate und des Volkseinkommens lassen sich nun wie folgt charakterisieren. Da der Radikand in Gleichung (9) negativ ist, treten Schwankungen auf. Diese Schwankungen konvergieren, da der Realteil der Wurzeln $(\alpha/(\alpha+\beta))$ kleiner als eins ist. Damit nähern sich Inflationsrate und Volkseinkommen unter Schwankungen ihren Gleichgewichtswerten.

2.2.2 Rationale Erwartungen

Wiederum soll der Anpassungsprozeß zunächst graphisch, daran anschließend algebraisch dargestellt werden.

(1) Graphische Darstellung

Bei zunächst nicht vorausgesehener Erhöhung der Wachstumsrate der Geldmenge stellt sich in der ersten Periode wieder das in Abbildung III.22 abgeleitete temporäre Gleichgewicht $\hat{P}_1/Y_1$ ein, das in Abbildung III.23 wiederholt ist.

---

[1]   Siehe hierzu den mathematischen Anhang.

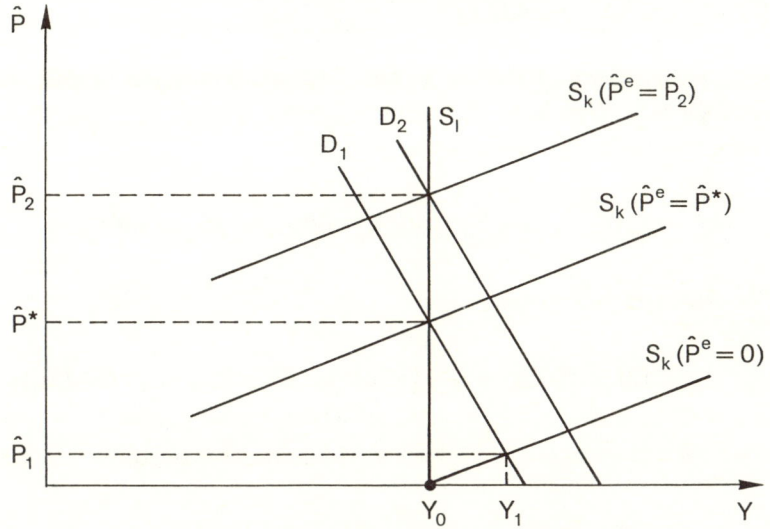

Abb. III.23: *Nachfrageinflation: Anpassungsprozeß bei rationalen Erwartungen*

In der zweiten Periode verschiebt sich die D-Kurve wieder nach D_2. Da die Haushalte jetzt die erhöhte Wachstumsrate der Geldmenge sowie die Verlagerung der D-Kurve nach D_2 erkennen, passen sie sich mit ihren Lohnforderungen entsprechend an, d.h. die kurzfristige Angebotskurve verschiebt sich nach $S_k(\hat{P}^e = \hat{P}_2)$.

Damit wird das zweite temporäre Gleichgewicht bei $\hat{P}_2/Y_0$ erreicht. Die Inflationsrate ist nun größer als die gleichgewichtige Rate ($\hat{P}_2 > \hat{P}^*$); durch dieses Überschießen (overshooting) verringert sich die reale Geldmenge, so daß wieder Y_0 nachgefragt wird.

Ab der dritten Periode erreicht die D-Kurve wieder die Position D_1 (der Abszissenwert ist $Y_0 + \beta \hat{M}_1$). Bei korrekten Erwartungen stellen sich die Haushalte hierauf ein, d.h. es gilt die kurzfristige Angebotskurve $S_k(\hat{P}^e = \hat{P}^*)$, so daß $\hat{P}^*$ und Y_0 realisiert werden. Die Wirtschaft erreicht also bereits in der dritten Periode ihr langfristiges Gleichgewicht.

(2) Algebraische Darstellung

Zur algebraischen Darstellung des Anpassungsprozesses kann auf vorangehende Gleichung (5) zurückgegriffen werden, die als Gleichung (1) wiederholt wird ($\hat{P}_t^e = E_t(P_t)$):

$$(1) \quad \hat{P}_t = \frac{1}{\alpha+\beta} \{\alpha E_t(\hat{P}_t) + \alpha[\hat{P}_{t-1} - E_{t-1}(\hat{P}_{t-1})] + \beta\hat{M}_t\}.$$

Die erwartete Inflationsrate ist:

$$(2) \quad E_t(\hat{P}_t) = \frac{1}{\alpha+\beta}\{\alpha E_t(\hat{P}_t) + \alpha[\hat{P}_{t-1} - E_{t-1}(\hat{P}_{t-1})] + \beta E_t(\hat{M}_t)\}.$$

Die Differenz zwischen tatsächlicher und erwarteter Inflationsrate ist:

$$(3) \quad \hat{P}_t - E_t(\hat{P}_t) = \frac{\beta}{\alpha+\beta} [\hat{M}_t - E_t(\hat{M}_t)].$$

Für $E_t(\hat{M}_t)$ gilt:

$$(4) \quad E_t(\hat{M}_t) = \begin{cases} \hat{M}_0 = 0 & \text{für} \quad t \leq 1 \\ \hat{M}_1 > 0 & \text{für} \quad t > 1. \end{cases}$$

In der ersten Periode folgt somit aus Gleichung (3):

$$(5) \quad \hat{P}_1 - E_1(\hat{P}_1) = \frac{\beta}{\alpha+\beta} \hat{M}_1$$

bzw., unter Beachtung von $E_1(\hat{P}_1) = 0$:

$$(6) \quad \hat{P}_1 = \frac{\beta}{\alpha+\beta} \hat{M}_1.$$

Wird Gleichung (6) in die Gleichung des Güterangebots: $Y_t^a = Y_0 + \alpha[\hat{P}_t - E_t(\hat{P}_t)]$ eingesetzt, so ergibt sich bei Markträumung ($Y_1^a = Y_1^n = Y_1$):

$$(7) \quad Y_1 = Y_0 + \frac{\alpha\beta}{\alpha+\beta} \hat{M}_1.$$

Das Einkommen steigt also in der ersten Periode über seinen langfristigen Wert an, während die Inflationsrate kleiner als ihr langfristiger Wert ist.

In der zweiten Periode folgt aus Gleichung (3):

$$(8) \quad \hat{P}_2 - E_2(\hat{P}_2) = 0$$

und somit aus der Angebotsgleichung (bei $Y_2^a = Y_2^n = Y_2$):

$$(9) \quad Y_2 = Y_0.$$

Aus $Y_2^a = Y_2^n$ läßt sich $\hat{P}_2$ bestimmen:

$$(10) \quad Y_0 = Y_1 + \beta(\hat{M}_1 - \hat{P}_2) = Y_0 + \frac{\alpha\beta}{\alpha+\beta}\hat{M}_1 + \beta(\hat{M}_1 - \hat{P}_2)$$

$$(11) \quad \hat{P}_2 = \frac{2\alpha+\beta}{\alpha+\beta}\hat{M}_1.$$

Das Einkommen erreicht in der zweiten Periode seinen Gleichgewichtswert, während die Inflationsrate ihren langfristigen Wert übersteigt.

Ab der dritten Periode gilt ebenfalls:

$$(12) \quad \hat{P}_t - E_t(\hat{P}_t) = 0$$

sowie (mit $Y_t^a = Y_t^n = Y_t$):

$$(13) \quad Y_t = Y_0.$$

Unter Beachtung von $Y_t^a = Y_t^n$ sowie $Y_{t-1}^n = Y_0$ für $t \geq 3$ folgt schließlich:

$$(14) \quad \hat{P}_t = \hat{P}^* = \hat{M}_1.$$

Damit haben ab der dritten Periode sowohl das Einkommen als auch die Inflationsrate ihre langfristigen Werte erreicht.

3. Angebotsinflation[1]

Der Inflationsimpuls kann - bei gleichem Ablauf des Inflationsprozesses - von einem negativen Angebotsschock oder aber von
höheren Lohnforderungen ausgehen.[2] Letzterer Fall, der Fall einer
Lohnkosteninflation, wird nachfolgend weiter betrachtet.

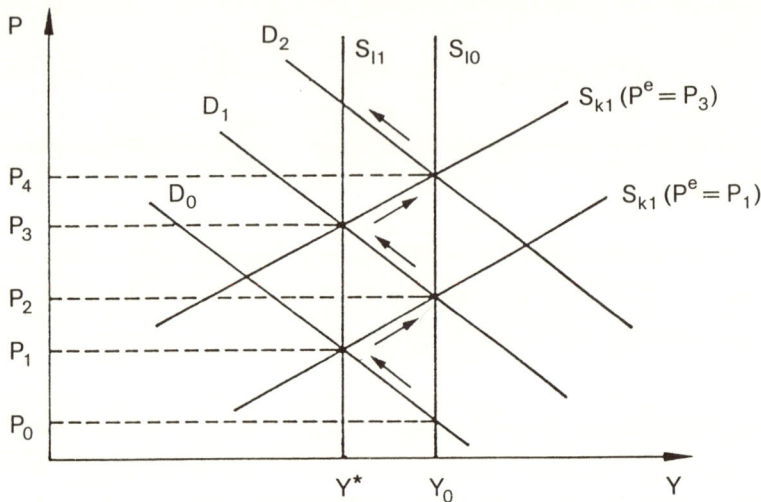

Abb. III.24: *Lohn–Preis–Spirale*

Ausgangspunkt der Darstellung einer Lohnkosteninflation ist die
bekannte Lohn-Preis-Spirale. Wie in Abbildung III.14 dargestellt
wurde, führen höhere Lohnforderungen zu einer Linksverschiebung

---

1   Cassel, D., Inflation, a.a.O., S. 289ff, Claassen, E.-M., Grundlagen der
     makroökonomischen Theorie, a.a.O., S. 275ff und S. 315ff; Pohl, R.,
     Theorie der Inflation, a.a.O., S. 246ff; Woglom, G., Modern Macroeco-
     nomics, a.a.O., S. 366ff.

2   Die erhöhten Lohnforderungen können erhöhte Reallohnvorstellungen oder
     erhöhte Inflationserwartungen widerspiegeln. Der erste Fall wird hier
     zugrundegelegt (im zweiten Fall kommt es nicht zu einer Linksverschie-
     bung der langfristigen Angebotskurve).

der langfristigen Angebotskurve von S_{10} nach S_{11}, wie in Abbildung III.24 wiederholt ist. Bei korrekten Erwartungen ergibt sich die Situation P_1/Y^*, die dem in Abbildung III.14 (bzw. III.15) dargestellten langfristigen Gleichgewicht entspricht.

Wird angenommen, daß der Staat unter Zugrundelegung der kurzfristigen Angebotsreaktion die Produktion bei Y_0 stabilisieren will, so muß er die Güternachfrage in der Situation P_1/Y^* mittels expansiver Geld- oder Fiskalpolitik soweit erhöhen, daß sich die D-Kurve nach D_1 verlagert. Der kurzfristige Produktionszuwachs ist mit einer Zunahme des Preisniveaus auf P_2 verbunden. Längerfristig sinkt die Produktion wieder auf Y^*, das Preisniveau steigt weiter auf P_3.

Wird nun die Geldmenge (aktiv oder passiv) erhöht, so verschiebt sich die D-Kurve nach D_2, was erneut Preissteigerungen auslöst. Weitere Geldmengenerhöhungen führen schließlich auch in diesem Fall zu einem permanenten Preisanstieg. Da dieser Inflationsprozeß durch einen Anstieg der Lohnkosten ausgelöst wird, wird er als Lohn-Preis-Spirale bezeichnet.

Die vorangehenden Ausführungen sind wiederum insoweit unbefriedigend, als sich das Verhalten der Wirtschaftssubjekte nach dem Preisniveau und nicht nach der Inflationsrate richtet. Zur adäquaten Erklärung einer Angebotsinflation wird deshalb wieder das obige Modell einer inflationären Wirtschaft herangezogen. Zunächst wird wiederum das sich ergebende Inflationsgleichgewicht, daran anschließend der Anpassungsprozeß dargestellt.

3.1 Die Gleichgewichtslösung

Zur Bestimmung des Inflationsgleichgewichts wird wieder auf Abbildung III.18 zurückgegriffen, die (teilweise) als Abbildung III.25 wiederholt ist. Das Ausgangsgleichgewicht ist $\hat{P}_0/Y_0$ mit $\hat{P}_0 = 0$.

Dieses Gleichgewicht werde nun durch höhere Lohnforderungen sowie durch eine Erhöhung der Wachstumsrate der Geldmenge (von $\hat{M}_0 = 0$ auf $\hat{M}_1 > 0$) gestört. Die höheren Lohnforderungen lassen sich als Angebotsstörung $(\delta_t^a = \delta_1^a < 0)$ erfassen:

(1) $Y_t^a = Y_0 + \alpha(\hat{P}_t - \hat{P}_t^e) + \delta_t^a.$

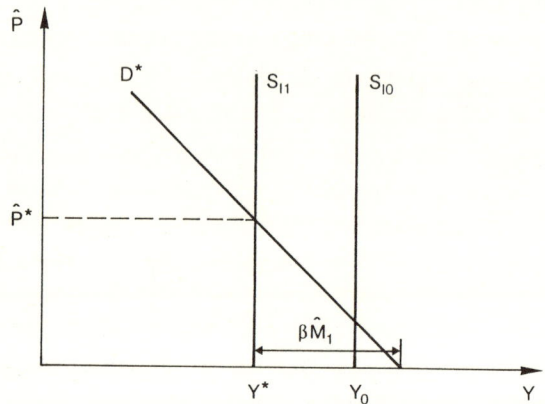

Abb. III.25: *Angebotsinflation: Gleichgewichtslösung*

Bei korrekten Erwartungen reduziert sich somit das Güterangebot auf (S_{11}):

(2) $Y_t^a = Y_0 + \delta_1^a = Y^*.$

Für die Güternachfrage gilt im Gleichgewicht $(D^*: Y_t^n = Y_{t-1}^n = Y^*)$:

(3) $Y_t^n = Y^* + \beta(\hat{M}_1 - \hat{P}_t),$

d.h. sie schneidet die S_{11}-Kurve bei P^* mit $\hat{P}^* = \hat{M}_1$. Da die Inflation von einem Rückgang des Volkseinkommens begleitet ist, wird dieser Prozeß als Stagflation bezeichnet (Stagnation + Inflation).

3.2 Der Anpassungsprozeß

In diesem Abschnitt bleibt der Übergang von einem Gleichgewicht bei Preisniveaustabilität zu einem Gleichgewicht mit konstanter

Inflationsrate darzustellen. Auch hier wird wieder zwischen adaptiven und rationalen Erwartungen unterschieden.

3.2.1 Adaptive Erwartungen

Zunächst folgt eine graphische, daran anschließend eine algebraische Darstellung des Anpassungsprozesses.

(1) Graphische Darstellung

Das verringerte Güterangebot äußert sich in Abbildung III.26 in einer Linksverschiebung sowohl der langfristigen als auch der kurz-fristigen Angebotskurve nach S_{l1} bzw. $S_{k1}(\hat{P}^e=0)$; die Erhöhung der Wachstumsrate der Geldmenge auf $\hat{M}_1$ verschiebt die D-Kurve von D_0 um $\beta\hat{M}_1$ nach D_1.[1] Damit ergibt sich das erste temporäre Gleichgewicht bei $\hat{P}_1/Y_1$.

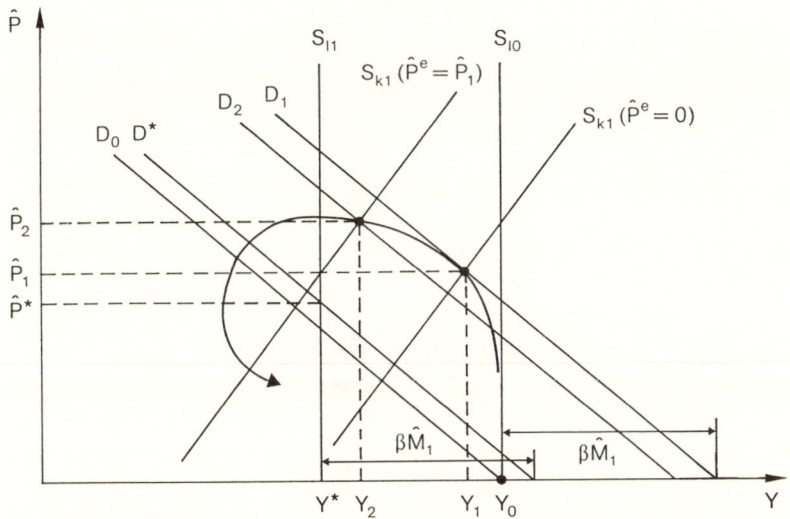

Abb. III.26: *Angebotsinflation: Anpassungsprozeß bei adaptiven Erwartungen*

---

[1] Abweichend von Abbildung III.24 wird eine unverzögerte und stetige Erhöhung der Geldmenge unterstellt.

In der zweiten Periode verlagert sich die kurzfristige Angebotskurve bei $\hat{P}_t^e = \hat{P}_{t-1}^e$ in die Position $S_{k1}(\hat{P}^e = \hat{P}_1)$. Der Abszissenwert der neuen D-Kurve (D_2) beträgt nun $Y_1 + \beta \hat{M}_1$. Das zweite temporäre Gleichgewicht ist dann bei $\hat{P}_2 / Y_2$ erreicht.

Weitere temporäre Gleichgewichte liegen auf dem in Abbildung III.26 eingezeichneten Anpassungspfad. Auch hier wird das neue Gleichgewicht $\hat{P}^* / Y^*$ unter Schwankungen erreicht.

(2) Algebraische Darstellung

Für Güterangebot bzw. Güternachfrage gilt:

$$(1) \quad Y_t^a = Y_0 + \alpha(\hat{P}_t - \hat{P}_t^e) + \delta_t^a$$

$$(2) \quad Y_t^n = Y_{t-1}^n + \beta(\hat{M}_t - \hat{P}_t)$$

mit:

$$(3) \quad \delta_t^a = \begin{cases} \delta_0^a = 0 & \text{für} \quad t \leq 0 \\ \delta_1^a < 0 & \text{für} \quad t > 0 \end{cases}$$

$$(4) \quad \hat{M}_t = \begin{cases} \hat{M}_0 = 0 & \text{für} \quad t \leq 0 \\ \hat{M}_1 > 0 & \text{für} \quad t > 0 \end{cases}$$

$$(5) \quad \hat{P}_t^e = \hat{P}_{t-1}.$$

Die Gleichungen (1) und (2) lassen sich wieder zusammenfassen (siehe hierzu den vorangehenden Abschnitt 2.2.1):

$$(6) \quad \hat{P}_t = \frac{1}{\alpha + \beta} [\alpha \hat{P}_t^e + \alpha(\hat{P}_{t-1} - \hat{P}_{t-1}^e) + \beta \hat{M}_t + \delta_{t-1}^a - \delta_t^a].$$

Unter Beachtung der Gleichungen (3), (4) und (5) ergibt sich für t > 1 wieder die Differenzengleichung:[1]

$$(7) \quad \hat{P}_t - \frac{2\alpha}{\alpha+\beta}\hat{P}_{t-1} + \frac{\alpha}{\alpha+\beta}\hat{P}_{t-2} = \frac{\beta}{\alpha+\beta}\hat{M}_1.$$

Die allgemeine Lösung dieser Gleichung ist:[2]

$$(8) \quad \hat{P}_t = \hat{P}^* + \Psi_1\lambda_1^t + \Psi_2\lambda_2^t$$

mit:

$$(9) \quad \hat{P}^* = \hat{M}_1$$

$$(10) \quad \lambda_{1/2} = \frac{\alpha \pm \sqrt{-\alpha\beta}}{\alpha+\beta}$$

$$\Psi_1, \Psi_2 = \text{Konstante}.$$

Die zeitliche Entwicklung von Y für t > 1 läßt sich wieder mit Hilfe der Gleichung (1) ermitteln:

$$(11) \quad Y_t = Y^* + \alpha[\Psi_1\lambda_1^{t-1}(\lambda_1-1) + \Psi_2\lambda_2^{t-1}(\lambda_2-1)]$$

mit: $\quad Y^* = Y_0 + \delta_1^a.$

Die Gleichungen (8) bzw. (11) wiederholen das bereits graphisch abgeleitete Ergebnis, daß das neue Gleichgewicht $\hat{P}^*/Y^*$ unter Schwankungen erreicht wird.

Dieses Ergebnis unterscheidet sich von der oben dargestellten Lohn-Preis-Spirale (entsprechende Überlegungen gelten auch für die Preis-Lohn-Spirale). Während es nach Abbildung III.24 dem Staat

---

[1] Für t = 1 gilt:

$$\hat{P}_1 = \frac{\beta}{\alpha+\beta}\hat{M}_1 - \frac{1}{\alpha+\beta}\delta_1^a$$

$$Y_1 = Y_0 + \frac{\alpha\beta}{\alpha+\beta}\hat{M}_1 + \frac{\beta}{\alpha+\beta}\delta_1^a.$$

[2] Siehe hierzu den mathematischen Anhang.

auch längerfristig immer wieder gelingt, mittels expansiver Geldpolitik (wenigstens vorübergehend) das Volkseinkommen Y_0 zu
sichern, so hat diese Politik hier längerfristig keinerlei Auswirkungen
auf die Höhe des Volkseinkommens; sie schlägt sich lediglich in
einer höheren Inflationsrate nieder.

Der Grund für diese unterschiedlichen Ergebnisse liegt in den
geänderten Verhaltensannahmen. Der Lohn-Preis-Spirale liegt die
Annahme zugrunde, daß falsche Preiserwartungen zu Abweichungen
von Y^* führen, während dies hier nur bei falschen Inflationserwartungen der Fall ist. Eine Anhebung des Einkommens über Y^* würde
somit - bei adaptiven Erwartungen - eine fortlaufende Erhöhung
der Inflationsrate erfordern (sog. Akzelerationstheorem).

3.2.2 Rationale Erwartungen

Wiederum wird der Anpassungsprozeß zunächst graphisch, daran
anschließend algebraisch dargestellt.

(1) Graphische Darstellung

Werden der Rückgang des Güterangebots sowie die Erhöhung der
Wachstumsrate der Geldmenge nicht vorausgesehen, so ergibt sich
auch bei rationalen Erwartungen das in Abbildung III.26 abgeleitete
erste temporäre Gleichgewicht $\hat{P}_1/Y_1$, das in Abbildung III.27
wiederholt ist.

In der zweiten Periode kommt es ebenfalls zu der Verlagerung der
D-Kurve nach D_2. Da die Haushalte dies nun erkennen, rechnen sie
mit einer Inflationsrate von $\hat{P}_2$ (Schnittpunkt zwischen D_2 und S_{11})
und passen ihre Lohnforderungen entsprechend an. Die kurzfristige
Angebotskurve $S_{k1}(\hat{P}^e=\hat{P}_2)$ schneidet also die langfristige Angebotskurve bei $\hat{P}_2$. Damit stellt sich das zweite temporäre Gleichgewicht
$\hat{P}_2/Y^*$ ein.

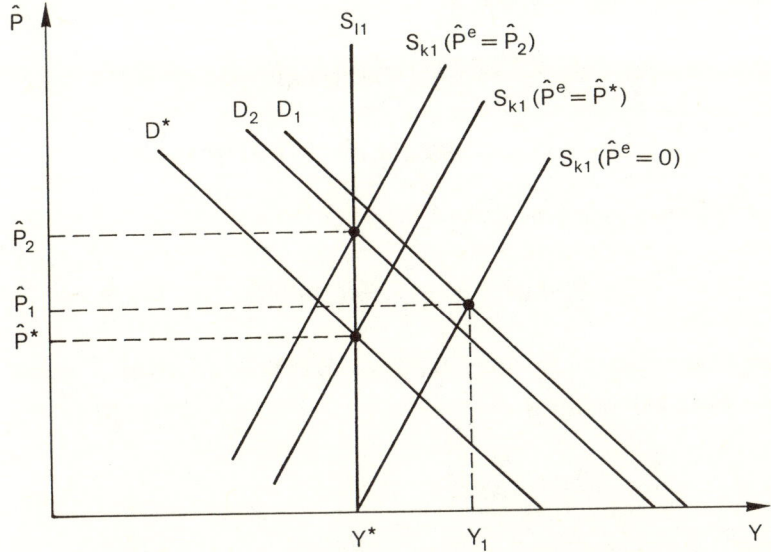

Abb. III.27: *Angebotsinflation: Anpassungsprozeß bei rationalen Erwartungen*

Ab der dritten Periode verlagert sich die Nachfragekurve in die endgültige Position D*.[1] Bei einer erwarteten Inflationsrate von $\hat{P}^*$ erreicht die kurzfristige Angebotskurve die Lage $S_{k1}(\hat{P}^e=P^*)$. Das langfristige Gleichgewicht wird also wieder ab der dritten Periode realisiert.

(2) Algebraische Darstellung

Zur algebraischen Darstellung der Inflationsrate kann auf vorangehende Gleichung (6) zurückgegriffen werden, die als Gleichung (1) wiederholt wird $(\hat{P}^e_t = E_t(P_t))$:

$$(1) \quad \hat{P}_t = \frac{1}{\alpha+\beta}\{\alpha E_t(\hat{P}_t) + \alpha[\hat{P}_{t-1} - E_{t-1}(\hat{P}_{t-1})] + \beta\hat{M}_t + \delta^a_{t-1} - \delta^a_t\}.$$

---

[1] Der Abszissenabschnitt beträgt $Y^* + \beta\hat{M}_1$.

Die erwartete Inflationsrate ist:

$$(2) \quad E_t(\hat{P}_t) = \frac{1}{\alpha+\beta}\{\alpha E_t(\hat{P}_t)+\alpha[\hat{P}_{t-1}-E_{t-1}(\hat{P}_{t-1})]+$$

$$+\beta E_t(\hat{M}_t)+\delta^a_{t-1}-E_t(\delta^a_t)\}.$$

Die Differenz zwischen beiden beträgt:

$$(3) \quad \hat{P}_t-E_t(\hat{P}_t) = \frac{\beta}{\alpha+\beta}\left[\hat{M}_t-E_t(\hat{M}_t)+\frac{1}{\alpha+\beta}[E_t(\delta^a_t)-\delta^a_t]\right],$$

bzw. unter Beachtung von $\;E_1(\hat{M}_1) = E_1(\delta^a_1) = 0\;$ sowie - gemäß Gleichung (2) - $E_1(\hat{P}_1) = 0$:

$$(4) \quad \hat{P}_1 = \frac{\beta}{\alpha+\beta}\hat{M}_1-\frac{1}{\alpha+\beta}\delta^a_1.$$

Wird Gleichung (4) in die Gleichung des Güterangebots: $Y^a_t = Y_0+\alpha[\hat{P}_t-E_t(\hat{P}_t)]+\delta^a_t\;$ eingesetzt, so ergibt sich in der ersten Periode (bei $Y^a_1 = Y^n_1 = Y_1$):

$$(5) \quad Y_1 = Y^*+\frac{\alpha\beta}{\alpha+\beta}\hat{M}_1-\frac{\alpha}{\alpha+\beta}\delta^a_1$$

mit: $Y^* = Y_0+\delta^a_1.$

In der zweiten Periode gilt für Gleichung (3):

$$(6) \quad \hat{P}_2-E_2(\hat{P}_2) = 0;$$

damit ergibt sich für das Volkseinkommen ($Y^a_2 = Y^n_2 = Y_2$):

$$(7) \quad Y_2 = Y^*.$$

Aus Angebot und Nachfrage läßt sich wiederum die Inflationsrate $\hat{P}_2$ bestimmen:

$$(8) \quad Y_0+\delta^a_1 = Y_1+\beta(\hat{M}_1-\hat{P}_2)$$

$$(9) \quad Y_0+\delta^a_1 = Y_0+\frac{\alpha\beta}{\alpha+\beta}\hat{M}_1+\frac{\beta}{\alpha+\beta}\delta^a_1+\beta(\hat{M}_1-\hat{P}_2)$$

bzw.:

(10) $\quad \hat{P}_2 = \frac{2\alpha+\beta}{\alpha+\beta} \hat{M}_1 - \frac{\alpha}{\beta(\alpha+\beta)} \delta\hat{\imath}.$

Ab der dritten Periode gilt:

(11) $\quad \hat{P}_t - E_t(\hat{P}_t) = 0$

(12) $\quad Y_t = Y^*$

sowie - aus Angebot und Nachfrage - unter Beachtung von $Y_{t-1} = Y^*$:

(13) $\quad \hat{P}_t = P^* = \hat{M}_1.$

Die algebraische Darstellung stützt wieder das bereits graphisch abgeleitete Ergebnis, daß das Volkseinkommen ab der zweiten Periode, die Inflationsrate ab der dritten Periode ihre Gleichgewichtswerte erreichen. Wie Gleichung (6) zeigt, liegt die Inflationsrate der zweiten Periode - anders als im Fall der Nachfrageinflation - nicht notwendigerweise unter ihrem Gleichgewichtswert. Bei starkem Angebotsschock muß die Güternachfrage entsprechend stark reduziert werden, was dann auch in der zweiten Periode ein Überschießen erfordert.

III.2.3 Ursachen einer Erhöhung der Nachfrage bzw. einer Verringerung des Angebots[1]

Vorangehend wurde gezeigt, daß entweder eine Erhöhung der Güternachfrage oder eine Reduzierung des Güterangebots einen Inflationsprozeß auslösen kann. Es bleiben nun noch die Gründe für eine Nachfrageerhöhung bzw. eine Angebotsreduzierung nachzutragen.

---

[1] Cassel, D., Inflation, a.a.O., S. 283ff; Frey, B.S., Moderne Politische Ökonomie, München/Zürich 1977, S. 42ff; Pfister, J., Grundzüge einer „Soziotheorie" der Inflation, Berlin 1981, S. 187ff.

1. Ursachen einer Nachfrageerhöhung

Eine Erhöhung der Güternachfrage kann durch eine autonome Nachfragesteigerung sowie durch eine Geldmengenerhöhung ausgelöst
werden.

Autonome Erhöhung der Güternachfrage

Eine inflationäre Erhöhung der gesamtwirtschaftlichen Güternachfrage wird üblicherweise mit dem Ausgabeverhalten des Staates
begründet. Abgesehen von Krisen- (Kriegs-)Situationen wird dieses
Ausgabeverhalten wiederum vorwiegend mit Hilfe der (Neuen)
Politischen Ökonomie (Ökonomische Theorie der Politik) erklärt.

Nach der Politischen Ökonomie wird die Demokratie in Analogie
zum Marktmodell als Konkurrenz der Parteien um Wählerstimmen
verstanden. Hierbei wird davon ausgegangen, daß sowohl Wähler als
auch Politiker (Parteien) ausschließlich ihr Eigeninteresse verfolgen.
Das Eigeninteresse der Wähler besteht darin, den Nutzen, den sie
aus einem Parteiprogramm ziehen, zu maximieren; das der Politiker,
an der Macht zu bleiben bzw. an die Macht zu gelangen.

Die Wähler werden somit der Partei ihre Stimme geben, die ihre
Interessen am besten vertritt. Entsprechend werden die Politiker
(Parteien), da sie zur Erlangung bzw. Sicherung ihrer politischen
Machtstellung die Stimmenmehrheit benötigen, solche Programme
entwerfen, die den Interessen der Mehrheit der Wähler entsprechen.

In Verfolgung ihres Eigeninteresses fordern die Wähler hohe Staatsausgaben bei niedriger Steuerbelastung. Der Wettbewerb um die
Stimmen zwingt dann die Parteien dazu, ausgabenwirksame Beschlüsse zu fassen, ohne erforderliche steuerpolitische Entscheidungen
zu treffen, wodurch es zu der erwähnten inflatorischen Erhöhung der
gesamtwirtschaftlichen Güternachfrage kommt.

Bei der obigen - keynesianischen - Analyse des Inflationsprozesses
wurde weiter davon ausgegangen, daß das Geldangebot elastisch ist,
d.h., daß die Zentralbank stets die erforderliche Geldmenge bereit-
stellt. Auch dieses Verhalten bleibt noch näher zu begründen.

Die Erhöhung der Geldmenge ist darauf zurückzuführen, daß einerseits die Zentralbank angesichts neuer Formen und Techniken der Kreditgewährung bzw. der Giralgeldschöpfung nur eine unvollständige Kontrolle über die Geldmenge besitzt und daß andererseits die Zentralbank selbst auf erforderliche restriktive Maßnahmen verzichtet.

Das geschilderte Verhalten einer autonomen Zentralbank läßt sich ebenfalls mittels der Politischen Ökonomie erklären. Hiernach ist die Zentralbank keine abstrakte Einrichtung, die im allgemeinen Interesse für Preisniveaustabilität sorgt, sondern eine Bürokratie, die ihre eigenen Ziele verfolgt.

Das Hauptziel der Zentralbank ist die Erhaltung ihrer Autonomie. Die Verfolgung dieses Ziels erfordert, daß sie Konflikte mit der Regierung, die die Autonomie am ehesten einschränken kann, vermeidet. Damit erfolgt die Sicherung der Preisniveaustabilität unter der Nebenbedingung der Konfliktvermeidung. Das Ziel der Preisniveaustabilität wird also, überspitzt formuliert, nur insoweit verfolgt, als es die Unterstützung der allgemeinen Wirtschaftspolitik der Regierung zuläßt. Es liegt somit durchaus im wohlverstandenen Eigeninteresse der Zentralbank, inflationäre Ausgabenerhöhung durch eine entsprechende Geldmengenausweitung zu unterstützen.

Erhöhung der Geldmenge

Eine inflationäre Ausdehnung der Geldmenge – Ursache für eine induzierte Nachfrageerhöhung – wird insbesondere auf die folgenden vier Ursachen zurückgeführt.

Ein erster Grund liegt in dem Versuch des Staates bzw. der Zentralbank, durch verstärkten Preisniveauanstieg die Arbeitslosenquote dauerhaft zu senken. Hierbei kommt es bezüglich der inflationären Wirkung nicht darauf an, daß dieser Versuch zum Erfolg führt, sondern ausschließlich darauf, daß eine derartige Politik der Geldmengenausweitung betrieben wird.

Ein zweiter Grund ist in der Verfolgung einer Politik niedrigerer Zinsen zu sehen. Eine derartige Politik wiederum ist darauf zurückzuführen, daß die Zinsbelastung des Staates sowie bestimmter sozialer Gruppen, insbesondere im Bereich des Wohnungsbaus, in Grenzen gehalten werden soll.

Einen weiteren Grund für eine inflationäre Erhöhung der Geldmenge zeigt die Politische Ökonomie auf. Nach dem Modell des politischen Konjunkturzyklus[1] versucht der Staat, zwecks Stimmenmaximierung die Arbeitslosenquote mittels Geldmengenexpansion vorübergehend zu senken. Eine derartige Politik läßt sich damit begründen, daß die Wähler einerseits kurzsichtig sind und andererseits ihr Wahlverhalten insbesondere von der Höhe der Arbeitslosenquote abhängig machen. In diesem Fall sind die Politiker daran interessiert, die Arbeitslosenquote jeweils am Wahltag auf Kosten der Preisniveaustabilität zu senken.

Als vierter Grund für eine inflationäre Erhöhung der Geldmenge wird schließlich auf den Inflationssteuergewinn des Staates verwiesen. Finanziert der Staat ein Budgetdefizit über eine Geldmengenausweitung, die zu einem entsprechenden Preisschub führt, so sinkt die Realkasse der Wirtschaftssubjekte. Zur Aufrechterhaltung ihrer gewünschten Realkasse werden die Wirtschaftssubjekte ihre nominelle Geldhaltung erhöhen, wodurch, wie bei einer Steuer, Einkommen auf den Staat übertragen wird.[2]

2. Ursachen einer Angebotsreduzierung

Im Zusammenhang mit der Angebotsreduzierung wird insbesondere auf eine Erhöhung der Lohnkosten verwiesen. Eine derartige Lohnkostenerhöhung wird vor allem mit Hilfe von zwei theoretischen Ansätzen begründet, nämlich einem soziologischen und einem sozialpsychologischen Ansatz. Die überwiegend herangezogene sog. Verteilungskampfhypothese ist der soziologischen Konflikttheorie, speziell

---

[1]   Siehe Abschnitt V.2.1, 2.3.

[2]   Siehe Abschnitt III.3.1, 2.3.

2 Erklärung der Inflation

den wert- und zielorientierten Konfliktansätzen, zuzurechnen. Nach
dieser Theorie sind Konflikte in unterschiedlichen Zielvorstellungen
begründet.

Die Ursache für einen Verteilungskampf liegt hiernach in real unver-
einbaren Vorstellungen insbesondere der beiden sozialen Gruppen der
Arbeitnehmer und der Unternehmer bezüglich einer „gerechten"
Einkommensverteilung. Infolge entsprechender Organisation (Gewerkschaften) besitzen die Arbeitnehmer die erforderliche Marktmacht,
um ihre Ansprüche an das Sozialprodukt in Form einer Erhöhung
der Lohnquote auch zu artikulieren, was sich in entsprechenden
Nominallohnforderungen niederschlägt. Umgekehrt haben die Unternehmer aufgrund oligopolistischer Marktstrukturen die Möglichkeit,
durch Preisanpassungen die Verteilung in ihrem Sinne zu korrigieren.

Die Höhe der Lohnforderungen wird hierbei oftmals in Abhängigkeit
vom Organisationsgrad der Arbeitnehmer sowie von der Militanz
oder Aggressivität der Gewerkschaften gesehen. Das Festhalten an
letzlich funktionslosen Nominallohnerhöhungen wird vielfach damit
begründet, daß jede Gruppe befürchtet, bei stabilitätskonformem
Verhalten ihre Verteilungsposition zu verschlechtern oder aber auch
damit, daß Nominallohnerhöhungen den Gewerkschaften als Erfolg
angerechnet werden, Preissteigerungen hingegen einem anonymen
Marktprozeß angelastet werden.

Die Theorie des Anspruchsverhaltens dient einerseits oftmals der
Ergänzung der subjektivistischen zielorientierten Konfliktansätze,
andererseits stellt sie aber auch einen speziellen sozialpsychologischen
Ansatz der Inflationserklärung dar.

Die Theorie des Anspruchsverhaltens geht von der Unterscheidung
zwischen idealem (bestmöglichem), erreichtem und angestrebtem
Leistungsniveau aus. Im Unterschied zur ökonomischen Theorie, in
der üblicherweise ein Streben nach der Erreichung des idealen
Leistungsniveaus unterstellt wird, orientiert sich das Verhalten der
Wirtschaftssubjekte nach der Theorie des Anspruchsverhaltens an
dem angestrebten Leistungsniveau, dem Anspruchsniveau.

Das Anspruchsniveau wird einerseits von den eigenen Erfahrungen und andererseits von den Ansprüchen anderer Personen geprägt. Steigendes Einkommen in der Vergangenheit sowie steigende Einkommensforderungen anderer Personen führen bspw. zu laufend höheren eigenen Einkommensforderungen.

Eine Diskrepanz zwischen erreichtem Einkommensniveau und Anspruchsniveau hat heute überwiegend ein anspruchsorientiertes Verhalten zur Folge, d.h. die Forderung nach einem höheren Anteil am Sozialprodukt, ohne die eigene Leistung zu erhöhen. Die Durchsetzung dieser Forderung erfolgt dann durch kollektives Handeln der entsprechenden gesellschaftlichen Gruppen.

III.3 Beeinflussung der Inflation

Die vorangehende Analyse hat gezeigt, daß ein marktwirtschaftliches System nicht stets zu Preisniveaustabilität führt. Da Preisniveaustabilität ein Ziel der Wirtschaftspolitik ist, muß der Staat im Falle der Verletzung dieses Ziels geeignete Maßnahmen zur Inflationsbekämpfung ergreifen. Bevor derartige Maßnahmen diskutiert werden, sollen zunächst die Auswirkungen eines Inflationsprozesses aufgezeigt werden. Erst negative Inflationswirkungen rechtfertigen das Ziel der Preisniveaustabilität und somit Maßnahmen einer Anti-Inflationspolitik.

III.3.1 Inflationswirkungen

Die nachfolgenden Ausführungen beschränken sich auf zwei Effekte eines Inflationsprozesses, nämlich auf Beschäftigungs- und auf Umverteilungswirkungen, die üblicherweise im Vordergrund des Interesses stehen.[1]

1. Beschäftigungswirkungen: Die Phillips-Kurve[2]

Längere Zeit wurde davon ausgegangen, daß eine moderate Inflation positive Beschäftigungseffekte hat, eine Vorstellung, die mit der Berücksichtigung von Inflationserwartungen obsolet wurde. Der Zusammenhang zwischen Inflation und Beschäftigung wurde bereits im theoretischen Teil dargestellt, er soll hier noch einmal in etwas anderer Form, nämlich als sog. Phillips-Kurve, wiederholt werden.

---

[1] Zu weiteren Effekten siehe bspw. Claassen, E.-M., Grundlagen der makroökonomischen Theorie, a.a.O., S. 320ff; Pohl, R., Theorie der Inflation, a.a.O., S. 134ff; Ströbele, W., Inflation, a.a.O., S. 6ff.

[2] Branson, W.H., Makroökonomie, a.a.O., S. 485ff; Burda, M. u.a., Makroeconomics, a.a.O., S. 236ff; Dieckheuer, G., Makroökonomik, a.a.O., S. 361ff; Westphal, U., Makroökonomik, a.a.O., S. 253ff.

Im oberen Teil der Abbildung III.28 a sind gesamtwirtschaftliches Güterangebot und gesamtwirtschaftliche Güternachfrage für eine inflationäre Wirtschaft dargestellt. Im Ausgangsgleichgewicht (bei korrekten Erwartungen) sei Preisniveaustabilität erreicht; die D-Kurve schneidet somit die langfristige Güterangebotskurve bei $\hat{P} = 0$ und Y_0.

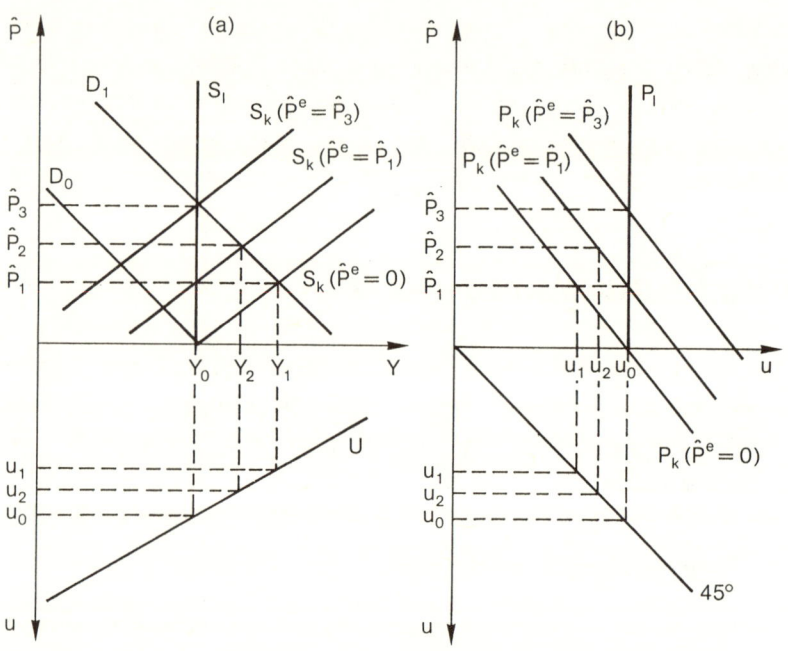

Abb. III.28: *Die Phillips–Kurve*

Die Phillips-Kurve stellt einen Zusammenhang her zwischen der Inflationsrate und der Arbeitslosenquote. Offensichtlich ist die Arbeitslosenquote um so niedriger, je höher die Güterproduktion (und damit die Beschäftigung) ist. Dieser Zusammenhang wird als Okun'sches Gesetz bezeichnet, das durch die Gerade U im unteren Teil der Abbildung III.28 a veranschaulicht wird. Der Produktionshöhe Y_0 entspricht somit eine Arbeitslosenquote von u_0. Diese

Arbeitslosenquote wird mit Hilfe des 45°-Diagramms im unteren Teil der Abbildung III.28 b in das $\hat{P}/u$-Diagramm des oberen Teils (bei $\hat{P} = 0$) übertragen.

Der Staat ergreife nun beschäftigungspolitische Maßnahmen, um die Arbeitslosenquote unter u_0 zu senken. Diese Maßnahmen bewirken eine Rechtsverschiebung der D-Kurve nach D_1, was zu Inflation ($\hat{P}_1$) sowie bei zunächst unveränderten Inflationserwartungen ($\hat{P}^e = 0$) zu einem Anstieg der Güterproduktion auf Y_1 und einer Senkung der Arbeitslosenquote auf u_1 führt. Wird auch diese Situation in den oberen Teil der Abbildung III.28 b übertragen, so läßt sich die gesuchte Phillips-Kurve mit Hilfe der beiden Punkte $0/u_0$ sowie $\hat{P}_1/u_1$ einzeichnen.

Die abgeleitete Kurve $P_k(\hat{P}^e=0)$ wird als kurzfristige Phillips-Kurve bezeichnet, da sie nur kurzfristig, d.h. für $\hat{P}^e = 0$ gilt. Die Inflationserwartungen stellen einen Lageparameter der Phillips-Kurve dar; je höher die Inflationserwartungen, um so weiter verschiebt sich die Phillips-Kurve nach oben. Dies ist sofort ersichtlich, wenn eine Revision der Inflationserwartungen betrachtet wird. Hierdurch verschiebt sich die kurzfristige Angebotskurve nach $S_k(\hat{P}^e=\hat{P}_1)$, so daß die Inflationsrate auf $\hat{P}_2$ ansteigt, während der Beschäftigungsgewinn auf Y_2 reduziert und die Arbeitslosenquote auf u_2 erhöht wird.

Bei korrekten Erwartungen schließlich ($\hat{P}^e = \hat{P}_3$) werden wieder die ursprüngliche Produktions- bzw. Beschäftigungshöhe und damit auch die ursprüngliche Arbeitslosenquote erreicht. Die Punkte korrekter Erwartungen auf den einzelnen kurzfristigen Phillips-Kurven liegen also senkrecht über u_0. Die Verbindungslinie aller dieser Punkte wird als langfristige Phillips-Kurve (P_1) bezeichnet.[1,2] Sie zeigt

---

[1]   In der Literatur wird üblicherweise zwischen neoklassischer (monetaristischer) und keynesianischer Phillips-Kurve unterschieden. Während die kurzfristigen Phillips-Kurven in beiden Fällen fallend verlaufen, unterscheiden sich jedoch die langfristigen Phillips-Kurven, und zwar verläuft auch die langfristige keynesianische Phillips-Kurve geneigt. Von diesem Unterschied wurde im theoretischen Teil zur Vereinfachung abgesehen.

[2]   Bei rationalen Erwartungen und angekündigten wirtschaftspolitischen Maßnahmen wird stets die langfristige Phillips-Kurve realisiert.

(noch einmal) an, daß langfristig, d.h. bei korrekten Erwartungen, die Beschäftigungshöhe unabhängig von der Inflationsrate ist. Soll die Arbeitslosenquote auf einem Niveau kleiner als u_0 gehalten werden, so müssen die Hauhalte stets von neuem durch expansive Maßnahmen und hierdurch gesteigerte Inflationsraten überrascht werden (das bereits erwähnte Akzelerations-Theorem).[1]

Abbildung III.29 gibt die Inflationsrate und die Arbeitslosenquote für die BRD in dem Zeitraum von 1970 bis 1990 wieder.[2]

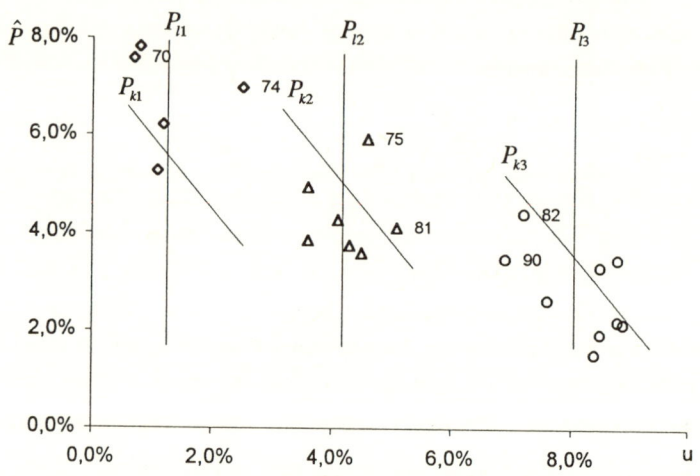

Abb. III.29: *Phillips–Kurven für die BRD*

Wie Abbildung III.29 entnommen werden kann, läßt sich der Zeitraum von 1970 bis 1990 in drei Abschnitte gliedern, nämlich die Jahre 1970-1974 (Raute), 1975-1981 (Dreieck) sowie 1982-1990 (Kreis). Für jeden Zeitabschnitt gilt eine kurzfristige ($P_{k1}-P_{k3}$)

---

[1]   Die natürliche Arbeitslosenquote entspricht der sog. NAIRU (non-accelerating inflation rate of unemployment, inflationsstabile Arbeitslosenquote): Nur bei Realisierung der NAIRU bleibt die Inflationsrate konstant.

[2]   Sachverständigenrat zur Begutachtung der gesamtwirtschaftlichen Entwicklung, Jahresgutachten 1992/93, Tabellen 20* und 85*.

sowie eine langfristige Phillips-Kurve (P_{11}-P_{13}). In den verschiedenen langfristigen Phillips-Kurven kommt der bereits erwähnte Anstieg der natürlichen Arbeitslosigkeit zum Ausdruck.

Die obigen Zusammenhänge lassen sich wie folgt algebraisch darstellen. Aus der Güterangebotsfunktion:

$$(1) \quad Y_t = Y_0 + \alpha(\hat{P}_t - \hat{P}_t^e)$$

sowie dem Okun'schen Gesetz in vereinfachter Form:

$$(2) \quad u_0 - u_t = \beta(Y_t - Y_0)$$

ergibt sich nach einigen Umformungen die Phillips-Kurve:

$$(3) \quad \hat{P}_t = \frac{1}{\alpha\beta}(u_0 - u_t) + \hat{P}_t^e.$$

Umstellung liefert:

$$(4) \quad u_0 - u_t = \alpha\beta(\hat{P}_t - \hat{P}_t^e).$$

Übersteigt die Inflationsrate die Inflationserwartungen, so liegt die tatsächliche Arbeitslosenquote unter der sog. natürlichen Arbeitslosenquote (u_0).

Bei korrekten Erwartungen folgt aus Gleichung (4):

$$(5) \quad u_0 - u_t = 0,$$

was bei $u_t = u_0$ erfüllt ist. Es folgt also wieder das Ergebnis, daß die Arbeitslosenquote bei korrekten Erwartungen unabhängig von der Inflationsrate ist.

Wird eine niedrigere als die natürliche Arbeitslosenquote angestrebt:

$$(6) \quad u_0 - u_t = \Delta \; (> 0),$$

so folgt aus Gleichung (3):

$$(7) \quad \hat{P}_t - \hat{P}_t^e = \frac{\Delta}{\alpha\beta},$$

d.h. die Haushalte müssen in jeder Periode erneut durch die Inflationsrate überrascht werden. Bei $\hat{P}_t^e = \hat{P}_{t-1}$ ergibt sich:

$$(8) \quad \hat{P}_t = \hat{P}_0 + \frac{\Delta}{\alpha\beta}\, t.$$

Wie Gleichung (8) zeigt, erfordert dies eine im Laufe der Zeit
ansteigende Inflationsrate.

2. Umverteilungswirkungen[1]

Umverteilungswirkungen hat eine Inflation dann, wenn Wirtschaftssubjekte entweder bezüglich der tatsächlichen Inflationsrate falsche
Erwartungen haben oder nicht die Macht besitzen, ihre korrekten
Erwartungen in entsprechendes ökonomisches Verhalten umzusetzen
(sog. nicht voll antizipierte Inflation). Hierfür können institutionelle
Regelungen, unterschiedlicher Informationsstand sowie unterschiedliche Machtpositionen ausschlaggebend sein.

2.1 Einkommensumverteilung

Bei den Einkommensumverteilungswirkungen der Inflation stehen
üblicherweise zwei Probleme im Vordergrund, nämlich die Fragen,
inwieweit eine Inflation zu einer Umverteilung zu Lasten der Lohnbezieher einerseits (die sog. Lohn-lag-Hypothese) bzw. zu Lasten
der Rentner andererseits führt (die sog. Renten-lag-Hypothese).

Bei der Lohn-lag-Hypothese handelt es sich um das Problem,
inwieweit ein Inflationsprozeß die funktionelle Einkommensverteilung,
nämlich die Verteilung des Volkseinkommens auf Löhne und
Gewinne, beeinflußt. Als Maß der funktionellen Einkommensverteilung wird üblicherweise die Lohn- bzw. Gewinnquote herangezogen.
Die Lohnquote (α) ist definiert als:

---

[1]   Issing, O., Einführung in die Geldtheorie, a.a.O., S. 212ff; Pohl, R.,
Theorie der Inflation, a.a.O., S. 199ff; Sachs, J.D. und F.B. Larrain,
Macroeconomics in the Global Economy, a.a.O., S. 327ff; Ströbele, W.,
Inflation, a.a.O., S. 10ff.

$$\text{(1)} \quad \alpha_t = \frac{W_t A_t}{P_t Y_t}$$

bzw.:

$$\text{(2)} \quad \alpha_t = \frac{W_t / P_t}{Y_t / A_t} \, .$$

Eine Veränderung der Lohnquote infolge eines Lohn-lags ist dann möglich, wenn sich die Löhne mit einer Zeitverzögerung an die gestiegenen Preise anpassen.

Wird zur Vereinfachung von konstanter Produktion und Beschäftigung ausgegangen, so ergibt sich für die Veränderung der Lohnquote:

$$\text{(3)} \quad \hat{\alpha}_t = \hat{W}_t - \hat{P}_t.$$

Passen sich die Löhne in vollem Umfang an die erwartete Preissteigerung an, so gilt:

$$\text{(4)} \quad \hat{W}_t = \hat{P}_t^e.$$

Bei adaptiven Erwartungen $\hat{P}_t^e = \hat{P}_{t-1}$ folgt dann:

$$\text{(5)} \quad \hat{\alpha}_t = \hat{P}_{t-1} - \hat{P}_t.$$

Die Veränderung der Lohnquote ist hier also auf falsche Erwartungen zurückzuführen. Beschleunigt sich der Inflationsprozeß, so sinkt die Lohnquote; verringert sich das Inflationstempo, so steigt sie an. Im Inflationsgleichgewicht schließlich bleibt die Lohnquote konstant. Eine dauerhafte Verschlechterung der Situation der Lohnbezieher kann hierauf jedoch kaum begründet werden.

Die Renten-lag-Hypothese behauptet, daß die Rentenempfänger Inflationsverlierer sind. Begründet wird diese Aussage damit, daß die Renten nur unzureichend an die Inflation angepaßt werden.

Im Gegensatz zu den marktdeterminierten Faktoreinkommen sind die Renten (oder allgemeiner die Transferzahlungen) das Ergebnis einer politischen Entscheidung. Sie werden in bestimmter Höhe nominell festgesetzt, während die Faktoreinkommen (in einer stationären

Wirtschaft) nominell mit der Inflationsrate ansteigen. Werden mit L_0 bzw. Q_0 das nominelle Brutto-Lohn- bzw. Brutto-Gewinneinkommen einer Basisperiode bei $P_0 = 1$, mit S bzw. Tr die nominell fixierten Sozialversicherungsbeiträge bzw. Renten bezeichnet, so gilt:

$$(6) \quad P_t Y_0 = P_t L_0 + P_t Q_0 - S + Tr$$

bzw.:

$$(7) \quad 1 = \frac{P_t L_0 + P_t Q_0 - S}{P_t Y_0} + \frac{Tr}{P_t Y_0}.$$

Der erste Ausdruck der rechten Seite von Gleichung (7) läßt sich als Netto-Faktoreinkommensquote, der zweite Term als Rentenquote bezeichnen. Wie sofort ersichtlich, sinkt die Rentenquote im Inflationsprozeß, während die Netto-Faktoreinkommensquote ansteigt. Es erfolgt also eine Umverteilung zugunsten der Faktoreinkommensbezieher.

Die Umverteilungswirkungen lassen sich abmildern, wenn die Renten an die allgemeine Preisentwicklung angepaßt werden (Dynamisierung der Renten). Ein mögliches Verfahren besteht darin, daß die Rentenentwicklung an die Entwicklung der Löhne gekoppelt wird.

Wird zur Vereinfachung von Strukturverschiebungen zwischen Arbeitnehmern und Rentnern abgesehen, so lassen sich die Renten in diesem Fall als ein bestimmter Prozentsatz des Lohneinkommens (tr) darstellen:

$$(8) \quad P_t Y_0 = P_t L_0 + P_t Q_0 - tr P_t L_0 + tr P_t L_0$$

bzw.:

$$(9) \quad 1 = \frac{(1-tr) L_0 + Q_0}{Y_0} + \frac{tr L_0}{Y_0}.$$

Wie Gleichung (9) zeigt, bleiben in diesem Fall die Einkommensquoten im Inflationsprozeß konstant, d.h. es findet jetzt keine Umverteilung statt.

2.2 Vermögensumverteilung

Im Vordergrund der Vermögensumverteilungseffekte einer Inflation steht die Gläubiger-Schuldner- oder Zins-lag-Hypothese. Nach dieser Hypothese führt ein Inflationsprozeß zu einer Begünstigung der Schuldner und zu einer Benachteiligung der Gläubiger, da die Rückzahlung einer Geldschuld in Geldeinheiten erfolgt, deren Realwert gesunken ist (entwertetes Geld).

Diese inflationsbedingte Vermögensumverteilung sei an nachfolgendem Beispiel verdeutlicht. Es wird angenommen, daß der Haushaltssektor seine Ersparnisse in Schuldtitel des Unternehmenssektors anlegt, der mit diesem Geld seine Investitionen finanziert. Zum Zeitpunkt t_0 habe das Geld- (GV) und Sachvermögen (SV) einen Wert von 100.

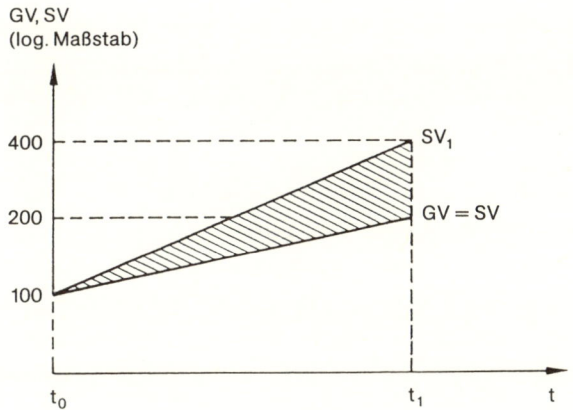

Abb. III.30: *Vermögensumverteilung*

Aufgrund der Ersparnisbildung des Haushaltssektors wachse das Geldvermögen jährlich um 5%. Bei Preisniveaustabilität erhöht sich dann auch das Sachvermögen um diesen Prozentsatz. In ca. 14 Jahren, in t_1, haben sich so Geld- und Sachvermögen auf 200 verdoppelt, was in Abbildung III.30 durch die Gerade GV = SV angezeigt wird. Dem Sachvermögen des Unternehmenssektors steht also am Anfang wie am Ende des Betrachtungszeitraums eine real gleich große Verschuldung dieses Sektors gegenüber.

Setzt dagegen in t_0 ein Inflationsprozeß mit einer jährlichen Inflationsrate von ebenfalls 5% ein, so wächst der Nominalwert des Sachvermögens jährlich mit 10% und steigt von t_0 bis t_1 entsprechend der Geraden SV' auf 400 an; die Entwicklung des Geldvermögens bleibt hingegen von dem Inflationsprozeß unbeeinflußt.

In t_1 ist somit das Realvermögen des Unternehmenssektors auf 200 angewachsen, während die Verschuldung real 100 beträgt. Während also einerseits das Sparen des Haushaltssektors gerade zum Ausgleich des Inflationsverlustes im Hinblick auf den Realwert ihres Geldvermögens ausreicht, weist andererseits der Unternehmenssektor entsprechende Vermögenszuwächse auf, was in Abbildung III.30 durch die schraffierte Fläche angezeigt wird.

In obigem Beispiel wurde implizit von einer konstanten Verzinsung ausgegangen. Steigt der Nominalzins im Inflationsprozeß an, so wird der aufgezeigte Vermögensverlust abgemildert oder sogar vollständig vermieden.

Zur Vermeidung von Umverteilungseffekten muß der Realwert unverändert bleiben, d.h. es muß gelten:

$$(1) \quad \frac{A(1+\varrho)}{P_0} = \frac{A(1+r)}{P_0(1+\hat{P})} \,,$$

wobei A ein bestimmtes (nominelles) Anfangsvermögen darstellt. Hieraus folgt unmittelbar:

$$(2) \quad r = \varrho + \hat{P} + \varrho\hat{P}.$$

Zur Aufrechterhaltung des Realwertes der Geldforderung muß der Nominalzins (r) den Realzins (ϱ) um die Inflationsrate übersteigen. Zur Aufrechterhaltung auch des Realwertes der Zinszahlung ist ein weiterer Anstieg des Nominalzinses um das Produkt aus Realzins und Inflationsrate erforderlich.[1]

Abbildung III.31 gibt die zeitliche Entwicklung des Nominal- (r) und Realzinssatzes (ϱ) sowie der Inflationsrate wieder.[2] Wie diese Abbildung zeigt, entwickeln sich Nominal- und Realzinssatz nahezu parallel, wobei die Differenz zwischen beiden Zinssätzen in etwa der Inflationsrate entspricht.

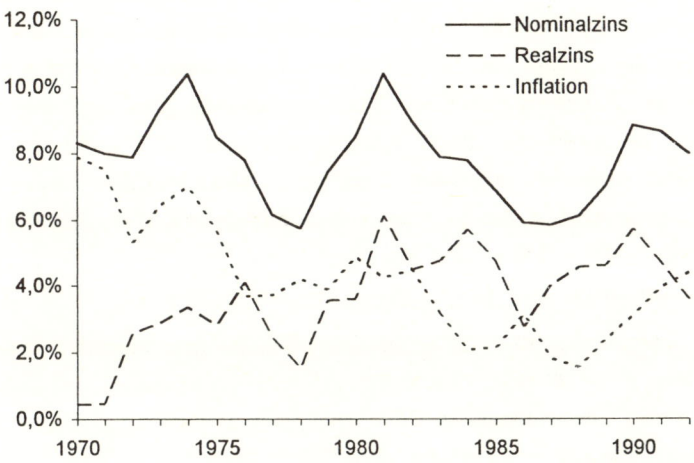

Abb. III.31: *Zeitliche Entwicklung des nominellen und des realen Zinssatzes*

Infolge von Erwartungsirrtümern, zeitlichen Verzögerungen, unvollständiger Anpassung sowie Berücksichtigung nur der Neuverschuldung lassen sich jedoch inflationsbedingte Vermögenseffekte nicht völlig ausschließen. Insbesondere die Besitzer von Geld (keine oder

---

1   Da der Term $\varrho\hat{P}$ relativ klein ist, wird der Realzins üblicherweise durch

      $\varrho = r-\hat{P}$ angenähert (siehe auch das obige Fisher-Theorem).

2   Sachverständigenrat zur Begutachtung der gesamtwirtschaftlichen Entwicklung, Jahresgutachten 1993/94, Tabellen 6* und 86*.

vernachlässigbare Verzinsung) sowie von Sparguthaben (geringe Verzinsung) sind als Inflationsverlierer anzusehen. Da dies vor allem die Besitzer nur kleiner Vermögen (und Einkommen) sind, begründet die besondere soziale Problematik dieser Umverteilungseffekte.

2.3 Umverteilung zwischen privatem und öffentlichem Sektor

Bezüglich der Umverteilungswirkungen eines Inflationsprozesses zwischen privatem und öffentlichem Sektor sollen noch kurz zwei Fälle erwähnt werden, nämlich zum einen ein sog. Inflationssteuergewinn des Staates und zum anderen die Auswirkungen einer progressiven Einkommenssteuer. Eine umfassende Beantwortung der Frage, inwieweit der Staat Inflationsgewinner oder -verlierer ist, erfordert eine Analyse aller Einnahmen und Ausgaben sowie der Vermögenssituation des Staates, worauf hier jedoch verzichtet wird.

Inflationssteuer

Zur Darstellung des Inflationssteuergewinns des Staates wird in Abbildung III.32 die Geldnachfragekurve (vereinfacht) wiederholt. Bei einem Nominalzins in Höhe von r_0 wird eine reale Geldmenge in Höhe von $(M/P)_0$ gehalten.

Die Inflation reduziert nun laufend den Realwert der Kassenhaltung und wirkt somit wie eine Steuer auf die Geldhaltung. Zur Aufrechterhaltung der Realkasse $(M/P)_0$ ist es erforderlich, daß die nominelle Geldhaltung mit der Inflationsrate ansteigt. Aus:

$$(1) \quad \frac{M_1}{P_1} = \frac{M_0}{P_0}$$

sowie:

$$(2) \quad P_1 = P_0(1+\hat{P}_0)$$

folgt:

$$(3) \quad M_t = M_0(1+\hat{P}_0)$$

bzw.:

$$(4) \quad \frac{M_1-M_0}{P_0} = \frac{M_0}{P_0}\hat{P}_0.$$

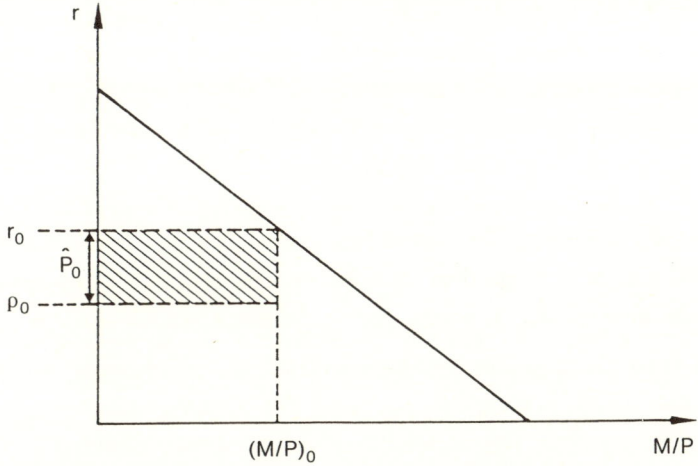

Abb. II.32: *Inflationssteuergewinn des Staates*

Der Realwert der Inflationssteuer ist gleich dem Produkt aus Realkasse (als Steuerbasis) und Inflationsrate (als Steuersatz), was in
Abbildung III.32 durch die schraffierte Fläche dargestellt wird.
Nutznießer dieser Steuer ist der Staat, der als (alleiniger) Geld-
emittent mittels Geldschöpfung Waren und Dienstleistungen des
privaten Sektors erwerben kann.[1]

Progressive Einkommensteuer

Vielfach weist die Einkommensteuer einen progressiven Tarif auf,
d.h. der durchschnittliche Steuersatz steigt mit steigendem Einkommen an. Ein einfaches Beispiel einer (indirekt) progressiven
Einkommensteuer (T) ist:

$$(5) \quad T = t(PY - F),$$

---

[1] Von der Inflationssteuer ist der sog. Münzgewinn (seigniorage) des
Staates zu unterscheiden. Unter der Annahme der Konstanz der realen
Kassenhaltung stimmen beide betragsmäßig überein.

wobei t den marginalen Steuersatz und F einen konstanten Grund-
freibetrag darstellen. Hieraus folgt für den durchschnittlichen Steuersatz (τ = T/PY):

(6) τ = t(1-F/PY).

Wie aus Gleichung (6) ersichtlich ist, steigt der durchschnittliche
Steuersatz mit steigendem Nominaleinkommen an. Dieser Anstieg
beruht hier auf der Konstanz des nominellen Grundfreibetrages.

Mit dem Anstieg der durchschnittlichen Steuerbelastung soll eine
gewisse Steuergerechtigkeit im Sinne des Leistungsfähigkeitsprinzips
erreicht werden. Offensichtlich wird die Leistungsfähigkeit eines
Steuerzahlers durch sein Realeinkommen angezeigt. Insoweit ist der
Anstieg des durchschnittlichen Steuersatzes mit steigendem Realeinkommen Ausdruck des politischen Willens einer Gesellschaft. Bei
steigendem Preisniveau hingegen kommt es zu einer zufälligen
Steuererhöhung, die politisch nicht beabsichtigt ist (sog. kalte
Progression).

III.3.2 Möglichkeiten einer Anti-Inflationspolitik

Wie im vorangehenden Abschnitt dargestellt wurde, kann ein Inflationsprozeß durch eine Veränderung der Güternachfrage oder des
Güterangebots ausgelöst werden. Entsprechend kann eine Anti-Inflationspolitik auf eine Beeinflussung der Güternachfrage oder des
Güterangebots ausgerichtet sein.

1. Beeinflussung der Güternachfrage

Nachfragesteuerung zur Inflationsbekämpfung (1.1) führt zu einem
Konflikt zwischen den Zielen der Preisniveaustabilität und Voll-
beschäftigung. Dieser Zielkonflikt läßt sich durch eine optimale
Anti-Inflationspolitik (1.2) oder durch Lohnindexierung (1.3) lösen.

1.1 Kontraktive Geld– oder Fiskalpolitik[1]

Soll eine gegebene Inflationsrate gesenkt werden (sog. Disinflation[2]), so kann dies - unabhängig von der Inflationsursache - durch eine Reduzierung der Güternachfrage erreicht werden. Hierzu ist die Geld - oder Fiskalpolitik kontraktiv einzusetzen.

Kontraktive Fiskalpolitik bedeutet, daß über eine Verringerung der Staatsnachfrage direkt oder indirekt über eine Erhöhung der Steuern die gesamtwirtschaftliche Güternachfrage gesenkt wird. Bei unveränderter Wachstumsrate der Geldmenge kommt es in diesem Fall jedoch zu Zinssenkungen und hierdurch zu einem vollständigen crowding-in. Damit tritt die private Investitionsnachfrage an die Stelle der reduzierten Staats - oder Konsumnachfrage, so daß der kontraktive Effekt aufgehoben wird. Kontraktive Fiskalpolitik ist also nur wirksam, wenn sie von einer (passiven) Verringerung der Wachstumsrate der Geldmenge begleitet wird.

Kontraktive Geldpolitik bedeutet, daß über eine (aktive) Verringerung der Wachstumsrate der Geldmenge ein Anstieg des Zinssatzes und damit ein Rückgang der privaten Investitionsnachfrage induziert wird.

Wie bereits dargestellt wurde, obliegt die Geldpolitik in der BRD der unabhängigen Deutschen Bundesbank, die in §3 Bundesbankgesetz zur Sicherung der Preisniveaustabilität verpflichtet ist. Zur Steuerung der Geldmenge stehen ihr verschiedene währungspolitische Befugnisse zur Verfügung, so die Refinanzierungspolitik, die Offenmarktpolitik oder die Mindestreservenpolitik. Hiervon dienen insbesondere die Refinanzierungs - und die Mindestreservenpolitik der längerfristigen Regelung der Geldversorgung.

---

[1] Gordon, R.J., Macroeconomics, a.a.O., S. 254ff; Ströbele, W., Inflation, a.a.O., S. 141ff; Zimmermann, H. und K.-D. Henke, Finanzwissenschaft, a.a.O., S. 269ff.

[2] Mit Disinflation wird ein Rückgang der Inflationsrate, mit Deflation ein Rückgang des Preisniveaus bezeichnet.

Abbildung III.33 zeigt anhand der zeitlichen Entwicklung des Diskontsatzes und der Inflationsrate deutlich das Bemühen der Deutschen Bundesbank, mittels einer Politik des teuren Geldes inflationären Entwicklungen entgegenzusteuern.[1] In Zeiten hoher Inflationsrate erhöht sie den Diskontsatz und umgekehrt.

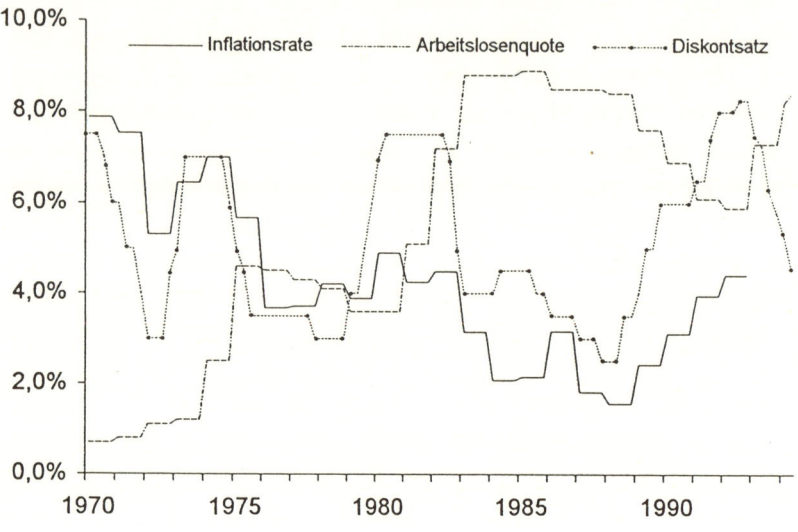

Abb. III.33: *Diskontsatz und Inflationsrate*

Nachfolgend wird nun die Wirkungsweise einer kontraktiven Geldpolitik näher untersucht. Ausgangspunkt sei ein Inflationsgleichgewicht mit einer Inflationsrate $\hat{P}_0$, die gleich der Wachstumsrate der Geldmenge $\hat{M}_0$ ist. Ziel der Geldpolitik ist es, die Inflationsrate auf $\hat{P}^*$ $(< \hat{P}_0)$ zu senken; hierzu wird in $t = 1$ die Wachstumsrate der Geldmenge reduziert. Zunächst wird das neue Inflationsgleichgewicht, daran anschließend der Übergangsprozeß dargestellt.

---

[1]   Deutsche Bundesbank, Monatsbericht Mai 1994, Tab. VI.1; Sachverständigenrat zur Begutachtung der gesamtwirtschaftlichen Entwicklung, Jahresgutachten 1993/94, Tabellen 21* und 86*.

Die Gleichgewichtslösung

Das Ausgangsgleichgewicht entspricht dem Schnittpunkt zwischen der D_0-Kurve und der S_1-Kurve in Abbildung III.34.

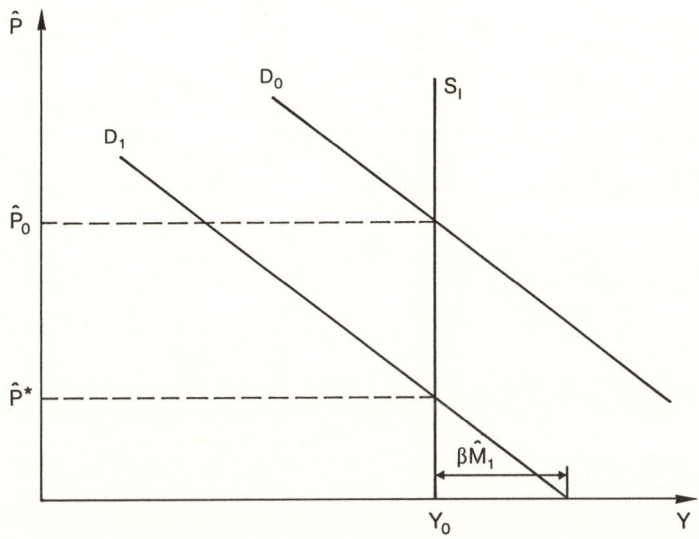

Abb. III.34: *Disinflation: Gleichgewichtslösung*

Um die angestrebte Inflationsrate $\hat{P}^*$ zu erreichen, muß die Nachfragekurve so verschoben werden, daß sie die S_1-Kurve bei $\hat{P}^*$ schneidet. Unter Berücksichtigung der Gleichung für die Güternachfrage: $Y_t^n = Y_{t-1}^n + \beta(\hat{M}_t - \hat{P}_t)$ mit $Y_t^n = Y_{t-1}^n = Y_0$ ist hierzu die Wachstumsrate der Geldmenge auf $\hat{M}_1 = \hat{P}^*$ zu senken, so daß der Abszissenabschnitt der neuen D-Kurve $Y_0 + \beta\hat{M}_1$ beträgt (D_1).

Der Anpassungsprozeß

Bei Gültigkeit der Güternachfragekurve D_1 und falschen Inflationserwartungen ($\hat{P}^e = \hat{P}_0$) stellt sich das erste temporäre Gleichgewicht in Abbildung III.35 bei $\hat{P}_1/Y_1$ ein.

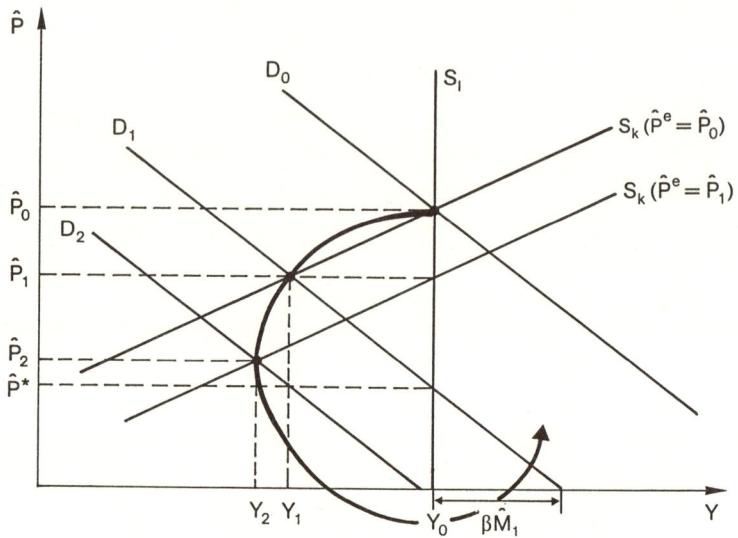

Abb. III.35: *Disinflation: Anpassungsprozeß*

In der zweiten Periode verringert sich die Güternachfrage auf D_2: Da die Inflationsrate größer ist als die Wachstumsrate der Geldmenge, sinkt die reale Geldmenge, so daß der Zinssatz die dem Einkommen Y_1 entsprechende Höhe wieder übersteigt; der Abszissenwert der D-Kurve verringert sich auf $Y_1 + \beta \hat{M}_1$. Bei adaptiven Erwartungen ($\hat{P}_t^e = \hat{P}_{t-1}$) verlagert sich die kurzfristige Angebotskurve nach $S_k(\hat{P}_e = \hat{P}_1)$. Das zweite temporäre Gleichgewicht ist somit bei $\hat{P}_2 / Y_2$ erreicht.

Weitere Anpassungsvorgänge führen schließlich – unter Schwankungen – zu dem angestrebten Gleichgewicht $\hat{P}^* / Y_0$. Da wieder das gleiche Einkommen wie in der Ausgangssituation realisiert wird, muß auch der reale Zinssatz wieder sein Ausgangsniveau erreicht haben ($\varrho = r_0 - \hat{P}_0 = r_1 - \hat{P}_1$). Der nominelle Zinssatz hingegen ist infolge der niedrigeren Inflationsrate gesunken ($r_1 < r_0$).

1.2 Optimale Anti-Inflationspolitik[1]

Die vorangehenden Ausführungen haben gezeigt, daß sich die Inflationsrate mittels Nachfragesteuerung verringern läßt. Hierbei tritt
jedoch das Problem auf, daß es - wenigstens vorübergehend - zu
Arbeitslosigkeit kommt.[2] Die Arbeitslosigkeit ist um so ausgeprägter,
je stärker die Inflationsrate reduziert wird. Es besteht also ein
Konflikt zwischen den beiden Zielen Preisniveaustabilität und Vollbeschäftigung.[3] Eine Möglichkeit, diesen Zielkonflikt zu lösen,
besteht darin - worauf vor allem die Keynesianer hinweisen -, die
sowohl mit Arbeitslosigkeit als auch mit Inflation verbundenen
sozialen Kosten zu minimieren.

Zur Demonstration dieser Zusammenhänge sei nachfolgendes Beispiel
betrachtet. Die sozialen Kosten der Stabilisierungspolitik mögen sich
durch folgende Kostenfunktion (K) erfassen lassen:

$$(1) \quad K_t = \alpha_1 \hat{P}_t^2 + \alpha_2 (u_t - u_0)^2$$

mit: $\qquad \alpha_1, \alpha_2$ = Gewichtungsfaktoren.

Nach Gleichung (1) verursachen Abweichungen von der Preisniveaustabilität sowie von der natürlichen Arbeitslosenquote Kosten; wobei
diese Kosten mit der entsprechenden Abweichung überproportional
ansteigen.

Obige Kostenfunktion ist unter Beachtung der ökonomischen Zusammenhänge zu minimieren. Letztere sollen durch ein Phillips-Kurven-
Modell mit adaptiven Erwartungen repräsentiert werden:

---

[1] Blanchard, O.J. und St. Fischer, Lectures on Macroeconomics, a.a.O.,
     S. 566ff; Pohl, R., Theorie der Inflation, a.a.O., S. 219ff.

[2] Die sozialen Kosten der durch die Disinflation verursachten Arbeitslosig-
     keit werden mit Hilfe des sog. Opferquotienten (sacrifice ratio) gemessen.
     Dieser ist definiert als das Verhältnis des kumulierten prozentualen
     Rückgangs des Sozialprodukts (oder der Beschäftigung) zum Rückgang
     der Inflationsrate.

[3] In Abbildung III.33 ist deutlich sichtbar, daß sich die Arbeitslosenquote
     - zeitverzögert - mit dem Anstieg des Diskontsatzes erhöht.

(2) $u_0 - u_t = a(\hat{P}_t - \hat{P}_t^e)$

(3) $\hat{P}_t^e = \hat{P}_{t-1}.$

Es wird nun angenommen, daß sich die Wirtschaft bis einschließlich der Periode Null in einem Inflationsgleichgewicht mit $\hat{P}_0$ und u_0 befindet. Ab der Periode eins soll nun die Inflationsrate reduziert werden. Die hierzu optimale Politik ist in Abbildung III.36 illustriert.

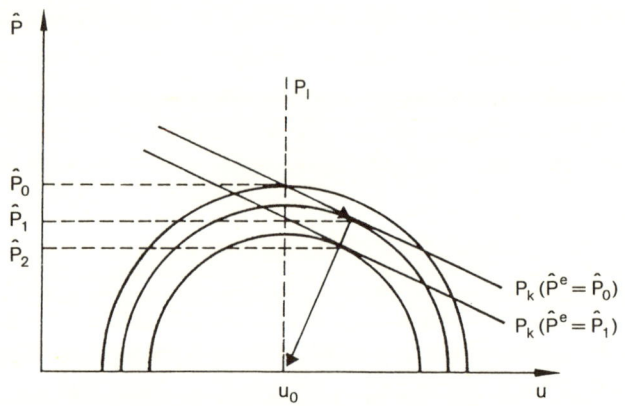

Abb. III.36: *Optimale Stabilisierungspolitik*

Die Kosten für $\hat{P} \neq 0$ sowie $u_t \neq u_0$ lassen sich für $\alpha_1 = \alpha_2$ mit Hilfe kreisförmiger Iso-Kostenlinien um $\hat{P} = 0$ und $u_t = u_0$ darstellen. Hierbei sind die Kosten um so höher, je weiter die Iso-Kostenlinien von diesem Punkt entfernt verlaufen. Das voranstehende Phillips-Kurven-Modell wird durch die entsprechenden kurzfristigen Phillips-Kurven wiedergegeben.

Die optimale Anti-Inflationspolitik besteht nun darin, bei jeweils gegebener kurzfristiger Phillips-Kurve eine möglichst niedrige Iso-

Kostenlinie zu erreichen. Bei zunächst noch unveränderten Inflationserwartungen wird somit in der ersten Periode die Inflationsrate auf $\hat{P}_1$ gesenkt. Nach Erwartungskorrektur folgt in der zweiten Periode eine Verringerung der Inflationsrate auf $\hat{P}_2$. Insgesamt ergibt sich somit ein Anpassungsprozeß entlang dem eingezeichneten Zeitpfad.

Das obige Beispiel wird nachfolgend noch verallgemeinert. Es gelte die Kostenfunktion:

$$(4) \quad KF = \sum_{t=1}^{\infty} (1+\vartheta)^{-t}(u_t^2 + \hat{P}_t^2),$$

wobei zur Vereinfachung $\alpha_1 = \alpha_2$ und $u_0 = 0$ gesetzt wurde.

Während Gleichung (1) nur die Kosten jeder einzelnen Periode berücksichtigt, die möglicherweise nicht unabhängig voneinander sind, erfaßt Gleichung (4) die Kosten des gesamten Anpassungsprozesses. Hierbei werden die Kosten späterer Perioden mit Hilfe der sozialen Zeitpräferenzrate ϑ abdiskontiert (in Analogie zur individuellen Gegenwartsvorliebe).

Für die Phillips-Kurve sowie die Erwartungsbildung gilt:

$$(5) \quad -u_t = a(\hat{P}_t - \hat{P}_t^e)$$

$$(6) \quad \hat{P}_t^e = \hat{P}_{t-1}.$$

Im Ausgangspunkt gilt $\hat{P}_0 > 0$; gesucht ist der Anpassungspfad, der (4) minimiert.

Als Maximierungsproblem formuliert ergibt sich: Maximiere

$$(7) \quad \overline{KF} = \sum_{t=1}^{\infty} (1+\vartheta)^{-t}(-u_t^2 - \hat{P}_t^2)$$

unter der Nebenbedingung (die aus den Gleichungen (5) und (6) folgt):

$$(8) \quad \hat{P}_t - \hat{P}_{t-1} = -u_t/a.$$

Bei gegebenem $\hat{P}_0$ ist die Maximierung von $\overline{KF}$ äquivalent mit der Maximierung von $\tilde{K}\tilde{F}$:

$$(9) \quad \tilde{K}\tilde{F} = \sum_{t=1}^{\infty} (1+\vartheta)^{-t}[-u_t^2-(1+\vartheta)\hat{P}_{t-1}^2]$$

unter der Nebenbedingung (8).

Die Lösung dieses dynamischen Optimierungsproblems ergibt sich mit Hilfe des sog. Maximumprinzips. Hiernach ist die sog. Hamilton–Funktion (H_t) zu bilden:[1]

$$(10) \quad H_t = (1+\vartheta)^{-t}[-u_t^2-(1+\vartheta)\hat{P}_{t-1}^2]+\mu_t(-u_t/a).$$

Als notwendige Bedingungen folgen hieraus:

$$(11) \quad \frac{\partial H_t}{\partial u_t} = -2(1+\vartheta)^{-t}u_t-\mu_t/a = 0$$

$$(12) \quad \frac{\partial H_t}{\partial \hat{P}_{t-1}} = -2(1+\vartheta)^{-t+1}\hat{P}_{t-1} = \mu_{t-1}-\mu_t$$

$$(13) \quad \frac{\partial H_t}{\partial \mu_t} = -u_t/a = \hat{P}_t-\hat{P}_{t-1}.$$

Aus Gleichung (11) ergibt sich:

$$(14) \quad \begin{aligned} \mu_t &= -2a(1+\vartheta)^{-t}u_t \\ \mu_{t-1} &= -2a(1+\vartheta)^{-t+1}u_{t-1}. \end{aligned}$$

Entsprechend folgt aus Gleichung (13):

$$(15) \quad \begin{aligned} u_t &= a(\hat{P}_{t-1}-\hat{P}_t) \\ u_{t-1} &= a(\hat{P}_{t-2}-\hat{P}_{t-1}). \end{aligned}$$

Gleichung (14) in Gleichung (12) eingesetzt liefert:

$$(16) \quad -\hat{P}_{t-1}- \frac{a}{1+\vartheta} u_t+au_{t-1} = 0.$$

---

[1]   Siehe hierzu den mathematischen Anhang

Die Gleichungen (15) und (16) lassen sich zu folgender linearer, homogener Differenzengleichung 2. Ordnung in $\hat{P}$ zusammenfassen:

$$(17) \quad \hat{P}_t - \left[2 + \vartheta + \frac{1+\vartheta}{a^2}\right]\hat{P}_{t-1} + (1+\vartheta)\hat{P}_{t-2} = 0.$$

Die allgemeine Lösung dieser Differenzengleichung lautet:

$$(18) \quad \hat{P}_t = \Psi_1\lambda_1^t + \Psi_2\lambda_2^t$$

mit den beiden reellen Wurzeln:

$$(19) \quad \lambda_{1,2} = 1 + \frac{1}{2}\left[\frac{1+\vartheta}{a^2} + \vartheta\right] \pm \sqrt{\frac{1}{4}\left[\frac{1+\vartheta}{a^2} + \vartheta\right]^2 + \frac{1+\vartheta}{a^2}}.$$

Bei $\vartheta \geq 0$ gilt:

$$(20) \quad \begin{array}{l} \lambda_1 > 1 \\[4pt] 0 < \lambda_2 < 1. \end{array}$$

Gleichung (13) hat somit nur dann eine konvergente Lösung, wenn $\Psi_1 = 0$ gilt. Die Lösung von (17) lautet dann:

$$(21) \quad \hat{P}_t = \Psi\lambda^t; \qquad \Psi = \Psi_2, \quad \lambda = \lambda_2.$$

Aus Gleichung (21) folgt unmittelbar:

$$(22) \quad \Psi = \hat{P}_0.$$

Die Gleichungen (13) und (21) ergeben:

$$(23) \quad u_t = a(\hat{P}_{t-1} - \hat{P}_t) = a\Psi\,\frac{1-\lambda}{\lambda}\,\lambda^t.$$

Auf dem Optimalpfad gilt also:

$$(24) \quad \frac{\hat{P}_t}{u_t} = \frac{1}{a}\,\frac{\lambda}{1-\lambda}.$$

Der Optimalpfad verläuft somit in einem $\hat{P}/u$-Diagramm auf einer Geraden mit der Steigung $\frac{1}{a}\,\frac{\lambda}{1-\lambda} > 0$ durch den Ursprung. Die gesuchten Werte $\hat{P}_t$ und u_t ergeben sich aus dem Schnittpunkt dieser Geraden mit der für $\hat{P}_t^e$ geltenden Phillips-Kurve; mit $t \to \infty$ gehen $\hat{P}_t$ und u_t gegen Null.

Der Ausdruck $\lambda/(1-\lambda)$ hängt von ϑ ab. Es läßt sich zeigen, daß gilt:

$$(25) \quad \frac{d\left[\frac{\lambda}{1-\lambda}\right]}{d\vartheta} > 0.$$

Je geringer die soziale Zeitpräferenzrate (ϑ), um so flacher ist die Gerade, auf der der Optimalpfad zum Ursprung verläuft. In diesem Fall wird also zunächst mehr Arbeitslosigkeit in Kauf genommen, um die Inflation rasch zu verringern.

Weiterhin gilt:

$$(26) \quad \lim_{\vartheta \to \infty} \frac{1}{a} \frac{\lambda}{1-\lambda} = a.$$

Mit zunehmender sozialer Zeitpräferenzrate nähert sich der Optimalpfad der Ursprungsgeraden mit der Steigung a. Auf dieser Geraden ergeben sich $\hat{P}_t$ und u_t aus dem Berührpunkt einer Indifferenzkurve und einer Phillips-Kurve für $\hat{P}_t^e$; dieser Fall ist in Abbildung III.36 dargestellt (aufgrund der hohen sozialen Zeitpräferenzrate bleiben die Kosten späterer Perioden unberücksichtigt).

1.3 Lohnindexierung[1]

Eine weitere Möglichkeit, den Konflikt zwischen den beiden Zielen Preisniveaustabilität und Vollbeschäftigung zu lösen, besteht darin, neben dem Mittel der Nachfragesteuerung ein weiteres unabhängiges Mittel einzusetzen (sog. Tinbergen-Regel). Als ein derartiges zusätzliches Mittel schlagen vor allem die Neoklassiker eine Lohnindexierung vor.

---

[1]   Ströbele, W., Inflation, a.a.O., S. 165ff; Wagner, H., Stabilitätspolitik, a.a.O., S. 191ff.

Im Fall einer Lohnindexierung wird in Erwartung einer bestimmten Inflationsrate $\hat{P}^e_t$ die markträumende Steigerungsrate des Nominallohns $\hat{W}_0$ vereinbart, die sich jedoch mit der Differenz zwischen tatsächlicher und erwarteter Inflationsrate verändert:

$$(1) \quad \hat{W}_t = \hat{W}_0 + \gamma(\hat{P}_t - \hat{P}^e_t)$$

mit: $\quad\quad 0 \leq \gamma \leq 1 \quad$ (Indexierungsgrad).

Bei $\gamma = 1$ paßt sich die Nominallohnentwicklung automatisch der Preisentwicklung an, so daß der markträumende Reallohn erhalten bleibt.

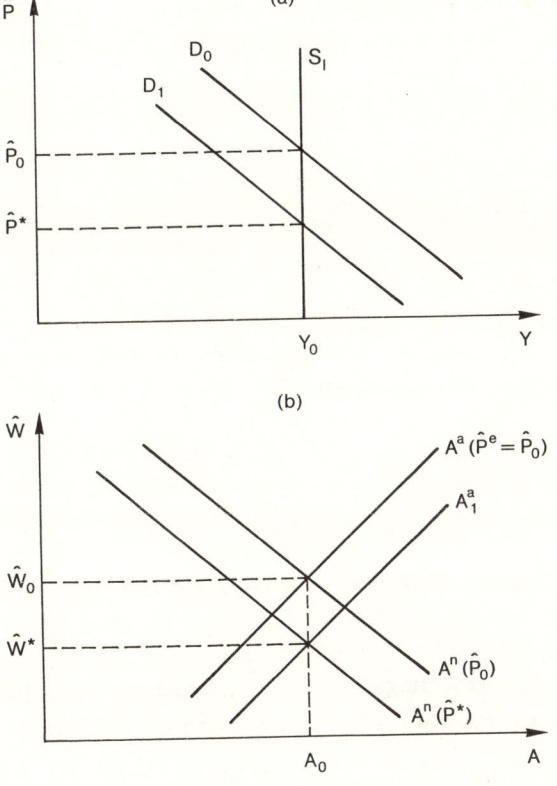

Abb. III.37: Disinflation bei Lohnindexierung

In Abbildung III.37 führt die kontraktive Geldpolitik wieder zu einer Verschiebung der Güternachfragekurve nach D_1. Die hierdurch ausgelöste Verringerung der Inflationsrate führt zu einer Verlagerung der Arbeitsnachfragekurve nach unten. Außerdem wird jetzt noch automatisch, d.h. unabhängig von den Inflationserwartungen, die Arbeitsangebotskurve nach unten verschoben (A_1^a), so daß (bei $\gamma = 1$) Vollbeschäftigung erhalten bleibt.

Die dargestellte Lohnindexierung ist jedoch nicht ganz unproblematisch. So ist zunächst zu beachten, daß der gleiche Effekt auch bei einer Nachfragesteigerung eintritt, wodurch der Inflationsprozeß beschleunigt wird (Schwungrad-These der Keynesianer).

Die Keynesianer schließen nicht aus, daß auch die langfristige Güterangebotskurve (S_l) ansteigend verläuft, wie in Abbildung III.38 dargestellt (hiervon wurde im theoretischen Teil abgesehen).

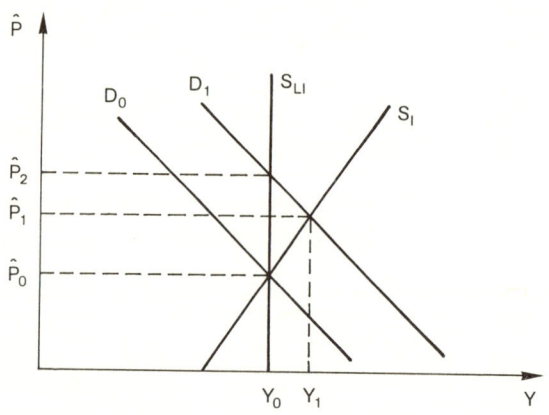

Abb. III.38: *Steigende Güternachfrage und Lohnindexierung*

Steigt die Güternachfrage von D_0 auf D_1 an, so stellt sich das neue Inflationsgleichgewicht ohne Lohnindexierung bei $\hat{P}_1/Y_1$ ein. Inflationsrate und Güterproduktion haben sich erhöht. Eine höhere Güterproduktion impliziert eine höhere Beschäftigung, was einen niedrigeren Reallohn erfordert. Aufgrund fehlender Marktmacht sind die Arbeitnehmer nicht in der Lage, den ursprünglichen Reallohn aufrechtzuerhalten.

Bei Lohnindexierung $(\gamma = 1)$ hingegen bleibt der ursprüngliche Reallohn erhalten. Damit bleiben auch Beschäftigung und Volkseinkommen unverändert; die entsprechende Angebotskurve (S_{LI}) verläuft wieder senkrecht. Das neue Inflationsgleichgewicht ist in diesem Fall bei $\hat{P}_2/Y_0$, d.h. bei höherer Inflationsrate, erreicht.

Weiterhin bleibt anzumerken, daß die Beschäftigungseffekte eines negativen Angebotsschocks bei Lohnindexierung verstärkt werden, wie in Abbildung III.39 demonstriert wird.

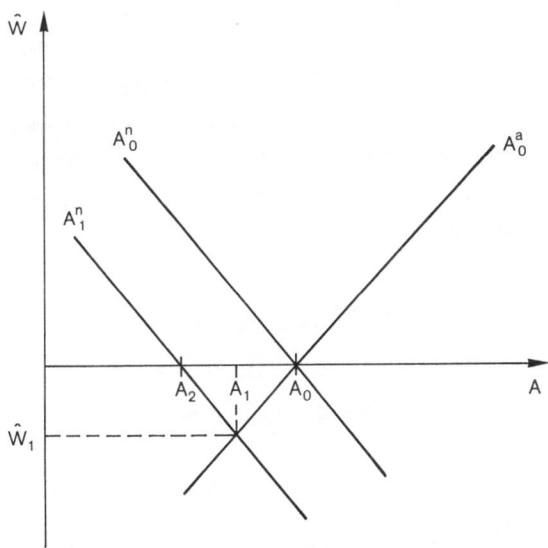

Abb. III.39: *Negativer Angebotsschock und Lohnindexierung*

Im Ausgangsgleichgewicht gilt $\hat{P} = \hat{W} = 0$ bei einer Beschäftigung von A_0; die entsprechende Arbeitsangebots- bzw. Arbeitsnachfragekurve ist A_0^a bzw. A_0^n. Infolge des negativen Angebotsschocks fragen die Unternehmer weniger Arbeitskräfte nach; die Arbeitsnachfragekurve verschiebt sich von A_0^n nach A_1^n. Bei konstantem

Nominal- und Reallohn sinkt damit die Arbeitsnachfrage auf A_2. Damit entsteht ein Angebotsüberschuß in Höhe von $A_0 - A_2$.

Ohne Lohnindexierung führt dieser Angebotsüberschuß zu einem Rückgang des Nominallohns ($\hat{W} < 0$) sowie auch des Reallohns. Damit steigt die Arbeitsnachfrage wieder etwas an (von A_2 auf A_1), während das Arbeitsangebot sinkt (von A_0 auf A_1); die Beschäftigung stellt sich also bei A_1 ein. Bei korrekten Inflationserwartungen bleibt diese Beschäftigung erhalten; gilt weiterhin $\hat{P} = 0$, so verschieben sich Arbeitsangebots- und Arbeitsnachfragekurve infolge des niedrigeren Reallohns derart nach oben, daß sie sich bei A_1 auf der A-Achse schneiden.

Bei Lohnindexierung hingegen unterbleibt - trotz Angebotsüberschuß auf dem Arbeitsmarkt - der dargestellte Rückgang des Nominal- und Reallohns, so daß die Arbeitsnachfrage A_2 die Höhe der Beschäftigung bestimmt. Diese Beschäftigungshöhe bleibt wiederum bei korrekten Inflationserwartungen erhalten; bei wiederum $\hat{P} = 0$ bleibt die Lage der Kurven A_1^n bzw. A_0^s infolge der Konstanz des Reallohns unverändert.

2. Beeinflussung des Güterangebots

Abschließend werden noch drei Möglichkeiten dargestellt, einen Inflationsprozeß durch Beeinflussung des Güterangebots zu bekämpfen, nämlich durch einen Lohn- und Preisstopp, durch Lohnleitlinien sowie durch eine sog. angebotsorientierte Wirtschaftspolitik.

2.1 Lohn- und Preisstopp[1]

Mittels eines (generellen) Lohn- und Preisstopps versucht der Staat, stabilitätskonformes Verhalten des privaten Sektors durch verbindliche Regeln vorzuschreiben. Beide Instrumente werden sinnvollerweise kombiniert eingesetzt, da ein isolierter Lohn- bzw. Preisstopp wenig erfolgversprechend erscheint. Ein einseitiger Lohnstopp ohne

---

1   Müller, R. und W. Röck, Konjunktur- und Stabilisierungspolitik, Stuttgart u.a. 1985, S. 271ff; Ströbele, W., Inflation, a.a.O., S. 135ff

entsprechende Preiskontrollen dürfte unter Beachtung der gewerkschaftlichen Macht kaum durchzusetzen sein; ein einseitiger Preisstopp ohne verbindliche Lohnleitlinien führt dazu, daß lohninduzierte Kostenerhöhungen Beschäftigungseinbrüche zur Folge haben.

Ein Lohn- und Preisstopp wird üblicherweise als kurzfristige, eine Nachfragesteuerung ergänzende Maßnahme vorgeschlagen. Hierbei soll ein Lohn- und Preisstopp die Inflationsmentalität brechen, so daß über eine Reduzierung der Inflationserwartungen die aufgezeigten Beschäftigungseffekte verringert oder sogar vermieden werden.

Mit einem Lohn- und Preisstopp sind jedoch eine Reihe von Nachteilen verbunden. So ist zunächst zu beachten, daß ein Lohn- und Preisstopp in einem marktwirtschaftlichen System ein systemwidriges Element ist, das die Lenkungsfunktion der Preise außer Kraft setzt. Die Funktionsfähigkeit der Marktwirtschaft beruht auf Veränderungen der relativen Preise, wodurch geänderte Knappheitsverhältnisse angezeigt werden. Bei einem Lohn- und Preisstopp liefern die festgesetzten Preise hingegen keinerlei Information über die Knappheitsverhältnisse, was ernsthafte Störungen allokativer Art zur Folge haben kann.

Da bei einem Preisstopp die Güterversorgung tendenziell mengenmäßig und qualitativ schlechter wird, werden die Wirtschaftssubjekte, die dennoch die gewünschten Güter in der gewohnten Qualität kaufen wollen, bereit sein, höhere Preise zu bezahlen. Dies führt zur Entstehung von sog. grauen oder schwarzen Märkten, die sich neben den Märkten mit Preisstopp etablieren. Derartig gespaltene Märkte haben jedoch den unerwünschten Nebeneffekt, daß die Inflation dort weiter besteht und für die Bevölkerungsgruppen, die „es sich leisten können", die reale Güterversorgung nach wie vor gut ist. Auf den Märkten mit gestoppten Preisen ist die reale Güterversorgung noch schlechter als vorher, sei es, daß die Qualität schlechter geworden ist, sei es, daß das mengenmäßige Angebot zurückgeht, weil es sich von den preisgestoppten auf die schwarzen Märkte verlagert hat.

Ein weiteres Problem stellen die Preise für Import- und Exportgüter dar. Da die Importgüterpreise aufgrund einer ausländischen Inflation nach wie vor steigen können und viele Importgüter als Vorleistung in die Produktion einheimischer Güter eingehen, müßte eine Subvention an alle gewährt werden, die derartige verteuerte Importgüter verwenden. Statt Subventionen ist auch ein System der Ausnahmegenehmigungen für nachgewiesene Kostensteigerungen denkbar. Ein solches System müßte durch detaillierte Preiskalkulationskontrollen in den einzelnen Unternehmen feststellen, inwieweit eine Verteuerung ausländischer Importgüter zu einer Erhöhung der inländischen Preise führen darf.

Sind die Exportgüterpreise gestoppt, so verschlechtern sich die sog. terms of trade, d.h. pro Einheit heimischer Güter erhält das Inland am Weltmarkt weniger ausländische Güter. Die Last tragen die Inländer in Form schlechterer Güterversorgung. Sind die Exportgüterpreise nicht gestoppt, so entsteht für die Branchen mit hohem Exportanteil ein besonderer Anreiz zum Export. Das einheimische Güterangebot wird dadurch verringert, d.h. es resultiert eine schlechtere reale Güterversorgung im Inland.

Schließlich bleibt noch zu beachten, daß die Aufblähung der staatlichen Bürokratie eine weitere Fehlallokation von Ressourcen bedeutet.

2.2 Lohnleitlinien[1]

Bei Lohnleitlinien handelt es sich um (unverbindliche) Richtlinien, die angeben, mit welcher Rate die Nominallöhne ansteigen dürfen, ohne daß es hierdurch zu Preissteigerungen kommt.

Die bekannteste Lohnleitlinie ist die sog. produktivitätsorientierte Lohnpolitik. Diese Regel basiert auf der Aufschlagskalkulation, nach der die sonstigen Produktionskosten (einschließlich Gewinn) als

---

1   Müller, R. und W. Röck, Konjunktur- und Stabilisierungspolitik, a.a.O., S. 256ff; Pätzold, J., Stabilisierungspolitik, a.a.O., S. 262ff; Wagner, H., Stabilitätspolitik, a.a.O., S. 225ff.

Aufschlag (λ) auf die Lohnstückkosten (WA/Y) erfaßt werden:

(1) $P = (1+\lambda) \frac{WA}{Y}$.

Bei konstantem Aufschlagssatz folgt hieraus:

(2) $\hat{P} = \hat{W} - \hat{y}$

mit: $y = Y/A$ (Arbeitsproduktivität).

Gleichung (2) ist die Grundlage der produktivitätsorientierten Lohnpolitik. Sie zeigt, daß die Preise in dem Maße ansteigen, in dem die Nominallöhne schneller wachsen als die Arbeitsproduktivität. Hieraus läßt sich dann die Lohnleitlinie ableiten, daß zur Vermeidung von Preissteigerungen die Löhne nur im Ausmaß der Erhöhung der Arbeitsproduktivität ansteigen dürfen:

(3) $\hat{W} = \hat{y}$.

Die produktivitätsorientierte Lohnpolitik ist ausschließlich auf die Ausschaltung von Inflationsimpulsen auf der Angebotsseite ausgerichtet. Kommt es nachfragebedingt zu Preissteigerungen ($\hat{P}^n > 0$), so sind diese noch bei der Nominallohnentwicklung zu berücksichtigen, die sog. modifizierte produktivitätsorientierte Lohnpolitik:

(4) $\hat{W} = \hat{y} + \hat{P}^n$.

Die Problematik der Lohnleitlinien liegt insbesondere darin, daß sie eine eigenständige Tarifpolitik der Gewerkschaften verbietet. So hat eine produktivitätsorientierte Lohnpolitik zur folge, daß die Lohnquote konstant bleibt. Die Lohnquote (α) ist:

(5) $\alpha = WA/PY$.

In Wachstumsraten gilt:

(6) $\hat{\alpha} = \hat{W} - \hat{P} - \hat{y}$.

Unter Beachtung der Gleichungen (2) und (3) bzw. (4) folgt unmittelbar $\hat{\alpha} = 0$.

2.3 Angebotsorientierte Wirtschaftspolitik[1]

Eine weitere Möglichkeit, eine Inflation zu bekämpfen, zeigt die sog. angebotsorientierte Wirtschaftspolitik (supply-side economics) auf. Diese Möglichkeit besteht darin, durch wirtschaftspolitische Maßnahmen einen positiven Angebotsschock auszulösen und dadurch die natürliche Produktion zu erhöhen. Die Grundüberlegungen dieses Konzepts sind in Abbildung III.40 dargestellt.

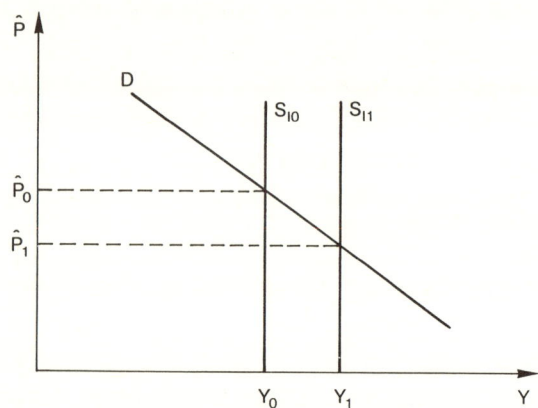

Abb. III.40: *Supply–Side Economics*

Das Ausgangsgleichgewicht ist bei $\hat{P}_0/Y_0$ realisiert. Die Anti-Inflationspolitik besteht nun in einer Senkung der Einkommensteuer. Dies hat insbesondere eine höhere Motivation der Arbeiter zur Folge, d.h. eine Erhöhung des Grenzertrags der Arbeit.

Da sich die Arbeitsnachfrage nach dem Grenzertrag der Arbeit richtet, steigt die Arbeitsnachfrage an. Hierdurch entsteht ein Nachfrageüberschuß am Arbeitsmarkt, der vorübergehend eine höhere

---

1   Müller, R. und W. Röck, Konjunktur- und Stabilisierungspolitik, a.a.O.,
     S. 283ff; Pätzold, J., Stabilisierungspolitik, a.a.O., S. 299ff; Welfens,
     P.J.J., Theorie und Praxis angebotsorientierter Stabilitätspolitik, Baden-
     Baden 1985.

Wachstumsrate der Nominallöhne und damit bei gegebener Inflationsrate einen Anstieg des Reallohns auslöst. Hierdurch geht die Arbeitsnachfrage wieder etwas zurück, während das Arbeitsangebot zunimmt. Insgesamt kommt es zu einem Anstieg der Beschäftigung und damit des Güterangebots auf Y_1. Bei gegebener Güternachfrage sinkt somit die Inflationsrate auf $\hat{P}_1$.

Dieses Ergebnis steht im Gegensatz zu der oben angedeuteten Nachfragesteuerung mittels kontraktiver Fiskalpolitik in Form einer Erhöhung der Einkommensteuer, wie sie von den Keynesianern vorgeschlagen wird. Nach Meinung der Keynesianer sind die aufgezeigten Beschäftigungswirkungen vernachlässigbar gering. Statt einer Angebotssteigerung bewirkt die Steuersenkung eine Erhöhung der Güternachfrage. Dies wiederum wird von den Angebotstheoretikern bezweifelt.

Nach Vorstellung der Angebotstheoretiker folgt die Konsumnachfrage aus einem intertemporalen Nutzenmaximierungsansatz und ist damit abhängig vom Zinssatz nach Steuern. Mit der Steuersenkung erhöht sich somit der Zinssatz nach Steuern (Drehung der Budgetgeraden), was einen Substitutions- (mehr zukünftiger Konsum) und einen Einkommenseffekt (mehr gegenwärtiger und mehr zukünftiger Konsum) auslöst. Die Angebotstheoretiker sind der Meinung, daß der Substitutionseffekt größer ist als der Einkommenseffekt, so daß die gegenwärtige Konsumnachfrage etwas zurückgeht.

Die Senkung der Einkommensteuer erhöht das verfügbare Einkommen (Verschiebung der Budgetgeraden). Die Angebotstheoretiker gehen nun davon aus, daß diese Einkommenserhöhung nur gering ist, was sie mit Hinweis auf das (Neo-)Ricardianische Äquivalenztheorem begründen. Folglich ist auch die Erhöhung der Konsumnachfrage nur gering und gleicht den obigen Rückgang in etwa aus. Sind beide Effekte größengleich, wie in Abbildung III.40 unterstellt, so bleibt die gesamtwirtschaftliche Güternachfrage von der Steuersenkung unberührt.

Aufgaben mit Musterlösungen zu Kapitel III

Aufgaben

1. Ein einmaliger Preisniveauanstieg werde – bei konstantem Zinssatz – durch eine Erhöhung der Staatsnachfrage ausgelöst. Hierdurch steigt die nominelle Güternachfrage bei Gültigkeit des bisherigen Preisniveaus auf ein höheres Niveau, das auch bei Preissteigerungen konstant bleibt. Bestimmen Sie algebraisch den Anpassungsprozeß für P bei adaptiven Erwartungen. Vergleichen Sie das Ergebnis mit Abbildung III.8.

2. Ein Inflationsgleichgewicht $(\hat{P}_0/Y_0)$ werde durch eine Erhöhung der Staatsnachfrage gestört. Bestimmen Sie graphisch den Anpassungsprozeß bei adaptiven Erwartungen und unveränderter Wachstumsrate der Geldmenge $(\hat{M}_0 > 0)$.

3. Ein Gleichgewicht bei Preisniveaustabilität werde durch erhöhte Lohnforderungen gestört. Bestimmen Sie graphisch den Anpassungsprozeß $(\hat{P}/Y$-Diagramm$)$ bei adaptiven Erwartungen und unveränderter Wachstumsrate der Geldmenge $(\hat{M}_0 = 0)$.

4. Ergänzen Sie Abbildung III.26 um den Arbeitsmarkt; leiten Sie die ersten beiden temporären Gleichgewichte ab.

5. Ausgangspunkt sei ein Inflationsgleichgewicht $P_0(= \hat{M}_0)/Y_0$. In $t = 1$ werde die Wachstumsrate der Geldmenge auf $\hat{M}_1$ reduziert. Untersuchen Sie graphisch den Anpassungsprozeß bei rationalen Erwartungen für die Fälle:

   5.1 Die geänderte Geldpolitik wird nicht angekündigt.

   5.2 Die geänderte Geldpolitik wird angekündigt.

Vergleichen Sie das Ergebnis mit dem bei adaptiven Erwartungen.

6. Nach keynesianischer Vorstellung verläuft auch die langfristige Phillips-Kurve möglicherweise fallend, aber steiler als die kurzfristigen Phillips-Kurven. Leiten Sie hieraus graphisch die entsprechenden Angebotskurven ab.

Musterlösungen

1. Das Güterangebot wird wieder durch die Lucas-Angebotsfunktion erfaßt:

$$(1) \quad Y_t^a = Y_0 \left[\frac{P_t}{P_t^e}\right]^{\alpha}.$$

Die nominelle Güternachfrage (Φ) ist:

$$(2) \quad \Phi_t = P_t Y_t^n.$$

Damit ergibt sich für die reale Güternachfrage:

$$(3) \quad Y_t^n = \Phi_t / P_t.$$

In Logarithmen folgt:

$$(4) \quad y_t^a = y_0 + \alpha(p_t - p_t^e)$$

$$(5) \quad y_t^n = \varphi_t - p_t.$$

Nun gilt:

$$(6) \quad \varphi_t = \begin{cases} \varphi_0 & \text{für} \quad t \leq 0 \\ \varphi_1 > \varphi_0 & \text{für} \quad t > 0 \end{cases}$$

sowie:

$$(7) \quad p_t^e = p_{t-1}.$$

Die Gleichungen (4), (5) und (7) führen für $t > 0$ zu folgender Differenzengleichung ($y^a = y^n = y$):

$$(8) \quad p_t - \frac{\alpha}{1+\alpha} p_{t-1} = \frac{\varphi_1 - y_0}{1+\alpha}.$$

Die allgemeine Lösung dieser Gleichung lautet:

$$(9) \quad p_t = p^* + \Psi \left[\frac{\alpha}{1+\alpha}\right]^t$$

mit: $\qquad p^* = \varphi_1 - y_0$

$$\Psi = \frac{1+\alpha}{\alpha}\,(\varphi_0 - \varphi_1).$$

In Abbildung III.8 a sinkt die Güternachfrage mit steigendem Preisniveau entlang der IS_1-Kurve auf ihr ursprüngliches Niveau. Im vorliegenden Fall verschiebt sich die IS_1-Kurve - bei waagerechtem Verlauf der LM-Kurve - wieder in ihre Ausgangsposition. In Abbildung III.8 b, wie auch im vorliegenden Fall, verringert sich die Güternachfrage entlang der D_1-Kurve.

2. Das Ausgangsgleichgewicht ist $\hat{P}_0(=\hat{M}_0)/Y_0$ (Abbildung III.41). Die Staatsausgabenerhöhung in $t = 1$ (dA_1) verschiebt die D_0-Kurve um δ_t^n (mit $\delta_t^n = \beta dA_1$) nach rechts in die Position D_1. Das erste temporäre Gleichgewicht ist $\hat{P}_1/Y_1$.

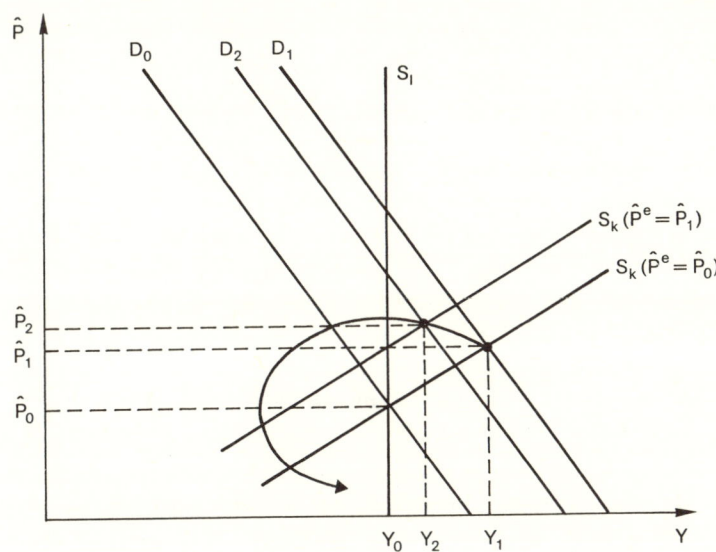

Abb. III.41

Im zweiten Schritt verlagert sich die S_k-Kurve (bei $\hat{P}_t^e = \hat{P}_{t-1}$) nach $S_k(\hat{P}^e = P_1)$; die D_1-Kurve von Y_1 um $\beta \hat{M}_0$ nach rechts (D_2). Das zweite temporäre Gleichgewicht ist $\hat{P}_2/Y_2$. Weitere Anpassungsvorgänge führen schließlich zurück zu $\hat{P}_0/Y_0$.

3. Das Ausgangsgleichgewicht ist $\hat{P}_0(=0)/Y_0$ (Abbildung III.42). Die erhöhten Lohnforderungen bewirken eine Linksverschiebung der kurz- und langfristigen Angebotskurve nach S_{k1} bzw. S_{l1}. Die D-Kurve behält zunächst die Lage D_0 bei. Das erste temporäre Gleichgewicht wird bei $\hat{P}_1/Y_1$ erreicht.

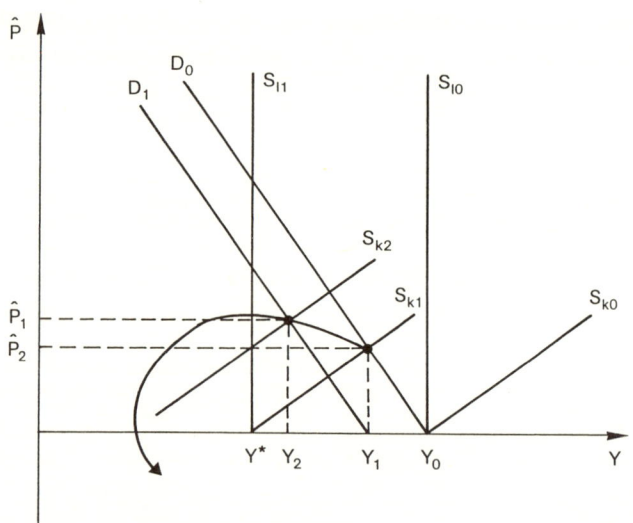

Abb. III.42

In der zweiten Periode verlagert sich die S_{k1}-Kurve (bei $\hat{P}_t^e = \hat{P}_{t-1}$) nach S_{k2}. Die D-Kurve (D_1) verläuft durch Y_1 ($Y_t^n = Y_{t-1}^n + \beta(\hat{M}_t - \hat{P}_t)$ mit $Y_{t-1}^n = Y_1$, $\hat{M}_t = 0$). Weitere Anpassungsvorgänge führen schließlich zu $\hat{P}^*(=0)/Y^*$.

4. Die Ausgangssituation wird durch die Kurven S_{10} und D_0 sowie A_0^a und A_0^n wiedergegeben (Abbildung III.43). Infolge des negativen Angebotsschocks verschiebt sich die Arbeitsnachfragekurve

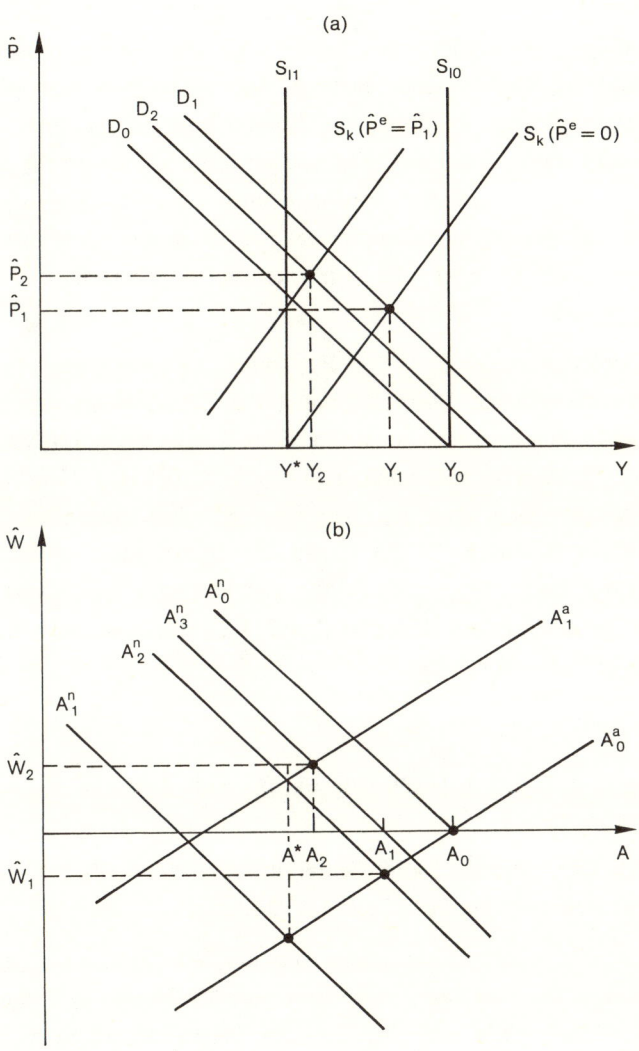

Abb. III.43

nach A_1^n. Es stellt sich die Beschäftigung A^* ein, die bei korrekten Inflationserwartungen beibehalten wird. Damit verlagert sich die langfristige Angebotskurve von S_{10} nach S_{11}; die kurzfristige Angebotskurve ist dann $S_{k1}(\hat{P}^e=0)$. Infolge der Erhöhung der Wachstumsrate der Geldmenge verlagert sich die D-Kurve nach D_1.

Infolge der inflatorischen Lücke sinkt die Güternachfrage, während das Güterangebot ansteigt: Infolge der positiven Inflationsrate sinkt der Reallohn, die Unternehmer fragen mehr Arbeitskräfte nach, d.h. die Arbeitsnachfragekurve verschiebt sich von A_1^n nach A_2^n. Da die Haushalte noch $\hat{P} = 0$ erwarten, bleibt die A_0^a-Kurve unverändert; es stellt sich die Beschäftigung A_1 ein, was Y_1 nach der kurzfristigen Angebotskurve $S_{k1}(\hat{P}^e=0)$ entspricht.

Erwartungsrevision $(\hat{P}^e = \hat{P}_1)$ führt bei korrekten Inflationserwartungen zur Beschäftigung A^*; die Arbeitsangebotskurve verlagert sich nach A_1^a, so daß sie die Kurve A_2^n bei A^* schneidet; die S_k-Kurve verschiebt sich nach $S_{k1}(\hat{P}^e=\hat{P}_1)$. Die D-Kurve verlagert sich nach D_2. Aufgrund der sich ergebenden höheren Inflationsrate $(\hat{P}_2 > \hat{P}_1)$ fragen die Unternehmer mehr Arbeitskräfte nach (A_3^n), wodurch die Beschäftigung bei unverändertem Angebotsverhalten $A_1^a(\hat{P}^e=\hat{P}_1)$ auf A_2 zurückgeht, was Y_2 gemäß $S_{k1}(\hat{P}^e=\hat{P}_1)$ entspricht.

5. Das Ausgangsgleichgewicht ist in Abbildung III.44 in $\hat{P}_0/Y_0$ realisiert.

Bei nicht angekündigter Geldpolitik gilt $\hat{P}^e = \hat{P}_0$; es stellt sich ein erstes temporäres Gleichgewicht bei $\hat{P}_1/Y_1$ ein.

Da die Inflationsrate größer als die Wachstumsrate der Geldmenge ist, verringert sich die reale Geldmenge, d.h. die Güternachfrage sinkt auf D_2. Da die Wirtschaftssubjekte dies nun erkennen, erwarten sie die Inflationsrate $\hat{P}_2$, die sich auch einstellt.

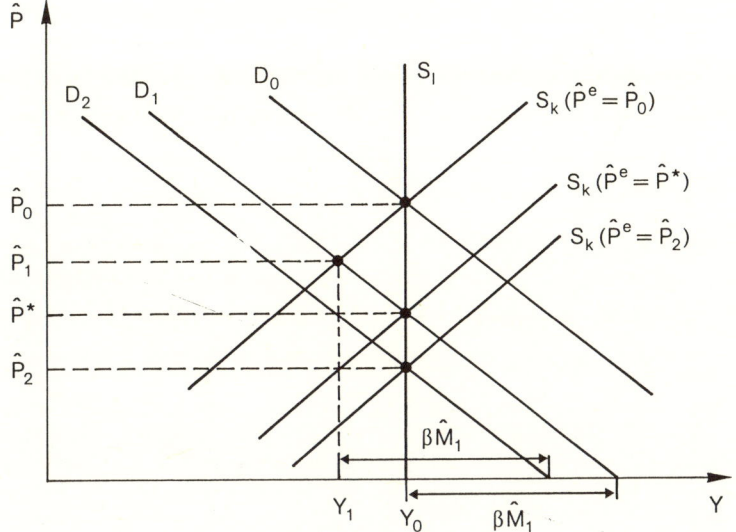

Abb. III.44

Ab der dritten Periode nimmt die Güternachfrage die endgültige Lage D_1 ein, so daß die Inflationsrate $\hat{P}^*$ erwartet und realisiert wird. Das neue Gleichgewicht wird also ab der dritten Periode realisiert.

Bei angekündigter Geldpolitik erkennen die Wirtschaftssubjekte bereits in $t = 1$ den Rückgang der Güternachfrage auf D_1 und erwarten entsprechend die Inflationsrate $\hat{P}^*$, die sich auch einstellt. Damit wird in diesem Fall bereits in $t = 1$ das neue Gleichgewicht erreicht.

Im Vergleich zu adaptiven Erwartungen tritt hier der Beschäftigungsrückgang nur kurzfristig (5.1) oder überhaupt nicht (5.2) auf.

6. Abbildung III.45 a gibt die entsprechenden Phillips-Kurven wieder.

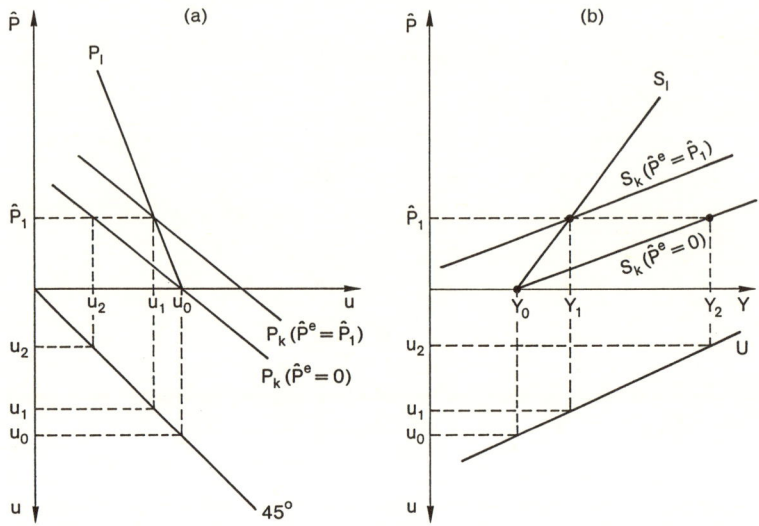

Abb. III.45

Die langfristige Arbeitslosenquote wird für $\hat{P} = 0$ (u_0) sowie $\hat{P} = \hat{P}_1$ (u_1) mit Hilfe der 45° - und der U -Geraden in die zugehörigen Y-Werte transformiert (Y_0 bei $\hat{P} = 0$ sowie Y_1 bei $\hat{P} = \hat{P}_1$). Die Verbindungslinie der zugehörigen $\hat{P}/Y$-Werte ergibt die langfristige Angebotskurve S_l. Entsprechendes gilt für die kurzfristige Angebotssituation: Bei $\hat{P}^e = 0$ ergibt sich für $\hat{P} = 0$ der Wert u_0 bzw. Y_0, für $\hat{P} = \hat{P}_1$ der Wert u_2 bzw. Y_2 usw.

Kapitel IV

Außenwirtschaftliches Gleichgewicht

Im Mittelpunkt dieses Kapitels steht die wirtschaftliche Situation in einer offenen Volkswirtschaft.

Einleitend wird zunächst auf die Verknüpfung zwischen In– und Ausland über Wechselkurs und Zahlungsbilanz sowie auf die außenwirtschaftliche Situation der BRD eingegangen. Daran anschließend wird mit Hilfe des im I. Kapitels dargestellten Makro–Modells, das um außenwirtschaftliche Aspekte ergänzt und je nach Lehrmeinung modifiziert wird, die wirtschaftliche Situation in einer offenen Volkswirtschaft erklärt. Auf der Basis dieser theoretischen Zusammenhänge werden dann wirtschaftspolitische Möglichkeiten zur Beeinflussung der wirtschaftlichen Situation diskutiert. Einige Hinweise auf die internationale Währungsordnung beschließen dieses Kapitel.

Gliederung des IV. Kapitels

IV.1 Erfassung der außenwirtschaftlichen Situation

In diesem Abschnitt soll insbesondere der Begriff eines außenwirtschaftlichen Gleichgewichts definiert werden. Hierzu sind zunächst die weiteren Begriffe Wechselkurs und Zahlungsbilanz zu erläutern.

IV.1.1 Der Wechselkurs[1]

Nach verschiedenen Wechselkursdefinitionen folgt ein kurzer Überblick über einige Wechselkurssysteme, die festlegen, wie der Wechselkurs gebildet wird.

1. Wechselkursdefinitionen

Damit ökonomische Beziehungen zwischen verschiedenen Ländern mit unterschiedlicher nationaler Währung entstehen können, müssen diese Währungen ineinander umrechenbar sein. Diese Umrechnung geschieht mit Hilfe des sog. Wechselkurses. Dieser Wechselkurs kann in Preis- oder in Mengennotierung angegeben werden.[2]

Der Wechselkurs in Preisnotierung e (z.B. in Deutschland üblich) gibt den Preis einer ausländischen Währungseinheit an, bspw.:

$$(1) \quad e = \frac{x \text{ DM}}{\$} .$$

---

[1] Dieckheuer, G., Internationale Wirtschaftsbeziehungen, München/Wien 1990, S. 370; Mankiw, N.G., Macroeconomics, a.a.O., S. 190ff; Rose, K., Wechselkurs, HdWW, Bd. 8, Stuttgart u.a. 1980, S. 576ff; Willms, M., Internationale Währungspolitik, München 1992, S. 15ff u. S. 138ff.

[2] Vielfach findet sich für die Preisnotierung einer ausländischen Währung der Ausdruck „Devisenkurs", während der Ausdruck „Wechselkurs" für die Mengennotierung einer ausländischen Währung reserviert wird.

Der Wechselkurs in Mengennotierung f (z.B. in England üblich) ist der Reziprokwert der Preisnotierung:

$$(2) \quad f = \frac{y \, \$}{DM} = \frac{1}{e}$$

und damit gleich der Preisnotierung der inländischen Währungseinheit im Ausland.

Neben dem obigen nominellen Wechselkurs wird weiter ein realer Wechselkurs unterschieden. Dieser ist definiert als:

$$(3) \quad \Theta = e \, \frac{P_a}{P} \, ,$$

d.h. er ist gleich dem nominellen Wechselkurs, der mit dem Preisverhältnis zwischen Ausland und Inland gewichtet wird, wobei P_a bzw. P das jeweilige Preisniveau darstellen. Der reale Wechselkurs gibt die Höhe des ausländischen Preisniveaus (in inländischer Währung) im Verhältnis zum inländischen Preisniveau und damit die internationale Wettbewerbsfähigkeit des Inlandes an.[1]

Neben obigen bilateralen Wechselkursen existiert mit dem sog. effektiven Wechselkurs ein multilateraler Kurs, der als nomineller Kurs (e_{eff}):

$$(4) \quad e_{eff} = \sum_{i=1}^{n} g_i e_i$$

mit: e = bilateraler Kurs,   g = Gewichtungsfaktor

den Wert einer Währung gegenüber einem Bündel von n anderen Währungen angibt bzw. als realer Wechselkurs (Θ_{eff}):

---

[1]   Der Reziprokwert des realen Wechselkurses sind die sog. terms of trade (reales Austauschverhältnis):

$$\tau = \frac{P}{eP_a} \, .$$

Die terms of trade geben an, wieviel Einheiten Importgüter pro Einheit Exportgut am Weltmarkt erworben werden können. Die terms of trade sind jedoch nur dann gleich dem Reziprokwert des realen Wechselkurses, wenn keine nicht-handelbaren Güter existieren.

(5) $\quad \Theta_{eff} = \sum_{i=1}^{n} g_i e_i \dfrac{P_i}{P}$

die allgemeine Wettbewerbsposition des Inlandes auf dem Weltmarkt widerspiegelt.

Schließlich sind noch der Kassa- und der Terminkurs zu unterscheiden. Der Kassakurs gilt auf dem Kassamarkt, d.h. auf dem Markt, auf dem Devisengeschäfte sofort (innerhalb von zwei Tagen) abgewickelt werden. Entsprechend gilt der Terminkurs auf dem Terminmarkt. Auf einem Terminmarkt werden Verträge geschlossen, die erst in Zukunft erfüllt werden müssen (1, 2, 3, 6, 12 Monate): Devisenkauf oder -verkauf zu einem heute festgelegten Kurs, der zu dem gewählten Termin ausgeführt wird.

Den nachfolgenden Ausführungen liegt der Kassa-Wechselkurs in Preisnotierung zugrunde.

2. Wechselkurssysteme

Als nächstes stellt sich die Frage, wie der Wechselkurs gebildet wird. Hier lassen sich verschiedene Möglichkeiten (sog. Wechselkurssysteme oder Wechselkursregime) unterscheiden, die in Übersicht IV.1 zusammengestellt sind.

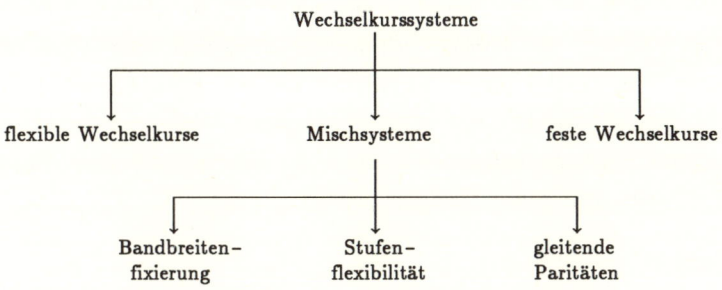

Übersicht IV.1: *Wechselkursregime*

Flexible Wechselkurse

Bei freien oder flexiblen Wechselkursen bildet sich der Wechselkurs durch Angebot und Nachfrage auf dem Devisenmarkt - grundsätzlich ohne Intervention der Zentralbank (Währungsbehörde).[1] Wird angenommen, daß Devisenangebots- (DV^A) und Devisennachfragekurve (DV^N) den üblichen Verlauf haben, so ergibt sich die in Abbildung IV.1 dargestellte Situation. Der gleichgewichtige Wechselkurs ist e_0.

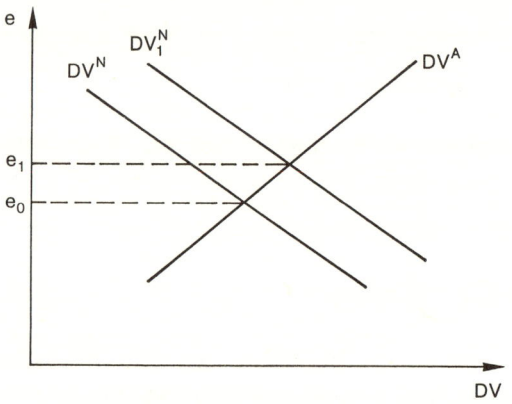

Abb. IV.1: *Flexible Wechselkurse*

Erhöht sich bspw. die Devisennachfrage (DV^N_1), so steigt der Wechselkurs an (e_1). Ein höherer Wechselkurs bedeutet, daß bspw. ein höherer DM-Betrag pro $ zu zahlen ist; die heimische Währung wird weniger „wert", sie wird abgewertet. Umgekehrt wird die heimische Währung aufgewertet, wenn der Wechselkurs sinkt, bspw. infolge eines gestiegenen Devisenangebots.

---

1   Devisen sind i.d.R. Sichtguthaben bei ausländischen Geschäftsbanken. Banknoten und Münzen in ausländischer Währung werden als Sorten bezeichnet; sie dienen der Abwicklung des täglichen Geschäftsverkehrs der Banken.

Bei dem dargestellten sog. freien Floaten kann es aufgrund von Zufallseinflüssen zu starken erratischen Schwankungen des Wechselkurses kommen. In diesem Fall ist es nach herrschender Meinung durchaus mit dem System freier Wechselkurse vereinbar, wenn die Zentralbank auf dem Devisenmarkt eingreift, um den Kurs zu glätten. Wesentlich ist hierbei, daß bei diesem „managed" oder „kontrollierten Floaten" die Wechselkursentwicklung aufgrund fundamentaler Daten (fundamentals) nicht gestört wird.[1]

Der aus der Sicht der BRD wohl bekannteste Fall flexibler Wechselkurse betrifft den US-$; dieser „Dollarkurs" ist in Abbildung IV.2 dargestellt (Jahresdurchschnitt).[2]

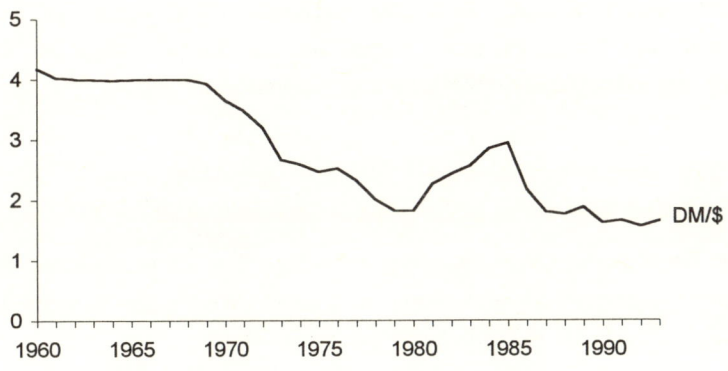

Abb. IV.2: *Der Wechselkurs* $e_{DM/\$}$

Nach Abbildung IV.2 war der Kurs des US-$ bis Ende der 60er Jahre konstant und ging dann sukzessive auf das heutige Niveau von unter 2 DM/$ zurück. Die anfängliche Konstanz des Wechselkurses ist auf die damalige Vereinbarung fester Wechselkurse im Rahmen

---

1   Greift hingegen eine Zentralbank am Devisenmarkt ein, um die trendmäßige Entwicklung des Wechselkurses zu beeinflussen, so liegt ein sog. schmutziges oder manipuliertes Floaten vor, das nicht mehr mit einem System freier Wechselkurse vereinbar ist.

2   Deutsche Bundesbank, Devisenkursstatistik, Februar 1991, S. 8f; dies., Monatsbericht, Januar 1994, S. 91*.

des Systems von Bretton Woods zurückzuführen.[1] Diese Vereinbarung wurde Ende der 60er Jahre de facto aufgehoben, so daß seit
dieser Zeit flexible Wechselkurse bestehen.

Feste Wechselkurse

Bei festen Wechselkursen wird der Wechselkurs entweder aufgrund
internationaler Vereinbarungen oder aufgrund einseitiger Festlegung
fixiert. Hierbei kann der Wechselkurs sowohl an eine einzelne
Währung (Leitwährung) als auch an einen Währungskorb (bspw.
ECU) gebunden sein.

Wollen mehrere Länder zueinander feste Wechselkurse unterhalten,
so ist es nicht erforderlich, daß alle möglichen bilateralen Wechselkurse fixiert werden. Sind alle nationalen Währungen an eine
gemeinsame Größe gebunden (bspw. an eine Leitwährung), so sind
auch die verschiedenen Wechselkurse untereinander fest.[2]

Der Fall fester Wechselkurse ist in Abbildung IV.3 dargestellt; der
fixierte Wechselkurs betrage $\bar{e}$. In dem gewählten Beispiel ist die
Devisennachfrage bei $\bar{e}$ größer als das Devisenangebot.

Der Gleichgewichtskurs (e_0) liegt hier über dem fixierten Kurs. Der
fixierte Kurs drückt also einen zu „hohen Wert" der inländischen
Währung aus; die inländische Währung ist überbewertet.

Bei festen Wechselkursen (ohne Devisenbewirtschaftung) ist die
Zentralbank verpflichtet, gegebenenfalls den Devisenmarkt bei dem
festgelegten Wechselkurs auszugleichen. In obigem Beispiel müßte die
inländische Zentralbank als zusätzlicher Devisenanbieter am Devisenmarkt auftreten ($DV^A + ZB$). Hierdurch verhindert sie eine Abwertung

---

[1]   Siehe hierzu Abschnitt IV.3.3.

[2]   Gelten bspw. die festen Wechselkurse:

$$e_{DM/\$} = \frac{x_1 \; DM}{\$} \qquad \text{sowie} \qquad e_{ffr/\$} = \frac{x_2 \; ffr}{\$},$$

so folgt für den Wechselkurs zwischen DM und ffr:

$$e_{DM/ffr} = \frac{e_{DM/\$}}{e_{ffr/\$}} = \frac{x_1 \; DM}{\$} \cdot \frac{\$}{x_2 \; ffr} = \frac{x_1 \; DM}{x_2 \; ffr}.$$

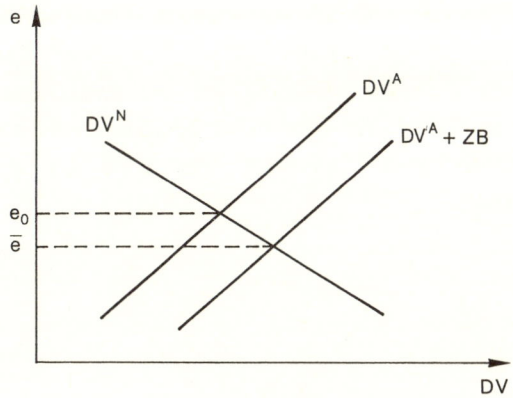

Abb. IV.3: *Feste Wechselkurse*

der inländischen Währung, d.h. sie stützt deren Kurs. Entsprechendes gilt, wenn das Devisenangebot bei dem fixierten Wechselkurs größer als die Devisennachfrage ist.

Mischsysteme

Die Mischsysteme umfassen mehrere Möglichkeiten, in denen Elemente freier und fester Wechselkurse miteinander verbunden werden. Bei der Bandbreitenfixierung kann der Wechselkurs innerhalb gewisser Grenzen (Bandbreiten, bspw. ±2,5%) um die festgelegte Parität ($\bar{e}$) frei schwanken. Erst bei Überschreiten des oberen Interventionspunktes ($\bar{e}$ +2,5%) oder bei Unterschreiten des unteren Interventionspunktes ($\bar{e}$ -2,5%) muß die Währungsbehörde eingreifen, um die Parität zu verteidigen. Dieser Fall ist in Abbildung IV.4 dargestellt.

In der Ausgangssituation (A) liege der Wechselkurs innerhalb der Bandbreite. Der obere Interventionspunkt wird erreicht, wenn entweder die Devisennachfrage ansteigt (DV_1^N), oder das Devisenangebot zurückgeht (DV_1^A). In beiden Fällen übersteigt (nach Erreichen der Punkte A_1 bzw. A_2) die Devisennachfrage das Devisenangebot, d.h.

die Währungsbehörde muß Devisen abgeben (den Kurs der inländischen Währung stützen). Entsprechend führt eine Zunahme des Devisenangebots oder ein Rückgang der Devisennachfrage zu einer Unterschreitung des unteren Interventionspunktes. Hier muß nun die Währungsbehörde Devisen ankaufen (den Kurs der ausländischen Währung stützen).

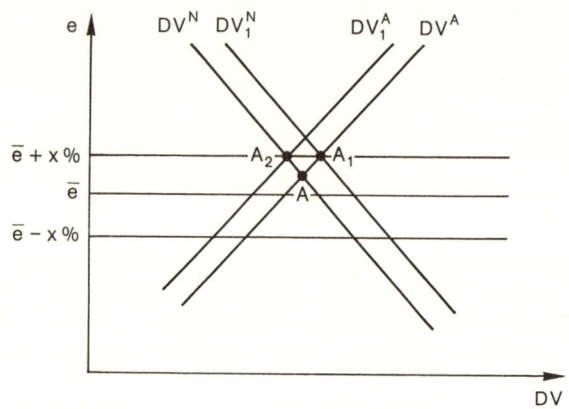

Abb. IV.4: *Feste Wechselkurse mit Bandbreite*

Bei der Stufenflexibilität (adjustable peg) gelten grundsätzlich feste Wechselkurse mit oder ohne Bandbreitenfixierung. Unter bestimmten Bedingungen können jedoch autonom oder in Absprache mit den Partnerländern Paritätsänderungen sowie Änderungen der Bandbreite vorgenommen werden.[1]

Bei gleitenden Paritäten (crawling peg) gilt grundsätzlich ein fester Wechselkurs mit geringen Bandbreiten, der jedoch entsprechend der unterschiedlichen wirtschaftlichen Entwicklung in den einzelnen Ländern laufend angepaßt wird. Die Wechselkursanpassung ist hierbei an die Veränderung eines bestimmten Indikators geknüpft. Je

---

[1] Dieses Wechselkurssystem ist im Rahmen des Europäischen Währungssystems realisiert; siehe hierzu Abschnitt IV.3.3.

nach Art dieses Indikators lassen sich noch verschiedene Ausprägungen dieses Systems unterscheiden.

IV.1.2 Zahlungsbilanz und außenwirtschaftliches Gleichgewicht

In diesem Abschnitt wird zunächst der Aufbau der Zahlungsbilanz skizziert; daran anschließend wird mit Hilfe der Zahlungsbilanz das wirtschaftspolitische Ziel eines außenwirtschaftlichen Gleichgewichts definiert.

1. Aufbau der Zahlungsbilanz[1]

Die Zahlungsbilanz eines Landes ist eine systematische Aufzeichnung aller ökonomischen Transaktionen, die während eines Jahres zwischen Inland und Ausland stattgefunden haben.

Die Erfassung der ökonomischen Transaktionen mit dem Ausland geschieht in der Form, daß gleichartige Transaktionen zusammengefaßt und auf Teilbilanzen der Zahlungsbilanz ausgewiesen werden. In der BRD wird die Zahlungsbilanz von der Deutschen Bundesbank erstellt, die die in Übersicht IV.2 wiedergegebenen Teilbilanzen unterscheidet.[2]

Auf der Handelsbilanz werden die Einnahmen aus dem Verkauf von Gütern an das Ausland, die sogenannten Exporte, sowie die Ausgaben für Güterkäufe aus dem Ausland, die sogenannten Importe, verbucht. Entsprechend erfaßt die Dienstleistungsbilanz die Einnahmen aus Verkäufen und die Ausgaben für Käufe von Dienstleistungen sowie die Entlohnung von Faktorleistungen. Zu den international gehandelten Dienstleistungen zählen vor allem der Reiseverkehr ins Ausland, aber auch Transport- oder Versicherungs-

---

1   Borchert, M., Außenwirtschaftslehre, 4. Aufl., Wiesbaden 1992, S. 9ff; Stobbe, A., Volkswirtschaftliches Rechnungswesen, 7. Aufl., Berlin u.a. 1989, S. 200ff.

2   Deutsche Bundesbank, Monatsbericht März 1992, S. 75*.

leistungen. Die international erbrachten Faktorleistungen umfassen Arbeits- und Kapitalleistungen, demgemäß werden auf der Dienstleistungsbilanz Gewinne, Dividenden oder Zinsen als Entgelt für Kapitalleistungen sowie Arbeitsentgelte (jedoch ohne Entlohnung der Gastarbeiter, die als Inländer zählen) verbucht. Die Übertragungsbilanz, auch als Bilanz der unentgeltlichen Leistungen bezeichnet, nimmt empfangene und geleistete Übertragungen ohne ökonomische Gegenleistung auf. Hierzu sind vor allem die Überweisungen der Gastarbeiter sowie die Entwicklungshilfe zu rechnen.

			Salden
1.	Leistungsbilanz		77,4
	1.1.	Handelsbilanz	104,6	
	1.2.	Dienstleistungsbilanz	8,4	
	1.3.	Übertragungsbilanz	−35,6	
2.	Kapitalverkehrsbilanz		−94,5
	2.1.	Langfristiger Kapitalverkehr	−68,5	
	2.2.	Kurzfristiger Kapitalverkehr	−26,0	
3.	Saldo der statistisch nicht aufgliederbaren Transaktionen		28,0
4.	Ausgleichsposten zur Auslandsposition der Bundesbank		−5,0
5.	Änderung der Auslandsposition der Bundesbank (Devisenbilanz)		5,9

Übersicht IV.2: Zahlungsbilanz für die BRD (1990, Mrd DM)

Diese drei Teilbilanzen werden zur Leistungsbilanz oder Bilanz der laufenden Posten zusammengefaßt. Der Saldo der Leistungsbilanz gibt die Veränderung der sogenannten Nettoposition des Inlands gegenüber dem Ausland an, d.h. die Veränderung seines Bestandes an Auslandsforderungen bzw. Auslandsverbindlichkeiten.

Der Saldo der Handels- und Dienstleistungsbilanz, d.h. die Differenz zwischen Exporten und Importen von Gütern, Dienst- und Faktorleistungen, wird als Außenbeitrag bezeichnet, eine Größe, die die leistungsbezogene Veränderung der Nettoposition angibt.

Auf der Kapitalverkehrsbilanz werden die Kapitalanlagen der Inländer im Ausland sowie die Auflösung von Kapitalanlagen der Ausländer im Inland als Kapitalexport verbucht. Entsprechend erscheinen die Kapitalanlagen der Ausländer im Inland sowie die Auflösung von Kapitalanlagen der Inländer im Ausland als Kapitalimport. Die Kapitalanlagen umfassen Direktinvestitionen (z.B. Erwerb einer Unternehmung) sowie Portfolioinvestitionen (z.B. Erwerb von Wertpapieren zur Vermögensanlage).

Je nach der Dauer der Kapitalanlage wird noch zwischen kurz- und langfristigem Kapitalverkehr unterschieden. Als kurzfristiger Kapitalverkehr werden alle Kreditbeziehungen mit einer Laufzeit von weniger als einem Jahr bezeichnet (so auch Zielgewährungen und Auszahlungen im Waren- und Dienstleistungsverkehr); als langfristiger Kapitalverkehr entsprechend alle Kreditbeziehungen mit einer Laufzeit von mehr als einem Jahr.

Die Devisenbilanz erfaßt - stark vereinfacht - die Veränderungen des Wertes des Devisenbestandes der Deutschen Bundesbank in inländischer Währung. Veränderungen dieses Wertes lassen sich auf zwei Ursachen zurückführen. Zum einen kann sich der Devisenbestand infolge von Interventionen der Bundesbank am Devisenmarkt ändern; zum anderen kann sich der Wert des gegebenen Devisenbestandes infolge von Auf- oder Abwertungen der D-Mark gegenüber anderen Währungen ändern. Letzterer Vorgang wird noch einmal gesondert auf der Teilbilanz „Ausgleichsposten zur Auslandsposition der Bundesbank" verbucht.

Auf der Zahlungsbilanz werden Devisenangebot und Devisennachfrage (in inländischer Währung) verbucht. Wie im vorangehenden Abschnitt gezeigt wurde, steht jedem Devisenangebot eine gleich große Devisennachfrage gegenüber. Dies äußert sich auf der Zahlungsbilanz darin, daß jeder Buchung eine gleich große Gegenbuchung gegenübersteht (System der doppelten Buchführung).

In kontenmäßiger Darstellung wird bspw. ein Devisenangebot aufgrund eines Güterexports auf der linken Seite der Handelsbilanz verbucht. Steht diesem Angebot eine Devisennachfrage aufgrund einer längerfristigen Kapitalanlage im Ausland gegenüber, so erfolgt die Gegenbuchung auf der rechten Seite der langfristigen Kapitalverkehrsbilanz. Werden alle Buchungen auf der Zahlungsbilanz zusammengefaßt, so heben sie sich gegenseitig auf, d.h. die Zahlungsbilanz weist insgesamt einen Saldo von Null auf, die Zahlungsbilanz ist stets ausgeglichen.

In der Praxis treten nun bei der Erhebung der verschiedenen Transaktionen Ermittlungsfehler auf, so daß der Saldo der Zahlungsbilanz von Null abweicht. Zum statistischen Ausgleich der Zahlungsbilanz werden deshalb diese Ermittlungsfehler auf der Teilbilanz „Saldo der statistisch nicht aufgliederbaren Transaktionen" (Restposten) ausgewiesen.

2. Definition eines außenwirtschaftlichen Gleichgewichts[1]

Zur Vereinfachung wird die Zahlungsbilanz nachfolgend nur noch in Leistungsbilanz, Kapitalverkehrsbilanz und Devisenbilanz untergliedert. Auf der Leistungsbilanz werden die Güter- und Dienstleistungsexporte (Ex) und -importe (Im) verbucht, auf der Kapitalverkehrsbilanz Kapitalexporte (K^{ex}) und -importe (K^{im}) im Zusammenhang mit Portfolioinvestitionen, auf der Devisenbilanz die Zunahme (DV^+) und Abnahme (DV^-) des Devisenbestandes der Bundesbank.

Die Änderung des Devisenbestandes der Bundesbank resultiert aus einer Intervention am Devisenmarkt. Eine derartige Intervention ist bei festen Wechselkursen in dem Umfang erforderlich, in dem Devisenangebot ($Ex+K^{im}$) und Devisennachfrage ($Im+K^{ex}$) der übrigen Marktteilnehmer voneinander abweichen. Damit gilt - wie bereits erwähnt - notwendigerweise für den Saldo der gesamten

---

[1]   Größl-Gschwendtner, I., Zahlungsbilanz- und Wechselkurstheorie, München/Wien 1981, S. 7ff; Siebert, H., Außenwirtschaft, 5. Aufl., Stuttgart 1991, S. 199ff.

Zahlungsbilanz (ZB):

(1) $\text{ZB} = \underbrace{(\text{Ex}+\text{K}^{\text{im}})}_{\substack{\text{Devisen-}\\\text{angebot}}} - \underbrace{(\text{Im}+\text{K}^{\text{ex}})}_{\text{Devisen-}\\\text{nachfrage}} - \underbrace{(\text{DV}^{+}-\text{DV}^{-})}_{\substack{\text{Ausgleichs-}\\\text{transaktionen}}} = 0$

Devisen-   Devisen-   Ausgleichs-
angebot   nachfrage   transaktionen

aufgrund autonomer
Transaktionen

bzw.:

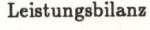

(2) $\underbrace{(\text{Ex}-\text{Im})}_{\substack{\text{Leistungs-}\\\text{bilanzsaldo}}} + \underbrace{(\text{K}^{\text{im}}-\text{K}^{\text{ex}})}_{\substack{\text{Kapitalverkehrs-}\\\text{bilanzsaldo}}} = \underbrace{\text{DV}^{+}-\text{DV}^{-}}_{\substack{\text{Devisen-}\\\text{bilanzsaldo}}}.$

Wie Gleichung (2) zeigt, ist die Summe der Salden der Leistungs- und der Kapitalverkehrsbilanz gleich dem Saldo der Devisenbilanz.[1]

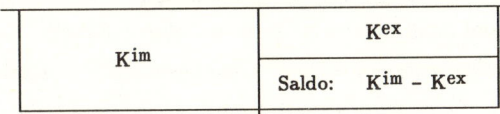

Übersicht IV.3: *Zahlungsbilanz, vereinfacht*

---

[1]   In der umfassenderen Gliederung der Zahlungsbilanz nach Übersicht IV.2 ist die Summe der Salden der Teilbilanzen 1. – 4. gleich dem Saldo der Devisenbilanz.

Ein positiver Saldo der Devisenbilanz zeigt, daß das Devisenangebot aufgrund sog. autonomer Transaktionen (= Transaktionen der übrigen Marktteilnehmer, d.h. ohne Zentralbank) größer als die Devisennachfrage ist (jeweils in inländischer Währung). Dieser Überschuß wird von der Zentralbank aufgenommen (sog. Ausgleichstransaktionen), wodurch sich ihre Devisenbestände erhöhen. Übersteigt umgekehrt die Devisennachfrage das Devisenangebot, so muß die Zentralbank Devisen abgeben, wodurch sich ihre Devisenbestände verringern.

Bei begrenzten Devisenbeständen ist offensichtlich der Fall ausgeschlossen, daß die Devisennachfrage laufend das Devisenangebot übersteigt (sog. Zahlungsbilanzdefizit). Nur auf den ersten Blick erscheint die Situation bei einem sog. Zahlungsbilanzüberschuß (Devisenangebot größer als Devisennachfrage) günstiger. Ein Zahlungsbilanzüberschuß des einen Landes bedeutet jedoch ein Zahlungsbilanzdefizit eines anderen Landes, für das dann wiederum das Problem der begrenzten Devisenbestände gilt. In beiden Fällen kommt es früher oder später zu einer Einschränkung des internationalen Handels.

Diese Überlegungen führen zu dem Ergebnis, daß eine wünschenswerte Aufrechterhaltung des internationalen Handels eine ausgeglichene Devisenbilanz erfordert. Dies ist eine mögliche Formulierung des Ziels „außenwirtschaftliches Gleichgewicht" („Zahlungsbilanzgleichgewicht"). Offensichtlich ist dieses Ziel bei flexiblen Wechselkursen automatisch erreicht.

In dieser ersten Zielformulierung muß der Saldo der Devisenbilanz gleich Null sein. Dies ist nach Gleichung (2) dann der Fall, wenn die Salden der Leistungs- und Kapitalverkehrsbilanz gleich groß sind, aber gegensätzliche Vorzeichen aufweisen.

Selbst wenn ein Zahlungsbilanzgleichgewicht in diesem Sinne vorliegt, so gilt dennoch normalerweise $(Ex-Im) \neq 0$. Eine derartige Situation ist aber (wenn zur Vereinfachung von Direktinvestitionen abgesehen wird) entweder mit einer fortlaufenden Verschuldung des Inlandes gegenüber dem Ausland verbunden (einem Leistungsbilanzdefizit steht ein Überschuß der Kapitalverkehrsbilanz, d.h. Kauf inländischer Wertpapiere durch Ausländer, gegenüber), oder aber mit einer fortlaufenden Kreditgewährung des Inlandes an das Ausland (ein Leistungsbilanzüberschuß wird durch ein Defizit der Kapitalverkehrsbilanz, d.h. durch den Kauf ausländischer Wertpapiere durch das Inland, ausgeglichen).

Es erscheint nun zweifelhaft, inwieweit unter diesen Umständen eine Aufrechterhaltung des Welthandels möglich ist. Abgesehen von dem Problem einer möglichen Überschuldung des kreditnehmenden Landes ist eine stetig zunehmende Kreditgewährung unter wohlstandstheoretischen Überlegungen für das kreditgebende Land nicht optimal: Dieser Kreditgewährung liegt ein Leistungsbilanzüberschuß zugrunde, d.h. ein Entzug von Gütern für die inländische Güterversorgung, die somit unmittelbar verschlechtert wird. Dieses Ergebnis gilt auch unter Berücksichtigung, daß die Kreditgewährung zu Zinszahlungen an das Inland führt. Diese Zinszahlungen erhöhen den Wohlstand nur dann, wenn sie zu erhöhten Güterkäufen im Ausland verwendet werden, also letztlich zu einem Leistungsbilanzdefizit führen. (Dieses Argument gilt verstärkt auch für den obigen Fall eines Devisenbilanzüberschusses.)

Diese Überlegungen führen zu einer zweiten Formulierung des Ziels eines außenwirtschaftlichen Gleichgewichts: Ein Zahlungsbilanzgleichgewicht ist dann erreicht, wenn sowohl die Leistungsbilanz als auch die Kapitalverkehrsbilanz ausgeglichen sind. Dieses Ziel ist weder bei festen noch bei flexiblen Wechselkursen automatisch erreicht.

IV.1.3 Die außenwirtschaftliche Situation der BRD

Die außenwirtschaftliche Situation in der BRD ist in Abbildung IV.5 anhand der Entwicklung der Salden der Leistungs-, der Kapitalverkehrs- und der Devisenbilanz dargestellt.[1]

---

[1] Deutsche Bundesbank, Monatsberichte, Oktober 1992, S. 75* und Januar 1994, S. 85*.

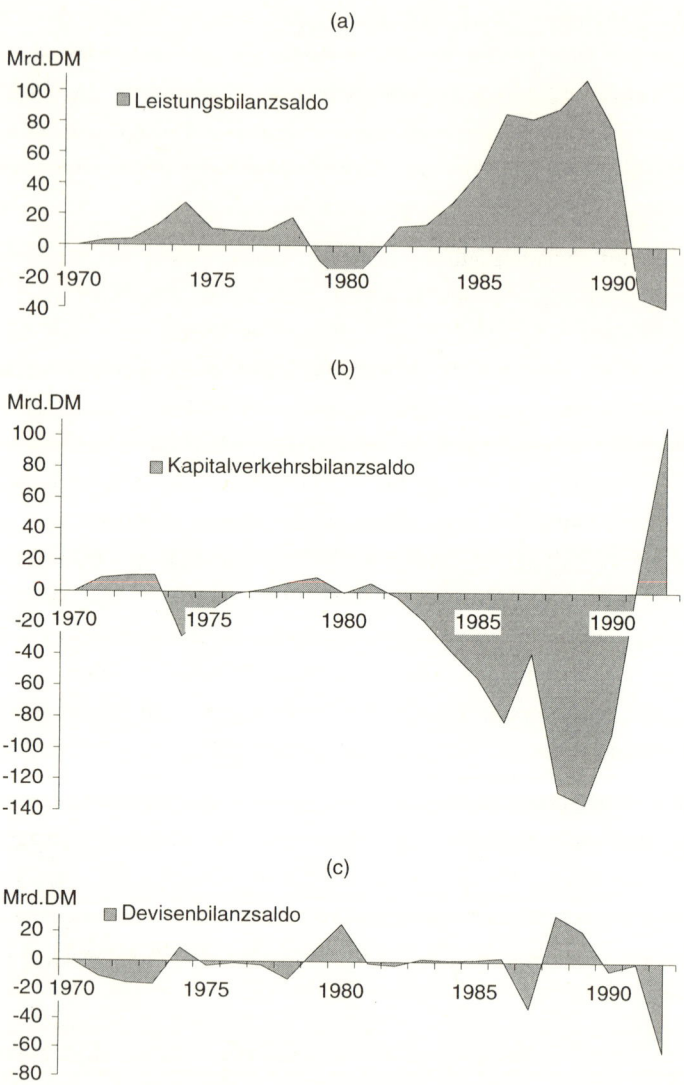

Abb. IV.5: *Die Zahlungsbilanzsituation der BRD*

Wie Abbildung IV.5 zeigt, weist die Leistungsbilanz in den 80er Jahren eine ausgeprägte positive Entwicklung auf. Diese Entwicklung ist zum Teil auf die zunehmende Verbesserung der internationalen

Wettbewerbsfähigkeit zurückzuführen, wie sie im Verlauf des realen Außenwertes der D-Mark (AW^r) gegenüber 18 Industrieländern in Abbildung IV.6 zum Ausdruck kommt.[1] Allerdings bleibt zu beachten, daß der Leistungsbilanzsaldo auch dann noch ansteigt, nachdem sich die Wettbewerbsposition nach Mitte der 80er Jahre verschlechtert hat. Seit Anfang der 90er Jahre sind hingegen Leistungsbilanzdefizite zu verzeichnen. Dies ist größtenteils auf die Wiedervereinigung zurückzuführen. Die hierdurch sprunghaft angestiegene Güternachfrage kann nur durch zusätzlich importierte Güter befriedigt werden, wodurch der Handelsbilanzsaldo stark gesunken ist.

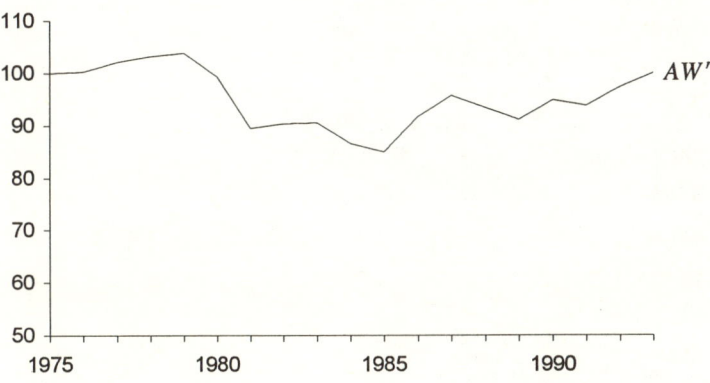

Abb. IV.6: *Realer Außenwert der D-Mark*

Abbildung IV.5 b gibt die Entwicklung des Saldos der Kapitalverkehrsbilanz wieder. Wie sich zeigt, ist der Kapitalverkehr in dem betrachteten Zeitraum im großen und ganzen ein Spiegelbild der Leistungsbilanz. Dies bedeutet, daß - in der vorliegenden jährlichen Betrachtung, die keine spekulativen Kapitalbewegungen aufzeigt - die Zahlungsbilanz relativ ausgeglichen war. Dies kommt auch in der

---

1   Der reale Außenwert ist der Kehrwert des (multilateralen) realen Wechselkurses. Ein Rückgang des Außenwertes zeigt somit eine Verbesserung der internationalen Wettbewerbsfähigkeit an. Deutsche Bundesbank, Reale Wechselkurse als Indikatoren der internationalen Wettbewerbsfähigkeit, in: Monatsberichte, Mai 1994, S. 47ff.

Entwicklung des Saldos der Devisenbilanz in Teil c der Abbildung
IV.5 zum Ausdruck.

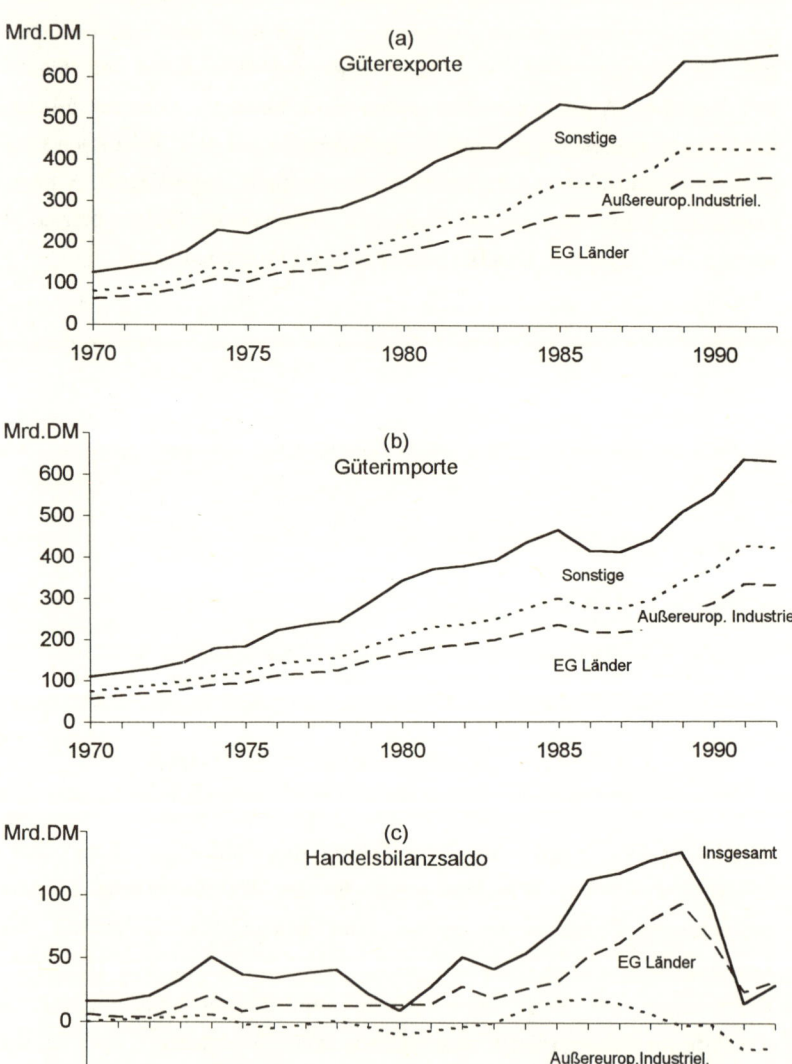

Abb. IV.7: *Exporte, Importe und Handelsbilanzsaldo
nach Ländergruppen*

In Abbildung IV.7 sind die Güterexporte (Teil a) und die Güter-importe (Teil b) nach Ländergruppen aufgeteilt, außerdem wird die jeweilige Differenz zwischen Exporten und Importen gebildet (Teil c). Diese Abbildung zeigt sehr deutlich, daß sich der internationale Güterverkehr der BRD vorwiegend im EG-Raum abspielt (über 50%). Hingegen ist der Handelsverkehr mit den außereuropäischen Industrieländern mit ca. 10% nur von geringerer Bedeutung. Wie Teil c entnommen werden kann, resultieren auch die größten Handelsbilanzüberschüsse aus dem Güterverkehr mit EG-Ländern.

IV.2 Erklärung der binnen- und außenwirtschaftlichen Situation

Dieser Abschnitt befaßt sich mit der Erklärung der wirtschaftlichen Situation in einer offenen Volkswirtschaft. Bezüglich der Frage nach der adäquaten Modellierung einer offenen Volkswirtschaft sind wieder die keynesianische Theorie einerseits und die neoklassische Theorie andererseits zu unterscheiden.[1]

Mit Hilfe dieser beiden Theorien werden nachfolgend zwei Fragen diskutiert, nämlich zum einen die Frage nach der Existenz eines simultanen binnen- und außenwirtschaftlichen Gleichgewichts (IV.2.1) und zum anderen die Frage nach der Übertragung inflationärer Impulse aus dem Ausland (IV.2.2). Zur Vereinfachung der Darstellung wird ein sog. kleines Land betrachtet, d.h. die wirtschaftliche Situation dieses Landes (Inland) hat keinen Einfluß auf die der übrigen Länder (des Auslandes). Mit anderen Worten, die ökonomischen Größen des Auslandes stellen in diesem Fall Daten für die inländische Wirtschaft dar.[2]

IV.2.1 Binnen- und außenwirtschaftliches Gleichgewicht

In diesem Unterabschnitt wird untersucht, inwieweit die Marktkräfte bei vorgegebenen und konstanten ökonomischen Größen des Auslandes zu einem simultanen binnen- und außenwirtschaftlichen Gleichgewicht führen. Hierzu werden die beiden erwähnten Modellierungen einer offenen Volkswirtschaft herangezogen.

---

[1]   Ein Überblick über verschiedene Zahlungsbilanz- und Wechselkurstheorien findet sich bei Größl-Gschwendtner, I., Zahlungsbilanz- und Wechselkurstheorie, a.a.O.

[2]   Beeinflußt das Inland als großes Land auch die wirtschaftliche Situation der übrigen Länder, so ist ein sog. Zwei-Länder-Modell zu bilden.

1. Keynesianische Theorie einer offenen Volkswirtschaft[1]

Die Standardtheorie der sog. monetären Außenwirtschaft ist die keynesianische Theorie in Form des Mundell-Fleming-Modells. Das Mundell-Fleming-Modell ist ein um die Außenbeziehungen erweitertes keynesianisches Modell einer geschlossenen Volkswirtschaft. Dieses (um ein variables Preisniveau ergänzte) Modell soll zunächst dargestellt und daran anschließend seine Gleichgewichtslösung untersucht werden.

1.1 Das Modell

Ausgangspunkt ist die 2. bzw. 3. Version des in Kapital I dargestellten makroökonomischen Modells einer geschlossenen Volkswirtschaft. Dieses Modell ist nun in zweifacher Hinsicht zu ergänzen; so ist zum einen die außenwirtschaftliche Situation zu berücksichtigen, zum anderen ist der Einfluß des Auslandes auf die ökonomischen Größen des Inlandes zu erfassen.

1.1.1 Die außenwirtschaftliche Situation: Die ZG–Kurve

Unter Verwendung der weiteren Definition ist ein Zahlungsbilanz-(außenwirtschaftliches) Gleichgewicht dann erreicht, wenn Leistungs- und Kapitalverkehrsbilanz zusammen ausgeglichen sind. In diesem Fall sind die Exporterlöse (Ex) zuzüglich der Kapitalzuflüsse (K^{im}) genau so groß wie die Ausgaben für Importe (Im) zuzüglich der Kapitalabflüsse (K^{ex}), d.h. es gilt:

$$(1) \quad dR = Ex - Im + K^{im} - K^{ex} = 0,$$

---

[1] Borchert, M., Außenwirtschaftslehre, a.a.O., S. 192ff; Dieckheuer, G., Internationale Wirtschaftsbeziehungen, a.a.O., S. 171ff; Gandolfo, G., International Economics II, Berlin u.a. 1987, S. II.196ff; Größl-Gschwendtner, I., Zahlungsbilanz- und Wechselkurstheorie, a.a.O., S. 50ff und S. 146ff; Jarchow, H.-J. und P. Rühmann, Monetäre Außenwirtschaft, I. Monetäre Außenwirtschaftstheorie, 3. Aufl., Göttingen 1991, S. 130ff; Willms, M., Internationale Währungspolitik, a.a.O., S. 64ff.

wobei dR die Änderung des Devisenbestandes der Zentralbank, den Saldo der Devisenbilanz, angibt.[1]

Gilt hingegen:

$$(2) \quad dR > 0,$$

so liegt ein Zahlungsbilanzüberschuß, bei:

$$(3) \quad dR < 0$$

ein Zahlungsbilanzdefizit vor.

Es bleiben nun noch die Größen Ex, Im, K^{ex} und K^{im} zu bestimmen.

Leistungsbilanzsaldo

Bezüglich des internationalen Güterverkehrs wird angenommen, daß In- und Ausland je ein Gut erstellen. Beide Güter seien unvollkommene Substitute und werden sowohl im In- als auch im Ausland nachgefragt. Die Exportgüter können zu dem inländischen Preis P (in DM) am Weltmarkt abgesetzt werden;[2] die Importgüter können zu dem ausländischen Preis P_a (in $) am Weltmarkt eingekauft werden. Damit betragen die Exporterlöse:

$$(4) \quad Ex = PX$$

und die Ausgaben für Importe:

$$(5) \quad Im = eP_aJ,$$

wobei X (J) die mengenmäßigen Exporte (Importe) angibt.

---

[1]   Wie in Kapitel I erwähnt wurde, ist in einer offenen Volkswirtschaft der Devisenmarkt als zusätzlicher Markt zu berücksichtigen. Ein außenwirtschaftliches Gleichgewicht bedeutet, daß der Devisenmarkt im Gleichgewicht ist. Dies ist dann der Fall, wenn Devisenangebot und Devisennachfrage ohne Intervention der Zentralbank übereinstimmen, d.h., wenn dR = 0 gilt.

[2]   Auf dem Weltmarkt ist der inländische Preis in $ umzurechnen.

Die mengenmäßigen Exporte sind (bei gegebenem ausländischen Einkommen) um so größer, je höher die internationale Wettbewerbsfähigkeit des Inlandes, erfaßt durch den realen Wechselkurs $\Theta = eP_a/P$, ist:

(6) $X = X(\Theta); \quad dX/d\Theta > 0.$

Umgekehrt gehen die mengenmäßigen Importe mit zunehmender Wettbewerbsfähigkeit des Inlandes zurück, steigen jedoch mit dem inländischen Einkommen an:

(7) $J = J(\Theta,Y); \quad \partial J/\partial \Theta < 0, \quad \partial J/\partial Y > 0.$[1]

Aus den Gleichungen (4)-(7) folgt nun für den Saldo der Leistungsbilanz, den nominellen Außenbeitrag (AB):

(8) $AB = PX(\Theta) - eP_a J(\Theta,Y)$

bzw.:

(9) $AB = P[X(\Theta) - \Theta J(\Theta,Y)].$

In Gleichung (9) stellt der zweite Ausdruck auf der rechten Seite den sog. realen Außenbeitrag (A^r) dar:

(10) $A^r = X(\Theta) - \Theta J(\Theta,Y).$

Der reale Wechselkurs Θ gibt an, wie viele Einheiten des inländischen Gutes pro Einheit des ausländischen Gutes aufgewendet werden müssen. Damit gibt der Ausdruck ΘJ in Gleichung (10) die Importe in Einheiten des inländischen Gutes wieder.

Es bleibt zu untersuchen, wie sich der nominelle Außenbeitrag entwickelt, wenn sich die Determinanten verändern. Steigt das Einkommen an, so geht der nominelle Außenbeitrag offensichtlich zurück.

---

[1]   Der Ausdruck $\partial J/\partial Y$ ist die sog. marginale Importneigung. In der BRD liegt ihr Wert bei 0,3. Borchert, M., Außenwirtschaftslehre, a.a.O., S. 151.

Nicht so offensichtlich ist das Ergebnis, wenn sich die Preise oder der Wechselkurs verändern, da in diesem Fall zwei gegenläufige Effekte auftreten: Steigt bspw. das inländische Preisniveau, der Stückpreis, an, so geht die Stückzahl der Exporte zurück. Damit ist die Veränderung der Exporterlöse zunächst unbestimmt. Die Ausgaben für Importe steigen hingegen an. Wird angenommen, daß die Exporte preiselastisch reagieren, so sinken die Exporterlöse, was dann auch einen Rückgang des nominellen Außenbeitrags zur Folge hat.

Ähnliche Überlegungen gelten bezüglich der Importausgaben bei einer Veränderung des Wechselkurses und des ausländischen Preisniveaus sowie bezüglich des realen Außenbeitrags. Werden auch preiselastische Importe unterstellt, so gilt:[1]

$$(11) \quad AB = AB(\underset{-}{P}, \underset{+}{eP_a}, \underset{-}{Y}) = PA^r(\underset{-}{P}, \underset{+}{eP_a}, \underset{-}{Y}).$$

Kapitalverkehrsbilanzsaldo

Bezüglich des internationalen Kapitalverkehrs wird angenommen, daß im In- und Ausland je ein Wertpapier existiert. Das inländische Wertpapier werde nur von Inländern nachgefragt, die darüber hinaus aber auch das ausländische Wertpapier halten.[2]

Die Vermögensanlage in in- oder ausländischen Wertpapieren richtet sich nach den geltenden Zinssätzen im In- und Ausland (r bzw. r_a). Bei entsprechender Zinsdifferenz zugunsten des Inlandes verkaufen die Inländer das ausländische Wertpapier, d.h. es findet ein Kapitalimport statt. Umgekehrt kaufen die Inländer bei entsprechender

---

[1]   Die Annahme preiselastischer Export- und Importnachfrage ist hinreichend, jedoch nicht notwendig zur Sicherung einer sog. Normalreaktion der Zahlungsbilanz. Diese Bedingung läßt sich zur sog. Robinson-Bedingung oder – für einen Spezialfall – zur sog. Marshall-Lerner-Bedingung abschwächen. Borchert, M., Außenwirtschaftslehre, a.a.O., S. 120ff.

[2]   Von Zinszahlungen auf das ausländische Wertpapier wird zur Vereinfachung abgesehen. Siehe hierzu Borchert, M., Außenwirtschaftslehre, a.a.O., S. 223f; Fuhrmann, W., Makroökonomik, a.a.O., S. 296ff.

Zinsdifferenz zugunsten des Auslandes das ausländische Wertpapier, d.h. es wird Kapital exportiert.

Für die Differenz zwischen Verkauf und Kauf des ausländischen Wertpapiers f (Nettokapitalimport) läßt sich somit schreiben:

(12) $f = f(r - r_a)$, $f' > 0$.

Analog zur Geldnachfrage wird weiter angenommen, daß f den realen Nettokapitalimport darstellt.[1] Der nominelle Nettokapitalimport (in inländischer Währung), der Kapitalverkehrsbilanzsaldo $(K^{im} - K^{ex})$, ist dann $Pf(r - r_a)$.

Das Ausmaß der internationalen Kapitalbewegungen, die internationale Kapitalmobilität, hängt – in Abwesenheit von Kapitalverkehrskontrollen u.ä. – von den Substitutionsbeziehungen zwischen den beiden Wertpapieren ab. Sind beide Wertpapiere vollkommene Substitute, so finden so lange internationale Kapitalbewegungen statt, bis die Zinssätze im In– und Ausland übereinstimmen (vollständige Kapitalmobilität), wobei sich der Zinssatz eines kleinen Landes an den Zinssatz auf dem Weltmarkt anpaßt.[2,3] Sind beide Wertpapiere hingegen unvollkommene Substitute, so ist eine gewisse Zinsdifferenz zwischen In– und Ausland erforderlich, um internationale Kapitalbewegungen zu induzieren (unvollständige Kapitalmobilität).

Die ZG–Kurve

Werden die Salden der Leistungs– und der Kapitalverkehrsbilanz zusammengefaßt, so ergibt sich für den Saldo der Devisenbilanz (Änderung des Devisenbestandes der Zentralbank):

(13) $dR = P[A^r(P, eP_a, Y) + f(r - r_a)]$.

---

[1]   Fuhrmann, W., Makroökonomik, a.a.O., S. 308f.

[2]   Mankiw, N.G., Macroeconomics, a.a.O., S. 183; Gordon, R.J., Macroeconomics, a.a.O., S. 126ff.

[3]   In diesem Fall gilt in Gleichung (12) $f'(0) = \infty$.

Gleichung (13) soll nun für dR = 0 (Zahlungsbilanzgleichgewicht) graphisch in einem r/Y- und einem P/Y-Diagramm als ZG-Kurve dargestellt werden.

Zur Bestimmung der Steigung der ZG-Kurve in einem r/Y-Diagramm (Abbildung IV.8) wird von einer r/Y-Kombination ausgegangen, bei der ein Zahlungsbilanzgleichgewicht realisiert ist. Bei einer Erhöhung des Einkommens entsteht dann über erhöhte Importausgaben ein Zahlungsbilanzdefizit. Zum Ausgleich der Zahlungsbilanz ist jetzt ein verstärkter Netto-Kapitalimport erforderlich, der durch einen höheren Zinssatz induziert wird. Die ZG-Kurve verläuft somit in einem r/Y-Diagramm ansteigend.

Das Ausmaß der Steigung hängt von dem erforderlichen Zinsanstieg zur Induzierung des benötigten Netto-Kapitalimports ab. Je größer die Kapitalmobilität, um so geringer ist der erforderliche Zinsanstieg, d.h. um so flacher verläuft die ZG-Kurve. Findet kein Kapitalimport statt, so verläuft die ZG-Kurve senkrecht; bei vollständiger Kapitalmobilität verläuft sie waagerecht.

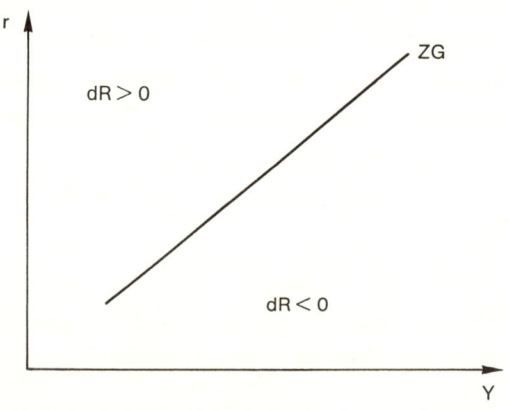

Abb. IV.8: *Zahlungsbilanzsituation I*

Übersteigt der Zinsanstieg das erforderliche Ausmaß zum Ausgleich der Zahlungsbilanz, so entsteht ein Zahlungsbilanzüberschuß und

umgekehrt. Damit liegt oberhalb der ZG-Kurve ein Zahlungsbilanzüberschuß vor, unterhalb dieser Kurve ein Zahlungsbilanzdefizit.

Die ZG-Kurve wurde für gegebene Werte von P, eP_a und r_a abgeleitet; diese Größen sind Lageparameter. Eine Verringerung von P
oder r_a bzw. eine Erhöhung von eP_a bewirken einen Zahlungsbilanzüberschuß; in diesem Fall kann die Zahlungsbilanz bei konstantem
Zinssatz durch ein höheres Einkommen ausgeglichen werden, d.h. die
ZG-Kurve verschiebt sich nach rechts.[1]

Zur Bestimmung der Steigung der ZG-Kurve in einem P/Y-Dia-
gramm (Abbildung IV.9) wird von einer P/Y-Kombination ausgegangen, bei der ein Zahlungsbilanzgleichgewicht erreicht ist. Eine
Erhöhung des Volkseinkommens führt wiederum zu einem Zahlungsbilanzdefizit. Zum Ausgleich der Zahlungsbilanz ist nun eine ver-
besserte Wettbewerbsfähigkeit, d.h. ein niedrigeres Preisniveau erforderlich. Die ZG-Kurve verläuft somit in einem P/Y-Diagramm
fallend.

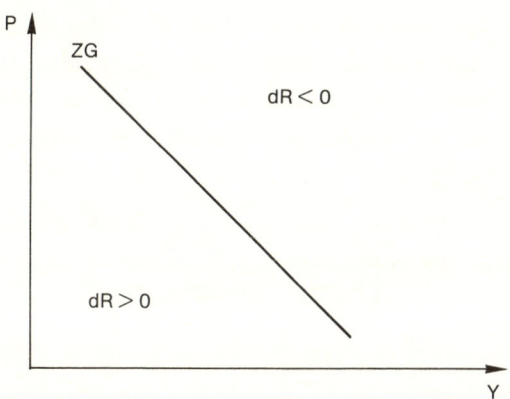

Abb. IV.9: *Zahlungsbilanzsituation II*

---

[1]   Je nach dem funktionalen Zusammenhang kann sich auch die Steigung
ändern.

Ist die Preissenkung stärker als zum Ausgleich der Zahlungsbilanz erforderlich, so entsteht ein Zahlungsbilanzüberschuß. Damit liegt unterhalb der ZG-Kurve ein Zahlungsbilanzüberschuß, oberhalb ein Zahlungsbilanzdefizit vor.

Als Lageparameter dienen in diesem Fall die Größen e, P_a, r und r_a. Eine Erhöhung von e, P_a oder r sowie eine Senkung von r_a führen bei konstantem P zu einem Zahlungsbilanzüberschuß, der durch ein höheres Y ausgeglichen wird, d.h. die ZG-Kurve verschiebt sich nach rechts.

1.1.2 Die binnenwirtschaftliche Situation

Nach Darstellung der außenwirtschaftlichen Situation bleibt nun noch zu prüfen, inwieweit sich die gesamtwirtschaftliche Güternachfrage und das gesamtwirtschaftliche Güterangebot ändern, wenn von einer geschlossenen zu einer offenen Volkswirtschaft übergegangen wird.

Zur Vereinfachung wird nachfolgend davon ausgegangen, daß für eine offene Volkswirtschaft die gleichen Angebotsbedingungen wie für eine geschlossene Volkswirtschaft gelten, d.h. es wird insbesondere von importierten Vorlieferungen (Rohstoffe) abgesehen.[1] Es wird angenommen, daß sich das Güterangebot kurzfristig (entsprechend der zweiten Version des Makro-Modells) nach der Güternachfrage richtet, während es längerfristig (gemäß der dritten Version des Makro-Modells) der natürlichen Produktion entspricht:

$$(1) \quad Y^a = \begin{cases} Y^n & \text{kurzfristig} \\ Y_0 & \text{langfristig.} \end{cases}$$

Die gesamtwirtschaftliche Güternachfrage (D-Kurve) folgt aus der IS- und LM-Kurve. Die IS-Kurve gibt die Nachfrage nach dem inländischen Gut an. Diese setzt sich in einer offenen Volkswirt-

---

[1]   Weiter wird angenommen, daß das internationale Preisverhältnis keinen Einfluß auf die Höhe der Beschäftigung und damit auf das Güterangebot hat. Siehe hierzu bspw. Otruba, H. u.a., Makroökonomik, a.a.O., S. 317ff.

schaft aus der Nachfrage der Inländer und der des Auslandes
(Exporte) zusammen. Die gesamte Güternachfrage der Inländer ist
C+I+G. Diese Nachfrage richtet sich zum Teil auf das inländische
Gut, zum Teil aber auch auf das ausländische Gut, was durch die
Importe erfaßt wird. Damit ergibt sich für die gesamtwirtschaftliche
Güternachfrage in einer offenen Volkswirtschaft:

$$(2) \quad Y = C(Y)+I(r)+G+A^r(P,eP_a,Y) \quad \text{(IS-Kurve)}$$

mit: $\qquad A^r(P,eP_a,Y) = X(\Theta)-\Theta J(\Theta,Y).$

Die IS-Kurve hat in einem r/Y-Diagramm wieder einen fallenden
Verlauf. Ihre Steigung ist jetzt jedoch (betragsmäßig) größer als in
einer geschlossenen Volkswirtschaft: Sinkt der Zinssatz, so steigen
die Investitionen an, was über den Multiplikator zu einer Erhöhung
der gesamten Güternachfrage führt. Dieser multiplikative Prozeß
resultiert daraus, daß eine Einkommenssteigerung wiederum eine
Konsumsteigerung und damit eine weitere Einkommenssteigerung
induziert. In einer offenen Volkswirtschaft ist die durch eine Inve-
stitions- oder Konsumerhöhung ausgelöste Einkommenssteigerung im
Inland jedoch geringer als in einer geschlossenen Volkswirtschaft, da
ein Teil der zusätzlichen Investitions- oder Konsumnachfrage ins
Ausland abfließt.[1]

---

[1] Aus Gleichung (2) ergibt sich für die durch eine Zinsänderung induzierte
Einkommensänderung:

$$dY = \frac{\partial C}{\partial Y} dY + \frac{\partial I}{\partial r} dr + \frac{\partial A^r}{\partial Y} dY$$

bzw.:

$$dY = \frac{1}{1-\partial C/\partial Y-\partial A^r/\partial Y} \frac{\partial I}{\partial r} dr.$$

In einer geschlossenen Volkswirtschaft gilt:

$$dY = \frac{1}{1-\partial C/\partial Y} \frac{\partial I}{\partial r} dr.$$

Unter Beachtung von $\partial A^r/\partial Y < 0$ ist:

$$1/(1-\partial C/\partial Y) > 1/(1-\partial C/\partial Y-\partial A^r/\partial Y),$$

d.h. der Multiplikator in einer geschlossenen ist größer als in einer
offenen Volkswirtschaft.

Die Lage der IS-Kurve ist wie in einer geschlossenen Volkswirtschaft von der Höhe der Staatsausgaben abhängig; höhere Staatsausgaben verschieben die IS-Kurve nach rechts. In einer offenen Volkswirtschaft sind nun zusätzlich P und eP_a als Lageparameter zu beachten. Unter den obigen Elastizitäts-Annahmen besteht ein negativer (positiver) Zusammenhang zwischen P (eP_a) und der Güternachfrage, d.h. eine Verringerung von P (Erhöhung von eP_a) verschiebt die IS-Kurve nach rechts.

Es bleibt noch die LM-Kurve zu bestimmen. Das Geldangebot ist:

$$(3) \qquad M = mB$$

mit: $\qquad$ m = Geldschöpfungsmultiplikator

$\qquad\qquad$ B = Geldbasis.

In einer offenen Volkswirtschaft setzt sich die Geldbasis aus Krediten an die inländische Wirtschaft (KR) sowie aus Krediten an das Ausland zusammen. Letztere sind gleich dem Devisenbestand (R):

$$(4) \qquad B = KR + R.$$

Die Geldnachfrage bleibe auch bei Berücksichtigung der außenwirtschaftlichen Beziehungen unverändert. Im Gleichgewicht auf dem Geldmarkt muß dann also gelten (m = 1):

$$(5) \qquad M = Pl(Y,r); \quad M = KR + R \qquad \text{(LM-Kurve)}.$$

Gleichung (5) wird wieder durch eine ansteigende Kurve in einem r/Y-Diagramm erfaßt. Hierbei sind die Größen M und P wiederum Lageparameter. Eine Erhöhung von M, bspw. infolge Devisenzuflusses, sowie eine Senkung von P erhöhen das reale Geldangebot, wodurch sich die LM-Kurve nach rechts verschiebt.

Bei gegebenem Preisniveau (P_0) wird die gesamtwirtschaftliche Güternachfrage durch den Schnittpunkt zwischen der IS- und der LM-Kurve bestimmt $(Y_0$ in Abbildung IV.10 a). Die D-Kurve entspricht alternativen Schnittpunkten bei variierendem Preisniveau.

Sinkt das Preisniveau auf P_1, so verschiebt sich die LM-Kurve wie in einer geschlossenen Volkswirtschaft nach rechts (LM(P_0) nach LM(P_1) in Abbildung IV.10 a). Die aufgrund des niedrigeren Preisniveaus erhöhte internationale Wettbewerbsfähigkeit bewirkt darüber hinaus auch eine Verlagerung der IS-Kurve nach rechts (IS(P_0) nach IS(P_1) in Abbildung IV.10 a). Die entsprechende Güternachfrage ist Y_1. Damit ergibt sich schließlich die in Abbildung IV.10 b dargestellte D-Kurve, die wiederum einen fallenden Verlauf aufweist.

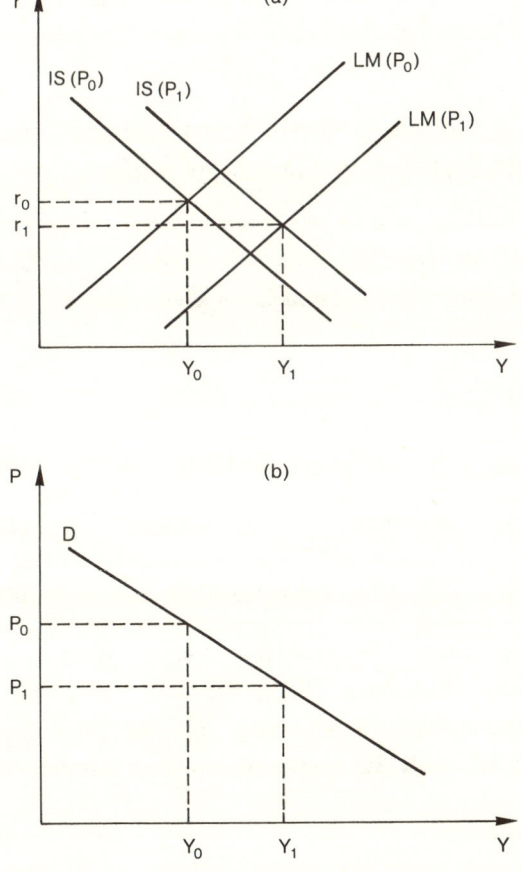

Abb. IV.10: *Gesamtwirtschaftliche Güternachfrage*

Die Lage der D-Kurve wird durch alle Größen - mit Ausnahme von P - bestimmt, die auch die Lage der IS- und LM-Kurve festlegen, nämlich e, P_a, M und G. Eine Erhöhung dieser Größen führt zu größerer Güternachfrage und damit zu einer Rechtsverschiebung der D-Kurve.

1.2 Die Gleichgewichtslösung

Nach getrennter Darstellung der binnen- und außenwirtschaftlichen Situation bleiben diese Überlegungen zusammenzufassen. Nachfolgend werden deshalb noch Existenz und Stabilität eines simultanen binnen- und außenwirtschaftlichen Gleichgewichts untersucht.

1.2.1 Existenz eines simultanen binnen- und außenwirtschaftlichen Gleichgewichts

Ein (längerfristiges) simultanes binnen- und außenwirtschaftliches Gleichgewicht ist erreicht, wenn Güterangebot und Güternachfrage bei ausgeglichener Zahlungsbilanz übereinstimmen, d.h. es muß gelten:[1]

(1) $Y = Y_0$ (S-Kurve)

(2) $Y = C(Y) + I(r) + G + A^r(P, eP_a, Y)$ (IS-Kurve)

(3) $M = Pl(Y, r);$ $M = KR + R$ (LM-Kurve)

(4) $A^r(P, eP_a, Y) + f(r - r_a) = 0$ (ZG-Kurve).

Graphisch ist dieses Gleichgewicht erreicht, wenn sich in einem r/Y-Diagramm (Abbildung IV.11) die IS-, LM- und ZG-Kurve auf der Angebotskurve S schneiden. Da das Güterangebot unabhängig von r ist, stellt die Angebotskurve eine Parallele zur r-Achse dar.

---

[1]   „Längerfristig" bezieht sich auf die Angebotssituation; auf die Darstellung eines längerfristigen Bestandsgleichgewichts wird hingegen verzichtet. Siehe hierzu bspw. Borchert, M., Außenwirtschaftslehre, a.a.O., S. 210ff.

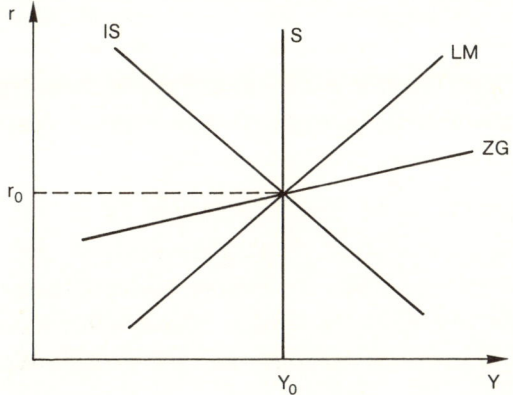

Abb. IV.11: *Gesamtwirtschaftliches Gleichgewicht I*

Die Steigung der ZG-Kurve wird u.a. durch die Kapitalmobilität, die der LM-Kurve durch die Zinselastizität der Geldnachfrage bestimmt. Je nach der Höhe der Kapitalmobilität bzw. der Zinselastizität der Geldnachfrage kann die ZG-Kurve steiler verlaufen als die LM-Kurve und umgekehrt.

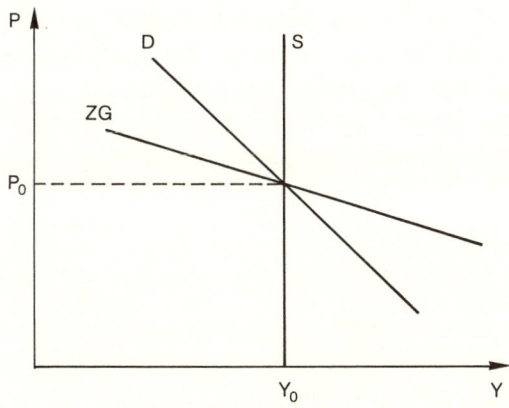

Abb. IV.12: *Gesamtwirtschaftliches Gleichgewicht II*

In einem P/Y-Diagramm (Abbildung IV.12) müssen sich die D- und die ZG-Kurve ebenfalls auf der S-Kurve schneiden, wobei letztere hier eine Parallele zur P-Achse ist. Je nach dem Verhalten der Wirtschaftssubjekte kann die D-Kurve steiler oder flacher als die ZG-Kurve verlaufen.[1]

Die Gleichgewichtslösung der Abbildungen IV.11 und IV.12 gilt sowohl für feste als auch für flexible Wechselkurse. Sie ist erreicht, wenn die endogenen Größen die entsprechenden Gleichgewichtswerte erreicht haben. Als endogene Größen existieren bei festen Wechselkursen: r, Y, P sowie M (über R) und bei flexiblen Wechselkursen: r, Y, P sowie e. [Die exogenen Größen sind Y_0 (längerfristig), G, r_a, Y_a, P_a sowie e bei festen bzw. M bei flexiblen Wechselkursen.]

1.2.2 Stabilität des Gleichgewichts

Es bleibt die Stabilität des gesamtwirtschaftlichen Gleichgewichts zu überprüfen, d.h. es wird untersucht, ob die Marktkräfte aus einer Ungleichgewichtssituation heraus zum Gleichgewicht hinführen. Hierzu wird nachfolgend als Ausgangspunkt ein binnenwirtschaftliches Gleichgewicht bei einem Zahlungsbilanzüberschuß gewählt.

Diese Ausgangssituation (A) läßt sich wie folgt graphisch darstellen. In einem r/Y-Diagramm (Abbildung IV.13) liegt der Schnittpunkt zwischen der IS-, LM- und S-Kurve oberhalb der ZG-Kurve (der Zinssatz ist höher als zum Ausgleich der Zahlungsbilanz erforderlich). In einem P/Y-Diagramm (Abbildung IV.14) liegt der Schnittpunkt zwischen der D- und S-Kurve unterhalb der ZG-Kurve (das Preisniveau ist niedriger als zum Ausgleich der Zahlungsbilanz erforderlich).

---

[1]   Aus den Gleichungen (2) und (3) ergibt sich für die Steigung der D-Kurve:

$$\left.\frac{dP}{dY}\right|_D = \left[1-c+\frac{ik}{l}-\frac{\partial A^r}{\partial P}\right] \bigg/ \left[-\frac{i}{l}\frac{M}{P^2}+\frac{\partial A^r}{\partial Y}\right];$$

aus Gleichung (4) folgt für die Steigung der ZG-Kurve:

$$\left.\frac{dP}{dY}\right|_{ZG} = -\frac{\partial A^r}{\partial P} \bigg/ \frac{\partial A^r}{\partial Y}.$$

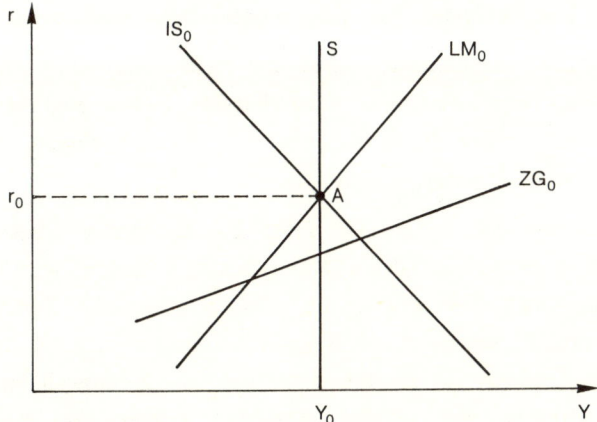

Abb. IV.13: *Zahlungsbilanzüberschuß I*

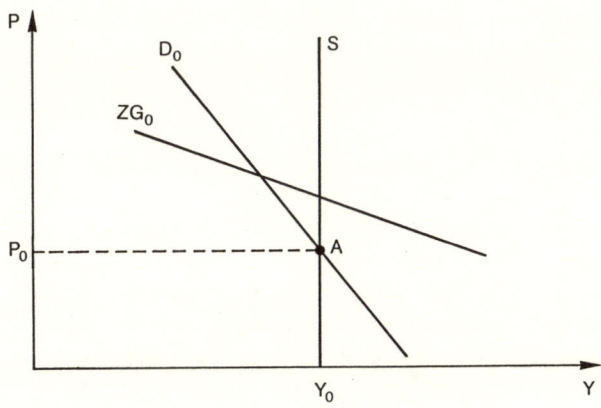

Abb. IV.14: *Zahlungsbilanzüberschuß II*

Da die Reaktionen auf diese Ungleichgewichtssituation wesentlich vom Wechselkurssystem abhängen, werden nachfolgend die Anpassungsprozesse für feste und flexible Wechselkurse getrennt untersucht.

(1) Feste Wechselkurse: Der Geldmengen–Preis–Mechanismus

Bei einem Zahlungsbilanzüberschuß und festen Wechselkursen ist die Zentralbank verpflichtet, das überschüssige Devisenangebot aufzukaufen. Dies erfolgt durch Hingabe von Zentralbankgeld, wodurch die inländische Geldmenge ansteigt.[1]

Die Erhöhung der Geldmenge führt zu sinkendem Zinssatz und damit zu einer Erhöhung der Güternachfrage und - kurzfristig - des Einkommens. Bei niedrigerem Zinssatz gehen die Nettokapitalimporte zurück; infolge des höheren Einkommens nehmen die Ausgaben für Importe zu, so daß schließlich ein Zahlungsbilanzgleichgewicht erreicht wird. Dieser Ausgleich erfolgt hier über eine Veränderung der inländischen Geldmenge und wird deshalb als Geldmengenmechanismus bezeichnet.

Im r/Y-Diagramm verschiebt sich die LM-Kurve infolge der Devisenzuflüsse ($dR > 0$) nach rechts (LM$_0$ nach LM$_1$ in Abbildung IV.15), es ergibt sich die Situation B (r_1/Y_1).

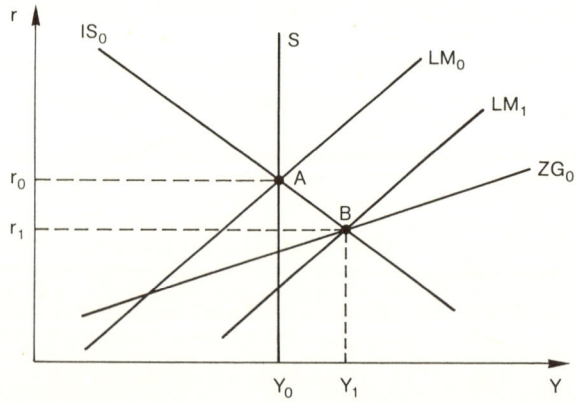

Abb. IV.15: *Geldmengenmechanismus I*

---

[1]   Es wird angenommen, daß die Zentralbank keine Neutralisierungspolitik betreibt, d.h. die Erhöhung der Devisenreserven durch eine Verringerung der heimischen Kreditkomponente kompensiert.

Im P/Y-Diagramm (Abbildung IV.16) verlagert sich die D-Kurve aufgrund der erhöhten Geldmenge nach rechts (D_0 nach D_1), während sich die ZG-Kurve infolge des niedrigeren Zinssatzes nach links verschiebt (ZG_0 nach ZG_1); auch hier ist die neue Situation mit B bezeichnet (P_0/Y_1).

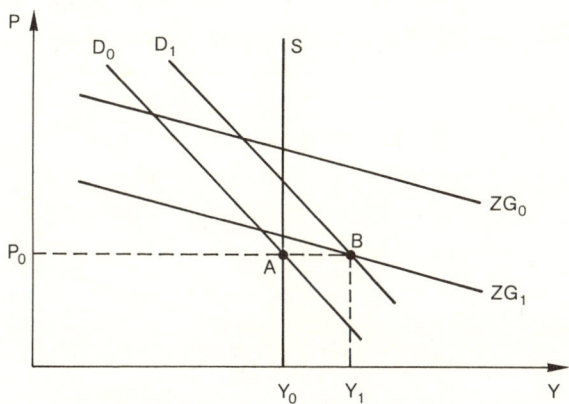

Abb. IV.16: *Geldmengenmechanismus II*

Infolge der erhöhten Güternachfrage entsteht eine inflatorische Lücke (Y_1-Y_0), die - längerfristig - über Preissteigerungen zu einem binnenwirtschaftlichen Gleichgewicht führt.

Diese Preissteigerungen bewirken nun einerseits eine Reduzierung der Güternachfrage, nämlich über eine Verringerung der realen Geldmenge und eine Verschlechterung der internationalen Wettbewerbsfähigkeit. Andererseits führen sie zu einer Verschlechterung der Zahlungsbilanz, der eine Verbesserung infolge niedrigeren Einkommens gegenübersteht. Gleichen sich diese beiden Effekte - unter Berücksichtigung eintretender Zinsänderungen - auf die Zahlungsbilanz gerade aus, so bleibt das Zahlungsbilanzgleichgewicht erhalten. Andernfalls kommt es zu einem erneuten Zahlungsbilanzungleichgewicht, was weitere Geldmengenänderungen und damit Verschiebungen der D-Kurve zur Folge hat. Unter den üblichen Annahmen führt dieser sog. Geldmengen-Preis-Mechanismus schließlich zu einem simultanen binnen- und außenwirtschaftlichen Gleichgewicht.

Im r/Y-Diagramm (Abbildung IV.17) bewirkt die Preissteigerung eine Linksverschiebung sowohl der IS-Kurve von IS_0 nach IS_2, als auch der LM-Kurve von LM_1 nach LM_2, bis sie sich auf der S-Kurve schneiden (Punkt C: r_2/Y_0). Unter der Annahme, daß sich die erwähnten Effekte auf die Zahlungsbilanz gerade ausgleichen, verläuft auch die ZG-Kurve (ZG_2) durch diesen Punkt.

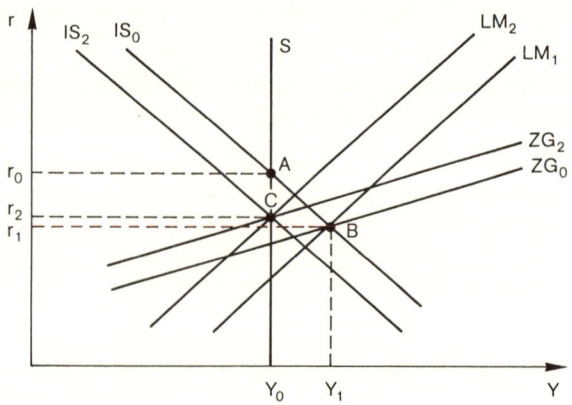

Abb. IV.17: *Geldmengen–Preis–Mechanismus I*

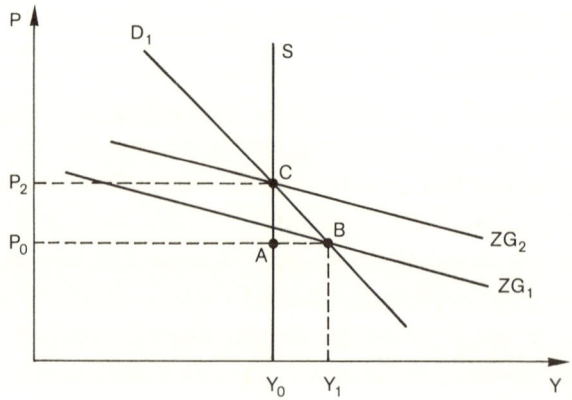

Abb. IV.18: *Geldmengen–Preis–Mechanismus II*

Im P/Y-Diagramm (Abbildung IV.18) kommt es bei unveränderter D-Kurve zu einem Preisniveauanstieg von P_0 auf P_2 (Punkt C: P_2/Y_0). Unter der Annahme, daß das Zahlungsbilanzgleichgewicht erhalten bleibt, verschiebt sich die ZG-Kurve infolge des Zinsanstiegs[1] von r_1 auf r_2 (vgl. Abbildung IV.17) von ZG_0 nach ZG_2 und verläuft ebenfalls durch Punkt C.

(2) Flexible Wechselkurse: Der Wechselkurs–Preis–Mechanismus

In der Ausgangssituation (Punkt A in den Abbildungen IV.19 und IV.20) eines binnenwirtschaftlichen Gleichgewichts bei einem Zahlungsbilanzüberschuß werde nun der Wechselkurs freigegeben. Diese Wechselkursfreigabe führt zu einer Aufwertung der inländischen Währung.

Infolge der Aufwertung geht die internationale Wettbewerbsfähigkeit zurück, damit sinkt die heimische Güternachfrage. Da die Geldmenge bei flexiblen Wechselkursen konstant bleibt, ist das (reale) Geldangebot nun größer als die Geldnachfrage, wodurch eine Zinssenkung und eine gewisse Erholung der inländischen Wirtschaft ausgelöst werden.

Niedrigerer Zinssatz (niedrigerer Nettokapitalimport), geringere Wettbewerbsfähigkeit (höhere Importausgaben bei niedrigeren Exporterlösen) sowie gesunkenes Einkommen (niedrigere Importausgaben) bewirken nun einen Ausgleich der Zahlungsbilanz. Da dieser Ausgleich auf eine Anpassung des Wechselkurses zurückzuführen ist, wird dieser Zahlungsbilanzausgleich als Wechselkursmechanismus bezeichnet.

Im r/Y-Diagramm (Abbildung IV.19) bewirkt die Aufwertung eine Linksverschiebung sowohl der IS-Kurve (IS_0 nach IS_1) als auch der ZG-Kurve (ZG_0 nach ZG_1), während die LM-Kurve unverändert bleibt, es ergibt sich - kurzfristig - die Situation B (r_1/Y_1).

---

[1]   Vergleiche Fußnote 1 auf Seite 468.

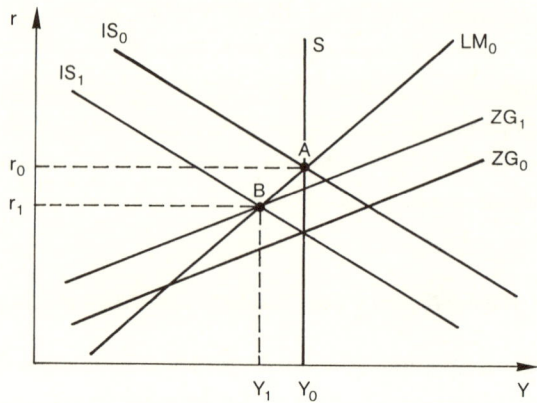

Abb. IV.19: Wechselkursmechanismus I

Im P/Y-Diagramm (Abbildung IV.20) kommt es infolge der Aufwertung zu einer Linksverschiebung sowohl der D-Kurve (D_0 nach D_1) als auch der ZG-Kurve (ZG_0 nach ZG_1). Die Linksverschiebung der ZG-Kurve wird durch den niedrigeren Zinssatz noch verstärkt; die neue Situation ist wieder mit B (P_0/Y_1) bezeichnet.

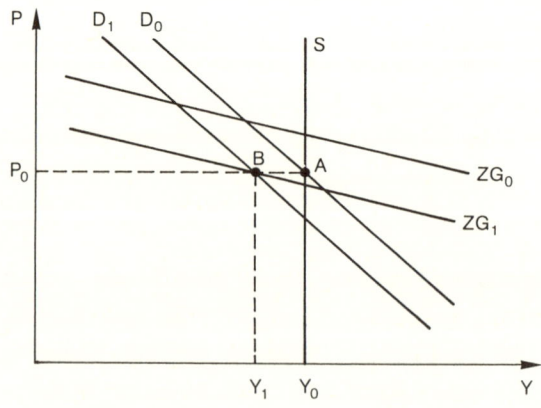

Abb. IV.20: Wechselkursmechanismus II

Die gesunkene Güternachfrage (deflatorische Lücke $Y_0 - Y_1$) führt längerfristig über Preissenkungen (P_0 auf P_2) wieder zu einem binnenwirtschaftlichen Gleichgewicht. Diese Preissenkungen bewirken eine Zunahme der Güternachfrage, da sich die internationale Wettbewerbsfähigkeit verbessert, so daß der reale Außenbeitrag ansteigt. Hierdurch kommt es zu Zinssteigerungstendenzen im Inland. Dieser Tendenz wirkt jedoch die Erhöhung der realen Geldmenge entgegen. Insgesamt kommt es zu einer Zinssenkung (r_1 auf r_2),[1] so daß die Investitionsnachfrage ansteigt, wodurch die Zunahme der Güternachfrage verstärkt wird.

Die Zinssenkung sowie die Erhöhung des Einkommens führen tendenziell zu einem Zahlungsbilanzdefizit, die Verbesserung der internationalen Wettbewerbsfähigkeit zu einem Zahlungsbilanzüberschuß. Gleichen sich diese Effekte gerade aus, so bleibt der Wechselkurs unverändert, anderenfalls kommt es zu weiteren Wechselkursanpassungen, die wiederum Preis- und Zinsänderungen auslösen. Unter den üblichen Annahmen führt dieser Wechselkurs-Preis-Mechanis-

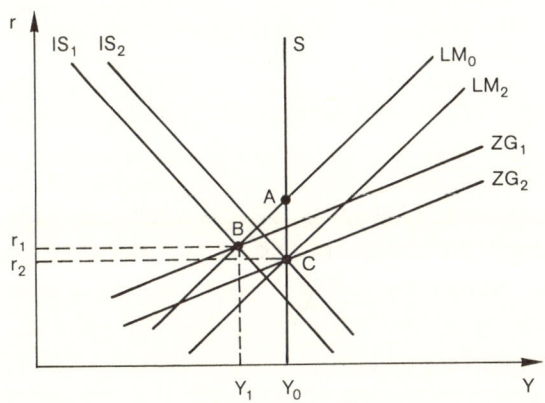

Abb. IV.21: *Wechselkurs–Preis–Mechanismus I*

---

[1]   Vergleiche Fußnote 1 auf Seite 468.

mus schließlich zu einem simultanen binnen- und außenwirtschaftlichen Gleichgewicht.

Im r/Y-Diagramm (Abbildung IV.21) bewirkt die Preissenkung eine
Rechtsverschiebung der IS-Kurve (IS_1 nach IS_2) und LM-Kurve
(LM_0 nach LM_2), bis sich diese Kurven auf der S-Kurve schneiden
(Punkt C: r_2/Y_0). Unter der Annahme, daß das Zahlungsbilanzgleichgewicht erhalten bleibt, führt die Preissenkung weiterhin zu
einer derartigen Verschiebung der ZG-Kurve (ZG_1 nach ZG_2), daß
auch diese Kurve durch diesen Punkt C verläuft.

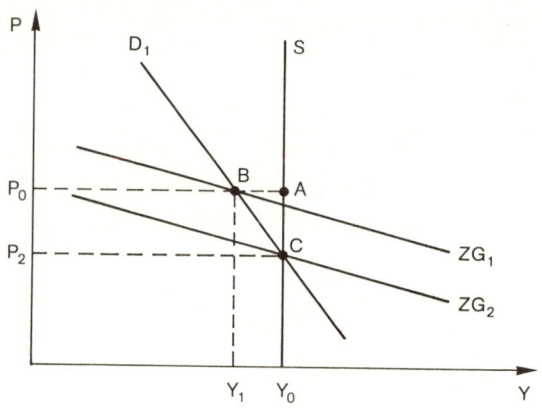

Abb. IV.22: *Wechselkurs–Preis–Mechanismus II*

Im P/Y-Diagramm (Abbildung IV.22) bleibt die Lage der D_1-
Kurve aufgrund der Annahme, daß weitere Wechselkursänderungen
unterbleiben, unverändert. Damit wird das binnenwirtschaftliche
Gleichgewicht durch den Schnittpunkt der D_1- mit der S-Kurve
festgelegt (Punkt C: P_2/Y_0).

Unter der Annahme, daß auch bei den neuen Werten der endogenen
Größen ein Zahlungsbilanzgleichgewicht herrscht, verschiebt sich die
ZG-Kurve infolge der Zinssenkung von ZG_1 nach ZG_2 und verläuft
ebenfalls wieder durch Punkt C.

2. Neoklassische Theorie einer offenen Volkswirtschaft[1]

Als neoklassische Theorie einer offenen Volkswirtschaft wird hier der monetäre oder monetaristische Ansatz (global monetarists) bezeichnet. Nachfolgend werden zunächst die Grundzüge dieser Theorie dargestellt, daran anschließend wird die Gleichgewichtslösung bestimmt.

2.1 Das Modell

Ausgangspunkt ist wieder die 3. Version des in Kapital I dargestellten makroökonomischen Modells. Dieses Modell ist nun derart zu ergänzen, daß es die außenwirtschaftliche sowie die geänderte binnenwirtschaftliche Situation nach Vorstellung der Vertreter des monetären Ansatzes adäquat erfaßt.

Das Güterangebot entspricht stets der natürlichen Produktion:

$$(1) \quad Y^a = Y_0.$$

Die erste Ergänzung des Grundmodells betrifft die Bestimmung des Preisniveaus und des Zinssatzes. Hier wird die Annahme, daß sowohl die international gehandelten Güter als auch Wertpapiere vollkommene Substitute sind, als eine gute Annäherung an die Realität betrachtet. Aufgrund von Arbitragegeschäften kann dann nur ein Preis für diese Güter in einheitlicher Währung sowie nur ein Zinssatz für diese Wertpapiere existieren:[2]

$$(2) \quad P = eP_a$$

$$(3) \quad r = r_a.$$

---

1   Claassen, E.-M., Grundlagen der Geldtheorie, 2. Aufl., Berlin u.a. 1980, S. 352ff; Dieckheuer, G., Internationale Wirtschaftsbeziehungen, a.a.O., S. 292ff; Gandolfo, G., International Economics II, a.a.O., S. II.187ff; Größl-Gschwendtner, I., Zahlungsbilanz- und Wechselkurstheorie, a.a.O., S. 99ff und S. 174ff; Willms, M., Internationale Währungspolitik, a.a.O., S. 106ff.

2   Von Transportkosten u.ä. wird zur Vereinfachung abgesehen.

Gleichung (2) stellt die sog. Kaufkraftparitätentheorie, Gleichung (3) die sog. Zinsparitätentheorie dar. Gleichung (2) (Gleichung (3)) bedeutet, daß Güterangebot und -nachfrage (Wertpapierangebot und -nachfrage) zu diesem Preis (Zinssatz) unendlich elastisch sind.

Gleichgewicht auf dem Geldmarkt erfordert wieder (m = 1):

$$(4) \quad M = Pl(r,Y); \qquad M = KR+R.$$

Der Kerngedanke des monetären Ansatzes betrifft die außenwirtschaftliche Situation: Es wird angenommen, daß die Zahlungsbilanzsituation bei festen Wechselkursen bzw. die Höhe des Wechselkurses bei flexiblen Wechselkursen durch die Situation auf dem Geldmarkt bestimmt werden:

$$(5) \quad \begin{aligned} dR &= R(1-M/eP_a); & R(0) &= 0, & R' &> 0 \\ de &= e(1-M/eP_a); & e(0) &= 0, & e' &< 0. \end{aligned}$$

Gleichung (5) besagt, daß die Devisenbestände (der Wechselkurs) konstant bleiben, wenn Geldangebot und Geldnachfrage größengleich sind.[1] Übersteigt die Geldnachfrage das Geldangebot, so ergibt sich ein Zahlungsbilanzüberschuß, der das nominelle und damit zugleich auch das reale Geldangebot erhöht (so kommt es zu einer Aufwertung der inländischen Währung, wodurch das reale Geldangebot ansteigt) und umgekehrt.

Schließlich bleibt noch die sog. heimische Absorption (E) zu berücksichtigen:

$$(6) \quad E = C(Y,M/P)+I(r)+G = E(Y,M/P,r).$$

Hierbei ist zu beachten, daß die Konsumnachfrage nach dem monetären Ansatz nicht nur vom Einkommen, sondern auch vom realen Vermögen abhängt, das durch die reale Geldmenge erfaßt wird.

---

[1]   Aus den Gleichungen (4) und (5) ergibt sich für den gleichgewichtigen Devisenbestand (R) bzw. Wechselkurs:

$$R = \frac{eP_a l(r_a, Y_0)}{m} - KR; \qquad e = \frac{m(KR+R)}{P_a l(r_a, Y_0)}.$$

2.2 Die Gleichgewichtslösung

Nachfolgend wird wiederum zunächst die Existenz, daran anschließend die Stabilität eines gesamtwirtschaftlichen Gleichgewichts
untersucht.

2.2.1 Existenz eines simultanen binnen- und außenwirtschaftlichen Gleichgewichts

Ein simultanes binnen- und außenwirtschaftliches Gleichgewicht ist
erreicht, wenn inländisches Güterangebot und inländische Güternachfrage (heimische Absorption) übereinstimmen, und die Zahlungsbilanz ausgeglichen ist:[1]

$$(1) \quad Y_0 = E(Y, M/P, r)$$

$$(2) \quad M = Pl(r, Y_0)$$

$$(3) \quad P = eP_a$$

$$(4) \quad r = r_a.$$

Das binnenwirtschaftliche Güterangebot wird in den Abbildungen
IV.23 und IV.24 durch die senkrechte S-Kurve angegeben; die
inländische Güternachfrage durch die E-Kurve.[2] Inländisches Güterangebot und inländische Güternachfrage stimmen überein, wenn sich
die E- und die S-Kurve bei r_a bzw. eP_a schneiden (Punkt A).

Die Zahlungsbilanz ist schließlich bei ausgeglichenem Geldmarkt im
Gleichgewicht. Dies erfordert, daß die Gleichgewichtskurve für den
Geldmarkt, die hier als LMZG-Kurve bezeichnet wird, in Abbildung
IV.23 ebenfalls durch Punkt A verläuft.

---

1   Es handelt sich hier um ein Bestands-Gleichgewicht: Neben den Strom-
      größen (bspw. Y) hat auch der (endogene) Vermögensbestand seinen
      Gleichgewichtswert erreicht (zur Vereinfachung wird vernachlässigt, daß
      bei $I > 0$ der Kapitalstock ansteigt).

2   Die E-Kurve in Abbildung IV.23 entspricht der IS-Kurve in einer
      geschlossenen Volkswirtschaft; die E-Kurve in Abbildung IV.24 ergibt
      sich aus der jeweiligen E-Kurve der Abbildung IV.23 bei variierendem
      Preisniveau unter Beachtung von $r = r_a$.

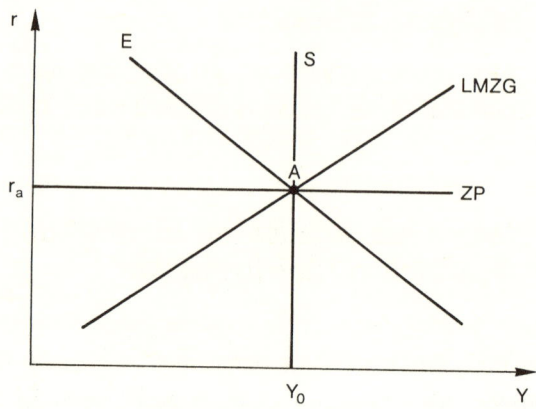

Abb. IV.23: Binnen– und außenwirtschaftliches Gleichgewicht I

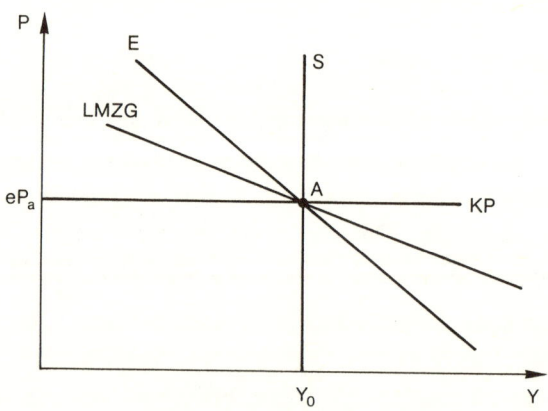

Abb. IV.24: Binnen– und außenwirtschaftliches Gleichgewicht II

Da in Punkt A inländisches Güterangebot und inländische Güternachfrage übereinstimmen, ist die Leistungsbilanz ausgeglichen.
Damit beinhaltet ein Zahlungsbilanzgleichgewicht hier einen Ausgleich aller Teilbilanzen.

In Abbildung IV.24 verläuft die LMZG-Kurve fallend: Bei gegebener Geldmenge und gegebenem ausländischen Zinssatz ist bei steigendem Preisniveau nur ein niedrigeres Volkseinkommen finanzierbar. Im Gleichgewicht verläuft diese Kurve ebenfalls durch Punkt A.[1]

Ergänzend geben die Abbildungen IV.23 und IV.24 mit der Zinsparitäts- (ZP-) und der Kaufkraftparitäts- (KP-)Kurve die Situation am Weltmarkt wieder. Bei dem Zinssatz r_a bzw. dem Preisniveau eP_a (in inländischer Währung) sind Angebot und Nachfrage sowohl auf dem internationalen Kapital- als auch Gütermarkt vollkommen elastisch.

2.2.2 Stabilität des Gleichgewichts

Es bleibt noch die Stabilität des dargestellten gesamtwirtschaftlichen Gleichgewichts zu untersuchen. Als Ausgangspunkt wird ein binnen- und ein außenwirtschaftliches Ungleichgewicht gewählt. Das binnenwirtschaftliche Ungleichgewicht äußert sich darin, daß die heimische

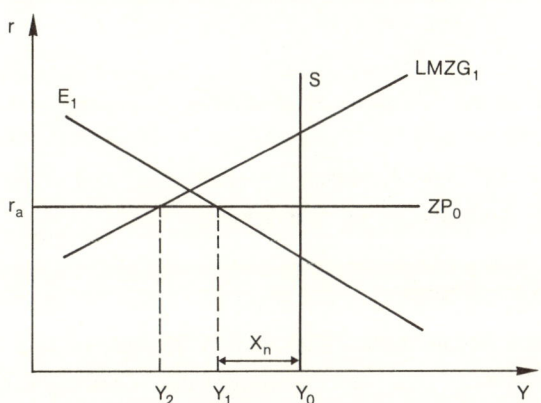

Abb. IV.25: *Gesamtwirtschaftliches Ungleichgewicht I*

---

1 In beiden Abbildungen ist links von der LMZG-Kurve die Geldnachfrage kleiner als das Geldangebot, so daß es zu einem Zahlungsbilanzdefizit oder zur Abwertung der inländischen Währung kommt.

Absorption (Y_1) niedriger als die heimische Produktion (Y_0) ist, wie durch den Verlauf der Kurve E_1 in den Abbildungen IV.25 und IV.26 angezeigt wird.

Das außenwirtschaftliche Ungleichgewicht folgt daraus, daß das Geldangebot kleiner ist als die Geldnachfrage bei dem Einkommen Y_0 und dem Zinssatz r_a bzw. dem Preisniveau $e_0 P_a$. Die LMZG-Kurve verläuft somit in beiden Abbildungen links vom Schnittpunkt zwischen der S- und der ZP_0- bzw. KP_0-Kurve.

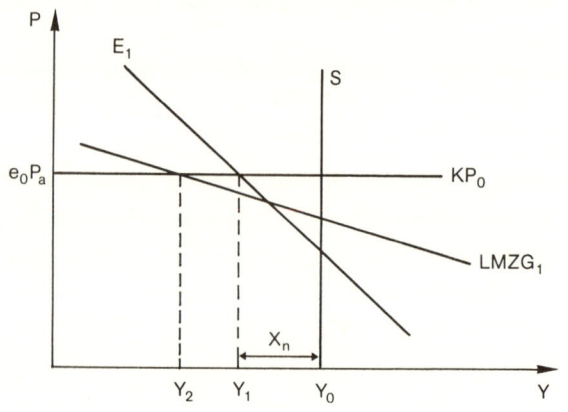

Abb. IV.26: *Gesamtwirtschaftliches Ungleichgewicht II*

Im Hinblick auf den Anpassungsmechanismus sind wiederum feste und flexible Wechselkurse zu unterscheiden.

(1) Feste Wechselkurse

In der in den Abbildungen IV.25 und IV.26 dargestellten Ausgangssituation übersteigt die Geldnachfrage das Geldangebot, was zu einem Zahlungsbilanzüberschuß führt. Dieser Zahlungsbilanzüberschuß resultiert zum Teil aus einem Leistungsbilanzüberschuß, zum Teil aus einem Kapitalbilanzüberschuß.

Der Leistungsbilanzüberschuß kommt dadurch zustande, daß die heimische Absorption kleiner als die inländische Güterproduktion ist;

diese Differenz stellt (reale) Nettoexporte dar $(X_n = Y_0 - Y_1)$. Der Kapitalbilanzüberschuß folgt aus einer Vermögensumschichtung zugunsten der Geldhaltung durch Verkauf ausländischer Wertpapiere an das Ausland.

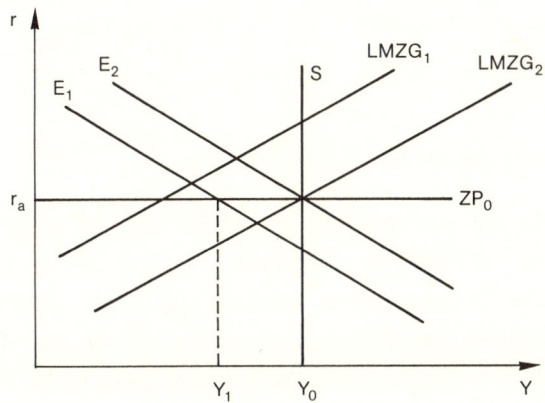

Abb. IV.27:   *Gesamtwirtschaftliches Gleichgewicht bei festen Wechselkursen I*

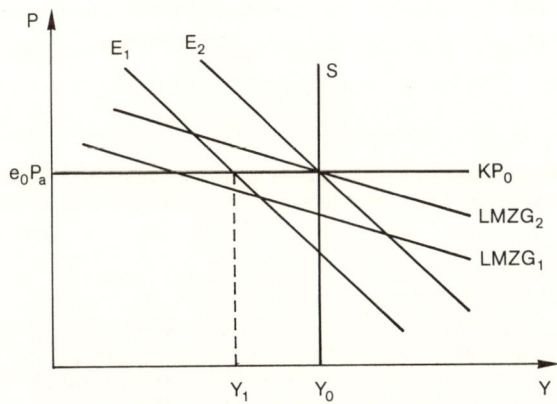

Abb. IV.28:   *Gesamtwirtschaftliches Gleichgewicht bei festen Wechselkursen II*

Infolge des Zahlungsbilanzüberschusses erhöht sich die inländische (nominelle und damit auch reale) Geldmenge sowie das Vermögen der Haushalte. Dieser Prozeß hält an, bis schließlich sowohl Geldangebot und Geldnachfrage (die $LMZG_1$-Kurve in den Abbildungen IV.27 und IV.28 verlagert sich nach $LMZG_2$) als auch heimische Absorption und inländische Produktion (die E_1-Kurve in diesen Abbildungen verschiebt sich nach E_2) übereinstimmen (Geldmengenmechanismus).[1]

(2) Flexible Wechselkurse

Wird in der in den Abbildungen IV.25 und IV.26 dargestellten Situation der Wechselkurs freigegeben, so kommt es infolge der Erhöhung des Devisenangebots aufgrund der positiven Nettoexporte sowie des Nettokapitalimports zu einer Aufwertung der inländischen Währung (e_1). Hierdurch verringert sich das inländische Preisniveau (e_1P_a), so daß die reale Geldmenge und das reale Vermögen ansteigen.

Infolge der Erhöhung der realen Geldmenge und des realen Vermögens kommt es zum Ausgleich einerseits des Geldmarktes und damit der Zahlungsbilanz sowie andererseits zwischen der heimischen Absorption und der inländischen Güterproduktion. Damit verschieben sich in Abbildung IV.29 die E- und die LMZG-Kurve nach rechts in die neue Gleichgewichtsposition (E_2, $LMZG_2$). In Abbildung

---

[1]   Der Zahlungsbilanzüberschuß hält in dem vorgegebenen Beispiel so lange an, bis die LMZG-Kurve ihre neue Gleichgewichtsposition erreicht hat. Infolge der damit verbundenen Erhöhung des Vermögens kann die E-Kurve

    – ebenfalls ihre neue Gleichgewichtsposition erreichen, wie in den Abbildungen IV.27 und IV.28 angedeutet,

    – links vom Gleichgewicht verlaufen, d.h. es existiert ein Leistungsbilanzüberschuß bei einem Kapitalverkehrsbilanzdefizit,

    – rechts vom Gleichgewicht verlaufen, d.h. es existiert ein Leistungsbilanzdefizit bei einem Kapitalverkehrsbilanzüberschuß.

    In den beiden letzten Fällen verändert sich das inländische Vermögen (im vorletzten Fall steigt es an, im letzten Fall sinkt es), wodurch sich die E-Kurve in Richtung Gleichgewicht verschiebt.

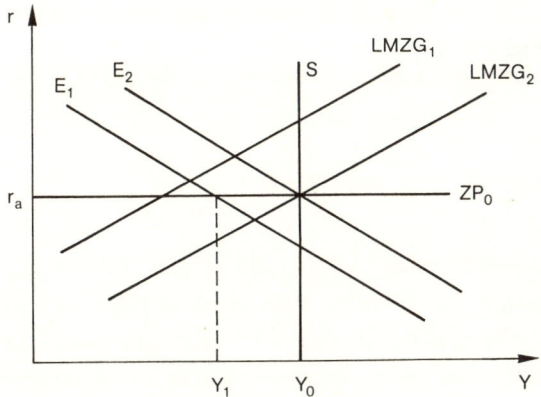

Abb. IV.29:   Gesamtwirtschaftliches Gleichgewicht bei
flexiblen Wechselkursen I

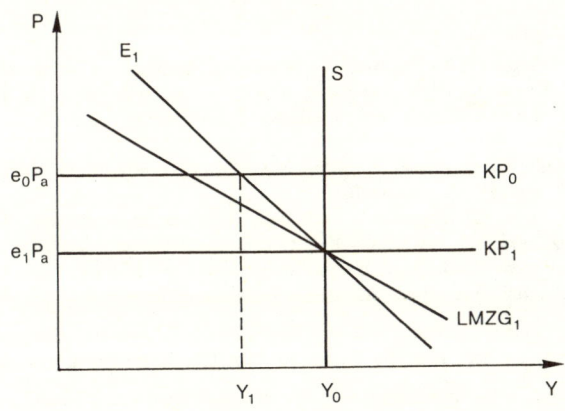

Abb. IV.30:   Gesamtwirtschaftliches Gleichgewicht bei
flexiblen Wechselkursen II

IV.30 kommt dies in einer Bewegung entlang der $LMZG_1$- und der
E_1-Kurve sowie in einer Verschiebung der KP_0-Kurve nach KP_1

zum Ausdruck, bis sich diese Kurven auf der S-Kurve schneiden (Wechselkursmechanismus).[1]

IV.2.2 Importierte Inflation

In diesem Unterabschnitt wird die Frage untersucht, inwieweit Preissteigerungen im Ausland auch Auswirkungen auf das inländische Preisniveau haben. Da der Übertragungsmechanismus inflationärer Impulse von dem zugrunde liegenden makroökonomischen Modell abhängt, wird wieder zwischen keynesianischem und neoklassischem Modell einer offenen Volkswirtschaft unterschieden.

1. Keynesianische Theorie[2]

Zur Erklärung eines Inflationsimports wird auf das obige Mundell-Fleming-Modell eines kleinen Landes zurückgegriffen.[3,4] Hierbei

---

1   Die Aufwertung hält in dem vorgegebenen Beispiel so lange an, bis die LMZG$_1$-Kurve im P/Y-Diagramm die S-Kurve schneidet; die DS-Kurve verläuft dann ebenfalls durch diesen Schnittpunkt. Die E-Kurve kann nun
  - ebenfalls durch diesen Schnittpunkt verlaufen, wie in den Abbildungen IV.29 und IV.30 unterstellt,
  - links vom Gleichgewicht verlaufen, d.h. es existiert ein Leistungsbilanzüberschuß bei einem Kapitalverkehrsbilanzdefizit,
  - rechts vom Gleichgewicht verlaufen, d.h. es existiert ein Leistungsbilanzdefizit bei einem Kapitalverkehrsbilanzüberschuß.

  In den beiden letzten Fällen verändert sich wieder das inländische Vermögen, so daß sich die E-Kurve zum Gleichgewicht hin verlagert.

2   Dieckheuer, G., Internationale Wirtschaftsbeziehungen, a.a.O., S. 265ff; Heubes, J., Inflationstheorie, a.a.O., S. 58ff; Pohl, R., Theorie der Inflation, a.a.O., S. 265ff; Ströbele, W., Inflation, a.a.O., S. 60ff.

3   Die Betrachtung wird auf Nachfrageeffekte beschränkt; Angebotseffekte wurden bereits in Kapitel III im Rahmen eines negativen Angebotsschocks behandelt.

4   Das Modell berücksichtigt nur handelbare Güter. Zur internationalen Inflationsübertragung bei Existenz nicht-handelbarer Güter siehe bspw. Steinmann, G., Inflationstheorie, Paderborn u.a. 1979, S. 114ff.

wird die Betrachtung auf die Gleichgewichtssituation beschränkt. Die Gleichgewichtsbedingungen sind:

(1) $Y = Y_0$ (längerfristig)

(2) $Y = C(Y) + I(r) + G + A^r(P, eP_a, Y)$

(3) $M = Pl(Y, r);$ $M = KR + R$

(4) $A^r(P, eP_a, Y) + f(r - r_a) = 0.$

Die Analyse wird wieder getrennt für feste und flexible Wechselkurse durchgeführt, da das Wechselkursregime entscheidenden Einfluß auf die Ergebnisse hat.

1.1 Feste Wechselkurse

Als Ausgangspunkt wird ein binnen– und außenwirtschaftliches Gleichgewicht bei Preisniveaustabilität gewählt (Punkt A in Abbildung IV.31). Dieses Gleichgewicht werde dadurch gestört, daß im Ausland das Preisniveau ansteigt.

Die Preiserhöhung im Ausland verbessert die Wettbewerbsfähigkeit des Inlandes auf dem Weltmarkt, so daß die Exporte zu– und die Importe abnehmen, was sich in einer Rechtsverschiebung der IS-Kurve in Abbildung IV.31 a von IS_0 nach IS_1 ausdrückt. Bei höherem ausländischen Preisniveau wird darüber hinaus ein Zahlungsbilanzausgleich bei konstantem Zinssatz und höherem Einkommen erreicht, d.h. die ZG-Kurve verschiebt sich ebenfalls nach rechts (von ZG_0 nach ZG_1 in Abbildung IV.31 a).

Die neue binnenwirtschaftliche Situation wird durch Punkt B in Abbildung IV.31 a angezeigt. Der entstehende Zahlungsbilanzüberschuß führt zu einer Erhöhung der Geldmenge und damit zu einer

Rechtsverschiebung der LM-Kurve von LM_0 nach LM_1.[1] Dieser Geldmengenmechanismus endet schließlich in Punkt C der Abbildung IV.31 a, der kurzfristigen Lösung $(Y^a = Y^n)$.[2]

In Abbildung IV.31 b bewirkt die ausländische Preiserhöhung zusammen mit der erhöhten Geldmenge eine Rechtsverschiebung der D-Kurve von D_0 nach D_1. Die ZG-Kurve verlagert sich aufgrund des höheren ausländischen Preisniveaus nach rechts, infolge des niedrigeren inländischen Zinssatzes nach links, so daß sie schließlich die D-Kurve bei P_0 und Y_1 schneidet (Punkt C).

Längerfristig $(Y^a = Y_0)$ folgen die Reaktionen dem Geldmengen-Preis-Mechanismus: Aufgrund der inflatorischen Lücke Y_1-Y_0 kommt es nun auch zu Preissteigerungen im Inland. Diese Preis-steigerungen halten so lange an, bis die inflatorische Lücke abgebaut ist. Dies ist dann der Fall, wenn der Wettbewerbsvorteil des Inlan-des aufgrund der Preissteigerung im Ausland durch eine prozentual gleich große Preissteigerung im Inland ausgeglichen wird.[3] Hierdurch verlagern sich die IS-, LM- und ZG-Kurve in Abbildung IV.31 a

---

[1]   Aus obiger Gleichung (2) folgt c.p. bei einer Erhöhung des ausländischen Preisniveaus:

$$dY = \frac{\partial C}{\partial Y} dY + \frac{\partial A^r}{\partial Y} dY + \frac{\partial A^r}{\partial P_a} dP_a$$

bzw.:   (a) $dY = \dfrac{1}{1 - \partial C/\partial Y - \partial A^r/\partial Y} \dfrac{\partial A^r}{\partial P_a} dP_a.$

Entsprechend folgt aus Gleichung (4):

$$\frac{\partial A^r}{\partial Y} dY + \frac{\partial A^r}{\partial P_a} dP_a = 0$$

bzw.:   (b) $dY = \dfrac{-1}{\partial A^r/\partial Y} \dfrac{\partial A^r}{\partial P_a} dP_a.$

Gleichung (a) gibt die Rechtsverschiebung der IS-Kurve, Gleichung (b) die der ZG-Kurve an. Wie ein Vergleich dieser beiden Gleichungen zeigt, verlagert sich die ZG-Kurve weiter nach rechts als die IS-Kurve, so daß - unabhängig von der Steigung der ZG-Kurve - stets ein Zahlungsbilanzüberschuß entsteht.

[2]   Die Verschiebung der IS-Kurve wird häufig als Nachfrage- bzw. Ein-kommensmechanismus, die der LM-Kurve als Liquiditätsmechanismus bezeichnet.

[3]   Es wird wieder angenommen, daß dieser Ausgleich bereits in der „ersten Runde", d.h. mit Preissteigerungen auf P_1, erreicht wird.

wieder nach links in die ursprüngliche Position (A). In Teil b reduziert die Preissteigerung von P_0 auf P_1 die Güternachfrage entlang der D_1-Kurve. Die Zinssteigerung (von r_1 auf r_0) verschiebt die ZG-Kurve von ZG_1 nach ZG_2, so daß sie die D-Kurve bei P_1 und Y_0 schneidet (A').

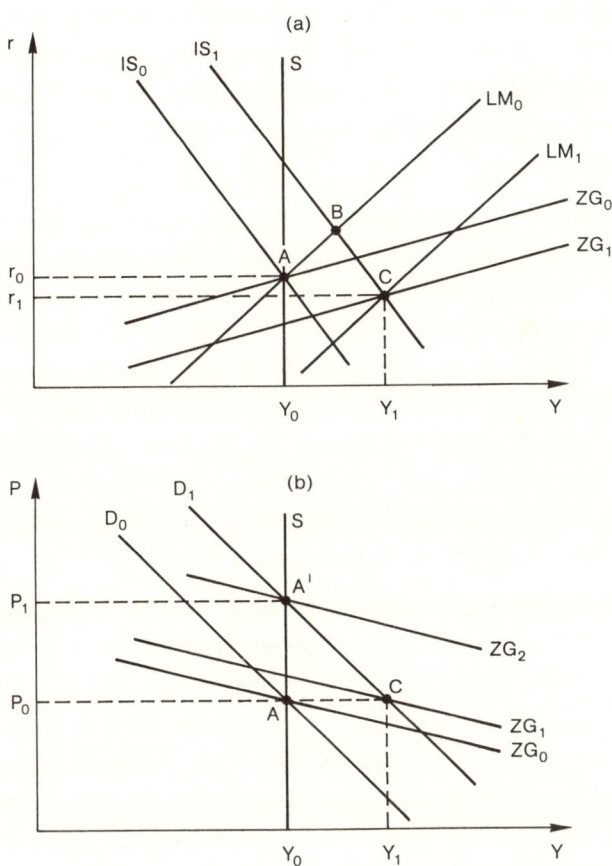

Abb. IV.31: *Inflationsimpuls bei festen Wechselkursen*

Diese Zusammenhänge können durch Reaktionen auf ausländische Zinsänderungen überlagert werden. Steigt im Ausland auch der reale Zinssatz an, so wirken zwei gegenläufige Effekte auf die ZG-Kurve in Abbildung IV.31 a: Die Preiserhöhung im Ausland führt zu einer

Rechtsverschiebung, die Zinserhöhung zu einer Linksverschiebung. Wird angenommen, daß sich beide Effekte gerade kompensieren, so bleibt die ursprüngliche ZG-Kurve erhalten.

Dies hat zur Folge, daß der Zahlungsbilanzüberschuß sowie die Geldmengenerhöhung nun geringer sind als im vorangehenden Fall. Die LM-Kurve verlagert sich in Abbildung IV.31 a weniger weit nach rechts, so daß auch die Einkommenssteigerung und damit die inflatorische Lücke geringer ausfallen. Bei kleinerer inflatorischer Lücke ist zu deren Abbau auch nur eine geringere Preissteigerung erforderlich.

Bei geringerer Preissteigerung verlagern sich die IS- und die LM-Kurve in Abbildung IV.31 a nicht in ihre Ausgangslage zurück, vielmehr schneiden sie sich oberhalb von Punkt A auf der S-Kurve; die ZG-Kurve verlaufe infolge der Preissteigerung ebenfalls durch diesen Punkt. Damit hat sich die Leistungsbilanz gegenüber der Ausgangssituation verbessert, während sich die Kapitalbilanz aufgrund eines relativen Zinsanstiegs im Ausland verschlechtert hat.[1] Diese Verbesserung der Leistungsbilanz ist erforderlich, um die Verschlechterung der Kapitalbilanz auszugleichen, so daß insgesamt wieder eine ausgeglichene Zahlungsbilanz erreicht wird.

Bei sehr hoher Kapitalmobilität ist auch der Fall nicht auszuschließen, daß die neue ZG-Kurve oberhalb von Punkt B in Abbildung IV.31 verläuft, so daß ein Zahlungsbilanzdefizit entsteht. In diesem Fall ist die inflatorische Lücke noch geringer als bei unveränderter ZG-Kurve. Verlagert sich die ZG-Kurve so weit nach links, daß sie die IS-Kurve links von Y_0 schneidet, so entsteht sogar eine deflatorische Lücke, d.h. die Preis- und Zinserhöhung im Ausland bewirkt jetzt eine Preissenkung im Inland.

---

[1]　Auch im Inland kommt es in diesem Fall zu einem Zinsanstieg, der jedoch geringer als im Ausland ist: Würde der Zinssatz in gleichem Maße steigen (unveränderte Kapitalbilanz), so müßte auch das inländische Preisniveau in gleichem Maße ansteigen wie das ausländische. Bei höherem Zinssatz, d.h. geringerer Investitionsnachfrage, muß sich jedoch die inländische Wettbewerbsfähigkeit verbessern, so daß Y_0 nachgefragt wird.

Sinkt hingegen im Ausland der Zinssatz, so verschiebt sich die ZG-Kurve in Abbildung IV.31 weiter als ZG_1 nach rechts. Damit sind Zahlungsbilanzüberschuß und Geldmengenerhöhung sowie auch inflatorische Lücke größer als im ersten Fall. Damit übertrifft die prozentuale Preissteigerung im Inland die im Ausland. Das entstehende Leistungsbilanzdefizit gleicht somit den Kapitalbilanzüberschuß aus.

Algebraisch läßt sich die (längerfristige) Reaktion des inländischen Preisniveaus auf eine Preiserhöhung im Ausland mit Hilfe des totalen Differentials der Gleichungen (2)-(4) bestimmen (bei $dY = 0$ nach Gleichung (1)):

$$(5) \quad \frac{\partial I}{\partial r}\, dr + \frac{\partial A^r}{\partial P}\, dP + \frac{\partial A^r}{\partial P_a}\, dP_a = 0$$

$$(6) \quad dM - dPl(Y,r) - P\, \frac{\partial l}{\partial r}\, dr = 0$$

$$(7) \quad \frac{\partial A^r}{\partial P}\, dP + \frac{\partial A^r}{\partial P_a}\, dP_a + \frac{\partial F}{\partial r}\, dr = 0.$$

In Matrixform ergibt sich:

$$(8) \quad \begin{bmatrix} \dfrac{\partial I}{\partial r} & \dfrac{\partial A^r}{\partial P} & 0 \\[2ex] P\dfrac{\partial l}{\partial r} & l(Y,r) & -1 \\[2ex] \dfrac{\partial F}{\partial r} & \dfrac{\partial A^r}{\partial P} & 0 \end{bmatrix} \begin{bmatrix} dr \\[2ex] dP \\[2ex] dM \end{bmatrix} = \begin{bmatrix} -\dfrac{\partial A^r}{\partial P_a}\, dP_a \\[2ex] 0 \\[2ex] -\dfrac{\partial A^r}{\partial P_a}\, dP_a \end{bmatrix}.$$

Unter Verwendung der Cramer-Regel folgt schließlich:[1]

$$(9) \quad \frac{dP}{P} = \frac{dP_a}{P_a}.$$

Gleichung (9) wiederholt das obige Ergebnis, nämlich, daß das inländische Preisniveau bei festen Wechselkursen - ceteris paribus - in gleichem Maße ansteigt wie das ausländische Preisniveau.

---

[1] Siehe hierzu den mathematischen Anhang.

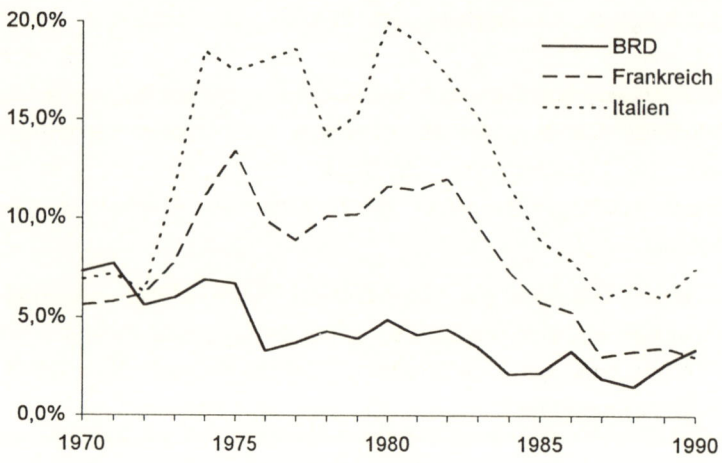

Abb. IV.32: *Inflationsübertragung bei festen Wechselkursen*

Abbildung IV.32 gibt die Inflationsraten verschiedener europäischer Länder wieder, die im Rahmen zunächst des internationalen Währungsfonds (IWF) bis Ende der 60er Jahre, dann des Europäischen Wechselkursverbundes (seit 1972) und schließlich des Europäischen Währungssystems (seit 1979) über feste Wechselkurse miteinander verbunden sind.[1] Überraschenderweise divergieren die Inflationsraten bis Anfang der 80er Jahre sehr stark. Erst dann kommt es nicht nur zu der erwarteten Annäherung, sondern auch zu einem starken Rückgang der Inflationsraten, worin eine stabilitätsbewußtere Wirtschaftspolitik zum Ausdruck kommt.

1.2 Flexible Wechselkurse

Wie im Fall fester Wechselkurse wird auch hier als Ausgangspunkt ein binnen- und außenwirtschaftliches Gleichgewicht bei Wechselkurs- und Preisniveaukonstanz gewählt. Diese Situation wird durch Punkt A in Abbildung IV.33 dargestellt.

---

[1]   OECD, Historical Statistics, Paris 1982, S. 72 sowie Paris 1992, S. 82. Siehe auch den Abschnitt IV.3.3.

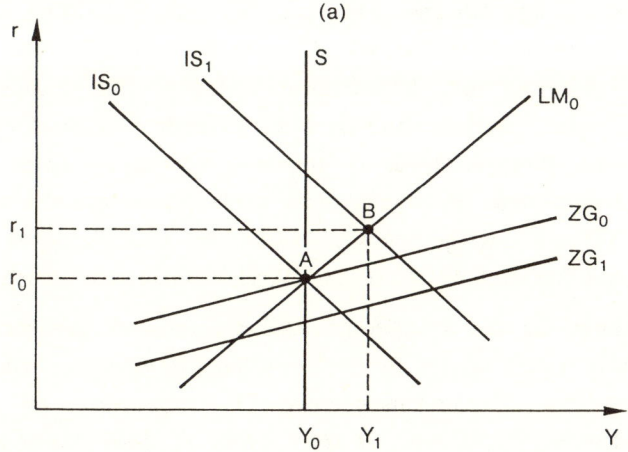

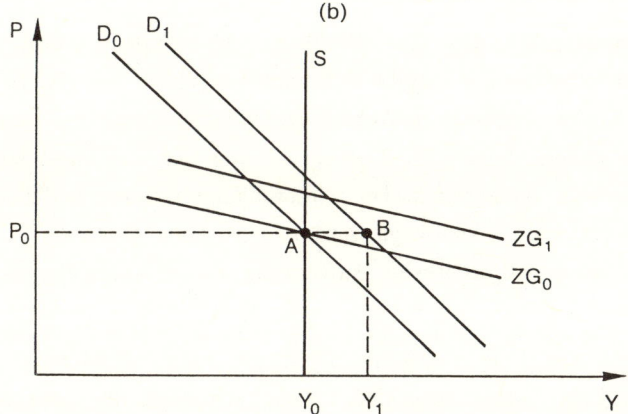

Abb. IV.33: *Inflationsimpuls bei flexiblen Wechselkursen*

Das Ausgangsgleichgewicht werde nun wieder durch einen Anstieg des ausländischen Preisniveaus gestört. Wie bei festen Wechselkursen verlagern sich hierdurch IS- und ZG-Kurve in Abbildung IV.33 a bzw. D- und ZG-Kurve (letztere auch infolge der Zinserhöhung von r_0 auf r_1) in Teil b dieser Abbildung nach rechts. In Punkt B, der die binnenwirtschaftliche Situation anzeigt, herrscht wieder ein Zahlungsbilanzüberschuß.

Dieser Zahlungsbilanzüberschuß hat bei flexiblen Wechselkursen keine Liquiditätseffekte im Inland zur Folge, vielmehr führt er zu einer Aufwertung der inländischen Währung. Bei unveränderten Zinsen im (In- und) Ausland ist diese Aufwertung so stark, daß der inländische Wettbewerbsvorteil aufgrund des ausländischen Preisanstiegs durch eine prozentual gleich große Aufwertung der inländischen Währung ausgeglichen wird, so daß die Leistungsbilanz wieder ihren ursprünglichen Wert erreicht (Wechselkursmechanismus).

Die Aufwertung der inländischen Währung verlagert alle Kurven in Abbildung IV.33 wieder in ihre ursprüngliche Position. Da somit aufgrund der Wechselkursänderung Nachfrageeffekte im Inland vermieden werden, kommt es auch nicht zu einer Preiserhöhung. Flexible Wechselkurse schirmen also das Inland vor inflationären Impulsen aus dem Ausland ab.

Wird wiederum auch eine Erhöhung des (realen) Zinssatzes im Ausland zugelassen, so ergibt sich zunächst wieder die gleiche Situation, nämlich Punkt B in Abbildung IV.33 a, jedoch bei (annahmegemäß) unveränderter ZG-Kurve. Da nun der Zahlungsbilanzüberschuß infolge der ausländischen Zinserhöhung geringer ausfällt als bei unverändertem ausländischen Zinssatz, ist auch die zum Zahlungsbilanzausgleich erforderliche Aufwertung der inländischen Währung geringer.

Dies hat zur Folge, daß die IS-Kurve nicht vollständig in ihre ursprüngliche Lage zurückkehrt; sie schneidet die unveränderte LM-Kurve rechts von Y_0, so daß eine inflatorische Lücke entsteht, die zu Preissteigerungen führt.

Bei hoher Kapitalmobilität ist wiederum der Fall möglich, daß sich die ZG-Kurve so verschiebt, daß sie in Abbildung IV.33 a oberhalb von Punkt B verläuft. In diesem Fall entsteht tendenziell ein Zahlungsbilanzdefizit; bei flexiblen Wechselkursen wird die inländische Währung abgewertet. Infolge der Abwertung verschiebt sich die IS-Kurve weiter nach rechts, wodurch sich die inflatorische Lücke gegenüber dem vorangehenden Fall vergrößert, so daß es in diesem Fall zu verstärkten Preissteigerungen kommt.

Sinkt im Ausland der Zinssatz, so verschiebt sich die ZG-Kurve in Abbildung IV.33 a weiter als ZG_1 nach rechts. Damit erhöht sich tendenziell der Zahlungsbilanzüberschuß, bzw. die inländische Währung wird stärker aufgewertet als zum Ausgleich des ausländischen Preisanstiegs erforderlich ist. Hierdurch verlagert sich die IS-Kurve weiter als IS_0 nach links, so daß eine deflatorische Lücke entsteht. Die Preiserhöhung und Zinssenkung im Ausland haben in diesem Fall eine Preissenkung im Inland zur Folge.

Algebraisch läßt sich die (längerfristige) Reaktion des inländischen Preisniveaus sowie des Wechselkurses auf eine Preiserhöhung im Ausland wieder aus der totalen Differentiation der eingangs dargestellten Gleichungen (2)–(4) bestimmen (bei dY = 0 nach Gleichung (1)):

$$(10) \quad \frac{\partial I}{\partial r}\, dr + \frac{\partial A^r}{\partial P}\, dP + \frac{\partial A^r}{\partial e}\, de + \frac{\partial A^r}{\partial P_a}\, dP_a = 0$$

$$(11) \quad P\frac{\partial l}{\partial r}\, dr + dPl(Y,r) \qquad\qquad = 0$$

$$(12) \quad \frac{\partial A^r}{\partial P}\, dP + \frac{\partial A^r}{\partial e}\, de + \frac{\partial A^r}{\partial P_a}\, dP_a + \frac{\partial F}{\partial r}\, dr = 0.$$

In Matrixform gilt:

$$(13) \quad \begin{bmatrix} \dfrac{\partial I}{\partial r} & \dfrac{\partial A^r}{\partial P} & \dfrac{\partial A^r}{\partial e} \\[2mm] P\dfrac{\partial l}{\partial r} & l(Y,r) & 0 \\[2mm] \dfrac{\partial F}{\partial r} & \dfrac{\partial A^r}{\partial P} & P\dfrac{\partial A^r}{\partial e} \end{bmatrix} \begin{bmatrix} dr \\[2mm] dP \\[2mm] de \end{bmatrix} = \begin{bmatrix} -\dfrac{\partial A^r}{\partial P_a}\, dP_a \\[2mm] 0 \\[2mm] -\dfrac{\partial A^r}{\partial P_a}\, dP_a \end{bmatrix}.$$

Mit Hilfe der Cramer-Regel ergibt sich:

$$(14) \quad dP = 0$$

$$(15) \quad de/e = -dP_a/P_a,$$

was wiederum den vorangehenden Ergebnissen entspricht.

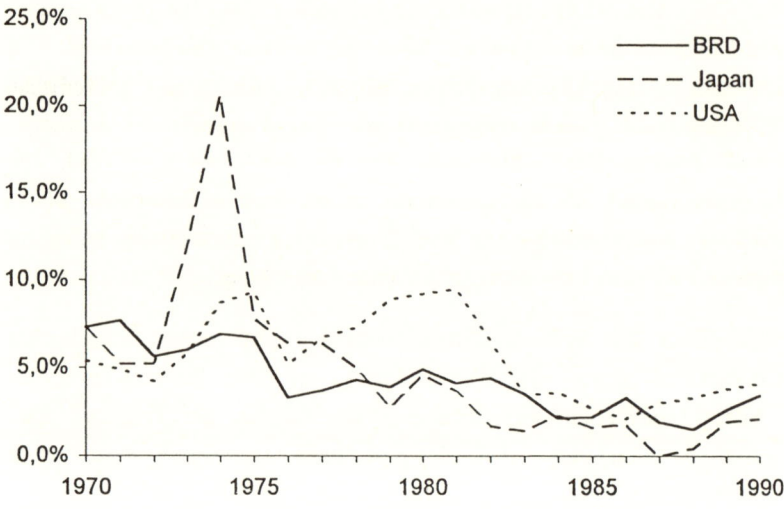

Abb. IV.34: *Inflationsübertragung bei flexiblen Wechselkursen*

Abbildung IV.34 gibt die Inflationsraten von drei Industrieländern wieder, zwischen denen seit Ende der 60er Jahre de facto flexible Wechselkurse bestehen.[1] Überraschenderweise divergieren die Inflationsraten der betrachteten Länder - abgesehen von Japan in den Jahren 1973/74 - relativ wenig. Ab Anfang der 80er Jahre ist auch hier eine noch stärkere Annäherung und ein Rückgang der Inflationsraten zu beobachten. Dies dürfte wiederum auf eine stärkere Ausrichtung der Wirtschaftspolitik auf das Ziel der Preisniveaustabilität zurückzuführen sein, so daß in diesem Fall das Wechselkurssystem ohne größere Bedeutung ist.

1.3 Ergänzungen

In den vorangehenden Abschnitten wurden die Auswirkungen einer einmaligen Erhöhung des ausländischen Preisniveaus auf das inländische Preisniveau untersucht. Diese Ausführungen gelten analog bei permanenter Preiserhöhung im Ausland.

---

[1]   OECD, Historical Statistics, Paris 1982, S. 72 sowie Paris 1992, S. 82.

Da die Betrachtung auf Gleichgewichtssituationen beschränkt war, wurden transitorische Renditeeffekte der Preiserhöhung verdeckt. Im Rahmen eines Inflationsprozesses treten jedoch dauerhafte Renditeeffekte auf, die noch darzustellen sind.

Wie in Kapitel III gezeigt wurde, ist in einer inflationären Wirtschaft zwischen realem (ϱ bzw. ϱ_a) und nominellem (r bzw. r_a) Zinssatz zu unterscheiden. Im Inflationsgleichgewicht unterscheiden sich beide um die Inflationsrate, d.h. es gilt:

$$(16) \quad r \quad = \varrho + dP/P$$

$$(17) \quad r_a \quad = \varrho_a + dP_a/P_a.$$

Der internationale Kapitalverkehr hängt von der Differenz zwischen den Renditen im In- und Ausland ab. Diese Renditen entsprechen bei festen Wechselkursen den jeweiligen nominellen Zinssätzen.

Bei flexiblen Wechselkursen ist die Rendite im Inland weiterhin gleich dem nominellen (= realen) Zinssatz. Die Rendite einer Auslandsanlage umfaßt neben dem ausländischen Nominalzins noch die erwartete Abwertungsrate der inländischen Währung $[(e^e_{t+1} - e_t)/e_t]$: Bei einer Abwertung der inländischen Währung erhält der Käufer ausländischer Wertpapiere nach Verkauf dieser Wertpapiere einen höheren DM–Betrag pro \$ als er beim Kauf zahlen muß; damit erhöht sich der Ertrag der Auslandsanlage.

Im Gleichgewicht entspricht die erwartete der tatsächlichen Inflationsrate, damit gilt $(e_{t+1} - e_t)/e_t = de/e$. Weiter ist $de/e = -dP_a/P_a$. Die Rendite einer Auslandsanlage ist somit $\varrho_a + dP_a/P_a - dP_a/P_a = \varrho_a$. Der höhere Nominalzins im Ausland wird in diesem Fall also durch die Aufwertung der inländischen Währung kompensiert.

2. Neoklassische Theorie[1]

Die nachfolgenden Ausführungen beschränken sich wieder auf Gleichgewichtssituationen. Die Gleichgewichtsbedingungen nach der neoklassischen Theorie sind:[2]

(1) $Y_0 = E(Y, M/P, r)$

(2) $M = Pl(r, Y_0)$

(3) $P = eP_a$

(4) $r = r_a.$

Da das Wechselkurssystem wesentlich die Möglichkeit eines Inflationsimports bestimmt, wird nachfolgend wieder zwischen festen und flexiblen Wechselkursen unterschieden.

2.1 Feste Wechselkurse

Als Ausgangspunkt dient ein binnen- und außenwirtschaftliches Gleichgewicht bei Preisniveaustabilität (Punkt A in Abbildung IV.35).

Die Erhöhung des ausländischen Preisniveaus von $P_{a,0}$ auf $P_{a,1}$ hat über den internationalen Preiszusammenhang (Gleichung (3)) unmittelbar auch eine Erhöhung des inländischen Preisniveaus zur Folge (von $P_0 = eP_{a,0}$ auf $P_1 = eP_{a,1}$). Hierdurch verschieben sich in Teil a der Abbildung IV.35 die E- und die LMZG-Kurve nach $E_0(P_1)$ bzw. $LMZG_0(P_1)$, so daß die heimische Absorption auf Y_1 und das finanzierbare Einkommen auf Y_2 sinken. In Teil b verlagert sich die KP-Kurve nach KP_1, während die heimische Ab-

---

[1]   Claassen, E.-M., Weltinflation, a.a.O., S. 47ff; Dieckheuer, G., Internationale Wirtschaftsbeziehungen, a.a.O., S. 265ff; Heubes, J., Inflationstheorie, a.a.O., S. 93ff; Pohl, R., Theorie der Inflation, a.a.O., S. 265ff.

[2]   Zur internationalen Inflationsübertragung bei Existenz nicht-handelbarer Güter siehe bspw. Claassen, E.-M., Weltinflation, a.a.O., S. 118ff.

sorption entlang E_0 auf Y_1 und das finanzierbare Einkommen entlang $LMZG_0$ auf Y_2 zurückgehen.

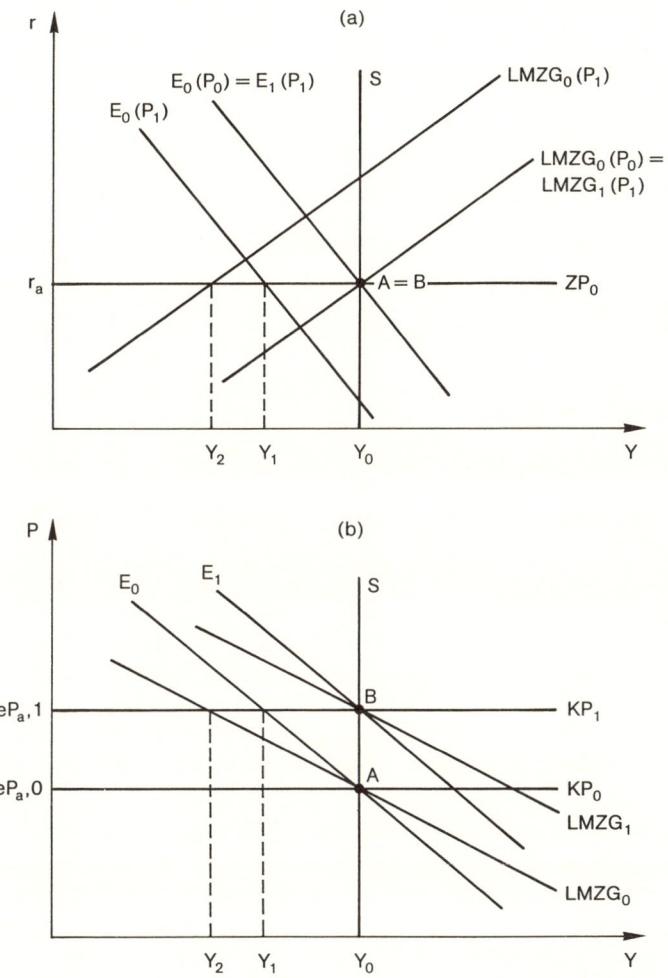

Abb. IV.35: *Inflationsimpuls bei festen Wechselkursen*

Der Rückgang der realen Geldmenge hat einen Zahlungsbilanzüberschuß zur Folge, nämlich einen Leistungsbilanzüberschuß in Höhe

von $P(Y_0 - Y_1)$ sowie möglicherweise einen Kapitalverkehrsbilanzüberschuß infolge einer Vermögensumschichtung zugunsten der Geldhaltung. Hierdurch steigen Geldmenge und Vermögen wieder an, so
daß sich die E- und die LMZG-Kurve (in Abbildung IV.35 a und
b) nach rechts verschieben, bis sie schließlich den neuen Gleichgewichtspunkt B erreicht haben.[1]

2.2 Flexible Wechselkurse

Im vorliegenden Fall ist zwischen der längerfristigen und der kürzer-
fristigen Lösung zu unterscheiden, die nacheinander vorgestellt
werden.

Längerfristige Lösung

Längerfristig gilt die Kaufkraftparität; damit folgt aus Gleichung (3):

$$(5) \quad dP = deP_a + edP_a.$$

Zugleich bestimmt sich das inländische Preisniveau aus Gleichung
(2):

$$(6) \quad P = M/l(Y_0, r).$$

Bei konstantem Zinssatz ($r = r_0$) und gegebener Geldmenge gilt:

$$(7) \quad dP = 0.$$

Das inländische Preisniveau bleibt also von der Preissteigerung im
Ausland unberührt; diese Preissteigerung führt gemäß den Gleichungen (5) und (7) zu:

$$(8) \quad \frac{de}{e} = -\frac{dP_a}{P_a},$$

---

[1]   Wiederum ist es möglich, daß die E-Kurve zunächst noch nicht durch
Punkt B verläuft.

d.h. die inländische Währung wird im Ausmaß des ausländischen Preisniveauanstiegs aufgewertet.[1]

Die Kaufkraftparität wird hier also bei konstantem inländischen Preisniveau über eine Anpassung des Wechselkurses sichergestellt. M.a.W., flexible Wechselkurse schützen das Inland auch nach dieser Theorie vor inflationären Impulsen aus dem Ausland.

Nach Gleichung (5) gilt allgemein:

$$(9) \quad \frac{de}{e} = \frac{dP}{P} - \frac{dP_a}{P_a},$$

d.h. die Wechselkursentwicklung gleicht die unterschiedlichen Inflationsraten im In- und Ausland aus.

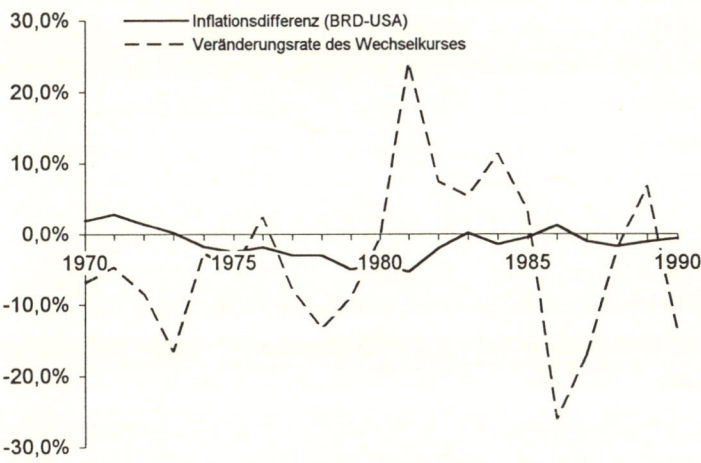

Abb. IV.36: *Wechselkurs und Kaufkraftparität*

---

[1]   In Abbildung IV.35 bleiben die ursprünglichen Kurven KP_0, E_0 bzw. $E_0(P_0)$ sowie $LMZG_0$ bzw. $LMZG_0(P_0)$ erhalten.

Abbildung IV.36 gibt die Entwicklung des DM/$-Kurses sowie die Inflationsdifferenz zwischen der BRD und den USA wieder.[1] Nach dieser Abbildung besteht jedoch kein signifikanter Zusammenhang zwischen den dargestellten Größen.

Kürzerfristige Lösung

Im langfristigen Gleichgewicht gilt sowohl die Kaufkraft- als auch die Zinsparität. Kürzerfristig hingegen sind infolge verzögerter Güterarbitrage Abweichungen von der Kaufkraftparität möglich, während sich die Zinsparität bei vollständiger Kapitalmobilität auch kurzfristig einstellt. Damit wird der Wechselkurs kurzfristig durch die Zinsparität bestimmt, nämlich durch die internationalen Kapitalströme zum Ausgleich des Geldmarktes.

Nach der Zinsparitätentheorie müssen in- und ausländische Rendite übereinstimmen. Die inländische Rendite entspricht dem inländischen Zinssatz, die ausländische Rendite dem ausländischen Zinssatz zuzüglich – wie bereits dargestellt wurde – einer erwarteten Abwertungsrate der inländischen Währung $\left[\frac{e^e - e}{e}\right]$. Wird dies in Gleichung (2) berücksichtigt, so lautet die Gleichgewichtsbedingung für den Geldmarkt:

$$(10) \quad M = Pl\left[Y_0, r_a + \frac{e^e - e}{e}\right].$$

Diese Gleichung läßt sich in Abbildung IV.37 durch eine fallende Gerade (MM) darstellen: Mit zunehmendem P steigt die Geldnachfrage; bei konstantem Geldangebot muß sie dann aufgrund steigender Zinsen wieder sinken. Da $r = r_a + (e^e - e)/e$ gilt, erfordert dies bei gegebenen r_a und e^e einen niedrigeren Wert von e. M, r_a und e^e stellen Lageparameter dar; je größer M, r_a und e^e, um so weiter rechts verläuft diese Kurve.

---

[1]   OECD, Historical Statistics, Paris 1982, S. 72 sowie Paris 1992, S. 82; Deutsche Bundesbank, Monatsbericht, Januar 1994, S. 91*; dies., Devisenkursstatistik, Mai 1994, S. 8f.

Die Gerade PP mit der Steigung $1/P_a$ gibt die Kaufkraftparität wieder. Die Ausgangssituation wird durch Punkt A angegeben, in dem sowohl die Zinsparität ($r = r_a$ bei $e^e = e_0$) als auch die Kaufkraftparität ($P_0 = e_0 P_{a,0}$) gelten.

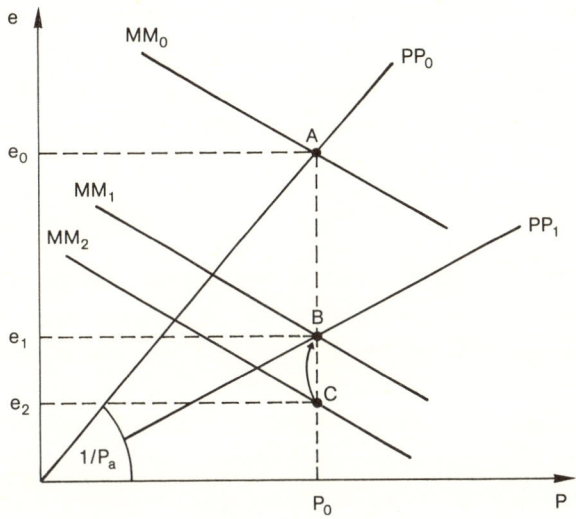

Abb. IV.37: *Kurzfristige Wechselkursanpassung*

Das (neue) langfristige Gleichgewicht entspricht Punkt B; auch hier gelten wiederum die Zinsparität ($r = r_a$ bei $e^e = e_1$) und die Kaufkraftparität ($P_0 = e_1 P_{a,1}$). Die Steigung der PP-Geraden ist infolge der ausländischen Preiserhöhung geringer (PP_1); die MM-Kurve verlagert sich infolge der geänderten Wechselkurserwartungen nach unten (MM_1).

Der Übergang von A nach B geschieht nun wie folgt. Die Ausgangssituation wird durch eine Erhöhung der Geldmenge im Ausland gestört. Dies hat längerfristig einen Anstieg des ausländischen Preisniveaus zur Folge, wie es in der PP_1-Geraden zum Ausdruck kommt. Kurzfristig hingegen bleibt das Preisniveau konstant, so daß

der Ausgleich des ausländischen Geldmarktes über eine vorübergehende Zinssenkung erfolgt.

Aufgrund des nun höheren inländischen Zinssatzes nehmen der
Nettokapitalimport und damit das Devisenangebot zu, wodurch der
Wechselkurs sinkt. Dieser Vorgang hält so lange an, bis die Renditen in In- und Ausland über eine entsprechende Abwertungsrate
ausgeglichen sind. Wird der Wechselkurs e_1 erwartet (rationale
Erwartungen), so bewirkt die Zinssenkung im Ausland eine Linksverschiebung der MM_1-Kurve nach MM_2. Bei auch im Inland
zunächst konstantem Preisniveau stellt sich dann der Wechselkurs e_2
ein (Punkt C).[1]

Nach diesem Initialeffekt steigt infolge der Zinssenkung sowie der
Aufwertung der inländischen Währung die Güternachfrage im Ausland an, während sie im Inland zurückgeht. Bei konstanter Produktion führt dies zu Preissteigerungen im Ausland und zu Preissenkungen im Inland.

Mit dem Anstieg des Preisniveaus im Ausland erhöht sich zugleich
der Zinssatz, bis er schließlich wieder sein ursprüngliches Niveau
erreicht hat (die MM_2-Kurve in Abbildung IV.37 verlagert sich
nach MM_1). Im Inland kommt es aufgrund der Preissenkung zu
einem vorübergehenden Rückgang des Zinssatzes.

Infolge dieser Preis- und Zinsentwicklung kehren sich die internationalen Devisenströme um, was einen Anstieg des Wechselkurses (von
e_2 auf e_1) zur Folge hat. Aufgrund dieser Abwertung sowie des
Preisanstiegs im Ausland steigen schließlich Güternachfrage, Preisniveau und Zinssatz im Inland wieder auf ihr Ausgangsniveau.
Dieser Anpassungsprozeß ist in Abbildung IV.37 durch den Pfeil von
C nach B angedeutet.

---

[1]   Die kurzfristige Wechselkursänderung ist im Fall rationaler Erwartungen
      stets ausgeprägter als die langfristige Änderung; es liegt ein sog. Über-
      schießen (overshooting) des Wechselkurses vor.

Nach der Zinsparität gilt bei Änderung des Wechselkurses:

$$(11) \quad r = r_a + \frac{e^e - e}{e}$$

bzw.:

$$(12) \quad r - r_a = \frac{e^e - e}{e},$$

d.h. bei gegebenen Wechselkurserwartungen gleicht der Wechselkurs die Zinsdifferenz zwischen In– und Ausland aus.

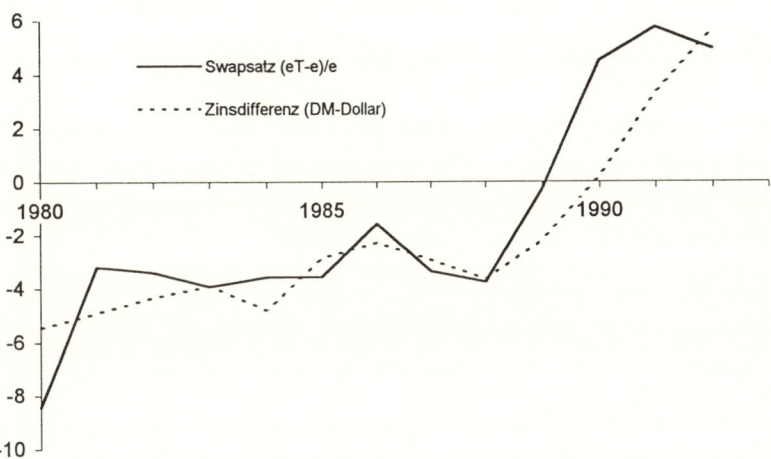

Abb. IV.38: *Wechselkurs und Zinsparität*

In Abbildung IV.38 sind die Zinsdifferenz zwischen der BRD und den USA sowie die erwartete Änderungsrate des Wechselkurses DM/$ (auf Jahresbasis) dargestellt, wobei der erwartete Wechselkurs durch den Terminkurs (e^T) ersetzt wurde.[1] Der Ausdruck $(e^T - e)/e$ wird als Swapsatz bezeichnet. Wie diese Abbildung zeigt, war die Zinsparität zwischen der BRD und den USA in dem betrachteten Zeitraum weitgehend erfüllt.

---

1   International Monetary Fund, International Financial Statistics, Yearbook 1993, S. 94; Deutsche Bundesbank, Devisenkursstatistik, Mai 1994, S. 10 und S. 18.

IV.3 Beeinflussung der binnen- und außenwirtschaftlichen Situation

In diesem Abschnitt wird zunächst gezeigt, daß ein Zahlungsbilanzgleichgewicht ein sinnvolles Ziel der Wirtschaftspolitik ist. Daran anschließend werden einige wirtschaftspolitische Maßnahmen zur Realisierung eines binnen- und außenwirtschaftlichen Gleichgewichts diskutiert.

IV.3.1 Vorteile des internationalen Handels[1]

Wie einleitend erwähnt, führt ein andauerndes Zahlungsbilanzungleichgewicht zu einer Einschränkung des internationalen Handels und damit zu einer Verschlechterung der Güterversorgung. Dieses Problem soll hier noch kurz diskutiert werden.

Ursachen und Vorteile des internationalen Handels sind Gegenstand der sog. realen Außenwirtschaftstheorie, während die vorangehenden Zahlungsbilanzprobleme Gegenstand der sog. monetären Außenwirtschaftstheorie sind.

Bezüglich des Außenhandels sind zwei grundlegende Zusammenhänge zu beachten. Einerseits werden Güter (abgesehen von mangelnder Verfügbarkeit und von Qualitätsunterschieden) nur dann im Ausland gekauft, wenn sie dort absolut billiger sind. Andererseits kommt ein Außenhandel nur dann auf Dauer zustande, wenn sowohl Güter exportiert als auch importiert werden. Würde ein Land einseitig nur exportieren, so würde es laufend auf einen Teil seiner produzierten Güter ohne Gegenleistung (die erworbenen Devisen wären ohne Importe wertlos) verzichten. Wollte ein Land einseitig nur importieren, stünden dem die Interessen der Handelspartner entgegen.

---

[1]   Borchert, M., Außenwirtschaftslehre, a.a.O., S. 25ff; Dieckheuer, G., Internationale Wirtschaftsbeziehungen, a.a.O., S. 29ff; Rose, K. und K. Sauernheimer, Theorie der Außenwirtschaft, 11. Aufl., München 1992, S. 343ff.

Exporte und zugleich Importe erfordern also, daß das betreffende Land bei einigen Gütern einen absoluten Preisvorteil, bei anderen Gütern einen absoluten Preisnachteil hat. Ein Land kann nur bei einem solchen Gut einen absoluten Preisvorteil haben, das im Inland relativ, d.h. im Vergleich zu einem anderen Gut, billiger ist als im Ausland. Zur Erläuterung dient nachfolgende Tabelle. In den USA und in der BRD werden die beiden Güter A und B zu den in der Tabelle angegebenen Preisen in Landeswährung angeboten.

	USA ($)	BRD (DM)
A	5	10
B	10	15

Bei internationalem Handel müssen die in unterschiedlicher Währung ausgedrückten Preise in eine Währung umgerechnet werden. Dies geschieht mit Hilfe des Wechselkurses, der offensichtlich jedoch nur ganz bestimmte Werte annehmen kann. Der höchstmögliche Wechselkurs (in Preisnotierung) ergibt sich aus dem für die BRD ungünstigsten Preisverhältnis ($\bar{e} = 10/5 = 2$); der niedrigste Wechselkurs entsprechend aus dem für die BRD günstigsten Preisverhältnis ($\underline{e} = 15/10 = 1{,}5$). Bei $e > \bar{e}$ wären die USA bei beiden Gütern in der BRD teurer (bzw. die BRD in den USA billiger); bei $e < \underline{e}$ wären umgekehrt die USA bei beiden Gütern in der BRD billiger (bzw. die BRD in den USA teurer).

Gilt nun bspw. ein Wechselkurs von $e = 1{,}7$, so ergeben sich die folgenden DM-Preise:

	USA (DM)	BRD (DM)
A	8,5	10
B	17	15

Die USA haben offensichtlich bei Gut A einen absoluten Preisvorteil, die BRD besitzt einen Preisvorteil bei Gut B. Gut A kostet in
den USA (in $) nur die Hälfte des Gutes B, in der BRD dagegen
2/3 des Gutes B. Die USA haben somit einen relativen (kompara-
tiven) Preisvorteil bei Gut A. Umgekehrt ist Gut B in den USA
doppelt so teuer wie Gut A, in der BRD dagegen nur 1,5 mal so
teuer, so daß die BRD einen relativen Preisvorteil bei Gut B hat.

Wäre Gut A (und damit auch B) in beiden Ländern relativ gleich
teuer, so könnte bei keinem Wechselkurs der Fall eintreten, daß ein
Land bei einem Gut einen absoluten Preisvorteil und bei einem
anderen Gut einen absoluten Preisnachteil hat. Eine notwendige
Voraussetzung für internationalen Handel ist somit, daß in den
einzelnen Ländern relative Preisvorteile bestehen. Damit stellt sich
die Frage, worauf diese relativen Preisvorteile zurückzuführen sind.
Nachfolgend wird der Fall betrachtet, daß hierfür Nachfrageunterschiede ursächlich sind.

Existieren relative Nachfrageunterschiede, d.h. ist die Nachfrage in
einem Land 1 nach einem Gut A im Vergleich zu einem Gut B
größer als in einem anderen Land 2, so ist der Preis von A in Land
1 größer als in Land 2 (bei sonst gleichen Voraussetzungen). Folglich wird Land 1 das Gut A importieren und das Gut B exportieren. Hierdurch kommt es zu einer Preisanpassung – in Land 1 steigt
der Preis des Gutes B und der des Gutes A sinkt –, bis schließlich
weltweit ein einheitlicher Preis gilt.

Diese Zusammenhänge werden nachfolgend verdeutlicht. In Abbildung IV.39 stellt T die sog. Transformationskurve eines Landes dar
(die für beide Länder identisch sein soll). Diese Kurve gibt an,
welche Mengen der beiden Güter A und B aufgrund der Faktoraus-
stattung produziert werden können. Bei Gültigkeit des Gesetzes
abnehmender Grenzerträge zeigt diese Kurve den dargestellten
konkaven Verlauf. (Bei linearem Kurvenverlauf können Nachfrageunterschiede keine Preisunterschiede begründen.)

Weiterhin ist in Abbildung IV.39 eine gesellschaftliche Indifferenzkurve des Landes 1 bzgl. der beiden Güter eingezeichnet (I_1). Die

maximale Bedürfnisbefriedigung in Land 1 wird im Punkt Q_1 erreicht.

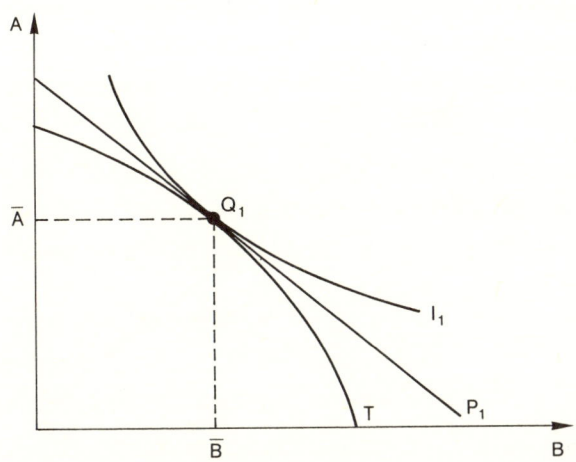

Abb. IV.39: *Transformationskurve und gesellschaftliche Indifferenzkurve*

Bei vollständiger Konkurrenz entspricht die Steigung der Indifferenzkurve bzw. der Transformationskurve in Punkt Q_1 dem Preisverhältnis der beiden Güter $(dA/dB = -P_B/P_A)$, was durch die Preisgerade P_1 erfaßt wird.

In Abbildung IV.40 ist zunächst die obige Situation für beide Länder vor Aufnahme des internationalen Handels dargestellt. Die Indifferenzkurven zeigen an, daß Land 1 eine Vorliebe für Gut A hat; Land 2 hingegen für Gut B.

Folglich ist in Land 1 Gut A relativ teuer, in Land 2 das Gut B. Entsprechend wird Land 1 Gut A importieren, Land 2 das Gut B. Hierdurch sinkt der Preis des Gutes A in Land 1, während der des Gutes B steigt; in Land 2 sinkt der Preis des Gutes B, der des Gutes A steigt. Im Gleichgewicht müssen die Preise in beiden Ländern (in einheitlicher Währung) größengleich sein. Dieses Preisverhältnis ist durch die Preisgerade P dargestellt.

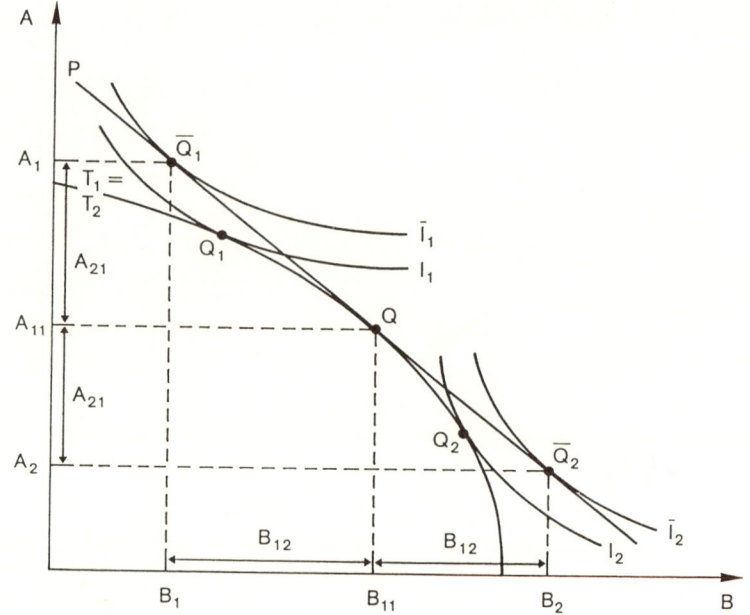

Abb. IV.40:   *Güterversorgung vor und nach Aufnahme des internationalen Handels*

In beiden Ländern wird dann in Punkt Q produziert. In Land 1 wird das Gut A in der Menge A_1 nachgefragt. Diese Menge stammt teilweise aus inländischer Produktion (A_{11}), teilweise aus Importen (A_{21}). Das Gut B wird in der Menge B_1 nachgefragt, die wiederum aus inländischer Produktion (B_{11}) stammt; die restliche Produktion B_{12} wird exportiert. Entsprechendes gilt für Land 2: Die Produktion beträgt ebenfalls A_{11} bzw. B_{11}, hiervon wird A_{21} exportiert, während B_{12} importiert wird, so daß das gesamte Güterangebot der Nachfrage A_2 bzw. B_2 entspricht.

Vor Aufnahme des internationalen Handels haben die beiden Länder in Q_1 bzw. Q_2 eine Indifferenzkurve I_1 bzw. I_2 erreicht. Nach Aufnahme des internationalen Handels können sie in $\bar{Q}_1$ bzw. $\bar{Q}_2$ jeweils die höhere Indifferenzkurve $\bar{I}_1$ bzw. $\bar{I}_2$ realisieren. Durch Aufnahme des internationalen Handels hat sich somit die Versorgungslage in beiden Ländern verbessert.

IV.3.2 Stabilisierungspolitische Maßnahmen[1]

Binnen- und außenwirtschaftliches Gleichgewicht sind Ziele der Wirtschaftspolitik. Kommt es trotz grundsätzlich stabilisierender marktwirtschaftlicher Kräfte zu einer Verletzung dieser Ziele, so muß der Staat korrigierende Maßnahmen ergreifen, d.h. entsprechende Geld-, Fiskal- oder Wechselkurspolitik betreiben.

Die erforderlichen Maßnahmen werden auf der Basis des obigen Mundell-Fleming-Modells eines kleinen Landes bestimmt, wobei zur Vereinfachung von konstanten Preisen und konstantem ausländischen Zinssatz ausgegangen wird. Bei Beschränkung auf Gleichgewichtssituationen gilt dann (bei $P = 1$):

(1) $Y = C(Y) + I(r) + G + A^r(e, Y)$

(2) $M = l(Y, r); \quad M = KR + R$

(3) $A^r(e, Y) + f(r) = 0.$

Die Veränderung der endogenen Größen bei einer Variation der exogenen Größen ergibt sich aus dem totalen Differential der obigen Gleichungen:

(4) $dY = c\,dY + i\,dr + dG + \dfrac{\partial A^r}{\partial e}\,de + \dfrac{\partial A^r}{\partial Y}\,dY$

(5) $dKR + dR = k\,dY + l\,dr$

(6) $\dfrac{\partial A^r}{\partial e}\,de + \dfrac{\partial A^r}{\partial Y}\,dY + f'dr = 0$

mit: $c = \partial C / \partial Y, \quad i = \partial I / \partial r, \quad k = \partial l / \partial Y,$

         $l = \partial l / \partial r, \quad f' = \partial f / \partial r.$

---

[1]   Dieckheuer, G., Internationale Wirtschaftsbeziehungen, a.a.O., S. 169ff; Jarchow, H.-J. und P. Rühmann, Monetäre Außenwirtschaft I, a.a.O., S. 156ff; Sachs, J.D. und F. Larrain, Macroeconomics in the global economy, a.a.O., S. 387ff; Schmitt-Rink, G. und D. Bender, Makroökonomie geschlossener und offener Volkswirtschaften, a.a.O., S. 211ff.

Ausgangspunkt für die nachfolgenden Ausführungen sei ein Unterbeschäftigungsgleichgewicht bei ausgeglichener Zahlungsbilanz.

1. Beeinflussung der Beschäftigungssituation

In diesem Abschnitt wird davon ausgegangen, daß der Staat lediglich Maßnahmen zur Realisierung des Vollbeschäftigungsziels ergreift, während der Ausgleich der Zahlungsbilanz dem Geldmengen- bzw. Wechselkursmechanismus überlassen bleibt.

1.1 Feste Wechselkurse

Im Rahmen fester Wechselkurse stehen dem Staat die bekannte Geld- und Fiskalpolitik sowie jetzt zusätzlich noch die Wechselkurspolitik zur Verfügung. Die Auswirkungen derartiger Maßnahmen (dG, dKR, de) lassen sich mit Hilfe folgender Matrixschreibweise der Gleichungen (4)-(6) bestimmen:

$$(7) \quad \begin{bmatrix} \frac{\partial A^r}{\partial Y} + c - 1 & i & 0 \\[2mm] k & 1 & -1 \\[2mm] \frac{\partial A^r}{\partial Y} & f' & 0 \end{bmatrix} \begin{bmatrix} dY \\[2mm] dr \\[2mm] dR \end{bmatrix} = \begin{bmatrix} -dG - \frac{\partial A^r}{\partial e} de \\[2mm] dKR \\[2mm] -\frac{\partial A^r}{\partial e} de \end{bmatrix}.$$

Verfolgt der Staat nur das Vollbeschäftigungsziel, so benötigt er auch nur eines der obigen Instrumente zur Realisierung dieses Ziels. Damit stehen ihm die folgenden stabilisierungspolitischen Alternativen zur Verfügung.

1.1.1 Geldpolitik

Im Hinblick auf die Unterbeschäftigungssituation ist eine expansive Geldpolitik erforderlich, d.h. die heimische Kreditkomponente muß erhöht werden (dKR > 0, dG = de = 0). Die Auswirkungen dieser Politik auf die Höhe des Volkseinkommens lassen sich mit Hilfe der

Cramer-Regel aus Gleichung (7) bestimmen:[1]

(8) $dY = 0.$

Zur Erläuterung dieses Ergebnisses wird Abbildung IV.41 herangezogen. Die Ausgangssituation ist durch Punkt A gekennzeichnet. Da die Geldpolitik die ZG-Kurve unverändert läßt, ist das Vollbeschäftigungsgleichgewicht (S-Kurve) in Punkt B erreicht.

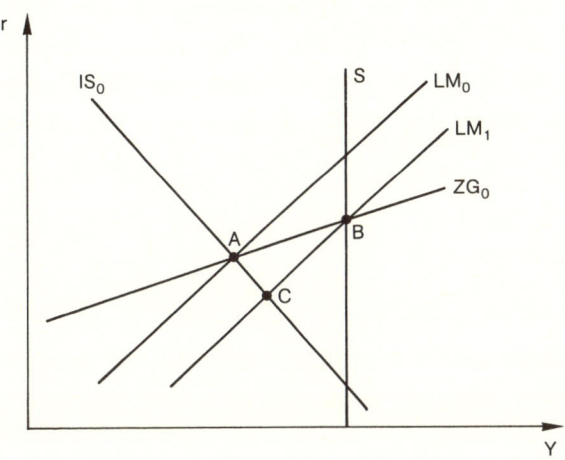

Abb. IV.41: *Expansive Geldpolitik bei festen Wechselkursen*

Die Geldpolitik möge somit zu einer Verschiebung der LM-Kurve in die Position LM_1 führen. Die sich ergebende wirtschaftliche Situation entspricht dann Punkt C, nämlich höheres Einkommen bei niedrigerem Zinssatz[2] sowie - hierdurch bedingt - ein Zahlungsbilanzdefizit.

Infolge des Zahlungsbilanzdefizits verringert sich die inländische Geldmenge, wodurch sich die LM-Kurve nach links verlagert.[3]

---

[1]   Siehe hierzu den mathematischen Anhang.

[2]   Diese Wirkung entspricht der in einer geschlossenen Volkswirtschaft, wobei hier jedoch die geänderte Steigung der IS-Kurve zu beachten ist.

[3]   Dies könnte durch Neutralisierungspolitik verhindert werden. Begrenzte Reservebestände einschließlich begrenzter Verschuldungsmöglichkeiten im Ausland setzen dieser Politik jedoch Grenzen.

Offensichtlich endet dieser Prozeß erst dann, wenn die LM-Kurve wieder ihre Ausgangsposition LM_0 erreicht hat (Geldmengenmechanismus). Der Geldmengenmechanismus hebt also die Primärwirkung der Geldpolitik wieder auf.

Damit läßt sich festhalten, daß Geldpolitik in einer offenen Volkswirtschaft bei festen Wechselkursen keinen Einfluß auf die Höhe des Volkseinkommens hat; sie ist als Beschäftigungspolitik völlig unwirksam. Zur Realisierung des Vollbeschäftigungsgleichgewichts B müßte neben der LM- auch die IS-Kurve nach rechts verschoben werden. Die Lage der IS-Kurve (die zinsunabhängigen Nachfragekomponenten) bleibt jedoch bei festen Wechselkursen von der Geldpolitik unberührt.

1.1.2 Fiskalpolitik

Die Fiskalpolitik besteht im vorliegenden Fall in einer Erhöhung der Staatsnachfrage (dG > 0, dKR = de = 0); die Auswirkungen auf die Höhe des Volkseinkommens sind dann nach Gleichung (7):

$$(9) \quad dY = \frac{1}{1-c-\dfrac{\partial A^r}{\partial Y} + \dfrac{i}{f'}\dfrac{\partial A^r}{\partial Y}} \, dG > 0.[1]$$

---

[1]   In einer geschlossenen Volkswirtschaft gilt:

$$dY = \frac{1}{1-c+i\dfrac{k}{l}} \, dG.$$

Die Einkommenserhöhung wird hier durch den Multiplikator $(1/(1-c))$ (durch die Verschiebung der IS-Kurve) sowie die Steigung der IS- und LM-Kurve (ik/l) bestimmt (Bewegung entlang der neuen IS-Kurve). In einer offenen Volkswirtschaft hat sich einerseits der Multiplikator $(1/(1-c-\partial A^r/\partial Y))$ verringert $(\partial A^r/\partial Y < 0)$, andererseits ist nun neben der Steigung der IS-Kurve die der ZG-Kurve von Bedeutung $\left[i \, \dfrac{\partial A^r}{\partial Y} \, / f' \right]$.

Bei konstantem Zinssatz vereinfacht sich Gleichung (9) zu:

$$dY = \frac{1}{1-c+j} \, dG, \quad j = -\partial A^r/\partial Y \quad \text{(marginale Importneigung).}$$

Ist dY die zur Erreichung der Vollbeschäftigung erforderliche Nachfrageerhöhung, so folgt aus Gleichung (9) für die entsprechende Staatsausgabenerhöhung:

$$(10) \quad dG = \left[1-c-\frac{\partial A^r}{\partial Y} + \frac{i}{f'}\frac{\partial A^r}{\partial Y}\right]dY > 0.$$

Dieses Ergebnis wird anhand der Abbildungen IV.42 und IV.43 erläutert, wobei in Abbildung IV.42 eine hohe, in Abbildung IV.43 eine geringe Zinselastizität der internationalen Kapitalströme (Kapitalmobilität) unterstellt wird. Die Ausgangssituation entspricht wieder Punkt A. Da auch die Fiskalpolitik die ZG-Kurve unverändert läßt, wird das Vollbeschäftigungsgleichgewicht wieder durch Punkt B angegeben.

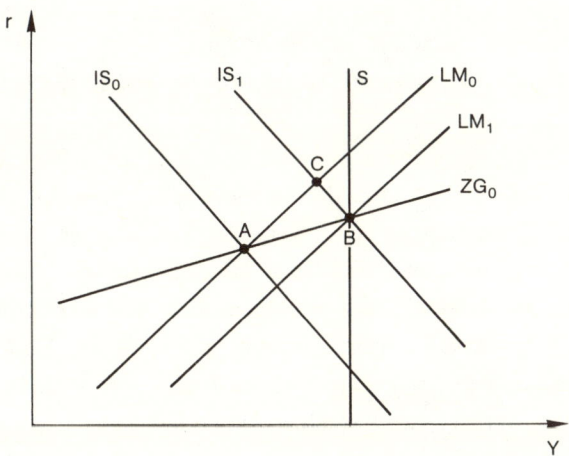

Abb. IV.42: *Expansive Fiskalpolitik bei festen Wechselkursen und hoher Kapitalmobilität*

Die Erhöhung der Staatsnachfrage muß also die IS-Kurve so verschieben, daß sie durch Punkt B verläuft (IS_1). Es stellt sich dann die wirtschaftliche Situation C ein: Bei hoher Kapitalmobilität (großes f') herrscht weiterhin Unterbeschäftigung bei einem Zah-

lungsbilanzüberschuß; bei niedriger Kapitalmobilität (niedriges f')
kommt es zu Überbeschäftigung bei einem Zahlungsbilanzdefizit.

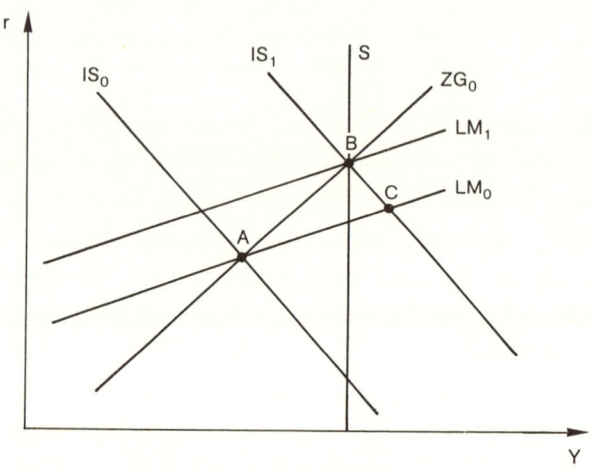

Abb. IV.43: *Expansive Fiskalpolitik bei festen Wechselkursen*
und geringer Kapitalmobilität

Im ersten Fall erhöht sich die inländische Geldmenge (LM_1),[1] so
daß über Zinssenkungen ein weiterer Einkommens- (Beschäfti-
gungs-)Anstieg induziert wird (der Multiplikator in Gleichung (9)
ist größer); im zweiten Fall verringert sich die inländische Geldmenge (LM_1), was zu einem Zinsanstieg und einem Rückgang des
Einkommens führt. Im ersten Fall wird also der Primäreffekt der
Fiskalpolitik durch den Geldmengenmechanismus verstärkt, im
zweiten Fall abgeschwächt.[2]

---

[1]   Dieser Effekt ließe sich wieder durch Neutralisierungspolitik verhindern.
Dieser Politik sind jedoch durch die Kreditbereitschaft des Inlandes
gegenüber dem Ausland sowie (in der Praxis) durch begrenzte Devisenbestände des Auslandes Grenzen gesetzt.

[2]   Bei zinsunelastischen internationalen Kapitalströmen (senkrechte ZG-
Kurve; f' = 0) hat die Fiskalpolitik bei festen Wechselkursen keinen
Einfluß auf die Höhe des Volkseinkommens. (Weiterhin gelten natürlich
auch die bereits früher angeführten Kritikpunkte bzgl. der Effektivität
der Fiskal- (und der Geld-)Politik.

1.1.3 Wechselkurspolitik

Als weitere beschäftigungspolitische Maßnahme bietet sich an, die Güternachfrage durch eine Abwertung der inländischen Währung zu erhöhen (de > 0,   dG = dKR = 0). Die Auswirkungen auf das Volkseinkommen ergeben sich wieder aus Gleichung (7):

$$(11) \quad dY = \frac{(1-i/f')\,\partial A^r/\partial e}{1-c-\dfrac{\partial A^r}{\partial Y}+\dfrac{i}{f'}\dfrac{\partial A^r}{\partial Y}}\ de > 0.$$

Hieraus folgt für die erforderliche Abwertung zur Realisierung der Vollbeschäftigung:

$$(12) \quad de = \frac{i\,\dfrac{\partial A^r}{\partial Y}+f'\left[1-c-\dfrac{\partial A^r}{\partial Y}\right]}{(f'-i)\,\partial A^r/\partial e}\ dY > 0.$$

Zur Erläuterung dieses Ergebnisses wird Abbildung IV.44 herangezogen. Die Ausgangssituation entspricht wieder Punkt A. Infolge der Abwertung verschieben sich die IS- und die ZG-Kurve nach rechts (IS$_1$, ZG$_1$). Die inländische Währung ist folglich soweit abzuwerten, daß sich diese beiden Kurven auf der S-Kurve schneiden (Punkt B).

Infolge der Abwertung stellt sich zunächst die wirtschaftliche Situation C ein, nämlich weiterhin Unterbeschäftigung bei einem Zahlungsbilanzüberschuß.[1] Infolge dieses Zahlungsbilanzüberschusses erhöht sich die inländische Geldmenge (LM$_1$), wodurch eine Zinssenkung ausgelöst und hierdurch ein weiterer Einkommensanstieg induziert wird. Der Geldmengenmechanismus unterstützt also den Primäreffekt einer Abwertung.[2]

---

[1]   Wie früher gezeigt wurde, verlagert sich die ZG-Kurve infolge einer Erhöhung des ausländischen Preisniveaus weiter nach rechts als die IS-Kurve, so daß stets ein Zahlungsbilanzüberschuß entsteht. Entsprechendes gilt bei einer Erhöhung von e.

[2]   Da das Inland seine Beschäftigung teils auf Kosten des Auslandes erhöht, wird diese Politik als "beggar-my-neighbour-policy" bezeichnet.

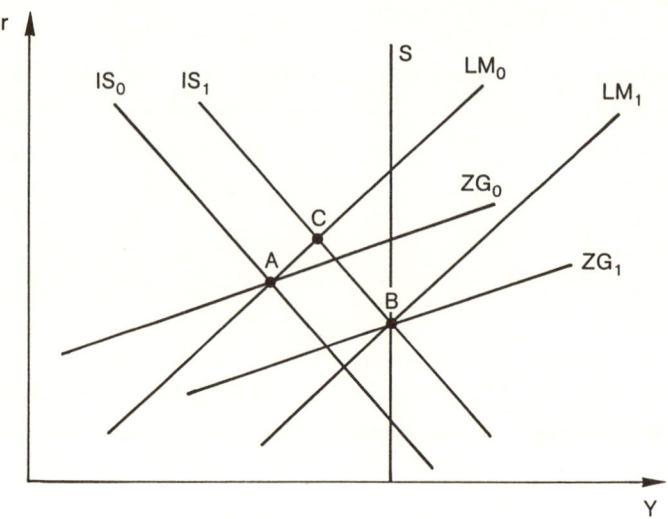

Abb. IV.44:   *Abwertung der inländischen Währung,
Normalreaktion der Zahlungsbilanz*

Der bisherigen Darstellung lag eine Normalreaktion der Zahlungs-
bilanz ($\partial AB/\partial e$, $\partial A^r/\partial e > 0$) zugrunde. Eine derartige Normalreaktion tritt dann ein, wenn Ex- und Importe preiselastisch sind. Dies
ist jedoch kürzerfristig bspw. aufgrund bestehender Verträge oder
aufgrund der Zeitdauer von Substitutionsprozessen äußerst fraglich.
Kürzerfristig ist somit eher mit einer anomalen Reaktion der Zahlungsbilanz zu rechnen ($\partial AB/\partial e$, $\partial A^r/\partial e < 0$).

Diese Situation wird in Abbildung IV.45 veranschaulicht; Ausgangspunkt ist wieder Punkt A. Die Abwertung der inländischen Währung führt bei anomaler Reaktion der Zahlungsbilanz zu einer
Linksverschiebung der IS- und der ZG-Kurve.[1] Die neue wirtschaftliche Lage wird nun durch Punkt B gekennzeichnet. Diese Situation unterscheidet sich von der vorherigen dadurch, daß jetzt ein

---

[1]   Wird $\partial X/\partial e = \partial J/\partial e = 0$ unterstellt, so verschiebt sich die IS-Kurve
nach links, da die Importe in inländischen Gütereinheiten (ΘJ) ansteigen;
die ZG-Kurve, da bei jedem Y die Importausgaben zunehmen.

Zahlungsbilanzdefizit besteht. (Geldmengeneffekte mögen durch Neutralisierungspolitik verhindert werden.)

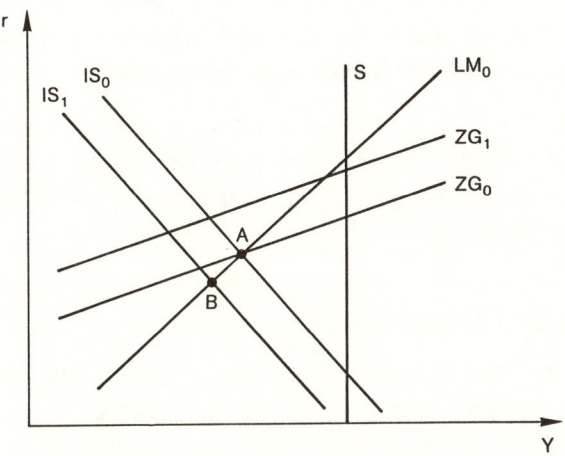

Abb. IV.45:   *Abwertung der inländischen Währung, anomale Reaktion der Zahlungsbilanz*

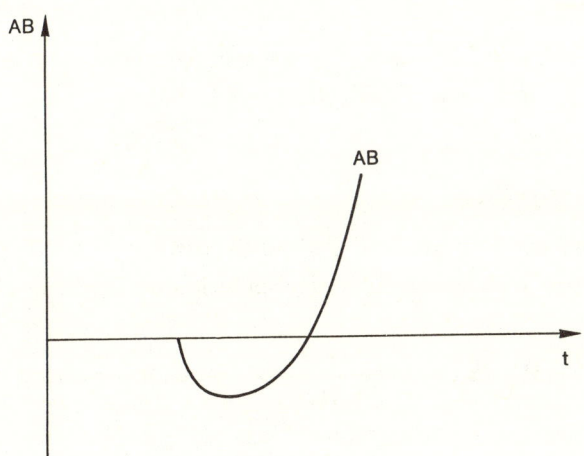

Abb. IV.46:   *J–Kurven–Effekt einer Abwertung*

Zur Beseitigung des Zahlungsbilanzdefizits werden häufig weitere Abwertungen vorgenommen, wodurch sich die Situation jedoch noch verschlechtert, d.h. die ZG-Kurve verlagert sich noch weiter nach links (sog. Teufelskreis, circulus vitiosus). Erst im Laufe der Zeit steigt die Preiselastizität der Ex- und Importe an, wodurch dann das Zahlungsbilanzdefizit schrittweise abgebaut wird.

Abbildung IV.46 zeigt den entsprechenden zeitlichen Verlauf des Zahlungsbilanzsaldos. Da die sich ergebende Kurve J-förmig verläuft, wird obiger Zusammenhang auch als J-Kurven-Effekt einer Abwertung bezeichnet.

1.2 Flexible Wechselkurse

Im Falle flexibler Wechselkurse ist es zweckmäßig, die Gleichungen (4)-(6) in folgender Matrixschreibweise darzustellen:

$$(13) \quad \begin{bmatrix} \dfrac{\partial A^r}{\partial Y} +c-1 & i & \dfrac{\partial A^r}{\partial e} \\[2mm] k & 1 & 0 \\[2mm] \dfrac{\partial A^r}{\partial Y} & f' & \dfrac{\partial A^r}{\partial e} \end{bmatrix} \begin{bmatrix} dY \\[2mm] dr \\[2mm] de \end{bmatrix} = \begin{bmatrix} -dG \\[2mm] dKR \\[2mm] 0 \end{bmatrix}.$$

Die beschäftigungspolitischen Alternativen reduzieren sich in diesem Fall auf die Geld- und Fiskalpolitik (dKR, dG).

1.2.1 Geldpolitik

Die Auswirkungen expansiver Geldpolitik (dKR > 0, dG = 0) auf die Höhe des Volkseinkommens ergeben sich aus Gleichung (13):

$$(14) \quad dY = \frac{1}{(1-c)+(i-f')\,\dfrac{k}{1}} \cdot \frac{i-f'}{1} \, dKR.$$

Hieraus folgt für die zur Realisierung der Vollbeschäftigung erforderliche Erhöhung der Geldmenge:

$$(15) \quad dKR = \left[1 - c + (i - f') \frac{k}{I} \right] \frac{1}{i - f'} \, dY.[1]$$

Obiges Ergebnis läßt sich anhand der Abbildung IV.47 erläutern.
Die Ausgangsposition entspricht dem Punkt A; das Vollbeschäftigungsgleichgewicht dem Punkt B.

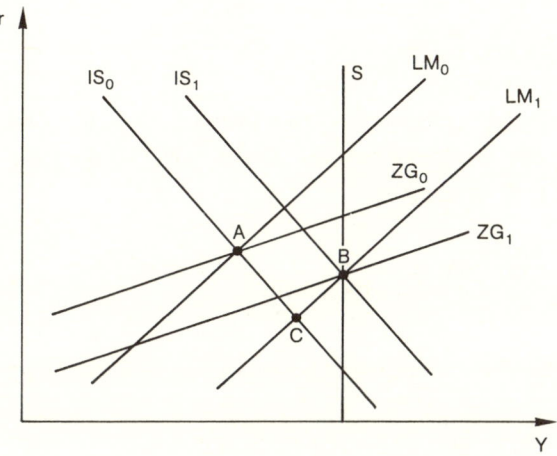

Abb. IV.47: *Expansive Geldpolitik bei flexiblen Wechselkursen*

Das Vollbeschäftigungsgleichgewicht läßt sich dadurch erreichen, daß
zunächst die Geldmenge erhöht wird (LM_1). Hierdurch stellt sich die
wirtschaftliche Situation C ein, nämlich weiterhin Unterbeschäftigung
bei einem tendenziellen Zahlungsbilanzdefizit.

---

[1]   In einer geschlossenen Volkswirtschaft gilt (d(M/P) = dKR):

$$dY = \frac{1}{1 - c + i \frac{k}{I}} \cdot i \frac{dKR}{I}.$$

Der Ausdruck i dKR/l gibt hierbei die durch die Geldmengenerhöhung
induzierten Investitionen an. Dem entspricht in einer offenen Volkswirtschaft der Ausdruck (i-f')dKR/l in Gleichung (14), der noch die eintre-
tende Wechselkursänderung berücksichtigt.

Diese Zahlungsbilanzsituation führt nun zu einer Abwertung der inländischen Währung. Hierdurch verschieben sich die IS- und ZG-Kurve nach rechts (IS_1, ZG_1), bis sie sich auf der LM_1-Kurve schneiden (Wechselkursmechanismus), wobei dieser Schnittpunkt bei geeigneter Geldmengenerhöhung mit Punkt B zusammenfällt.[1] Der Wechselkursmechanismus bewirkt also eine weitere Einkommenserhöhung und unterstützt somit den Primäreffekt der Geldpolitik.

1.2.2 Fiskalpolitik

Die Auswirkungen expansiver Fiskalpolitik (dG > 0,   dKR = 0) auf die Höhe des Volkseinkommens lassen sich wieder mit Hilfe der Gleichung (13) bestimmen:

$$(16) \quad dY = \frac{1}{(1-c)+(i-f')\,\frac{k}{l}} \, dG > 0.$$

Hieraus folgt für die erforderliche Staatsausgabenerhöhung:

$$(17) \quad dG = \left[1-c+(i-f')\,\frac{k}{l}\right] dY > 0.$$

Die Abbildungen IV.48 und IV.49 dienen der Erläuterung dieses Ergebnisses, wobei der Abbildung IV.48 eine hohe (großes f'), der Abbildung IV.49 eine niedrige (niedriges f') Kapitalmobilität zugrunde liegt. Die Ausgangssituation wird durch Punkt A angegeben. Da die LM-Kurve bei flexiblen Wechselkursen unverändert bleibt (LM_0), ist das Vollbeschäftigungsgleichgewicht in Punkt B erreicht.

Das Vollbeschäftigungsgleichgewicht läßt sich nun wie folgt realisieren: Infolge der Staatsausgabenerhöhung verschiebt sich die IS-Kurve nach rechts (IS_1). Damit ergibt sich die wirtschaftliche Situation C, nämlich Überbeschäftigung bei einem Zahlungsbilanzüberschuß in Abbildung IV.48, bzw. Unterbeschäftigung bei einem Zahlungsbilanzdefizit in Abbildung IV.49.

---

[1]   Es wird wieder eine Normalreaktion der Zahlungsbilanz unterstellt.

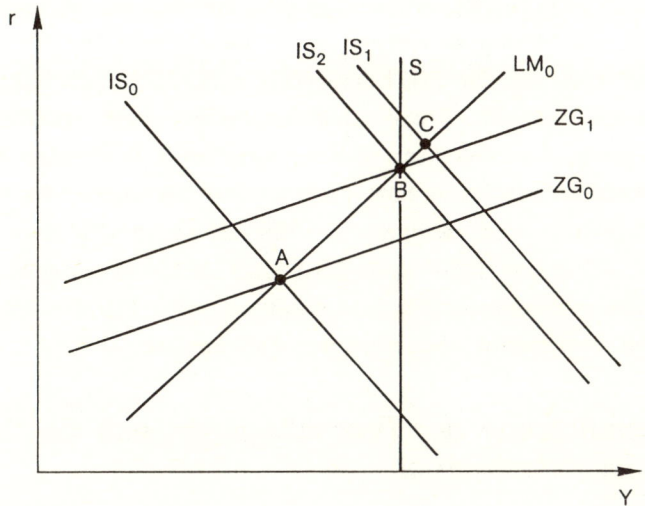

Abb. IV.48:   *Expansive Fiskalpolitik bei flexiblen Wechselkursen und hoher Kapitalmobilität*

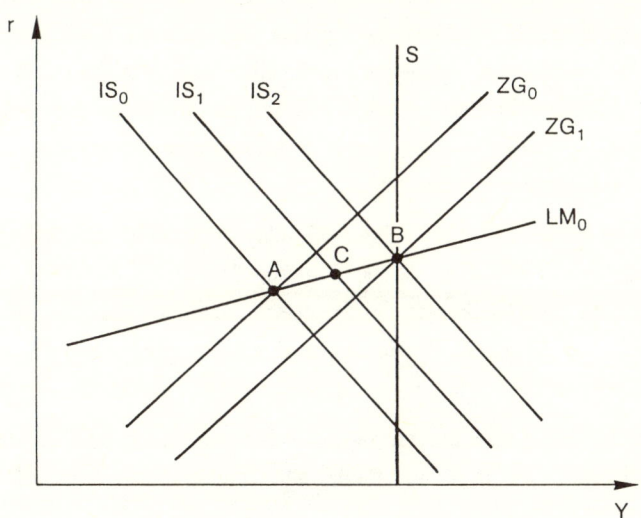

Abb. IV.49:   *Expansive Fiskalpolitik bei flexiblen Wechselkursen und geringer Kapitalmobilität*

Im ersten Fall kommt es zu einer Aufwertung der inländischen Währung und hiermit zu einer erneuten Verschiebung der IS-Kurve (IS_1 nach IS_2) und der ZG-Kurve (ZG_0 nach ZG_1) nach links, bis sie sich auf der LM_0-Kurve schneiden, wobei dieser Schnittpunkt bei geeigneter Staatsausgabenerhöhung mit Punkt B übereinstimmt. Entsprechendes gilt im zweiten Fall, in dem die inländische Währung abgewertet wird, wodurch sich die IS-Kurve (IS_1 nach IS_2) und die ZG-Kurve (ZG_0 nach ZG_1) nach rechts verschieben. Der Wechselkursmechanismus schwächt somit im ersten Fall den Primäreffekt der Fiskalpolitik ab; im zweiten Fall verstärkt er ihn.[1]

2. Beeinflussung der Beschäftigungs- und der Zahlungsbilanzsituation

In diesem Abschnitt wird davon ausgegangen, daß der Staat Maßnahmen zur Realisierung sowohl der Vollbeschäftigung als auch eines außenwirtschaftlichen Gleichgewichts ergreife.

Wird außenwirtschaftliches Gleichgewicht als Zahlungsbilanzausgleich definiert, so ist dieses Ziel bei flexiblen Wechselkursen stets erreicht; die voranstehenden Ausführungen gelten unverändert auch hier. Bei festen Wechselkursen hingegen, auf die sich die nachfolgenden Ausführungen beschränken, muß der Staat die als Folge der Beschäftigungspolitik auftretenden Zahlungsbilanzungleichgewichte durch weitere Maßnahmen kompensieren.

Wird unter außenwirtschaftlichem Gleichgewicht auch ein Leistungsbilanzausgleich verstanden, so wird dieses Ziel weder bei festen noch bei flexiblen Wechselkursen automatisch erreicht. In diesem Fall sind auch bei flexiblen Wechselkursen weitere Staatseingriffe erforderlich.

Verfolgt der Staat die beiden Ziele Vollbeschäftigung und Zahlungsbilanzausgleich, so muß er nach der Tinbergen-Regel auf zwei

---

[1]   Bei unendlich zinselastischen internationalen Kapitalströmen (waagerechte ZG-Kurve, $f' = \infty$) hat die Fiskalpolitik bei flexiblen Wechselkursen keinen Einfluß auf die Höhe des Volkseinkommens.

Instrumente aus seinem Repertoire zurückgreifen (Abschnitte 2.1 und
2.2). Strebt der Staat außer einem Zahlungsbilanz- auch einen
Leistungsbilanzausgleich an, so muß er alle drei Instumente gleichzeitig einsetzen (Abschnitt 2.3).

2.1 Geld- und Fiskalpolitik

Nachfolgend werden zwei Probleme diskutiert, nämlich zunächst das
Problem, in welcher Kombination die Geld- und die Fiskalpolitik
eingesetzt werden müssen, um die angestrebten Ziele zu realisieren;
daran anschließend das Problem, welches Mittel im Hinblick auf
welches Ziel eingesetzt werden soll.

2.1.1 Policy–mix

Die geeignete Kombination (policy-mix) aus Geld- und Fiskalpolitik
läßt sich wieder mit Hilfe der Gleichung (7) bestimmen. Für die
Fiskalpolitik ergibt sich der bereits im vorangehenden Abschnitt
ermittelte Wert (Gleichung (10)). Bei ausschließlicher Fiskalpolitik
führt der Geldmengenmechanismus zu einer Veränderung der inländischen Geldmenge. Diese Veränderung der Geldmenge muß nun
durch die Geldpolitik herbeigeführt werden.[1] Damit ergibt sich:

$$(18) \quad dG = \left[1 - c - \frac{\partial A^r}{\partial Y} + \frac{i}{f'} \frac{\partial A^r}{\partial Y} \right] dY > 0$$

$$(19) \quad dKR = \left[- \frac{1}{f'} \frac{\partial A^r}{\partial Y} + k \right] dY \gtrless 0.$$

Dieses Ergebnis wird in Abbildung IV.50 veranschaulicht. Die
Ausgangssituation entspricht dem Punkt A. Da die Geld- und
Fiskalpolitik die Lage der ZG-Kurve nicht verändern, ist das ange-
strebte Gleichgewicht in Punkt B erreicht.[2]

---

[1] Es ist dR aus Gleichung (7) zu bestimmen und durch dKR zu ersetzen.

[2] Bei senkrechter ZG-Kurve (f' = 0) ist der Vollbeschäftigungspunkt B
    nicht mittels Geld- und Fiskalpolitik realisierbar.

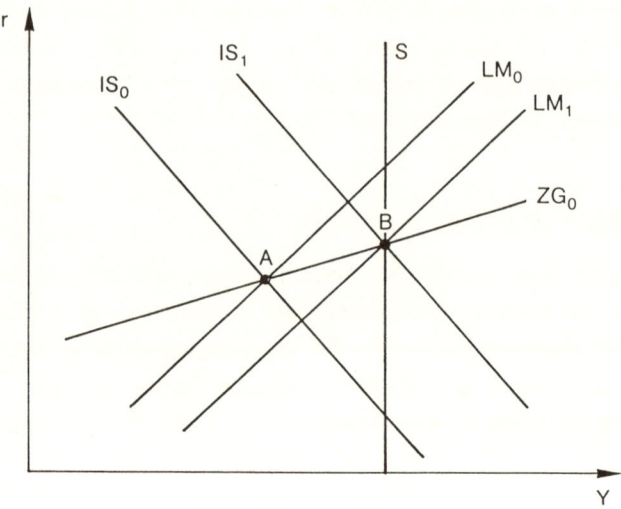

Abb. IV.50: *Kombinierter Einsatz der Geld– und Fiskalpolitik*

Die Realisierung des Gleichgewichtspunktes B erfordert hier also, daß der Staat sowohl expansive Fiskalpolitik (IS_0 nach IS_1) als auch expansive Geldpolitik (LM_0 nach LM_1) betreibt ($dKR > 0$).[1]

2.1.2 Das Zuordnungsproblem[2]

Im obigen Fall wurde unterstellt, daß nur ein Entscheidungsträger bei vollkommener Information den Mitteleinsatz festlegt. Werden diese Annahmen aufgegeben, so stellt sich die Frage, welches Instrument im Hinblick auf welches Ziel einzusetzen ist, das sog. Zuordnungs – (Assignment) Problem.

Nach dem sog. Mundell'schen Prinzip ist ein Instrument im Hinblick auf das Ziel einzusetzen, auf das es den größten Einfluß hat. Eine

---

1   Dieses Ergebnis hängt von der Ausgangssituation sowie von den Reaktionen der Wirtschaftssubjekte ab. Bei niedriger Kapitalmobilität bspw. wäre die Geldpolitik kontraktiv einzusetzen ($dKR < 0$).

2   Fuhrmann, W., Makroökonomik, a.a.O., S. 348ff; Gandolfo, G., International Economics II, a.a.O., S. 213ff.

derartige Zuordnung ist erforderlich, da im umgekehrten Fall möglicherweise ein binnen- und außenwirtschaftliches Gleichgewicht nicht erreicht wird. Die traditionelle Zuordnung ist die, daß die Fiskalpolitik auf das binnenwirtschaftliche, die Geldpolitik auf das außenwirtschaftliche Ziel ausgerichtet wird: Die Fiskalpolitik wirkt über die Staatsausgaben direkt, eine Geldpolitik über induzierte Investitionen nur indirekt auf das binnenwirtschaftliche Ziel. Umgekehrt sind die Effekte der Geldpolitik (bspw. steigendes Einkommen bei sinkenden Zinsen) gleichgerichtet in bezug auf das außenwirtschaftliche Ziel, während die Effekte der Fiskalpolitik (bspw. steigendes Einkommen bei steigenden Zinsen) entgegengerichtet sind.

In Abbildung IV.51 ist zunächst die Ausgangssituation wiederholt (A). Es existieren nun zwei wirtschaftspolitische Entscheidungsträger, die sich nach voranstehender Regel richten: Zunächst setzt der eine Entscheidungsträger die Fiskalpolitik zur Realisierung der Vollbeschäftigung ein; ist dieses Ziel erreicht, greift der andere Entscheidungsträger zu geldpolitischen Maßnahmen zum Ausgleich der Zahlungsbilanz.

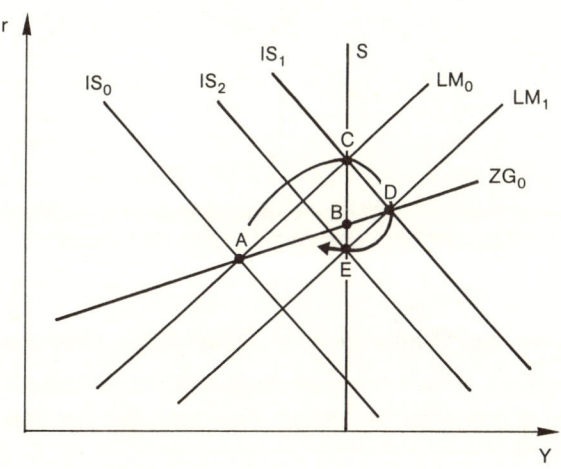

Abb. IV.51: Stabilisierende Zuordnung

Als erste Maßnahme muß die Staatsnachfrage derart erhöht werden (IS_0 nach IS_1), daß Vollbeschäftigung erreicht wird (Punkt C). Die zweite Maßnahme besteht in einer Erhöhung der Geldmenge (LM_0 nach LM_1) zum Ausgleich der Zahlungsbilanz (Punkt D). Wie aus Abbildung IV.51 ersichtlich ist, führt diese Politik in mehreren Schritten schließlich zum gesamtwirtschaftlichen Gleichgewicht (Punkt B).

In Abbildung IV.52 wird nun die Zuordnung geändert: Zunächst wird die Geldpolitik zur Realisierung des Vollbeschäftigungsziels eingesetzt; nach Erreichen dieses Ziels dann die Fiskalpolitik zum Ausgleich der Zahlungsbilanz.

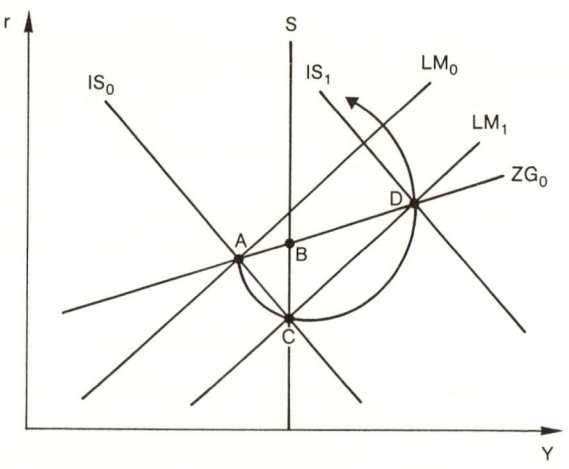

Abb. IV.52: *Destabilisierende Zuordnung*

Die Erhöhung der Geldmenge (LM_0 nach LM_1) führt zunächst zu Vollbeschäftigung (Punkt C). Zum Ausgleich der Zahlungsbilanz sind dann die Staatsausgaben zu erhöhen (IS_0 nach IS_1), so daß Punkt D erreicht wird. Zum Abbau der Überbeschäftigung wird die Geldmenge eingeschränkt (LM_1 nach LM_2), es stellt sich Punkt E ein. Aus dieser Abfolge wird bereits deutlich, daß die gewählte Politik destabilisierend wirkt, d.h., daß sich die Wirtschaft immer weiter von dem angestrebten Gleichgewicht (Punkt B) entfernt.

2.2 Geld– und Wechselkurspolitik

Als nächstes wird der kombinierte Einsatz der Geld– und Wechselkurspolitik betrachtet.

Bezüglich der Wechselkursänderung kann das bereits im vorangehenden Abschnitt abgeleitete Ergebnis übernommen werden (Gleichung (12)). Die Geldpolitik muß nun so eingesetzt werden, daß sie die mit der isolierten Wechselkursänderung verbundene Geldmengenänderung bewirkt. Damit folgt:

$$(20) \quad de \ = \frac{i\,\frac{\partial A^r}{\partial Y} + f'\left[1 - c - \frac{\partial A^r}{\partial Y}\right]}{(f' - i)\,\partial A^r/\partial e}\,dY > 0.$$

$$(21) \quad dKR = \left[1 - c + (i - f')\,\frac{k}{I}\right]\frac{1}{i - f'}\,dY > 0.$$

Graphisch ergibt sich die in Abbildung IV.53 dargestellte Situation.

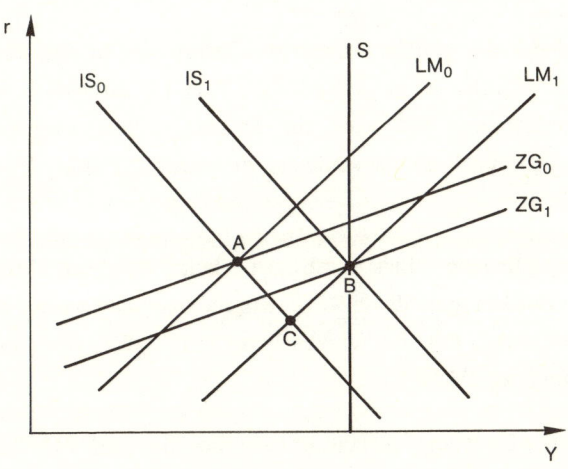

Abb. IV.53: *Kombinierter Einsatz von Geld– und Wechselkurspolitik*

Zur Beseitigung der Unterbeschäftigung (Punkt A) wird die Geldmenge erhöht (LM_0 nach LM_1); das entstehende Zahlungsbilanzdefizit (Punkt C) wird durch eine Abwertung der inländischen Währung
ausgeglichen. Hierdurch verlagern sich die IS-Kurve (IS_0 nach IS_1)
und die ZG-Kurve (ZG_0 nach ZG_1) nach rechts. Die Realisierung
des angestrebten Gleichgewichtspunktes B erfordert die durch die
Gleichungen (20) und (21) angegebene Dosierung der beiden Mittel.[1]

2.3 Geld-, Fiskal- und Wechselkurspolitik

Wird schließlich neben den Zielen Vollbeschäftigung und Zahlungsbilanzausgleich auch noch eine ausgeglichene Leistungsbilanz angestrebt, so sind alle drei Instrumente gleichzeitig einzusetzen.

Unter der Annahme konstanter Preise ist die Leistungsbilanz eine
Funktion des Wechselkurses und des Einkommens: Steigender
Wechselkurs verbessert die Leistungsbilanz, steigendes Einkommen
verschlechtert sie. Damit läßt sich eine ausgeglichene Leistungsbilanz
in einem e/Y-Diagramm als ansteigende Kurve darstellen (LG-
Kurve in Abbildung IV.54 b).

Es gilt wieder die gleiche Ausgangssituation wie in den vorangehenden Fällen (Punkt A in Abbildung IV.54 a); zusätzlich wird jetzt
noch angenommen, daß auch die Leistungsbilanz ausgeglichen ist,
d.h., daß der Wechselkurs zunächst e_1 beträgt (Punkt A' in Abbildung IV.54 b).

Eine ausgeglichene Leistungsbilanz beim Vollbeschäftigungseinkommen erfordert gemäß der LG-Kurve eine Abwertung der inländischen Währung, d.h. der Wechselkurs muß auf e_0 ansteigen (Punkt
B' in Abbildung IV.54 b).

Infolge der Abwertung verlagern sich die IS- und ZG-Kurve nach
rechts (IS_1 bzw. ZG_1). Die neue wirtschaftliche Situation wird durch

---

[1]   Wie sich leicht überprüfen läßt, ist diese Zuordnung stabilisierend.

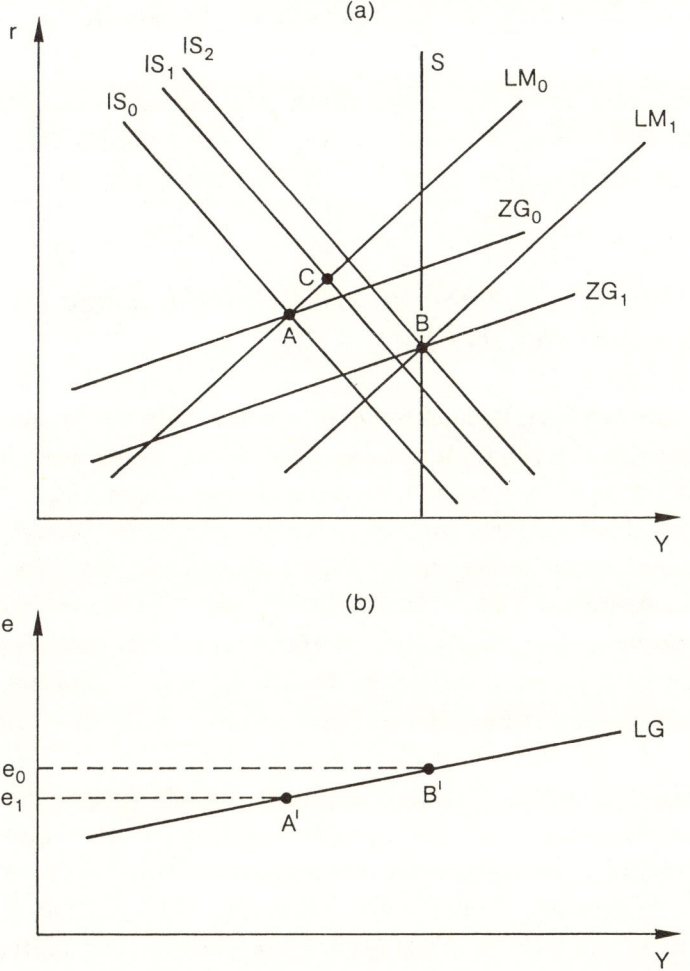

Abb. IV.54: *Expansive Geld– und Fiskalpolitik sowie Abwertung*

Punkt C angezeigt, nämlich weiterhin Unterbeschäftigung bei einem Zahlungsbilanzüberschuß. Diese beiden Zielverletzungen lassen sich durch expansive Geld– (LM nach LM_1) und Fiskalpolitik (IS_1 nach IS_2) korrigieren, so daß schließlich in Punkt B alle drei Ziele gleich– zeitig realisiert werden.

IV.3.3 Die internationale Währungsordnung

Abschließend sollen noch einige globale und regionale währungspolitische Abkommen dargestellt werden, die die Rahmenbedingungen für den internationalen Güter- und Kapitalverkehr festlegen.

1. Globale Abkommen: Der Internationale Währungsfonds (IWF)[1]

Die internationale Währungsordnung war bis 1914 durch den sog. Goldstandard geprägt. Mit Beginn des Ersten Weltkrieges brach dieses System zusammen. Restaurationsbemühungen nach 1918 wurden durch die 1929 einsetzende Weltwirtschaftskrise beendet. Die folgenden Jahre waren durch Abwertungswettläufe, Handelskriege, Devisenkontrollen u.ä. charakterisiert, was zu einer starken Schrumpfung des Welthandels führte. Gegen Ende des Zweiten Weltkrieges setzten deshalb Bestrebungen für eine Neuordnung des internationalen Währungssystems ein.

Aufgrund geänderter Rahmenbedingungen, so insbesondere die fehlende Bereitschaft, sich den strengen Regeln des Goldstandards zu unterwerfen (Unterordnung der binnenwirtschaftlichen Ziele unter das Zahlungsbilanzziel, flexible Preise), kam eine Wiedereinführung des Goldstandards nicht in Frage. Statt dessen wurde auf der Internationalen Währungs- und Finanzkonferenz der Vereinten Nationen am 22.07.1944 in Bretton Woods (USA) das Abkommen über den Internationalen Währungsfonds (IWF; engl. IMF) als Neuordnung des internationalen Währungssystems beschlossen.

---

[1]   Borchert, M., Außenwirtschaftslehre, a.a.O., S. 329ff; Deutsche Bundesbank, Internationale Organisationen und Gremien im Bereich von Währung und Wirtschaft, Sonderdruck Nr. 3, Frankfurt 1992, S. 1ff; Jarchow, H.-J. und P. Rühmann, Monetäre Außenwirtschaft, II. Internationale Währungspolitik, 3. Aufl., Göttingen 1993, S. 106ff.

1.1 Ursprüngliche Ausgestaltung

Der IWF - eine unabhängige Sonderorganisation der Vereinten Nationen - ist die erste Gründung einer supranationalen Währungs- behörde in der Währungsgeschichte. Seine Ziele sind in Artikel I des IWF-Abkommens formuliert, nämlich u.a. das Wachstum des Welt- handels zu erleichtern, die Stabilität der Währungen zu fördern sowie bei der Überwindung von Zahlungsbilanzproblemen der Mit- gliedsländer zu helfen. Die Organe des IWF sind der Gouverneursrat (Board of Governors) als höchstes Entscheidungsgremium sowie das Exekutivdirektorium (Board of Executive Directors), das die laufen- den Geschäfte führt. Seit 1974 existiert weiterhin als beratendes Gremium ein Interimausschuß (Interim Committee), der sich mit der laufenden Überwachung des internationalen Währungssystems sowie mit seiner Anpassung an die sich wandelnden Verhältnisse befaßt.

Jedes Mitgliedsland (Mitte 1992: 165) hat beim IWF eine sog. Quote, die sich nach bestimmten ökonomischen Größen (bspw. dem Bruttoinlandsprodukt) bemißt. Diese Quoten haben eine doppelte Funktion. Einerseits richten sich hiernach Stimmrecht sowie Kredit- grenzen (Ziehungsrechte) der Mitgliedsländer, andererseits dienen sie der Mittelausstattung des IWF, da sich nach ihnen die Einzahlungs- verpflichtungen (Subskription) der einzelnen Länder bemessen.

Konstitutive Elemente des IWF-Abkommens sind die Regelungen bzgl. des Wechselkurssystems sowie bzgl. des Zahlungsverkehrs. Nach der ursprünglichen Fassung sah das Abkommen feste Wechselkurse vor. Jedes Mitglied war verpflichtet, die Parität seiner Währung gegenüber dem US-Dollar oder gegenüber Gold festzulegen, womit auch die Paritäten zwischen den verschiedenen Mitgliedsländern bestimmt waren.

Weiterhin wurden bestimmte Bandbreiten vereinbart, d.h. der (Kassa-)Wechselkurs konnte innerhalb bestimmter Grenzen frei schwanken. Diese Bandbreiten betrugen ±1% gegenüber dem US-Dollar und damit ±2% zwischen zwei Nicht-Dollar-Währungen.

Bei Überschreiten dieser Bandbreiten waren die jeweiligen nationalen Währungsbehörden zur Intervention am Devisenmarkt verpflichtet. Bei Erreichen des oberen Interventionspunktes, wenn also die heimische Währung unter Abwertungsdruck stand, mußte die nationale Währungsbehörde Devisen verkaufen; im umgekehrten Fall, also am unteren Interventionspunkt, mußte sie Devisen ankaufen. Schließlich war auch eine Änderung der Parität vorgesehen (adjustable peg) – und zwar für den Fall eines sog. fundamentalen Zahlungsbilanzungleichgewichts. In einer derartigen Situation, die jedoch in den IWF-Statuten nicht näher definiert war, konnte ein Land entweder autonom oder mit Zustimmung des IWF eine Wechselkursänderung beschließen.

Zur Erreichung der gesetzten Ziele hat der IWF weiterhin die Aufgabe, Beschränkungen im internationalen Zahlungsverkehr abzubauen, so insbesondere die Vermeidung von Devisenbeschränkungen im Zusammenhang mit laufenden Transaktionen. Hiernach sind Devisenkontrollen im Zusammenhang mit Handels- und Dienstleistungsgeschäften nur mit Genehmigung des IWF und nur vorübergehend zulässig; der Kapitalverkehr kann hingegen einer Devisenkontrolle unterworfen werden.

Weiterhin wird die Konvertibilität der im Besitz eines anderen Mitglieds befindlichen Bestände an eigener Währung gefordert, die sog. Ausländerkonvertibilität. Hiernach ist jedes Mitgliedsland verpflichtet, auf Inlandswährung lautende Guthaben von Ausländern auf Verlangen in die betreffende Auslandswährung, in Gold (ursprünglich) oder in Sonderziehungsrechte (heute) umzutauschen. Voraussetzung ist allerdings, daß diese Guthaben aus laufenden Transaktionen stammen, oder ihr Umtausch im Zusammenhang mit laufenden Transaktionen erforderlich ist. Inländerkonvertibilität, d.h. die Möglichkeit, daß Inländer inländische Währung beliebig in andere Währungen umtauschen können, ist hingegen nicht vorgeschrieben, wenn auch inzwischen von einer Reihe von Industrieländern freiwillig eingeführt.

Bei einem System fester Wechselkurse und freier Konvertibilität ist ein international anerkanntes Zahlungsmittel (internationale Liquidität) zum Ausgleich eines Zahlungsbilanzdefizits erforderlich. Im Rahmen des Goldstandards war dies Gold. Das IWF-Abkommen enthält unmittelbar keine speziellen Bestimmungen bzgl. eines derartigen Reservemediums, vielmehr sind alle konvertiblen Währungen als internationale Liquidität zugelassen. Aufgrund der dargestellten Paritätsregelung spielten jedoch Gold und der US-Dollar von vornherein eine dominierende Rolle als internationales Reservemedium (Gold-Devisen-Standard). Bis in die 60er Jahre war auch das Englische Pfund ein allgemein anerkanntes Reservemedium; es büßte dann aber aufgrund massiver Abwertung diese Position ein. In jüngerer Zeit gewinnen insbesondere der Schweizer Franken, die Deutsche Mark sowie der Japanische Yen zunehmend an Bedeutung.

Die Regelung des IWF sieht keine Einschränkungen des Spielraums der Mitgliedsländer für eine nationale Wirtschaftspolitik vor. Ein durch unterschiedliche nationale Wirtschaftspolitik verursachtes vorübergehendes Zahlungsbilanzdefizit kann zunächst durch Rückgriff auf seine Gold- und Devisenbestände ausgeglichen werden, ohne daß das betreffende Land eine entsprechende Kontraktionspolitik einleiten muß. Allerdings begrenzt hier der Bestand an Gold und Devisen den wirtschaftspolitischen Spielraum dieses Landes. Um diesen Spielraum zu erhöhen, wurde die Möglichkeit einer Kreditaufnahme geschaffen.

Die Kreditaufnahme beim IWF erfolgt durch sog. Ziehungen, d.h. durch Kauf anderer Währungen mittels der eigenen Währung. Hier sind zunächst die sog. regulären Ziehungen zu nennen. Im Rahmen dieser regulären Ziehungen hat jedes Mitgliedsland das Recht, beim IWF Kredite aufzunehmen, bis 200% seiner Quote in eigener Währung beim IWF eingezahlt sind. Da die Quote im Rahmen der Subskription zu 75% in eigener Währung als Beitrag eingezahlt wird, verbleiben somit 125% der Quote als Kreditlimit.

Neben den regulären Ziehungen existieren zusätzliche Kreditfazilitäten, so bspw. die Erweiterte Fondsfazilität (Extended Fund Facility) oder die Ziehungsmöglichkeiten im Rahmen des Erweiterten Zugangs

(Policy on Enlarged Access). Diese Kreditmöglichkeiten dienen einerseits der Überbrückung hoher und länger andauernder Zahlungsbilanzdefizite und andererseits der Unterstützung von Entwicklungsländern.

1.2 Änderungen der IWF-Statuten

Wiederholte Währungskrisen haben zu zwei Änderungen des IWF-Abkommens geführt: 1969 wurden die sog. Sonderziehungsrechte eingeführt, 1978 wurden die Wechselkurse freigegeben.

Sonderziehungsrechte

Wie erwähnt, benötigen die Währungsbehörden der am Welthandel beteiligten Länder Währungsreserven, um gegebenenfalls am Devisenmarkt zur Verteidigung einer festen Parität eingreifen zu können. Diese Währungsreserven umfassen die Gold- und Devisenbestände sowie die sog. Reserveposition beim IWF, nämlich die noch nicht ausgenutzten Ziehungsrechte.

Gold als Währungsreserve beinhaltet gesamtwirtschaftlich eine nicht optimale Faktorallokation. Zur Goldproduktion werden Produktionsfaktoren benötigt, die der Güterproduktion entzogen werden. Insoweit bietet es sich an, Gold durch sonstige Medien zu ersetzen, deren Produktionskosten (vernachlässigbar) gering sind. Weiterhin bleibt zu beachten, daß sich das Goldangebot zu Reservezwecken (= Goldproduktion ./. private Verwendung) kurzfristig kaum und längerfristig nur unzureichend am Bedarf orientiert.

Die Devisen umfassen im wesentlichen Guthaben bei ausländischen Banken (z.B. Termineinlagen) sowie Geldmarkteinlagen im Ausland (z.B. US-Schatzwechsel). Devisen entstehen durch Zahlungsbilanzdefizite der Reservewährungsländer, was mit verschiedenen Problemen verbunden ist. Aufgrund der Zahlungsbilanzdefizite erwerben diese Länder entweder Güter im Ausland (Defizit der Handelsbilanz) oder Forderungen gegenüber dem Ausland (Defizit der Kapitalverkehrsbilanz). Mittels dieser Forderungen und Güter - entweder als Investitionsgüter oder als Konsumgüter, wobei im letzteren Fall inländische Ressourcen für die Produktion von Investitionsgütern freigesetzt werden - erzielt das Reservewährungsland eine Rendite. Ist diese Rendite höher als der Zinssatz, den das Land für die Devisenverbindlichkeiten (bspw. in Form von Schatzwechseln) zahlen muß, so erzielt das Reservewährungsland einen Reserveemissionsgewinn (seigniorage).

Ein weiteres Problem ist darin zu sehen, daß die Reservewährungsländer Zahlungsbilanzdefizite mit eigener Währung ausgleichen können und somit keinem Druck zum Zahlungsbilanzausgleich aufgrund knapper Währungsreserven ausgesetzt sind. Da die Devisen in das Reservewährungsland zurückfließen, entsteht auch kein Anpassungsdruck über kontraktive Liquiditätseffekte. Gleichzeitig gehen in den Überschußländern von den Devisenzuflüssen expansive Effekte aus. Aufgrund dieser Asymmetrie besteht die Gefahr weltweit inflationärer Auswirkungen.

Schließlich bleibt noch darauf hinzuweisen, daß die Versorgung mit internationaler Liquidität durch Zahlungsbilanzdefizite der Reservewährungsländer nicht am Bedarf an Währungsreserven ausgerichtet ist. Derartige Zahlungsbilanzdefizite sind vorwiegend Folge einzelwirtschaftlicher Entscheidungen sowie einer binnenwirtschaftlich orientierten Wirtschaftspolitik. Die Folge kann ein Mangel oder aber auch ein Überfluß an Devisen sein.

In den 50er sowie Anfang der 60er Jahre ist insbesondere aufgrund von Zahlungsbilanzüberschüssen der USA ein stetiger Rückgang der internationalen Währungsreserven zu beobachten. Aus Furcht vor einem Mangel an internationaler Liquidität wurde 1969 mit der ersten Änderung des IWF-Abkommens ein neues Reservemedium geschaffen, nämlich die Sonderziehungsrechte (SZR). Hiermit stand erstmalig in der Währungsgeschichte ein Instrument zur Verfügung, mit dem gezielt Währungsreserven aufgrund internationaler Vereinbarungen geschaffen werden konnten. Dem IWF wurde damit gleichzeitig die weitere Aufgabe übertragen, für eine angemessene Versorgung mit internationaler Liquidität zu sorgen.

Die Zuteilung der SZR soll so erfolgen, daß sie dem inflations-
neutralen langfristigen Bedarf an Währungsreserven entspricht. In
den letzten Jahren wird als weiteres Kriterium das (in den IWF-
Statuten nicht vorgesehene) Ziel herangezogen, die SZR zum Haupt-
reservemedium zu machen (Ende 1991 betrugen die SZR ca. 3%
aller Währungsreserven - ohne Gold).

Die Zuteilung der SZR erfolgt an die Teilnehmer des SZR-Systems
gemäß ihrer Quote ohne Gegenleistung in Form einer Einzahlung.
Die Zuteilung ist nicht befristet; die SZR können jedoch durch einen
Einziehungsbeschluß vermindert werden.

SZR können nur vom IWF, von den Währungsbehörden der Mit-
gliedstaaten des IWF, die Teilnehmer am SZR-System sind, sowie
von sog. sonstigen Inhabern (bspw. Nichtmitgliedstaaten des IWF) -
nicht jedoch von Privaten - gehalten werden. Die SZR stellen
Währungsreserven dar, die Verwendung finden für:

- Transaktionen im Wege der sog. Designierung,
- Transaktionen im gegenseitigen Einvernehmen sowie
- Transaktionen zwischen dem IWF und seinen Mitgliedern.

Da SZR nicht von Privaten gehalten werden können, eignen sie sich
nicht für eine unmittelbare Intervention am Devisenmarkt. Vielmehr
muß sie das Defizitland zunächst in Devisen umtauschen. Im Fall
der Designierung wird diese Transaktion über den IWF abgewickelt,
der andere Teilnehmer benennt, die Devisen gegen SZR zur Verfügung stellen müssen. Ein Land kann weiterhin Devisen gegen SZR
im gegenseitigen Einvernehmen der Teilnehmer erwerben. Schließlich
können SZR auch für sonstige Zwecke (bspw. Kreditgewährung,
Schenkungen) verwendet werden. Zwischen dem IWF und seinen
Mitgliedern finden die SZR bspw. Verwendung bei der Gewährung
und Rückzahlung von Krediten, oder bei der Entrichtung von Zinsen
und Gebühren.

Da SZR an keinem Markt gehandelt werden, existiert für sie auch
kein Marktpreis (Kurs). Ihr Wert wird auf der Grundlage eines
Währungskorbes festgelegt. Dieser Währungskorb umfaßt die
Währungen der fünf Länder mit den höchsten Anteilen am Welt-

export. Das Gewicht der einzelnen Währungen richtet sich sowohl nach dem Anteil des betreffenden Landes am Weltexport als auch nach dem Ausmaß, in dem diese Währungen von anderen Ländern als Reservewährung gehalten werden. Die Zusammensetzung des Währungskorbes soll alle fünf Jahre überprüft werden.

Wechselkursfreigabe

Wie bereits erwähnt, sollte nach dem Abkommen über den IWF den Mitgliedsländern ein unbeschränkter Spielraum für eine autonome Binnenwirtschaftspolitik verbleiben. Dabei lag die Vorstellung zugrunde, daß vorübergehende Zahlungsbilanzdefizite durch Rückgriff auf die eigenen Währungsreserven bzw. auf die Kreditmöglichkeiten überbrückt werden sollten, ohne daß sofort in den Defizitländern kontraktive und in den Überschußländern expansive binnenwirtschaftspolitsche Maßnahmen hätten ergriffen werden müssen. Fundamentale Zahlungsbilanzungleichgewichte sollten mittels Wechselkursanpassung beseitigt werden.

In der Praxis der internationalen Währungspolitik wurden dagegen selbst anhaltende, erhebliche Zahlungsbilanzungleichgewichte zu spät bekämpft. Die Ursache für derartige Zahlungsbilanzungleichgewichte lag vor allem in unterschiedlicher Ausrichtung der Konjunkturpolitik. Während einige Länder eine inflationäre Geld- und Fiskalpolitik betrieben, verfolgten andere Länder das Ziel der Geldwertstabilität. Die Folge waren Zahlungsbilanzdefizite der Länder, die weniger auf Preisniveaustabilität achteten, und Zahlungsbilanzüberschüsse bei den Ländern, die vorrangig dieses Ziel verfolgten.

Zu einem Wechsel ihrer Binnenwirtschaftspolitik waren die Länder kaum bereit, da die Defizitländer einen Beschäftigungsrückgang bei kontraktiver Konjunkturpolitik befürchteten, die Überschußländer entsprechend einen Preisniveauanstieg bei expansiver Konjunkturpolitik.

Aus ähnlichen Überlegungen unterblieben zunächst auch die für solche Fälle andauernder Zahlungsbilanzungleichgewichte vorgesehenen Wechselkursanpassungen. Eine Währungsabwertung in den

Defizitländern wirkt im allgemeinen preissteigernd und verschärft möglicherweise noch die Zahlungsbilanzsituation (Teufelskreis); außerdem wird dies oftmals als Prestigeverlust empfunden. Die Überschußländer befürchten Beschäftigungseinbußen aufgrund der mit einer Aufwertung verbundenen Verschlechterung ihrer Wettbewerbsposition am Weltmarkt.

Zur Beseitigung derart verfestigter Zahlungsbilanzungleichgewichte waren schließlich binnenwirtschaftliche Maßnahmen aufgund der damit verbundenen hohen sozialen Kosten nicht mehr geeignet, so daß als Ausweg schließlich doch nur eine Wechselkursanpassung übrig blieb. Da die Richtung der Wechselkurskorrektur offensichtlich war, induzierte dies eine nahezu risikolose Devisenspekulation. Diese Spekulation verschärfte die Zahlungsbilanzungleichgewichte.

Die grundlegende Schwäche des Systems von Bretton Woods war somit in seinem eigentlichen Ziel angelegt, nämlich feste Wechselkurse einerseits bei unbeschränktem Spielraum für autonome Konjunkturpolitik andererseits. Insbesondere bei stark wachsenden und sehr reagiblen Kapitalströmen resultierten hieraus verschärfte Krisen. Der aktuelle Anlaß für den Zusammenbruch des Festkurssystems war dann jedoch eine sich verschärfende Dollar-Krise.

Wie bereits dargestellt, hing die Versorgung mit internationaler Liquidität von einem Zahlungsbilanzdefizit der USA ab. Während zunächst (bis 1958) aufgrund von Zahlungsbilanzüberschüssen der USA die Gefahr einer Dollarknappheit bestand, wandelte sich später die Situation. Nach 1958 wies die US-Zahlungsbilanz ein Defizit auf, das bei positiver Handelsbilanz auf eine defizitäre Kapitalverkehrsbilanz zurückzuführen war. Ab 1971 war auch die Handelsbilanz defizitär, was zu einer Dollarschwemme führte. Diese Dollarschwemme hatte einerseits einen Vertrauensverlust und damit Goldabflüsse aufgrund des Umtausches von Dollar in Gold und andererseits eine inflationäre Geldmengenausweitung in den Überschußländern zur Folge. Der Goldabfluß zwang die USA, 1971 die Goldeinlösepflicht des US-Dollars aufzuheben; gleichzeitig wurden im Washingtoner Währungsabkommen (Smithsonian Agreement) die

Wechselkurse neu festgesetzt. Eine weitere Verschlechterung der US-Handelsbilanz sowie erneute Spekulationswellen führten dann 1973 zu einer Freigabe der Wechselkurse.

Nach der weitgehenden Wechselkursfreigabe von 1973, die dem IWF-Abkommen widersprach, standen die Mitglieder vor dem Problem, entweder erneut ein Festkurssystem einzuführen, oder aber die IWF-Statuten bzgl. des Wechselkurssystems zu ändern. In der zweiten Änderung des IWF-Abkommens von 1976, die 1978 in Kraft trat, wurde der zweite Weg beschritten.

Der Entscheidung für mehr Wechselkursflexibilität ging eine jahrelange Diskussion über die Vor- und Nachteile flexibler Wechselkurse voraus. Als Ergebnis läßt sich zusammenfassen, daß der Nachteil flexibler Wechselkurse im Zusammenhang mit dem internationalen Handel (erhöhte Risiken) nicht als allzu gravierend eingeschätzt wurde. Demgegenüber wurde der Vorteil flexibler Wechselkurse betont, einerseits die inländische Wirtschaft besser vor Störungen aus dem Ausland abzuschirmen und andererseits eine autonome Konjunkturpolitik zu ermöglichen.

Nach den geänderten IWF-Statuten hat nun jedes Mitglied die Möglichkeit,

- den Außenwert seiner Währung an das SZR oder eine andere Bezugsgröße (jedoch nicht an Gold) zu binden (z.B. an den US-$, der Dollarblock),

- Gemeinschaftsregelungen mit anderen Ländern einzugehen (z.B. Blockfloating des EWS), oder

- eine andere Regelung nach eigener Wahl zu treffen (flexible Wechselkurse einzelner Länder).

Damit sind die Mitglieder grundsätzlich frei in ihrer Wahl des Wechselkurssystems. Allerdings kann mit einer Mehrheit von 85% aller Stimmen eine Rückkehr zu einem Festkurssystem beschlossen werden. In diesem Fall ist jedoch kein Mitglied zur Teilnahme an einem derartigen System verpflichtet.

Aufgrund der Erkenntnis, daß wirtschaftspolitische Maßnahmen eines Landes auch bei flexiblen Wechselkursen Auswirkungen auf andere Länder haben, ist jedes Mitglied verpflichtet,

- ein geordnetes Wirtschaftswachstum bei angemessener Preisstabilität sowie geordnete Wirtschafts- und Währungsverhältnisse anzustreben,

- Maßnahmen wie Manipulationen der Wechselkurse oder des internationalen Währungssystems zu unterlassen, wenn diese Maßnahmen darauf abzielen, eine wirksame Zahlungsbilanzanpassung zu verhindern oder einen unfairen Wettbewerbsvorteil gegenüber anderen Mitgliedern zu erlangen.

Darüber hinaus sollen die Mitglieder

- auf dem Devisenmarkt intervenieren, um ungeordneten Verhältnissen (erratische Wechselkursschwankungen) entgegenzuwirken, und

- bei ihrer Interventionspolitik die Interessen anderer Mitglieder berücksichtigen.

Der IWF ist damit beauftragt, die Wechselkurspolitik der Mitglieder im Hinblick auf die im Vertrag eingegangenen Pflichten zu überwachen. Hierzu sind die Mitglieder zur Zusammenarbeit mit dem IWF verpflichtet. Den Rahmen für diese Zusammenarbeit bilden die regelmäßigen Konsultationen des Fonds mit den Mitgliedern, in die nicht nur die Wechselkurspolitik, sondern allgemein die Wirtschaftsentwicklung und Wirtschaftspolitik einbezogen werden.

2. Europäische Abkommen[1]

Im Rahmen der bestehenden globalen währungspolitischen Abkommen haben die Staaten der Europäischen Gemeinschaft eine engere

---

[1]   Borchert, M., Außenwirtschaftslehre, a.a.O., S. 353ff; Collignon, St., Das Europäische Währungssystem im Übergang, Wiesbaden 1994; Dieckheuer, G., Internationale Wirtschaftsbeziehungen, a.a.O., S. 412ff; Jarchow, H.-J. und P. Rühmann, Monetäre Außenwirtschaft II, a.a.O., S. 291ff; Willms, M., Internationale Währungspolitik, a.a.O., S. 199ff.

währungspolitische Zusammenarbeit verwirklicht (Europäisches Währungssystem) bzw. geplant (Europäische Währungsunion).

2.1 Das Europäische Währungssystem (EWS)

Mit dem IWF wurde eine internationale Währungsordnung geschaffen, während ein in der sog. Havanna-Charta (1948) vorgesehenes handelspolitisches Gegenstück, nämlich eine Internationale Handelsorganisation (ITO), mit dem Allgemeinen Zoll- und Handelsabkommen (General Agreement on Tariffs and Trade, GATT) nur teilweise realisiert wurde.

Auf europäischer Ebene lagen die Dinge genau umgekehrt. Mit den römischen Verträgen von 1957 wurde die Europäische Wirtschaftsgemeinschaft (EWG) gegründet, deren Ziel es war, internationalen Freihandel, dessen weltweite Realisierung nicht durchsetzbar war, wenigstens regional zu verwirklichen. Dieser europäischen Handelsordnung stand jedoch zunächst keine eigene europäische Währungsordnung gegenüber. Dies war auch nicht erforderlich, da mit dem IWF auch eine für Europa gültige Währungsordnung existierte.

Mit zunehmenden Problemen innerhalb des IWF wurde dann jedoch eine engere europäische währungspolitische Zusammenarbeit im Rahmen der IWF-Statuten angestrebt. Diese Annäherung wurde außerdem angesichts der geplanten Wirtschafts- und Währungsunion (Haager Gipfelkonferenz 1969, Ministerrats-Entscheidungen 1971, 1972) erforderlich. Diese Bestrebungen führten 1978 zur Gründung des Europäischen Währungssystems (EWS), das 1979 in Kraft trat. Das EWS löste den Europäischen Wechselkursverbund (1972-1978) ab und stellte gleichzeitig eine Weiterentwicklung im Sinne eines umfassenden europäischen Währungsabkommens dar. Ihm gehören Anfang 1993 alle Notenbanken der EG-Mitgliedsländer an; Großbritannien, Griechenland und Italien nehmen jedoch nicht am Wechselkursverbund teil.

Das Europäische Währungssystem ist durch folgende Regelungen gekennzeichnet:

- Europäische Währungseinheit
- Wechselkurs- und Interventionsmechanismus
- Kreditmechanismus.

Diese verschiedenen Regelungen werden nachfolgend kurz dargestellt.

2.1.1 Die Europäische Währungseinheit (ECU)

Die Europäische Währungseinheit (European Currency Unit, ECU) ist eine künstlich geschaffene Referenz- und Werteinheit, die sowohl bei offiziellen als auch bei privaten Transaktionen Verwendung findet. Sie wird als bargeldloses Zahlungsmittel vom Europäischen Fonds für Währungspolitische Zusammenarbeit (EFWZ) gegen Hinterlegung von Gold- und Dollarreserven seitens der teilnehmenden Zentralbanken ausgegeben.

Der Wert der ECU wird mit Hilfe eines Währungskorbes berechnet (sog. Standardwährungskorb-Methode), der die Währungsbeträge der teilnehmenden Staaten enthält. Der Wert der ECU, ausgedrückt in Einheiten einer bestimmten Mitgliedswährung i (ECU_i), berechnet sich wie folgt:

$$(1) \quad ECU_i = \sum_{j=1}^{n} b_j e_{ij}$$

mit: b_j = fester Betrag der Währung j im Korb

e_{ij} = Wechselkurs der Währung j ausgedrückt in der Währung i

n = Anzahl der Währungen im Korb.

In Übersicht IV.4 ist beispielhaft der ECU-Tageskurs in DM am 11. Februar 1994 auf der Basis der seit 1989 festen Währungsbeträge bestimmt.[1]

---

[1]   In der Praxis wird der jeweilige Tageskurs mittels des Dollarwertes der ECU berechnet.

Währung	Beträge b_j	Kurs e_{ij}	$e_{ij} \cdot b_j$	Gewicht g_j
Deutsche Mark	0,6242	1	0,6242	0,3216229
Pfund Sterling	0,08784	2,5635	0,22518	0,1160254
Französ. Franc	1,332	0,29423	0,39191	0,2019341
Italienische Lira	151,8	0,0010347	0,157068	0,08093
Holländ. Gulden	0,2198	0,89200	0,19606	0,1010211
Belgischer Franc	3,301	0,048470	0,159999	0,0824405
Luxemburg. Franc	0,130	0,048470	0,006301	0,0032466
Dänische Krone	0,1976	0,25593	0,05057	0,0260565
Irisches Pfund	0,008552	2,4615	0,021051	0,0108467
Griech. Drachme	1,440	0,0069615	0,010025	0,0051652
Spanische Peseta	6,885	0,012287	0,084596	0,0435886
Portug. Escudo	1,393	0,009923	0,013823	0,0071224
$ECU_{DM} = \sum\limits_{j=1}^{n} e_{ij} b_j$			1,940782	
$\sum\limits_{j=1}^{n} g_j$				1 bzw. 100%

Übersicht IV.4: *ECU–Tageskurs in DM*[1]

Die letzte Spalte der Übersicht IV.4 gibt das (laufende) Gewicht einer Währung im ECU-Korb an (g_j):

$$(2) \quad g_j = b_j/ECU_j,$$

bzw., da $ECU_i/ECU_j = e_{ij}$:

$$(3) \quad g_j = b_j e_{ij}/ECU_i \ (= b_j e_{ij}/\sum\limits_{j=1}^{n} b_j e_{ij}).$$

Da b_j fixiert ist, nimmt das Gewicht einer Währung im ECU-Korb mit einer Aufwertung dieser Währung zu und umgekehrt.

---

[1] Deutsche Bundesbank, Devisenkursstatistik, 1994, Nr. 1, verschiedene Seiten.

Die Berechnungsmethode für den Tageskurs der ECU zeigt, daß sich dieser mit Schwankungen der einzelnen Wechselkurse verändert. Hierbei hat eine Währung j mit einem größeren Gewicht einen stärkeren Einfluß auf die ECU gemessen in einer Währung i. Umgekehrt wirkt sich die Wertänderung einer Währung i um so geringer auf den Kurs der ECU in dieser Währung aus, je größer das Gewicht dieser Währung ist.

2.1.2 Der Wechselkurs– und Interventionsmechanismus

Im Rahmen des Europäischen Währungssystems haben die teilnehmenden Länder unter sich feste Wechselkurse vereinbart, während gegenüber Drittländern flexible Wechselkurse gelten (Blockfloating). Diese festen Wechselkurse zwischen den einzelnen Ländern werden als bilaterale Leitkurse bezeichnet (sog. Paritätengitter).

Mittels dieser bilateralen Leitkurse und den jeweiligen Währungsbeträgen lassen sich dann ECU-Leitkurse der einzelnen Währungen bestimmen. Der in ECU ausgedrückte Leitkurs einer Währung ist die jeweilige Währungsmenge je ECU. Er berechnet sich nach Gleichung (1), wobei für e_{ij} nicht der aktuelle, sondern der vereinbarte Wechselkurs herangezogen wird.

Das EWS ist grundsätzlich ein System fester, aber anpassungsfähiger Wechselkurse mit der Möglichkeit von Wechselkursschwankungen innerhalb vorgegebener Bandbreiten. Diese Bandbreiten wurden nach Währungsturbulenzen von ±2,25% bzw. teilweise ±6% am 2. August 1993 auf ±15% ausgeweitet (abgesehen vom holländischen Gulden). Übersicht IV.5 gibt das Paritätengitter bezüglich der beiden Währungen DM und FF wieder; die Leitkurse sind die 1987 festgesetzten bilateralen Wechselkurse.

Übersicht IV.5 enthält darüber hinaus die jeweiligen oberen und unteren Interventionspunkte, die die Bandbreite der zulässigen Wechselkursschwankungen angeben. Einer Aufwertung der DM von 29,816 DM pro 100 FF auf 25,68 DM pro 100 FF entspricht eine

Abwertung des Franc von 335,386 FF pro 100 DM auf 389,48 FF pro 100 DM. Wird somit der untere Interventionspunkt der DM bzw. der obere Interventionspunkt des Franc erreicht, so müssen die Währungsbehörden dieser beiden Länder am Devisenmarkt intervenieren (obligatorische Interventionen), um so die Wechselkurse innerhalb der Bandbreiten zu halten. Im vorliegenden Beispiel muß die Deutsche Bundesbank FF ankaufen, während die Banque de France DM verkaufen muß.

Land Währung	•	100 DM = ... WE	100 FF = ... WE	•
•				
BRD DM	o.Interv.P. Leitkurs u.Interv.P.		34,62 29,816 25,68	
Frank− reich FF	o.Interv.P. Leitkurs u.Interv.P.	389,48 335,386 288,81		
•				

Übersicht IV.5: Paritätengitter[1]

Das Wechselkurssystem wird durch einen sog. Abweichungsindikator ergänzt. Dieser soll darüber Auskunft geben, ob sich eine der beteiligten Währungen deutlich anders entwickelt als die übrigen Währungen. Bei Erreichen einer bestimmten Abweichungsschwelle sind verschiedene Maßnahmen (bspw. Eingriffe auf dem Devisenmarkt,

---

[1]   Deutsche Bundesbank, Devisenkursstatistik, 1994, Nr. 4, S. 70.

interne geldpolitische Maßnahmen) zum Abbau der Spannungen im Wechselkursgefüge vorgesehen.

Zur Konstruktion des Abweichungsindikators ist zunächst die maximal zulässige Abweichung des ECU-Tageskurses einer Währung von ihrem ECU-Leitkurs zu bestimmen. Die maximale Abweichung ist dann erreicht, wenn der Tageskurs um 15% in einer Richtung von allen anderen Währungen abweicht. Zur Berechnung der maximalen Abweichungsspanne ist noch das Gewicht einer Währung im ECU-Korb (g_j) zu beachten. Wie bereits dargestellt, wirkt sich eine Wechselkursänderung um so weniger auf den ECU-Wert aus, je größer das Gewicht dieser Währung ist. Für die maximale Abweichungsspanne (MA) einer Währung i gilt somit:

$$(4) \quad MA_i = \text{Bandbreite} \cdot (1 - \text{Korbgewicht}).$$

Bei einheitlicher Bandbreite von ±15% und einem Korbgewicht von 32% beträgt die maximale Abweichungsspanne dieser Währung 10,2%.

Der Abweichungsindikator gibt nun die tatsächliche Abweichung zwischen ECU-Tageskurs und ECU-Leitkurs im Verhältnis zur maximalen Abweichung an; sein Wert liegt somit zwischen +100% und -100%. Als Abweichungsschwelle gilt ein Indikatorwert von ±75%; im obigen Beispiel liegt sie also bei 7,65% (0,75 · 10,2).

2.1.3 Der Kreditmechanismus

Für Interventionszwecke am Devisenmarkt zur Stützung ihrer Währung stehen den am Wechselkursverbund beteiligten Notenbanken verschiedene Kreditmöglichkeiten zur Verfügung, nämlich eine sehr kurzfristige Kreditgewährung, ein kurzfristiger Währungsbeistand sowie ein mittelfristiger finanzieller Beistand.

Sehr kurzfristige Finanzierung

Die am Wechselkursverbund teilnehmenden Zentralbanken haben sich verpflichtet, bei Erreichen der Interventionspunkte in unbegrenzter

Höhe in Gemeinschaftswährungen zu intervenieren. Die Notenbank, deren Währung den oberen Interventionspunkt erreicht, muß somit die entsprechende Partnerwährung verkaufen. Da ihre Bestände an dieser Währung aufgrund einer Vereinbarung der Zentralbanken nur begrenzt sind, sieht das EWS-Abkommen im Rahmen der sehr kurzfristigen Finanzierung eine unbegrenzte Rückgriffsmöglichkeit auf die Partnerwährungen vor.

Die Rückzahlung dieser Kredite muß spätestens nach 3 $^1/_2$ Monaten erfolgen, jedoch ist eine automatische Prolongation um drei Monate möglich, wobei der Kreditbetrag jedoch begrenzt ist. Eine weitere Verlängerung um ebenfalls drei Monate ist nur mit Zustimmung der Gläubiger-Zentralbank möglich.

Die Rückzahlung der Kredite soll vorrangig in der Gläubiger-Währung erfolgen. Ein verbleibender Rest kann durch ECU oder sonstige Währungsreserven (bspw. US-$) getilgt werden.

Die Abwicklung dieser Kreditgewährung – wie auch im Rahmen des kurzfristigen Währungsbeistandes – erfolgt über den Europäischen Fonds für Währungspolitische Zusammenarbeit (EFWZ). Die Kredite werden in ECU umgerechnet und auf sog. Finanzierungskonten verbucht; die Gläubiger-Zentralbank erhält eine Gutschrift, die Schuldner-Zentralbank wird entsprechend belastet. Die organisatorische Abwicklung erfolgt über die Bank für Internationalen Zahlungsausgleich (BIZ).

Kurzfristiger Währungsbeistand

Über die sehr kurzfristige Kreditgewährung im Rahmen des EWS hinaus können die Zentralbanken der EG-Länder auf weitere Kredite zum Zahlungsbilanzausgleich zurückgreifen, so z.B. auf den kurzfristigen Währungsbeistand.

Der kurzfristige Währungsbeistand beruht auf einem Abkommen der Zentralbanken der EG-Mitgliedsländer von 1970. Diese Kreditmöglichkeit ist zur Überwindung eines vorübergehenden Zahlungsbilanzdefizits aufgrund von zufälligen Schwierigkeiten oder von unterschiedlichen Konjunkturentwicklungen vorgesehen. Die Laufzeit der Kredite beträgt drei Monate bei zweimaliger Verlängerungsmöglichkeit um ebenfalls je drei Monate.

Die beteiligten Zentralbanken sind in Höhe ihrer sog. Gläubigerquote (BRD: 3,48 Mrd. ECU) zur Beteiligung an der Finanzierung des Währungsbeistandes verpflichtet; die Inanspruchnahme ist durch die Schuldnerquote begrenzt, die 50% der Gläubigerquote beträgt. Diese Quoten können um sog. Rallongen erweitert werden, über die von Fall zu Fall entschieden wird.

Einheitliches System des mittelfristigen finanziellen Beistandes

Der EWG-Vertrag sieht für den Fall von Zahlungsbilanzschwierigkeiten, die das Funktionieren des gemeinsamen Marktes gefährden, einen gegenseitigen Beistand vor. Diese Regelung wurde 1971 durch den per Ratsentschluß eingeführten mittelfristigen finanziellen Beistand als einer Vereinbarung zwischen den Mitgliedsländern konkretisiert. Die erheblichen Zahlungsbilanzschwierigkeiten einiger EG-Länder nach dem Ölpreisschock von 1973 waren Anlaß zur Schaffung des Instruments der Gemeinschaftsanleihe. Hiernach konnte die Gemeinschaft innerhalb bestimmter Höchstgrenzen Mittel aufnehmen und an die Mitgliedsstaaten weiterleiten.

Diese beiden Instrumente wurden 1988 durch Ratsverordnung zu einem einheitlichen System des mittelfristigen finanziellen Beistandes zur Stützung der Zahlungsbilanzen der Mitgliedsstaaten zusammengefaßt.

Das System kommt auf Initiative der EG-Kommission oder des betroffenen Mitgliedslandes zur Anwendung. Die Kreditvergabe wird durch einen Vorschlag der Kommission nach Anhörung des Währungsausschusses in die Wege geleitet; die Entscheidung liegt beim Rat. Der Kreditspielraum beträgt für die Mitgliedsländer insgesamt 16 Mrd. ECU. Innerhalb dieses Rahmens gibt es für einzelne Kredite keine weitere Höchstgrenze, auch ist keine Begrenzung der Laufzeit festgelegt.

Zur Finanzierung der Gemeinschaftsdarlehen werden entweder Anleihen begeben oder die Mitgliedsstaaten zur Mittelbereitstellung im
Rahmen von Bereitstellungsplafonds verpflichtet. Die Mittelvergabe
ist von der Voraussetzung abhängig, daß das betreffende Mitgliedsland ein Sanierungsprogramm zur Wiederherstellung einer tragbaren
Zahlungsbilanzsituation vorlegt.

2.2 Die Europäische Währungsunion (EWU)

Auf der Konferenz in Maastricht (Dezember 1991; der Vertrag trat
am 1. November 1993 in Kraft) haben die EG-Staats- und Regierungschefs u.a. eine Weiterentwicklung der EG zu einer Wirtschafts-
und Währungsunion beschlossen. Die Verwirklichung dieser Wirt-
schafts- und Währungsunion soll sich in drei Stufen vollziehen.
Insoweit stimmt dieses Vorgehen mit den Vorschlägen des sog.
Delors-Ausschusses (1989) überein. Anders als der Delors-Plan sieht
die Übereinkunft von Maastricht jedoch einen festen Terminplan für
die Abfolge der einzelnen Stufen vor.

Erste Stufe

Die erste Stufe begann am 1. Juli 1990; für sie ist eine Zeitdauer
von 3 $1/2$ Jahren vorgesehen. Als Ziele wurden vor allem angestrebt
eine verstärkte Koordinierung im Wirtschafts- und Währungsbereich
innerhalb des bestehenden institutionellen Rahmens, eine vollständige
Liberalisierung des Geld- und Kapitalverkehrs sowie die Vollendung
des Gemeinsamen Binnenmarktes.

Darüber hinaus betonte der Europäische Rat im Juni 1991 die
Erfordernis eines hohen Konvergenzgrades als Voraussetzung für die
Realisierung einer Wirtschafts- und Währungsunion (WWU).
Deshalb sollten bereits während der ersten Stufe nachhaltige Konver-
genzfortschritte erzielt werden, vor allem im Hinblick auf die Preis-
stabilität und die Sanierung der öffentlichen Finanzen.

Die mangelnde Realisierung dieser Ziele war eine Ursache für die
Währungsturbulenzen Mitte des Jahres 1993, die zu der erwähnten
Neufestsetzung der Bandbreiten führten.

Zweite Stufe

Die zweite Stufe begann am 1. Januar 1994. Das verfolgte Ziel ist eine verstärkte wirtschaftliche, fiskalische und monetäre Konvergenz der Mitgliedsstaaten auf der Basis größtmöglicher Preisstabilität. Hierdurch sollen die Voraussetzungen für den Übergang in die Endstufe geschaffen werden.

Die organisatorische Neuerung ist die Errichtung des Europäischen Währungsinstituts (EWI) in Frankfurt, das die Funktionen des Ausschusses der Zentralbankpräsidenten und des Europäischen Fonds für Währungspolitische Zusammenarbeit übernimmt.

Die vorrangige Aufgabe des EWI besteht darin, die Endstufe der WWU vorzubereiten insbesondere durch Intensivierung der geldpolitischen Koordinierung, Harmonisierung der geldpolitischen Instrumente sowie Überwachung des Funktionierens des EWS. Dem EWI werden jedoch keine direkten geldpolitischen Steuerungsinstrumente übertragen; die Geldpolitik bleibt weiterhin in der Verantwortung der nationalen Zentralbanken. Damit sind für die zweite Stufe bereits dieselben geldpolitischen Probleme vorherzusehen, die im jetzigen EWS bestehen.

Endstufe

Der Europäische Rat in der Zusammensetzung der Staats- und Regierungschefs entscheidet frühestens 1996, ob eine Mehrheit der Mitgliedsstaaten die Konvergenzbedingungen erfüllt, und ob es für die Gemeinschaft zweckmäßig ist, in die Endstufe der WWU einzutreten. Bei positiver Entscheidung bestimmt der Rat den Zeitpunkt für den Beginn der dritten Stufe.

Als Konvergenzkriterien sind festgelegt:[1]

1. Die Inflationsrate darf die der (höchstens) drei Länder mit der niedrigsten Inflationsrate um höchstens eineinhalb Prozentpunkte überschreiten.

---

[1]   Bundesregierung, Presse- und Informationsamt, Bulletin Nr. 16, 1992, S. 113ff.

2. (a) Die Verschuldung des Staates darf 60% des Sozialprodukts nicht übersteigen, außer sie ist „hinreichend rückläufig" und nähert sich „rasch genug" dem Referenzwert an.

   (b) Das laufende Haushaltsdefizit darf 3% des Sozialprodukts nicht übersteigen. Auch hiervon sind Ausnahmen möglich, zum einen, wenn das Defizit „erheblich und laufend" zurückgegangen ist, und zum anderen, wenn der Referenzwert nur „ausnahmsweise und vorübergehend" überschritten wird.

3. Die langfristigen Zinsen dürfen die der (höchstens) drei Länder mit der niedrigsten Inflationsrate um höchstens zwei Prozentpunkte überschreiten.

4. Das Land muß zwei Jahre lang ohne starke Spannungen die normalen Bandbreiten des Wechselkursmechanismus eingehalten haben.

In Übersicht IV.6 sind die Inflationsraten, die Zinssätze, die Haushaltsdefizite sowie die jeweilige Neuverschuldung des Staates der Mitgliedsländer der EU für das Jahr 1993 zusammengestellt.[1] Wie diese Übersicht zeigt, erfüllt nur Luxemburg alle Referenzwerte.

Wird der Zeitpunkt für den Eintritt in die dritte Stufe bis Ende 1997 nicht festgelegt, so beginnt diese automatisch am 1. Januar 1999. Der Rat stellt dann fest, welche Mitgliedsstaaten die Konvergenzbedingungen erfüllen. Nur für diese gilt dann die WWU; für die übrigen Mitgliedsstaaten hingegen sind Ausnahmeregelungen vorgesehen.

In der Endstufe der WWU sind absolut feste Wechselkurse zwischen den Mitgliedsstaaten oder eine Gemeinschaftswährung vorgesehen. Dies erfordert, daß die Geldpolitik auf Gemeinschaftsebene festzulegen ist, wozu eine gemeinschaftliche Währungsbehörde zu errichten ist.

---

[1] Sachverständigenrat zur Begutachtung der gesamtwirtschaftlichen Entwicklung, Jahresgutachten 1993/94, S. 142, Tab. 37.

	Verbraucher-preise	Haushalts-defizit	Staatsver-schuldung	Zinsen
Belgien	2,5	-7,0	142,0	7,33
Dänemark	1,0	-4,5	66,6	7,49
Deutschland	3,5	-3,5	46,5	6,50
Frankreich	2,0	-6,0	57,0	7,35
Griechenland	14,5	-14,5	98,0	23,5
Großbritannien	3,5	-7,0	47,0	8,20
Irland	2,0	-3,0	92,0	8,19
Italien	4,5	-9,5	114,0	10,24
Luxemburg	3,5	-1,0	8,0	7,00
Niederlande	2,0	-4,5	81,5	6,87
Portugal	6,0	-6,5	66,5	12,64
Spanien	5,0	-7,0	57,5	10,77
Referenzwert	3,5[1]	-3,0	60,0	9,5[2]

[1] Durchschnitt der drei preisstabilsten Länder (Dänemark, Niederlande, Irland) plus 1,5 Prozentpunkte.

[2] Durchschnitt der drei preisstabilsten Länder (Dänemark, Niederlande, Irland) plus 2,0 Prozentpunkte.

Übersicht IV.6: *Konvergenzkriterien*

Diese gemeinschaftliche Währungsbehörde ist das Europäische System der Zentralbanken (ESZB). Dieses besteht aus einer zu errichtenden Europäischen Zentralbank (EZB) sowie den nationalen Zentralbanken. Zentrales Entscheidungsorgan des ESZB ist der Rat der EZB, während die nationalen Zentralbanken, deren Präsidenten dem Rat der EZB angehören, die getroffenen Beschlüsse in den Mitgliedsstaaten umsetzen.

Die Hauptaufgabe des ESZB ist die Sicherung der Geldwertstabilität, wozu ihm das übliche Notenbankinstrumentarium zur Verfügung steht. Daneben hat das ESZB die allgemeine Wirtschaftspolitik der Gemeinschaft zu unterstützen, sofern hierdurch keine Beeinträchtigung des Ziels der Preisniveaustabilität erfolgt. Das ESZB ist in seinen geldpolitischen Entscheidungen unabhängig von Weisungen der sonstigen Träger der Wirtschaftspolitik auf nationaler wie auch auf Gemeinschaftsebene. Diese Unabhängigkeit umfaßt unter funktionalem Aspekt auch das Verbot der monetären Haushaltsfinanzierung öffentlicher Institutionen. Hingegen verbleibt die Entscheidungsbefugnis bzgl. der Wechselkurspolitik beim EG-Ministerrat.

Die Satzung des ESZB entspricht weitgehend den Regelungen bzgl. der Deutschen Bundesbank. Der Erfolg der ESZB im Hinblick auf das Ziel der Preisstabilität wird entscheidend davon abhängen, inwieweit die vertraglich gesicherten Handlungsmöglichkeiten auch tatsächlich genutzt werden.

Aufgaben mit Musterlösungen zu Kapitel IV

Aufgaben

1. Auf dem Weltmarkt werden Ex- und Importgüter in ausländischer Währung (\$) gehandelt. Die Nachfrage des Auslandes nach dem Exportgut des Inlandes (D_x) sei eine lineare Funktion des \$-Preises dieses Gutes (P_x). Das Angebot des Inlandes an diesem Gut (S_x) richtet sich nach dem Preis in inländischer Währung (P_x/e); bei gegebenem Wechselkurs sei dieses Angebot ebenfalls eine lineare Funktion des \$-Preises.

   Bestimmen Sie graphisch den Umsatz bzgl. dieses Gutes auf dem Weltmarkt (P_x/x-Diagramm) sowie das entsprechende Angebot an \$ (DV^A) auf dem Devisenmarkt (e/DV-Diagramm) bei alternativen Wechselkursen. Untersuchen Sie weiter unter der Annahme, daß die Devisennachfrage (DV^N) den üblichen Verlauf hat, Eindeutigkeit und Stabilität des Devisenmarktgleichgewichts.

2. Es werden zwei Länder betrachtet; Geld- und Güterangebot seien vollkommen elastisch (erste Version des Makro-Modells); der Wechselkurs sei konstant. In diesem Fall wird das Volkseinkommen durch die Güternachfrage bestimmt; es gelte:

   $$(1) \quad Y = A + cY + X - jY \qquad \text{(Inland)}$$

   $$(2) \quad Y_a = A_a + c_a Y + X_a - j_a Y_a \qquad \text{(Ausland)},$$

   wobei A, A_a autonome Nachfragegrößen erfassen.

   Bestimmen Sie graphisch und algebraisch die Werte von Y und Y_a, für die simultan in beiden Ländern ein Gleichgewicht erreicht ist.

3. Gegeben sei ein Unterbeschäftigungsgleichgewicht bei ausgeglichener Zahlungsbilanz. Stellen Sie in einem r/Y-Diagramm graphisch die Reaktionen der Wirtschaft auf diese Ausgangssituation bei festen Wechselkursen dar.

4. Untersuchen Sie, wie sich ein Preisniveau- und ein Zinsanstieg im Ausland bei festen Wechselkursen nach dem monetären Ansatz auf die inländische Situation auswirken.

5. Gegeben sei ein Unterbeschäftigungsgleichgewicht bei ausgeglichener Zahlungsbilanz (P = const.). Untersuchen Sie, welche Kombinationen aus Fiskal- und Wechselkurspolitik mit einem gesamtwirtschaftlichen Gleichgewicht vereinbar ist, und welche Zuordnung stabilisierend bzw. destabilisierend wirkt.

6. Untersuchen Sie graphisch die Effektivität expansiver Geldpolitik bei festen Wechselkursen im Rahmen eines Zwei-Länder-Modells.

Musterlösungen

1. Unter der Annahme, daß die Nachfrage die üblichen Eigenschaften besitzt, wird sie in Abbildung IV.55 durch die Gerade D_x wiedergegeben. Die Preiselastizität der Nachfrage (η) nimmt die eingezeichneten Werte an.

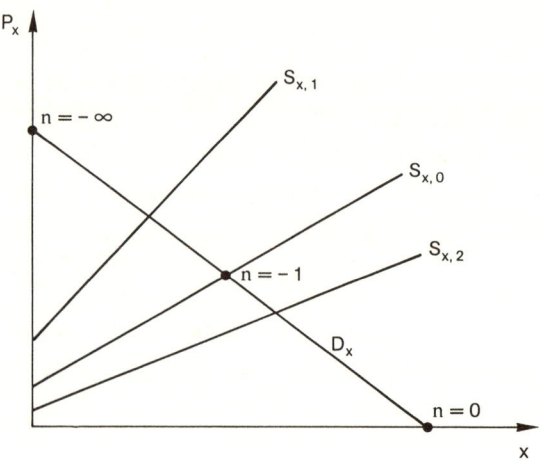

Abb. IV.55

Unter der Annahme, daß das Angebot die üblichen Eigenschaften besitzt, wird es in Abbildung IV.55 durch eine ansteigende Gerade wiedergegeben. Es wird angenommen, daß diese Gerade bei einem zunächst vorgegebenen Wechselkurs e_0 durch den Punkt $\eta = -1$ der Nachfragekurve verläuft ($S_{x,0}$). Der Umsatz wird durch den Schnittpunkt der Kurven D_x und $S_{x,0}$ bestimmt; das Devisenangebot erreicht hier den größten Wert (DV_0^A in Abbildung IV.56).

Bei einer Abwertung (e_1) [Aufwertung (e_2)] der inländischen Währung erzielen die Exporteure für jeden \$-Preis einen höhe-

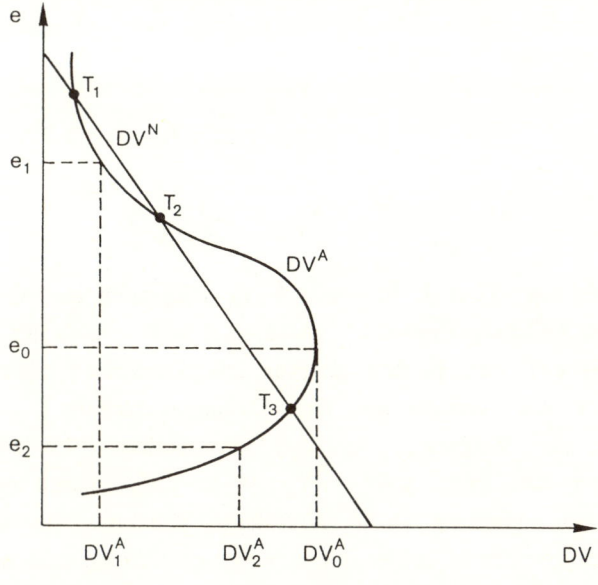

Abb. IV.56

ren [niedrigeren] Preis in Inlandswährung. Folglich werden sie ihr Angebot auf dem Weltmarkt ausdehnen $(S_{x,1})$ [einschränken $(S_{x,2})$]. Im ersten Fall schneidet die Angebotskurve die Nachfragekurve im elastischen Bereich, d.h. der Nachfragerückgang überwiegt den Preisanstieg, so daß der Umsatz und damit das Devisenangebot sinken (DV_1^A). Im zweiten Fall überwiegt der Preisrückgang den Nachfrageanstieg, so daß ebenfalls Umsatz und Devisenangebot zurückgehen (DV_2^A). Es ergibt sich die Devisenangebotskurve DV^A.

Bei normaler Devisennachfrage existieren in dem dargestellten Fall drei Gleichgewichte (T_1, T_2, T_3). Von diesen Gleichgewichten sind T_1 und T_3 stabil, während T_2 instabil ist: Oberhalb von T_2 gilt $DV^N > DV^A$, was eine Abwertung der Währung zur Folge hat, bis T_1 erreicht ist; unterhalb von T_2 gilt $DV^A > DV^N$, so daß die Währung aufgewertet wird, bis T_3 erreicht ist.

2. Unter Beachtung von $X = j_a Y_a$ und $X_a = jY$ folgt aus den Gleichungen (1) und (2):

$$(3) \quad Y = \frac{A}{1-c+j} + \frac{j_a}{1-c+j} Y_a$$

$$(4) \quad Y_a = \frac{A_a}{1-c_a+j_a} + \frac{j}{1-c_a+j_a} Y.$$

Gleichung (3) stellt in einem Y/Y_a-Diagramm eine Gerade mit dem Ordinatenabschnitt $A/(1-c+j) > 0$ und der Steigung $j_a/(1-c+j)$ dar. In dem gleichen Diagramm wird Gleichung (4) durch eine Gerade mit dem Ordinatenabschnitt $-A_a/j < 0$ und der Steigung $(1-c_a+j_a)/j$ repräsentiert. Wie sich leicht zeigen läßt, gilt: $j_a/(1-c+j) < (1-c_a+j_a)/j$; damit ergibt sich die in Abbildung IV.57 dargestellte Situation. Ein simultanes Gleichgewicht in beiden Ländern ist im Schnittpunkt der beiden Kurven erreicht.

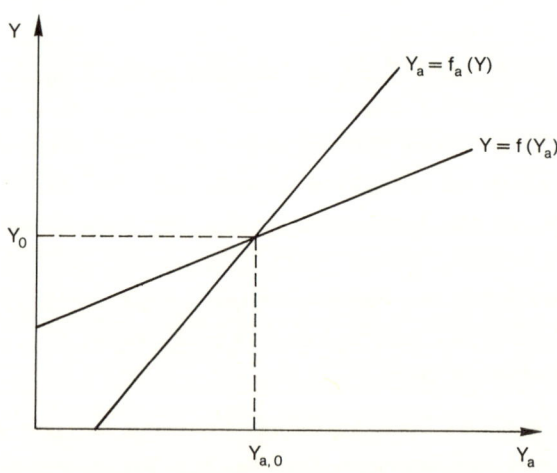

Abb. IV.57

Der Gleichgewichtswert Y_0 [$Y_{a,0}$] läßt sich algebraisch bestimmen, indem Y_a [Y] aus Gleichung (4) [Gleichung (3)] in Gleichung (3) [Gleichung (4)] eingesetzt wird; es ergibt sich:

$$(5) \quad Y_0 \;=\; \frac{(1-c_a+j_a)A+j_aA_a}{(1-c+j)(1-c_a+j_a)-jj_a}$$

$$(6) \quad Y_{a,0} \;=\; \frac{(1-c+j)A_a+jA}{(1-c+j)(1-c_a+j_a)-jj_a} \; .$$

3. Unterbeschäftigung bei Zahlungsbilanzgleichgewicht bedeutet, daß sich die IS-, LM- und ZG-Kurve links von Y_0 schneiden (Punkt A in Abbildung IV.58).

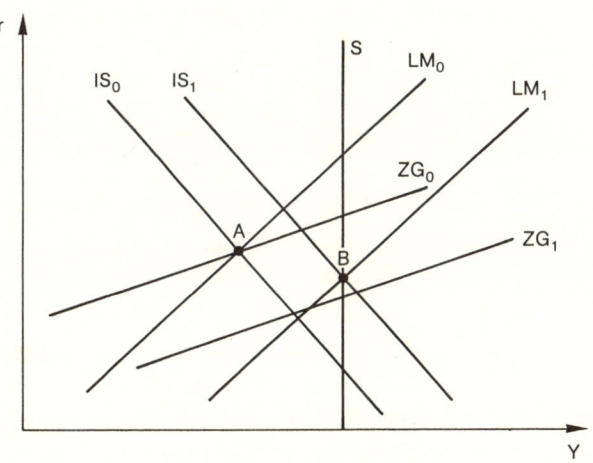

Abb. IV.58

Es ist zweckmäßig, den Anpassungsprozeß in zwei Schritte zu zerlegen.

(1) Unterbeschäftigung führt zu Preissenkungen, bis Vollbeschäftigung erreicht ist; die IS- und LM-Kurve verschieben sich nach rechts, bis sie sich bei Y_0 schneiden (Punkt B).

(2) Die Preissenkung führt zu einem Zahlungsbilanzungleichgewicht (ZG_1 verläuft bspw. unterhalb von B). Die weiteren Reaktionen folgen dem Geldmengen-Preis-Mechanismus.

4. Nach der Kaufkraftparitätentheorie wirkt sich die Zinserhöhung im Ausland nicht auf das inländische Preisniveau aus.

Zur Analyse sonstiger Wirkungen im Inland wird auf Abbildung IV.38 a zurückgegriffen, die teilweise als Abbildung IV.59 wiederholt ist.

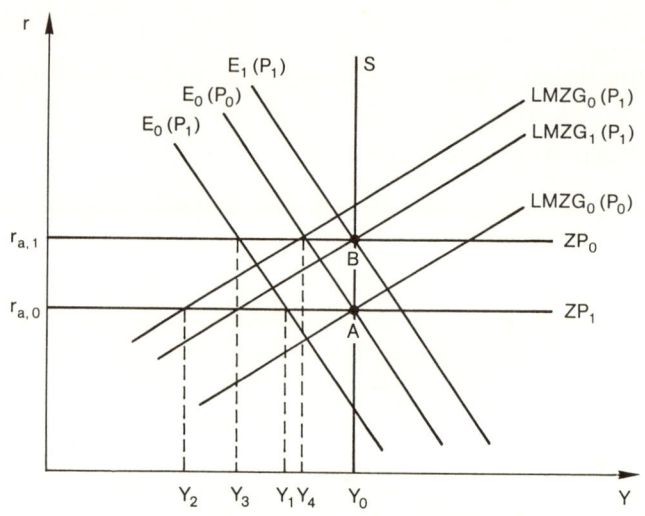

Abb. IV.59

Infolge der Preiserhöhung im Ausland verschieben sich $E_0(P_0)$ nach $E_0(P_1)$ und $LMZG_0(P_0)$ nach $LMZG_0(P_1)$. Bei unverändertem Zinssatz sinken die heimische Absorption auf Y_1, das finanzierbare Einkommen auf Y_2.

Die Zinserhöhung im Ausland (und Inland) hat zur Folge, daß die heimische Absorption infolge Rückgangs der zinsabhängigen Investitionsnachfrage auf Y_3 zurückgeht, während das finanzierbare Einkommen infolge Verringerung der zinsabhängigen Geldnachfrage auf Y_4 ansteigt.

Zur Realisierung des neuen Gleichgewichts (Punkt B) ist somit eine geringere Erhöhung der Geldmenge $(LMZG_1(P_1))$, aber eine größere Erhöhung des Vermögens $(E_1(P_1))$ erforderlich.

5. In Abbildung IV.60 ist Punkt A die Ausgangssituation. Da Fiskal- und Wechselkurspolitik die Geldmenge unverändert lassen, bleibt die ursprüngliche LM-Kurve (LM_0) erhalten, d.h. das gesamtwirtschaftliche Gleichgewicht ist in Punkt B erreicht. Die Realisierung dieses Punktes erfordert eine Erhöhung der Staatsnachfrage sowie eine Aufwertung der inländischen Währung.

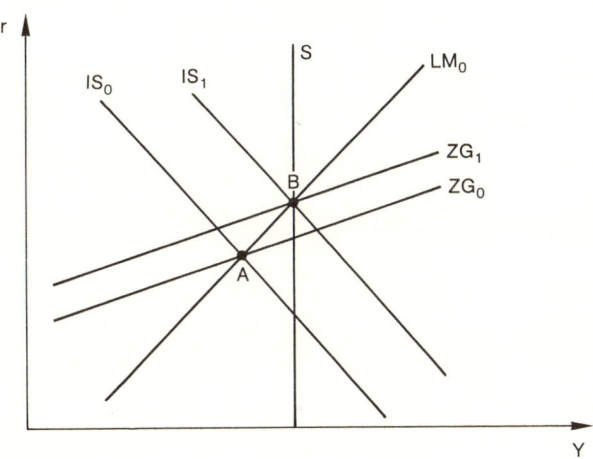

Abb. IV.60

In Abbildung IV.61 wird die Fiskalpolitik dem binnenwirtschaftlichen und die Wechselkurspolitik dem außenwirtschaftlichen Ziel zugeordnet. Die Erhöhung der Staatsnachfrage (IS_0 nach IS_1) führt zunächst zu Punkt B; die zum Zahlungsbilanzausgleich erforderliche Aufwertung (IS_1 nach IS_2 und ZG_0 nach ZG_1) ergibt Punkt C. Weitere Maßnahmen führen schließlich zu Punkt B.

In Abbildung IV.62 ist die Zuordnung geändert: Zunächst wird mittels Abwertung (IS_1, ZG_1) Vollbeschäftigung angestrebt (Punkt B); die zum Ausgleich der Zahlungsbilanz erforderliche

Fiskalpolitik (IS_1 nach IS_2) führt anschließend zu Punkt C. Offensichtlich ist diese Zuordnung destabilisierend.

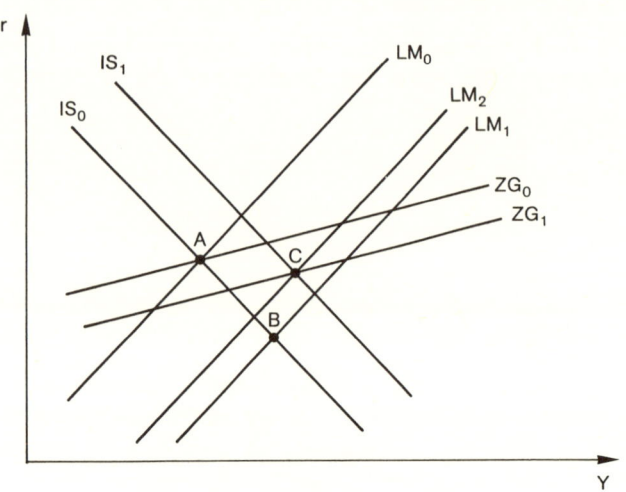

Abb. IV.61

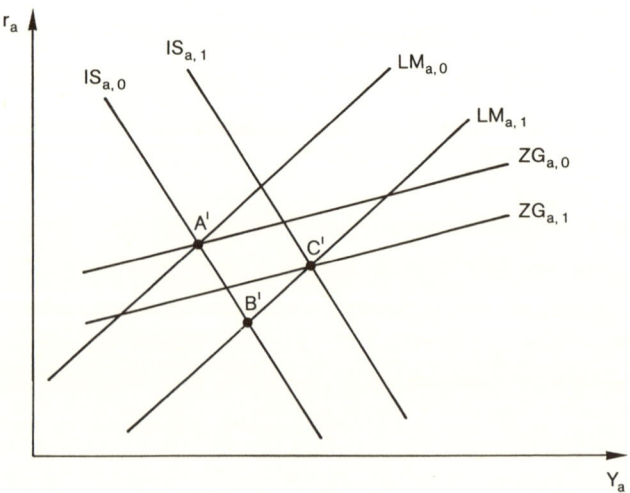

Abb. IV.62

6. In den Abbildungen IV.63 bzw. IV.64 ist die Ausgangssituation in den beiden Ländern durch die Punkte A bzw. A' dargestellt.

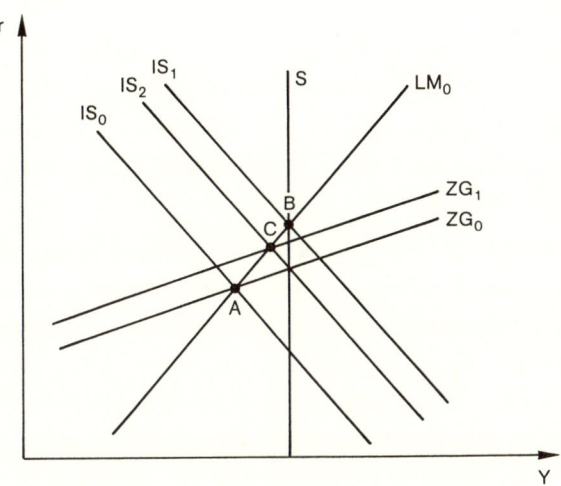

Abb. IV.63

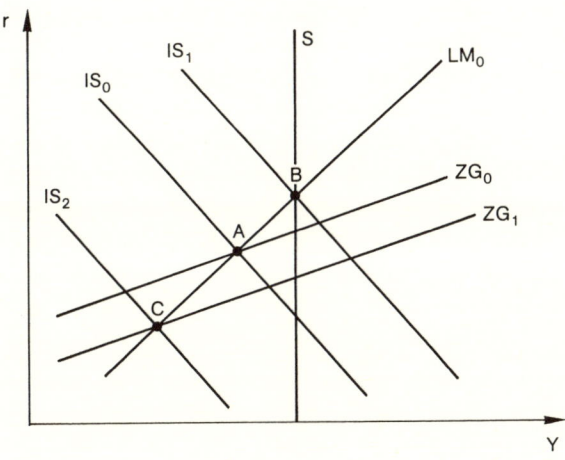

Abb. IV.64

Die Geldpolitik im Inland verschiebt die LM_0-Kurve nach LM_1 (Abbildung IV.63); es ergibt sich die Situation B, nämlich niedrigerer Zinssatz und höheres Einkommen bei einem Zahlungsbilanzdefizit.

Infolge des Zahlungsbilanzdefizits (die inländische Währungsbehörde verkauft Devisen) verringert sich die inländische Geldmenge (LM_1 nach LM_2 in Abbildung IV.63); im Ausland nimmt sie zu ($LM_{a,0}$ nach $LM_{a,1}$ in Abbildung IV.64), wodurch r_a sinkt und Y_a ansteigt (B').

Infolge des höheren inländischen (ausländischen) Einkommens steigen die Exporte des Auslandes (Inlandes) an, was sich in einer Rechtsverschiebung sowohl der IS- (IS_0 nach IS_1 bzw. $IS_{a,0}$ nach $IS_{a,1}$) als auch der ZG-Kurve (ZG_0 nach ZG_1 bzw. $ZG_{a,0}$ nach $ZG_{a,1}$) äußert; die ZG- (ZG_a-)Kurve verlagert sich weiterhin infolge der niedrigen Zinsen nach rechts.

Nach Abschluß aller Anpassungsprozesse stellt sich bspw. die Situation C bzw. C' ein, d.h. expansive Geldpolitik eines großen Landes ist auch bei festen Wechselkursen wirksam.

Kapitel V

Stetiges Wirtschaftswachstum

Dieses Kapitel befaßt sich schwerpunktmäßig mit den Möglichkeiten eines stetigen Wirtschaftswachstums.

Einleitend wird zunächst der Begriff des Wirtschaftswachstums erläutert sowie der Wachstumsprozeß in der BRD dargestellt. Daran anschließend wird mit Hilfe einer modifizierten Version des im I. Kapitel dargestellten Makro—Modells der Wachstumsprozeß, nämlich die Schwankungen der wirtschaftlichen Entwicklung, insbesondere aber der trendmäßige Verlauf, erklärt. Einige Anmerkungen zur Wachstumspolitik i.w.S. schließen dieses Kapitel ab.

Gliederung des V. Kapitels

V.1 Erfassung des wirtschaftlichen Wachstums[1]

Einleitend wird zunächst der Begriff des wirtschaftlichen Wachstums erläutert, daran anschließend werden der Wachstumsprozeß sowie das Wachstumspotential in der BRD dargestellt.

V.1.1 Begriff des Wirtschaftswachstums

Unter wirtschaftlichem Wachstum wird überwiegend ein quantitatives Wachstum verstanden, d.h. eine Zunahme der Güterproduktion (bzw. der Güterproduktion pro Kopf der Bevölkerung). Damit läßt sich Wirtschaftswachstum als eine Zunahme einer die Güterproduktion repräsentierenden Größe, bspw. des realen Bruttosozialprodukts oder des realen Volkseinkommens, definieren.

Abbildung V.1 gibt die idealtypische zeitliche Entwicklung des realen Volkseinkommens (Y) wieder. Diese Entwicklung ist durch konjunkturelle Schwankungen (durchgezogene Linie) um einen längerfristigen Wachstumstrend (gestrichelte Linie) gekennzeichnet.[2]

Die konjunkturellen Schwankungen äußern sich in regelmäßigen Abfolgen von Boomphasen (das Volkseinkommen verläuft oberhalb des Trends) und Baissephasen (das Volkseinkommen verläuft unterhalb des Trends).

---

[1] Gabisch, G., Konjunktur und Wachstum, in: Vahlens Kompendium der Wirtschaftstheorie und Wirtschaftspolitik, Bd. 1, 5. Aufl., München 1992, S. 323ff; Heubes, J., Konjunktur und Wachstum, a.a.O., S. 143ff; Oppenländer, K.H., Wachstumstheorie und Wachstumspolitik, München 1988, S. 1ff; Sachs, J.D. und F.B. Larrain, Macroeconomics in the global economy, a.a.O., S. 547ff; Tichy, G., Konjunktur, 2. Aufl., Berlin u.a. 1994, S. 6ff.

[2] Die Trennung von Konjunktur und Wachstum ist nicht unproblematisch. Abgesehen von empirischen Erfassungsproblemen setzt sie voraus, daß keine Wechselwirkungen zwischen Trend und Konjunktur existieren.

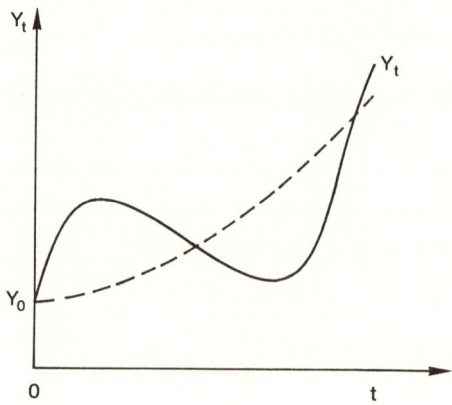

Abb. V.1: *Idealtypische Entwicklung des Volkseinkommens I*

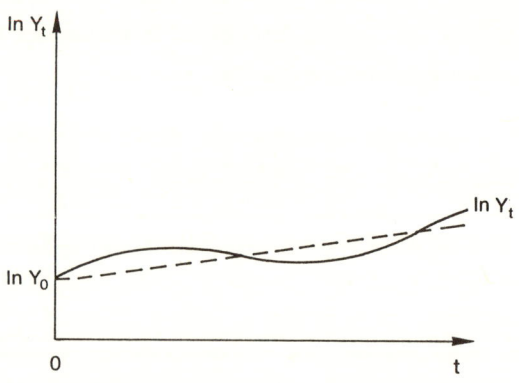

Abb. V.2: *Idealtypische Entwicklung des Volkseinkommens II*

Die dargestellte Entwicklung ist nun Gegenstand von drei verschiedenen Theorien, nämlich der Beschäftigungstheorie, der Konjunkturtheorie und der Wachstumstheorie. Die im II. Kapitel dargestellte
Beschäftigungstheorie beschränkt sich auf die Baissephase, d.h. sie
versucht, die Ursachen für einen konjunkturellen Rückgang, der mit
Arbeitslosigkeit verbunden ist, aufzuzeigen (kurzfristige Betrachtung).

Die Konjunkturtheorie befaßt sich mit dem gesamten Konjunkturzyklus; sie will einerseits die zu beobachtende Selbstverstärkung einer konjunkturellen Auf- oder Abwärtsbewegung und andererseits die regelmäßige Umkehr der Bewegungsrichtung erklären (mittelfristige Betrachtung). Die Wachstumstheorie schließlich konzentriert sich auf den Trend, d.h. sie versucht, die Faktoren aufzuzeigen, die den längerfristigen (durchschnittlichen) Anstieg des Volkseinkommens bestimmen (längerfristige Betrachtung).[1]

Als stetiges Wirtschaftswachstum wird üblicherweise ein Wachstumsprozeß mit (im Durchschnitt) konstanter Rate (w) bezeichnet. In diesem Fall gilt:

$$(1) \quad Y_t = Y_0 e^{wt},$$

d.h. die (längerfristige) Entwicklung des Volkseinkommens folgt einem exponentiellen Trend, wie in Abbildung V.1 angedeutet.

Durch Logarithmierung ergibt sich aus Gleichung (1):

$$(2) \quad \ln Y_t = \ln Y_0 + wt.$$

Gleichung (2) wird in der halblogarithmischen Darstellung der Abbildung V.2 durch die gestrichelt eingezeichnete Gerade angegeben, deren Steigung der konstanten Wachstumsrate w entspricht.

V.1.2 Der Wachstumsprozeß in der BRD

Abbildung V.3 gibt die wirtschaftliche Entwicklung in der BRD (früheres Bundesgebiet) wieder. Als Indikator dient das reale Bruttoinlandsprodukt (BIP), das für 1980 auf den Wert 100 normiert wurde.[2] Darüber hinaus zeigt diese Abbildung den Wachstumsprozeß in ausgewählten Partnerländern.

---

1   Der Trend wird vereinzelt auch als längerfristige (sog. Kondratieff-)Welle (50-60 Jahre) interpretiert.

2   Sachverständigenrat zur Begutachtung der gesamtwirtschaftlichen Entwicklung, Jahresgutachten 1993/94, S. 297.

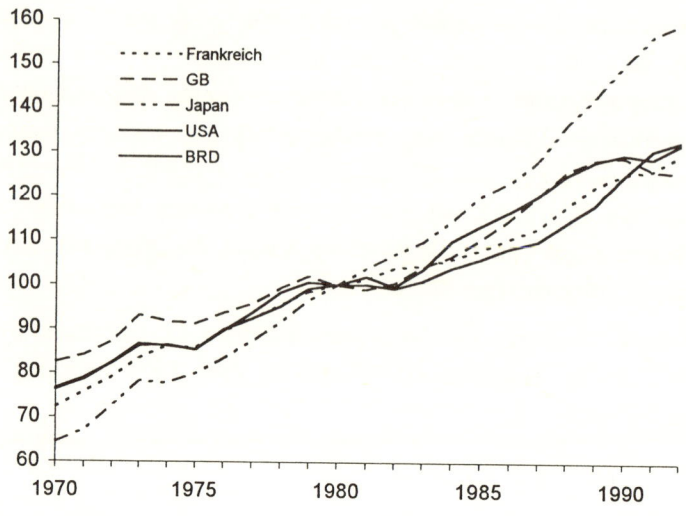

Abb. V.3: Wirtschaftswachstum im internationalen Vergleich

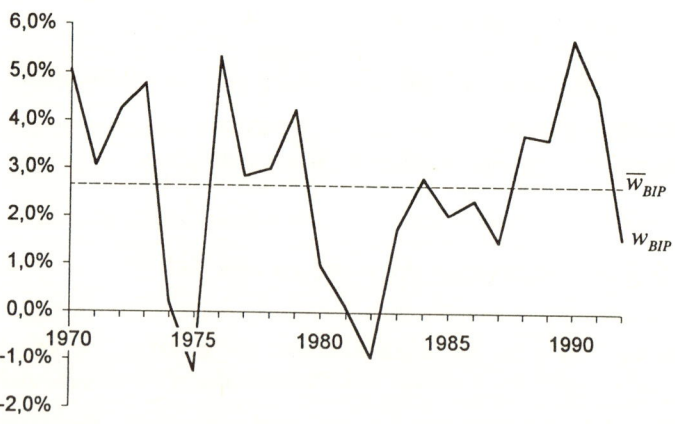

Abb. V.4: Die Wachstumsrate des realen BIP in der BRD

Abbildung V.3 ist deutlich zu entnehmen, daß die wirtschaftliche
Entwicklung der verschiedenen Länder längerfristig einem Wachstumstrend folgt, der kürzerfristig von Konjunkturschwankungen

überlagert ist. Diese Konjunkturschwankungen in einer wachsenden Wirtschaft werden auch als Wachstumsschwankungen bezeichnet.

Diese Abbildung zeigt weiter, daß die konjunkturellen Schwankungen in den einzelnen Ländern überwiegend parallel verliefen. Deutlich gegenläufig war die konjunkturelle Entwicklung hingegen Ende der 80er und Anfang der 90er Jahre, worauf im II. Kapitel bereits hingewiesen wurde. Abgesehen von Japan weist schließlich auch der Wachstumtrend in den verschiedenen Ländern große Übereinstimmung auf. Die Wachstumsrate über den gesamten betrachteten Zeitraum schwankte zwischen 52% (Großbritannien) und 79% (Frankreich); die von Japan hingegen betrug 147%.

In Abbildung V.4 ist der Wachstumsprozeß in der BRD mit Hilfe der Wachstumsrate des realen Bruttoinlandsprodukts dargestellt. Die konjunkturelle Entwicklung zeigt sich in der stark zyklisch schwankenden jährlichen Wachstumsrate (w), der Wachstumtrend in der durchschnittlichen Wachstumsrate ($\bar{w}$). Die durchschnittliche Wachstumsrate kann über den betrachteten Zeitraum offensichtlich als konstant angenommen werden, was einem (nicht eingezeichneten) exponentiellen Trend des BIP in Abbildung V.3 entspricht.

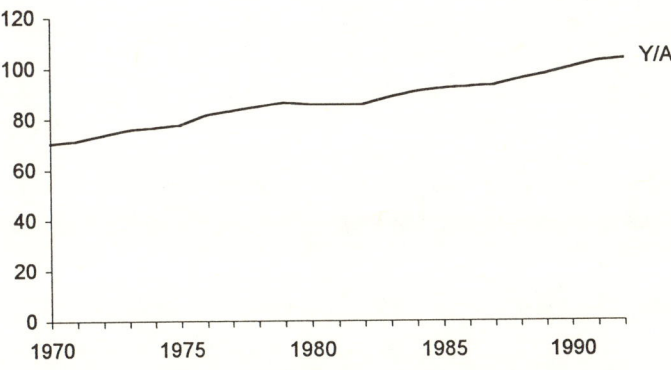

Abb. V.5: *Entwicklung der Arbeitsproduktivität*

Der in den Abbildungen V.3 und V.4 dargestellte globale Wachstumsprozeß weist gewisse strukturelle Regelmäßigkeiten auf, die als

stilisierte Fakten bezeichnet werden. So zeigen sich bspw. ganz
bestimmte Verlaufsmuster für die Arbeitsproduktivität (Y/A), die
Kapitalintensität der Arbeit (K/A) oder den Kapitalkoeffizienten
(K/Y), wie in den Abbildungen V.5 - V.7 dargestellt.[1]

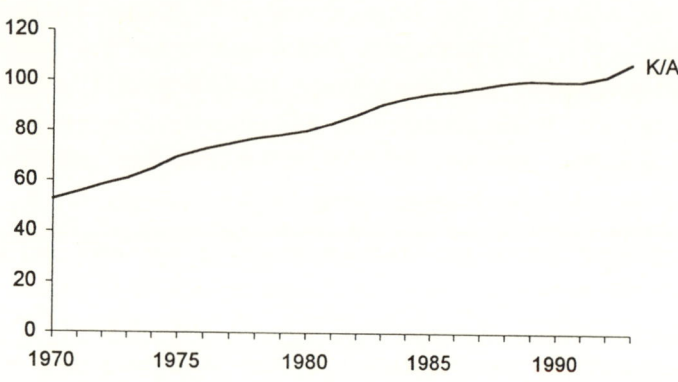

Abb. V.6: *Entwicklung der Kapitalintensität der Arbeit*

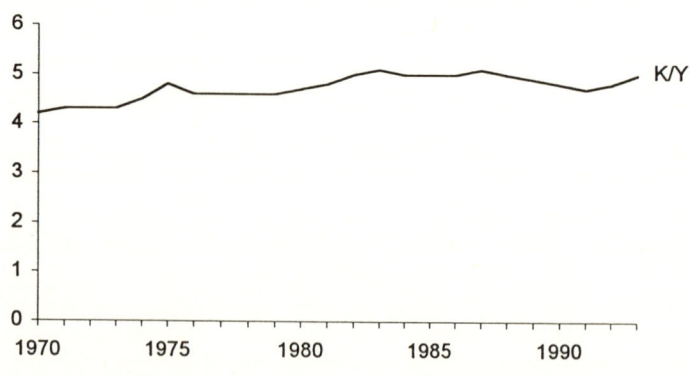

Abb. V.7: *Entwicklung des Kapitalkoeffizienten*

---

[1]   Sachverständigenrat zur Begutachtung der gesamtwirtschaftlichen Entwicklung, Jahresgutachten 1993/94, Tabellen 2* und 3*; Statistisches
Bundesamt, Volkswirtschaftliche Gesamtrechnungen, Fachserie 18, Reihe
1.2: Konten und Standardtabellen, Wiesbaden 1993, S. 92.

Wie die Abbildungen V.5 und V.6 zeigen, nimmt sowohl die Arbeitsproduktivität als auch die Kapitalintensität der Arbeit (jeweils 1980 auf 100 normiert) im Wachstumsprozeß deutlich zu. Der Kapitalkoeffizient hingegen steigt bis Anfang der 80er Jahre mäßig an und bleibt dann nahezu konstant.

V.1.3 Das Wachstumspotential in der BRD

Im vorangehenden Abschnitt wurde die tatsächliche wirtschaftliche Entwicklung dargestellt, die durch Auslastungsschwankungen gekennzeichnet ist. Damit stellt sich die Frage nach der möglichen Wirtschaftsentwicklung, wenn von diesen Auslastungsschwankungen abgesehen wird, die Frage nach dem Produktionspotential.

Im nächsten Abschnitt wird gezeigt, daß das Produktionspotential durch die Produktionsfaktoren bestimmt wird. Somit kann zu seiner Ermittlung auf die Produktionsfaktoren zurückgegriffen werden. Eine erste Möglichkeit, die auf den Faktor Arbeit abstellt, geht auf das im III. Kapitel erwähnte Okun'sche Gesetz zurück:

$$(1) \quad u_0 - u = a \frac{Y - Y_0}{Y} \cdot 100.$$

Nach Gleichung (1) besteht ein bestimmter Zusammenhang zwischen der prozentualen Abweichung der potentiellen Güterproduktion (Y_0) von ihrem aktuellen Wert (Y) und der Abweichung der aktuellen Arbeitslosenquote (u) von der natürlichen Arbeitslosenquote (u_0). Der Faktor a wurde für die USA auf ca. 0,3 geschätzt. Damit besagt Gleichung (1), daß die tatsächliche Arbeitslosenquote die natürliche um einen Prozentpunkt übersteigt, wenn die tatsächliche Güterproduktion um ca. 3,3% hinter ihrem Potentialwert zurückbleibt.

Aus Gleichung (1) läßt sich nun der Potentialwert bestimmen:

$$(2) \quad Y_0 = \left[1 + \frac{1}{100a}(u - u_0)\right] Y$$

bzw., unter Berücksichtigung des empirischen Wertes für a:

$$(3) \quad Y_0 = [1+0,033(u-u_0)]\,Y.$$

Gegen das Okun'sche Gesetz wird nun allerdings eingewandt, daß Gleichung (1) keine stabile Funktion darstellt. In diesem Fall ist auch der nach Gleichung (3) ermittelte Wert nur ein unzuverlässiges Maß für das Produktionspotential.

Einen anderen Ansatz zur Schätzung des Produktionspotentials, der auf dem Faktor Kapital basiert, verwendet der Sachverständigenrat.[1] Vereinfacht geht es hier darum, das Produktionspotential des Unternehmenssektors mit Hilfe des Kapitalstocks und der Kapitalproduktivität zu berechnen. Als Kapitalstock dient das jahresdurchschnittliche Bruttoanlagevermögen $[(K_t+K_{t+1})/2]$, die Kapitalproduktivität (k^*) ist der von Auslastungsschwankungen bereinigte, trendmäßige Wert. Damit ergibt sich für das Produktionspotential Y_0 (des Jahres t):

$$(4) \quad Y_{0,t} = k_t^* \, \frac{K_t+K_{t+1}}{2}\,.$$

Die Berechnung der bereinigten Kapitalproduktivität geschieht in zwei Schritten. Zunächst wird der Trend der Kapitalproduktivität $(\hat{k})$ mittels folgender logarithmisch-linearer Funktion aus den realisierten Werten ermittelt:

$$(5) \quad \ln \hat{k}_t = \ln a + t \ln b + u_t,$$

wobei u eine Zufallsvariable darstellt.

Die gesuchte Größe k^* ergibt sich nun, indem der Trend parallel nach oben durch die höchste empirisch gemessene Kapitalproduktivität verschoben wird:

$$(6) \quad \ln k_t^* = a_0 + \ln \hat{k}_t$$

mit: $a_0 = \max(\ln k_t - \ln \hat{k}_t).$

---

[1]   Sachverständigenrat zur Begutachtung der gesamtwirtschaftlichen Entwicklung, Jahresgutachten 1993/94, S. 272f.

Das derart ermittelte Produktionspotential sowie die tatsächliche Produktion (Bruttoinlandsprodukt) sind in Abbildung V.8 darge-stellt.[1]

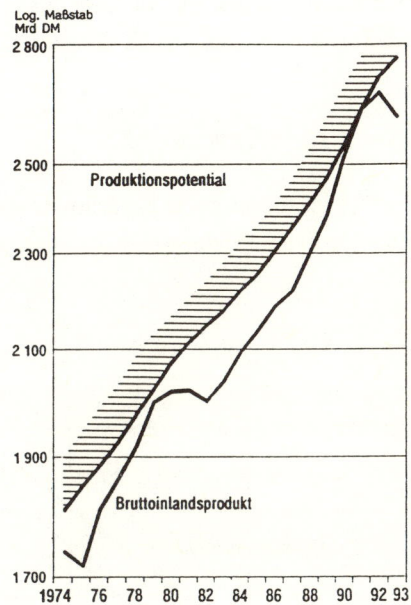

Abb. V.8: Produktionspotential nach dem Sachverständigenrat

Aufgrund der Berechnungsmethode entspricht das Produktionspoten-tial der maximalen Auslastung des Kapitalstocks, die in der Ver-gangenheit erreicht wurde. Da diese maximale Auslastung einer Boomsituation, nicht jedoch dem Trend als einer ausgeglichenen Wirtschaftslage entspricht, überschätzt der derart ermittelte Wert das Produktionspotential.

Eine weitere Möglichkeit, das Produktionspotential zu ermitteln, die bspw. von der Deutschen Bundesbank verwendet wird, besteht in

---

1 Sachverständigenrat zur Begutachtung der gesamtwirtschaftlichen Ent-wicklung, Jahresgutachten 1993/94, S. 102.

seiner Schätzung mit Hilfe beider Produktionsfaktoren sowie zusätzlich des technischen Fortschritts im Rahmen einer gesamtwirtschaftlichen Produktionsfunktion.[1] Diese Schätzung umfaßt zwei Stufen.

Auf der ersten Stufe ist die der Potentialschätzung zugrunde gelegte Produktionsfunktion zu konkretisieren. In ihrer ersten Schätzung ging die Deutsche Bundesbank von einer Cobb-Douglas-Produktionsfunktion aus:

$$(7) \quad Y_t = a_0 e^{wt} A_t^\alpha K_t^\kappa,$$

wobei der Term e^{wt} den technischen Fortschritt, die Exponenten α und κ die jeweilige partielle Produktionselastizität erfassen.

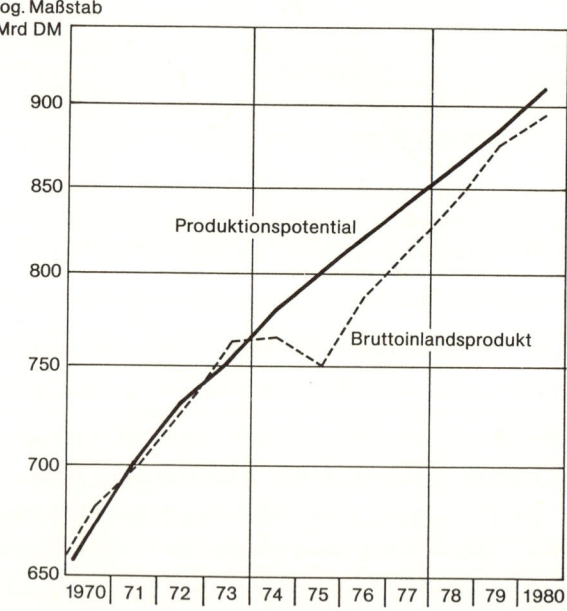

Abb. V.9: *Produktionspotential nach der Deutschen Bundesbank*

---

[1] Deutsche Bundesbank, Das Produktionspotential in der Bundesrepublik Deutschland, Monatsberichte, Oktober 1973, S. 28ff; dies., Neuberechnung des Produktionspotentials für die Bundesrepublik Deutschland, Monatsberichte, Oktober 1981, S. 32ff.

Die erste Stufe umfaßt weiter die Schätzung der Parameter der Produktionsfunktion, hier also von a_0, w, α und κ. Diese Schätzung erfolgt mittels einer Regression, wozu die Zeitreihen der tatsächlichen Produktion sowie des Arbeits- und Kapitaleinsatzes herangezogen werden. Der technische Fortschritt wird üblicherweise als Restgröße erfaßt.

Auf der zweiten Schätzstufe wird dann das Produktionspotential mit Hilfe der ermittelten Produktionsfunktion bestimmt. Hierzu werden in Gleichung (7) die Potentialwerte der Produktionsfaktoren eingesetzt, so daß sich unter Berücksichtigung der Schätzwerte für die Parameter der PoteFtialwert der Produktion (Y_0) ausrechnen läßt.

Das von der Deutschen Bundesbank ermittelte Produktionspotential ist in Abbildung V.9 wiedergegeben.[1] Wie diese Abbildung zeigt, steigen einerseits die Produktionsmöglichkeiten relativ stetig an (logarithmisch-linearer Trend), andererseits liegt das Bruttoinlandsprodukt über längere Zeitabschnitte unterhalb seines Potentialwerts, d.h., daß die Produktionsmöglichkeiten nicht ausgeschöpft wurden.

---

1   Deutsche Bundesbank, Neuberechnung des Produktionspotentials für die Bundesrepublik Deutschland, a.a.O., S. 33.

V.2 Erklärung des Wirtschaftswachstums

Dieser Abschnitt befaßt sich insbesondere mit der Frage, durch welche Faktoren das Produktionspotential im Zeitablauf, die trendmäßige wirtschaftliche Entwicklung, bestimmt wird. Als Ergänzung dieser im Mittelpunkt dieses Abschnitts stehenden Wachstumstheorie wird zunächst noch kurz auf die Erklärung von Konjunkturschwankungen eingegangen.

V.2.1 Erklärung der Schwankungen: Die Konjunkturtheorie

Die nachfolgend dargestellten Konjunkturtheorien haben die in den vorangehenden Kapiteln dargestellte keynesianische bzw. neoklassische Theorie zum Ausgangspunkt; sie lassen sich somit in keynesianische und neoklassische Konjunkturtheorien einteilen.[1]

1. Keynesianische Konjunkturtheorien

Aus der Vielzahl keynesianischer Konjunkturtheorien werden hier drei Ansätze ausgewählt, die unmittelbar an den Darstellungen in den vorangehenden Kapiteln anknüpfen.

1.1 Der Multiplikator-Akzelerator-Mechanismus[2]

Basis zahlreicher keynesianischer Konjunkturtheorien ist das sog. Multiplikator-Akzelerator-Modell von Samuelson. Samuelson ver-

---

[1] Die hier ausgewählten keynesianischen Konjunkturtheorien gehen von der zweiten Version, die neoklassischen Ansätze von der dritten Version des im I. Kapitel dargestellten Makro-Modells aus.

[2] Gabisch, G. und H.-W. Lorenz, Business Cycle Theory, 2. Aufl., Berlin u.a. 1989, S. 42ff; Heubes, J., Konjunktur und Wachstum, a.a.O., S. 30ff; Vosgerau, H.-J., Konjunkturtheorie, in: Handwörterbuch der Wirtschaftswissenschaft, Bd. 4, Stuttgart u.a. 1978, S. 478ff, hier S. 491ff.

bindet die im I. Kapitel dargestellte absolute Einkommenshypothese, die dem Multiplikatorprozeß zugrunde liegt, mit dem ebenfalls dort behandelten Akzelerationsprinzip. Orientieren sich die Haushalte bezüglich ihres erwarteten Einkommens und die Unternehmer bezüglich der erwarteten Einkommensänderung jeweils an der Vorperiode, so lauten die Grundgleichungen eines Multiplikator-Akzelerator-Modells:

$$(1) \quad C_t = cY_{t-1}$$

$$(2) \quad I_t = k(Y_{t-1} - Y_{t-2}) + \bar{I}.$$

Wird von ökonomischer Aktivität des Staates abgesehen, so ergibt sich für das Volkseinkommen:

$$(3) \quad Y_t = cY_{t-1} + k(Y_{t-1} - Y_{t-2}) + \bar{I}$$

bzw.:

$$(4) \quad Y_t - (c+k)Y_{t-1} + kY_{t-2} = \bar{I}.$$

Die allgemeine Lösung dieser Differenzengleichung lautet:[1]

$$(5) \quad Y_t = Y^* + \Psi_1 \lambda_1^t + \Psi_2 \lambda_2^t$$

mit:

$$(6) \quad Y^* = \frac{\bar{I}}{1-c} \quad \text{(Gleichgewichtslösung)}$$

$$(7) \quad \lambda_{1/2} = \frac{c+k}{2} \pm \sqrt{\left[\frac{c+k}{2}\right]^2 - k}$$

$$\Psi_1, \Psi_2 = \text{Konstante}.$$

Wie Gleichung (5) zeigt, hängt die Stabilität des Gleichgewichts von den Wurzelwerten ab. Die Grenze zwischen stabiler und instabiler Entwicklung des Einkommens wird nach den Schur-Kriterien im Bereich ökonomisch sinnvoller Werte bestimmt durch:

$$(8) \quad k = 1.$$

---

[1]   Siehe hierzu den mathematischen Anhang.

Weiterhin ist wieder die Frage von Interesse, inwieweit die zeitliche Entwicklung des Einkommens unter Schwankungen verläuft. Schwankungen ergeben sich, wenn der Radikand in Gleichung (7) negativ ist. Die Grenze zwischen Schwankungen und schwankungsfreiem Verlauf liegt also bei:

$$(9) \quad c = 2 \sqrt{k} - k.$$

Werden die Gleichungen (8) und (9) in ein c/k-Koordinatensystem eingezeichnet, so lassen sich bestimmte Bereiche für c und k angeben, die nach einer Störung des Gleichgewichts zu ganz typischen Zeitpfaden des Einkommens führen (Abbildung V.10).

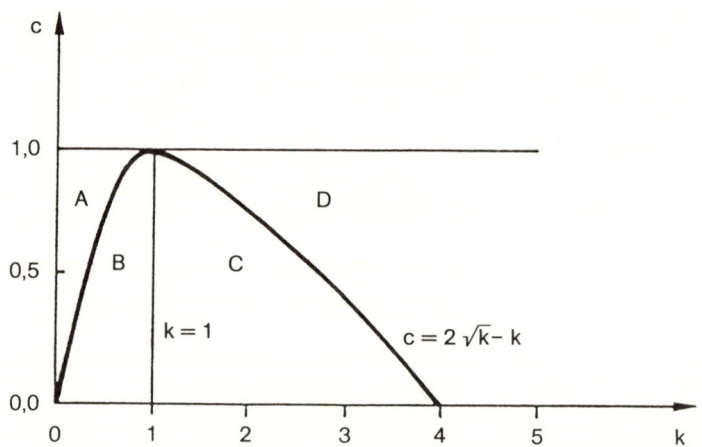

Abb. V.10:   *Stabilitäts– und Schwingungseigenschaften des Samuelson–Modells*

In den Bereichen A und D verläuft der Zeitpfad des Einkommens schwankungsfrei; im Falle A konvergiert das Einkommen zu dem Gleichgewichtswert Y^*, im Falle D entfernt es sich hiervon. In den Bereichen B und C kommt es zu Schwankungen, die im Falle B gedämpft und im Falle C explosiv verlaufen. Diese verschiedenen

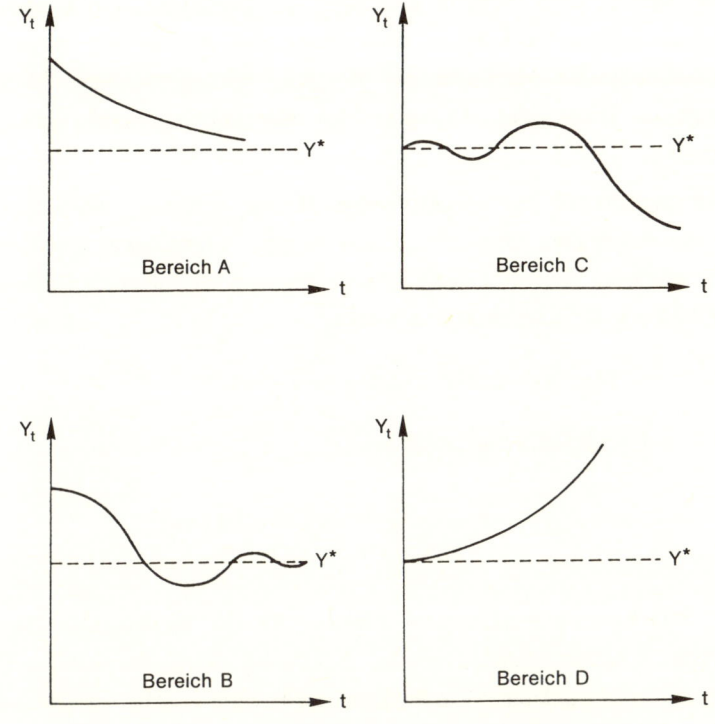

Abb. V.11: *Alternative Zeitpfade des Einkommens*

Zeitpfade des Einkommens sind in Abbildung V.11 andeutungsweise dargestellt.

1.2 Das Modell von Hicks[1]

Konjunkturen sind durch gleichbleibende Amplituden gekennzeichnet. Nach dem voranstehenden Multiplikator-Akzelerator-Modell kommt es jedoch – abgesehen von der Zufallslösung c = 1/k – entweder zu konvergierenden oder zu explodierenden Schwankungen. Damit ist

1 Assenmacher, W., Konjunkturtheorie, 5. Aufl., München/Wien 1991, S. 104ff; Gabisch, G. und H.-W. Lorenz, Business Cycle Theory, a.a.O., S. 49ff; Heubes, J., Konjunktur und Wachstum, a.a.O., S. 39ff.

dieses Modell noch nicht in der Lage, die Persistenz von Konjunkturschwankungen zu erfassen. Erst durch den Einbau des Multiplikator-Akzelerator-Mechanismus in ein umfangreicheres Modell gelingt es Hicks, das Andauern der Konjunkturschwankungen zu erklären.

Hicks modifiziert das voranstehende Modell zunächst dahingehend, daß die autonomen Investitionen mit exogen vorgegebener konstanter Rate wachsen [$\bar{I} = I_0(1+w)^t$]. Damit ergibt sich folgende Differenzengleichung für das Volkseinkommen:

$$(1) \quad Y_t-(c+k)Y_{t-1}+kY_{t-2} = I_0(1+w)^t.$$

Die Gleichgewichtslösung lautet nun:

$$(2) \quad Y_t^* = \frac{1}{1- \dfrac{c+k}{1+w} + \dfrac{k}{(1+w)^2}} I_0(1+w)^t.$$

Das Gleichgewichtseinkommen folgt in diesem Modell also einem stetigen Wachstumspfad, wie in Abbildung V.12 dargestellt. Die Konjunkturschwankungen vollziehen sich nun, darin besteht die zweite Modifikation, innerhalb eines Korridors um diesen Wachstumstrend, der durch die eingezeichnete obere (Y^o) und untere (Y^u) Grenze abgesteckt wird.

Während Y_t^* den natürlichen Wachstumspfad des Einkommens im Sinne einer Normalauslastung der Produktionskapazitäten darstellt, gibt die obere Grenze Y_t^o den bei Maximalauslastung der Produktionsfaktoren maximal erreichbaren Wachstumspfad an. Aufgrund der Kapazitätswirkung der autonomen Investitionen wächst diese obere Grenze ebenfalls mit der Wachstumsrate w.

Geht die Güternachfrage zurück, so wird gemäß deren Akzelerationsprinzip der Kapitalstock abgebaut, d.h. die induzierten Investitionen sind negativ. Maximaler Kapitalabbau ist nun offensichtlich nur im Umfang unterlassener Reinvestitionen möglich. Damit sind die induzierten Investitionen im Konjunkturabschwung betragsmäßig auf die Höhe der Abschreibungen (D) beschränkt, so daß sich die

Investitionsnachfrage auf:

$$(3) \quad I_t = \tilde{I}(1+w)^t; \qquad \tilde{I} = I_0 - D_0$$

reduziert. Unter Beachtung von Gleichung (3) ergibt sich nun folgende Gleichgewichtslösung für das Einkommen, die zugleich die untere Grenze des Korridors darstellt:

$$(4) \quad Y_t^u = \frac{1}{1 - \dfrac{c}{1-w}} \, \tilde{I}(1+w)^t.$$

Es wird angenommen, daß das Einkommen bis t_1 seinem natürlichen Wachstumspfad Y_t^* folgt, während in t_1 eine positive Nachfragestörung eintritt, die zu annahmegemäß explodierenden Schwankungen führt.

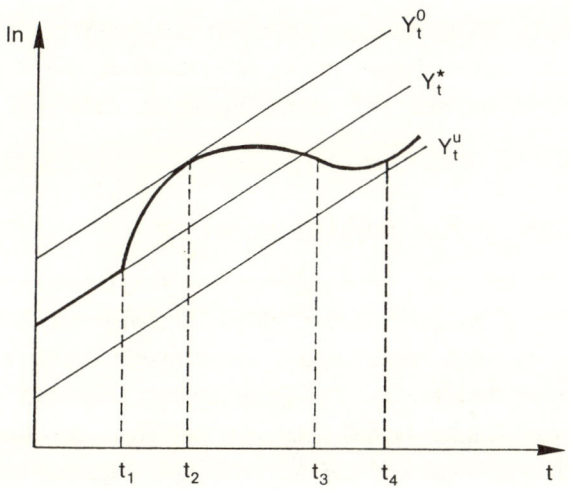

Abb. V.12: *Der Konjunkturverlauf nach Hicks*

Der Aufschwung möge so ausgeprägt sein, daß die Wirtschaft gleich im ersten Zyklus an die obere Schranke stößt (t_2). Ab diesem Zeitpunkt kann die Wirtschaft nur noch mit der Rate w wachsen, die niedriger ist als die im Aufschwung realisierte Wachstumsrate. Da somit die Einkommensdifferenz $Y_{t-1}-Y_{t-2}$ kleiner wird, gehen auch die induzierten Investitionen zurück, so daß das Einkommen schließlich sinkt.

Mit sinkendem Einkommen tritt nun ein negativer Multiplikator-Akzelerator-Mechanismus in Kraft. Dieser kumulative Abschwungprozeß wird jedoch abgebremst, sobald die induzierten Investitionen die Höhe der Abschreibungen erreicht haben (t_3). Ab diesem Zeitpunkt wird der Akzelerator-Mechanismus außer Kraft gesetzt, so daß die Entwicklung des Einkommens durch folgenden Multiplikatorprozeß bestimmt wird:

$$(5) \quad Y_t = Y_t^u + A_0 c^t,$$

wobei A_0 die Differenz zwischen dem letzten Wert des Einkommens und der unteren Schranke angibt.

Gemäß diesem Multiplikatorprozeß nähert sich die Wirtschaft an die (ansteigende) untere Grenze an, so daß schließlich wieder ein positiver Akzeleratorprozeß und damit ein neuer Aufschwung eintritt (t_4).

1.3 Endogene Konjunkturerklärung

Im Hicks-Modell wird die Persistenz der Konjunkturschwankungen zum Teil durch exogene Größen erklärt: Explodierende Schwankungen stoßen an eine obere, exogen determinierte Wachstumsgrenze, wodurch eine Umkehr der Bewegungsrichtung eingeleitet wird. Im nachfolgenden Kaldor-Modell folgt die Persistenz der Konjunkturschwankungen endogen aus dem Verhalten der Wirtschaftssubjekte.

1.3.1 Das ursprüngliche Kaldor-Modell[1]

Die konjunkturelle Dynamik des Kaldor-Modells resultiert aus einer nicht-linearen Spar- und Investitionsfunktion.

---

[1] Assenmacher, W., Konjunkturtheorie, a.a.O., S. 144ff; Gabisch, G. und H.-W. Lorenz, Business Cycle Theory, a.a.O., S. 122ff; Heubes, J., Konjunktur und Wachstum, a.a.O., S. 52ff.

Sparen ist eine Funktion des Einkommens, derart, daß zwei elastische Bereiche und ein unelastischer Bereich zu unterscheiden sind. Bei niedrigem Einkommen werden die Haushalte ihre Ersparnisbildung im Vergleich zu einem mittleren, normalen Einkommen sehr stark einschränken, um ihren Lebensstandard aufrechtzuerhalten. Entsprechend werden die Haushalte bei hohem Einkommen ihre Ersparnisbildung relativ stark erhöhen, um so Vorsorge für Zeiten niedrigeren Einkommens zu treffen. Dieser Verlauf der Sparfunktion ist in Abbildung V.13 veranschaulicht.

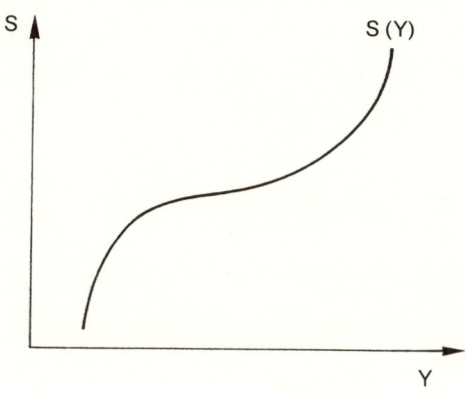

Abb. V.13: *Sparfunktion*

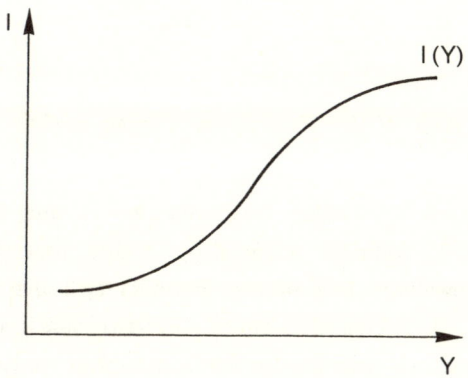

Abb. V.14: *Investitionsfunktion*

Die Investitionen sind nach Kaldor ebenfalls eine Funktion des Einkommens, die umgekehrt jedoch zwei unelastische Bereiche und einen elastischen Bereich aufweist. Die Investitionsnachfrage ist bei niedrigem Einkommen im Verhältnis zu einem mittleren, normalen Einkommen unelastisch, da Überschußkapazitäten existieren; bei hohem Einkommen aufgrund hoher Kosten und infolge von Finanzierungsengpässen. Die Investitionsfunktion ist in Abbildung V.14 dargestellt.

In Abbildung V.15 sind Spar- und Investitionsfunktion in einer Darstellung zusammengefaßt. Es zeigt sich, daß mehrere Gleichgewichte I = S existieren. Im mittleren Einkommensbereich gilt dI/dY > dS/dY, d.h. das Gleichgewicht C ist instabil, während die Gleichgewichte A und B stabil sind.

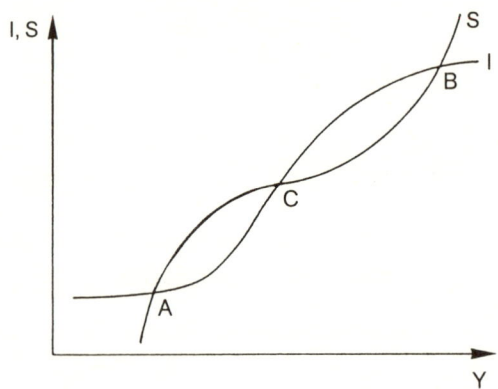

Abb. V.15: *Kurzfristige Gleichgewichte*

Nach Kaldor sind die beiden Gleichgewichte A und B jedoch nur kurzfristig stabil, während mittelfristig Kräfte auftreten, die von diesen Gleichgewichten weg führen. Befindet sich die Wirtschaft in B, so kommt es infolge der hohen Investitionstätigkeit zu Überkapazitäten, wodurch sich die Investitionstätigkeit verringert, was zu einer Verschiebung der Investitionsfunktion nach unten führt. Im Verlauf des Konjunkturbooms steigt nach Kaldor andererseits die

Sparneigung, so daß sich die Sparfunktion nach oben verschiebt. Hierdurch nähern sich die Punkte B und C an, bis sie schließlich zusammenfallen. In diesem kritischen Punkt wird das Gleichgewicht instabil, und es wird ein konjunktureller Abschwung ausgelöst, bis ein neues, stabiles Gleichgewicht bei A erreicht ist. Diese Entwicklung ist in Abbildung V.16 veranschaulicht.

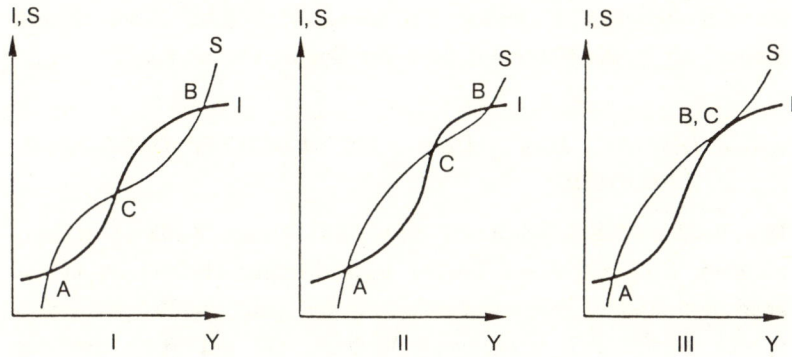

Abb. V.16:   *Konjunkturboom*

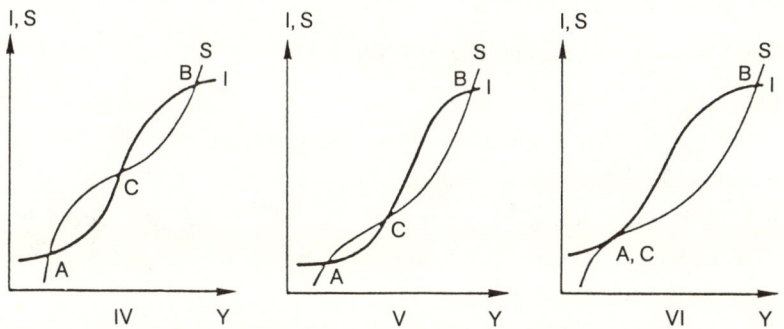

Abb. V.17:   *Konjunkturbaisse*

Das Gleichgewicht bei A ist nun dadurch gekennzeichnet, daß die Investitionstätigkeit zu niedrig ist, um den Kapitalstock aufrechtzuerhalten, d.h. es kommt nach einer gewissen Zeit zu Kapazitätsengpässen, die wiederum die Investitionsnachfrage beleben, was zu einer Verschiebung der Investitionsfunktion nach oben führt. Gleichzeitig sinkt im Verlauf der Konjunkturbaisse nach Kaldor die Sparneigung, wodurch sich die Sparfunktion nach unten verlagert. In diesem Falle nähern sich die Punkte A und C an, bis schließlich das Gleichgewicht mit dem Zusammenfallen dieser Punkte instabil wird, und ein konjunktureller Aufschwung ausgelöst wird, der im neuen, stabilen Gleichgewicht B endet. Abbildung V.17 gibt diesen Prozeß wieder. Ab Punkt B beginnt dann der Zyklus von neuem.

1.3.2 Lösung mit Hilfe des Poincaré–Bendixson–Theorems[1]

Das Kaldor-Modell ist durch eine nicht-lineare Struktur gekennzeichnet. Eine allgemeine Lösung nicht-linearer Modelle ist nur in ganz bestimmten Fällen möglich. In der jüngeren Konjunkturforschung finden sich zunehmend Modelle, die mit Hilfe des sog. Poincaré-Bendixson-Theorems lösbar sind. Dieses Theorem erlaubt in bestimmten Fällen eine qualitative Lösung eines allgemeinen nicht-linearen Gleichungssystems, das aus zwei Differentialgleichungen erster Ordnung besteht.

Das Poincaré-Bendixson-Theorem besagt:

Falls gilt:

- das System besitzt ein eindeutiges Gleichgewicht,
- dieses Gleichgewicht ist instabil,
- es gibt eine beschränkte Menge $D \leq \mathbb{R}^2$, die den Gleichgewichtspunkt enthält, und von deren Rand die Trajektorien des Systems nach innen zeigen,

dann besitzt das System mindestens einen geschlossenen Zyklus, der den Gleichgewichtspunkt umschließt, und jede in D beginnende Trajektorie ist entweder ein geschlossener Zyklus oder nähert sich asymptotisch einem solchen an.

---

1   Assenmacher, W., Konjunkturtheorie, a.a.O., S. 149ff; Gabisch, G. und H.-W. Lorenz, Business Cycle Theory, a.a.O., S. 132ff; Heubes, J., Konjunktur und Wachstum, a.a.O., S. 55ff.

Das Poincaré-Bendixson-Theorem wird nun zur Lösung des Kaldor-Modells herangezogen. Dieses Modell läßt sich mit Hilfe der beiden folgenden Differentialgleichungen darstellen:

(1) $\dot{Y} = \alpha[I(Y,K) - S(Y,K)]$

(2) $\dot{K} = I(Y,K)$

mit: $I_K < S_K < 0$ und

$I_Y, S_Y > 0.$

Bezüglich des Gleichungssystems (1) und (2) wird nun angenommen:

1. Es existiert ein eindeutiges Gleichgewicht (Y^*, K^*).

2. Im Gleichgewicht gilt:

$\alpha(I_Y - S_Y) + I_K > 0$ und

$I_K S_Y < S_K I_Y.$

3. Die Kurve $\dot{K} = 0$ schneidet die K-Achse bei einem endlichen $K_0 > 0$; die Kurve $\dot{Y} = 0$ schneidet die Y-Achse bei einem endlichen $Y_1 > 0$ und nähert sich asymptotisch der K-Achse für $Y \to 0$.

Unter diesen Annahmen ist jeder Zeitpfad der endogenen Variablen Y und K ein geschlossener Zyklus oder nähert sich einem solchen an. Zum Beweis sind die Bedingungen des Poincaré-Bendixson-Theorems nachzuprüfen: Die Existenz eines eindeutigen Gleichgewichts ist Annahme 1, die Instabilität des Gleichgewichts folgt aus Annahme 2.[1]

Damit bleibt noch die Menge $D \leq \mathbb{R}^2$ zu bestimmen. Hierzu werden die Funktionen $\dot{Y} = 0$ und $\dot{K} = 0$ in Abbildung V.18 dargestellt. Die Steigungen dieser Kurven betragen:

(3) $\dfrac{dK}{dY}\bigg|_{\dot{Y}=0} = \dfrac{S_Y - I_Y}{I_K - S_K} \gtreqless 0$ für $S_Y \lesseqgtr I_Y$

(4) $\dfrac{dK}{dY}\bigg|_{\dot{K}=0} = -\dfrac{I_Y}{I_K} > 0.$

---

[1] Siehe hierzu den mathematischen Anhang.

Während die Kurve $\dot{K} = 0$ in Abbildung V.18 ansteigend verläuft, ist die Steigung der Kurve $\dot{Y} = 0$ zunächst unbestimmt. Unter den Kaldor-Annahmen gilt $S_Y > I_Y$ sowohl bei niedrigem als auch bei hohem Einkommen, während $S_Y < I_Y$ bei mittlerem Einkommen erfüllt ist. Damit verläuft die Kurve $\dot{Y} = 0$ zunächst fallend, dann ansteigend und schließlich wieder fallend.

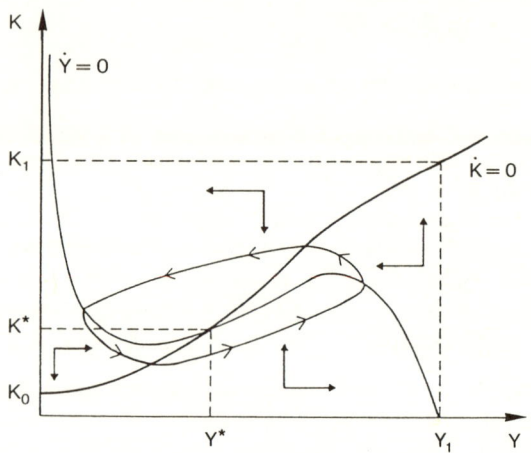

Abb. V.18: *Grenzzyklus*

Laut Annahme 2 ist das Gleichgewicht instabil, was bedeutet, daß die Kurve $\dot{Y} = 0$ im relevanten Bereich ansteigend verläuft.[1] Damit schneiden sich die beiden Kurven im ansteigenden Teil der Kurve $\dot{Y} = 0$, wobei die Steigung der Kurve $\dot{K} = 0$ größer ist als die der Kurve $\dot{Y} = 0$. Die Differenz der Steigungen ist nämlich:

$$(5) \quad \left.\frac{dK}{dY}\right|_{\dot{Y}=0} - \left.\frac{dK}{dY}\right|_{\dot{K}=0} = \frac{I_K S_Y - S_K I_Y}{I_K(I_K - S_K)} < 0.[2]$$

---

[1]   Notwendige Bedingung für Instabilität ist $S_Y < I_Y$.

[2]   Dies folgt aus $I_K < S_K < 0$ sowie Annahme 2.

Unter Beachtung von Annahme 3 sowie dem abgeleiteten Kurven-
verlauf läßt sich nun $D = \{(Y,K)\,|\,0 \leq Y \leq Y_1;\ 0 \leq K \leq K_1\}$ als
abgeschlossene Teilmenge konstruieren. Die Trajektorien der Gleichungen (1) und (2) weisen ins Innere von D.

Damit liegen die Voraussetzungen für die Anwendung des Poincaré-Bendixson-Theorems vor, und es folgt, daß sich jeder Zeitpfad
einem geschlossenen Zyklus in D um den Gleichgewichtspunkt nähert
oder aber selbst ein geschlossener Zyklus ist.

Die Zahl dieser Zyklen ist (bei struktureller Stabilität des Systems)
endlich, sie sind abwechselnd stabil (sog. Grenzzyklus) oder instabil,
wobei der äußerste und der innerste stabil sind. Existiert nur ein
einziger Zyklus, wie in Abbildung V.18 dargestellt, so führen alle
Pfade zu diesem Grenzzyklus hin; bei Existenz mehrerer Grenz-
zyklen ist das Verhalten der Wirtschaft dagegen von den Anfangsbedingungen abhängig.

2. Neoklassische Konjunkturtheorien

Aus der Vielzahl neoklassischer Konjunkturtheorien werden nachfolgend wieder einige Ansätze ausgewählt, die in engem Zusammenhang mit den Ausführungen in den vorangehenden Kapiteln stehen.

2.1 Monetäre Konjunkturtheorie[1]

Als monetäre Konjunkturtheorien werden hier die Ansätze bezeichnet, nach denen Konjunkturschwankungen durch monetäre Störungen
ausgelöst werden.

In den Kapiteln II und III wurde gezeigt, daß sich das Einkommen
nach einer monetären Störung monoton oder unter konvergierenden
Schwankungen an seinen Gleichgewichtswert anpaßt. Zur Erklärung
der Persistenz von Konjunkturschwankungen ist dieses Modell nun

---

[1] Assenmacher, W., Konjunkturtheorie, a.a.O., S. 322ff; Heubes, J., Konjunktur und Wachstum, a.a.O., S. 89ff; Maußner, A., Konjunkturtheorie,
Berlin u.a. 1994, S. 41ff.

um die Annahme zu erweitern, daß wiederholt monetäre Störungen
auftreten.

Basis der nachfolgenden Ausführungen ist die Beschäftigungstheorie
der Neuen Klassischen Makroökonomie:[1]

$$(1) \quad y_t^a = (1-\alpha_2)y_0 + \alpha_1(p_t - p_t^e) + \alpha_2 y_{t-1}$$

$$(2) \quad y_t^n = \beta + m_t - p_t$$

$$(3) \quad p_t^e = E_t(p_t).$$

Bezüglich der Geldmenge wird nun angenommen:

$$(4) \quad m_t = m_0 + u_t$$

mit: $\qquad u_t \sim N(0, \sigma_u^2).$

Die Geldmenge unterliegt also Zufallsstörungen, wobei der Störterm
u normalverteilt ist mit dem Mittelwert 0 und konstanter Varianz
(σ_u^2).

Für $y^a = y^n = y$ folgt aus Gleichung (2) für das realisierte Preisniveau:

$$(5) \quad p_t = \beta + m_t - y_t.$$

Das erwartete Preisniveau ist:

$$(6) \quad E_t(p_t) = \beta + E_t(m_t) - E_t(y_t).$$

Werden die Gleichungen (5) und (6) in Gleichung (1) eingesetzt, so
folgt:

$$(7) \quad y_t = \frac{1}{1+\alpha_1}\{(1-\alpha_2)y_0 + \alpha_1[m_t - E_t(m_t)] +$$

$$+ \alpha_1 E_t(y_t) + \alpha_2 y_{t-1}\}.$$

---

[1]   Siehe Abschnitt II.2.2, 2.1.

Nun gilt:

(8) $E_t(m_t) = m_0$

(9) $E_t(y_t) = (1-\alpha_2)y_0 + \alpha_2 y_{t-1}.$

Damit ergibt sich aus Gleichung (7):

(10) $y_t = (1-\alpha_2)y_0 + \alpha_2 y_{t-1} + \dfrac{\alpha_1}{1+\alpha_1} u_t.$

Nach Gleichung (10) ist y_t eine stochastische Größe, die sich durch Erwartungswert und Varianz charakterisieren läßt. Für eine zukünftige Periode $t+\tau$ ergibt sich:

(11) $E_t(y_{t+\tau}) = (1-\alpha_2)y_0 + \alpha_2 E_t(y_{t+\tau-1}).$

Wird nun der Erwartungswert des Einkommens in $t+\tau-1$ durch den in der Periode $t+\tau-2$ ausgedrückt usw., so folgt schließlich:

(12) $E_t(y_{t+\tau}) = (1-\alpha_2)y_0 + (1-\alpha_2)y_0\alpha_2 + ... + (1-\alpha_2)y_0\alpha_2^\tau +$

$+\alpha_2^{\tau+1} y_{t-1}.$

Unter Beachtung von:

(13) $(1-\alpha_2)y_0(1+\alpha_2 + ... + \alpha_2^\tau) = y_0(1-\alpha_2^{\tau+1})$

läßt sich schreiben:

(14) $E_t(y_{t+\tau}) = y_0 + (y_{t-1}-y_0)\alpha_2^{\tau+1}.$

Da $0 < \alpha_2 < 1$ gilt, folgt weiter:

(15) $\lim\limits_{\tau\to\infty} E_t(y_{t+\tau}) = y_0.$

Gilt $y_{t-1} \neq y_0$, so weicht nach Gleichung (15) der Erwartungswert des Einkommens auch in den folgenden Perioden aufgrund der Anpassungskosten von y_0 ab. Mit zunehmender Zeit nähert sich der Erwartungswert y_0 an und erreicht diesen Wert in $t = \infty$. Aufgrund weiterer Störungen ändert sich dieser Erwartungswert jedoch von Periode zu Periode.

Als Maß für die Abweichungen des tatsächlichen Einkommens von seinem obigen Erwartungswert dient die Varianz des Einkommens (σ_y^2):

$$(16) \quad \sigma_{y_{t+\tau}}^2 = E[y_{t+\tau} - E_t(y_{t+\tau})]^2.$$

Entsprechend den Gleichungen (11) und (12) läßt sich aus Gleichung (10) das Einkommen der Periode $t+\tau$ bestimmen:

$$(17) \quad y_{t+\tau} = y_0 + (y_{t-1} - y_0)\alpha_2^{\tau+1} + \alpha_2^{\tau}\varepsilon_t + \ldots + \varepsilon_{t+\tau}$$

mit:
$$\varepsilon_t = \frac{\alpha_1}{1+\alpha_1} u_t.$$

Aus den Gleichungen (14) und (17) folgt dann:

$$(18) \quad y_{t+\tau} - E_t(y_{t+\tau}) = \alpha_2^{\tau}\varepsilon_t + \ldots + \varepsilon_{t+\tau}.$$

Quadrierung und Erwartungsbildung liefern:

$$(19) \quad \sigma_{y_{t+\tau}}^2 = E_t\left[\alpha_2^{2\tau}\varepsilon_t^2 + \ldots + \varepsilon_{t+\tau}^2 + \sum_{\substack{i,j=0 \\ i \neq j}}^{\tau} \alpha_2^{j+j}\varepsilon_{t+i}\varepsilon_{t+j}\right].$$

Da die Störterme unkorreliert sind mit dem Erwartungswert Null, gilt:

$$(20) \quad E_t\left(\sum \alpha_2^{j+j}\varepsilon_{t+i}\varepsilon_{t+j}\right) = 0$$

sowie:

$$(21) \quad E_t(\varepsilon_t^2) = \ldots = E_t(\varepsilon_{t+\tau}^2) = \sigma_\varepsilon^2$$

mit:
$$\sigma_\varepsilon^2 = \frac{\alpha_1}{1+\alpha_1} \sigma_u^2.$$

Damit ergibt sich für Gleichung (19):

$$(22) \quad \sigma_{y_{t+\tau}}^2 = \sigma_\varepsilon^2(\alpha_2^{2\tau} + \ldots + 1).$$

Unter Beachtung von:

$$(23) \quad \alpha_2^{2\tau} + \ldots + 1 = \left(1 - \alpha_2^{2(\tau+1)}\right) / \left(1 - \alpha_2^2\right)$$

läßt sich schließlich schreiben:

$$(24) \quad \sigma_{y_{t+\eta}}^2 = \frac{\sigma_\varepsilon^2}{1 - \alpha_2^2} \left(1 - \alpha_2^{2(\tau+1)}\right)$$

$$(25) \quad \lim_{\tau \to \infty} \sigma_{y_{t+\eta}}^2 = \frac{\sigma_\varepsilon^2}{1 - \alpha_2^2} \cdot$$

Wie den Gleichungen (24) und (25) zu entnehmen ist, schwankt das Einkommen um seinen in der Periode t berechneten Erwartungswert, wobei diese Schwankungen aufgrund weiterer Störungen mit zunehmender Zeit größer werden. Die Schwankungen nähern sich jedoch einem Grenzwert, der um so höher liegt, je enger die zeitliche Verknüpfung (je größer α_2) ist.

Aufgrund der Anpassungskosten ergibt sich also eine autokorrelierte Zeitreihe des Einkommens (Gleichung (10)). Bei einer einmaligen Störung nähert sich das Einkommen wieder monoton an seinen Gleichgewichtswert y_0 an (Gleichung (14)). Weitere Störungen überlagern jedoch diesen Verlauf und führen früher oder später (Gleichung (24)) zu einer Umkehr der Bewegungsrichtung. Insgesamt schwankt also das Einkommen mehr oder weniger regelmäßig um seinen Gleichgewichtswert.

2.2 Reale Konjunkturtheorie[1]

Wie im II. Kapitel dargestellt wurde, führt ein einmaliger negativer Angebotsschock zu Arbeitslosigkeit. Zur Erklärung des gesamten Konjunkturzyklus reicht auch hier die Annahme aus, daß fortlaufende Störungen des Angebots auftreten.

---

[1] Assenmacher, W., Konjunkturtheorie, a.a.O., S. 330ff; Heubes, J., Konjunktur und Wachstum, a.a.O., S. 95ff; Maußner, A., Konjunkturtheorie, a.a.O., S. 56ff; McCallum, B.T., Real Business Cycle Models, a.a.O., S. 16ff.

Das Güterangebot werde durch folgende Cobb-Douglas-Produktions-funktion angegeben:

$$(1) \quad Y_t = \lambda_t A_t^\alpha K_t^{1-\alpha},$$

wobei λ eine normalverteilte Zufallsgröße mit dem Mittelwert eins und konstanter Varianz σ_λ^2 ist:

$$(2) \quad \lambda_t \sim N(1, \sigma_\lambda^2).$$

Arbeits- und Kapitaleinsatz folgen aus dem Nutzen maximierenden Verhalten der Haushalte. Diese bestimmen unmittelbar den Arbeits-einsatz und mittelbar über die optimale Aufteilung des Einkommens auf Konsum und Investitionen den Kapitaleinsatz. Zur Vereinfachung wird angenommen, daß der Kapitalstock in jeder Periode verbraucht wird, so daß der Kapitalstock der Periode t+1 gleich den Investitio-nen der Periode t ist.

Wird eine logarithmisch-lineare Nutzenfunktion in Konsum und Freizeit ($1-A_t$, wobei die gesamte verfügbare Zeit auf eins normiert ist) unterstellt, so ergibt sich für den Gesamtnutzen (W) der unend-lich lange lebenden Haushalte:[1]

$$(3) \quad W = \sum_{t=0}^{\infty} \vartheta^t [\beta \ln C_t + (1-\beta) \ln (1-A_t)]; \quad 0 < \beta < 1$$

mit: $\qquad \vartheta$ = Diskontierungsfaktor

$\qquad \beta$ = Gewichtungsfaktor.

Gleichung (3) ist nun unter der Nebenbedingung:

$$(4) \quad I_t - I_{t-1} = \lambda_t A_t^\alpha I_{t-1}^{1-\alpha} - C_t - I_{t-1}$$

zu maximieren.

---

[1] Es handelt sich um den Erwartungswert des Nutzens; zur Vereinfachung der Schreibweise wird jedoch auf eine entsprechende Kennzeichnung verzichtet.

Die entsprechende Hamilton–Funktion (H_t) lautet:

$$(5) \quad H_t = \vartheta^t[\beta \ln C_t + (1-\beta) \ln (1-A_t)] +$$

$$+ \mu_t(\lambda_t A_t^{\alpha} I_{t-1}^{1-\alpha} - C_t - I_{t-1}).$$

Die notwendigen Bedingungen für ein Nutzenmaximum sind (für alle t):

$$(6) \quad \frac{\partial H_t}{\partial C_t} = \vartheta^t \frac{\beta}{C_t} - \mu_t = 0$$

$$(7) \quad \frac{\partial H_t}{\partial A_t} = \vartheta^t\left[-\frac{1-\beta}{1-A_t}\right] + \mu_t \lambda_t I_{t-1}^{1-\alpha} \alpha A_t^{\alpha-1} = 0$$

$$(8) \quad \frac{\partial H_t}{\partial I_{t-1}} = \mu_t[\lambda_t A_t^{\alpha} I_{t-1}^{-\alpha}(1-\alpha) - 1] = \mu_{t-1} - \mu_t$$

$$(9) \quad \frac{\partial H_t}{\partial \mu_t} = (\lambda_t A_t^{\alpha} I_{t-1}^{1-\alpha} - C_t - I_{t-1}) = I_t - I_{t-1}.$$

Wird μ_t aus Gleichung (6) in Gleichung (7) eingesetzt, so ergibt sich:

$$(10) \quad \frac{(1-\beta)C_t}{(1-A_t)\beta} = \lambda_t \alpha A_t^{\alpha-1} I_{t-1}^{1-\alpha}.$$

Wird Gleichung (8) um eine Periode versetzt und μ durch Gleichung (6) ersetzt, so folgt weiter:[1]

$$(11) \quad \frac{C_{t+1}}{\vartheta C_t} = (1-\alpha)\lambda_{t+1} A_{t+1}^{\alpha} I_t^{-\alpha}.$$

---

[1] Wird die Nutzen- (Produktions-)Funktion mit U (F) bezeichnet, so lassen sich die Gleichungen (10) und (11) wie folgt darstellen:

$$(10') \quad \frac{U_{1-A}}{U_C} = \lambda_t F_A$$

$$(11') \quad \frac{U_{C_t}}{\vartheta U_{C_{t+1}}} = \lambda_{t+1} F_K.$$

Die Bestimmung der Lösung des vorliegenden stochastischen Optimierungsproblems mit den beiden Kontrollvariablen C und A mit
Hilfe der notwendigen Bedingungen ist nun äußerst schwierig. Ein
einfacherer Lösungsweg besteht darin, vermutete Werte für den
Arbeits- und Kapitaleinsatz auf ihre Übereinstimmung mit den
notwendigen Bedingungen zu überprüfen.

Es gelte:

$$(12) \quad A_t = A_0 = \frac{\alpha\beta}{\alpha\beta + (1-\beta)[1 - \vartheta(1-\alpha)]}$$

$$(13) \quad K_{t+1} \, (= I_t) = \vartheta(1-\alpha)\lambda_t A_0^\alpha K_t^{1-\alpha}.$$

Die Höhe des Volkseinkommens läßt sich nun bestimmen, indem A
gemäß Gleichung (12) - bei gegebenem $K_t = I_{t-1}$ - in die
Produktionsfunktion (1) eingesetzt wird:

$$(14) \quad Y_t = \lambda_t A_0^\alpha K_t^{1-\alpha}.$$

Der Konsum ist gleich der Differenz zwischen Y_t und den Investitionen gemäß Gleichung (13):

$$(15) \quad C_t = [1 - \vartheta(1-\alpha)]\lambda_t A_0^\alpha K_t^{1-\alpha}.$$

Werden nun diese Werte für C_t, A_t und K_t (bzw. I_t) in die
Nutzen- bzw. Produktionsfunktion eingesetzt, so zeigt sich, daß die
entsprechenden Ableitungen mit den notwendigen Bedingungen (10)
und (11) übereinstimmen, d.h. die vorgegebenen Werte (12) und
(13) stellen eine Lösung des vorliegenden Optimierungsproblems dar.

Mittels der vorgegebenen Werte für A und K folgt schließlich aus
der Produktionsfunktion:

$$(16) \quad Y_{t+1} = \lambda_{t+1} A_0^\alpha [\vartheta(1-\alpha)\lambda_t A_0^\alpha K_t^{1-\alpha}]^{1-\alpha}$$

bzw., da gilt $\lambda_t A_0^\alpha K_t^{1-\alpha} = Y_t$:

$$(17) \quad Y_{t+1} = \lambda_{t+1} A_0^\alpha [\vartheta(1-\alpha)Y_t]^{1-\alpha}$$

oder: $(18) \quad \ln Y_{t+1} = \ln \{[\vartheta(1-\alpha)]^{1-\alpha}A_0^\alpha\} + (1-\alpha)\ln Y_t + \ln \lambda_{t+1}.$

Gleichung (18) entspricht Gleichung (10) des vorangehenden Abschnitts. Die dortigen Ausführungen gelten hier entsprechend. Die Autokorrelation in der Zeitreihe des Volkseinkommens beruht im vorliegenden Fall jedoch nicht auf Anpassungskosten, sondern auf dem Investitionsverhalten. Weiterhin ist zu berücksichtigen, daß in den Schwankungen des Volkseinkommens hier eine optimale Anpassung der Wirtschaftssubjekte an exogene Produktionsstörungen zum Ausdruck kommt.

2.3 Der politische Konjunkturzyklus[1]

Als Beispiel eines politischen Konjunkturmodells wird der Ansatz von Nordhaus dargestellt. Dieses Modell besteht aus zwei Teilen, nämlich einem ökonomischen und einem politischen System.

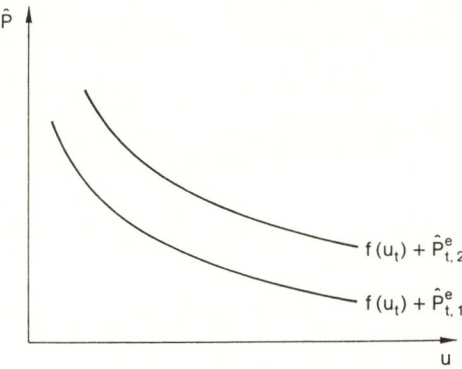

Abb. V.19: *Kurzfristige Phillips–Kurven*

Das ökonomische System wird mit Hilfe einer (neoklassischen) Phillips-Kurve dargestellt:

$$(1) \quad \hat{P}_t = f(u_t) + \hat{P}_t^e$$

---

[1] Assenmacher, W., Konjunkturtheorie, a.a.O., S. 304ff; Gabisch, G. und H.-W. Lorenz, Business Cycle Theory, S. 78ff; Heubes, J., Konjunktur und Wachstum, a.a.O., S. 113ff.

mit (adaptive Erwartungen):

$$(2) \quad \dot{\hat{P}}^e_t = \lambda(\hat{P}_t - \hat{P}^e_t); \qquad \dot{\hat{P}}^e_t = d\hat{P}_t/dt, \quad 0 < \lambda \leq 1.$$

Wie in Kapitel III dargestellt wurde, ergibt Gleichung (1) für alternative Werte von $\hat{P}^e$ eine Schar kurzfristiger Phillips-Kurven. In Abbildung V.19 wurden zwei Kurven für $\hat{P}^e_{t,1} < \hat{P}^e_{t,2}$ herausgegriffen.

Das politische System umfaßt einerseits das Ziel der Regierung, wiedergewählt zu werden, und andererseits das Wählerverhalten.

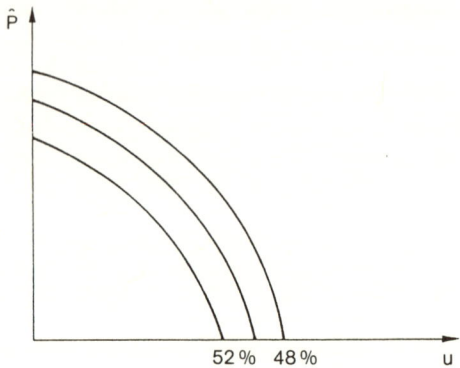

Abb. V.20: *Indifferenzkurven der aggregierten Wahlfunktion*

Das Wahlverhalten eines einzelnen Wirtschaftssubjektes wird mittels einer individuellen Wahlfunktion (g_i) erfaßt, die als Argumente die Arbeitslosenquote (u) und die Inflationsrate $(\hat{P})$ enthält. Diese Wahlfunktion erhält den Wert eins, wenn das Wirtschaftssubjekt für die Regierung stimmt; fällt die Stimme an die Opposition, so den Wert -1 (Stimmenenthaltungen bleiben unberücksichtigt):

$$(3) \quad g_i(u,\hat{P}) = \begin{cases} 1 & \text{(Stimme für Regierung)} \\ -1 & \text{(Stimme für Opposition).} \end{cases}$$

Für die aggregierte Wahlfunktion (g) gilt entsprechend:

$$(4) \quad g(u,\hat{P}) = \sum_i g_i(u,\hat{P}).$$

Die Indifferenzkurven dieser Funktion sind in Abbildung V.20 dargestellt. Diese Kurven geben alle $u/\hat{P}$-Kombinationen an, die der Regierung den gleichen Stimmenanteil sichern; hierbei ist der Stimmenanteil um so größer, je näher die Indifferenzkurven beim Ursprung verlaufen.

Als nächstes bleibt noch die Zeitstruktur der Gleichungen (3) und (4) zu präzisieren. Hier wird angenommen, daß das Wahlverhalten der Wirtschaftssubjekte von der Entwicklung der Arbeitslosenquote und der Inflationsrate während der gesamten Wahlperiode $(0, \tau)$ bestimmt wird, wobei die Wähler neuere Daten mit konstanter Rate (μ) höher bewerten, d.h. frühere Daten entsprechend vergessen. In diesem Fall ergibt sich für die aggregierte Wahlfunktion und somit für den Stimmenanteil der Regierung am Wahltag (V_τ):

$$(5) \quad V_\tau = \int_0^\tau g(u_t,\hat{P}_t)e^{\mu t}dt; \qquad \partial g/\partial u, \ \partial g/\partial \hat{P} < 0.$$

Das Ziel der Regierungspartei besteht nun darin, durch wirtschaftspolitische Maßnahmen die Zielfunktion (5) unter Berücksichtigung der Nebenbedingungen (1) und (2) zu maximieren.

Aus einem ähnlichen Optimierungsansatz wie im vorangehenden Abschnitt läßt sich für bestimmte Spezifikationen der Funktionen $g(u,\hat{P})$ und $f(u)$ folgende optimale Strategie der Regierung ableiten: Am Wahltag muß die Arbeitslosenquote niedrig sein, was mit hoher Inflationsrate verbunden ist (Punkt A auf P_0 in Abbildung V.21).

Infolge der hohen Inflationsrate steigen auch die Inflationserwartungen, wodurch sich die kurzfristige Phillips-Kurve nach außen verschiebt (P_1). Da hiermit die Stimmenmehrheit verlorengeht, muß die Regierung im Laufe der Wahlperiode die Inflationserwartungen mittels Kontraktionspolitik, die mit ansteigender Arbeitslosenquote verbunden ist, dämpfen. Hierdurch verschiebt sich die kurzfristige

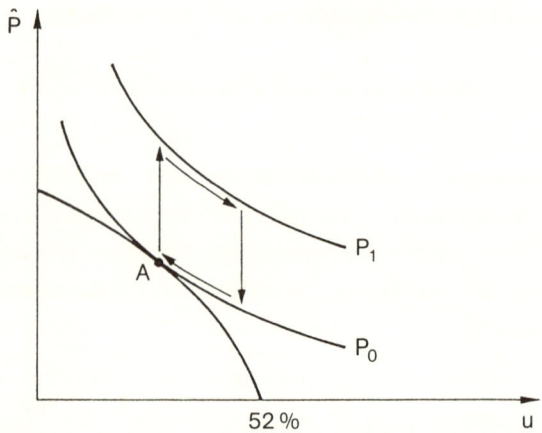

Abb. V.21: *Optimale Strategie der Regierungspartei*

Phillips-Kurve wieder in Richtung Ursprung (P_0), so daß die Regierung bei niedriger Arbeitslosenquote möglicherweise die Wahl erneut gewinnen kann.

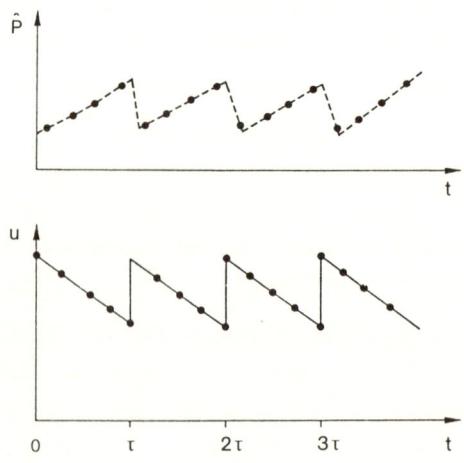

Abb. V.22: *Der politische Konjunkturzyklus*

Das geschilderte Verhalten äußert sich darin, daß Arbeitslosenquote und Inflationsrate das in Abbildung V.22 dargestellte sägezahnähnliche Zeitprofil, d.h. konjunkturelle Schwankungen, aufweisen.

Das Modell von Nordhaus erlaubt somit die Erklärung der zyklischen Schwankungen des Wirtschaftsablaufs mittels des Wahlverhaltens der Regierung: Infolge der Wahltermine ändert sich periodisch die Wirtschaftspolitik der Regierung. Diese Änderungen der Wirtschaftspolitik haben für das ökonomische Teilsystem die Bedeutung exogener Schocks, die das grundsätzlich stabile System stets von neuem auslenken.

V.2.2 Erklärung des Trends: Die Wachstumstheorie

Die moderne Wachstumstheorie nahm ihren Anfang mit der sog. postkeynesianischen Wachstumstheorie, die dann aber durch die neoklassische Wachstumstheorie weitestgehend abgelöst wurde. Da somit heute die neoklassische Wachstumstheorie vorherrschend ist, beschränken sich die nachfolgenden Ausführungen auf diesen Ansatz.[1] Zunächst werden die Grundzüge der neoklassischen Wachstumstheorie dargestellt (Abschnitt 1), daran anschließend folgen zwei Modifikationen dieses Grundmodells (Abschnitt 2) sowie einige neuere Ansätze (Abschnitt 3). Zur Vereinfachung wird eine geschlossene Volkswirtschaft ohne ökonomische Aktivität des Staates betrachtet.

1. Das Grundmodell der neoklassischen Wachstumstheorie

Wirtschaftswachstum vollzieht sich unter ständigem technischen Wandel. Zur Vereinfachung wird zunächst von diesem technischen Fortschritt abgesehen.

---

[1] Zur postkeynesianischen Wachstumstheorie siehe bspw. Krelle, W., Theorie des wirtschaftlichen Wachstums, 2. Aufl., Berlin u.a. 1988, S. 61ff; Kromphardt, J., Wachstumstheorie III: postkeynesianische, in: Handwörterbuch der Wirtschaftswissenschaft, Bd. 8, Stuttgart u.a. 1980, S. 512ff; Wan, H.Y. jr., Economic Growth, New York u.a. 1971, S. 9ff.

1.1 Wirtschaftswachstum ohne technischen Fortschritt

In diesem Abschnitt werden zwei Fragen diskutiert, nämlich zunächst die Frage nach den Möglichkeiten und daran anschließend nach der Optimalität des wirtschaftlichen Wachstums.

1.1.1 Gleichgewichtiges Wirtschaftswachstum[1]

Die Frage nach den Wachstumsmöglichkeiten wird unter dem Aspekt der Existenz und Stabilität eines stetigen oder gleichgewichtigen Wachstumspfades behandelt.

(1) Existenz eines gleichgewichtigen Wachstumspfades

Die Wachstumstheorie befaßt sich mit den Möglichkeiten eines stetigen Wirtschaftswachstums. Hierbei wird davon ausgegangen, daß diese Möglichkeiten von der Güterangebotsseite her begrenzt werden, während die Güternachfrage dieses Potential stets ausschöpft.

Zur Erklärung des Wirtschaftswachstums, des Güterangebots, kann somit auf die Angebotsseite des im I. Kapitel dargestellten Makro-Modells, nämlich die substitutionale Produktionsfunktion:

$$(1) \quad Y = Y(A,K),$$

zurückgegriffen werden.

In den vorangehenden Kapiteln wurde davon ausgegangen, daß Kapitalstock, Bevölkerung und Arbeitseinsatz (abgesehen von kurzfristigen Schwankungen) konstant sind. Im Rahmen der Wachstumstheorie wird nun einerseits die Veränderung des Kapitalstocks aufgrund der Investitionstätigkeit berücksichtigt; werden Abschreibungen

---

[1]   Branson, W.H., Makroökonomie, a.a.O., S. 565ff; Burmeister, E. und A.R. Dobell, Mathematical Theories of Economic Growth, London 1970, S. 20ff; Heubes, J., Konjunktur und Wachstum, a.a.O., S. 170ff; Mankiw, N.G., Macroeconomics, a.a.O., S. 79ff; Vosgerau, H.-J., Wachstumstheorie II: neoklassische, in: Handwörterbuch der Wirtschaftswissenschaft, Bd. 8, Stuttgart u.a. 1980, S. 492ff, hier S. 495ff; Wan, H.Y. jr., Economic Growth, a.a.O., S. 32ff.

vernachlässigt, so gilt:[1]

$$(2) \quad \dot{K} = I, \qquad \dot{K} = dK/dt$$

mit (bei stets ausgelastetem Produktionspotential $I = S$ und vereinfachter Sparhypothese $S = sY$):

$$(3) \quad I = sY; \qquad s = \text{Sparquote.}$$

Andererseits wird davon ausgegangen, daß Bevölkerung und – bei konstanter Beschäftigungsquote – Arbeit mit konstanter, exogen vorgegebener Rate (n) wachsen:

$$(4) \quad w_A = n; \qquad w_A = \dot{A}/A.$$

Die Wachstumsmöglichkeiten werden zweckmäßigerweise mit Hilfe der Wachstumsrate des Volkseinkommens dargestellt. Wird Gleichung (1) nach der Zeit abgeleitet, so folgt:

$$(5) \quad \dot{Y} = \frac{\partial Y}{\partial A} \dot{A} + \frac{\partial Y}{\partial K} \dot{K}.$$

Division durch Y und geeignete Erweiterung der beiden Terme auf der rechten Seite ergibt:

$$(6) \quad \frac{\dot{Y}}{Y} = \frac{\partial Y}{\partial A} \frac{A}{Y} \frac{\dot{A}}{A} + \frac{\partial Y}{\partial K} \frac{K}{Y} \frac{\dot{K}}{K}$$

bzw.:

$$(7) \quad w_Y = \alpha w_A + \beta w_K; \qquad w_Y = \dot{Y}/Y, \quad w_K = \dot{K}/K$$

mit:

$$\alpha = \frac{\partial Y}{\partial A} \frac{A}{Y}, \qquad \beta = \frac{\partial Y}{\partial K} \frac{K}{Y}.$$

Gleichung (7) ist die Grundgleichung der neoklassischen Wachstumstheorie. Sie besagt, daß die Wachstumsrate des Volkseinkommens gleich ist der Summe der gewichteten Wachstumsraten der Produktionsfaktoren, wobei die jeweiligen partiellen Produktionselastizitäten als Gewichte dienen.

---

[1]   In der Wachstumstheorie ist eine stetige Zeitbetrachtung üblich.

Nun steht in der Wachstumstheorie ein Spezialfall dieser Gleichung im Mittelpunkt, nämlich der, daß alle Größen mit konstanter, jedoch nicht notwendigerweise auch gleicher Wachstumsrate wachsen, der Fall eines gleichgewichtigen (golden age, steady state) Wachstums.[1]

Aus Gleichung (2) folgt für die Wachstumsrate des Kapitalstocks:

$$(8) \quad \frac{\dot{K}}{K} = \frac{I}{K} \ .$$

Bei Konstanz dieser Wachstumsrate gilt:[2]

$$(9) \quad w_I = w_K.$$

Die Wachstumsrate der Investitionen ergeben sich - bei konstanter Sparquote - aus Gleichung (3):

$$(10) \quad w_I = w_Y.$$

Damit folgt schließlich auch:

$$(11) \quad w_K = w_Y.$$

Werden die Gleichungen (4) und (11) in Gleichung (7) berücksichtigt, so ist die Wachstumsrate des Volkseinkommens:

$$(12) \quad w_Y = \frac{\alpha}{1-\beta} \ n.$$

---

[1] In einem P/Y-Diagramm drückt sich der Wachstumsprozeß in einer stetigen Rechtsverschiebung der S-Kurve aus. Annahmegemäß verlagert sich auch die D-Kurve fortlaufend nach rechts, so daß das steigende Produktionspotential - bei konstantem Preisniveau - ausgelastet wird.

[2] Differentiation von:

$$I/K = \text{const.}$$

nach der Zeit liefert:

$$\frac{\dot{I} \cdot K - \dot{K} \cdot I}{K^2} = 0$$

bzw.:

$$\dot{I} \cdot K - \dot{K} \cdot I = 0.$$

Division durch $I \cdot K$ ergibt schließlich:

$$\dot{I}/I - \dot{K}/K = 0.$$

Konstanz von w_Y erfordert entweder

- α, β = const.   (Cobb-Douglas-Produktionsfunktion) oder
- $\alpha + \beta = 1$ (linear-homogene Produktionsfunktion).

Letzterer Fall wird in der Wachstumstheorie (auch für die Cobb-Douglas-Produktionsfunktion) unterstellt; es gilt dann:

$$(13) \quad w_Y \ (= w_K) = n,$$

d.h. Volkseinkommen und Kapitalstock wachsen im Gleichgewicht mit der exogen vorgegebenen Wachstumsrate der Arbeit, falls ein derartiger Wachstumspfad existiert.

Wachsen Arbeit und Kapital mit der gleichen Rate, so bleibt die Kapitalintensität der Arbeit (v):

$$(14) \quad v \ = K/A$$

konstant.

Aus Gleichung (14) folgt:

$$(15) \quad w_v = w_K - w_A.$$

Unter Beachtung der Gleichungen (1)-(3) ergibt sich für w_K:

$$(16) \quad w_K = \frac{sY(A,K)}{K} \ .$$

Bei linear-homogener Produktionsfunktion läßt sich schreiben:

$$(17) \quad \frac{sY(A,K)}{K} = \frac{sY(1,K/A)}{K/A}$$

bzw.:

$$(18) \quad \frac{sY(A,K)}{K} \ (= w_K) = \frac{sf(v)}{v}$$

mit: $f(v) = Y(1,K/A).$

Werden w_K und w_A in Gleichung (15) durch Gleichung (18) und Gleichung (4) ersetzt, so folgt:

$$(19) \quad w_v = sf(v)/v - n$$

bzw., unter Beachtung von $w_v = \dot{v}/v$:

$$(20) \quad \dot{v} = sf(v) - nv.$$

Die Gleichungen (19) und (20) besagen, daß die Kapitalintensität der Arbeit dann konstant bleibt ($w_v = \dot{v} = 0$), wenn die Wachstumsrate des Kapitals [$sf(v)/v$] und der Arbeit (n) übereinstimmen bzw. die Investitionen pro Kopf [$sf(n)$] gleich den Kapitalerfordernissen zur Ausstattung der neu hinzukommenden Arbeitskräfte bei Aufrechterhaltung der bestehenden Kapitalintensität (nv) sind.

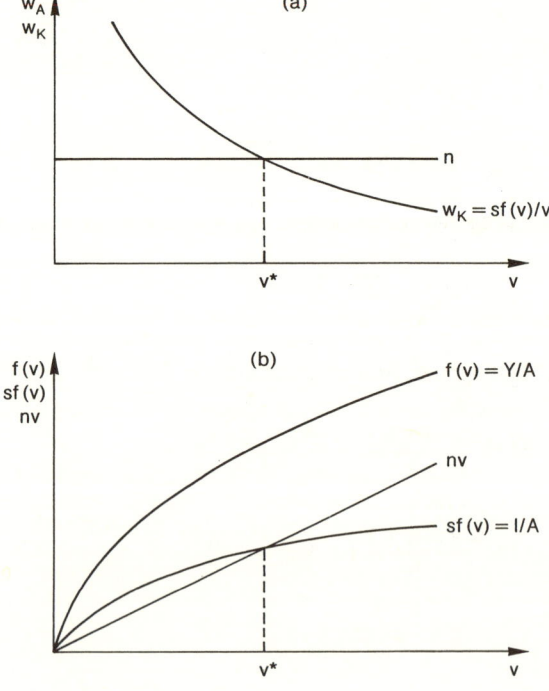

Abb. V.23: *Existenz eines gleichgewichtigen Wachstumspfades*

Die Gleichungen (19) und (20) sind in Abbildung V.23 dargestellt.[1] Die Existenz eines gleichgewichtigen Wachstumspfades erfordert, daß sich die Kurven sf(v)/v und n bzw. sf(v) und nv schneiden. Im vorliegenden Beispiel ist dies bei der Kapitalintensität v^* der Fall.

Ein derartiger Schnittpunkt existiert, wenn die Produktions- bzw. Produktivitätsfunktion bestimmte Eigenschaften besitzen, die als Inada-Bedingungen bezeichnet werden. Diese Bedingungen besagen:

$$(21) \quad \lim_{v \to 0} \frac{df(v)}{dv} = \infty$$

$$(22) \quad \lim_{v \to \infty} \frac{df(v)}{dv} = 0.$$

Gleichung (21) stellt sicher, daß die Wachstumsrate des Kapitals [die Steigung der Kurve sf(v)] bei niedrigen Werten von v größer ist als die der Arbeit [als die Steigung der Geraden nv]; nach Gleichung (22) ist die Wachstumsrate des Kapitals bei hohen Werten von v schließlich geringer als die der Arbeit.[2]

(2) Stabilität des gleichgewichtigen Wachstumspfades

Zur Untersuchung der Stabilität des gleichgewichtigen Wachstumspfades wird auf Gleichung (20) und auf Abbildung V.23 b zurückgegriffen. Die Veränderung der Kapitalintensität der Arbeit entspricht der Differenz zwischen der Kurve sf(v) und der Geraden nv. Gleichung (20) wird somit durch die in Abbildung V.24 dargestellte Kurve wiedergegeben.

Wie Abbildung V.24 entnommen werden kann, ist die Veränderung der Kapitalintensität positiv, wenn diese einen Wert zwischen Null

---

[1] Die Produktivitätsfunktion Y/A = f(v) hat offensichtlich den gleichen ertragsgesetzlichen Verlauf wie die Produktionsfunktion Y = Y(A,K) bei partieller Variation des Kapitalstocks. Da f(v) unterproportional mit v ansteigt, verläuft die w_K-Kurve fallend.

[2] Eindeutigkeit verlangt weiter:

$$\partial f / \partial v > 0$$

$$\partial^2 f / \partial v^2 < 0.$$

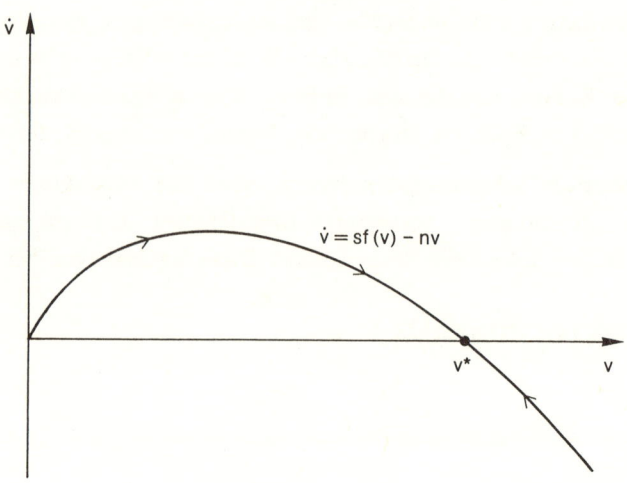

Abb. V.24: *Stabilität des gleichgewichtigen Wachstumspfades*

und v^* annimmt. In diesem Fall übersteigt die Kapitalbildung die Kapitalerfordernisse bei konstanter Kapitalintensität; die Kapitalintensität nimmt zu. Entsprechendes gilt, wenn die Kapitalintensität den Wert v^* übersteigt. Das in Abbildung V.23 dargestellte Gleichgewicht ist also stabil.

Allgemein gilt, daß die Erfüllung der Inada-Bedingungen hinreichend ist sowohl zur Sicherstellung der Existenz (und Eindeutigkeit) als auch der Stabilität eines gleichgewichtigen Wachstumspfades.

1.1.2 Optimales Wirtschaftswachstum[1]

In diesem Abschnitt geht es um die Frage nach dem optimalen Konsum pro Kopf. Es werden zwei Ansätze dargestellt, zunächst die

---

[1]   Burmeister, E. und A.R. Dobell, Mathematical Theories of Economic Growth, a.a.O., S. 352ff; Heubes, J., Konjunktur und Wachstum, a.a.O., S. 172ff; Ramanathan, R., Introduction to the Theory of Economic Growth, Berlin u.a. 1982, S. 254ff; Wan, H.Y. jr., Economic Growth, a.a.O., S. 294ff.

goldene Regel der Akkumulation, daran anschließend die Ramsey-Regel.

(1) Die goldene Regel der Akkumulation

In Abbildung V.25 a wird die gleichgewichtige Kapitalintensität für unterschiedliche Sparquoten abgeleitet ($s_1 < s_2$). Wie sich zeigt, nehmen die Kapitalintensität und damit auch die Arbeitsproduktivität $f(v)$ mit steigendem s zu.

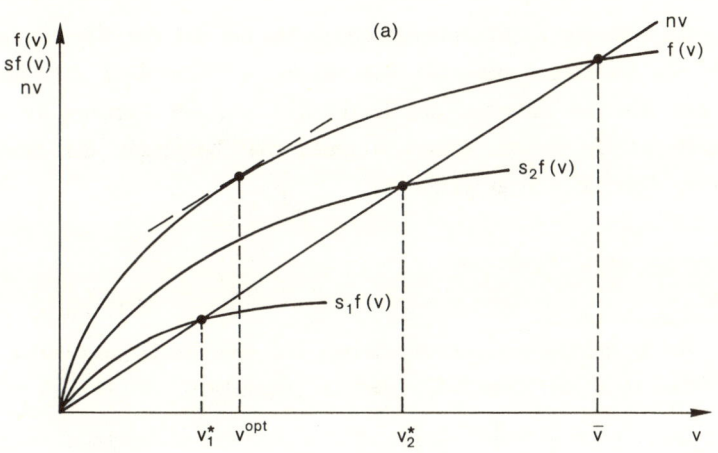

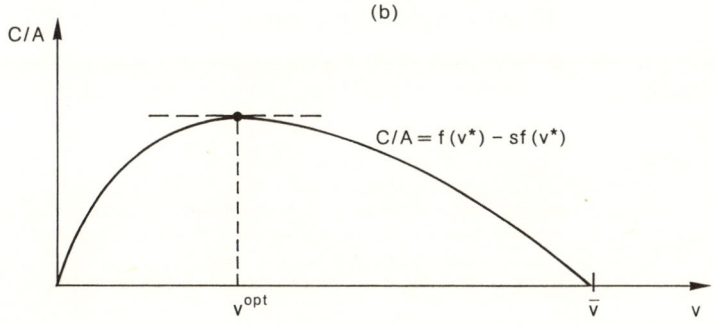

Abb. V.25: *Konsum pro Kopf in Abhängigkeit von der Sparquote*

Die Differenz zwischen dem jeweiligen Einkommen pro Kopf $f(v_1^*)$ und den Investitionen pro Kopf $sf(v_1^*)$ $(= nv_1^*)$ stellt den Konsum pro Kopf (C/A) im Wachstumsgleichgewicht dar.[1] Mit zunehmender Sparquote und entsprechend ansteigender Kapitalintensität hat der Konsum pro Kopf den in Abbildung V.25 b dargestellten Verlauf: Mit ansteigender Sparquote nimmt zwar einerseits das Pro-Kopf-Einkommen (Y/A) zu, gleichzeitig steht jedoch nur ein niedriger Teil dieses Einkommens für Konsumzwecke zur Verfügung. Bei niedriger Kapitalintensität (die Wirkung des Ertragsgesetzes ist erst schwach) überwiegt der erste Effekt, so daß der Pro-Kopf-Konsum ansteigt, und umgekehrt.

Es wird nun die Kapitalintensität gesucht, bei der der Konsum pro Kopf ein Maximum erreicht.[2] Dies ist bei v^{opt} der Fall, d.h. dort, wo der Abstand zwischen der Kurve $f(v)$ und der Geraden nv am größten ist. In diesem Punkt stimmen die Steigungen der beiden Kurven überein, d.h. es gilt:

$$(1) \quad f'(v) = n.$$

---

[1] Zur Vereinfachung werden Bevölkerung und Arbeitskräfte gleichgesetzt.

[2] Gesucht ist der Gleichgewichtspfad mit maximalem:

$$\frac{C}{A} = \frac{Y}{A} - \frac{I}{A}.$$

Nun gilt:

$$Y(A,K) = AY(1,K/A) = Af(v)$$
$$I = sY.$$

Damit folgt:

$$C/A = f(v) - sf(v).$$

Im Gleichgewicht ist:

$$sf(v) = nv.$$

Somit gilt:

$$C/A = f(v) - nv.$$

Die notwendige Bedingung für maximalen Pro-Kopf-Konsum lautet:

$$d(C/A)/dv = 0 = f'(v) - n.$$

Unter Beachtung von $n = w_K$ und $f'(v) = \partial Y/\partial K$ besagt Gleichung (1),[1] daß der optimale Wachstumspfad dann erreicht ist, wenn der Grenzertrag des Kapitals gleich der Wachstumsrate des Kapitals ist, die sog. goldene Regel der Akkumulation.

Zur Realisierung der optimalen Kapitalintensität (v^{opt}) ist also die Sparquote so zu wählen, daß die Kurve sf(v) die Gerade nv bei v^{opt} schneidet.

(2) Die Ramsey–Regel

Die Ableitung der goldenen Regel der Akkumulation erfolgte unter den Annahmen, daß

- sich die Wirtschaft von Anfang an auf dem optimalen Wachstumspfad befindet, und

- der zukünftige Konsum von gleicher Bedeutung ist wie der gegenwärtige Konsum (keine Zeitpräferenz).

Werden diese Annahmen aufgegeben, so ist zur Bestimmung des optimalen Konsums eine gesellschaftliche Präferenzfunktion erforderlich, die die gesellschaftliche Wohlfahrt (W) in Abhängigkeit von dem Konsum zu den einzelnen Zeitpunkten und der Zeitpräferenz angibt. Wird abnehmender Grenznutzen des Konsums unterstellt, so läßt sich bspw. schreiben:

$$(2) \qquad W = \int_0^\infty e^{-\vartheta t} U(c)dt, \qquad c = C/A$$

mit: $\qquad U' > 0, \qquad U'' < 0$

$\qquad \vartheta$ = Zeitpräferenzrate.

Diese Zielfunktion ist unter Beachtung der Akkumulationsmöglichkeiten als Nebenbedingung zu maximieren. Diese Akkumulationsmöglichkeiten, nämlich die Veränderung der Kapitalintensität der Arbeit, entsprechen Gleichung (20) des vorangehenden Abschnitts.

---

[1] Aus: $\qquad Y(A,K) = AY(1,K/A) = Af(v)$

folgt: $\qquad \partial Y/\partial K = df/dv \; (= f'(v))$.

Da in diesem Abschnitt von variabler Sparquote ausgegangen wird, ist die Investitionstätigkeit sf(v) durch f(v)-c zu ersetzen; damit folgt als Nebenbedingung:

$$(3) \quad \dot{v} = f(v) - nv - c.$$

Mit den Gleichungen (2) und (3) liegt wieder ein Problem der dynamischen Optimierung vor, das sich mit Hilfe folgender Hamilton-Funktion lösen läßt:[1]

$$(4) \quad H = U(c)e^{-\vartheta t} + \mu(t)[f(v) - nv - c].$$

Die notwendigen Bedingungen für einen optimalen Konsumpfad lauten jetzt:

$$(5) \quad \frac{\partial H}{\partial c} = U'(c)e^{-\vartheta t} - \mu(t) = 0$$

$$(6) \quad \frac{\partial H}{\partial v} = -\mu(t)[f'(v) - n] = \dot{\mu}$$

$$(7) \quad \frac{\partial H}{\partial \mu} = f(v) - nv - c = \dot{v}.$$

Die Gleichungen (5) und (6) werden zusammengefaßt; aus Gleichung (5) folgt unmittelbar:

$$(8) \quad \mu(t) = U'(c)e^{-\vartheta t}.$$

Differentiation nach der Zeit liefert:

$$(9) \quad \dot{\mu} = [U''(c)\dot{c} - \vartheta U'(c)]e^{-\vartheta t}.$$

Werden diese beiden Ausdrücke in Gleichung (6) eingesetzt, so ergibt sich nach Umformung die sog. Ramsey-Regel:

$$(10) \quad \dot{c} = [f'(v) - n - \vartheta]\left[-\frac{U'(c)}{U''(c)}\right]$$

---

[1] Siehe hierzu den mathematischen Anhang.

bzw.:

$$(11) \quad w_c = \frac{f'(v) - n - \vartheta}{\eta}$$

mit: $w_c = \dot{c}/c$

$\eta = \frac{U''c}{U'}$ (Grenznutzenelastizität).

Die Ramsey-Regel bestimmt für jeden Zeitpunkt die optimale Aufteilung des Volkseinkommens auf Konsum und Investitionen. Nach dieser Regel ist der Pro-Kopf-Konsum so lange zu verändern, bis die Grenzproduktivität des Kapitals [f'(v)] gleich ist der Summe aus Zeitpräferenzrate und Wachstumsrate der Arbeit.[1]

Die Gleichungen (7) und (10) sind in Abbildung V.26 veranschaulicht, und zwar für $\dot{v} = 0$, also $c = f(v) - nv$ (was Abbildung V.25 b entspricht), sowie für $\dot{c} = 0$, also $f'(v) = n + \vartheta$, was bei v^* erfüllt sei. Offensichtlich nimmt oberhalb der Kurve $\dot{v} = 0$ die Kapitalintensität der Arbeit ab (es gilt $c > f(v) - nv$ und somit $\dot{v} < 0$) und umgekehrt. Entsprechend steigt der Konsum pro Kopf bei einem $v < v^*$ an (es gilt $f'(v) > n + \vartheta$ und somit $\dot{c} > 0$),

---

[1] Bei diskreter Zeitbetrachtung und konstanter Bevölkerung läßt sich die Ramsey-Regel wie folgt interpretieren: Die optimale Aufteilung des Volkseinkommens ist dann erreicht, wenn der Nutzenverlust infolge Minderkonsums (= erhöhte Investitionen) in der Periode t gleich ist dem abdiskontierten Nutzenzuwachs, der durch diese erhöhte Investitionstätigkeit ermöglicht wird.

Wird der Konsum in t um eine Einheit eingeschränkt, so beträgt der entsprechende Nutzenverlust $U'(C_t)$. In t+1 erhöht sich die Produktion infolge der zusätzlichen Investitionen um den Grenzertrag des Kapitals $F'(K_{t+1})$; gleichzeitig muß in t+1 eine Einheit weniger investiert werden. Damit ist der Nutzenzuwachs in t+1 gleich $[1 + F'(K_{t+1})]U'(C_{t+1})$. Optimalität erfordert:

$$U'(C_t) = \frac{1}{1+\vartheta}[1 + F'(K_{t+1})]U'(C_{t+1})$$

bzw.:

$$\frac{U'(C_t)}{U'(C_{t+1})} = \frac{1 + F'(K_{t+1})}{1 + \vartheta} .$$

Gilt $F' > \vartheta$, so folgt $U'(C_t) > U'(C_{t+1})$ und damit $C_t < C_{t+1}$, d.h. der Konsum muß ansteigen. Der Konsum hat offensichtlich seinen optimalen Wert erreicht, wenn $F' = \vartheta$ gilt (was bei wachsender Bevölkerung $f'(v) = n + \vartheta$ in Gleichung (10) entspricht).

während er bei $v > v^*$ sinkt. Die jeweiligen Veränderungen von c und v sind in Abbildung V.26 durch die eingezeichneten Pfeile angedeutet. Der Schnittpunkt der beiden Kurven ist ein Sattelpunkt.

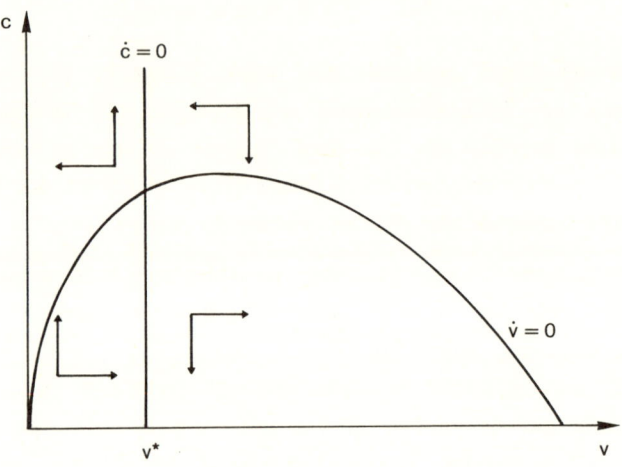

Abb. V.26: *Pro–Kopf–Konsum als Funktion der Kapitalintensität*

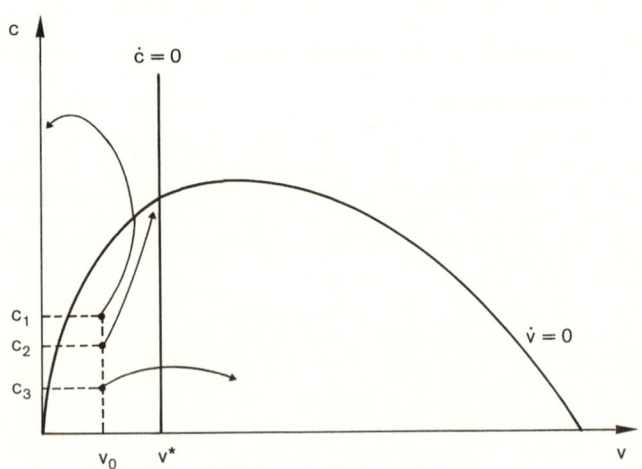

Abb. V.27: *Ramsey–Pfad*

In Abbildung V.27 ist nun zunächst ein Konsumpfad für die Ausgangswerte $v_0 < v^*$ und c_3 eingezeichnet. Dieser Pfad steigt
zunächst an, bis v^* erreicht ist; danach nimmt v weiter zu, während
c sinkt.

Gelten die Ausgangswerte $v_0 < v^*$ und c_1, so steigt auch dieser
Pfad zunächst an, bis die Kurve $\dot{v} = 0$ erreicht wird; danach
nimmt c zunächst weiter zu, während v sinkt. Hierbei wird c jedoch
durch f(v) begrenzt und geht somit bei sinkendem v schließlich
ebenfalls zurück, was zu einer Verletzung der Ramsey-Regel führt.

Bei stetiger Variation des Anfangskonsums wird schließlich mit c_2
und v_0 ein Konsumpfad erreicht, der die Kurve $\dot{v} = 0$ bei v^*
schneidet, diese Kapitalintensität und der entsprechende Konsum
werden dann auf Dauer aufrechterhalten. Dieser Pfad ist offensichtlich auch optimal, da er stets einen höheren Pro-Kopf-Konsum
beinhaltet als der untere Pfad und längerfristig auch den Konsum
gemäß dem oberen Pfad übersteigt.[1] Entsprechende Überlegungen
gelten für eine Ausgangssituation $v_0 > v^*$ und einem c oberhalb
der Kurve $\dot{v} = 0$.

1.2 Wirtschaftswachstum bei technischem Fortschritt[2]

In diesem Abschnitt wird das vorangehende Grundmodell dahingehend erweitert, daß auch technischer Fortschritt berücksichtigt
wird. Unter technischem Fortschritt wird allgemein eine Erhöhung

---

[1] Die goldene Regel der Akkumulation lautete $f'(v) = n$, was im
Maximum der Kurve $\dot{v} = 0$ erfüllt ist. Infolge der Zeitpräferenz liegt
nun der optimale Konsumpfad unter dem nach der goldenen Regel der
Akkumulation; infolge des abnehmenden Grenznutzens des Konsums wird
der Gleichgewichtswert erst nach einer gewissen Anpassungszeit erreicht.

[2] Burmeister, E. und A.R. Dobell, Mathematical Theories of Economic
Growth, a.a.O., S. 65ff; Heubes, J., Konjunktur und Wachstum, a.a.O.,
S. 180ff; Krelle, W., Theorie des wirtschaftlichen Wachstums, a.a.O.,
S. 86ff; Mankiw, N.G., Macroeconomics, a.a.O., S. 100ff; Ramanathan,
R., Introduction to the Theory of Economic Growth, a.a.O., S. 73ff.

des produktionswirksamen Wissens einer Volkswirtschaft verstanden, die

- bei konstanten Faktoreinsatzmengen die Produktion einer größeren Gütermenge bzw.
- die Produktion der gleichen Gütermenge mit einem geringeren Einsatz der Produktionsfaktoren

ermöglicht.

Formal läßt sich der technische Fortschritt mittels eines Zeitindex in der Produktionsfunktion erfassen:

$$(1) \quad Y_t = F(A_t, K_t, t)$$

mit: $\qquad \partial Y_t / \partial t > 0.$

Ein anschaulicher Spezialfall dieser Darstellungsweise, der den nachfolgenden Ausführungen zugrunde liegt, ist das sog. Vervielfachungskonzept (Quasivermehrung, factor-augmenting): Der technische Fortschritt wirkt wie eine Erhöhung der Mengen der Produktionsfaktoren:

$$(2) \quad Y_t = F(e^{\pi_A t} A_t, e^{\pi_K t} K_t),$$

wobei $e^{\pi_A t}$ und $e^{\pi_K t}$ das technische Niveau zum Zeitpunkt t und $e^{\pi_A t} A_t$ bzw. $e^{\pi_K t} K_t$ die quasi-vermehrten Produktionsfaktoren (Produktionsfaktoren in Effizienzeinheiten) darstellen.

Anschließend folgt zunächst eine Klassifizierung des technischen Fortschritts, dann weiter die Bestimmung des gleichgewichtigen Wachstumspfades bei technischem Fortschritt.

1.2.1 Klassifizierung des technischen Fortschritts

Die Schwierigkeit, den technischen Fortschritt unmittelbar zu messen, hat dazu geführt, ihn mittels seiner Auswirkungen zu erfassen. Hiernach läßt sich der technische Fortschritt grundsätzlich in

- neutral und
- nicht-neutral

einteilen. Neutraler technischer Fortschritt liegt vor, wenn er bestimmte ökonomische Relationen nicht beeinflußt. Nicht-neutraler technischer Fortschritt hingegen verändert diese Relationen. Je nach der betrachteten Relation lassen sich nun verschiedene Arten des neutralen bzw. nicht-neutralen technischen Fortschritts unterscheiden.

Nachfolgend werden die bekanntesten Klassifikationsschemata dargestellt, nämlich die Klassifikation nach Hicks und Harrod.

(1) Klassifikation nach Hicks

Hicks legt seiner Definition des technischen Fortschritts die Einkommensverteilung zugrunde. Der technische Fortschritt ist nun neutral, wenn er die Einkommensverteilung nicht beeinflußt, anderenfalls ist er nicht-neutral.

Bei Gültigkeit der Grenzproduktivitätstheorie der Verteilung[1] ist die Lohnquote vor Realisierung des technischen Fortschritts definiert als:

$$(1) \quad \alpha = \frac{\partial F}{\partial A} \frac{A}{Y} .$$

Nach Auftreten von technischem Fortschritt gilt analog:

$$(2) \quad \alpha^* = \frac{\partial F}{\partial A^*} \frac{A^*}{Y}$$

mit:
$$A^* = e^{\pi_A t} A.$$

Entsprechendes gilt für die Profitquote, so daß sich die Einkommensverteilung wie folgt darstellen läßt:

$$(3) \quad \frac{1-\alpha}{\alpha} = \frac{\partial F/\partial K}{\partial F/\partial A} \frac{K}{A} \quad \text{(vor technischem Fortschritt)}$$

$$(4) \quad \frac{1-\alpha^*}{\alpha^*} = \frac{\partial F/\partial K^*}{\partial F/\partial A^*} \frac{K^*}{A^*} \quad \text{(nach technischem Fortschritt)}.$$

---

[1] Die Entlohnungssätze sind gleich der Grenzproduktivität der Faktoren.

In Gleichung (3) [(4)] gibt der Ausdruck $\dfrac{\partial F/\partial K}{\partial F/\partial A}$ $\left[\dfrac{\partial F/\partial K^*}{\partial F/\partial A^*}\right]$ die Grenzrate der Substitution dA/dK [dA^*/dK^*] und K/A [K^*/A^*] die Kapitalintensität der Arbeit vor [nach] technischem Fortschritt an. Hicks-neutraler technischer Fortschritt $((1-\alpha)/\alpha = (1-\alpha^*)/\alpha^*)$ liegt somit dann vor, wenn bei konstanter Kapitalintensität $(K/A = K^*/A^*)$ die Grenzrate der Substitution durch den technischen Fortschritt unverändert bleibt $(dA/dK = dA^*/dK^*)$. Oder, wenn sich die Kapitalintensität der Arbeit und die Grenzrate der Substitution infolge des technischen Fortschritts gegenläufig in prozentual gleichem Ausmaß verändern, was bei einer Substitutionselastizität (σ) von eins der Fall ist.[1]

Im ersten Fall werden beide Faktoren in gleichem Ausmaß durch den technischen Fortschritt quasi-vermehrt. Bei einer linear-homogenen Produktionsfunktion läßt sich der Fortschrittsterm in diesem Fall faktoriell abspalten. Entsprechendes gilt bei einer Cobb-Douglas-Produktionsfunktion $(\sigma = 1)$,[2] so daß sich in beiden Fällen schreiben läßt:

$$(5) \quad Y_t = e^{\pi t}f(A_t, K_t).$$

Die erste Form Hicks-neutralen technischen Fortschritts ist in Abbildung V.28 graphisch veranschaulicht. Zur Produktion von $\bar{Y}$ sind die beiden Produktionsfaktoren vor technischem Fortschritt in natürlichen Einheiten (A, K), nach technischem Fortschritt in Effi-

---

[1]   Siehe die Definition von σ in Abschnitt I.2.3, 1.1.

[2]   Die Cobb-Douglas-Produktionsfunktion:

$$Y_t = (e^{\pi_A t}A_t)^{\alpha}(e^{\pi_K t}K_t)^{1-\alpha}$$

läßt sich wie folgt umformen:

$$Y_t = e^{\pi_A t\alpha}e^{\pi_K t(1-\alpha)}A_t^{\alpha}K_t^{1-\alpha}$$

bzw.:

$$Y_t = e^{\pi t}A_t^{\alpha}K_t^{1-\alpha}$$

mit:

$$\pi = \pi_A\alpha + \pi_K(1-\alpha).$$

zienzeinheiten (A*,K*) gemäß der eingezeichneten Isoquante einzusetzen.

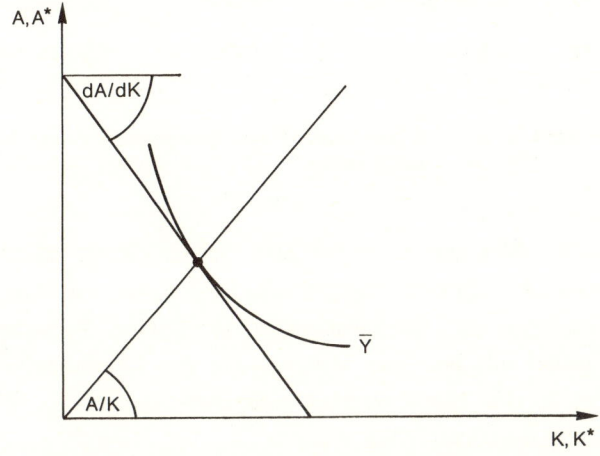

Abb. V.28: *Hicks–neutraler technischer Fortschritt*

Führt der technische Fortschritt zu einer gleichmäßigen Quasi-Vermehrung beider Produktionsfaktoren, so bleiben die Steigung der Ursprungsgerade (A/K) sowie die der Isoquante (dA/dK) im Schnittpunkt mit der Ursprungsgerade unverändert. Führt der technische Fortschritt nicht zu einer gleichmäßigen Quasi-Vermehrung beider Produktionsfaktoren, so verändern sich die Steigung der Ursprungsgerade und die der Isoquante bei $\sigma = 1$ jedoch in prozentual gleichem Ausmaß.

Bei nicht gleichmäßiger Quasi-Vermehrung der beiden Produktionsfaktoren hat eine Erhöhung der Kapitalintensität der Arbeit ($\pi_K > \pi_A$) eine Verringerung der Grenzrate der Substitution zur Folge. Bei $\sigma > 1$ sind beide Faktoren gute Substitute, so daß die Grenzrate der Substitution (= Zins-Lohnverhältnis) nur relativ geringfügig sinkt. Damit verbessert sich die Einkommensverteilung zugunsten des Kapitals. Diese Art des nicht-neutralen Fortschritts bezeichnet Hicks als arbeitssparend.

	$\sigma < 1$	$\sigma = 1$	$\sigma > 1$
$\pi_A = \pi_K$	neutral	neutral	neutral
$\pi_A > \pi_K$	arbeitssparend	neutral	kapitalsparend
$\pi_A < \pi_K$	kapitalsparend	neutral	arbeitssparend

Übersicht V.1:   *Klassifikation des technischen Fortschritts nach Hicks*

Bei $\sigma < 1$ hingegen sinkt das Zins-Lohnverhältnis relativ stark, so daß sich die Einkommensverteilung zugunsten der Arbeit verbessert, es liegt sog. kapitalsparender technischer Fortschritt vor. Entsprechendes gilt bei einer Verringerung der Kapitalintensität der Arbeit ($\pi_K < \pi_A$). Damit ergeben sich insgesamt die in Übersicht V.1 zusammengestellten Fälle.

(2) Klassifikation nach Harrod

Harrod geht bei seiner Definition des technischen Fortschritts von einem Wachstumsgleichgewicht aus. Im Wachstumsgleichgewicht ohne technischen Fortschritt bleibt bei konstantem Zinssatz auch der Kapitalkoeffizient konstant. Harrod nennt nun den technischen Fortschritt, der zu dem gleichen Ergebnis führt, neutral.

Der Kapitalkoeffizient bleibt bei unverändertem Zins dann konstant, wenn sich der Grenzertrag des Kapitals im Akkumulationsprozeß nicht ändert. Bei linear-homogener Produktionsfunktion:

$$(6) \quad Y = F(A,K)$$

bzw.:

$$(7) \quad Y = Af(K/A)$$

gilt:

$$(8) \quad \frac{\partial Y}{\partial K} = f'(K/A).$$

Der Grenzertrag des Kapitals hängt also ausschließlich von der Kapitalintensität der Arbeit ab. Wachsen Arbeit und Kapital mit der gleichen Rate, so bleiben sowohl der Grenzertrag des Kapitals als auch der Kapitalkoeffizient (k = K/Y) konstant. Hierbei ist es unerheblich, inwieweit die Arbeit in natürlichen Einheiten ansteigt oder infolge des technischen Fortschritts quasi-vermehrt wird.

Technischer Fortschritt als Quasi-Vermehrung des Faktors Arbeit (pure labour augmenting) ist also Harrod-neutral. Dieser Fall ist in Abbildung V.29 dargestellt. Arbeitsvermehrender technischer Fortschritt führt zu einer Verbesserung der Produktionsmöglichkeiten, was durch die Kurve Y(A*,K) angedeutet wird. Bei konstantem Zinssatz (r) bleibt dann auch der Kapitalkoeffizient unverändert.

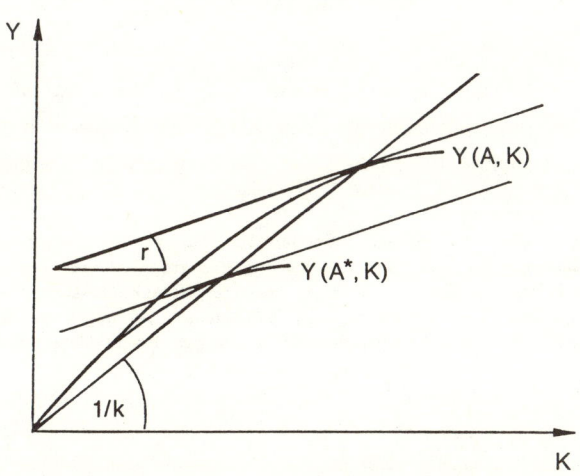

Abb. V.29: *Harrod–neutraler technischer Fortschritt*

Tritt auch kapitalvermehrender technischer Fortschritt auf ($\pi_K > 0$ bei $\pi_A = 0$ zur Vereinfachung), so biegt sich die Ertragsfunktion des Kapitals in Abbildung V.29 analog zur eingezeichneten Kurve F(A*,K) auf. Gilt $\sigma = 1$, so wird bei gleichem Kapitalkoeffizient wiederum der gleiche Grenzertrag des Kapitals erreicht; der technische Fortschritt ist ebenfalls Harrod-neutral.[1] Da sich im Falle einer Cobb-Douglas-Produktionsfunktion ($\sigma = 1$) der technische Fortschritt dem Faktor Arbeit zuordnen läßt,[2] gilt allgemein bei Harrod-neutralem technischen Fortschritt:

$$(9) \quad Y_t = F(e^{\pi_A t} A_t, K_t).$$

	$\sigma < 1$	$\sigma = 1$	$\sigma > 1$
$\pi_K = 0$	neutral	neutral	neutral
$\pi_K > 0$	kapitalsparend	neutral	arbeitssparend

Übersicht V.2:   *Klassifikation des technischen Fortschritts nach Harrod*

Gilt $\pi_K > 0$ (bei $\pi_A = 0$) sowie $\sigma > 1$, so wird bei gleichem Kapitalkoeffizient ein höherer Grenzertrag des Kapitals erreicht; die Steigung der neuen Ertragsfunktion des Kapitals in Abbildung V.29

---

[1]   Infolge des technischen Fortschritts steigt der Grenzertrag des (physischen) Kapitals. Zur Realisierung des vor Auftreten des technischen Fortschritts erreichten Wertes ist Kapitalakkumulation erforderlich. Hierbei sinkt der Grenzertrag des Kapitals um so langsamer, je größer σ ist. Bei $\sigma = 1$, d.h. bei der Cobb-Douglas-Produktionsfunktion:

gilt:
$$Y = A^{\alpha}(e^{\pi_K t} K)^{1-\alpha}$$

$$\frac{\partial Y}{\partial K} = (1-\alpha)\frac{Y}{K} \, ,$$

d.h. der Grenzertrag des Kapitals wird eindeutig durch den Kapitalkoeffizienten bestimmt.

[2]   Für die Cobb-Douglas-Produktionsfunktion:

$$Y_t = (e^{\pi_A t} A_t)^{\alpha}(e^{\pi_K t} K_t)^{1-\alpha}$$

läßt sich schreiben:

$$Y_t = (e^{\pi t} A_t)^{\alpha} K_t^{1-\alpha}$$

mit:
$$\pi = \pi_A + \pi_K \frac{1-\alpha}{\alpha} \, .$$

im Schnittpunkt mit der Ursprungsgeraden wird größer. Bei konstantem Zinssatz wird dann ein höherer Kapitalkoeffizient realisiert. Diese Art des nichtneutralen technischen Fortschritts bezeichnet Harrod als arbeitssparend.

Entsprechend sinkt bei $\pi_K > 0$ $(\pi_A = 0)$ und $\sigma < 1$ der Grenzertrag des Kapitals bei unverändertem Kapitalkoeffizient. Bei konstantem Zinssatz wird damit der Kapitalkoeffizient reduziert; es liegt kapitalsparender technischer Fortschritt nach Harrod vor. Damit ergeben sich insgesamt die in Übersicht V.2 dargestellten Fälle.[1]

(3) Zusammenhang zwischen beiden Klassifikationsschemata

Hicks und Harrod orientieren sich bei ihrer Definition des technischen Fortschritts an unterschiedlichen produktionstheoretischen Größen. Beide Fortschritts-Schemata stehen somit in einem bestimmten Zusammenhang, wie in Übersicht V.3 zusammengestellt ist.

		$\sigma < 1$	$\sigma = 1$	$\sigma > 1$
$0 < \pi_A = \pi_K$		Hicks-neutral Harrod-kap.sp.	Hicks-neutral Harrod-neutr.	Hicks-neutral Harrod-arb.sp.
$0 < \pi_A > \pi_K$	$\pi_K=0$	Hicks-arb.sp. Harrod-neutr.	Hicks-neutral Harrod-neutr.	Hicks-kap.sp. Harrod-neutral
	$\pi_K>0$	Hicks-arb.sp. Harrod-kap.sp.	Hicks-neutral Harrod-neutr.	Hicks-kap.sp. Harrod-arb.sp.
$0 < \pi_A < \pi_K$		Hicks-kap.sp. Harrod-kap.sp.	Hicks-neutral Harrod-neutr.	Hicks-arb.sp. Harrod-arb.sp.

Übersicht V.3:   *Klassifikation des technischen Fortschritts nach Hicks und Harrod*

Wird bspw. der Fall $\sigma < 1$ bei $\pi_A > \pi_K$ herausgegriffen, so ist diese Fortschrittsart stets arbeitssparend i.S. von Hicks. Bei Harrod

---

[1] Die obigen Überlegungen gelten analog auch für den Fall, daß $\pi_A > 0$ gilt. Die Nicht-Neutralität des technischen Fortschritts beruht auf der Komponente $\pi_K > 0$ bei $\sigma \neq 1$.

kommt es weiter darauf an, ob $\pi_K \geq 0$ gilt. Bei $\pi_K = 0$ ist dieser Fortschritt zugleich neutral, bei $\pi_K > 0$ hingegen kapital-sparend i.S. von Harrod.

1.2.2 Gleichgewichtiges Wachstum bei technischem Fortschritt

Abschließend werden noch Existenz und Stabilität sowie die Eigen-schaften eines gleichgewichtigen Wachstumspfades bei technischem Fortschritt untersucht.

(1) Existenz und Stabilität des gleichgewichtigen Wachstumspfades

Wird der technische Fortschritt mittels des Vervielfachungskonzepts erfaßt:

$$(1) \quad Y_t = F(e^{\pi_A t} A_t, e^{\pi_K t} K_t),$$

so ergibt sich für die Wachstumsrate des Outputs:

$$(2) \quad w_Y = \alpha(\pi_A + w_A) + (1 - \alpha)(\pi_K + w_K).$$

Bei gleichgewichtigem Wachstum gilt:

$$(3) \quad w_Y = w_K.$$

Damit folgt aus (2):

$$(4) \quad w_Y = \pi_A + w_A + \frac{1 - \alpha}{\alpha} \pi_K.$$

Im Gleichgewicht ist w_Y konstant. Damit ist gleichgewichtiges Wachstum möglich bei

- $\pi_A = \pi_K = 0$ (kein technischer Fortschritt)
- $\pi_K = 0$ (Harrod-neutraler technischer Fortschritt)
- α = const.   (Cobb-Douglas-Produktionsfunktion).

Da bei einer Cobb-Douglas-Produktionsfunktion jeder technische Fortschritt Harrod-neutral ist, läßt sich festhalten, daß gleichgewich-tiges Wachstum bei technischem Fortschritt Harrod-neutralen (arbeitsvermehrenden) technischen Fortschritt erfordert.

Bei Harrod-neutralem technischen Fortschritt ergibt sich somit im Gleichgewicht:

(5) $\quad w_Y = \pi_A + w_A,$

d.h. die gleichgewichtige Wachstumsrate ist gleich der Summe der exogenen, konstanten Wachstumsraten der Arbeit ($w_A = n$) und des arbeitsmehrenden technischen Fortschritts.

Zur Untersuchung der Existenz und Stabilität des gleichgewichtigen Wachstumspfades wird wieder auf die Kapitalintensität der Arbeit, und zwar hier in Effizienzeinheiten (v_e), zurückgegriffen:

(6) $\quad v_e \quad = K/A^*.$

In Wachstumsraten gilt:

(7) $\quad w_{v_e} \quad = w_K - w_A^*.$

Gleichung (7) läßt sich wieder umformen:

(8) $\quad \dot{v}_e \quad = sf(v_e) - (\pi_A + n)v_e.$

Diese Gleichung entspricht völlig der Gleichung (20) in Abschnitt 1.1.1. Die weiteren Überlegungen sind analog zu diesem Abschnitt. Existenz und Stabilität des gleichgewichtigen Wachstums sind also wieder bei Erfüllung der Inada-Bedingungen gesichert.

(2) Eigenschaften des gleichgewichtigen Wachstumspfades

Abschließend werden die Eigenschaften des gleichgewichtigen Wachstumspfades (noch einmal) zusammengestellt. Auf diesem Wachstumspfad wachsen Volkseinkommen und Kapitalstock mit der gleichen, exogen vorgegebenen Wachstumsrate. Damit folgt für den Kapitalkoeffizienten (k):

(1) $\quad k \quad = K/Y$

(2) $\quad w_k = w_K - w_Y = 0,$

der Kapitalkoeffizient bleibt also im Wachstumsgleichgewicht konstant.

Weiterhin wachsen Volkseinkommen und Arbeit in Effizienzeinheiten mit der gleichen Rate. Für die Arbeitsproduktivität (y_e):

$$(3) \quad y_e \ = Y/A^*$$

ergibt sich dann:

$$(4) \quad w_{y_e} = w_Y - w_A{}^* = 0,$$

d.h. sie bleibt ebenfalls konstant.

Für die Produktivität der Arbeit in natürlichen Einheiten (y):

$$(5) \quad y \ = Y/A$$

hingegen folgt:

$$(6) \quad w_y = w_Y - w_A = \pi_A + n - n = \pi_A.$$

Die Arbeitsproduktivität Y/A steigt somit im Wachstumsgleichgewicht mit der Rate des arbeitsvermehrenden technischen Fortschritts an.

Schließlich wachsen auch Kapitalstock und Arbeit in Effizienzeinheiten mit der gleichen Rate, so daß die Kapitalintensität der Arbeit v_e:

$$(7) \quad v_e \ = K/A^*$$

$$(8) \quad w_{v_e} = w_K - w_A{}^* = 0$$

im gleichgewichtigen Wachstumsprozeß unverändert bleibt.

Die Kapitalintensität der Arbeit in natürlichen Einheiten (v):

$$(9) \quad v \ = K/A$$

$$(10) \quad w_v = w_K - w_A = \pi_A + n - n = \pi_A$$

hingegen nimmt wiederum auf dem gleichgewichtigen Wachstumspfad mit der Rate des arbeitsvermehrenden technischen Fortschritts zu.

Die Ergebnisse (2), (6) und (10) entsprechen den in Abschnitt V.1.2 dargestellten stilisierten Fakten.

Bei Gültigkeit der Grenzproduktivitätstheorie der Verteilung folgt der (reale) Lohnsatz (1) aus:

$$(11) \quad Y = F(aA,K), \qquad a = e^{\pi_A t}.$$

Bei linear-homogener Produktionsfunktion läßt sich schreiben:

$$(12) \quad Y = aAf(K/aA).$$

Differentiation liefert:

$$(13) \quad \frac{\partial Y}{\partial A} = af\left[\frac{K}{aA}\right] + aA \frac{\partial f}{\partial(K/aA)} \left[\frac{-aK}{(aA)^2}\right]$$

$$(14) \quad \frac{\partial Y}{\partial A} = 1 = a\left[f - f' \frac{K}{aA}\right].$$

Für die Veränderung des Lohnsatzes ergibt sich unter Beachtung von K/aA = const. und somit auch f, f' = const.:

$$(15) \quad w_1 = w_a (= \pi_A),$$

d.h. der Lohnsatz steigt mit der Rate des technischen Fortschritts an.

Für den Zinssatz (r) folgt entsprechend aus Gleichung (12):

$$(16) \quad \frac{\partial Y}{\partial K} = r = f' = \text{const.}$$

Die Lohnquote (α) ist:

$$(17) \quad \alpha = \frac{\partial Y}{\partial A} \frac{A}{Y}.$$

Für die Veränderungsrate folgt:

$$(18) \quad w_\alpha = w_l - w_y = 0,$$

d.h. die Lohnquote bleibt konstant.

2. Erweiterungen

In diesem Abschnitt wird das Grundmodell der neoklassischen Wachstumstheorie in zwei Punkten modifiziert. So wird zunächst das Bevölkerungswachstum endogenisiert; daran anschließend wird der Boden als weiterer Produktionsfaktor berücksichtigt.

2.1 Endogenes Bevölkerungswachstum[1]

Nach der hier betrachteten Theorie ist die Wachstumsrate der Arbeit (= Bevölkerung) von der Differenz zwischen dem Pro-Kopf-Einkommen y und dem Existenzminimum y_{min} abhängig: Unterschreitet y den Wert y_{min}, so ist die Wachstumsrate der Arbeit negativ; bei $y > y_{min}$ hingegen positiv. Jedoch kann die Wachstumsrate der Arbeit nicht unbegrenzt ansteigen, d.h. sie steigt nur so lange an, bis y eine bestimmte obere Grenze $\bar{y}$ erreicht, danach ist sie konstant:

$$(1) \quad w_A = \begin{cases} n(y - y_{min}) & \text{für} \quad y < \bar{y} \\ \bar{n} & \text{für} \quad y \geq \bar{y} \,. \end{cases}$$

Mit Hilfe der Produktivitätsfunktion läßt sich Gleichung (1) auch wie folgt schreiben:

$$(2) \quad w_A = \begin{cases} n[f(v) - v_{min}] & \text{für} \quad v < \bar{v} \\ \bar{n} & \text{für} \quad v \geq \bar{v} \,, \end{cases}$$

was in Abbildung V.30 dargestellt ist.

---

[1]   Krelle, W., Theorie des wirtschaftlichen Wachstums, a.a.O., S. 179ff; Neumann, M., Theoretische Volkswirtschaftslehre III, 2. Aufl., München 1994, S. 112ff; Steinmann, G., Bevölkerungswachstum und Wirtschaftsentwicklung, Berlin 1974.

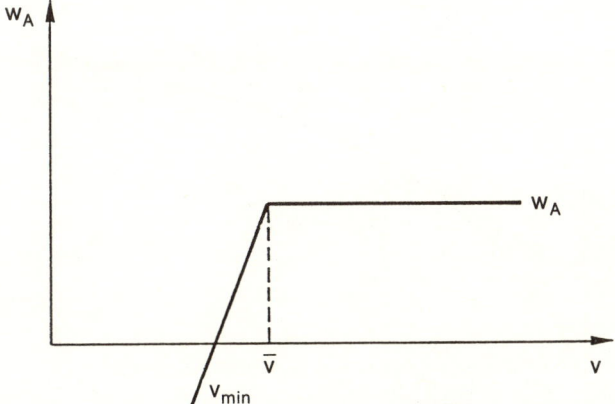

Abb. V.30: *Wachstumsrate der Arbeit*

Analog wird angenommen, daß die Ersparnisbildung pro Kopf negativ ist, wenn das Pro-Kopf-Einkommen kleiner ist als das Existenzminimum; bei Überschreiten des Existenzminimums steigt die Ersparnisbildung proportional mit der Differenz zwischen y und y_{min} an:

$$(3) \quad \frac{S}{A} = s(y - y_{min})$$

bzw.:

$$(4) \quad S = s(y - y_{min})A.$$

Gleichung (4) gibt die gesamtwirtschaftliche Ersparnisbildung an, die gleich der Investitionstätigkeit ist. Wird die Investitionstätigkeit auf den Kapitalstock bezogen, so ergibt sich die Wachstumsrate des Kapitals:

$$(5) \quad w_K = \frac{s(y - y_{min})A}{K}$$

bzw.:

$$(6) \quad w_K = s \frac{f(v) - y_{min}}{v} \, ,$$

die in Abbildung V.31 graphisch ermittelt wird.

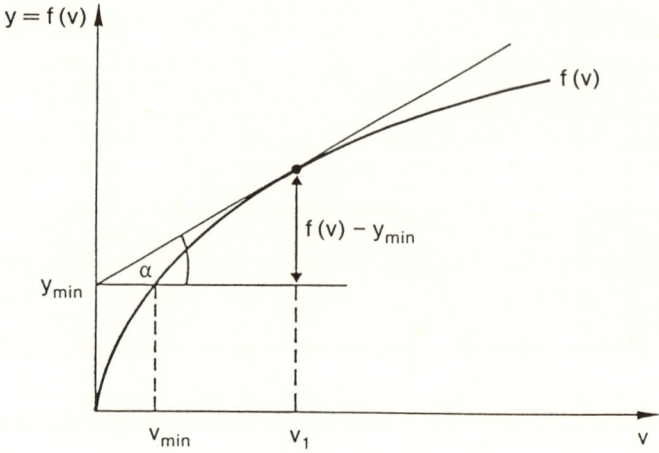

Abb. V.31:   Pro–Kopf–Einkommen als Funktion der
               Kapitalintensität der Arbeit

Wird von y_{min} aus eine Gerade an die Kurve $f(v)$ eingezeichnet, so gibt der Tangens des Winkels dieser Geraden nach Gleichung (6) den Wert von w_K/s an. In Abbildung V.31 ist als Beispiel die

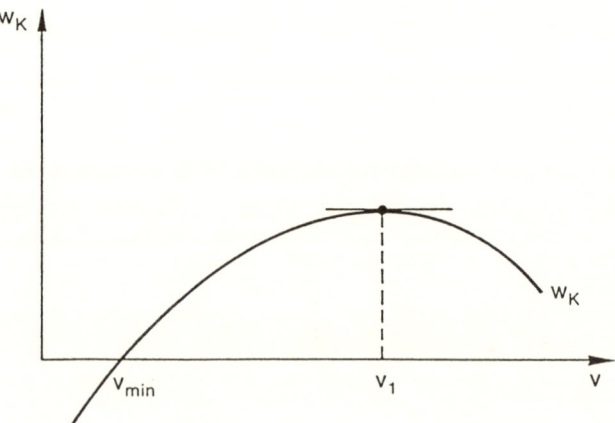

Abb. V.32:   *Wachstumsrate des Kapitals*

Tangente an f(v) eingezeichnet. Der Tangens des Winkels α wird durch den Quotienten $[(f(v_1)-y_{min})/v_1]$ angegeben. Da die Tangente den größten Winkel aller Geraden von y_{min} an f(v) aufweist, ist die Wachstumsrate des Kapitals bei v_1 am größten. Bei $v \gtrless v_1$ ist entsprechend die Wachstumsrate des Kapitals geringer; bei $v < v_{min}$ sogar negativ. Diese Zusammenhänge sind in Abbildung V.32 dargestellt.

In Abbildung V.33 sind die Abbildungen V.30 und V.32 zusammengefaßt. Die beiden Kurven w_A und w_K schneiden sich dreimal, nämlich bei v_{min}, $\underline{v}$ und $\bar{v}$.

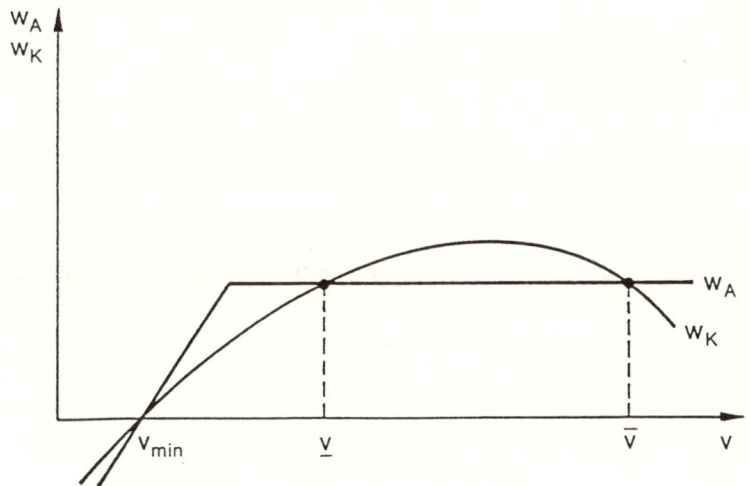

Abb. V.33: *Bevölkerungsfalle*

Damit ergibt sich folgende Situation: Liegt v zwischen v_{min} und $\underline{v}$, so wächst die Arbeit schneller als der Kapitalstock, d.h. die Kapitalintensität der Arbeit sinkt auf den Wert v_{min}. Bei $\underline{v} < v < \bar{v}$ hingegen ist w_K größer als w_A, so daß die Kapitalintensität der Arbeit bis auf $\bar{v}$ ansteigt. Erst wenn es dem betrachteten Land gelingt, die Kapitalintensität über den kritischen Wert $\underline{v}$ zu steigern, übersteigt das Pro-Kopf-Einkommen im Wachstumsprozeß das

Existenzminimum, andernfalls führt die Entwicklung immer wieder zum Existenzminimum zurück. Die hohe Bevölkerungswachstumsrate verhindert in diesem Fall einen Anstieg des Pro-Kopf-Einkommens; die Wirtschaft ist in der sog. Bevölkerungsfalle gefangen.

2.2 Boden und Wirtschaftswachstum[1]

Boden ist ein Produktionsfaktor, der sich von Arbeit und Kapital dahingehend unterscheidet, daß er in fest vorgegebener Menge vorhanden ist. Damit stellt sich die Frage, welche Konsequenzen sich für den Wachstumsprozeß aus der Existenz eines fixen Produktionsfaktors ergeben.

Die Produktionsfunktion ist nun:

$$(1) \quad Y \quad = F(aA, bK, cB)$$

mit:
$$B \quad = \text{Boden}$$

$$a, b, c \quad = \text{Effizienzniveau der Produktionsfaktoren.}$$

Unter Beachtung der Unvermehrbarkeit des Bodens ergibt sich in Wachstumsraten:

$$(2) \quad w_Y \quad = \alpha(\pi_A + n) + \beta(\pi_K + w_K) + \gamma \pi_B$$

mit:
$$\alpha + \beta + \gamma = 1$$

$$\alpha, \beta, \gamma \quad = \text{partielle Produktionselastizitäten.}$$

Die gleichgewichtige Wachstumsrate ($w_Y = w_K = w^*$) ist jetzt:

$$(3) \quad w^* \quad = \frac{\alpha(n + \pi_A) + \beta \pi_K + \gamma \pi_B}{1 - \beta} \quad .$$

---

[1]   Meade, J.E., The Growing Economy, London 1968, S. 49ff; Neumann, M., Theoretische Volkswirtschaftslehre III, a.a.O., S. 77ff; Vosgerau, H.-J., Wachstumstheorie, a.a.O., S. 504ff.

Konstanz der Wachstumsrate erfordert bei konstanten Wachstumsraten der Arbeit und des technischen Fortschritts:[1]

- $\pi_K = 0$ und $\pi_B = n+\pi_A$ (Harrod-neutraler technischer Fortschritt[2]) oder

- α, β, γ = const (Cobb-Douglas-Produktionsfunktion).

Da im Rahmen einer Cobb-Douglas-Produktionsfunktion jeder
technische Fortschritt Harrod-neutral ist,[3] gilt wieder allgemein, daß
ein gleichgewichtiges Wachstum auch in diesem Fall Harrod-neutralen technischen Fortschritt erfordert. Die gleichgewichtige Wachstumsrate ist dann nach Gleichung (3):

$$(4) \quad w^* = \pi_A + n.$$

Die zunehmende Verknappung des Bodens muß also durch technischen Fortschritt kompensiert werden, und zwar durch ungebundenen
Fortschritt bei entsprechenden Substitutionsmöglichkeiten oder durch
bodenvermehrenden technischen Fortschritt. Im zweiten Fall kann
der technische Fortschritt sowohl zu erhöhter Produktivität des
landwirtschaftlich genutzten Bodens führen, als auch zu einer besse-

---

[1] Ist $\pi_A = \pi_K = \pi_B = 0$ (kein technischer Fortschritt), so beträgt die
gleichgewichtige Wachstumsrate $\frac{\alpha}{1-\beta}$ n, sie ist für $n > 0$ somit kleiner
als n. Zur Aufrechterhaltung einer gegebenen Pro-Kopf-Produktion ist
hier also ein gewisser technischer Fortschritt notwendig.

[2] Harrod-neutraler technischer Fortschritt erfordert hier, daß nicht nur die
Arbeit, sondern auch der Boden quasivermehrt wird.

[3] Die Cobb-Douglas-Produktionsfunktion:

$$Y_t = (e^{(n+\tilde{\pi}_A)t}A_0)^\alpha (e^{\tilde{\pi}_K t}K_t)^\beta (e^{\tilde{\pi}_B t}B_0)^\gamma$$

läßt sich unter Beachtung von $n+\pi_A = \pi_B$ wie folgt umformen:

$$Y_t = (e^{(n+\pi_A)t}A_0)^\alpha K_t^\beta (e^{\pi_B t}B_0)^\gamma$$

mit:

$$\pi_A = \frac{\alpha\tilde{\pi}_A + \beta\tilde{\pi}_K + \gamma\tilde{\pi}_B - \gamma n}{\alpha+\gamma}$$

$$\pi_B = \frac{\alpha\tilde{\pi}_A + \beta\tilde{\pi}_K + \gamma\tilde{\pi}_B - \alpha n}{\alpha+\gamma}.$$

ren Ausnutzung des industriell genutzten Bodens bspw. infolge verbesserten Transportwesens oder verbesserter Bautechnik.

Wird realistischerweise von $\sigma < 1$ ausgegangen, so stellt sich die Frage, inwieweit Kräfte existieren, die zu einer Übereinstimmung der Wachstumsraten von Arbeit und Boden führen ($\pi_B = n + \pi_A$).

Eine Antwort auf diese Frage versucht die Theorie des Faktorein-kommen-induzierten technischen Fortschritts zu geben. Diese Theo-rie unterstellt die Existenz einer sog. Fortschrittsmöglichkeitsfunk-tion, die die Transformationsmöglichkeiten der verschiedenen Fort-schrittsarten angibt. Wird zur Vereinfachung $\pi_K = 0$ angenommen, so läßt sich diese Fortschrittsmöglichkeitsfunktion wie folgt formulie-ren:

$$(5) \quad \pi_A = g(\pi_B)$$

mit: $g' < 0, \quad g'' < 0.$

Die entsprechende Fortschrittsmöglichkeitskurve ist in Abbildung V.34 dargestellt.

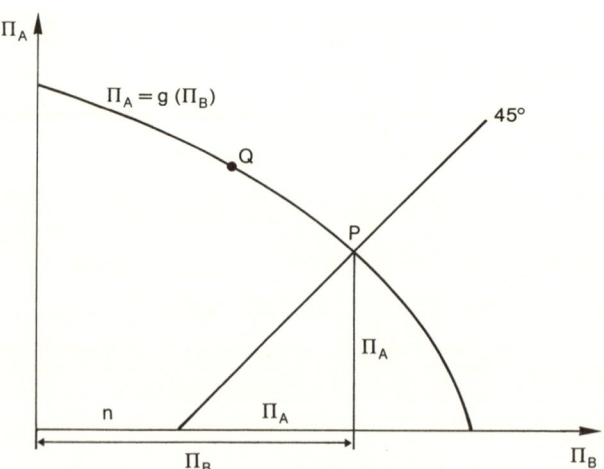

Abb. V.34: *Fortschrittsmöglichkeitskurve*

Bei $\sigma < 1$ steigt die Einkommensquote des Faktors an, dessen Einsatzmenge (in Effizienzeinheiten) relativ zur Einsatzmenge der anderen Faktoren sinkt. Bei schnellerem Wachstum der Faktoren Arbeit und Kapital (Punkt Q in Abbildung V.34) würde somit der Anteil des Bodens am Volkseinkommen ansteigen.

Die Theorie des Faktoreinkommen-induzierten technischen Fortschritts geht nun davon aus, daß der Anstieg des Anteils des Bodens am Volkseinkommen die Unternehmer veranlaßt, derartigen technischen Fortschritt einzuführen, daß der Boden in Effizienzeinheiten schneller wächst (Punkt P in Abbildung V.34), so daß schließlich das Faktoreinsatzverhältnis (in Effizienzeinheiten) und damit die Verteilungsquoten konstant bleiben.

Es soll noch überprüft werden, wie sich die Faktorentlohnungssätze auf dem Gleichgewichtspfad entwickeln. Unter Beachtung der Linearhomogenität läßt sich Gleichung (1) schreiben:

$$(6) \quad Y = aAf(v,z)$$

mit:
$$v = bK/aA$$
$$z = cB/aA.$$

Aus Gleichung (6) ergibt sich für den realen Lohnsatz $1 = \partial Y/\partial A$:

$$(7) \quad 1 = a(f - vf_v - zf_z)$$

mit:
$$f_v = \partial f/\partial v$$
$$f_z = \partial f/\partial z.$$

Da im Gleichgewicht v und z konstant sind, gilt:

$$(8) \quad w_1 = \pi_A,$$

d.h. der Lohnsatz steigt mit der Rate des arbeitsvermehrenden technischen Fortschritts an.

Für den Zinssatz $r = \partial Y/\partial K$ ergibt sich aus Gleichung (6):

$$(9) \quad r = f_v = \text{const.},$$

der Zinssatz bleibt also auf dem Gleichgewichtspfad konstant.

Die Bodenpacht $p = \partial Y/\partial B$ ist:

$$(10) \quad p = f_z.$$

Hieraus folgt:

$$(11) \quad w_p = w^*,$$

d.h. die Bodenpacht nimmt mit der gleichgewichtigen Wachstumsrate zu.

Der Bodenpreis (P_B) schließlich ist gleich dem Ertragswert des Bodens:

$$(12) \quad P_B = f_z/r,$$

wobei zur Abzinsung zukünftiger Erträge der Grenzertrag des Kapitals als Anlagealternative herangezogen wird. Aus Gleichung (12) folgt:

$$(13) \quad w_{P_B} = w^*,$$

d.h. auch der Bodenpreis steigt mit der gleichgewichtigen Wachstumsrate an.

3. *Neuere Ansätze*

Abschließend wird noch auf zwei neuere Entwicklungen in der Wachstumstheorie eingegangen, nämlich zunächst auf die Endogenisierung der Wachstumsrate, daran anschließend auf die Problematisierung der Grenzen des Wachstums.

3.1 Endogenisierung der Wachstumsrate[1]

Nach dem Grundmodell der neoklassischen Wachstumstheorie ist die (gleichgewichtige) Wachstumsrate exogen vorgegeben und damit wirtschaftspolitischer Beeinflussung unzugänglich. Die „neue" Wachstumstheorie versucht nun, durch Änderung der Inada-Bedingungen bzw. durch Endogenisierung des technischen Fortschritts die Wachstumsrate endogen zu erklären.

3.1.1 Änderung der Inada-Bedingungen

Wie dargestellt wurde, sichern die Inada-Bedingungen die Existenz eines stabilen gleichgewichtigen Wachstumspfades. Dies bedeutet, daß die Kapitalintensität der Arbeit einen konstanten Wert erreicht; es gilt (ohne technischen Fortschritt):

$$(1) \quad \dot{v} = sf(v) - nv = 0.$$

Dieser Wert wird in Abbildung V.35 durch den Schnittpunkt der beiden Kurven sf(v) und nv bestimmt. Die Existenz eines derartigen Schnittpunktes wird u.a. dadurch gesichert, daß die Steigung der Kurve f(v) und damit auch von sf(v) nach den Inada-Bedingungen stetig abnimmt und dabei beliebig klein wird:

$$(2) \quad \lim_{v \to \infty} f'(v) = 0.$$

Diese Bedingung wird nun wie folgt geändert:

$$(3) \quad \lim_{v \to \infty} f'(v) = \bar{f}' > 0,$$

---

[1]   Barro, R.J., Economic Growth in a Cross Section of Countries, Quarterly Journal of Economics 1991, S. 407ff; Lucas, R.E., On the Mechanics of Economic Development, Journal of Monetary Economics 1988, S. 3ff; Ramser, H.J., Grundlagen der „neuen" Wachstumstheorie, Wirtschaftswissenschaftliches Studium 1993, S. 117ff; Rebelo, S., Long Run Policy Analysis and Long Run Growth, Journal of Political Economy 1991, S. 500ff.

d.h. der Grenzertrag des Kapitals (pro Kopf) strebt einem positiven Grenzwert zu. In diesem Fall ergibt sich:

$$(4) \quad \lim_{v \to \infty} \frac{sf(v)}{v} = s\bar{f}'.$$

Wird nun weiter:

$$(5) \quad s\bar{f}' > n$$

angenommen, so wächst v langfristig mit konstanter positiver Rate:

$$(6) \quad \lim_{t \to \infty} \frac{\dot{v}}{v} = s\bar{f}' - n > 0.$$

Es existiert hier also kein gleichgewichtiger Wachstumspfad; die Kurven in Abbildung V.35 schneiden sich nicht.

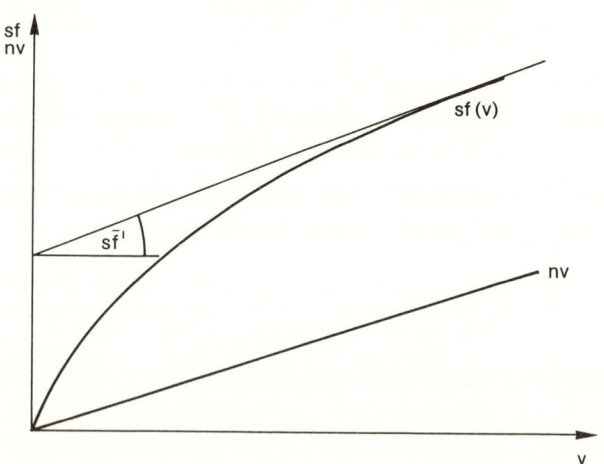

Abb. V.35: *Stetige Kapitalintensivierung*

Die langfristige Wachstumsrate des Kapitals läßt sich ermitteln aus:

$$(7) \quad w_v = w_K - w_A$$

bzw.:

$$(8) \quad w_K = w_V + w_A$$

oder:

$$(9) \quad w_K = s\bar{f}' - n + n = s\bar{f}', \quad (w_A = n).$$

Die langfristige Wachstumsrate des Einkommens folgt aus der linear-homogenen Produktionsfunktion:

$$(10) \quad Y = F(K,A),$$

nämlich:

$$(11) \quad w_Y = \alpha w_A + (1-\alpha) w_K.$$

Unter Beachtung von $w_A = n$ sowie Gleichung (9) ergibt sich schließlich:

$$(12) \quad w_Y = \alpha n + (1-\alpha) s\bar{f}'$$

mit: α, $(1-\alpha)$ als partielle Produktionselastizitäten.

Im Unterschied zum traditionellen Ansatz wachsen hier die verschiedenen Größen langfristig mit unterschiedlicher Rate:

$$(13) \quad w_K > w_Y > w_A,$$

wobei die Wachstumsraten von K und Y positiv von der Sparquote abhängen.

Damit stellt sich ein trade-off-Problem zwischen höherem Konsum heute und höherem Konsum in Zukunft: Wird in der Ausgangsperiode eine niedrige Sparquote gewählt, so übersteigt der Konsum zunächst den bei hoher Sparquote. Da im zweiten Fall die Wachstumsrate des Konsums größer ist, überholt der Konsum jedoch nach einer gewissen Zeit den bei niedriger Sparquote.

Dieses trade-off-Problem (bei grundsätzlich variabler Sparquote) läßt sich wieder mit Hilfe einer intertemporalen Nutzenmaximierung lösen:

$$(14) \quad W = \int_0^\infty e^{-\vartheta t} U(C/A) dt.$$

Wird eine logarithmische Nutzenfunktion unterstellt, so läßt sich Gleichung (14) wie folgt schreiben:

$$(15) \quad W = \int_0^\infty e^{-\vartheta t} \ln c_t \, dt$$

mit: $c = C/A.$

Gleichung (15) ist unter der Nebenbedingung der Akkumulations-möglichkeiten zu maximieren. Wird als Beispiel für eine Produktionsfunktion mit der Eigenschaft (3) gewählt:

$$(16) \quad F(K,A) = \kappa K$$

mit: $\kappa = \text{const.},$

so gilt für die Kapitalakkumulation:

$$(17) \quad \dot{v} = \kappa v - c - nv = (\kappa - n)v - c.$$

Die Gleichungen (15) und (17) führen zu folgender Hamilton-Funktion (H):

$$(18) \quad H = e^{-\vartheta t} \ln c_t + \mu[(\kappa - n)v - c].$$

Die notwendigen Bedingungen für einen optimalen Konsumpfad sind nun:

$$(19) \quad \frac{\partial H}{\partial c} = e^{-\vartheta t} \frac{1}{c} - \mu = 0$$

$$(20) \quad \frac{\partial H}{\partial v} = \mu(\kappa - n) \quad = -\dot{\mu}$$

$$(21) \quad \frac{\partial H}{\partial \mu} = (\kappa - n)v - c \quad = \dot{v}.$$

Aus Gleichung (19) folgt:

$$(22) \quad \mu = e^{-\vartheta t} \frac{1}{c}$$

sowie:

$$(23) \quad -\dot{\mu} = \vartheta e^{-\vartheta t} \frac{1}{c} - e^{-\vartheta t} \frac{1}{c^2} \dot{c}.$$

Werden die Gleichungen (22) und (23) in Gleichung (20) eingesetzt, so ergibt sich die Ramsey-Regel:

$$(24) \quad \dot{c}/c = \kappa - n - \vartheta$$

bzw.:

$$(25) \quad \dot{c} = (\kappa - n - \vartheta)c.$$

Notwendige Bedingung für ein Nutzenmaximum ist nach Gleichung (24) also, daß der Konsum pro Kopf mit der konstanten Rate $(\kappa - n - \vartheta)$ wächst, wobei $(\kappa - n - \vartheta) > 0$ unterstellt wird.[1]

Zur Bestimmung des optimalen Konsumpfades bleibt c_0 bei gegebenem v_0 festzulegen. Dies erfolgt graphisch in Abbildung V.36. In dieser Abbildung sind zunächst die Möglichkeiten der Kapitalakkumulation mit Hilfe der Kurve $\dot{v} = 0$ dargestellt.

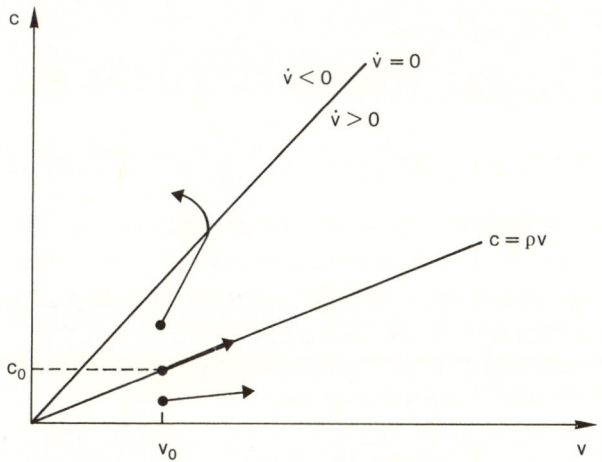

Abb. V.36: *Optimaler Konsumpfad*

---

[1] Die Maximierung des Integrals (15) ist nur dann ein sinnvolles Optimalitätskriterium für die möglichen Wachstumspfade, wenn das Integral konvergiert. Dies ist trotz wachsendem Pro-Kopf-Konsum bei $\vartheta > 0$ und logarithmischer Nutzenfunktion sichergestellt.

Verläuft der Konsumpfad oberhalb der Kurve $\dot{v} = 0$, so sinkt v auf Null, was dann auch einen Rückgang des Konsums auf Null zur Folge hat. Ein solcher Konsumpfad ist nicht optimal. Es stellt sich die Frage, wann der Konsumpfad oberhalb der Kurve $\dot{v} = 0$ verläuft. Dies ist dann der Fall, wenn ein c_0 oberhalb dieser Kurve gewählt wird, oder aber wenn c_0 unterhalb dieser Kurve liegt und $\dot{c}/c > \dot{v}/v$ gilt. Der maximale Wert von c_0, der einen auf Dauer positiven Konsum sicherstellt, wird also durch die Bedingung $\dot{c}/c = \dot{v}/v$ festgelegt.

Aus den Gleichungen (17) und (24) folgt:

$$(26) \quad \frac{\dot{c}/c}{\dot{v}/v} = \frac{\kappa - n - \vartheta}{\kappa - n - c/v} \, .$$

Mit $\dot{c}/c = \dot{v}/v$ bzw. $[\dot{c}/c]/[\dot{v}/v] = 1$ ergibt sich dann als maximaler Wert von c_0:

$$(27) \quad c_0 = \vartheta v_0$$

bzw. der Konsumpfad:

$$(28) \quad c_t = \vartheta v_t.$$

Wird ein niedrigerer Konsum als c_0 gewählt, so liegt der Konsum für alle t unterhalb dem Konsumpfad $c = \vartheta v$, was ebenfalls nicht optimal ist. Damit folgt, daß der optimale Konsumpfad der eingezeichneten Gerade $c = \vartheta v$ entspricht.

Auf dem optimalen Konsumpfad gilt:

$$(29) \quad \frac{C}{K} = \frac{C/A}{K/A} = \frac{c}{v} = \vartheta.$$

Die Konsumquote läßt sich unter Berücksichtigung der Produktionsfunktion $Y = \kappa K$ wie folgt schreiben:

$$(30) \quad \frac{C}{Y} = \frac{C}{\kappa K} = \frac{1}{\kappa} \frac{C}{K} = \frac{\vartheta}{\kappa} \, .$$

Auf dem Optimalpfad wird also eine konstante Konsum- bzw. Sparquote realisiert. Die konstante Sparquote beträgt:

$$(31) \quad s = 1 - \frac{C}{Y} = \frac{\kappa - \vartheta}{\kappa} .$$

Aus:

$$(32) \quad c = (1-s)Y/A$$

folgt:

$$(33) \quad \dot{c}/c = w_Y - w_A.$$

Aus der Produktionsfunktion $Y = \kappa K$ ergibt sich $w_Y = w_K$ sowie mit $I = dK = sY$ weiter $w_K = s\kappa$ bzw. $w_Y = s\kappa$. Damit läßt sich schreiben $(w_A = n)$:

$$(34) \quad \dot{c}/c = s\kappa - n.$$

Die Gleichungen (24) und (34) ergeben:

$$(35) \quad s\kappa - n = \kappa - n - \vartheta.$$

Da nach Voraussetzung $s\kappa > n$ ist, gilt auch $\kappa - n - \vartheta > 0$, was oben unterstellt wurde.

3.1.2 Endogenisierung des technischen Fortschritts

In den traditionellen neoklassischen Wachstumsmodellen ist der technische Fortschritt nahezu ausschließlich exogen vorgegeben; in der hier darzustellenden Richtung der „neuen" Wachstumstheorie wird er hingegen schwerpunktmäßig endogenisiert.[1]

Es wird angenommen, daß die Arbeitskräfte teils (δ) im Produktionssektor und teils $(1-\delta)$ im Forschungs- und Entwicklungssektor beschäftigt sind. Die Produktionsfunktion lautet dann:

---

[1] Frühere Ansätze der Endogenisierung finden sich bei Arrow, K.J., The Economic Implications of Learning by Doing, Review of Economic Studies 1962, S. 155ff; Kaldor, N., A Model of Economic Growth, Economic Journal 1957, S. 591ff.

$$(1) \quad Y = F(K, \delta aA)$$

mit: a als arbeitsvermehrendem technischen Fortschritt.

Die Produktionsfunktion sei linear-homogen in K und δaA; es gelten die Inada-Bedingungen.

Die Kapitalakkumulation wird bei konstanter Sparquote gegeben durch:

$$(2) \quad \dot{K} = sF(K, \delta aA)$$

bzw.:

$$(3) \quad \frac{\dot{K}}{K} = \frac{sf(v)}{v}$$

mit:

$$(4) \quad v = K/\delta aA.$$

Aus (4) folgt:

$$(5) \quad \frac{\dot{v}}{v} = w_K - w_{\delta aA}.$$

Die Wachstumsrate des technischen Fortschritts sei proportional zum Anteil der Beschäftigten im Forschungs- und Entwicklungssektor:

$$(6) \quad \frac{\dot{a}}{a} = \beta(1-\delta).$$

Wird zur Vereinfachung $w_A = 0$ gesetzt, so läßt sich Gleichung (5) wie folgt schreiben:

$$(7) \quad \frac{\dot{v}}{v} = \frac{sf(v)}{v} - \beta(1-\delta)$$

bzw.:

$$(8) \quad \dot{v} = sf(v) - \beta(1-\delta)v.$$

Diese Gleichung ist in Abbildung V.37 dargestellt. Es zeigt sich, daß hier wiederum ein stabiles v existiert.

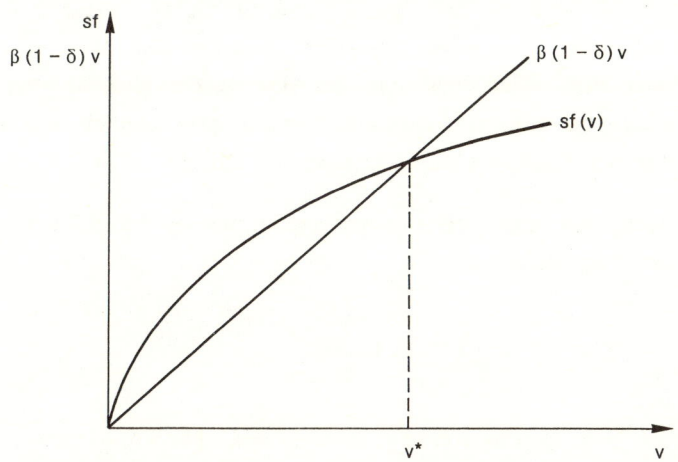

Abb. V.37: *Gleichgewichtiges Wirtschaftswachstum*

Die Wachstumsgleichung für Y ist wieder:

(9) $w_Y = \alpha w_{\delta aA} + (1-\alpha)w_K$.

Im Gleichgewicht gilt $\dot{v} = \dot{v}/v = 0$; dann folgt aus Gleichung (5) $w_K = w_{\delta aA}$ sowie aus Gleichung (9) $w_Y = w_{\delta aA}$. Die gleichgewichtige Wachstumsrate ist also:

(10) $w_Y = w_K = \beta(1-\delta)$.

Wie im Rahmen der traditionellen neoklassischen Wachstumstheorie existiert auch hier ein stabiler gleichgewichtiger Wachstumspfad. Die gleichgewichtige Wachstumsrate ist hier jedoch vom Anteil der Arbeitskräfte abhängig, die im Forschungs- und Entwicklungssektor beschäftigt sind.

Damit ergibt sich wieder ein trade-off-Problem: Wie Gleichung (1) zeigt, sind Produktion und Pro-Kopf-Konsum um so kleiner, je größer der Anteil $(1-\delta)$ der Beschäftigten im Forschungs- und Entwicklungssektor ist. In diesem Fall ist jedoch die Wachstumsrate entsprechend hoch, so daß der Konsum pro Kopf stärker ansteigt und schließlich über jedem Pro-Kopf-Konsum mit höherer Ausgangsbasis liegt. Eine Erhöhung des Anteils der Beschäftigten im Forschungs- und Entwicklungssektor wirkt also ähnlich wie eine Erhöhung der Sparquote im vorangehenden Modell.

Die Lösung des trade-off-Problems erfolgt wieder mit Hilfe vorangehender Nutzenfunktion:

$$(11) \quad U = \int_0^\infty e^{-\vartheta t} \ln C_t \, dt,$$

wobei $A = 1$ gesetzt wurde ($c = C/A = C$ für $A = 1$).

Diese Zielfunktion ist unter den Nebenbedingungen der Kapitalakkumulation (bei grundsätzlich variabler Sparquote) sowie der Fortschrittsfunktion zu maximieren. Wird eine linear-homogene Cobb-Douglas-Produktionsfunktion unterstellt, so lauten diese Nebenbedingungen:

$$(12) \quad \dot{K} = (\delta a)^\alpha K^{(1-\alpha)} - C$$

$$(13) \quad \dot{a} = \beta(1-\delta)a.$$

Die Lösung dieses Optimierungsproblems erfolgt wieder mit Hilfe einer Hamilton-Funktion:

$$(14) \quad H = e^{-\vartheta t} \ln C_t + \mu_1[(\delta a)^\alpha K^{(1-\alpha)} - C] + \mu_2[\beta(1-\delta)a].$$

Die notwendigen Bedingungen für ein Nutzenmaximum sind nun:

$$(15) \quad \frac{\partial H}{\partial C} = e^{-\vartheta t} \frac{1}{C} - \mu_1 \qquad = 0$$

$$(16) \quad \frac{\partial H}{\partial \delta} = \mu_1 \alpha \delta^{\alpha-1} a^\alpha K^{1-\alpha} - \mu_2 \beta a \qquad = 0$$

$$(17) \quad \frac{\partial H}{\partial K} = \mu_1(1-\alpha)(\delta a)^\alpha K^{-\alpha} \qquad = -\dot{\mu}_1$$

(18) $\quad \dfrac{\partial H}{\partial a} = \mu_1 \alpha a^{\alpha-1} \delta^{\alpha} K^{1-\alpha} + \mu_2 \beta (1-\delta) = -\dot{\mu}_2$

sowie die Nebenbedingungen (12) und (13).

Es handelt sich hier um ein Optimierungsproblem mit zwei Zustandsvariablen (K, a) und zwei Kontrollvariablen (c, δ). Da die Bestimmung des optimalen Konsumpfades recht aufwendig ist, beschränken sich die weiteren Ausführungen auf den gleichgewichtigen Wachstumspfad, der den obigen Optimalitätsbedingungen genügt. Auf diesem Pfad wachsen Y und K und somit auch C mit der gleichen Rate:

(19) $\quad \dot{Y}/Y = \dot{K}/K = \dot{C}/C = \beta(1-\delta).$

Es bleibt also das optimale δ zu bestimmen.

Gleichung (15) liefert:

(20) $\quad \mu_1 = e^{-\vartheta t}/C.$

Logarithmische Differentiation und Umstellung führt zu:

(21) $\quad \dot{C}/C = -\dot{\mu}_1/\mu_1 - \vartheta.$

Aus Gleichung (16) ergibt sich:

(22) $\quad \dfrac{\mu_1}{\mu_2} = \dfrac{\beta}{\alpha} \left[\dfrac{\delta a}{K}\right]^{1-\alpha},$

was konstant ist, so daß gilt:

(23) $\quad \dot{\mu}_1/\mu_1 = \dot{\mu}_2/\mu_2.$

Aus Gleichung (18) läßt sich bestimmen:

(24) $\quad \dot{\mu}_2/\mu_2 = -\beta(1-\delta) - \dfrac{\mu_1}{\mu_2}\, \alpha\delta(K/\delta a)^{1-\alpha}.$

Wird Gleichung (22) in Gleichung (24) eingesetzt, so ergibt sich:

(25) $\quad \dot{\mu}_2/\mu_2 = -\beta.$

Die Gleichungen (21), (23) und (25) führen nun zu:

(26) $\dot{C}/C = \beta - \vartheta$.

Mit Hilfe der Gleichungen (19) und (26) läßt sich nun das gesuchte δ bestimmen:

(27) $\beta - \vartheta = \beta(1 - \delta)$

bzw.:

(28) $\delta \quad = \vartheta/\beta$.

Die gleichgewichtige Wachstumsrate ist also um so niedriger, je größer die Gegenwartspräferenz ϑ und um so kleiner der Fortschrittsparameter β sind.

3.2 Grenzen des Wachstums?

Angesichts der zunehmenden Umweltverschmutzung und der Existenz erschöpfbarer Ressourcen stellt sich die Frage, inwieweit ein Wachstumsprozeß auf Dauer möglich ist.

3.2.1 Umwelt und Wirtschaftswachstum[1]

Unter (natürlicher) Umwelt wird die Gesamtheit der von der Natur bereitgestellten Güter verstanden. Umwelt i.d.S. umfaßt somit auch den Boden sowie erschöpfbare Ressourcen. Wenn dennoch Umwelt und wirtschaftliches Wachstum als ein eigenständiger Problemkreis analysiert wird, so geschieht dies unter dem Aspekt, daß die Umwelt als ein Auffangbecken für Abfallstoffe dient. Das Problem besteht dann darin, daß bei der Produktion von Gütern, die die Lebensqualität steigern, Schadstoffe anfallen, die die Umwelt belasten und

---

[1]   Bender, D., Makroökonomik des Umweltschutzes, Göttingen 1976; Heubes, J., Konjunktur und Wachstum, a.a.O., S. 244ff; Krelle, W., Theorie des wirtschaftlichen Wachstums, a.a.O., S. 368ff; Rauch, B., Umweltschutz und Wirtschaftswachstum, Weiden/Regensburg 1993; Schäkermann, T., Umweltschutz, Umweltverschmutzung und Wirtschaftswachstum, München 1986; Siebert, H., Ökonomische Theorie der Umwelt, Tübingen 1978.

damit die Lebensqualität senken. Es stellt sich somit letztlich die Frage nach der optimalen Höhe der Güterproduktion bzw. Umweltbelastung.

(1) Umweltbelastung im Wachstumsprozeß

Nachfolgend wird wieder ein einfaches Wachstumsmodell betrachtet: Die Produktionsmöglichkeiten werden durch eine Produktionsfunktion (ohne technischen Fortschritt) erfaßt:

$$(1) \quad Y = F(A,K),$$

die die Inada-Bedingungen erfüllt.

Die Bevölkerung (Arbeit) wachse mit exogener und konstanter Rate:

$$(2) \quad w_A = n.$$

In diesem Fall existiert wieder ein gleichgewichtiger Wachstumspfad, auf dem Output und Kapital mit der Rate der Arbeit wachsen:

$$(3) \quad w_Y = w_K = n.$$

Dieser Wachstumspfad ist auch stabil; die gleichgewichtige Kapitalintensität der Arbeit (ökonomisches Gleichgewicht) ergibt sich – unter Berücksichtigung von Abschreibungen δK – aus:

$$(4) \quad \dot{v} = sf(v) - v(n+\delta) = 0, \qquad \delta = \text{Abschreibungsrate}.$$

Diese gleichgewichtige Kapitalintensität sei v^* ($= K^*/A$).

Zusätzlich wird nun noch berücksichtigt, daß die Güterproduktion mit Umweltverschmutzung verbunden ist; diese sei proportional zum Kapitalstock (zK). Weiterhin ist eine gewisse Selbstreinigungskraft der Natur zu beachten, die proportional zur akkumulierten Schadstoffmenge sein soll (αZ). Damit gilt für die Veränderung der Schadstoffmenge:

$$(5) \quad \dot{Z} = zK - \alpha Z, \qquad \dot{Z} = dZ/dt.$$

Die Schadstoffmenge bleibt somit konstant ($\dot{Z} = 0$, ökologisches Gleichgewicht), wenn gilt:

$$(6) \quad zK = \alpha Z$$

bzw.:

$$(7) \quad Z = \frac{z}{\alpha} K.$$

Offensichtlich ist:

$$(8) \quad \dot{Z} \gtrless 0 \quad \text{für} \quad Z \lessgtr \frac{z}{\alpha} K.$$

Die Gleichungen (4) und (7) sind in Abbildung V.38 dargestellt. Hierbei wird zunächst von gegebener Bevölkerung ausgegangen, in diesem Fall liefert Gleichung (4) den gleichgewichtigen Kapitalstock K^* ($\dot{v} = \dot{K} = 0$); da dieser unabhängig von Z ist, ergibt sich die dargestellte Parallele zur Ordinatenachse. Gleichung (7) ist eine Gerade mit der Steigung z/α.

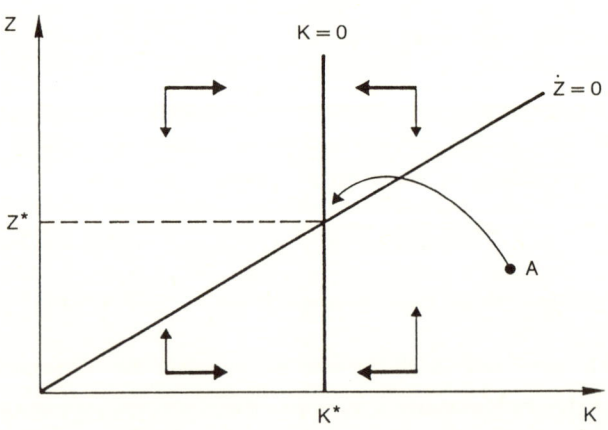

Abb. V.38: *Ökonomisches und ökologisches Gleichgewicht I*

Aufgrund der Stabilität des ökonomischen Gleichgewichts paßt sich der Kapitalstock an den Wert K^* an, was in Abbildung V.38 durch die (dick eingezeichneten) Pfeile zu der Geraden $\dot{K} = 0$ angedeutet ist. Nach Gleichung (8) ist auch das ökologische Gleichgewicht stabil i.d.S., daß bei vorgegebenem Kapitalstock stets eine bestimmte Schadstoffmenge erreicht wird; dies ist durch die (dünn eingezeichneten) Pfeile zu der Geraden $\dot{Z} = 0$ dargestellt.

Im Schnittpunkt der beiden Geraden in Abbildung V.38 ist ein ökonomisches und ökologisches Gleichgewicht erreicht. Die eingezeichneten Pfeile lassen erkennen, daß dieses Gleichgewicht auch stabil ist. Bei einem Ausgangspunkt außerhalb des Gleichgewichts (bspw. Punkt A) führen die auftretenden Kräfte zu dem Gleichgewicht hin.

Abbildung V.38 zeigt, daß bei gegebener Bevölkerung ein bestimmter Kapitalstock erreicht wird (K^*) und sich dann eine bestimmte Umweltbelastung ergibt (Z^*). Bei wachsender Bevölkerung (v^* ist jetzt jedoch kleiner) wächst auch der Kapitalstock entsprechend, so daß sich die Gerade $\dot{K} = 0$ nach rechts verschiebt. Dies bedeutet, daß im Wirtschaftswachstum auch die Umweltbelastung zunimmt.

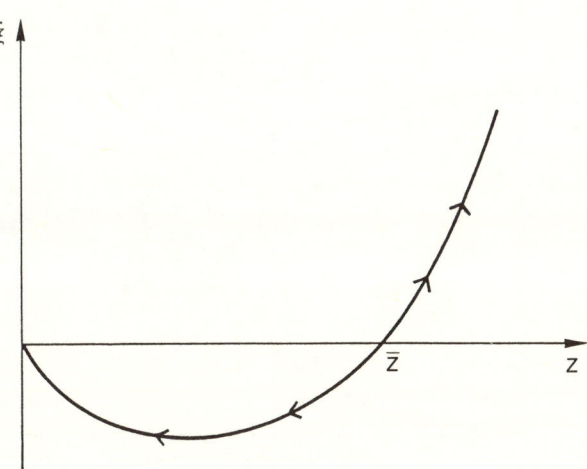

Abb. V.39: *Regenerationskurve*

Die Annahme, daß die Selbstreinigungskraft der Umwelt proportional zur akkumulierten Schadstoffmenge ist, erscheint recht fraglich. Sie soll deshalb durch die Annahme ersetzt werden, daß sich die Umweltsituation weiter verschlechtert, wenn eine bestimmte Schadstoffmenge überschritten wird. Statt der Proportionalbeziehung αZ wird deshalb die Regenerationsfunktion $\zeta = -\alpha Z + \beta Z^2$; $\alpha, \beta > 0$ herangezogen, die den in Abbildung V.39 dargestellten Verlauf hat.

Solange die Schadstoffmenge eine bestimmte Grenze $\bar{Z}$ nicht übersteigt, sind die Selbstreinigungskräfte der Natur ausreichend, um die Schadstoffbelastung abzubauen. Sobald diese Grenze jedoch überschritten wird, steigt die Umweltbelastung permanent an.

Wird nun noch die Umweltverschmutzung infolge der Güterproduktion berücksichtigt, so ergibt sich jetzt statt Gleichung (5):

$$(9) \quad \dot{Z} \quad = zK - \alpha Z + \beta Z^2.$$

Ein ökologisches Gleichgewicht ($\dot{Z} = 0$) ist jetzt erreicht bei:

$$(10) \quad Z_{1,2} \quad = \frac{\alpha}{2\beta} \pm \frac{1}{\beta} \sqrt{\frac{\alpha^2}{4} - \beta z K}.$$

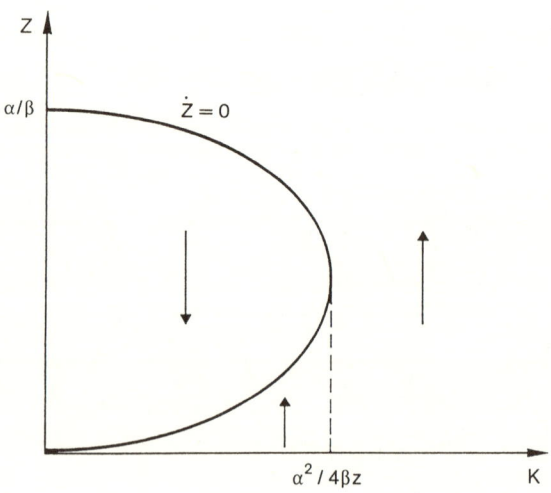

Abb. V.40: *Ökologisches Gleichgewicht*

Diese Gleichung ergibt die in Abbildung V.40 dargestellte konkave Kurve $\dot{Z} = 0$. Innerhalb dieser Kurve gilt $\dot{Z} < 0$, außerhalb hingegen $\dot{Z} > 0$, was wiederum durch die eingezeichneten Pfeile angedeutet ist.

In Abbildung V.41 sind wiederum ökonomisches Gleichgewicht bei konstanter Bevölkerung ($\dot{K} = 0$) sowie ökologisches Gleichgewicht zusammengefaßt. Bei dem dargestellten Verlauf existieren zwei Gleichgewichtspunkte, nämlich bei A und bei B.

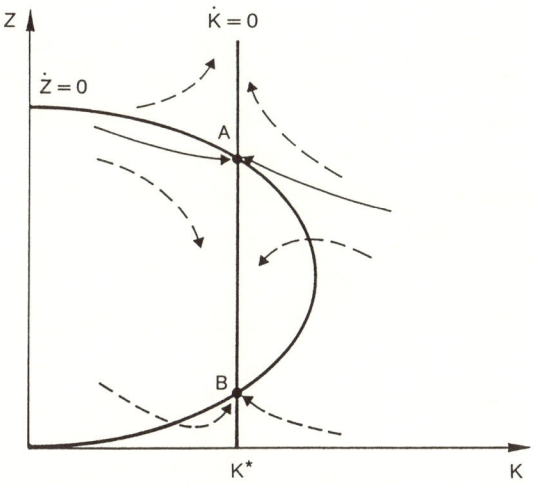

Abb. V.41: *Ökonomisches und ökologisches Gleichgewicht II*

Punkt A ist nun dadurch gekennzeichnet, daß die endogenen Kräfte teils zu diesem Punkt hinführen (zur Kurve $\dot{K} = 0$), teils hingegen von ihm wegführen (weg von der Kurve $\dot{Z} = 0$). In diesem Fall gelangt die betrachtete Wirtschaft nur bei ganz bestimmten Ausgangspositionen, die durch die durchgezogenen Pfeile angezeigt werden, zu diesem Gleichgewicht hin (Sattelpunkt). Bei einem Ausgangspunkt oberhalb dieser Pfeile steigt die Umweltverschmutzung fortlaufend an; bei einem Ausgangspunkt unterhalb dieser

Pfeile wird das stabile Gleichgewicht bei B erreicht, das der in Abbildung V.38 dargestellten Gleichgewichtslösung entspricht.

Bei wachsender Bevölkerung verschiebt sich wiederum die Kurve $\dot{K} = 0$ nach rechts. Hierdurch entsteht früher oder später die Situation, daß selbst die maximale natürliche Reinigungskraft nicht mehr ausreicht, die im ökonomischen Gleichgewicht produzierte Verschmutzung zu beseitigen, so daß es zu einer kumulativen Verschlechterung der Umweltqualität kommt.[1]

(2) Konstante Umweltqualität

Wird nicht toleriert, daß sich die Umweltqualität fortlaufend verschlechtert, so kann eine Obergrenze der Umweltbelastung ($\bar{Z}$) vorgegeben werden, die durch Schadstoffbeseitigung mittels eines zu bildenden Umweltkapitalstocks einzuhalten ist. Wird wieder die Regenerationsfunktion $\zeta = -\alpha Z$ unterstellt, so ergibt sich die in Abbildung V.42 dargestellte Situation.

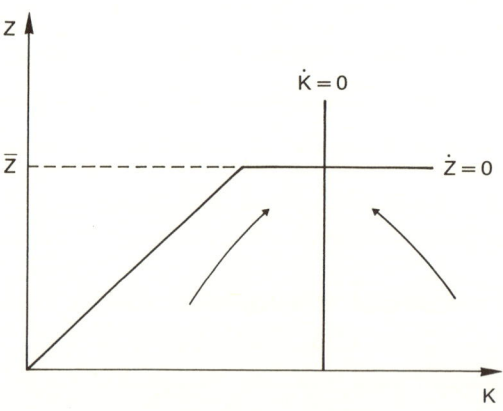

Abb. V.42: *Konstante Umweltqualität I*

---

[1]   Technischer Fortschritt, der zu einer niedrigeren Umweltbelastung führt, kann diesen Prozeß verzögern oder sogar aufhalten.

In diesem Fall ergibt sich für die Produktionsmöglichkeiten:

$$(1) \quad Y = F(A, K_P),$$

mit: $\quad K_P$ = Produktivkapital.

Auf dem gleichgewichtigen Wachstumspfad gilt jetzt:

$$(2) \quad w_Y = w_{K_P} = n.$$

Ist die Umweltverschmutzung proportional zum Produktionskapital, so wird die Veränderung der Umweltqualität nun angegeben durch:

$$(3) \quad \dot{Z} = zK_P - rK_u - \alpha Z$$

mit K_u als Umweltkapitalstock und r als Reinigungskoeffizient. Wird angenommen, daß die gegenwärtige Umweltqualität erhalten bleiben soll ($\dot{Z} = 0$), so folgt aus Gleichung (3):

$$(4) \quad zK_P - rK_u = \alpha Z.$$

Da $\dot{Z} = 0$ gilt, bleiben Z und damit auch αZ konstant. Damit folgt für den Umweltkapitalstock:

$$(5) \quad zK_P = rK_u + \alpha Z,$$

bzw. für die Investitionen in den Umweltkapitalstock:

$$(6) \quad z\dot{K}_P = r\dot{K}_u,$$

oder, unter Beachtung von $\dot{K}_u + \dot{K}_P = \dot{K}$:

$$(7) \quad \dot{K}_u = z\dot{K}/(z+r),$$

d.h. ein bestimmter Teil der gesamten Investitionstätigkeit muß zur Erhöhung des Umweltkapitalstocks verwendet werden. Damit bleibt für Investitionen in das Produktivkapital:

$$(8) \quad \dot{K}_P = r\dot{K}/(z+r).$$

Die gleichgewichtige Kapitalintensität ($v^* = K_P/A$) folgt dann aus:

$$(9) \quad \dot{v} = \frac{r}{r+z} \, sf(v) - v(n+\delta).$$

Sie ist, wie Abbildung V.43 zeigt, niedriger (v^*) als in dem Fall, daß kein Umweltkapitalstock gebildet wird ($\bar{v}$).

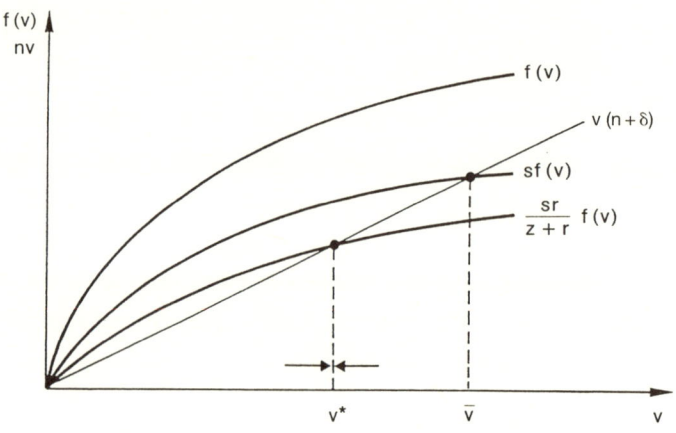

Abb. V.43: *Konstante Umweltqualität II*

Zusammenfassend läßt sich festhalten, daß auch unter Berücksichtigung der Umweltqualität ein gleichgewichtiges Wirtschaftswachstum möglich ist. Die gleichgewichtige Wachstumsrate ist wiederum gleich der exogenen Wachstumsrate der Arbeit. Ist ein Umweltkapitalstock zur Sicherung einer bestimmten Umweltqualität erforderlich, so liegt das Niveau des Wachstumspfades (die Kapitalintensität der Arbeit und damit die Produktion pro Kopf) niedriger als in dem Fall, daß der gesamte Kapitalstock zur Güterproduktion eingesetzt wird.

(3) Optimale Umweltqualität

Vorangehend wurde die Grenze der Umweltverschmutzung exogen vorgegeben. In diesem Abschnitt soll diese Grenze noch mit Hilfe eines Optimierungsansatzes endogen bestimmt werden.

Wie bei der Ableitung des Ramsey-Pfades wird auch hier von einer utilitaristischen Wohlfahrtsfunktion ausgegangen:

$$(1) \quad W = \int_0^\infty e^{-\vartheta t} U(c,Z)dt,$$

die zu maximieren ist.

Der Nutzen der einzelnen Perioden hängt wiederum vom Pro-Kopf-Konsum (c) sowie jetzt zusätzlich von der Umweltbelastung (Z) ab. Diese Nutzenfunktion möge die folgenden Eigenschaften besitzen:

$$U_c > 0, \quad \lim_{c \to 0} U_c(c,\bar{Z}) = \infty, \quad \lim_{c \to \infty} U_c(c,\bar{Z}) = 0$$

$$U_{cc} < 0$$

$$U_Z \leq 0, \quad U_Z(\bar{c},0) = 0, \quad \lim_{Z \to \infty} U_Z(\bar{c},Z) = -\infty$$

$$U_{ZZ} < 0$$

$$U_{cZ} = 0.$$

Gleichung (1) ist unter folgenden Nebenbedingungen zu maximieren. Zunächst ist wieder die Kapitalakkumulation zu beachten (keine Abschreibungen, konstante Bevölkerung):

$$(2) \quad \dot{v} = f(v_P) - c$$

mit: $\quad v = K/A, \quad v_P = K_P/A, \quad K = K_P + K_u.$

Darüber hinaus bleibt die Schadstoffakkumulation zu berücksichtigen. Wird wieder von der Regenerationsfunktion $\zeta = -\alpha Z$ ausgegangen, so gilt:

$$(3) \quad \dot{Z} = A[zv_P - r(v - v_P)] - \alpha Z$$

bzw.:

$$(4) \quad \dot{Z} = (z + r)v_P - rv - \alpha Z$$

mit: $\quad A = 1.$

Dieses Optimierungsproblem läßt sich wieder mit Hilfe einer Hamilton-Funktion lösen:

$$(5) \quad H = e^{-\vartheta t}U(c,Z) + \mu_1[f(v_P) - c] + \mu_2[(z+r)v_P - rv - \alpha Z].$$

Die notwendigen Bedingungen für einen Optimalpfad lauten jetzt:

$$(6) \quad \frac{\partial H}{\partial c} = e^{-\vartheta t}U_c - \mu_1 = 0$$

$$(7) \quad \frac{\partial H}{\partial v_P} = \mu_1 f' + \mu_2(z+r) = 0$$

$$(8) \quad -\frac{\partial H}{\partial v} = \mu_2 r = \dot{\mu}_1$$

$$(9) \quad -\frac{\partial H}{\partial Z} = -U_Z e^{-\vartheta t} + \alpha\mu_2 = \dot{\mu}_2.$$

Aus den Gleichungen (6) und (7) folgt:

$$(10) \quad \mu_2 = -\frac{e^{-\vartheta t}U_c f'}{z+r} \, .$$

Gleichung (6) liefert weiter:

$$(11) \quad \dot{\mu}_1 = U_c e^{-\vartheta t}(-\vartheta + \eta\hat{c})$$

mit: $\qquad \eta = -\frac{U_{cc}c}{U_c} \, , \quad \hat{c} = \dot{c}/c.$

Werden die Gleichungen (10) und (11) in Gleichung (8) eingesetzt, so ergibt sich:

$$(12) \quad f'\frac{r}{z+r} = \eta\hat{c} + \vartheta$$

bzw.:

$$(13) \quad \hat{c} = \frac{1}{\eta}\left[f'\frac{r}{z+r} - \vartheta\right].$$

Differentiation von Gleichung (10) nach der Zeit liefert:

$$(14) \quad \dot{\mu}_2 = -\frac{1}{z+r}[(-\vartheta e^{-\vartheta t}U_c - e^{-\vartheta t}\eta U_c\hat{c})f' + e^{-\vartheta t}U_c f''\dot{v}_P].$$

Werden die Gleichungen (10) und (14) in Gleichung (9) eingesetzt, so folgt:

$$(15) \quad -U_Z - \frac{U_c f'}{r+z} = \frac{U_c}{r+z} (\vartheta - \eta \hat{c} - f'' \dot{v}_P).$$

Damit ergibt sich schließlich für $\dot{v}_P$:

$$(16) \quad \dot{v}_P = \frac{1}{f''} \left[\vartheta - \eta \hat{c} + f' \alpha + \frac{U_Z}{U_c} (r+z) \right].$$

Die zeitliche Entwicklung der Zustandsvariablen v und Z sowie der Kontrollvariablen c und v_P wird somit durch die vier Differentialgleichungen (2), (4), (13) und (16) angegeben. Da die allgemeine Lösung recht schwierig ist, beschränken sich die nachfolgenden Überlegungen auf die Gleichgewichtssituation.

Die Gleichgewichtsbedingungen lauten:

$$(17) \quad f(v_P) = c$$

$$(18) \quad Z = \frac{(z+r) v_P - r v}{\alpha}$$

$$(19) \quad f'(v_P) = \vartheta \, \frac{z+r}{r}$$

$$(20) \quad -\frac{U_Z}{U_c} = \vartheta \left[\frac{r}{z+r} + \alpha \right].$$

Aus Gleichung (19) läßt sich der gleichgewichtige Wert v_P^* bestimmen. Ohne Berücksichtigung der Umwelt, d.h. im Ramsey-Modell, galt $\dot{c} = 0$ bei $f'(v_P) = \vartheta$. Offensichtlich ist im vorliegenden Fall f' größer und damit v_P^* kleiner als im Ramsey-Modell.

Bei gegebenem v_P^* folgt aus Gleichung (17) der Gleichgewichtswert des Konsums pro Kopf c^*. Auch dieser Wert ist hier kleiner als im Ramsey-Modell.

Die gleichgewichtige Umweltverschmutzung Z^* wird durch Gleichung (20) festgelegt. Ohne Gegenwartspräferenz ($\vartheta = 0$) ergäbe sich $U_Z = 0$, was bei $Z = 0$ erreicht ist. Bei $\vartheta > 0$ hingegen folgt

$Z^* > 0$. Um $Z = 0$ zu erreichen, müßte ein vorübergehender Wohlfahrtsverlust infolge Konsumverzichts zum Aufbau des entsprechenden Umweltkapitalstocks hingenommen werden. Dem stünde ein Wohlfahrtsgewinn aufgrund fehlender Umweltbelastung für alle Zeiten gegenüber. Bei $\vartheta > 0$ wird der gegenwärtige Wohlfahrtsverlust jedoch höher gewichtet als der zukünftige Wohlfahrtsgewinn, so daß ein vollständiger Abbau der Umweltbelastung unterbleibt.

Die optimale Kapitalintensität der Arbeit v^* und damit der optimale Umweltschutzkapitalstock ergibt sich schließlich aus Gleichung (18).

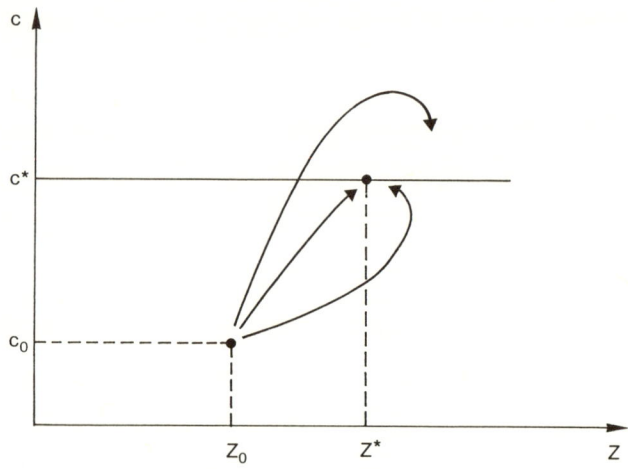

Abb. V.44: *Optimalpfade*

Es läßt sich zeigen, daß das Gleichgewicht (v^*, Z^*, c^*, v_P^*) ein Sattelpunkt ist. Dies bedeutet, daß es bei gegebenen Ausgangswerten v_0 und Z_0 genau einen Wert für c und v_P gibt $(c_0, v_{P,0})$, so daß der durch das Differentialgleichungssystem bestimmte Pfad zum Gleichgewicht hinführt. Dieser Pfad ist dann zugleich auch der Optimalpfad. Dabei kann bei einzelnen Variablen - anders als beim einfachen Ramsey-Modell - eine Trendumkehr auftreten. In Abbildung V.44 sind drei mögliche Optimalpfade für c und Z dargestellt, die sich bei unterschiedlichen Parameterkonstellationen ergeben können.

3.2.2 Erschöpfbare Ressourcen und Wirtschaftswachstum[1]

Erschöpfbare Ressourcen sind neben regenerierbaren Ressourcen eine Untergruppe der sog. natürlichen Ressourcen, d.h. der durch die Natur bereitgestellten Güter. Im Gegensatz zur zweiten Untergruppe sind die erschöpfbaren Ressourcen in einer bestimmten, nicht erneuerbaren Menge vorhanden (bspw. Erze, fossile Brennstoffe).

Erschöpfbare Ressourcen sind vorwiegend Produktionsfaktoren; insoweit werden nachfolgend noch die Möglichkeiten des wirtschaftlichen Wachstums bei Existenz erschöpfbarer Ressourcen untersucht. Diese Möglichkeiten hängen entscheidend ab

- von den Substitutionsmöglichkeiten
- vom technischen Fortschritt
- von Produktionsalternativen.

(1) Wirtschaftswachstum bei alternativen Substitutionsmöglichkeiten

Bei den nachfolgenden Ausführungen werden zwei Fälle unterschieden, nämlich zunächst der Fall, daß der Kapitalstock keiner Abnutzung unterliegt, und daran anschließend der Fall des Kapitalverschleißes, der Ersatzinvestitionen erforderlich macht.

Unendliche Lebensdauer des Kapitalstocks

Die Produktionsmöglichkeiten lassen sich bei Berücksichtigung einer erschöpfbaren Ressource mittels folgender Produktionsfunktion erfassen:

---

[1] Dasgupta, P.S. und G.M. Heal, Economic Theory and Exhaustible Ressources, Cambridge 1979; Heubes, J., Konjunktur und Wachstum, a.a.O., S. 222ff; Krelle, W., Theorie des wirtschaftlichen Wachstums, a.a.O., S. 235ff; Müller, K.-W. und W. Ströbele, Wachstumstheorie, a.a.O., S. 111ff; Wasmund, P.-R., Erschöpfbare Ressourcen, Gleichgewicht und wirtschaftliches Wachstum, München 1985.

$$(1) \quad Y = F(A,K,R),$$

wobei R den Rohstoffeinsatz angibt (Abbaukosten werden vernachlässigt); von technischem Fortschritt wird zunächst abgesehen.

Da es im Zusammenhang mit endlichen Beständen an natürlichen
Ressourcen wenig sinnvoll erscheint, von stetig wachsender Bevölke-
rung auszugehen, wird hier angenommen, daß Bevölkerung und
Arbeitseinsatz konstant sind.

Ein besonderes Problem ergibt sich aus der Existenz der erschöpfbaren Ressource nur, wenn gilt:

$$(2) \quad F(A,K,0) = 0,$$

d.h. wenn dieser Produktionsfaktor notwendig ist zur Erstellung des
Outputs. In diesem Fall stellt sich die Frage, ob ein Überleben der
Menschheit bei endlichem Ressourcenbestand (S_0):[1]

$$(3) \quad \int_0^\infty R_t dt \leq S_0 < \infty$$

möglich ist.

Zur Analyse dieses Problems wird eine CES-Produktionsfunktion
herangezogen. Werden durch geeignete Normierung Niveaufaktor und
Arbeitseinsatz gleich eins gesetzt, so läßt sich die CES-Funktion wie
folgt schreiben:

$$(4) \quad Y = [\delta_1 K^{(\sigma-1)/\sigma} + \delta_2 R^{(\sigma-1)/\sigma} + (1-\delta_1-\delta_2)]^{\sigma/(\sigma-1)}.$$

Für $\sigma > 1$ und $R = 0$ folgt aus Gleichung (4):

$$(5) \quad Y = [\delta_1 K^{(\sigma-1)/\sigma} + (1-\delta_1-\delta_2)]^{\sigma/(\sigma-1)} > 0.$$

Nach Gleichung (5) tritt bei $\sigma > 1$ der kritische Fall gemäß
Gleichung (2) nicht ein. Ist die Ressource somit nicht zur Produk-

---

[1]   Es wird angenommen, daß der gesamte Bestand zum Zeitpunkt $t = 0$
        bereits bekannt ist; von Recycling wird abgesehen.

tion notwendig, so gelten wieder die obigen Ausführungen, in denen lediglich Arbeit und Kapital als Produktionsfaktoren berücksichtigt wurden.

Im Fall $\sigma < 1$ ergibt sich aus Gleichung (4):

$$(6) \quad Y = \frac{1}{\left[\delta_1\left[\frac{1}{K}\right]^{(1-\sigma)/\sigma}+\delta_2\left[\frac{1}{R}\right]^{(1-\sigma)/\sigma}+(1-\delta_1-\delta_2)\right]^{\sigma/(1-\sigma)}}$$

bzw.:

$$(7) \quad \lim_{R\to 0} Y = 0,$$

d.h. in diesem Fall ist die Ressource notwendig zur Erstellung des Outputs.

Weiter folgt aus Gleichung (4) für das Durchschnittsprodukt der Ressource:

$$(8) \quad \left[\frac{Y}{R}\right]^{(\sigma-1)/\sigma} = \delta_1(R/K)^{(1-\sigma)/\sigma}+\delta_2+(1-\delta_1-\delta_2)R^{(1-\sigma)/\sigma}.$$

Für $R \to 0$ ergibt sich:

$$(9) \quad \lim_{R\to 0} (Y/R) = \delta_2^{\sigma/(\sigma-1)},$$

d.h. das Durchschnittsprodukt der Ressource nähert sich einem endlichen Grenzwert, der zugleich den Maximalwert des Durchschnittsprodukts angibt. Damit ist aber auch bei begrenztem Ressourcenbestand insgesamt nur eine begrenzte Güterproduktion möglich. Mit begrenzter Produktion hat auch der Konsum einen endlichen Wert, d.h. ein Überleben der Menschheit über einen unendlichen Zeitraum ist in diesem Fall nicht möglich.

Schließlich wird noch $\sigma = 1$ betrachtet, was durch eine Cobb-Douglas-Produktionsfunktion erfaßt wird. Bei wiederum geeigneter Normierung des Niveaufaktors und des Arbeitseinsatzes läßt sich schreiben:

$$(10) \quad Y = K^{\alpha_1}R^{\alpha_2}, \quad \alpha_1+\alpha_2 < 1.$$

Hier gilt für $R = 0$ auch:

(11) $Y = 0;$

wieder ist die Ressource notwendig zur Produktion des Outputs.

Für das Durchschnittsprodukt der Ressource ergibt sich hingegen:

$$(12) \quad \frac{Y}{R} = \frac{K^{\alpha_1}}{R^{1-\alpha_2}}$$

bzw.:

$$(13) \quad \lim_{R \to 0} Y/R = \infty,$$

d.h. bei begrenztem Ressourcenbestand ist ein unbegrenzter Output und damit die Möglichkeit des Überlebens der Menschheit auf Dauer zunächst nicht auszuschließen. Dieser Fall soll deshalb noch näher untersucht werden. Es wird geprüft, inwieweit für alle $t \geq 0$ ein bestimmter konstanter Konsum $(\bar{C})$ bei ebenfalls konstantem Einkommen und somit auch konstanter Investition $(\bar{I})$ möglich ist.

Aus Gleichung (10) folgt unter Beachtung von $Y = $ const. für den Zeitpunkt t:

$$(14) \quad w_Y = \alpha_1 w_K + \alpha_2 w_R = 0.$$

Der Kapitalstock zu diesem Zeitpunkt beträgt $K_t = K_0 + \bar{I} \cdot t$, wobei K_0 den Anfangskapitalstock darstellt. Damit gilt für die Wachstumsrate des Kapitalstocks:

$$(15) \quad w_K = \bar{I}/(K_0 + \bar{I} \cdot t).$$

Gleichung (15) in Gleichung (14) eingesetzt liefert für $w_R = \dot{R}/R$:

$$(16) \quad \dot{R}/R = -\alpha_1 \bar{I}/\alpha_2 (K_0 + \bar{I} \cdot t).$$

Integration ergibt:

$$(17) \quad R_t = (A + \bar{I})^{1/\alpha_2} (K_0 + \bar{I} \cdot t)^{-\alpha_1/\alpha_2}$$

mit: A = Integrationskonstante.

Wird Gleichung (10) nach R aufgelöst, so zeigt sich unmittelbar, daß die Integrationskonstante gleich dem vorgegebenen Konsumniveau ist $(A = \bar{C})$.

Aus den Gleichungen (3) und (17) folgt schließlich:

$$(18) \quad \int_0^\infty (\bar{C} + \bar{I})^{1/\alpha_2} (K_0 + \bar{I} \cdot t)^{-\alpha_1/\alpha_2} dt \leq S_0.$$

Die Erfüllung der Relation (18) erfordert $\alpha_1 > \alpha_2$ sowie $\bar{I} > 0$. Dies bedeutet, daß ein über einen unendlichen Zeitraum positiver Konsum nur realisierbar ist, wenn eine stetige Kapitalakkumulation stattfindet und die partielle Produktionselastizität des Kapitals größer ist als die der Ressource. Nur in diesem Fall kann der rückläufige Ressourceneinsatz (vgl. Gleichung (17)) durch einen entsprechend höheren Kapitalstock kompensiert werden.

Weiterhin ist zu beachten, daß $\bar{C} + \bar{I}$ nicht zu groß gewählt werden darf. Dies heißt aber auch, daß das zulässige $\bar{C}$ möglicherweise nicht mehr das Existenzminimum auch nur einer geringen Anzahl von Menschen sicherstellt.

Endliche Lebensdauer des Kapitalstocks

Nachfolgend soll noch die Möglichkeit eines positiven Konsums für alle $t \geq 0$ untersucht werden, wenn eine endliche Lebensdauer des Kapitalstocks unterstellt wird, wenn also Ersatzinvestitionen in Höhe der Abschreibungen zu berücksichtigen sind.

Positiver Konsum bedeutet, daß die Produktion größer ist als die Netto- und Ersatzinvestitionen. Wird hingegen die gesamte Produktion für Ersatzinvestitionen benötigt, so bleibt nichts mehr für Konsumzwecke übrig. Dieser Fall tritt ein, wenn gilt:

$$(19) \quad \delta K = K^{\alpha_1} R^{\alpha_2}$$

mit: $\qquad \delta$ = Abschreibungsrate,

d.h., wenn K den folgenden Wert annimmt:

$$(20) \quad K = \delta^{1/(\alpha_1 - 1)} R^{\alpha_2/(1 - \alpha_1)}.$$

Nach Gleichung (17) nimmt der Ressourceneinsatz im Zeitablauf ab ($R_t \to 0$ für $t \to \infty$). Damit gehen gemäß den Gleichungen (20) und (10) für $t \to \infty$ auch K und Y gegen Null. Daraus folgt unmittelbar, daß unter Berücksichtigung von Abschreibungen kein $\bar{C} > 0$ für alle $t \geq 0$ möglich ist. Ein Überleben der Menschheit ist also auch bei $\sigma = 1$ auf Dauer ausgeschlossen.

(2) Wirtschaftswachstum bei technischem Fortschritt

Es wird zunächst die Möglichkeit des Überlebens der Menschheit bei technischem Fortschritt geprüft. Daran anschließend werden effiziente Konsumpfade untersucht.

Möglichkeiten des Wirtschaftswachstums

Nachfolgend wird exogener technischer Fortschritt mit konstanter Rate τ unterstellt.

Ist der technische Fortschritt Ressourcen-vermehrend, so läßt sich obige CES-Funktion wie folgt schreiben:

$$(1) \quad Y = [\delta_1 K^{(\sigma-1)/\sigma} + \delta_2 (e^{\tau t} R)^{(\sigma-1)/\sigma} + (1 - \delta_1 - \delta_2)]^{\sigma/(\sigma-1)}.$$

Ein $C > 0$ für alle t erfordert, daß der Ressourceneinsatz bei $\sigma \leq 1$ nicht gegen Null geht. Es wird deshalb angenommen, daß der Ressourceneinsatz in Effizienzeinheiten $e^{\tau t} R_t$ konstant bleibt ($= R_0$). In diesem Fall gilt für den physischen Einsatz der Ressource:

$$(2) \quad R_t = R_0 e^{-\tau t},$$

d.h. der physische Einsatz geht im Ausmaß des technischen Fortschritts (der Quasi-Vermehrung) zurück.

Der gesamte Rohstoffverbrauch ist damit:

$$(3) \quad \int_0^\infty R_t dt = R_0 \int_0^\infty e^{-\tau t} dt = R_0/\tau.$$

Der Gesamtverbrauch darf den Bestand nicht übersteigen:

$$(4) \quad R_0/\tau \leq S_0$$

bzw.:

(5) $R_0 \leq \tau S_0$.

In Abbildung V.45 ist die Produktionshöhe in Abhängigkeit vom Kapitalstock bei konstantem (Arbeits- und) Ressourceneinsatz dargestellt [Y(K)]. Weiterhin enthält diese Abbildung die Abschreibungen, die proportional zum Kapitalstock sind (δK).

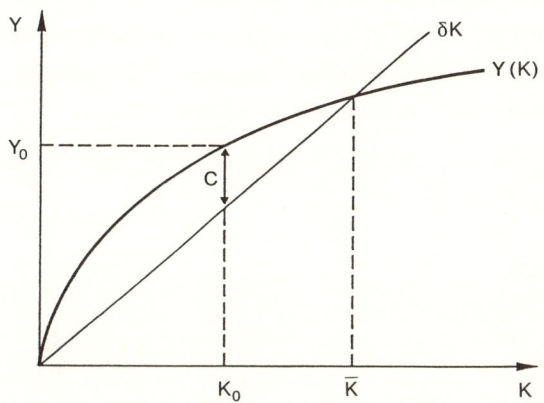

Abb. V.45: *Erschöpfbare Ressource und technischer Fortschritt*

Wie Abbildung V.45 entnommen werden kann, ist für $0 < K < \bar{K}$ ein $C > 0$ für alle $t \geq 0$ möglich. Damit zeigt sich, daß technischer Fortschritt grundsätzlich ein Überleben der Menschheit auf Dauer selbst bei einer produktionstechnisch notwendigen knappen Ressource ermöglicht. Voraussetzung ist jedoch, daß der technische Fortschritt Ressourcen-vermehrend ist. Zu beachten bleibt schließlich aber wiederum, daß C so gering sein kann, daß das Existenzminimum auch nur einer geringen Anzahl von Menschen nicht gesichert ist.

Effiziente Konsumpfade

Vorangehend wurde die Existenz eines $C > 0$ für alle $t \geq 0$ gezeigt. Offensichtlich gibt es eine Vielzahl zulässiger Konsumpfade, auf denen die Bedingung (4) erfüllt ist. Im Zusammenhang mit knappen Ressourcen sind nun offensichtlich die Konsumpfade von besonderem Interesse, die aus einer effizienten Nutzung der Ressource resultieren. Hierbei wird unter effizientem Ressourceneinsatz verstanden, daß der Konsum keiner Periode gesteigert werden kann, ohne den einer anderen Periode einzuschränken (intertemporale Effizienzbedingung).

Hieraus folgt zunächst, daß die Ressource nicht verschwendet wird. Diese Bedingung verlangt eine effiziente Produktion, was in dem Konzept der Produktionsfunktion impliziert ist (maximale Produktion bei gegebenem Einsatz der Produktionsfaktoren).

Weiterhin folgt aus obiger Effizienzbedingung, daß der Bestand der Ressource völlig erschöpft wird:

$$(6) \quad \int_0^\infty R_t dt = S_0.$$

Schließlich verlangt die obige Effizienzbedingung, daß durch eine Verlagerung des Abbaus der Ressource von einer Periode in eine andere keine Konsumsteigerung i.o.S. möglich ist.

Wird der Abbau einer Einheit der Ressource von $t+1$ in die Periode t vorgezogen, so steigt die Produktion in t um den Grenzertrag der Ressource $F_R(t)$. Diese zusätzliche Produktion wird nun investiert, wodurch die Produktion in der Periode $t+1$ um $F_R(t)F_K(t+1)$ ansteigt (F_K = Grenzertrag des Kapitals).

Dieser Betrag steht in Periode $t+1$, wenn zur Vereinfachung wieder vom Kapitalverschleiß abgesehen wird, für Konsumzwecke zur Verfügung. Zusätzlich können die Investitionen der Periode $t+1$ um $F_R(t)$ kleiner ausfallen (da der Kapitalstock bereits in t um diesen Wert angestiegen ist), so daß sich der Konsum weiterhin noch um diesen Betrag erhöht.

Andererseits verringert sich der Konsum in Periode $t+1$ um den Betrag $F_R(t+1)$, da in Periode t eine Einheit zusätzlich verbraucht wurde. Effizienz ist offensichtlich dann gegeben, wenn Konsumsteigerung und Konsumeinschränkung in Periode $t+1$ größengleich sind, d.h., wenn gilt:

$$(7) \quad F_R(t)[1+F_K(t+1)] = F_R(t+1)$$

bzw.:

$$(8) \quad w_{F_R} = F_K.$$

Gleichung (8) wird als Hotelling-Regel bezeichnet. Nach dieser Regel verlangt intertemporale Effizienz i.o.S., daß der Grenzertrag des Kapitals gleich der Veränderungsrate des Grenzertrags der Ressource sein muß. Da $F_K > 0$, muß also der Grenzertrag der Ressource ständig ansteigen. Dies ist dann der Fall, wenn das Verhältnis von Kapital zu Rohstoff ständig ansteigt. Die obige Effizienzregel verlangt also, daß die erschöpfbare Ressource laufend durch Kapital substituiert wird.

Die gesuchten effizienten Konsumpfade werden nun im Rahmen eines Wachstumsmodells unter Berücksichtigung obiger Effizienzbedingungen bestimmt. Wird zur Vereinfachung von einer Cobb-Douglas-Produktionsfunktion ausgegangen, so gilt:

$$(9) \quad Y = e^{\tau t} K^\alpha R^\beta A^\gamma, \qquad \alpha+\beta+\gamma = 1$$

bzw.:

$$(10) \quad y = e^{\tau t} v^\alpha r^\beta$$

mit:

$$y = Y/A$$

$$k = K/A$$

$$r = R/A.$$

Aus Gleichung (10) folgt für die Wachstumsrate von Y/A:

$$(11) \quad w_y = \tau + \alpha w_v + \beta w_r.$$

Die Investitionstätigkeit beträgt:

$$(12) \quad \dot{K} = sY.$$

Bei Konstanz der Arbeit gilt dann:

$$(13) \quad \dot{v} = sy$$

bzw.:

$$(14) \quad w_v = sx$$

mit: $\qquad x = \dfrac{Y/A}{K/A} = \dfrac{Y}{K}$.

Für w_x ergibt sich:

$$(15) \quad w_x = w_y - w_v,$$

bzw. unter Beachtung der Gleichungen (11) und (14):

$$(16) \quad w_x = -(1-\alpha)sx + \tau + \beta w_r.$$

Da auf effizienten Pfaden die Hotelling–Regel gilt:

$$(17) \quad w_{F_R} = F_K$$

mit:

$$(18) \quad F_K = \alpha e^{\tau t} K^{\alpha-1} R^\beta A^\gamma \quad = \alpha Y/K = \alpha \frac{Y/A}{K/A} = \alpha x$$

$$(19) \quad F_R = \beta e^{\tau t} K^\alpha R^{\beta-1} A^\gamma \quad = \beta Y/R = \beta \frac{Y/A}{R/A} = \beta y/r$$

$$(20) \quad \dot{F}_R = \beta \left[\frac{\dot{y}}{r} - \frac{\dot{r}}{r} \frac{y}{r} \right]$$

$$(21) \quad w_{F_R} = w_y - w_r$$

und somit:

$$(22) \quad \alpha x = w_y - w_r$$

bzw.:

$$(23) \quad w_r = w_y - \alpha x,$$

läßt sich unter Beachtung von Gleichung (11) für w_r schreiben:

$$(24) \quad w_r = \tau + \alpha s x + \beta w_r - \alpha x$$

bzw.:

$$(25) \quad w_r = \frac{\tau}{1-\beta} - \frac{1-s}{1-\beta} \alpha x.$$

Für w_x ergibt sich somit:

$$(26) \quad w_x = -(1-\alpha)sx + \tau + \beta\left[\frac{\tau}{1-\beta} - \frac{1-s}{1-\beta}\,\alpha x\right]$$

oder:

$$(27) \quad w_x = \frac{\tau}{1-\beta} - \frac{(1-\alpha-\beta)s + \alpha\beta}{1-\beta}\,x.$$

Wird definiert:

$$\sigma = S/A$$

$$z = \frac{R/A}{S/A} = \frac{r}{\sigma}\,,$$

so gilt:

$$(28) \quad w_z = w_r - w_\sigma.$$

Unter Beachtung, daß der Ressourcen-Bestand S mit dem Ressourcen-Einsatz R abnimmt ($\dot{S} = -R$), läßt sich schreiben:

$$(29) \quad w_\sigma = -r/\sigma = -z.$$

Aus den Gleichungen (25) und (29) folgt dann für w_z:

$$(30) \quad w_z = z - \frac{(1-s)\alpha}{1-\beta}\,x + \frac{\tau}{1-\beta}\,.$$

Die weitere Analyse erfolgt graphisch. Hierzu werden in Abbildung V.49 zunächst die Kurven $\dot{x} = 0$ und $\dot{z} = 0$ eingezeichnet. Nach Gleichung (27) ist $\dot{x} = 0$ bei $x = x^*$ mit:

$$(31) \quad x^* = \frac{\tau}{\alpha\beta + s(1-\alpha-\beta)}$$

erreicht. Aus Gleichung (30) folgt für $\dot{z} = 0$:

$$(32) \quad z = \frac{\alpha(1-s)x - \tau}{1-\beta}\,.$$

Gilt $s < \alpha$, so schneiden sich die beiden Kurven (31) und (32) wie in Abbildung V.46 dargestellt.

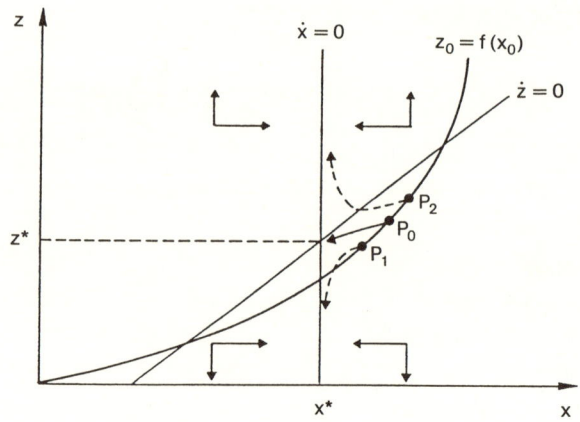

Abb. V.46: Effiziente Zeitpfade

Weiterhin gilt:

$$(33) \quad \dot{x} \gtrless 0 \quad \text{für} \quad x \lessgtr \frac{\tau}{\alpha\beta + s(1-\alpha-\beta)}$$

$$(34) \quad \dot{z} \gtrless 0 \quad \text{für} \quad z \gtrless \frac{\alpha(1-s)x - \tau}{1-\beta},$$

d.h. bei $x \neq x^*$ kommt es zu einer Anpassung an x^*; bei z-Werten, die nicht auf der Kurve (32) liegen, hingegen kommt es zu einer immer stärkeren Abweichung von dieser Kurve. Der Gleichgewichtspunkt (x^*, z^*) ist also instabil (Sattelpunkt).

Um die effizienten Zeitpfade darzustellen, bleibt noch der Ausgangspunkt festzulegen. Dieser Ausgangspunkt muß die Produktionsfunktion (9) erfüllen, wobei jedoch der Ressourceneinsatz unbestimmt ist. Es muß also gelten $(A = 1)$:

$$(35) \quad x_0 = Y_0/K_0 = K_0^{\alpha-1}R_0^{\beta} = K_0^{\alpha-1}S_0^{\beta}z_0^{\beta}$$

bzw.:

$$(36) \quad z_0 = x_0^{1/\beta}K_0^{(1-\alpha)/\beta}S_0^{-1}$$

mit: $K_0, S_0 = $ gegeben.

Für kleine Werte von $K_0^{(\alpha-1)/\beta} S_0^{-1}$ hat diese Kurve den in Abbildung V.46 dargestellten Verlauf.

Wird nun ein Ausgangspunkt auf $z_0 = f(x_0)$ mit x rechts von $\dot{x} = 0$ und z unterhalb $\dot{z} = 0$ gewählt, so führen die auftretenden Kräfte $\dot{x} < 0$ und $\dot{z} < 0$ zu einer Bewegung in Richtung x^* bei sinkendem z. Bei geeignetem Ausgangspunkt (P_0) erreicht somit das System den Gleichgewichtspunkt (x^*, z^*). Bei $P_1 < P_0$ hingegen nähert sich der Zeitpfad der Grenze (x^*, z = 0); bei $P_2 > P_0$ entsprechend der Grenze (x^*, z = ∞), wobei weder z = 0 noch z = ∞ erreicht werden. Damit ist offensichtlich der Pfad von P_1 aus ineffizient, da nicht der gesamte Ressourcenbestand verbraucht wird, während der Zeitpfad von P_2 aus nicht auf Dauer aufrechterhalten werden kann, da der Ressourcenverbrauch den Bestand übersteigt. (Bei einem Ausgangspunkt $x < x^*$ nähert sich das System ebenfalls der Grenze x^*, z = 0.)

Auf dem Zeitpfad von P_0 aus gilt für große t, also für $x \longrightarrow x^*$ und $z \longrightarrow z^*$:

$$(37) \quad w_Y = w_K$$

sowie, da $\dot{S} = -R$ bzw. $\dot{S}/S = -R/S = -z$:

$$(38) \quad w_R = w_S = -z^*.$$

Aus Gleichung (9) folgt für w_Y (A = 1):

$$(39) \quad w_Y = \tau + \alpha w_K + \beta w_R.$$

Mittels der Gleichungen (37)–(39) ergibt sich:

$$(40) \quad w_Y = \frac{\tau - \alpha z^*}{1 - \alpha}.$$

Die Gleichungen (33) und (34) führen zu:

$$(41) \quad z^* = \frac{\tau(\alpha - s)}{\alpha\beta + s(1 - \alpha - \beta)}.$$

Damit folgt schließlich für w_Y:

$$(42) \quad w_Y = \frac{\tau s(1-\alpha)}{[\alpha\beta + s(1-\alpha-\beta)]^2} \; .$$

Gleichung (42) gibt die langfristige Wachstumsrate des Einkommens sowie - bei konstanter Sparquote - des Konsums an. Da nur auf diesem Pfad beide Effizienzregeln erfüllt sind, wird hier zugleich auch der maximale Konsum (pro Kopf) bei gegebener Sparquote erreicht.

(3) Wirtschaftswachstum bei Existenz einer Backstop–Technologie

Im Zusammenhang mit knappen Ressourcen sind nicht nur effiziente, sondern vor allem auch optimale Konsumpfade von Interesse. Nachfolgend werden zunächst die entsprechenden Optimalitätsbedingungen abgeleitet, daran anschließend der optimale Konsumpfad skizziert.

Optimalitätsbedingungen

Wie die vorangehenden Ausführungen gezeigt haben, ist das Überleben der Menschheit auf Dauer bei Existenz einer knappen Ressource, die notwendig für den Produktionsprozeß ist, nur möglich, wenn technischer Fortschritt auftritt. Hierbei wurde davon ausgegangen, daß der technische Fortschritt zu einer Quasivermehrung der knappen Ressource führt und die Ressource in Effizienzeinheiten gleich gesetzt werden kann der Ressource in natürlichen Einheiten.

Die Lösung des Überlebensproblems durch technischen Fortschritt ist jedoch in zweifacher Hinsicht problematisch. Zum einen ist zu beachten, daß die Annahme, der technische Fortschritt erfolge exogen mit konstanter Rate, unrealistisch ist. Erfordert technischer Fortschritt einen zunehmenden Kapital- und Arbeitseinsatz, wobei möglicherweise noch abnehmende Grenzerträge auftreten, so stellt sich das Überlebensproblem von neuem. Dieser Aspekt wird hier nicht weiter verfolgt.

Zum anderen erscheint die Annahme, daß eine Ressource in Effizienzeinheiten gleich gesetzt werden kann dieser Ressource in natürlichen Einheiten, fraglich. Insbesondere im Hinblick auf den Faktor Energie kann davon ausgegangen werden, daß trotz aller Energie-sparmaßnahmen ein Mindestenergieeinsatz zur Aufrechterhaltung der Produktion erforderlich ist. Dann ist aber (bei $\sigma < 1$) mit endli-chem Ressourcenbestand auch nur eine endliche Produktion möglich.

Eine Lösung des Überlebensproblems bietet in diesem Fall eine Backstop- (Auffang-)Technologie. Eine Backstop-Technologie stellt eine Produktionsalternative dar (bspw. Solartechnologie), mit deren Hilfe ein vollkommenes Substitut für die erschöpfbare Ressource (bspw. fossile Brennstoffe) in - für menschliche Maßstäbe - unbe-grenzter Menge hergestellt werden kann. Die Problematik der Backstop-Technologie liegt darin, daß sie entweder zum gegenwärti-gen Zeitpunkt noch nicht bekannt ist, oder daß die Produktion des Substituts mit sehr hohem Kapitaleinsatz verbunden ist.

Nachfolgend wird am Beispiel des Faktors Energie das optimale Wirtschaftswachstum bei Existenz einer Backstop-Technologie unter-sucht. Hierbei wird davon ausgegangen, daß die Backstop-Techno-logie bereits in $t = 0$ bekannt ist. Zur Erzeugung von Sonnen-energie mittels Solartechnologie werde lediglich Kapital benötigt, wobei weiter ein konstanter Kapitalkoeffizient unterstellt wird. Der Kapitalstock sei umrüstbar i.d.S., daß er zur Produktion sowohl des Outputs als auch der Sonnenenergie eingesetzt werden kann. Der gesuchte optimale Konsumpfad ergibt sich aus der Lösung folgenden Optimierungsproblems:

$$(1) \quad \max W = \int_0^\infty U(c)e^{-\vartheta t}dt$$

unter den Nebenbedingungen:

$$(2) \quad y = (v-v_s)^\alpha(r+v_s/k)^\beta, \qquad \alpha+\beta < 1$$

$$(3) \quad \dot{v} = y-c$$

$$(4) \quad \dot{\sigma} = -r$$

$$(5) \quad v_s, r \geq 0,$$

wobei Pro-Kopf-Größen $\quad y = Y/A, \quad v = K/A, \quad v_s = K_s/A,$
$r = R/A$ und $\sigma = S/A$ zugrunde gelegt werden. Die Zustandsvariablen sind v und σ (bzw. S), die Kontrollvariablen c, r und v_s.

Mit Gleichung (2) wurde zur Vereinfachung (wenn auch nicht ganz
Problem-adäquat) eine Cobb-Douglas-Produktionsfunktion angenommen. Der Kapitalstock wird teilweise direkt in der Güterproduktion eingesetzt ($K-K_s$), teilweise in der Solarenergieproduktion (K_s),
wobei k den entsprechenden Kapitalkoeffizienten angibt. (Die
Abbaukosten des Erdöls sind wiederum gleich Null.) Der gesamte
Energieeinsatz umfaßt also den Einsatz von (stellvertretend) Erdöl
sowie von Sonnenenergie. Von technischem Fortschritt wird abgesehen. Ebenfalls vernachlässigt werden Abschreibungen, wie aus Gleichung (3) ersichtlich ist. Die Bedingung (5) schließlich verhindert,
daß zwar der Energieeinsatz insgesamt positiv ist, während jedoch R
oder K_s negative Werte annehmen.

Die Hamilton-Funktion lautet in diesem Fall:

$$(6) \quad H = U(c)e^{-\vartheta t} + \mu_1(y-c) + \mu_2(-r) + \mu_3 v_s + \mu_4 r.$$

Die notwendigen Bedingungen für ein Wohlfahrtsmaximum sind:

$$(7) \quad \frac{\partial H}{\partial c} = e^{-\vartheta t} U'(c) - \mu_1 = 0$$

$$(8) \quad \frac{\partial H}{\partial r} = \mu_1 f_z - \mu_2 + \mu_3 = 0$$

$$(9) \quad \frac{\partial H}{\partial v_s} = \mu_1 \left[-f_v + \frac{1}{k} f_z \right] + \mu_3 = 0$$

$$(10) \quad \frac{\partial H}{\partial \sigma} = 0 = -\dot{\mu}_2$$

$$(11) \quad \frac{\partial H}{\partial v} = \mu_1 f_v = -\dot{\mu}_1$$

$$(12) \quad \frac{\partial H}{\partial \mu_1} = y - c = \dot{v}$$

$$(13) \quad \frac{\partial H}{\partial \mu_2} = -r = \dot{\sigma}$$

$$(14) \quad \mu_3 \geq 0, \qquad \mu_3 v_\tau = 0$$

$$(15) \quad \mu_4 \geq 0, \qquad \mu_4 r = 0$$

mit: $z \quad = r + v_s/k$

         f_i = Ableitung der Cobb-Douglas-Funktion nach dem Faktor i.

Aus der Bedingung (7) läßt sich in Verbindung mit Bedingung (11) wieder die Ramsey-Regel ableiten:

$$(16) \quad w_c = \frac{f_v - \vartheta}{\eta}$$

mit: $\eta \quad = -U''(c)c/U'(c)$.

Da $\mu_4 r = 0$ gilt, folgt für $r > 0$ dann $\mu_4 = 0$. Damit ergibt sich aus den Bedingungen (8), (10) und (11) nach einigen Umformungen die Hotelling-Regel:

$$(17) \quad w_{f_z} = f_v.$$

Entsprechend ist $\mu_3 = 0$ für $v_s > 0$. Bedingung (9) liefert dann als weitere Effizienzregel:

$$(18) \quad f_v = \frac{1}{k} f_z,$$

d.h. der Grenzertrag des Kapitals muß in beiden Verwendungen gleich groß sein.

Optimaler Konsumpfad

Auf dem optimalen Konsumpfad muß die Effizienzregel (17), falls $r > 0$ gilt, bzw. (18), falls $v_s > 0$ gilt, erfüllt sein. Es bleibt zunächst zu prüfen, inwieweit in verschiedenen Zeitphasen ausschließlich eine, oder aber beide Energiequellen genutzt werden.

Als   Ausgangspunkt   wird   ein   Kapital-Energie-Einsatzverhältnis gewählt, bei dem:

$$(19) \quad f_v > f_z/k$$

gilt.

Mit:

$$(20) \quad f_v = \alpha y/v$$

und:

$$(21) \quad f_z = \beta y/z$$

läßt sich Gleichung (19) schreiben:

$$(22) \quad z/v > \beta/\alpha k.$$

In diesem Fall wird gemäß der Effizienzregel (18) keine Solarenergie, sondern ausschließlich Energie aus dem Einsatz von Erdöl genutzt. Hierbei ist der Öleinsatz nach der Effizienzregel (17) sukzessive durch Kapitaleinsatz zu substituieren. Dies bedeutet, daß das z/v-Verhältnis ansteigt, bis schließlich $z/v = \beta/\alpha k$ gilt.

Ab diesem Zeitpunkt wird der Einsatz der Solartechnik effizient, d.h. der Kapitalstock ist jetzt auf beide Verwendungsmöglichkeiten aufzuteilen. Wird nun angenommen, daß zu diesem Zeitpunkt die Erdölvorräte erschöpft sind, so muß nach der Reallokation gelten:

$$(23) \quad \frac{z}{v-v_s} = \frac{v_s/k}{v-v_s} = \beta/\alpha k,$$

d.h. Energieeinsatz und Kapitalstock in der Güterproduktion gehen in gleichem Maße zurück. Bei konstantem Arbeitseinsatz steigen somit f_v und f_z an. Damit wäre es aber lohnend, einen Teil des Erdöls, das bereits bei niedrigerem Grenzertrag verbraucht wurde, später einzusetzen. M.a.W., Effizienz erfordert, daß nach einer Erdöl- oder Substitutionsphase eine Übergangsphase folgt, in der beide Energiequellen gleichzeitig genutzt werden.

Da annahmegemäß eine bestimmte Mindestmenge Erdöl pro Produktionseinheit erforderlich ist, sind die Erdölvorräte in endlicher Zeit aufgebraucht. Ab diesem Zeitpunkt wird dann ausschließlich Solar-energie eingesetzt, d.h. die Übergangsphase wird durch eine Back-stop-Phase abgelöst.

Als nächstes ist der optimale Konsumpfad während dieser drei Phasen darzustellen. Hierbei ist es zweckmäßig, mit der Backstop-Phase zu beginnen, da diese Randbedingungen für die beiden übrigen Phasen liefert.

In der *Backstop–Phase* gilt

- die Effizienzregel $f_v = f_z/k$ sowie
- die Optimalitätsregel $w_c = f_v - \vartheta$,

wobei zur Vereinfachung $\eta = 1$ gesetzt wurde. Ein steady-state ist bei $w_c = 0$ sowie $f_v, f_z = $ const., bzw. $\dot{v} = 0$ erreicht. Die Bedingung $w_c = \dot{c} = 0$ führt zu:

$$(24) \quad f_v = \vartheta;$$

die Bedingung $\dot{v} = 0$ ergibt:

$$(25) \quad y = c.$$

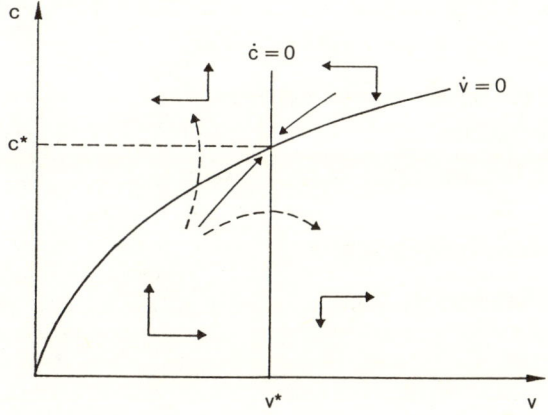

Abb. V.47: *Optimaler Konsum während der Backstop–Phase*

Diese beiden Bedingungen sind in Abbildung V.47 dargestellt. Hierzu wird y gemäß obiger Produktionsfunktion bestimmt, wobei einerseits r = 0 gilt und andererseits eine konstante Aufteilung des
Kapitalstocks auf die beiden Einsatzmöglichkeiten vorliegt.

Offensichtlich gilt weiter:

$$(26) \quad \dot{c} \gtrless 0 \quad \text{für} \quad f_v \gtrless \vartheta$$

$$(27) \quad \dot{v} \gtrless 0 \quad \text{für} \quad y \gtrless c.$$

Die steady-state Lösung (c^*, v^*) stellt somit wieder einen Sattelpunkt
dar, der aus nord-östlicher sowie aus süd-westlicher Richtung bei
geeigneten Ausgangswerten erreicht wird (eingezeichnete Pfeile in
Abbildung V.47). Diese Pfade sind zugleich die Optimalpfade.

Ein Pfad oberhalb des Optimalpfades führt früher oder später zu
einer Verletzung der Ramsey-Regel, nach der c mit sinkendem v
(steigendem f_v) ansteigen müßte, was aber produktionstechnisch
unzulässig ist (mit sinkendem v geht früher oder später auch c
zurück). Ein Pfad unterhalb des Optimalpfades hingegen wäre
produktionstechnisch zulässig, würde aber gegen die Effizienzregel
verstoßen, da auf dem Optimalpfad ein höherer Konsum möglich ist.

Damit stellen die c/v-Werte des Optimalpfades die Randbedingungen für die Übergangsphase dar, d.h. am Ende der Übergangsphase
(T_2) müssen diese Werte realisiert werden.

In der *Übergangsphase* müssen weiterhin
  - die Effizienzregeln $w_{f_z} = f_v$ und $f_v = f_z/k$ sowie
  - die Ramsey-Regel $(\eta = 1)$ $w_c = f_v - \delta$
erfüllt sein. Schließlich muß der gesamte Ölbestand am Ende der
Übergangsphase verbraucht sein.

Aus den Effizienzregeln folgt:

$$(28) \quad w_{f_v} = w_{f_z} = f_v,$$

d.h. auch der Grenzertrag des Kapitals muß mit der Rate f_v ansteigen.

Die Effizienzregel $f_v = f_z/k$ erfordert wieder ein Kapital-Energie-verhältnis von $(v_p = v - v_s)$:

$$(29) \quad \frac{z}{v_p} = \beta/\alpha k.$$

Damit ergibt sich für die Produktionsfunktion:

$$(30) \quad y = v_p^\alpha (\beta/\alpha k)^\beta v_p^\beta$$

bzw.:

$$(31) \quad y = v_p^{1-\gamma} B$$

mit: $\quad\quad B = (\beta/\alpha k)^\beta, \quad \gamma = 1 - \alpha - \beta.$

Weiter gilt:

$$(32) \quad f_v = \alpha y/v_p = \alpha B v_p^{-\gamma}$$

und:

$$(33) \quad w_{f_v} = w_y - w_{v_p}.$$

Unter Beachtung von Gleichung (28) läßt sich somit schreiben:

$$(34) \quad w_y - w_{v_p} = \alpha B v_p^{-\gamma},$$

bzw., da nach Gleichung (30) gilt $w_y = (1-\gamma)w_{v_p}$:

$$(35) \quad -\gamma w_{v_p} = \alpha B v_p^{-\gamma}$$

$$(36) \quad w_{v_p} = -\frac{\alpha B}{\gamma} v_p^{1-\gamma}.$$

Die Lösung dieser Differentialgleichung lautet:

$$(37) \quad v_p(t) = [-\alpha B(t - T_2) + v_p(T_2)^{-\gamma}]^{1/\gamma},$$

wobei $v_p(T_2)$ der am Ende der Übergangszeit zu erreichende Kapitalstock in der Güterproduktion ist. Wie aus Gleichung (37) ersichtlich, nimmt der Kapitalstock in der Güterproduktion während der Übergangsphase laufend ab, während der Kapitalstock in der Solartechnik:

$$(38) \quad \dot{v}_S = \dot{v} - \dot{v}_p$$

aufgrund von Nettoinvestitionen sowie Umrüstung des vorhandenen Kapitalstocks laufend ansteigt.

Aus der Ramsey-Regel $w_c = f_v - \vartheta$ ergibt sich für die Wachstumsrate des Konsums:

$$(39) \quad w_c = \alpha B v_p^{-\gamma} - \vartheta.$$

Gleichung (39) zeigt, daß der Konsum in der Übergangsphase ansteigen oder zurückgehen kann.

In der *Substitutionsphase* schließlich gilt
- die Effizienzregel $w_{f_z} = f_v$ sowie
- die Optimalitätsregel $w_c = f_v - \vartheta$.

Wird ein λ als $\lambda = c/y$ definiert, so gilt:

$$(40) \quad w_\lambda = w_c - w_y.$$

Aus $x = Y/K$ folgt $w_x = w_Y - w_K$. Unter Beachtung von $w_K = (1-\lambda)Y/K$ ergibt sich:

$$(41) \quad w_x = w_Y - \sigma x.$$

Schließlich ist $z = R/S$, bzw. $w_z = w_R - w_S$. Da $R = -\dot{S}$ und $w_S = \dot{S}/S$, folgt weiter:

$$(42) \quad w_z = w_R + z.$$

Wird eine logarithmische Nutzenfunktion unterstellt:

$$(43) \quad U(c) = \ln c,$$

so folgt für w_c aus den Gleichungen (7) und (11) die Ramsey-Regel (16) mit $\eta = 1$: $w_c = \alpha x - \vartheta$. Mittels der Produktionsfunktion (2) sowie der Hotelling-Regel (17) mit $f_v = \alpha x$ und $w_{f_z} = w_y - w_r$ (mit $w_y = w_Y$ bei $w_A = 0$) sowie $w_v = (1-\lambda)x$ ergibt sich:

$w_y = [-\alpha\lambda x/(1-\beta)] + \alpha x$. Damit läßt sich schreiben:

$$(44) \quad w_\lambda = \frac{\alpha\lambda x}{1-\beta} - \vartheta$$

$$(45) \quad w_x = \frac{\gamma\lambda x}{1-\beta} - (1-\alpha)x$$

$$(46) \quad w_z = z - \frac{\alpha\lambda x}{1-\beta}$$

mit: $\qquad x = y/(v-v_s) = y/v, \qquad z = r.$

Die Gleichungen (44)-(46) bestimmen zusammen mit den Anfangs-bedingungen (K_0, S_0) sowie den Endbedingungen zu Beginn der Übergangsphase T_1, nämlich $c(T_1)$, $k(T_1)$ und $S(T_1)$, die Zeitpfade der interessierenden Größen. Eine allgemeine Lösung dieses Gleichungssystems ist hier allerdings nicht möglich.

V.3 Beeinflussung des Wirtschaftswachstums

Dieser letzte Abschnitt befaßt sich mit den Möglichkeiten der Beeinflussung des wirtschaftlichen Wachstums i.w.S., nämlich mit der Wachstumspolitik i.e.S., der Umweltschutzpolitik sowie der Ressourcenpolitik.

V.3.1 Wachstumspolitik

Nach einer kurzen kritischen Würdigung des Wachstumsziels werden nachfolgend einige Möglichkeiten der Beeinflussung des Wirtschaftswachstums dargestellt.

1. Wachstum als wirtschaftspolitisches Ziel[1]

Wirtschaftswachstum wird heute teils als eigenständiges, teils als mittelbares Ziel der Wirtschaftspolitik angesehen. Wirtschaftswachstum wird als eigenständiges (finales) Ziel verfolgt, da dies eine Erhöhung der gesellschaftlichen Wohlfahrt bedeutet. Als mittelbares (modales) Ziel dient Wirtschaftswachstum bspw.

- der Vollbeschäftigung. Je höher die Güterproduktion, um so höher ist auch die Beschäftigung.
- zur Realisierung einer gerechten Einkommensverteilung. Umverteilung, die an Einkommenszuwächsen ansetzt, stößt auf geringeren Widerstand als die Umverteilung eines konstanten Einkommens.
- der Entwicklung der Dritten Welt. Wirtschaftswachstum bietet den Entwicklungsländern Absatzchancen in den Industrieländern; es ermöglicht eine höhere Entwicklungshilfe.

---

[1] Majer, H., Wirtschaftswachstum, München/Wien 1992, S. 91ff; Neumann, M., Wachstumspolitik, in: Handwörterbuch der Wirtschaftswissenschaft, Bd. 8, Stuttgart u.a. 1988, S. 462ff; Oppenländer, K.H., Wachstumstheorie und Wachstumspolitik, a.a.O., S. 171ff.

Die allgemeine Wachstumseuphorie der 60er Jahre ist inzwischen jedoch weitgehend verflogen und hat einer kritischeren Haltung gegenüber dem Wachstumsziel Platz gemacht. Die Kritik am Wachstumsziel setzt hierbei insbesondere auf zwei Ebenen an:

- Stetiges Wachstum wird üblicherweise als exponentielles Wachstum mit konstanter Rate interpretiert. Dies bedeutet, daß der Wachstumsprozeß bezüglich der Absolutgrößen zunächst sehr langsam verläuft, sich dann beschleunigt und schließlich explosionsartig ansteigt.

- Umweltzerstörung und Rohstoffknappheit. Bei bspw. 5%igem Wachstum verdoppelt sich das Volkseinkommen ca. alle 14 Jahre. Damit sich eine Größe bei einem solchen Wachstum vertausendfacht, braucht sie ca. 10 Verdoppelungszeiten, also 140 Jahre. Während der letzten Verdoppelungszeit, also in den letzten 14 Jahren, wächst sie genausoviel wie in den 126 Jahren zuvor. Stellt in einer solchen Wachstumssituation das 1000fache eine gefährliche Obergrenze für die Umwelt oder den Rohstoffverbrauch dar, so war die Wirtschaft 126 Jahre von dieser Obergrenze weit entfernt, erreicht diese aber schlagartig innerhalb von 14 Jahren.

An diesen Eigenschaften exponentiellen Wachstums knüpft die Wachstumsdiskussion an, die durch den Bericht von D.H. Meadows u.a. für den Club of Rome ausgelöst wurde.[1] Die Hauptthesen dieses Berichts lauten:

- Wird das exponentielle Wirtschafts- und Bevölkerungswachstum der letzten 100 Jahre bei gleichbleibender sozio-ökonomischer Struktur fortgesetzt, so wird die Weltwirtschaft um das Jahr 2050 wegen fehlender Ressourcen kollabieren.

- Ein langfristig stabiles sozio-ökonomisches System kann nur erreicht werden, wenn (ab 1975) Maßnahmen ergriffen werden zur:
    Stabilisierung der Weltbevölkerung,
    Reduzierung des Rohstoffverbrauchs,
    Verminderung der Umweltverschmutzung.

---

[1] Meadows, D. u.a., Die Grenzen des Wachstums, Stuttgart 1972.

Diese Ergebnisse hatten das große Verdienst, die Problematik eines langfristigen, exponentiellen Wachstums ins öffentliche Bewußtsein zu rücken. Andererseits weist die Studie von Meadows jedoch den Mangel auf, daß
- Substitutionsvorgänge aufgrund der Änderung relativer Preise,
- technische Neuerungen zur Verminderung des Verbrauchs nicht-regenerierbarer Ressourcen sowie der Umweltbelastung

außer Betracht gelassen wurden. Diese Gedanken greifen M. Mesarovic und E. Pestel in ihrem zweiten Bericht für den Club of Rome auf.[1] Sie zeigen, daß Substitutionsvorgänge und technische Neuerungen die angesprochenen Probleme entschärfen können.

Aber auch hiergegen lassen sich verschiedene Einwände erheben. So bleibt insbesondere der Zeitbedarf für Substitutionsvorgänge und für technische Neuentwicklungen zu beachten. Nähert sich die Wirtschaft den Wachstumsgrenzen unter dem Druck exponentiellen Wachstums, so besteht die Gefahr, daß die verbleibende Zeit nicht mehr ausreicht, um die Technologie, den Faktoreinsatz oder das menschliche Verhalten so zu ändern, daß diese Wachstumsgrenzen aufgehoben oder nicht erreicht werden.

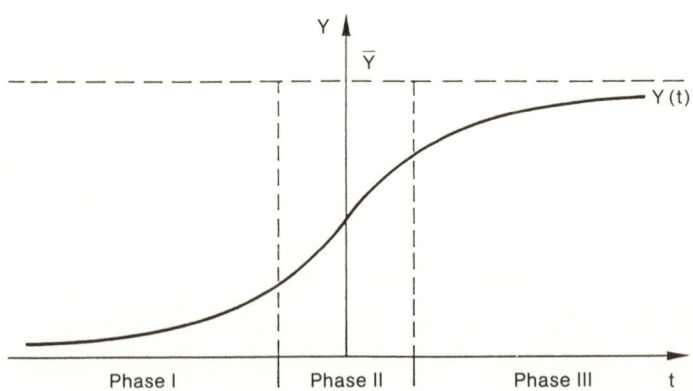

Abb. V.48: *Logistisches Wirtschaftswachstum*

---

[1]   Mesarovic, M. und E. Pestel, Menschheit am Wendepunkt, Stuttgart 1974.

Wesentlich ist es somit, daß die Annäherung an irgendwelche Wachstumsgrenzen langsam geschieht, um so Zeit für technische Neuerungen, Verhaltensänderungen u.ä. zu gewinnen. Wird nicht gerade ein negatives Wachstum, also ein Schrumpfen der wichtigsten ökonomischen Größen, gefordert, so dürfte eine langsame Annäherung an die Wachstumsgrenzen noch am ehesten durch eine Konstanz dieser Größen gewährleistet sein (Null-Wachstum). Unter langfristiger Perspektive müßten sie ein logistisches Wachstum aufweisen, wie in Abbildung V.48 dargestellt ist.

Bei einem logistischen Wachstumspfad lassen sich drei Phasen unterscheiden: In Phase I liegt ein (fast) exponentielles Wachstum vor, in Phase II sinkt die Wachstumsrate fühlbar, und in Phase III wird schließlich ein stationärer Zustand erreicht. Zwar werden selbst in der Phase III erschöpfbare Ressourcen verbraucht und die Umwelt belastet, aber möglicherweise mit einer Geschwindigkeit, die die erwähnten Umstellungen und Anpassungen ermöglicht.

2. Förderung des Wirtschaftswachstums[1]

Nachfolgend soll noch kurz auf einige Möglichkeiten zur Förderung des Wirtschaftswachstums hingewiesen werden, nämlich auf Wettbewerbspolitik, auf Infrastrukturpolitik sowie auf regionale und sektorale Strukturpolitik.

Wettbewerbspolitik

Die klassische Form der Wachstumspolitik ist die Wettbewerbspolitik. Hierbei liegt die Schumpeter'sche Vorstellung zugrunde, daß dynamische Unternehmer die wirtschaftliche Entwicklung vorantreiben.

---

[1] Brösse, U., Raumordnungspolitik, 2. Aufl., Berlin/New York 1982; Meißner, W. und W. Fassing, Wirtschaftsstruktur und Strukturpolitik, München 1989; Neumann, M., Wachstumspolitik, a.a.O., S. 464ff; Oppenländer, K.H., Wachstumstheorie und Wachstumspolitik, a.a.O., S. 224ff; Teichmann, U., Grundlagen der Wachstumspolitik, München 1987.

Ein Wachstumsprozeß wird dadurch ausgelöst, daß sog. dynamische Unternehmer technische Neuerungen durchsetzen. Durch Sondergewinne der dynamischen Unternehmer werden Nachahmer angelockt, die diese Neuerungen imitieren. Nach einer gewissen Zeit sind die Möglichkeiten, die diese Neuerungen geboten haben, erschöpft, so daß die unternehmerischen Aktivitäten nachlassen, d.h. die Wirtschaft stabilisiert sich auf einem höheren Niveau. Erneute Pioniertaten der dynamischen Unternehmer führen zu einem erneuten Wachstumsschub; die wirtschaftliche Entwicklung vollzieht sich also unter Wachstumsschwankungen.

Wesentliche Voraussetzungen für den geschilderten Entwicklungsprozeß sind, daß einerseits Pionierunternehmern über eine Monopolstellung entsprechende Erträge für ihr risikoreiches Engagement zufließen, und andererseits, daß diese Monopolstellung nur temporärer Natur ist. Damit muß eine Verfestigung der Monopolstellung verhindert und Nachahmern der Weg für einen Diffusionswettbewerb geebnet werden.

Neben dieser eher passiven Aufgabe der Wettbewerbspolitik, die Funktionsfähigkeit der Märkte zu sichern, tritt heute die Forderung nach einer aktiven Förderung des Wettbewerbs.

Bei etablierten Unternehmen besteht vielfach die Neigung, alte Märkte mit eingeführten Produkten zu bedienen, statt risikoreiche Innovationsaktivitäten zu entfalten. Um einen Innovationsprozeß auszulösen, ist es deshalb erforderlich, den Marktzugang für neue Unternehmen zu erleichtern. Eine derartige Erleichterung wäre, neben der Beseitigung von Eintrittsbarrieren (bspw. in Form von Gewerbeordnungen u.ä.), insbesondere die Bereitstellung von Risikokapital durch Gründung von Venture-Capital-Gesellschaften (Wagnisfinanzierungsgesellschaften). Weitere Möglichkeiten wären eine entsprechende Ausgestaltung des Steuersystems sowie eine Verbesserung der Außenfinanzierung kleiner und mittlerer Unternehmen.

Auch in einer Marktwirtschaft unterliegen weite Bereiche der Wirtschaft einer staatlichen Regulierung. Angesichts geänderter Technologie sowie von Nachfrageverschiebungen wird die Berechtigung derartiger Regulierungen immer mehr in Zweifel gezogen. Statt dessen wird eine Deregulierung gefordert, um so die etablierten Unternehmen dem Wettbewerbsdruck auszusetzen und innovatorische Prozesse auszulösen.

Infrastrukturpolitik

Neben der Wettbewerbspolitik spielt auch die Infrastrukturpolitik eine wesentliche Rolle als Wachstumspolitik. Die Infrastruktur ist ein typisches öffentliches Gut. Sie läßt sich weiter einteilen in:
- materielle Infrastruktur (bspw. Verkehrswesen, Energieversorgung),
- immaterielle Infrastruktur (bspw. Bildungs- und Gesundheitsbereich).

Die Infrastruktur ist vor allem durch standortgebundene Nutzung, weitgehende Unteilbarkeit, hohe Kapitalintensität und niedrige Kapitalproduktivität gekennzeichnet. Sie stellt den Wirtschaftssubjekten allgemeine Vorleistungen zur Verfügung, nämlich Güter und Dienste, die jedes Wirtschaftssubjekt für Produktion (unternehmensbezogene Infrastruktur) und Konsum (haushaltsbezogene Infrastruktur) benötigt.

Bezüglich der Infrastrukturpolitik als Wachstumspolitik lassen sich drei Strategien unterscheiden. Zum einen kann der Ausbau der Infrastruktur im Gleichschritt mit der privaten Wirtschaftstätigkeit erfolgen. Zum anderen kann die Infrastruktur hinter dieser Entwicklung zurückbleiben, um so Ressourcen für andere Entwicklungsanstrengungen freizusetzen. Außerdem kann die Infrastruktur der privaten Aktivität vorauseilen, als Anstoß für wirtschaftliches Wachstum (Initialzündung).

Regionale Strukturpolitik

Schließlich sei auch noch auf die regionale und sektorale Strukturpolitik als Wachstumspolitik hingewiesen. Regionale Strukturpolitik (regionale Wirtschaftspolitik, Regionalpolitik, Raumwirtschaftspolitik) ist die Summe aller Maßnahmen zur Stimulierung und Lenkung der ökonomischen Aktivität unter räumlichem Aspekt. Üblicherweise werden hierbei drei Ziele verfolgt, nämlich ein Wachstumsziel, ein Verteilungsziel und ein Stabilitätsziel.

Unter dem hier besonders interessierenden Wachstumsziel wird ein angemessenes wirtschaftliches Wirtschaftswachstum durch wachstumsoptimale Faktorallokation im Raum angestrebt. Dies wird ermöglicht durch eine produktivitätsorientierte oder durch eine potentialorientierte Steuerung der Produktionsfaktoren.

Nach der produktivitätsorientierten Regionalpolitik sind die Produktionsfaktoren in die Regionen zu lenken, in denen sie die höchste Grenzproduktivität besitzen. Die potentialorientierte Regionalpolitik richtet sich nach der Ausstattung einer Region mit bestimmten Potentialfaktoren, d.h. Faktoren, die die regionale Entwicklung begrenzen, so bspw. die regionale Infrastruktur oder der Agglomerationsgrad. Entsprechend dieser Ausstattung sind dann die mobileren Faktoren Arbeit und Kapital regional zu verteilen.

Die Realisierung des Wachstumsziels kann entweder durch passive oder durch aktive Sanierung erfolgen. Bei passiver Sanierung (Gesundschrumpfen) erfolgt die Anpassung an die Tragfähigkeit einer Region durch Abwanderung von Arbeitskräften aus wirtschaftsschwachen Regionen; bei aktiver Sanierung wird die Entwicklung wirtschaftsschwacher Regionen durch Förderung zusätzlicher ökonomischer Aktivitäten oder durch Verbesserung der regionalen Standortbedingungen unterstützt.

Sektorale Strukturpolitik

Unter sektoraler Strukturpolitik (sektorale Wirtschaftspolitik, häufig auch: Industriepolitik) werden spezifische wirtschaftspolitische Maßnahmen zur Beeinflussung des Verhältnisses der verschiedenen Branchen zueinander verstanden. Hierbei können sektorale Eingriffe aufgrund zwei verschiedener Konzeptionen erfolgen, nämlich aufgrund einer

　　　– sektoralen Strukturpolitik i.e.S. oder einer
　　　– sektoralen Strukturpolitik i.w.S.

Nach der ersten Konzeption tritt die sektorale Strukturpolitik ergänzend zur Wettbewerbspolitik und Globalsteuerung. Sie dient als
Bindeglied zwischen der Einzelsteuerung durch die privaten Wirtschaftssubjekte und der Niveausteuerung der makroökonomischen
Aggregate durch den Staat. Nach der zweiten Auffassung ist die
sektorale Strukturpolitik Teil einer umfassenden staatlichen Gesamt-
konzeption der Planung und Lenkung der Produktion.

Die Ziele der sektoralen Strukturpolitik i.e.S. umfassen die Struktur-
erhaltung (in Ausnahmefällen) sowie vor allem die Strukturverände-
rung insbesondere zur Sicherung und Förderung des Wirtschaftswachstums. Strukturpolitik ist hiernach bei partiellem Marktversagen
erforderlich, was vor allem zwei Ursachen haben kann, nämlich
externe Effekte sowie hohe Risiken. Bei negativen externen Effekten,
wie bspw. Umweltverschmutzung, sind betriebswirtschaftlich rentable
Innovationen gesamtwirtschaftlich nicht sinnvoll; bei positiven externen Effekten sind gesamtwirtschaftlich wünschenswerte Innovationen
betriebswirtschaftlich möglicherweise nicht rentabel. Die Entwicklung
neuer Technologien oder neuer Produkte erfordert oftmals sehr hohe
Forschungs- und Entwicklungsausgaben. Das damit verbundene
betriebswirtschaftliche Risiko verhindert oder verlangsamt dann
möglicherweise rentable, gesamtwirtschaftlich sinnvolle Innovationen.

Eine gesamtwirtschaftliche Lenkung der Produktion mittels sektoraler
Strukturpolitik nach der zweiten Konzeption wird mit einem allgemeinen Marktversagen begründet. So kann es bspw. infolge falscher
Informationen durch die Marktpreise zu einer Fehlallokation des
Kapitals kommen. Da die Marktpreise nur Informationen über
gegenwärtige Knappheitsverhältnisse enthalten, sind sie als Basis
betriebswirtschaftlicher Investitionsentscheidungen ungeeignet.
Weiterhin wird darauf verwiesen, daß die Konsumentensouveränität
insbesondere durch die Werbung ausgehöhlt ist, so daß Güter nachgefragt werden, die nicht den wahren Bedürfnissen entsprechen.
Schließlich wird auch das zu geringe Angebot an öffentlichen Gütern
kritisiert. Infolge des Erwerbsstrebens der privaten Investoren unter-

bleiben wichtige Investitionen, deren privatwirtschaftliche Rentabilität nur gering ist, die jedoch von hohem gesellschaftlichen Nutzen sind.

V.3.2 Umweltschutzpolitik[1]

Nach einer kurzen Erläuterung der Prinzipien des Umweltschutzes werden die wichtigsten Instrumente der Umweltschutzpolitik dargestellt.

1. Prinzipien der Umweltschutzpolitik

Als Prinzipien der Umweltschutzpolitik lassen sich anführen:
- Verursacherprinzip,
- Gemeinlastprinzip,
- Vorsorgeprinzip,
- Kooperationsprinzip,

wobei die ersten beiden Prinzipien der Kostenzurechnung dienen, während die beiden übrigen politisch wünschenswerte Verhaltensregeln darstellen.

Das Verursacherprinzip stellt ein der marktwirtschaftlichen Ordnung adäquates Prinzip der Umweltschutzpolitik dar. Hiernach soll jeder, der die Umwelt schädigt, auch die Kosten dieser Belastung tragen. Dies geschieht dadurch, daß die Umweltschäden als externe Kosten in die individuelle Wirtschaftsrechnung eingehen. Auf diese Weise wird eine Steuerung des Umweltverbrauchs über den Preis erreicht, ohne daß direkt in den Entscheidungsprozeß der Individuen eingegriffen wird. Das Problem dieses Prinzips liegt bei der praktischen

---

[1]   Endres, A., Umwelt und Ressourcenökonomie, Darmstadt 1985; Frey, B.S., Umweltökonomik, in: Handwörterbuch der Wirtschaftswissenschaft, Bd. 8, Stuttgart u.a. 1980, S. 47ff; Fritsch, B., Mensch - Umwelt - Wissen, Zürich/Stuttgart 1990, S. 269ff; Teichmann, U., Wirtschaftspolitik, 3. Aufl., München 1989, S. 89ff; Wicke, L., Umweltökonomie, 2. Aufl., München 1989, S. 167ff; Woll, A., Wirtschaftspolitik, München 1984, S. 313ff.

Umsetzung. In vielen Fällen ist es nicht möglich, die Verursacher von Umweltschäden festzustellen bzw. die Anteile an der Umweltbelastung exakt zuzurechnen. In diesem Fall besteht die pragmatische Lösung oftmals darin, bestimmte Umweltqualitätsnormen festzulegen und die Verursacher mit den Kosten der Verwirklichung dieser Normen zu belasten.

Nach dem Gemeinlastprinzip trägt der Staat die Kosten des Umweltschutzes. Dies ist bspw. dann erforderlich, wenn eine Zurechnung auf den Verursacher nicht möglich ist, oder eine Zurechnung zu sonstigen unerwünschten Ergebnissen führt. In diesem Fall kann der Staat selbst die Einrichtungen des Umweltschutzes betreiben (bspw. Kläranlage), oder aber er kann entsprechende privatwirtschaftliche Aktivitäten durch Subventionen fördern (bspw. Steuervergünstigungen für Umweltschutzinvestitionen). Der Nachteil des Gemeinlastprinzips liegt darin, daß hierdurch vielfach keine Anreize für umweltfreundliches Verhalten der Wirtschaftssubjekte ausgelöst werden. Aus diesem Grund kommt dem Gemeinlastprinzip lediglich ergänzende Bedeutung zu.

Ein Unterfall des Gemeinlastprinzips ist das sog. Nutznießerprinzip, das in jüngster Zeit entwickelt wurde. Nach diesem Prinzip zahlen die Nutznießer einer umweltpolitischen Maßnahme einen Beitrag an die Wirtschaftssubjekte, die aufgrund umweltkonformeren Verhaltens Einkommenseinbußen erleiden (bspw. sog. Wasserpfennig). Auch in diesem Fall trägt nicht der Verursacher die Kosten der Umweltbelastung, sondern eben der Nutznießer (anstelle der Allgemeinheit, wie beim herkömmlichen Gemeinlastprinzip). Der entscheidende Einwand gegen eine allgemeine Anwendung dieses Prinzips ist, daß es letztlich auf die umweltpolitische Devise hinausläuft, daß die Geschädigten entweder für die Verminderung der Umweltbelastung zahlen oder aber die Umweltbelastung hinnehmen müssen, ein dem allgemeinen Gerechtigkeitsempfinden widersprechendes Ergebnis.

Das Vorsorgeprinzip stellt darauf ab, Umweltbelastungen gar nicht erst entstehen zu lassen. Die Umweltschutzpolitik kann sich nach dieser Vorstellung nicht auf die Abwehr drohender und die Beseitigung bereits entstandener Schäden beschränken, sondern muß Entwicklungen verhindern, die zu Umweltbelastungen führen können. Durch konsequente Verfolgung dieses Prinzips soll künftigen Generationen eine soweit wie möglich intakte Umwelt hinterlassen werden. Im Gegensatz zu dem Verursacher- und dem Gemeinlastprinzip beinhaltet das Vorsorgeprinzip jedoch keine Aussage, welche konkreten umweltpolitischen Maßnahmen zu seiner Durchsetzung ergriffen werden sollen.

Das Kooperationsprinzip verlangt eine Mitverantwortlichkeit und Mitwirkung der Betroffenen bei umweltschädigenden Aktivitäten (bspw. Straßenbau) sowie bei umweltschützenden Maßnahmen. Hierdurch soll einerseits ein verbesserter Informationsstand der Entscheidungsträger der Umweltschutzpolitik und somit eine fundierte Entscheidungsgrundlage erreicht werden; andererseits eine bessere Aufklärung der Bevölkerung und auch eine Verstärkung des Umweltbewußtseins. In diesem Zusammenhang ist insbesondere darauf zu achten, daß keine Partikularinteressen über entsprechende Interessenverbände zu Lasten nichtorganisierter Gruppen durchgesetzt werden.

2. Instrumente der Umweltschutzpolitik

Aus der Vielzahl umweltpolitischer Eingriffsmöglichkeiten des Staates werden nachfolgend beispielhaft einige Instrumente einer am Verursacherprinzip ausgerichteten Umweltschutzpolitik kurz dargestellt.

Eigentumsrechte

Ein vieldiskutiertes Instrument der Umweltschutzpolitik ist die Zuteilung von Eigentums- (Verfügungs-)Rechten (property rights) an den Umweltgütern, aufgrund derer die Eigentümer Entschädigungen verlangen können.

Hierzu sei folgendes Beispiel betrachtet. Das Fangergebnis eines Fischereibetriebes an einem See wird durch die eingeleiteten Abwässer eines Industriebetriebes beeinträchtigt. Das Fangergebnis geht mit der Höhe der eingeleiteten Abwässer überproportional zurück, m.a.W. die Grenzkosten (GC) des Fischereibetriebes steigen mit der Abwassermenge (m) an. Andererseits steigt der Gewinn des Industriebetriebes mit der Menge ungeklärter Abwässer an, d.h. der Grenzgewinn (GG) ist positiv, nehme aber mit der Abwassermenge ab, wie in Abbildung V.49 dargestellt.

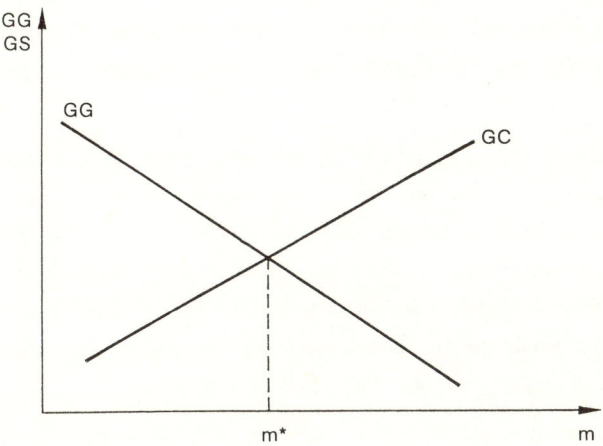

Abb. V.49: *Eigentumsrechte und Umweltverschmutzung*

Die gesamtwirtschaftliche Faktorallokation ist dann optimal, wenn der Grenzgewinn des Industriebetriebes gleich den Grenzkosten des Fischereibetriebes ist.

Als erstes wird nun der Fall betrachtet, daß der Industriebetrieb das Recht hat, seine Abwässer ungeklärt in den See einleiten zu dürfen. Er wird dies so lange tun, wie der Grenzgewinn positiv ist, also weit über die gesamtwirtschaftlich optimale Höhe m* hinaus.

Bei nur wenigen Geschädigten wird es jedoch zu Verhandlungen zwischen Schädigern und Geschädigten kommen, in denen die Geschädigten den Schädigern eine Kompensationszahlung für eine geringere Schädigung anbieten. Im vorliegenden Beispiel wird der

Fischereibetrieb dem Industriebetrieb so lange Kompensationszahlungen anbieten, wie die Grenzkosten größer sind als die Kompensationszahlung; der Industriebetrieb wird diese Zahlungen akzeptieren, solange sie den Grenzgewinn übersteigen. Ein Gleichgewicht wird somit bei GG = GC erreicht, d.h. es wird die volkswirtschaftlich optimale Abwasserhöhe m* realisiert.

Wird hingegen dem Fischereibetrieb das Recht auf sauberes Wasser zugeteilt, so kann dieser Schadensersatzforderungen in Höhe der durch die Abwässer verursachten Kosten verlangen. Auch in diesem Fall wird der Industriebetrieb nur die Abwassermenge m* in den See leiten, bei der GG = GC gilt.

Bei kleineren Gruppen und entsprechenden Eigentumsrechten kommt es also zu Verhandlungen, die zu einer gesamtwirtschaftlich optimalen Faktorallokation führen (sog. Coase-Theorem). Die Zuordnung der Eigentumsrechte ist allokationstheoretisch unbedeutend, nicht jedoch unter Verteilungsgesichtspunkten: Im vorliegenden Beispiel erhält der schädigende Industriebetrieb im ersten Fall Kompensationszahlungen, im zweiten Fall muß er sie leisten.

Die dargestellte marktmäßige Lösung des Umweltproblems stößt jedoch auf enge Grenzen. So scheitert sie bspw., wenn die Zahl der Betroffenen zu groß ist oder die Zurechnung der Schädigung nicht möglich bzw. der Schaden nicht quantifizierbar ist. Weiterhin wird sie verhindert, wenn ein Eigentumsrecht nicht definierbar ist, oder wenn die Eigentümer ihre Interessen nicht wahrnehmen können (zukünftige Generation).

Umweltabgaben

Ein weiteres Instrument der Umweltschutzpolitik stellen Umweltabgaben dar. Durch derartige Umweltabgaben sollen Anreize und/oder Finanzierungsmöglichkeiten geschaffen werden, um so bestimmte umweltpolitische Ziele zu verwirklichen. Die Ausgestaltung dieses Instruments umfaßt eine breite Palette von Möglichkeiten, die von der klassischen Pigou-Steuer (A.C. Pigou, 1877-

1959) bis hin zu neuerlich diskutierten Ökosteuern reichen. Nachfolgend soll noch kurz die Pigou-Lösung dargestellt werden.

Hierzu wird folgender Fall betrachtet. Es existiert ein Haushalt, dessen Nutzen u von dem Konsum der beiden Güter x und y sowie dem Arbeitseinsatz A abhängt. Die beiden Güter werden lediglich durch Einsatz des Faktors Arbeit hergestellt, wobei die Produktion von y negative externe Effekte auf die Produktion des Gutes x hat. Nachfolgende Gleichungen geben diese Zusammenhänge wieder:

(1) $u = u(x,y,A)$

(2) $x = x(y,A_x),$ $\partial x / \partial y < 0$

(3) $y = y(A_y)$

(4) $A = A_x + A_y.$

Es wird zunächst untersucht, bei welcher Konstellation der Haushalt sein Nutzenmaximum erreicht. Diese läßt sich mittels des folgenden Lagrange-Ansatzes bestimmen:

(5) $L = u(x,y,A) - \mu_1[x - x(y,A_x)] - \mu_2[y - y(A_y)] -$

$- \mu_3(A - A_x - A_y).$

Differentiation liefert:

(6) $\dfrac{\partial L}{\partial x} = \dfrac{\partial u}{\partial x} - \mu_1 = 0$

(7) $\dfrac{\partial L}{\partial y} = \dfrac{\partial u}{\partial y} - \mu_1 \dfrac{\partial x}{\partial y} - \mu_2 = 0$

(8) $\dfrac{\partial L}{\partial A} = \dfrac{\partial u}{\partial A} - \mu_3 = 0$

(9) $\dfrac{\partial L}{\partial A_x} = \mu_1 \dfrac{\partial x}{\partial A_x} + \mu_3 = 0$

(10) $\dfrac{\partial L}{\partial A_y} = \mu_2 \dfrac{\partial y}{\partial A_y} + \mu_3 = 0.$

Diese notwendigen Bedingungen für ein Nutzenmaximum lassen sich zusammenfassen:

$$(11) \quad \frac{\partial u / \partial y}{\partial u / \partial x} = \frac{\partial x / \partial A_x}{\partial y / \partial A_y} - \frac{\partial x}{\partial y} \ .$$

In Gleichung (11) stellt die linke Seite die Grenzrate der Substitution dar, die rechte Seite die Grenzrate der Transformation. Ein Nutzenmaximum ist also dann erreicht, wenn Grenzrate der Substitution und Grenzrate der Transformation übereinstimmen.

Als nächstes bleibt zu prüfen, zu welchem Ergebnis der Markt-mechanismus - und zwar die vollständige Konkurrenz - in diesem Fall führt. Zur Bestimmung des Nutzenmaximums hat der repräsen-tative Haushalt seine Nutzenfunktion sowie seine Budgetgleichung zu beachten. Sind p_x und p_y die Preise der beiden Güter und W der Lohnsatz, so folgt das Nutzenmaximum aus folgendem Lagrange-Ansatz:

$$(12) \quad L = u(x,y,A) - \mu(p_x x + p_y y - WA).$$

Differentiation ergibt:

$$(13) \quad \frac{\partial L}{\partial x} = \frac{\partial u}{\partial x} - \mu p_x = 0$$

$$(14) \quad \frac{\partial L}{\partial y} = \frac{\partial u}{\partial y} - \mu p_y = 0.$$

Diese beiden notwendigen Bedingungen eines Nutzenmaximums liefern:

$$(15) \quad \frac{\partial u / \partial y}{\partial u / \partial x} = \frac{p_y}{p_x} \ .$$

Die repräsentativen Unternehmer wollen ihren Gewinn maximieren. Der Gewinn ist:

$$(16) \quad Q_x = p_x x(y, A_x) - W A_x$$

$$(17) \quad Q_y = p_y y(A_y) - W A_y.$$

Die notwendigen Bedingungen für ein Gewinnmaximum sind:

$$(18) \quad \frac{\partial Q_x}{\partial A_x} = p_x \frac{\partial x}{\partial A_x} - W = 0$$

$$(19) \quad \frac{\partial Q_y}{\partial A_y} = p_y \frac{\partial y}{\partial A_y} - W = 0.$$

Die beiden Güter werden somit in den Mengen produziert, daß gilt:

$$(20) \quad \frac{\partial x / \partial A_x}{\partial y / \partial A_y} = \frac{p_y}{p_x} \,.$$

Wie ein Vergleich der Gleichungen (11) und (20) zeigt, ist die Grenzrate der Transformation größer als das Preisverhältnis p_y/p_x. Bei konkaver Transformationskurve bedeutet dies, daß das Gut y bei marktmäßiger Versorgung in zu großer Menge produziert wird.

Die Realisierung der optimalen Produktionsstruktur läßt sich nun dadurch erreichen, daß die externen Kosten, die bei der Produktion des Gutes y anfallen, durch eine entsprechende Steuer (sog. Pigou - Steuer) internalisiert werden.

Infolge der Steuer fallen Konsumenten - und Produzentenpreis auseinander. Sind p_x und p_y die Produzentenpreise, so betragen die Konsumenten - oder Marktpreise bei einer Stücksteuer auf das Gut y in Höhe von s entsprechend p_x und $(1+s)p_y$. Der erforderliche Steuersatz läßt sich nun aus Gleichung (11) unter Berücksichtigung der Gleichungen (15) und (20) bestimmen:

$$(21) \quad \frac{(1+s)p_y}{p_x} = \frac{p_y}{p_x} - \frac{\partial x}{\partial y} \,.$$

Hieraus folgt:

$$(22) \quad s = - \frac{\partial x}{\partial y} \frac{p_x}{p_y} > 0.$$

Die Höhe des Steuersatzes richtet sich also nach dem Preisverhältnis sowie den externen Kosten, ausgedrückt durch $\partial x / \partial y$. Bei der praktischen Anwendung sind also einerseits die neuen Gleichgewichtspreise (d.h. nach Besteuerung) und andererseits die Höhe der externen Kosten zu bestimmen. Beides dürfte jedoch nur in Ausnahmefällen möglich sein.

Umweltlizenzen

Die Ausgabe von Umweltlizenzen oder Emissions- (und Immissions-) Zertifikaten wird in den letzten Jahren verstärkt diskutiert. Der Grundgedanke dieser umweltpolitischen Maßnahme ist wie folgt. Der Staat fixiert ein bestimmtes Umweltziel in Form einer Höchstmenge bzgl. eines bestimmten Schadstoffes innerhalb eines bestimmten Gebietes und eines bestimmten Zeitraumes. In Höhe dieser maximalen Schadstoffmenge gibt der Staat (gestückelte) Lizenzen aus, die den Inhaber zu einer Schadstoffemission in der verbrieften Höhe berechtigen. Diese Lizenzen sind handelbar; als Anbieter erscheinen die Unternehmen, die infolge geringeren Schadstoffausstoßes diese Lizenzen nicht benötigen, als Nachfrager entsprechend die Unternehmen, deren Schadstoffemission die Höhe ihrer Lizenzen übersteigt.

Die Ausgabe von Lizenzen kann auf zwei Wegen erfolgen, nämlich entweder durch Versteigerung oder durch freie Vergabe. Bei der Versteigerung werden die Lizenzen vom Staat meistbietend verkauft. Hierdurch ergibt sich ein Marktpreis für diese Lizenzen - und damit für den Verbrauch von Umwelt -, von dem ähnliche Auswirkungen ausgehen, wie von einer steuerlichen Belastung, nämlich ein ökonomischer Umgang mit der Umwelt. Durch den Kauf der Lizenzen erfolgt eine Internalisierung externer Kosten und damit eine Kostenerhöhung, wodurch der Preis der umweltbelastenden Produkte steigt und somit die Nachfrage sowie die Umweltbelastung zurückgehen. Hierbei muß jedes Unternehmen die Kosten der Lizenzbeschaffung mit den Kosten der Vermeidung oder Reduzierung von Emissionen vergleichen. Die Unternehmen, die eine Reduzierung der Emission mit nur geringen Kosten erreichen, werden auf den Kauf der Lizenzen verzichten und durch umweltfreundlichere Produktionsverfahren die externen Kosten reduzieren. Damit stehen die Lizenzen den

Unternehmen zur Verfügung, bei denen eine Produktionsumstellung nur mit erheblichen Kosten möglich ist. Der knappe Faktor Umwelt wird somit in die Verwendung gelenkt, in der er am dringendsten benötigt wird.

Das Versteigerungsverfahren kann eine erhebliche finanzielle Belastung für die betroffenen Unternehmen zur Folge haben. Aus diesem Grund wird als alternative Ausgabemöglichkeit eine freie Vergabe vorgeschlagen. Bei diesem Verfahren werden jedem Verursacher so viele Lizenzen zugeteilt, wie es seiner tatsächlichen Emission entspricht. Hierdurch läßt sich zunächst die Umweltqualität nicht verbessern, sondern lediglich eine zunehmende Belastung der Umwelt mit dem regulierten Schadstoff vermeiden. Dies ist besonders in einer wachsenden Wirtschaft von Bedeutung. Expandierende Unternehmen müssen sich dann die erforderlichen Lizenzen entweder am Markt besorgen oder aber durch umweltfreundlichere Produktionsmethoden ihre Emission reduzieren. Eine Verbesserung der Umweltqualität ist bei freier Vergabe bspw. dadurch möglich, daß die Zertifikate unbefristet vergeben werden, aber von Jahr zu Jahr abgewertet werden.

Der Vorteil der Umweltlizenzen besteht zunächst einmal darin, daß dieses Verfahren marktkonform ist. Der Staat setzt lediglich gewisse Rahmenbedingungen, greift aber nicht in die einzelwirtschaftliche Dispositionsfreiheit ein. Ein weiterer Vorteil ist darin zu sehen, daß der Staat die maximale Belastung der Umwelt sicherstellen kann. Aufgrund der Handelbarkeit der Lizenzen ist dennoch ein hohes Maß an umweltpolitischer Flexibilität gewährleistet. Weiterhin ist zu beachten, daß die Umstellungskosten minimiert werden, da einzelwirtschaftlich die effizientesten Vermeidungsmaßnahmen durchgeführt werden.

Diesen Vorteilen stehen jedoch auch einige Nachteile gegenüber. So ist zu beachten, daß bei freier Vergabe der Marktzugang für neue Unternehmen erschwert wird. Weiterhin ist in diesem Fall die Verteilungsgerechtigkeit nicht gewährleistet, da starke Umweltverschmutzer entsprechend viele Lizenzen erhalten. Tritt bei bestimmten

Umweltproblemen eine regional konzentrierte Umweltgefährdung auf, so kann dieses Instrument nur regionalisiert eingesetzt werden. Bei landesweit handelbaren Lizenzen könnte es sonst zu einer Massierung von Emissionen in einem bestimmten Gebiet kommen.

Umweltauflagen

Umweltauflagen sind das klassische umweltpolitische Instrument. Es handelt sich hierbei um Gebote oder Verbote, mit denen der Staat seine umweltpolitischen Zielvorstellungen durchsetzen will. Diese Gebote und Verbote zielen auf ein umweltfreundlicheres Verhalten und damit auf eine Verringerung (Gebote) oder Vermeidung (Verbote) externer Kosten.

Die Auflagen können an verschiedenen Punkten ansetzen, nämlich an der Schadstoffemission, am Produktionsprozeß oder auch an der Produktion. Emissionsauflagen können bspw. in Form von Emissionsnormen erfolgen, d.h. es werden Grenzwerte für die höchstzulässige Schadstoffmenge festgelegt (TA-Luft). Ähnliches gilt für Produktnormen (Auto-Abgase). Auflagen für Produktionsverfahren umfassen bspw. Input-Auflagen, d.h. ein Verbot von bestimmten Betriebsstoffen, von denen eine besonders starke Umweltbelastung ausgeht. Weiterhin wären hier Prozeßnormen dazuzurechnen, bei denen die anzuwendende Technologie vorgeschrieben wird (Sicherheitsbestimmungen bei Kernkraftwerken). Auflagen, die die Produktion betreffen, reichen von Mengenlimitierung über Produktionsverbote bis hin zu Ansiedlungsverboten (Naturschutzgebiet).

Umweltauflagen haben den Vorteil der Praktikabilität; Ge- und Verbotstatbestände sind klar vorgegeben, die Einhaltung von Geboten und Verboten kann prinzipiell leicht kontrolliert werden. Darüber hinaus sind sie schnell wirksam und besitzen eine hohe Reaktionssicherheit, während z.B. bei Abgaben die Reaktion der Verursacher nicht eindeutig prognostizierbar ist.

Ein grundsätzlicher Nachteil der Umweltauflagen ist jedoch, daß sie nicht marktkonform sind, sie greifen unmittelbar in die Entscheidungsfreiheit der Verursacher ein und verhindern effiziente Lösungen des Umweltproblems. Dies sei an folgendem Beispiel illustriert. Es werden zwei gleich große Unternehmen betrachtet, die die Umwelt mit einem bestimmten Schadstoff belasten. Aufgrund unterschiedlicher Techniken sind die Grenzkosten der Reduzierung der Emission (GC_1 bzw. GC_2) bei beiden Unternehmen unterschiedlich, wie in Abbildung V.50 dargestellt.

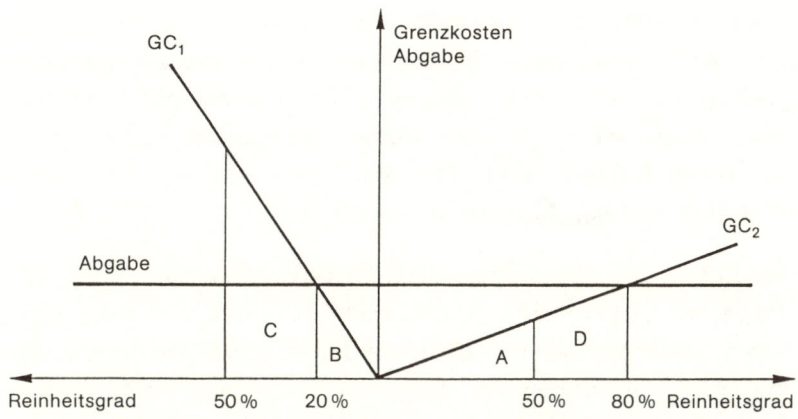

Abb. V.50: *Verringerung der Schadstoff–Emission durch Auflagen und Abgaben*

Der Staat beschließe nun eine Auflage, daß beide Unternehmen einen 50%igen Reinheitsgrad erreichen müssen. Dies führt zu Gesamtkosten in Höhe der Flächen A, B und C.

Wird hingegen eine Abgabe (für jedes Prozent Emission) in der eingezeichneten Höhe erhoben, so vermeidet jedes Unternehmen die Emission von Schadstoffen, solange die Reinigungskosten (GC) kleiner als die Abgabe sind, d.h. Unternehmen 1 realisiert einen Reinigungsgrad von 20%, Unternehmen 2 von 80%. In beiden Fällen wird also der gleiche Umwelteffekt erzielt; im zweiten Fall reduzieren sich jedoch die Gesamtkosten um die Differenz der Flächen C und D.

Das angestrebte Umweltziel wird somit bei Auflagen nicht mit minimalen gesamtwirtschaftlichen Kosten bzw. mit minimalem Ressourceneinsatz erreicht. Der Grund für diese Ineffizienz ist die Vernachlässigung der individuellen Kostensituation der einzelnen Unternehmen. Dies führt weiterhin zu Wettbewerbsverzerrungen, da die Unternehmen mit einer ungünstigen Kostenstruktur stärker belastet werden.

Diese Nachteile haben die Umweltbehörden der USA Anfang der achtziger Jahre dazu veranlaßt, ihre Auflagenpolitik flexibler zu gestalten. Durch einen kontrollierten Umwelthandel (controlled trading) soll nach wie vor die angestrebte Umweltqualität durchgesetzt werden, jedoch sollen dort Maßnahmen ergriffen werden, wo sie am kostengünstigsten sind. Dies wird durch eine sog. Ausgleichs- oder auch eine sog. Blasenpolitik ermöglicht.

Im Rahmen der Ausgleichspolitik (offset-policy) werden Neuansiedlungen von Unternehmen in bestimmten Gebieten nur dann zugelassen, wenn die hiermit verbundene Emission bei den bereits existierenden Emissionsquellen wenigstens kompensiert wird. Ansiedlungswillige Unternehmen können hierzu bspw. alte Unternehmen aufkaufen und (teilweise) stillegen. Sie können aber auch Emissionsminderungsguthaben erwerben, die ansässige Unternehmen aufgrund von Unterschreitungen von Emissionsnormen angesammelt haben.

Mit der Handelbarkeit der erwähnten Guthaben verwischen sich die Unterschiede zwischen Umweltauflagen und Umweltlizenzen. Ähnliches gilt auch bzgl. der Blasenpolitik (bubble-policy). Die Blasen-(Glocken-)Politik zielt darauf ab, die Umweltbelastung durch Altemittenten auf möglichst kostengünstige Weise zu vermindern. Hierzu werden alle Einzelanlagen unter einer regional abgegrenzten Blase oder Glocke zusammengefaßt, für die insgesamt eine Emissionsobergrenze festgelegt wird.

Die Einhaltung dieser Obergrenze kann nun dadurch erreicht werden, daß entweder die Emission der Anlagen des eigenen Unternehmens entsprechend der unterschiedlichen Reinigungskosten unterschiedlich reduziert wird, oder aber Emissionsrechte von anderen Unternehmen gekauft werden, die die Emissionsnorm unterschreiten.

Der Institutionalisierung des kontrollierten Umwelthandels dient eine sog. Emission Reduction Banking, bei der Emission Reduction Credits deponiert werden können, die durch Unterschreitung von Emissionshöchstgrenzen erworben werden. Diese Guthaben können – wie erwähnt – an andere Unternehmen verkauft oder aber auch zu einem späteren Zeitpunkt im eigenen Unternehmen verwendet werden.

V.3.3 Ressourcenpolitik[1]

In diesem Abschnitt wird zunächst die Frage untersucht, inwieweit der Marktmechanismus zu einer optimalen intertemporalen Allokation der erschöpfbaren Ressource führt. Daran anschließend werden einige Möglichkeiten der Beeinflussung der intertemporalen Allokation der Ressource angesprochen.

1. Marktmäßige intertemporale Ressourcenallokation

Es wird eine Wirtschaft betrachtet, in der Ressourcenbesitzer, Produzenten und Haushalte als Konsumenten unterschieden werden. Weiterhin werden zwei Güter betrachtet, nämlich die erschöpfbare Ressource (R) als Produktionsfaktor sowie ein produziertes Gut (C), das sowohl konsumiert als auch investiert werden kann. Auf allen Märkten herrsche vollständige Konkurrenz. Im Rahmen dieses Modells wird untersucht, welche intertemporale Allokation der Ressource sich im Gleichgewicht einstellt.

---

[1] Dasgupta, P.S. und G.M. Heal, Economic Theory and Exhaustible Ressources, a.a.O., S. 153ff; Endres, A., Umwelt und Ressourcenökonomie, a.a.O., S. 136ff; Neumann, M., Theoretische Volkswirtschaftslehre, a.a.O., S. 90ff; Siebert, H., Ökonomische Theorie natürlicher Ressourcen, Tübingen 1983, S. 212ff u. S. 274ff.

Die Besitzer der Ressource werden diese im intertemporalen Gleich-gewicht so abbauen, daß der abdiskontierte Grenzerlös der Ressource (= Preis der Ressource P_R) in allen Perioden gleich ist:[1]

$$(1) \qquad P_{R,t} \;=\; P_{R,t+1}/(1+\vartheta)$$

mit: ϑ = (private) Zeitpräferenzrate.

Hieraus folgt für die Wachstumsrate des Ressourcen-Preises:

$$(2) \qquad \hat{P}_R \;=\; \vartheta.$$

Für die Produzenten des Gutes C gilt ebenfalls, daß der abdiskon-tierte Grenzerlös aus dem Verkauf dieses Gutes in allen Perioden gleich sein muß. Verkaufen sie das Gut in der Periode t, so erlösen sie den Preis $P_{C,t}$; investieren sie dieses Gut in der Periode t und verkaufen sie in der Periode t+1 die entsprechende Produktion, so erlösen sie $P_{C,t+1}(1+F_K)$, wobei F_K den Grenzertrag dieses Gutes (als Kapitalgut) angibt. Bei gleicher Zeitpräferenzrate muß somit gelten:

$$(3) \qquad P_{C,t} \;=\; P_{C,t+1}(1+F_K)/(1+\vartheta).$$

Hieraus folgt für die Wachstumsrate des Güterpreises ($1+F_K \approx 1$):

$$(4) \qquad \hat{P}_C \;=\; \vartheta - F_K.$$

Bezüglich des Ressourcen-Einsatzes gilt, daß Grenzkosten und Grenzerlös der Ressource in jeder Periode gleich sein müssen:

$$(5) \qquad P_R \;=\; P_C F_R.$$

Die Haushalte fragen das produzierte Gut C in jeder Periode in der Menge nach, daß ihr Grenznutzen aus dem Konsum dieses Gutes dem Güterpreis entspricht:

$$(6) \qquad U_C \;=\; P_C.$$

---

[1]   Abbaukosten werden zur Vereinfachung vernachlässigt.

Aus Gleichung (2) ergibt sich unter Beachtung von Gleichung (5) (bzw. $\hat{P}_R = \hat{P}_C + \hat{F}_R$) sowie Gleichung (4):

$$(7) \quad \hat{F}_R = F_K.$$

Aus Gleichung (6) folgt $\hat{U}_C = \hat{P}_C$, was zusammen mit Gleichung (4) liefert:

$$(8) \quad -\hat{U}_C = F_K - \vartheta.$$

Gilt die Nutzenfunktion $U(c) = c^\nu/\nu$, so folgt:

$$(9) \quad \hat{U}_C = \frac{U''C}{U'} \hat{C} = -(1-\nu)\hat{C}.$$

Damit läßt sich Gleichung (8) schreiben:

$$(10) \quad \hat{C} = (F_K - \vartheta)/(1-\nu).$$

Gleichung (7) ist die Hotelling-Regel; bei Übereinstimmung von privater und sozialer Zeitpräferenzrate ist Gleichung (10) die Ramsey-Regel. Die vollständige Konkurrenz führt also unter bestimmten Bedingungen zu einer wohlfahrtsmaximierenden intertemporalen Allokation der knappen Ressource.

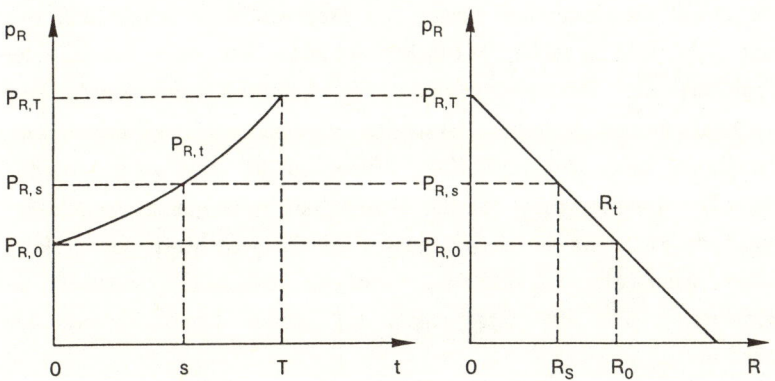

Abb. V.51: Wettbewerbsgleichgewicht

Eine optimale Faktorallokation erfordert weiterhin, daß der Ressourcenbestand in der vorgesehenen Zeit T verbraucht wird.[1] Ein Auktionator muß deshalb das Niveau des Ressourcen-Preises in der Ausgangssituation in geeigneter Höhe festsetzen, was in Abbildung V.51 illustriert ist.

Wie Abbildung V.51 zeigt, steigt der Preis im Zeitablauf exponentiell an, während die Nachfrage entsprechend zurückgeht. Damit die Ressource in dem Zeitraum 0,T vollständig abgebaut ist, muß der Ausgangspreis $P_{R,0}$ so gewählt werden, daß die Nachfrage bei $P_{R,T}$ auf Null sinkt.

Der Marktmechanismus führt somit in bestimmten Fällen zu einem optimalen Ressourceneinsatz. Dieses Idealergebnis ist natürlich in der Realität nicht zu erwarten. Dennoch ist auch dann der Beitrag des Marktmechanismus zur Lösung des Ressourcenproblems nicht gering zu schätzen.

Der marktmäßige Allokationsmechanismus funktioniert über steigende Preise bei einer Verknappung der Ressource. Hierdurch wird das gesellschaftliche Interesse an einer Entknappung in ein individuelles Interesse der Angebotsausweitung (bspw. über Explorationsaktivitäten, technischen Fortschritt) bzw. Nachfragereduzierung (bspw. infolge Substitutionsprozesse, Recycling) transformiert. Der Vorteil der marktwirtschaftlichen Lösung ist dabei darin zu sehen, daß sich eine Vielzahl einzelner Wirtschaftssubjekte um eine Lösung des Problems der Ressourcenverknappung kümmert und somit eine Vielzahl unterschiedlicher Strategien verfolgt wird. Führen einige Strategien nicht zum erhofften Erfolg, so ist dies zwar für den Betroffenen schmerzlich, für die Gesellschaft jedoch nicht so schwerwiegend, wie wenn sie zentral ausschließlich diese Strategien verfolgt hätte. Sind die individuellen Strategien dagegen erfolgreich, so können sie von der Gesellschaft auf breiter Front übernommen werden.

---

[1] Die Ressource ist also entweder nicht notwendig, oder aber in T beginnt die Backstop-Phase.

2. Beeinflussung der intertemporalen Ressourcenallokation

Optimalität der wettbewerblichen Lösung erfordert, daß keine externen Effekte auftreten und daß die individuelle Zeitpräferenz (Marktzins) gleich ist der gesellschaftlichen Diskontrate. Nun ist ein Ressourcenabbau oftmals gerade mit sehr starken externen Effekten verbunden (Umweltbelastung); weiterhin wird vielfach darauf hingewiesen, daß die individuelle Zeitpräferenzrate größer ist als die gesellschaftliche. In diesen Fällen führt der Marktmechanismus zu einem zu schnellen Abbau der Ressource, so daß der Staat Maßnahmen ergreifen muß, um die Extraktionsgeschwindigkeit zu verringern. Nachfolgend soll noch kurz auf einige derartige Möglichkeiten hingewiesen werden.

Als erste Möglichkeit wäre eine Mengenregulierung zu nennen. Diese kann über Lizenzvergabe erfolgen, wobei entweder ein generelles Abbaurecht vergeben wird (Lizenz für eine Mine), oder aber die zulässigen Abbaumengen pro Periode festgelegt werden. Auch eine staatliche oder staatlich geförderte Vorratshaltung zur Überwindung von Versorgungsengpässen ist hier zu erwähnen.

Eine breite Palette von Eingriffsmöglichkeiten bieten steuerliche Maßnahmen. Beispielhaft soll hier eine Abbausteuer in Form einer Mengensteuer dargestellt werden. In diesem Fall ergibt sich als Nettopreis für das betreffende Unternehmen (Produzentenpreis P_R^P), wobei von Abbaukosten wiederum abgesehen wird:

$$(1) \quad P_R^P = P_R - \tau$$

mit:

P_R = Marktpreis

τ = konstanter Steuersatz.

Als Preisregel ergibt sich nun:

$$(2) \quad \frac{(\dot{P}_R^P)}{P_R^P} = \vartheta,$$

bzw. unter Beachtung von Gleichung (1) sowie von $(\dot{P}_R - \tau) = \dot{P}_R$:

$$(3) \quad \frac{\dot{P}_R}{P_R} = \frac{P_R - \tau}{P_R} \, \vartheta.$$

Der Marktpreis steigt in diesem Fall, da $(P_R - \tau) < P_R$, langsamer an als ohne Besteuerung. Dies ist in Abbildung V.52 dargestellt.

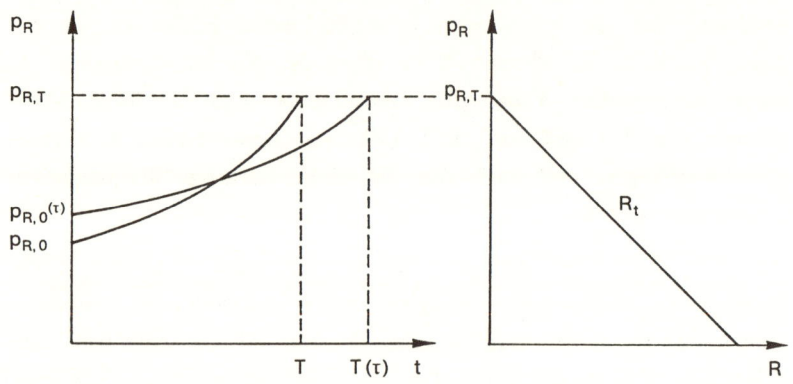

Abb. V.52: *Abbausteuer*

Gleichzeitig muß infolge des Rückgangs des Produzentenpreises aufgrund der Besteuerung der Marktpreis ansteigen, da das betreffende Unternehmen andernfalls die Ressource in der Ausgangsperiode nicht abbauen würde. Insgesamt ergibt sich die in Abbildung V.52 dargestellte Verschiebung des Zeitpunktes der Erschöpfung der Ressource.

Eine oftmals aus verteilungspolitischen Gründen vorgenommene Fortsetzung von Höchstpreisen bzgl. einer Ressource führt gerade zu deren schnellerem Abbau, da hierdurch der erforderliche Preisanstieg verhindert wird. Ähnlich wirkt eine Subventionierung, die über einen zu niedrigen Marktpreis die gegenwärtige Nachfrage zu stark erhöht.

Aufgaben mit Musterlösungen zu Kapitel V

Aufgaben

1. Das ursprüngliche Multiplikator-Akzelerator-Modell von Samuelson ist:

    (1) $Y_t = C_t + I_t$

    (2) $C_t = cY_{t-1}$

    (3) $I_t = k(C_t - C_{t-1}) + \bar{I}$.

    Untersuchen Sie die Stabilitäts- und Schwingungseigenschaften dieses Modells.

2. Bestimmen Sie mit Hilfe der im Text angegebenen Zielfunktion die Stimmen-maximierende Entwicklung der Arbeitslosenquote nach dem Modell eines politischen Konjunkturzyklus, wenn gilt:

    (1) $g(u_t, \hat{P}_t) = -u_t^2 - \beta \hat{P}_t; \qquad \hat{P} \geq 0, \quad \beta > 0$

    (2) $f(u_t) = \alpha_0 - \alpha_1 u_t; \qquad \alpha_0, \alpha_1 > 0$.

3. Untersuchen Sie, inwieweit eine linear-homogene Cobb-Douglas- und CES-Produktionsfunktion die Stabilitätsbedingungen nach Inada erfüllt. Interpretieren Sie das Ergebnis im Hinblick auf die Existenz eines gleichgewichtigen Wachstumspfades.

4. Gegeben sei eine Produktionsfunktion mit zunächst zunehmenden, dann abnehmenden Skalenerträgen. Untersuchen Sie Existenz, Eindeutigkeit und Stabilität eines gleichgewichtigen Wachstumspfades bei konstantem Arbeitseinsatz unter Berücksichtigung von Abschreibungen ($D = \delta K$).

5. Untersuchen Sie Existenz und Stabilität des gleichgewichtigen Wachstumspfades im Rahmen des Grundmodells der neoklassischen Wachstumstheorie ohne technischen Fortschritt, wenn Abschreibungen $D = \delta K$ berücksichtigt werden. Vergleichen Sie das Ergebnis mit dem Fall $\delta = 0$.

6. Die Produktionsfunktion sei $Y = A^{\alpha}K^{1-\alpha}$; Sparquote s und Wachstumsrate der Arbeit n seien fest vorgegeben.

    a) Berechnen Sie die gleichgewichtige Kapitalintensität der Arbeit v^*.

    b) Zeigen Sie: Für $v < v^*$ ist $w_Y > n$, für $v > v^*$ ist $w_Y < n$.

    c) Zeigen Sie: Für $t \to \infty$ konvergiert w_Y gegen n.

Musterlösungen

1. Die Gleichungen (1)-(3) führen zu folgender Differenzengleichung:

$$(4) \quad Y_t - c(1+k)Y_{t-1} + ckY_{t-2} = \bar{I}.$$

Die Gleichgewichtslösung lautet:

$$(5) \quad Y^* = \frac{1}{1-c}\,\bar{I}.$$

Aus der charakteristischen Gleichung:

$$(6) \quad \lambda^2 - c(1+k)\lambda + ck = 0$$

folgt:

$$(7) \quad \lambda_{1,2} = \frac{c(1+k)}{2} \pm \sqrt{\frac{c^2(1+k)^2}{4} - ck}.$$

Die Gesamtlösung ist somit (Ψ_1, Ψ_2 = Konstante):

$$(8) \quad Y_t = \Psi_1\lambda_1^t + \Psi_2\lambda_2^t + \frac{1}{1-c}\,\bar{I}.$$

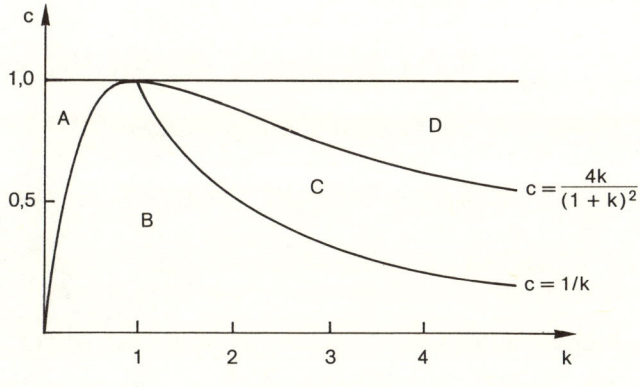

Abb. V.53

Aus Gleichung (6) läßt sich mit Hilfe der Schur-Kriterien folgende ökonomisch relevante Grenze zwischen Stabilität und Instabilität ableiten.

$$(9) \quad c = 1/k.$$

Die Grenze zwischen schwankungsfreiem Verlauf und Schwankungen folgt aus dem Radikanden in Gleichung (7):

$$(10) \quad c = \frac{4k}{(1+k)^2}.$$

Die Grenzen (9) und (10) sind in Abbildung V.53 dargestellt.
Bei Parameterkonstellationen, die in den Bereichen A-D liegen, ergeben sich wieder die in Abbildung V.11 dargestellten Zeitpfade für Y.

2. Unter Berücksichtigung der Gleichungen (1) und (2) lassen sich Zielfunktion und Nebenbedingung wie folgt schreiben:

$$(3) \quad V_\tau = \int_0^\tau (-\beta\alpha_0 - u_t^2 + \beta\alpha_1 u_t - \beta\hat{P}_t^e)e^{\mu t}dt$$

$$(4) \quad \dot{\hat{P}}_t^e = \lambda(\alpha_0 - \alpha_1 u_t).$$

Die Hamilton-Funktion ist:

$$(5) \quad H = (-\beta\alpha_0 - u_t^2 + \beta\alpha_1 u_t - \beta\hat{P}_t^e)e^{\mu t} + \Lambda_t\lambda(\alpha_0 - \alpha_1 u_t).$$

Die notwendigen Optimalitätsbedingungen lauten:

$$(6) \quad \frac{\partial H}{\partial u} = (-2u_t + \beta\alpha_1)e^{\mu t} - \Lambda_t\lambda\alpha_1 = 0$$

$$(7) \quad \dot{\Lambda}_t = -\frac{\partial H}{\partial \hat{P}^e} = \beta e^{\mu t}.$$

Die Differentialgleichung (7) besitzt die allgemeine Lösung:

$$(8) \quad \Lambda_t = \frac{\beta}{\mu} e^{\mu t} + C.$$

Die Konstante C läßt sich mit Hilfe der Transversalitätsbedingung:

(9) $\Lambda_\tau = 0$

bestimmen:

(10) $C = -\dfrac{\beta}{\mu} e^{\mu\tau}.$

Werden die Gleichungen (8) und (10) in die notwendige Bedingung (6) eingesetzt, so ergibt sich nach einigen Umformungen:

(11) $u_t = \dfrac{\alpha_1\beta}{2}\left[1 - \dfrac{\lambda}{\mu}\right] + \dfrac{\alpha_1\beta\lambda}{2\mu} e^{\mu(t-\tau)}.$

Nach Gleichung (11) ist die Arbeitslosenquote unmittelbar nach einer Wahl (t = 0) hoch, während sie dann sinkt und unmittelbar vor der nächsten Wahl (t = τ) ihren niedrigsten Wert annimmt.

3. Die Stabilitätsbedingungen sind:

(1) $\lim\limits_{v \to 0} \dfrac{df(v)}{dv} = \infty$

(2) $\lim\limits_{v \to \infty} \dfrac{df(v)}{dv} = 0.$

Aus der Cobb-Douglas-Produktionsfunktion:

(3) $Y = \gamma A^\alpha K^{1-\alpha}$

folgt die Produktivitätsfunktion:

(4) $y = \gamma v^{1-\alpha};$ $y = Y/A,$ $v = K/A.$

Die Ableitung nach v ist:

(5) $dy/dv = \dfrac{(1-\alpha)\gamma}{v^\alpha}.$

Die Grenzwerte dieser Ableitung sind:

$$(6) \quad \lim_{v \to 0} dy/dv = \infty$$

$$(7) \quad \lim_{v \to \infty} dy/dv = 0.$$

Die CES-Produktionsfunktion:

$$(8) \quad Y = \gamma[\delta K^{-\varrho} + (1-\delta)A^{-\varrho}]^{-1/\varrho}$$

ergibt die Produktivitätsfunktion:

$$(9) \quad y = \gamma[\delta v^{-\varrho} + (1-\delta)]^{-1/\varrho}.$$

Die Ableitung nach v lautet:

$$(10) \quad dy/dv = \gamma\delta[\delta + (1-\delta)v^\varrho]^{-(1-\varrho)/\varrho}.$$

Die Grenzwerte dieser Ableitung sind:

$$(11) \quad \lim_{v \to 0} dy/dv = \begin{cases} \gamma\delta^{-1/\varrho} & \text{für} \quad \varrho > 0 \\ \infty & \text{für} \quad \varrho < 0 \end{cases}$$

$$(12) \quad \lim_{v \to \infty} dy/dv = \begin{cases} \infty & \text{für} \quad \varrho > 0 \\ \gamma\delta^{-1/\varrho} & \text{für} \quad \varrho < 0. \end{cases}$$

Während also die Cobb-Douglas-Produktionsfunktion die Inada-Bedingungen erfüllt, verletzt die CES-Produktionsfunktion bei schlechten Substitutionsmöglichkeiten ($\varrho > 0$) die Bedingung (1), bei guten Substitutionsmöglichkeiten ($\varrho < 0$) die Bedingung (2). Ein gleichgewichtiger Wachstumspfad existiert im ersten Fall, wenn gilt $\gamma\delta^{-1/\varrho} > n$, im zweiten Fall bei $\gamma\delta^{-1/\varrho} < n$.

4. Im vorliegenden Fall verlaufen die Funktionen f(v) und damit auch sf(v) s-förmig, wie in Abbildung V.54 a dargestellt. Es existieren bei den gewählten Kurvenverläufen (abgesehen von v = 0) zwei gleichgewichtige Wachstumspfade.

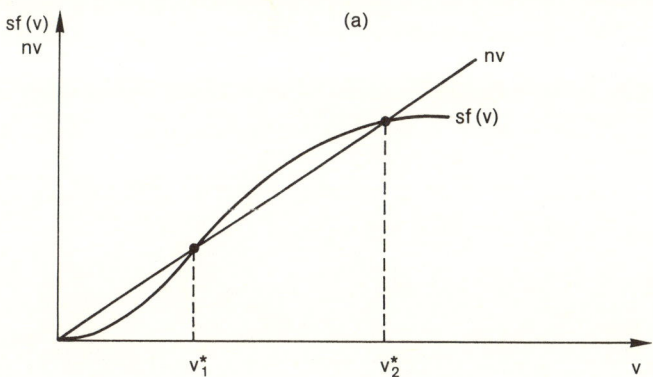

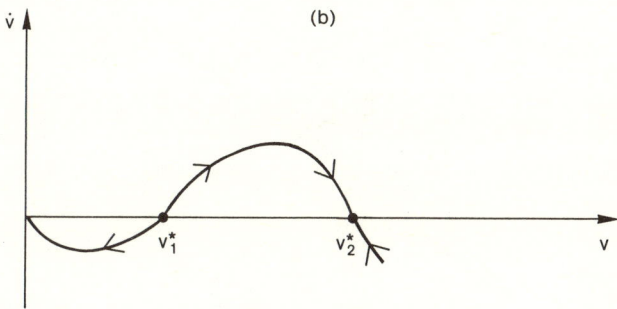

Abb. V.54

Abbildung V.54 b kann entnommen werden, daß der gleichgewichtige Wachstumspfad mit einer Kapitalintensität v_1^* instabil, der mit v_2^* dagegen stabil ist.

5. Ein stabiler gleichgewichtiger Wachstumspfad existiert, wenn ein konstanter Wert der Kapitalintensität der Arbeit erreicht wird:

$$(1) \quad v = K/A = \text{const.}$$

bzw.:

$$(2) \quad w_v = w_K - w_A = 0.$$

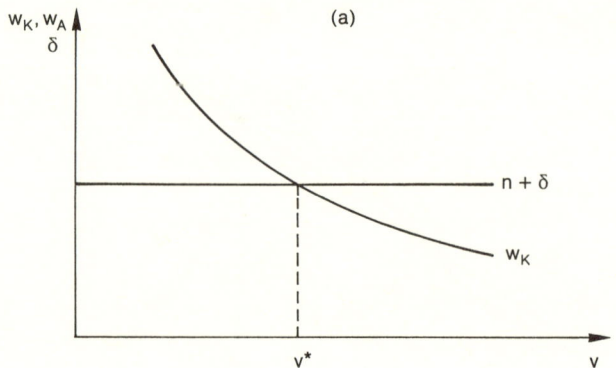

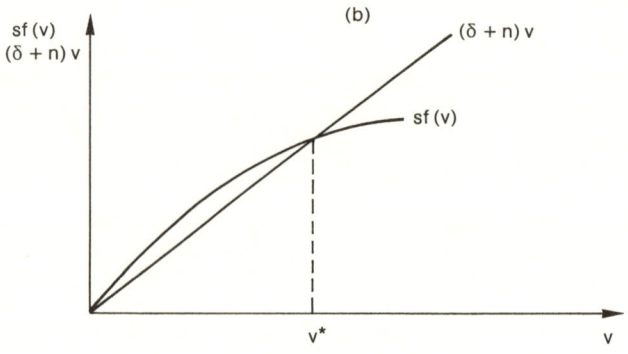

Abb. V.55

Für w_A gilt weiterhin:

$$(3) \quad w_A = n.$$

Die Wachstumsrate des Kapitals ist jetzt:

$$(4) \quad w_K = \frac{sY(A,K) - \delta K}{K}$$

bzw.:

$$(5) \quad w_K = \frac{sf(v)}{v} - \delta.$$

Damit ergibt sich:

$$(6) \quad w_v = \frac{sf(v)}{v} - \delta - n$$

bzw.:

$$(7) \quad \dot{v} = sf(v) - (\delta + n)v.$$

Die Gleichungen (6) und (7) sind in Abbildung V.55 veranschaulicht.

Ein stabiler gleichgewichtiger Wachstumspfad existiert, wenn die Inada-Bedingungen erfüllt sind.

Gilt $\delta = 0$, so wird eine höhere Kapitalintensität realisiert, wodurch auch die Arbeitsproduktivität ansteigt.

6. a) Im Gleichgewicht gilt:

$$(1) \quad sf(v)/v = n.$$

Aus der Produktionsfunktion folgt:

$$(2) \quad f(v) = v^{1-\alpha}.$$

Damit läßt sich v^* bestimmen aus:

$$(3) \quad sv^{1-\alpha}/v = n$$

$$(4) \quad v^* = (s/n)^{1/\alpha}.$$

b) Es gilt:

$$(5) \quad w_Y = \alpha w_A + (1-\alpha)w_K$$

sowie:

$$(6) \quad w_K = \frac{sA^{\alpha}K^{1-\alpha}}{K} = \frac{s}{v^{\alpha}}.$$

Aus den Gleichungen (3) und (4) folgt:

$$(7) \quad n = s/v^{*\alpha}.$$

Ein Vergleich der Gleichungen (6) und (7) zeigt: Gilt $v < v^*$, so ist $s/v^\alpha > s/v^{*\alpha}$ und somit $w_K > n$. Wird dies in Gleichung (5) berücksichtigt, so ergibt sich:

$$(8) \quad w_Y = \alpha n + (1 - \alpha) w_K > n.$$

Entsprechendes gilt für $v > v^*$.

c) Da das Gleichgewicht bei v^* stabil ist, gilt für $t \to \infty$: v konvergiert gegen v^*, damit w_K gegen n und schließlich auch w_Y gegen n.

Anhang I

Mathematische Lösungsmethoden

– Dr. Bernhard Rauch –

In diesem Anhang werden einige nichttriviale mathematische Konzepte und Methoden dargestellt, die im Text verwendet werden. Auf Beweise wird dabei weitgehend verzichtet.

Gliederung des Anhang I

1. Das totale Differential[1]

Man betrachte eine Funktion:

(1) $y = f(x)$

an einer Stelle x_0, und es sei $y_0 = f(x_0)$.

Die Änderung $\Delta y = f(x) - y_0$ ist eine Funktion der Änderung $\Delta x = x - x_0$. Die Ableitung f' der Funktion f an der Stelle x_0 ist definiert als:

(2) $f'(x_0) = \lim\limits_{\Delta x \to 0} \dfrac{\Delta y}{\Delta x}$.

Man schreibt dann oft auch:

(3) $f'(x_0) = \dfrac{dy}{dx}$.

dx bzw. dy heißen die Differentiale von x bzw. y. Man kann sie als unendlich kleine Änderungen von x bzw. y auffassen. Unter Beachtung gewisser Regeln kann man mit ihnen rechnen wie mit gewöhnlichen Termen und z.B. schreiben:

(4) $dy = f'(x_0)dx$.

Analoges gilt, falls y eine Funktion mehrerer Variablen ist, also:

(5) $y = g(x_1,...,x_n)$.

Das totale Differential von y ist dann definiert als:

(6) $dy = \dfrac{\partial g}{\partial x_1} dx_1 + ... + \dfrac{\partial g}{\partial x_n} dx_n,$

wobei $\dfrac{\partial g}{\partial x_i}$ die partielle Ableitung von g nach x_i darstellt.

---

[1]   Chang, A.C., Fundamental Methods of Mathematical Economics, 3. Aufl., New York 1984, S. 194ff.

2. Zeitkonzepte: Diskrete und stetige Zeit[1]

In vielen Modellen wird der zeitliche Verlauf ökonomischer Größen untersucht. Dabei kann man zwei Zeitkonzepte unterscheiden: diskrete und stetige Zeit.

2.1 Diskrete Zeit

Dabei wird der gesamte untersuchte Zeitraum in gleich lange Perioden (z.B. Jahre oder Quartale) eingeteilt und die Größe der ökonomischen Variablen x (z.B. Einkommen) für jede Periode angegeben. Man betrachtet also Werte x_t mit $t = 0,1,2,...$. Der Quotient:

$$(1) \quad \hat{x}_t = \frac{x_t - x_{t-1}}{x_{t-1}}$$

heißt die Wachstumsrate von x in der Periode t.

Hängt die jeweilige Änderung einer Variablen von einer Periode t auf die Periode $t+1$ in funktionaler Form von den Werten der Vorperioden ab, also:

$$(2) \quad x_{t+1} - x_t = g(x_t, x_{t-1}, ..., t),$$

so spricht man von einer Differenzengleichung. Hängt diese Änderung noch zusätzlich von einem Zufallsterm ε_{t+1} ab, also:

$$(3) \quad x_{t+1} - x_t = g(x_t, x_{t-1}, ..., t) + \varepsilon_{t+1},$$

so spricht man von einer stochastischen Differenzengleichung.

2.2 Stetige Zeit

Dabei wird die Größe der ökonomischen Variablen für jeden Zeitpunkt angegeben, man betrachtet also die Werte $x(t)$ für alle t aus dem untersuchten Zeitintervall.

---

1   Chang, A.C., Fundamental Methods of Mathematical Economics, a.a.O., S. 435ff.

Die Änderung einer Variablen x(t) zum Zeitpunkt t wird beschrieben durch die Ableitung $\frac{dx(t)}{dt}$. Man schreibt dafür oft kurz $\dot{x}(t)$ und entsprechend $\ddot{x}(t), \dddot{x}(t),...$ für die höheren Ableitungen von x nach t. Der Quotient:

$$(4) \quad \hat{x}(t) = \frac{\dot{x}(t)}{x(t)}$$

heißt die Wachstumsrate von x zum Zeitpunkt t. Man schreibt dafür oft auch $w_x(t)$.

Hängt die Änderung einer Variablen zum Zeitpunkt t in funktionaler Form von ihrem Wert zu diesem Zeitpunkt ab, also:

$$(5) \quad \dot{x}(t) = g[x(t),t],$$

so spricht man von einer Differentialgleichung. Allgemein ist eine (gewöhnliche) Differentialgleichung eine Gleichung der Form:

$$(6) \quad F[x(t),\dot{x}(t),\ddot{x}(t),...,t] = 0.$$

3. Differenzengleichungen[1]

3.1 Allgemeines über Differenzengleichungen n–ter Ordnung

Wir betrachten lineare Differenzengleichungen mit konstanten Koeffizienten, d.h. Gleichungen der Form:

$$(1) \quad a_0 x_t + a_1 x_{t-1} + ... + a_n x_{t-n} = b_t,$$

wobei (mindestens) a_0 und a_n ungleich Null sein müssen. n heißt die Ordnung der Differenzengleichung. (Wir werden uns auf die Fälle n = 1 und n = 2 beschränken.) Da man die ganze Gleichung durch a_0 dividieren kann, kann man ohne Beschränkung der Allgemeinheit annehmen:

$$(2) \quad a_0 = 1.$$

---

1 Gandolfo, G., Mathematical Methods and Models in Economic Dynamics, Amsterdam 1971.

Bezüglich der Funktion b_t wollen wir zwei Fälle zulassen:

a) b_t ist konstant, d.h. $b_t = b$ für alle t

b) b_t ist eine Exponentialfunktion, d.h. $b_t = bc^t$.

Die zu (1) gehörige homogene Gleichung erhält man, indem man b_t durch Null ersetzt, also:

$$(3) \qquad x_t + a_1 x_{t-1} + \ldots + a_n x_{t-n} = 0.$$

Eine Lösung der Differenzengleichung (1) ist eine Folge x_t, $t = 0,1,2,\ldots$, die die Gleichung erfüllt. In der Regel gibt es viele Lösungen. Alle diese Lösungen (kurz: die allgemeine Lösung) erhält man durch folgenden

Satz

Die allgemeine Lösung der Differenzengleichung (1) läßt sich darstellen als Summe einer speziellen Lösung von (1) und der allgemeinen Lösung der homogenen Gleichung (3).

Bei der Lösung von (1) empfiehlt sich daher folgende Vorgehensweise:

1) Man bestimmt sich eine spezielle Lösung von (1): Am leichtesten zu finden ist im Fall a) diejenige Lösung, bei der x_t konstant ist:

$$(4) \qquad x_t^* = \frac{b}{1 + a_1 + \ldots + a_n} \;.$$

Diese Lösung heißt Gleichgewichtslösung. Im Fall b) ist eine spezielle Lösung gegeben durch:

$$(4') \qquad x_t^* = \frac{bc^t}{1 + \dfrac{a_1}{c} + \dfrac{a_2}{c^2} + \ldots + \dfrac{a_n}{c^n}} \;.$$

Auch diese Lösung wird als Gleichgewichtslösung bezeichnet. Man beachte, daß eine Gleichgewichtslösung nur dann existiert, wenn der Nenner in (4) bzw. (4') nicht Null ist.

2) Man bestimmt alle Lösungen der zu (1) gehörigen homogenen Gleichung (3). Dazu verwendet man die Wurzeln (Nullstellen) $\lambda_1,...,\lambda_n$ der charakteristischen Gleichung:

$$(5) \quad \lambda^n + a_1\lambda^{n-1} + ... + a_{n-1}\lambda + a_n = 0.$$

Falls die Wurzeln alle verschieden sind, kann man die allgemeine Lösung von (4) schreiben als:

$$(6) \quad \tilde{x}_t = A_1\lambda_1^t + A_2\lambda_2^t + ... + A_n\lambda_n^t$$

mit beliebigen Konstanten $A_1,...,A_n$.

3) Die allgemeine Lösung von (1) läßt sich dann darstellen als Summe der einen speziellen Lösung und der allgemeinen Lösung der homogenen Gleichung (4).

Häufig ist nicht nur eine Differenzengleichung vorgegeben, die eine ökonomische Größe erfüllt, sondern auch historische Werte für eine Anzahl von Perioden (die gleich n sein muß). Unter allen Lösungen kann man dann diejenige auswählen, die die vorgegebenen Werte in den vorgegebenen Perioden annimmt.

Oft ist es von Interesse, wie sich die Lösungen unabhängig von ihren Anfangswerten auf lange Frist verhalten. Falls alle Lösungen für $t \rightarrow \infty$ gegen die Gleichgewichtslösung konvergieren, heißt diese stabil, ansonsten instabil.

3.2 Differenzengleichungen 1. Ordnung

Eine Differenzengleichung 1. Ordnung ist von der Form:

$$(7) \quad x_t + ax_{t-1} = b_t.$$

3.2.1 Lösung

Nach obigem Lösungsschema wählen wir als spezielle Lösung die Gleichgewichtslösung:

$$(8) \quad x_t^* = \frac{b}{1+a} \, , \qquad \text{falls } b_t = b \quad \text{konstant}[1],$$

bzw.: $(8')$ $\quad x_t^* = \dfrac{bc^t}{1+\dfrac{a}{c}} \, , \qquad \text{falls } b_t = bc^t.$

Zur Lösung der zu (7) gehörigen homogenen Gleichung:

$$(9) \quad x_t + ax_{t-1} = 0$$

benötigen wir die Wurzel der charakteristischen Gleichung:

$$(10) \quad \lambda + a = 0.$$

Diese ist:

$$(11) \quad \lambda = -a.$$

Die allgemeine Lösung von (9) ist dann gegeben durch:

$$(12) \quad \tilde{x}_t = A\lambda^t = A(-a)^t,$$

wobei A eine beliebige Konstante darstellt.

Nach obigem Satz erhält man die allgemeine Lösung der Differenzengleichung (7) durch Addition der speziellen Lösung (8) und der allgemeinen Lösung (12) der zugehörigen inhomogenen Gleichung (9). Daher gilt

Satz

Die allgemeine Lösung der Differenzengleichung (7) ist:

$$(13) \quad x_t = x_t^* + A(-a)^t.$$

Durch Einsetzen von (13) in (7) kann man sich überzeugen, daß dies tatsächlich eine Lösung ist. Ferner rechnet man leicht nach, daß alle Lösungen von (7) von der Form (13) sein müssen.

---

[1]   Falls $a = -1$ ist, wählen wir als spezielle Lösung $x_t^* = bt$.

Ist nun ein historischer Wert x_{t_1} für eine Periode t_1 vorgegeben, so errechnet man die zugehörige spezielle Lösung durch Einsetzen von t_1 in (13):

$$(14) \quad x_{t_1} = x^*_{t_1} + A(a)^{t_1},$$

also:

$$(15) \quad A = \frac{x_{t_1} - x^*_{t_1}}{(-a)^{t_1}}.$$

3.2.2 Stabilität

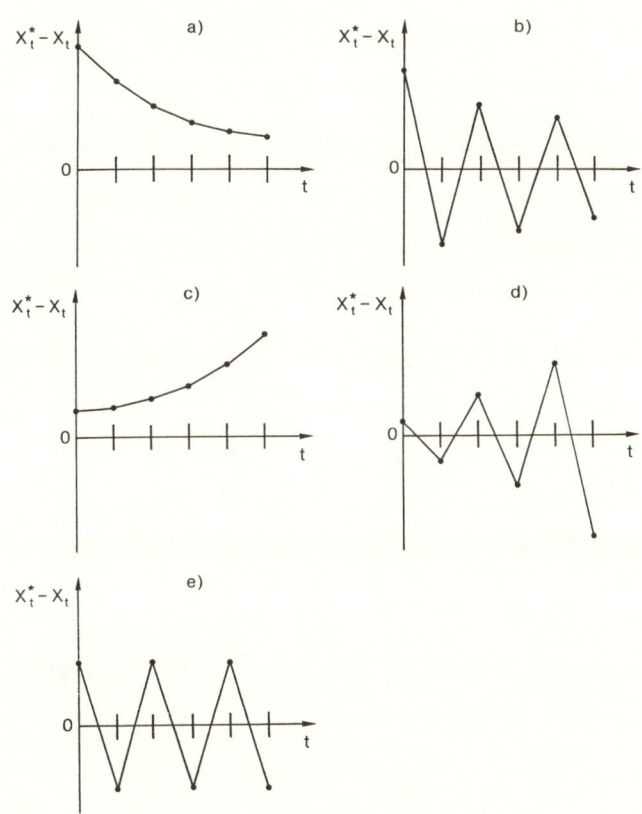

Abb. A1: *Konvergenzverhalten der Lösung*

Abgesehen von der Gleichgewichtslösung ergeben sich je nach der Größe von a folgende mögliche Verläufe für die Lösung, die in Abbildung A1 dargestellt sind:

a) $-1 < a < 0$:   monotone Konvergenz
b) $0 < a < 1$:   oszillierende Konvergenz
c) $-\infty < a < -1$:   monotone Divergenz
d) $1 < a < \infty$:   oszillierende Divergenz
e) $a = 1$:   Schwankungen mit konstanter Amplitude.

In den Fällen a) und b) ist die Gleichgewichtslösung stabil, also genau dann, wenn die Nullstelle der charakteristischen Gleichung betragsmäßig kleiner als 1 ist.

3.3 Differenzengleichungen 2. Ordnung

Eine Differenzengleichung 2. Ordnung ist von der Form:

$$(16) \quad x_t + a_1 x_{t-1} + a_2 x_{t-2} = b_t.$$

3.3.1 Lösung

Als spezielle Lösung wählen wir wieder die Gleichgewichtslösung:

$$(17) \quad x_t^* = \frac{b}{1 + a_1 + a_2}, \qquad \text{falls } b_t = b \text{ konstant,}[1]$$

bzw.:

$$(17') \quad x_t^* = \frac{bc^t}{1 + \frac{a_1}{c} + \frac{a_2}{c^2}}, \qquad \text{falls } b_t = bc^t.$$

Zur Lösung der zu (16) gehörigen homogenen Gleichung:

$$(18) \quad x_t + a_1 x_{t-1} + a_2 x_{t-2} = 0$$

benötigen wir die Wurzeln der charakteristischen Gleichung:

$$(19) \quad \lambda^2 + a_1 \lambda + a_2 = 0.$$

---

[1]   Falls $1 + a_1 + a_2 = 0$ ist, wählen wir als spezielle Lösung $x_t^* = -\dfrac{b}{a_1 + 2a_2} t$, falls zusätzlich $a_1 + 2a_2 = 0$ ist, wählen wir $x_t^* = \dfrac{b}{a_1 + 4a_2} t^2$.

Diese sind:

$$(20) \quad \lambda_1, \lambda_2 = \frac{-a_1 \pm \sqrt{a_1^2 - 4a_2}}{2} \; .$$

Dabei sind für die Diskriminante $\Delta = a_1^2 - 4a_2$ drei Fälle möglich:

i) $\Delta > 0$: Dann sind λ_1 und λ_2 zwei verschiedene reelle Zahlen.

ii) $\Delta < 0$: Dann sind λ_1 und λ_2 zwei konjugiert komplexe Zahlen.

iii) $\Delta = 0$: Dann ist $\lambda_1 = \lambda_2$ eine reelle Zahl.

In den Fällen i) und ii) ist die allgemeine Lösung der homogenen Gleichung (18) gegeben durch:

$$(21) \quad \bar{x}_t = A\lambda_1^t + B\lambda_2^t,$$

im Fall iii) durch:

$$(21') \quad \bar{x}_t = A\lambda_1^t + Bt\lambda_1^t,$$

wobei A und B jeweils beliebige Konstante darstellen.

Die allgemeine Lösung der Differenzengleichung (16) erhält man wiederum durch Addition der speziellen Lösung (17) und der allgemeinen Lösung (21) der homogenen Gleichung (18). Also gilt

Satz

Die allgemeine Lösung der Differenzengleichung (16) ist:

$$(22) \quad x_t = x_t^* + A\lambda_1^t + B\lambda_2^t$$

bzw.:
$$(22') \quad x_t = x_t^* + A\lambda_1^t + Bt\lambda_1^t, \qquad \text{falls } a_1^2 - 4a_2 = 0.$$

Sind nun zwei historische Werte x_{t_1} und x_{t_2} bekannt, so kann man die zugehörige spezielle Lösung finden, indem man die Werte für A und B mit Hilfe des folgenden Gleichungssystems errechnet:

$$(23) \quad \begin{aligned} x_{t_1} &= x_{t_1}^* + A\lambda_1^{t_1} + B\lambda_2^{t_1} \\ x_{t_2} &= x_{t_2}^* + A\lambda_1^{t_2} + B\lambda_2^{t_2}. \end{aligned}$$

3.3.2 Stabilität

Aus der Lösungsgleichung (22) sieht man: Die Gleichgewichtslösung ist genau dann stabil, wenn beide Wurzeln der charakteristischen Gleichung betragsmäßig kleiner als Eins sind. Ein Kriterium, wann dies der Fall ist, gibt der folgende

Satz *(Schur–Kriterium)*

Die beiden Wurzeln der charakteristischen Gleichung (19) sind genau dann betragsmäßig kleiner als Eins, wenn gilt:

$$1 + a_1 + a_2 \; > 0$$

$$(24) \quad 1 - a_2 \qquad > 0$$

$$1 - a_1 + a_2 \; > 0.$$

Es kann auch der Fall auftreten, daß eine Wurzel der charakteristischen Gleichung, z.B. λ_1, betragsmäßig kleiner als Eins ist, die andere (λ_2) dagegen größer als Eins. Dann ist die Gleichgewichtslösung zwar nicht stabil, es gibt aber dennoch Lösungen, die gegen das Gleichgewicht konvergieren, nämlich diejenigen, bei denen die Konstante B gleich Null ist. Das Gleichgewicht heißt dann Sattelpunkt.

4. Differentialgleichungssysteme[1]

4.1 Definitionen

Wir betrachten ein System von zwei autonomen Differentialgleichungen erster Ordnung, also ein System der Form:

$$\dot{x}(t) \; = f[x(t), y(t)]$$

$$(1)$$

$$\dot{y}(t) \; = g[x(t), y(t)].$$

---

[1]   Hirsch, M.W. und S. Smale, Differential Equations, Dynamical Systems and Linear Algebra, New York 1974.

Ein solches System beschreibt die Veränderung zweier (ökonomischer) Größen, und wir interessieren uns für den Verlauf der resultierenden Zeitpfade. Das System besitzt für jeden Anfangswert $[x(0),y(0)]$ eine eindeutige Lösung $[x(t),y(t)]_{t\geq0}$. Das Bild einer solchen Lösung im (x,y)-Diagramm heißt Lösungskurve oder Trajektorie. Die Trajektorien sind also die Zeitpfade des Systems, abhängig vom gewählten Anfangswert.

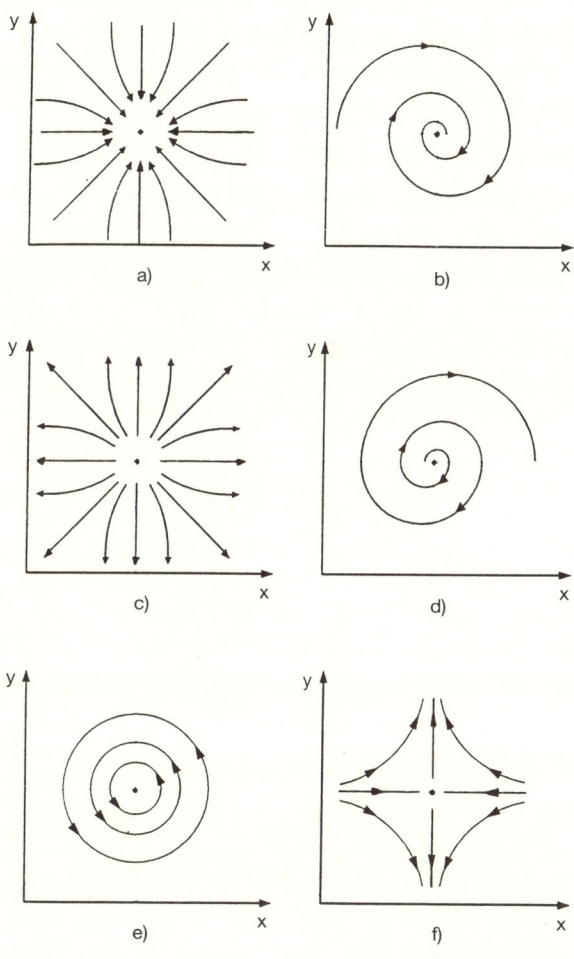

Abb. A2: *Stabilität von Gleichgewichtspunkten*

Der einfachste Fall eines Zeitpfades liegt vor, wenn sich die beiden Größen x und y im Zeitablauf nicht verändern. Die Trajektorie besteht dann nur aus einem Punkt. Er heißt Gleichgewichtspunkt. Ein Gleichgewichtspunkt G heißt stabil, wenn jede Trajektorie, die in einer kleinen Umgebung von G beginnt, gegen G konvergiert (siehe Abbildung A2 a und b). G heißt instabil, wenn jede Trajektorie, die in einer kleinen Umgebung von G beginnt, diese verläßt (Abbildung A2 c und d). G heißt Sattelpunkt, wenn zwei Trajektorien gegen G konvergieren, und jede andere Trajektorie, die in einer Umgebung von G beginnt, diese verläßt (Abbildung A2 f). G heißt Zentrum, wenn jede Trajektorie in einer Umgebung von G ein geschlossener Zyklus ist (Abbildung A2 e).

Eine Trajektorie von (1) heißt geschlossener Zyklus, falls sie kein Gleichgewichtspunkt ist, aber Zeitpunkte t_1 und t_2 mit $t_1 \neq t_2$ existieren, so daß $[x(t_1),y(t_1)] = [x(t_2),y(t_2)]$. Ein geschlossener Zyklus Z heißt stabil oder Grenzzyklus, wenn jede Trajektorie, die in einer Umgebung von Z beginnt, gegen Z konvergiert (siehe Abbildung A3). Geschlossene Zyklen sind vor allem in der Konjunkturtheorie von Interesse.

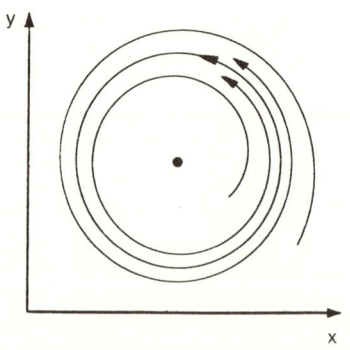

Abb. A3: *Stabiler geschlossener Zyklus*

Es ist wünschenswert, daß das Verhalten eines ökonomischen Modells nicht wesentlich vom exakten Wert der Parameter abhängt, weil diese in der Regel nur näherungsweise zu bestimmen sind. Man nennt daher das System (1) strukturell stabil, wenn sich sein Verhalten bei einer geringen Parameteränderung nicht grundsätzlich ändert, so daß also insbesondere die Anzahl und die Stabilitätseigenschaften der Gleichgewichtspunkte und geschlossenen Zyklen konstant bleiben. Ein System mit einem Zentrum ist nicht strukturell stabil, da dieses durch eine kleine Parameteränderung in einen stabilen oder instabilen Gleichgewichtspunkt übergeführt werden kann, wobei die geschlossenen Zyklen verschwinden.

4.2 Stabilität

Um die Stabilität eines Gleichgewichts (x^*, y^*) von (1) zu untersuchen, betrachtet man das in (x^*, y^*) linearisierte System:

$$
\begin{aligned}
\dot{x}(t) &= f_x[x(t) - x^*] + f_y[y(t) - y^*] \\
\dot{x}(t) &= g_x[x(t) - x^*] + g_y[y(t) - y^*].
\end{aligned} \tag{2}
$$

Dabei bedeuten f_x, f_y, g_x, g_y die jeweiligen partiellen Ableitungen im Gleichgewicht. Die Matrix:

$$
J = \begin{bmatrix} f_x & f_y \\ g_x & g_y \end{bmatrix}
$$

heißt die Jacobi-Matrix im Gleichgewicht. Der Ausdruck:

$$
\det J = f_x g_y - g_x f_y
$$

heißt die Determinante von J, der Ausdruck:

$$
\text{Spur } J = f_x + g_y
$$

heißt die Spur von J. Diese beiden Terme sind entscheidend für die Stabilitätseigenschaften von (x^*, y^*). Es gilt nämlich

Satz

Ist $\det J > 0$ und Spur $J < 0$, so ist das Gleichgewicht stabil.
Ist $\det J > 0$ und Spur $J > 0$, so ist das Gleichgewicht instabil.

Ist det J > 0 und Spur J = 0, so ist das Gleichgewicht ein Zentrum.
Ist det J < 0, so ist das Gleichgewicht ein Sattelpunkt.

5. Optimierungstheorie[1]

5.1 Allgemeines zur Optimierungstheorie

In ökonomischen Problemen wird häufig ein Maximum oder ein
Minimum einer Funktion F(x) gesucht, z.B. von Gewinn oder
Kosten, die von einer Variablen x abhängt, deren Wert man wählen
kann, etwa dem Arbeitseinsatz. Oft sind dabei auch Nebenbedingungen zu beachten, etwa die Produktionsmöglichkeiten. Enthält das
Optimierungsproblem auch eine zeitliche Komponente, z.B. der Art,
daß Investitionen in der Gegenwart eine Konsumeinschränkung erfordern, in der Zukunft aber höheren Konsum ermöglichen, so spricht
man von einem dynamischen Optimierungsproblem.

Eine Lösung des Optimierungsproblems ist ein Wert für die Variable
x, der die vorgegebene Funktion F (unter Beachtung eventueller
Nebenbedingungen) maximiert bzw. minimiert. Lösungen können am
Rand des Definitionsbereichs von F liegen; solche Randlösungen
wollen wir hier jedoch ausschließen. Bei Charakterisierung innerer
Lösungen ist zwischen notwendigen und hinreichenden Bedingungen
zu unterscheiden. Die notwendigen Bedingungen (Bedingungen erster
Ordnung) kennzeichnen die Lösung in der Regel weitgehend. Daher
wird in den folgenden Abschnitten der Schwerpunkt der Darstellung
auf die notwendigen Bedingungen gelegt. Hinreichend sind diese
allerdings nur zusammen mit den Bedingungen zweiter Ordnung.
Daher empfiehlt sich für die Bestimmung der Lösung eines Optimierungsproblems folgende Vorgehensweise:

1) Man bestimmt die Werte der Variablen, die die notwendigen
   Bedingungen erfüllen.

2) Man überprüft, welcher dieser Werte die Bedingungen zweiter
   Ordnung erfüllt.

---

[1]   Dixit, A.K., Optimization in Economic Theory, 2. Aufl., Oxford 1990.

5.2 Statische Optimierung ohne Nebenbedingungen

Wir untersuchen hier die Probleme:

(1)   maximiere $F(x)$

oder: (2)   minimiere $F(x)$

bzw. allgemeiner mit n Variablen $x_1,...,x_n$:

(1')   maximiere $F(x_1,...,x_n)$

oder: (2')   minimiere $F(x_1,...,x_n)$.

Wir nehmen dabei an, daß die Funktion F zweimal stetig (partiell) differenzierbar ist.

Satz

Die notwendige Bedingung sowohl für ein inneres lokales Maximum als auch für ein inneres lokales Minimum x^* bzw. $(x_1^*,...,x_n^*)$ lautet:

(3) $F'(x^*) = 0$

bzw.:   (3') $\dfrac{\partial F}{\partial x_i}(x_1^*,...,x_n^*) = 0$ für $i = 1,...,n$.

Ein lokales Maximum erfüllt ferner die Bedingung zweiter Ordnung:

(4) $F''(x^*) < 0$

bzw.:   (4')   die Hesse-Matrix ist bei $(x_1^*,...,x_n^*)$ positiv definiert.[1]

Ist F streng konkav (d.h. im Falle einer Variablen $F''(x) < 0$ für alle x) oder streng konvex (d.h. für eine Variable $F''(x) > 0$ für alle x), so ist die notwendige Bedingung (3) bzw. (3') an höchstens

---

[1]   Die Hesse-Matrix wird aus den zweiten partiellen Ableitungen von F gebildet.

einer Stelle x^* bzw. $(x_1^*,...,x_n^*)$ erfüllt. Aufgrund der Bedingung zweiter Ordnung ist dies dann ein Maximum, falls F streng konkav, und ein Minimum, falls F streng konvex ist.

5.3 Statische Optimierung mit Nebenbedingungen

Hier untersuchen wir die Probleme:

$$(5) \quad \text{maximiere } F(x)$$

oder: $\quad$ (6) $\quad$ minimiere $F(x)$

unter den m Nebenbedingungen:

$$(7) \quad g_j(x) = 0 \qquad j = 1,...,m,$$

bzw. im Fall mehrerer Variablen $x_1,...,x_n$:

$$(5') \quad \text{maximiere } F(x_1,...,x_n)$$

oder: $\quad$ (6') $\quad$ minimiere $F(x_1,...,x_n)$

unter den m Nebenbedingungen:

$$(7') \quad g_j(x_1,...,x_n) = 0 \qquad j = 1,...,m.$$

Zur Lösung dieser Probleme bilden wir die Lagrange-Funktion:

$$(8) \quad L(x_1,...,x_n,\lambda_1,...,\lambda_m) = F(x_1,...,x_n) + \\ + \sum_{j=1}^{m} \lambda_j g_j(x_1,...,x_n).$$

Die Variablen $\lambda_1,...,\lambda_m$ werden als Lagrange-Multiplikatoren bezeichnet.

Satz

Die notwendigen Bedingungen sowohl für die Maximierung als auch für die Minimierung von $F(x_1,...,x_n)$ unter den Nebenbedingungen (7') lauten:

(9) $\quad \dfrac{\partial L}{\partial x_i} (x_1^*,...,x_n^*,\lambda_1^*,...,\lambda_m^*) = 0 \qquad$ für $\quad i = 1,...,n$

(10) $\quad \dfrac{\partial L}{\partial \lambda_j} (x_1^*,...,x_n^*,\lambda_1^*,...,\lambda_m^*) = 0 \qquad$ für $\quad j = 1,...,m$.

Die Bedingungen zweiter Ordnung können ausgedrückt werden mit Hilfe der geränderten Hesse-Matrix, die neben der Hesse-Matrix von F die ersten partiellen Ableitungen der Funktionen g_j ($j = 1,...,m$) enthält. Sie sind in allen Anwendungen in diesem Buch erfüllt.

5.4 Dynamische Optimierung bei diskreter Zeit (diskretes Maximumprinzip)

Wir betrachten hier das Optimierungsproblem:

(11) $\quad \max \sum\limits_{t=1}^{\infty} \beta^t f(x_{t-1}, u_t)$

unter der Nebenbedingung:

(12) $\quad x_t - x_{t-1} = g(x_{t-1}, u_t),$

oder allgemeiner:

(11') $\quad \max \sum\limits_{t=1}^{\infty} \beta^t f(x_{t-1}^1,...,x_{t-1}^n, u_t^1,...,u_t^m)$

unter den Nebenbedingungen:

(12') $\quad x_t^i - x_{t-1}^i = g^i(x_{t-1}^1,...,x_{t-1}^n, u_t^1,...,u_t^m) \qquad$ für $\quad i = 1,...,n$.

$\beta < 1$ stellt einen Zeitdiskontierungsfaktor dar. Die Variablen x^i ($i = 1,...,n$) werden als Zustands-, die Variablen u^j ($j = 1,...,m$) als Kontrollvariablen bezeichnet.[1] Die Nebenbedingungen (12') geben die zeitliche Entwicklung der Zustandsvariablen an, die durch die

---

[1] Um Verwechslungen mit dem Zeitindex t zu vermeiden, ist der Index i bzw. j für die einzelnen Zustands- oder Kontrollvariablen in diesem Abschnitt hochgestellt.

Kontrollvariablen gesteuert werden kann. Die Ausgangswerte x_0^i (i = 1,...,n) der Zustandsvariablen seien gegeben.

Eine Lösung des Optimierungsproblems ist ein Zeitpfad $(x_t^1,...,x_t^n,u_t^1,$ $...,u_t^m)_{t \geq 1}$, der die Nebenbedingung (12') erfüllt und (11') maximiert.

Um sie zu finden, bildet man für jedes t die Hamilton-Funktion:

$$(13) \quad H_t = \beta^t f(x_{t-1}^1,...,x_{t-1}^n,u_t^1,...,u_t^m) +$$

$$+ \sum_{i=1}^{n} \lambda_t^i g^i(x_{t-1}^1,...,x_{t-1}^n,u_t^1,...,u_t^m).$$

Die Variablen λ^i (i = 1,...,n) werden als Kozustandsvariablen bezeichnet.

Satz

Die notwendigen Beidungen für den Optimalpfad lauten:

$$(14) \quad \frac{\partial H_t}{\partial u_t^j} = 0 \qquad \text{für} \qquad j = 1,...,m$$

$$(15) \quad \frac{\partial H_t}{\partial x_{t-1}^i} = \lambda_{t-1}^i - \lambda_t^i \qquad \text{für} \qquad i = 1,...,n$$

$$(16) \quad \frac{\partial H_t}{\partial \lambda_t^i} = x_t^i - x_{t-1}^i \qquad \text{für} \qquad i = 1,...,n.$$

Daraus erhält man Differenzengleichungen in den x^i und u^j, die, wie wir in Abschnitt 3 gesehen haben, unendlich viele Lösungen besitzen. Es ist daher nötig, aus diesen Lösungen die „richtige" auszuwählen, d.h. diejenige, die auch für große Werte von t ein sinnvolles Verhalten zeigt. Dies ist in der Regel dann gegeben, wenn die betreffende Lösung konvergiert.

Unter geeigneten Konkavitätsannahmen, die in allen Anwendungen in diesem Buch erfüllt sind, sind die notwendigen Bedingungen (14) bis (16) zusammen mit der Konvergenz für den Optimalpfad auch hinreichend, und die Lösung ist eindeutig.

5.5 Dynamische Optimierung bei stetiger Zeit (stetiges Maximumprinzip)

Hier betrachten wir das Optimierungsproblem:

$$(17) \quad \max \int_0^\infty e^{-\varrho t} f[x_1(t),...,x_n(t),u_1(t),...,u_m(t)] dt$$

unter den Nebenbedingungen:

$$(18) \quad \dot{x}_i(t) \quad = g_i[x_1(t),...,x_n(t),u_1(t),...,u_m(t)]$$

$$(19) \quad u_l(t) \quad \geq 0 \quad \text{für} \quad l = 1,...,k \quad (k \leq m).$$

Dieses Problem und auch seine Lösung sind weitgehend analog zum vorangehenden Problem bei diskreter Zeit. Zusätzlich ist hier allerdings noch eine Nichtnegativitäts-Bedingung für einzelne Kontrollvariablen zu berücksichtigen. Die Anfangswerte $x_i(0)$ ($i = 1,...,n$) der Zustandsvariablen seien wiederum gegeben.

Eine Lösung dieses Problems ist ein Zeitpfad $[x_1(t),...,x_n(t),u_1(t),..., u_m(t)]_{t\geq0}$, der die Nebenbedingungen (18) und (19) erfüllt und (17) maximiert. Um sie zu finden, bildet man die Hamilton-Funktion:[1]

$$(20) \quad H = e^{-\varrho t} f[x_1(t),...,x_n(t),u_1(t),...,u_m(t)] +$$

$$+ \sum_{i=1}^{n} \lambda_i(t) g_i[x_1(t),...,x_n(t),u_1(t),...,u_m(t)] +$$

$$+ \sum_{l=1}^{k} \mu_l(t) u_l(t).$$

---

[1] In der Literatur wird meist die rechte Seite von (20) ohne $\sum_{l=1}^{k} \mu_l(t) u_l(t)$ als Hamilton-Funktion bezeichnet, der ganze Ausdruck dagegen als Lagrange-Funktion.

Satz

Die notwendigen Bedingungen für den Optimalpfad lauten:

(21) $\dfrac{\partial H}{\partial u_j(t)} = 0$ für $j = 1,...,m$

(22) $\dfrac{\partial H}{\partial x_i(t)} = -\dot\lambda_i(t)$ für $i = 1,...,n$

(23) $\dfrac{\partial H}{\partial \lambda_i(t)} = \dot x_i(t)$ für $i = 1,...,n$

(24) $\mu_l(t) = 0,\ \mu_l(t)u_l(t) = 0$ für $l = 1,...,k.$

Aus diesen notwendigen Bedingungen erhält man Differentialgleichungen in den x_i und u_j, die analog zu Differenzengleichungen unendlich viele Lösungen besitzen. Es ist daher wiederum nötig, aus diesen Lösungen die „richtige" auszuwählen, d.h. diejenige, die auch für große Werte von t ein sinnvolles Verhalten zeigt. Dies ist in der Regel dann gegeben, wenn die betreffende Lösung konvergiert.

Unter geeigneten Konkavitätsannahmen, die in allen Anwendungen in diesem Buch erfüllt sind, sind die notwendigen Bedingungen (21) bis (24) zusammen mit der Konvergenz für den Optimalpfad auch hinreichend, und die Lösung ist eindeutig.

6. Die Cramer-Regel[1]

Gegeben sei ein lineares Gleichungssystem aus drei Gleichungen mit den drei Unbekannten x_1, x_2, x_3:

(1) $a_{11}x_1 + a_{12}x_2 + a_{13}x_3 = b_1$

(2) $a_{21}x_1 + a_{22}x_2 + a_{23}x_3 = b_2$

(3) $a_{31}x_1 + a_{32}x_2 + a_{33}x_3 = b_3.$

---

[1] Chang, A.C., Fundamental Methods of Mathematical Economics, a.a.O., S. 107ff.

Eine Lösung des Gleichungssystems sind Werte für x_1, x_2 und x_3, die die drei Gleichungen simultan erfüllen. Man kann sie z.B. durch rekursives Einsetzen finden, praktischer ist jedoch die Verwendung der sog. Cramer-Regel. Um sie anzuwenden, stellt man das Gleichungssystem in Matrixschreibweise dar:

$$(4) \quad \begin{bmatrix} a_{11} & a_{12} & a_{13} \\ a_{21} & a_{22} & a_{23} \\ a_{31} & a_{32} & a_{33} \end{bmatrix} \begin{bmatrix} x_1 \\ x_2 \\ x_3 \end{bmatrix} = \begin{bmatrix} b_1 \\ b_2 \\ b_3 \end{bmatrix}.$$

Die (3x3)-Matrix mit den Koeffizienten a_{ij} ($i,j = 1,2,3$) wollen wir mit A bezeichnen, A^i ($i = 1,2,3$) sei die (3x3)-Matrix, die man aus A enthält, wenn man die i-te Spalte durch $\begin{bmatrix} b_1 \\ b_2 \\ b_3 \end{bmatrix}$ ersetzt, also z.B.:

$$(5) \quad A^3 = \begin{bmatrix} a_{11} & a_{12} & b_1 \\ a_{21} & a_{22} & b_2 \\ a_{31} & a_{32} & b_3 \end{bmatrix}.$$

Wir benötigen ferner den Begriff der Determinante einer Matrix. Diese ist für eine (3x3)-Matrix M:

$$(6) \quad M = \begin{bmatrix} m_{11} & m_{12} & m_{13} \\ m_{21} & m_{22} & m_{23} \\ m_{31} & m_{32} & m_{33} \end{bmatrix}$$

definiert durch:

$$(7) \quad \det M = m_{11}m_{22}m_{33} + m_{12}m_{23}m_{31} + m_{13}m_{21}m_{32} -$$

$$- m_{31}m_{22}m_{13} - m_{32}m_{23}m_{11} - m_{33}m_{21}m_{12}.$$

Genau dann, wenn:

$$(8) \quad \det A \neq 0$$

gilt, besitzt das Gleichungssystem (1), (2), (3) eine eindeutige

Lösung. Diese läßt sich bestimmen mit Hilfe der nachfolgenden Cramer-Regel:

Satz

Die Lösung des Gleichungssystems (1), (2), (3) ist gegeben durch:

$$(9) \quad x_i = \frac{\det A^i}{\det A} \; .$$

Anhang II

Fachausdrücke aus der Makroökonomie

Die nachfolgende Zusammenstellung enthält kurze Erläuterungen wichtiger Begriffe aus der Makroökonomie. Die Seitenzahlen geben an, wo dieser Begriff im Text erstmalig verwendet wird.

Absorption, heimische (459): Inländische Güternachfrage (C+I+G).

Abwertung (418): Der Außenwert der inländischen Währung sinkt; der Wechselkurs in Preisnotierung steigt.

Akzelerationsprinzip (62): Investitionstheorie, nach der die Nettoinvestitionen von der erwarteten Änderung der Produktionshöhe bestimmt werden [$I_t = k(Y_{t+1}-Y_t)$].

Akzelerationstheorem (360): Orientieren sich die Haushalte bei ihren Lohnforderungen an der vergangenen Inflationsrate, so erfordert eine dauerhafte Verringerung der Arbeitslosenquote unter ihren natürlichen Wert eine fortlaufende Erhöhung der Inflationsrate.

Angebotsschock, negativer (190): Exogen bedingter Anstieg der Produktionskosten.

Arbeitslosenquote (169): Prozentsatz der registrierten Arbeitslosen an der Gesamtzahl der abhängigen Erwerbspersonen (= abhängige Erwerbstätige zuzüglich registrierte Arbeitslose).

Arbeitslosenquote, natürliche (175): Arbeitslosenquote, die auf der Existenz friktioneller und struktureller Arbeitslosigkeit beruht.

Arbeitsproduktivität (555): Als Durchschnittsgröße gibt die Arbeitsproduktivität an, welcher Output (Y) im Durchschnitt pro Arbeitseinheit (A) erstellt wird (Y/A); als Grenzgröße, welcher zusätzliche Output (Ertrag) pro zusätzlicher Arbeitseinheit anfällt ($\partial Y/\partial A$, Grenzertrag der Arbeit).

Arbitrage (457): Kauf oder Verkauf von Gütern oder Vermögensobjekten unter Ausnutzung von Preis- oder Zinsdifferenzen.

Aufwertung (418): Der Außenwert der inländischen Währung steigt; der Wechselkurs in Preisnotierung sinkt.

Außenbeitrag (424): Als (nomineller) Außenbeitrag wird der Saldo der Handels- und Dienstleistungsbilanz bezeichnet.

Außenverzögerung (277): Zeitspanne, die zwischen der Durchführung wirtschaftspolitischer Maßnahmen und deren Auswirkungen auf die Zielgrößen vergeht.

Backstop–Technologie (660): Eine Backstop-Technologie stellt eine Produktionsalternative dar (bspw. Solartechnologie), mit deren Hilfe ein vollkommenes Substitut für eine erschöpfbare Ressource (bspw. fossile Brennstoffe) in für menschliche Maßstäbe unbegrenzter Menge hergestellt werden kann.

Bandbreite (421): Festgelegter Schwankungsbereich der Wechselkurse im Rahmen des Systems fester Wechselkurse.

Beschäftigungstheorie, keynesianische (177): Störungen des Marktmechanismus in Form einer Investitions- oder Liquiditätsfalle bzw. in Form starrer Löhne und Preise verhindern einen erforderlichen Anstieg der Güternachfrage, so daß Arbeitslosigkeit entsteht.

Beschäftigungstheorie, neoklassische (216): Marktunvollkommenheiten in Form unvollständiger Information oder Anpassungskosten verhindern eine erforderliche Preissenkung, so daß es zu Abweichungen von der natürlichen Beschäftigung kommt.

Coase–Theorem (682): Nach diesem Theorem ergibt sich die gesamtwirtschaftlich optimale Faktorallokation bei Existenz externer Effekte und klar definierten Eigentumsrechten durch Verhandlungen der Betroffenen.

Crowding–out (247): Eine Erhöhung der Staatsnachfrage drängt über eine Zinserhöhung die private Investitionsnachfrage zurück.

D–Kurve (126): Die D-Kurve gibt die gleichgewichtige Nachfrage nach dem inländischen Gut in Abhängigkeit vom Preisniveau an, sie entspricht graphisch dem Schnittpunkt zwischen der IS- und der LM-Kurve bei variierendem Preisniveau.

Devisenbilanz (425): Hier werden die Veränderungen der Netto-Auslandsposition der Zentralbank, insbesondere der Währungsreserven, verbucht.

Devisenreserven (425): Bestand ausländischer Währungen bei der Zentralbank.

Disinflation (383): Rückgang der Inflationsrate.

ECU (524): Europäische Währungseinheit (European Currency Unit), die bei offiziellen und privaten Transaktionen Verwendung findet.

Einkommenshypothese, absolute (35): Keynesianische Konsumtheorie, nach der die Konsumnachfrage von der Höhe des verfügbaren Einkommens abhängt [C = C(Y^v) mit $0 < dC/dY^v < 1$; in linearer Form: C = $\bar{C}$+cY^v].

Einkommenshypothese, permanente (49): Auf Milton Friedman zurückgehende Konsumtheorie, nach der die Konsumnachfrage proportional zu einem durchschnittlich erwarteten (permanenten) Einkommen ist [C = cY$_p$ mit $0 < c < 1$].

Effizienzlöhne (210): Zur Motivation der Arbeitskräfte werden Löhne über dem Grenzertrag der Arbeit festgelegt.

Ersparnis (37): Der Teil des verfügbaren Einkommens, der nicht für Konsumzwecke verwendet wird.

Erwartungen, adaptive (23): Die bisherigen Erwartungen werden um den gewichteten Erwartungsfehler korrigiert [$x_t^e = x_{t-1}^e +$ $+\lambda(x_{t-1}-x_{t-1}^e)$, $0 < \lambda \leq 1$].

Erwartungen, rationale (24): Die Erwartungsbildung basiert auf allen verfügbaren Informationen; der Erwartungswert ist gleich der mathematischen Erwartung [$x_t^e = E_t(x_t)$].

Erwerbspersonen (169): Der Teil der Gesamtbevölkerung, der eine auf Erwerb gerichtete Tätigkeit ausübt oder sucht.

Europäische Währungsunion EWU (531): Angestrebte europäische Währungsordnung, der die EG-Länder angehören sollen, die bestimmte Konvergenzkriterien erfüllen.

Europäisches Währungssystem EWS (523): Europäische Währungsordnung von 1979 zur Stabilisierung der Wechselkurse zwischen EG-Mitgliedsländern.

Fisher–Theorem (336): Der reale Zinssatz ist gleich dem nominellen Zinssatz abzüglich der erwarteten Inflationsrate.

Fiskalismus (262): Wirtschaftspolitisches Konzept der Keynesianer, nach dem mittels antizyklischer Fiskalpolitik der Wirtschaftsverlauf stabilisiert werden soll.

Geld (76): Nach der funktionellen Definition ist alles Geld, was die Geldfunktionen - Recheneinheits-, Zahlungsmittel- und Wertaufbewahrungsfunktion - erfüllt, nämlich Bar- und Giralgeld.

Geldbasis (93): Zentralbankgeld, das als Bargeld im Nichtbankensektor und als Reserven der Geschäftsbanken Verwendung findet.

Geldmenge (87): Je nach Abgrenzung Bargeld und Sichtguthaben des Nichtbankensektors (M1), zuzüglich Terminguthaben (M2) und zuzüglich Sparguthaben (M3). Mit der Geldmenge soll die potentielle Kaufkraft in einer Volkswirtschaft erfaßt werden.

Geldmengenmechanismus (450): Bei festen Wechselkursen führt ein Zahlungsbilanzungleichgewicht zu einer Veränderung der inländischen Geldmenge, bis über Zins- und Einkommensänderungen die Zahlungsbilanz ausgeglichen ist.

Geldnachfrage (97): Haltung von Geld insbesondere zu Transaktionszwecken (Transaktionskasse) sowie als Vermögensanlage (Spekulationskasse).

Geldschöpfungsmultiplikator (93): Aufgrund der Giralgeldschöpfung durch die Geschäftsbanken ist die gesamte Geldmenge in einer Volkswirtschaft größer als die Zentralbankgeldmenge; das Verhältnis von Geldmenge zu Zentralbankgeldmenge gibt den Geldschöpfungsmultiplikator an.

Gesetz der abnehmenden Grenzrate der Substitution (138): Mit zunehmender Substitution von Kapital durch Arbeit wird eine immer größere Menge Arbeit erforderlich, um eine Einheit Kapital bei konstanter Produktion zu ersetzen $[dK/dA = -(\partial Y/\partial A)/(\partial Y/\partial K)]$.

Gesetz des abnehmenden Grenzertrages (133): Mit fortgesetzt zunehmendem Einsatz nur eines Produktionsfaktors steigt die Produktion zwar an (bspw. $\partial Y/\partial A > 0$); die Zuwächse werden jedoch immer kleiner ($\partial^2 Y/\partial A^2 < 0$).

Gleichgewicht (14): Die Werte ökonomischer Variablen (die Absolutgrößen in einer stationären Wirtschaft, die Wachstumsraten in einer wachsenden Wirtschaft) bleiben konstant.

Goldene Regel der Akkumulation (595): Eigenschaft des gleichgewichtigen Wachstumspfades, auf dem der Konsum pro Kopf ein Maximum erreicht, die besagt, daß der Grenzertrag des Kapitals gleich der Wachstumsrate des Kapitals ist.

Grenzertrag (46): Der Grenzertrag (die Grenzproduktivität) eines Produktionsfaktors gibt an, um wieviel sich die Produktionsmenge ändert, wenn der Einsatz dieses Faktors c.p. um eine kleine Einheit variiert wird (partielle Faktorvariation); er entspricht dem partiellen Differential der Produktionsfunktion (bspw. $\partial Y/\partial A$ als Grenzertrag der Arbeit).

Haavelmo–Theorem (250): In seiner einfachen Version, d.h. bei vollkommen elastischem Geld- (und Güter-)Angebot, besagt dieses Theorem, daß das Volkseinkommen bei einer steuerfinanzierten Erhöhung der Staatsnachfrage um den Betrag dieser Erhöhung ansteigt.

Hotelling–Regel (655): Die Hotelling-Regel stellt eine intertemporale Effizienzbedingung dar. Danach muß der Grenzertrag einer erschöpfbaren Ressource mit dem Grenzertrag des Kapitals als Wachstumsrate steigen. Dann wird die erschöpfbare Ressource laufend durch Kapital substituiert.

Hysteresis–Hypothese (176): Nach dieser Hypothese wird die natürliche Arbeitslosenquote durch die Entwicklung der tatsächlichen Arbeitslosenquote bestimmt. Hohe konjunkturelle Arbeitslosigkeit führt auch zu einem Anstieg der natürlichen Arbeitslosenquote und umgekehrt.

Inada–Bedingungen (593): Bestimmte Eigenschaften einer Produktionsfunktion, die Existenz, Eindeutigkeit und Stabilität eines gleichgewichtigen Wachstumspfades sicherstellen.

Inflation (297): Unter Inflation wird ein anhaltender Anstieg des Preisniveaus bzw. ein permanenter Rückgang der Kaufkraft des Geldes verstanden.

Inflationsrate (299): Veränderungsrate des Preisniveaus, das durch einen Preisindex erfaßt wird.

Inflatorische Lücke (316): Die Güternachfrage übersteigt bei dem gegebenen Preisniveau das Güterangebot.

Innenverzögerung (277): Zeitspanne, die zwischen dem Zeitpunkt, zu dem eine Fehlentwicklung wirtschaftspolitische Maßnahmen erforderlich macht, und dem Zeitpunkt der Durchführung derartiger Maßnahmen vergeht. Sie läßt sich weiter in Erkenntnis-, Entscheidungs- und Handlungsverzögerung unterteilen.

Internationaler Währungsfonds IWF (512): Institution, die aufgrund des Abkommens von Bretton Woods am 22.07.1944 errichtet wurde.

Investitionen (53): Der Einsatz von Sachgütern zur Erhaltung (Reinvestitionen) oder Veränderung (Nettoinvestitionen) des Kapitalstocks.

Investitionsfalle (179): Die Investitionsnachfrage ist aufgrund pessimistischer Absatzerwartungen zinsunabhängig.

IS-Kurve (70): Die IS-Kurve gibt die gleichgewichtige Nachfrage nach dem inländischen Gut in Abhängigkeit vom Zinssatz an. In einer offenen Volkswirtschaft gilt: $Y = C(Y) + I(r) + G + A^r(P, eP_a, Y)$.

Kapital (132): Produktionsfaktor, der die dauerhaften Produktionsmittel (Maschinen, Anlagen) umfaßt.

Kapitalexport (425): Geldanlage von Inländern (ohne Zentralbank) im Ausland.

Kapitalimport (425): Geldanlage von Ausländern im Inland.

Kapitalintensität der Arbeit (556): Die Kapitalintensität der Arbeit gibt an, wieviel Kapital (K) im Durchschnitt pro Arbeitseinheit (A) eingesetzt wird (K/A).

Kapitalkoeffizient (62): Der Kapitalkoeffizient als Durchschnittsgröße gibt an, wieviel Kapital (K) pro Outputeinheit (Y) eingesetzt wird (K/Y); der marginale Kapitalkoeffizient gibt den zusätzlichen Kapitalbedarf bei einer zusätzlichen Outputeinheit an ($\partial K/\partial Y$).

Kapitalproduktivität (558): Als Durchschnittsgröße gibt die Kapitalproduktivität an, welcher Output (Y) im Durchschnitt pro Kapitaleinheit (K) erstellt wird (Y/K); als Grenzgröße, welcher zusätzliche Output pro zusätzlicher Kapitaleinheit anfällt ($\partial Y/\partial K$, Grenzertrag des Kapitals). Die Kapitalproduktivität ist der Reziprokwert des Kapitalkoeffizienten.

Kaufkraftparitätentheorie (458): In- und ausländische Güter werden als vollkommene Substitute betrachtet, so daß nur ein Preis für diese Güter in einheitlicher Währung gilt ($P = eP_a$).

Keynes–Effekt (189): Eine Verringerung des Preisniveaus führt über eine Erhöhung der realen Geldmenge und niedrigere Zinsen zu einem Anstieg der Investitionsnachfrage.

Konjunkturschwankungen (562): Regelmäßige Abfolge von Boom- und Baissephasen.

Konsumausgaben (35): Der Teil des verfügbaren Einkommens, der zum Kauf von Konsumgütern verwendet wird.

Konsumneigung, marginale (36): Änderung der Konsumnachfrage (-ausgaben) bei einer kleinen Änderung des verfügbaren Einkommens ($0 < c = dC/dY^v < 1$).

Konvergenzkriterien (532): Bedingungen, die an den Beitritt eines Landes zur Europäischen Währungsunion geknüpft sind.

Kritischer Rationalismus (7): Auf K. Popper zurückgehende Methode der wissenschaftlichen Forschung.

Lebenszyklushypothese (41): Konsumtheorie, nach der die heutige Konsumnachfrage vom Gegenwartswert des Einkommens während der gesamten Lebenszeit abhängt [$C_t = C_t(KW_0)$, $KW_0 = \sum_{t=0}^{T} Y_t/(1+r)^t$].

Leistungsbilanz (424): Auf dieser Bilanz, als Zusammenfassung der Handels-, Dienstleistungs- und Übertragungsbilanz, werden Leistungstransaktion und Realtransfer zwischen Inländern und dem Ausland verbucht.

Leitkurs (526): Offizielle feste Wechselkurse zwischen den einzelnen Ländern im Rahmen des Europäischen Währungssystems.

Liquiditätsfalle (179): Die Nachfrage nach Spekulationskasse ist bei einem niedrigen Zinssatz vollkommen zinselastisch, da alle Wirtschaftssubjekte mit steigenden Zinsen, fallenden Wertpapierkursen und negativer Rendite rechnen.

Liquiditätsreserve, freie (88): Die freien Liquiditätsreserven einer Geschäftsbank umfassen ihre Überschußreserve sowie die Aktiva, die jederzeit bei der Bundesbank in Zentralbankgeld eingetauscht werden können.

LM–Kurve (114): Die LM-Kurve gibt alle r/Y-Kombinationen an, bei denen der Geldmarkt im Gleichgewicht ist (M = Pl(r,Y)).

Lohnindexierung (392): Koppelung der Nominallohn- an die Preisentwicklung.

Lohn–lag–Hypothese (374): Ein Inflationsprozeß führt zu einer Einkommensumverteilung zu Lasten der Lohnbezieher.

Lohnleitlinien (398): Unverbindliche Richtlinien, die angeben, mit welcher Rate die Nominallöhne ansteigen dürfen, ohne daß hierdurch ein Inflationsprozeß ausgelöst wird.

Lohnpolitik, produktivitätsorientierte (398): Zur Vermeidung von Preissteigerungen darf die Wachstumsrate der Nominallöhne die der Arbeitsproduktivität nicht übersteigen.

Lohn–Preis–Spirale (354): Ein Inflationsprozeß wird durch höhere Lohnforderungen, die Preissteigerungen zur Folge haben, in Gang gesetzt.

Lucas–Angebotsfunktion (223): Bei gegebenen Preiserwartungen ist das Güterangebot eine zunehmende Funktion des Preisniveaus $[Y_t^a = Y_0 + \alpha(P_t - P_t^e)]$.

Makroökonomie (5): Analyse bestimmter wirtschaftlicher Phänomene (bspw. der Beschäftigungs- oder der außenwirtschaftlichen
Situation) auf aggregierter Ebene unter Beachtung aller ökonomischer Interdependenzen.

Monetarismus (273): Wirtschaftspolitisches Konzept der (älteren)
Neoklassiker, nach dem aufgrund von Effektivitätsüberlegungen
mittels antizyklischer Geldpolitik der Wirtschaftsablauf stabilisiert
werden soll.

Multiplikator–Akzelerator–Mechanismus (562): Modell zur Erklä-
rung von Konjunkturschwankungen, das auf der keynesianischen
Konsumfunktion (Multiplikator) und dem Akzelerationsprinzip als
Investitionstheorie beruht.

Multiplikatorprozeß (72): Aufgrund der Einkommensabhängigkeit
der Konsumnachfrage ist das Gleichgewichtseinkommen bzw. seine
Änderung ein Vielfaches der exogenen Nachfragegrößen bzw. deren
Änderung. Im einfachsten Fall gilt: $Y^* = \frac{1}{1-c} (I+G)$ bzw.
$dY^* = \frac{1}{1-c} (dI+dG)$.

Mundell'sches Prinzip (506): Ein Instrument der Wirtschaftspolitik
ist im Hinblick auf das Ziel einzusetzen, auf das es die größte
Wirkung ausübt.

Nachfragesteuerung (demand management) (241): Beeinflussung
der gesamtwirtschaftlichen Güternachfrage durch Geld- oder Fiskalpolitik zur Realisierung der Ziele Vollbeschäftigung und Preisniveaustabilität.

Neoklassische Synthese (187): Makroökonomisches Modell, das die
keynesianische Nachfragetheorie mit der neoklassischen Angebotstheorie bei konstantem Nominallohn verbindet.

Neo–Quantitätstheorie (217): Nach der Neo-Quantitätstheorie
besteht – wie nach der klassischen Quantitätstheorie – ein stabiler
Zusammenhang zwischen der Geldmenge und dem nominellen Volkseinkommen (Mv = PY).

Neue Keynesianische Makroökonomie (194): Weiterentwicklung der traditionellen keynesianischen Theorie i.d.S., daß spill-over-Effekte systematisch und vollständig erfaßt werden.

Neue Klassische Makroökonomie (231): Weiterentwicklung der älteren klassischen Makroökonomie (Monetarismus) durch Einführung rationaler Erwartungen.

Neuer Keynesianismus (210): Die Vertreter des Neuen Keynesianismus (new Keynesian economics) versuchen, Lohn- und Preisstarrheiten aus dem Optimierungsverhalten der Wirtschaftssubjekte abzuleiten.

Okun'sches Gesetz (370): Stabiler Zusammenhang zwischen der prozentualen Abweichung der potentiellen (Y_0) von der aktuellen (Y) Güterproduktion und der Abweichung der aktuellen (u) von der natürlichen (u_0) Arbeitslosenquote [$u_0-u = a(Y-Y_0)/Y-100$].

Offenmarktpolitik (257): An- und Verkauf festverzinslicher Wertpapiere durch die Bundesbank zur Regulierung der Geldmenge.

Phillips–Kurve (369): Zusammenhang zwischen Arbeitslosenquote und Inflationsrate: Kürzerfristig sinkt die Arbeitslosenquote mit steigender Inflationsrate; längerfristig ist die Arbeitslosenquote unabhängig von der Inflationsrate (neoklassische Version).

Pigou–Effekt (182): Variationen des Preisniveaus verändern das reale Vermögen und hierdurch die reale Konsumnachfrage.

Pigou–Steuer (682): Mittels einer Pigou-Steuer sollen die externen Kosten, die bei der Produktion eines Gutes anfallen, internalisiert werden, so daß eine optimale Produktionsstruktur realisiert wird.

Politikineffektivitäts–Postulat (276): Bei rationalen Erwartungen, stetiger Markträumung sowie gleichem Informationsstand bei Staat und privatem Sektor haben bekannte geldpolitische Maßnahmen keine Auswirkungen auf die Höhe der Beschäftigung.

Preisindex (298): Gibt die Verteuerung oder Verbilligung eines konstanten Warenkorbes im Berichtsjahr gegenüber dem Basisjahr an. Wird der Warenkorb des Basisjahres (Berichtsjahres) zugrunde gelegt, so handelt es sich um einen Preisindex nach Laspeyres (Paasche).

Preis–Lohn–Spirale (343): Ein Inflationsprozeß wird durch eine Nachfrageerhöhung, die Preissteigerungen und hierdurch bedingt auch Lohnsteigerungen zur Folge hat, in Gang gesetzt.

Produktionsfunktion (131): Funktionaler Zusammenhang zwischen Güterproduktion (Output) und Produktionsfaktoren (Input).

Ramsey–Regel (597): Die Ramsey-Regel stellt eine intertemporale Effizienzbedingung für die optimale Aufteilung des Volkseinkommens auf Konsum und Investitionen dar. Bei konstanter Bevölkerung ist der optimale Konsum konstant, wenn die Grenzproduktivität des Kapitals gleich der Zeitpräferenzrate ist. Der Konsum ist niedrig aber steigend, wenn der Kapitalstock niedriger als der gleichgewichtige Kapitalstock ist und umgekehrt.

Reale Konjunkturtheorie (236): Erklärung von Konjunktur- (Beschäftigungs-)Schwankungen auf der Basis stetiger Markträumung und realer Schocks.

Renten–lag–Hypothese (374): Ein Inflationsprozeß führt zu einer Einkommensumverteilung zu Lasten der Rentenbezieher.

Ricardianisches Äquivalenztheorem (274): Hypothese, daß der Zeitpunkt der Besteuerung zur Finanzierung gegebener öffentlicher Ausgaben für das Ausgabeverhalten rationaler Wirtschaftssubjekte unerheblich ist.

S–Kurve (147): Die S-Kurve gibt das Güterangebot in Abhängigkeit vom Preisniveau an; kurzfristig bei gegebenen, längerfristig bei korrekten Preis- (Inflations-)Erwartungen ($Y_t^a = Y_0 + \alpha(P_t - P_t^e)$).

Say'sches Gesetz (178): Das Angebot schafft sich die Nachfrage, so daß es nicht zu Arbeitslosigkeit kommt.

Sonderziehungsrechte (516): Im Rahmen des IWF künstlich geschaffene Währungsreserven.

Stabilität (13): Ein Gleichgewicht ist stabil, wenn die Marktkräfte aus einer Ungleichgewichtssituation zum Gleichgewicht hinführen.

Steady State (590): Gleichgewichtiger Wachstumsprozeß.

Technischer Fortschritt (601): Erhöhung des technologischen Wissens, die bei konstanten Faktoreinsatzmengen die Produktion einer größeren Outputmenge bzw. die Produktion der gleichen Outputmenge mit einem geringeren Faktoreinsatz ermöglicht.

Technischer Fortschritt, Harrod–neutral (606): Der technische Fortschritt ist dann Harrod-neutral, wenn bei konstantem Zinssatz der Kapitalkoeffizient unverändert bleibt. Bei zwei Produktionsfaktoren und faktorvermehrendem technischen Fortschritt gilt: $Y_t = F(e^{\pi_A t}A_t, K_t)$.

Technischer Fortschritt, Hicks–neutral (603): Der technische Fortschritt ist dann Hicks-neutral, wenn er die Einkommensverteilung nicht beeinflußt. Bei faktorvermehrendem technischen Fortschritt gilt: $Y_t = e^{\pi t}f(A_t, K_t)$.

Terms of Trade (416): Reales Austauschverhältnis, das angibt, wieviel Einheiten Importgüter pro Einheit des Exportgutes aus Weltmarkt erworben werden können.

Tinbergen–Regel (392): Zur Realisierung von n Zielen, die voneinander unabhängig sind oder miteinander in Konflikt stehen, sind n unabhängige Mittel einzusetzen.

Überschießen des Wechselkurses (484): Die kurzfristige Wechselkursänderung aufgrund einer exogenen Störung ist ausgeprägter als die langfristige, gleichgewichtige Änderung des Wechselkurses.

Umlaufgeschwindigkeit der Geldmenge (98): Häufigkeit, mit der eine Geldeinheit während einer Periode den Besitzer wechselt und damit erneut für Finanzierungszwecke zur Verfügung steht.

Walras–Gesetz (29): Sind von n Märkten (n-1) im Gleichgewicht, so gilt dies auch für den n-ten Markt.

Wechselkurs (415): Der (nominelle) Wechselkurs stellt (in Preis-notierung) den Preis einer ausländischen Währungseinheit dar (bspw. $e = x \ DM/\$$).

Wechselkurs, fester (417): Der Wechselkurs wird entweder durch internationale Vereinbarungen oder aufgrund einseitiger Festlegung fixiert.

Wechselkurs, flexibler (417): Der Wechselkurs bildet sich durch Angebot und Nachfrage auf dem Devisenmarkt.

Wechselkurs, realer (416): Der reale Wechselkurs zeigt die inter-nationale Wettbewerbsfähigkeit des Inlandes an ($\Theta = eP_a/P$).

Wechselkursmechanismus (453): Bei flexiblen Wechselkursen wird ein Zahlungsbilanzungleichgewicht dadurch vermieden, daß Wechsel-kursanpassungen entsprechende Änderungen der Wettbewerbsfähig-keit, des Zinssatzes und des Einkommens auslösen.

Wirtschaftswachstum, gleichgewichtiges (590): Ein gleichgewichti-ges Wirtschaftswachstum (steady state) liegt dann vor, wenn alle Größen mit konstanter, jedoch nicht notwendigerweise auch gleicher Wachstumsrate wachsen.

Zahlungsbilanz (423): Die Zahlungsbilanz eines Landes ist eine systematische Aufzeichnung aller ökonomischen Transaktionen, die während eines Jahres zwischen Inland und Ausland stattfinden.

Zeitinkonsistenz (281): Unter gesellschaftlichem Aspekt ist es optimal, wenn wirtschaftspolitische Entscheidungsträger von einer angekündigten Politik abweichen.

Zentralbank (83): Institution mit dem gesetzlichen Auftrag, Banknoten als gesetzliches Zahlungsmittel auszugeben.

ZG–Kurve (439): Die ZG-Kurve repräsentiert ein Zahlungsbilanz-gleichgewicht ($dR = P[A^r(P,eP_a,Y)+f(r-r_a)] = 0$).

Zins–lag–Hypothese (377): Ein Inflationsprozeß begünstigt die Schuldner und benachteiligt die Gläubiger, da die Kreditrückzahlung in entwertetem Geld erfolgt.

Zinsparitätentheorie (458): In- und ausländische Wertpapiere werden als vollkommene Substitute betrachtet, so daß - bei festen Wechselkursen - nur ein Zinssatz für diese Papiere existiert $(r = r_a)$.

Literaturverzeichnis

Anderson, O., Indexzahlen, in: Handwörterbuch der Wirtschaftswissenschaft, Bd. 4, Stuttgart u.a. 1978, S. 98ff
Assenmacher, W., Konjunkturtheorie, 5. Aufl., München/Wien 1991

Bamberg, G. und *F. Baur,* Statistik, 4. Aufl., München/Wien 1985
Barro, R.J., Economic Growth in a Cross Section of Countries, Quarterly Journal of Economics 1991, S. 407ff
Bender, D., Makroökonomik des Umweltschutzes, Göttingen 1976
Blanchard, O.J. und *St. Fischer,* Lectures on Macroeconomics, Cambridge/London 1989
Borchert, M., Geld und Kredit, 2. Aufl., München/Wien 1992
ders., Außenwirtschaftslehre, 4. Aufl., Wiesbaden 1992
Branson, W.H., Makroökonomie, 3. Aufl., München/Wien 1992
Brösse, U., Raumordnungspolitik, 2. Aufl., Berlin/New York 1982
Brümmerhoff, D., Finanzwissenschaft, 4. Aufl., München/Wien 1989
Bundesregierung, Presse- und Informationsamt, Bulletin Nr. 16, 1992, S. 113ff
Burda, M. und *Ch. Wyplosz,* Macroeconomics, Oxford u.a. 1993 (in deutsch: Makroökonomik, München 1994)
Burmeister, E. und *A.R. Dobell,* Mathematical Theories of Eocnomic Growth, London 1970

Cassel, D., Inflation, in: Vahlens Kompendium der Wirtschaftstheorie und Wirtschaftspolitik, Bd. 1, 5. Aufl., München 1992, S. 265ff
Cezanne, W., Allgemeine Volkswirtschaftslehre, München/Wien 1993
Chang, A.C., Fundamental Methods of Mathematical Economics, 3. Aufl., New York 1984
Claassen, E.-M., Weltinflation, München 1978
ders., Grundlagen der Geldtheorie, 2. Aufl., Berlin u.a. 1980
ders., Grundlagen der makroökonomischen Theorie, München 1980
Collignon, St., Das Europäische Währungssystem im Übergang, Wiesbaden 1994
Czayka, L., Formale Logik und Wissenschaftsphilosophie, München/Wien 1991

Dasgupta, P.S. und *G.M. Heal,* Economic Theory and Exhaustible Ressources, Cambridge 1979
Deutsche Bundesbank, Das Produktionspotential in der Bundesrepublik Deutschland, Monatsberichte, Oktober 1973, S. 28ff
dies., Devisenkursstatistik, verschiedene Ausgaben
dies., Internationale Organisationen und Gremien im Bereich von Währung und Wirtschaft, Sonderdruck Nr. 3, Frankfurt 1992
dies., Reale Wechselkurse als Indikatoren der internationalen Wettbewerbsfähigkeit, Monatsbericht, Mai 1994, S. 47ff
Dieckheuer, G., Internationale Wirtschaftsbeziehungen, München/Wien 1990
ders., Makroökonomik, Berlin u.a. 1993

Dixit, A.K., Optimization in Economic Theory, 2. Aufl., Oxford 1990
Dornbusch, R. und *St. Fischer,* Makroökonomik, 5. Aufl., München/
Wien 1992
Duwendag, D. u.a., Geldtheorie und Geldpolitik, 4. Aufl., Köln 1993

Endres, A., Umwelt und Ressourcenökonomie, Darmstadt 1985

Felderer, B. und *St. Homburg,* Makroökonomik und neue Makroökonomik, 5. Aufl., Berlin u.a. 1991
Frey, B.S., Moderne Politische Ökonomie, München/Zürich 1977
ders., Umweltökonomik, in: Handwörterbuch der Wirtschaftswissenschaft, Bd. 8, Stuttgart u.a. 1980, S. 47ff
Fritsch, B., Mensch - Umwelt - Wissen, Zürich/Stuttgart 1990
Fuhrmann, W., Makroökonomik, 3. Aufl., München/Wien 1981

Gabisch, G., Konjunktur und Wachstum, in: Vahlens Kompendium der
Wirtschaftstheorie und Wirtschaftspolitik, Bd. 1, 5. Aufl., München
1992, S. 323ff
ders. und *H.–W. Lorenz,* Business Cycle Theory, 2. Aufl., Berlin u.a.
1989
Gandolfo, G., International Economics II, Berlin u.a. 1987
ders., Mathematical Methods and Models in Economic Dynamics,
Amsterdam 1971
Gordon, R.J., Macroeconomics, 6. Aufl., Harper Collins 1993
Größl–Gschwendtner, I., Zahlungsbilanz– und Wechselkurstheorie,
München/Wien 1991
Gruber, U. und *M. Kleber,* Grundlagen der Volkswirtschaftslehre,
München 1992

Hall, R.E. und *J.B. Taylor,* Macroeconomics, New York/London 1988
Hesse, H., Theoretische Grundlagen der "Fiscal Policy", München 1983
ders. und *R. Linde,* Gesamtwirtschaftliche Produktionstheorie, Würz-
burg/Wien 1976
Hess Silva, F.D., Neue Keynesianische Makroökonomie, Berlin 1985
Heubes, J., Finanztheorie, München 1985
ders., Inflationstheorie, München 1989
ders., Konjunktur und Wachstum, München 1991
Hillier, B., The Macroeconomic Debate, Oxford 1991

Issing, O., Einführung in die Geldpolitik, 4. Aufl., München 1992
ders., Einführung in die Geldtheorie, 9. Aufl., München 1993

Jarchow, H.–J., Theorie und Politik des Geldes, I. Geldtheorie,
8. Aufl., Göttingen 1990
ders. und *P. Rühmann,* Monetäre Außenwirtschaft, I. Monetäre
Außenwirtschaftstheorie, 3. Aufl., Göttingen 1991
dies., Monetäre Außenwirtschaft, II. Internationale Währungspolitik,
3. Aufl., Göttingen 1993

Klausinger, H., Rationale Erwartungen und die Theorie der Stabilisierungspolitik, Bern u.a. 1980
König, H., Konsumfunktionen, in: Handwörterbuch der Wirtschaftswissenschaft, Bd. 4, Stuttgart u.a. 1978, S. 513ff
Krelle, W., Investitionsfunktionen, in: Handwörterbuch der Wirtschaftswissenschaft, Bd. 4, Stuttgart u.a. 1978, S. 275ff

ders., Theorie des wirtschaftlichen Wachstums, 2. Aufl., Berlin u.a. 1988

Kromphardt, J., Wachstumstheorie III: postkeynesianische, in: Handwörterbuch der Wirtschaftswissenschaft, Bd. 8, Stuttgart u.a. 1980, S. 512ff

ders., *P. Clever* und *H. Klippert*, Methoden der Wirtschafts- und Sozialwissenschaften, Wiesbaden 1979

Linde, R., Produktion II: Produktionsfunktionen, in: Handwörterbuch der Wirtschaftswissenschaft, Bd. 6, Stuttgart u.a. 1981, S. 276ff

Lucas, R.E., On the Mechanics of Economic Development, Journal of Monetary Economics 1988, S. 3ff

Majer, H., Wirtschaftswachstum, München/Wien 1992

Mankiw, N.G., Macroeconomics, New York 1992 (in deutsch: Makroökonomik, Wiesbaden 1993)

Maußner, A., Stabilisierungspolitik im Lichte von Gleichgewichts- und Ungleichgewichtstheorie, Göttingen 1985

ders., Konjunkturtheorie, Berlin u.a., 1994

McCallum, B.T., Real Business Cycle Models, in: R.J. Barro (Hrsg.), Modern Business Cycle Theory, Cambridge, Mass. 1989, S. 16ff

Meade, J.E., The Growing Economy, London 1968

Meadows, D. u.a., Die Grenzen des Wachstums, Stuttgart 1972

Meißner, W. und *W. Fassing*, Wirtschaftsstruktur und Strukturpolitik, München 1989

Mesarovic, M. und *E. Pestel*, Menschheit am Wendepunkt, Stuttgart 1974

Müller, R. und *W. Röck*, Konjunktur- und Stabilisierungspolitik, Stuttgart u.a. 1985

Neumann, M., Theoretische Volkswirtschaftslehre II, 3. Aufl., München 1991

ders., Theoretische Volkswirtschaftslehre III, München 1982

ders., Wachstumspolitik, in: Handwörterbuch der Wirtschaftswissenschaft, Bd. 8, Stuttgart u.a. 1988, S. 462ff

OECD, Historical Statistics, Paris, verschiedene Jahrgänge

dies., Labour Force Statistics, Paris 1993

Oppenländer, K.H., Wachstumstheorie und Wachstumspolitik, München 1988

Otruba, H. u.a., Makroökonomik, Wien/New York 1992

Pätzold, J., Stabilisierungspolitik, 3. Aufl., Bern/Stuttgart 1989

Petersen, H.-G., Finanzwissenschaft II, Stuttgart u.a. 1988

Pfister, J., Grundzüge einer „Soziotheorie" der Inflation, Berlin 1981

Pohl, R., Theorie der Inflation, München 1981

Presse- und Informationsamt der Bundesregierung, Vertrag über die Europäische Union, Bulletin, Nr. 16, 1992, S. 113ff

Ramanathan, R., Introduction to the Theory of Economic Growth, Berlin u.a. 1982

Ramser, H.J., Grundlagen der „neuen" Wachstumstheorie, Wirtschaftswissenschaftliches Studium 1993, S. 117ff

Rasch, H.-G., Zur Neuberechnung des Preisindex für die Lebenshaltung auf Basis 1985, Wirtschaft und Statistik 1990, S. 47ff

Rauch, B., Umweltschutz und Wirtschaftswachstum, Weiden/Regens-burg 1993

Rebelo, S., Long Run Policy Analysis and Long Run Growth, Journal of Political Economy 1991, S. 500ff

Rose, K., Wechselkurs, in: Handwörterbuch der Wirtschaftswissen-schaft, Bd. 8, Stuttgart u.a. 1980, S. 576ff

ders. und *K. Sauernheimer*, Theorie der Außenwirtschaft, 11. Aufl., München 1992

Sachs, J.D. und *F.B. Larrain*, Macroeconomics in the Global Economy, Englewood Cliffs 1992

Sachverständigenrat zur Begutachtung der gesamtwirtschaftlichen Ent-wicklung, Jahresgutachten, verschiedene Jahrgänge

Schäkermann, T., Umweltschutz, Umweltverschmutzung und Wirt-schaftswachstum, München 1986

Scheper, W., Produktion I: Produktionstheorie, in: Handwörterbuch der Wirtschaftswissenschaft, Bd. 6, Stuttgart u.a. 1981, S. 256ff

Schmitt–Rink, G. und *D. Bender*, Makroökonomie geschlossener und offener Volkswirtschaften, 2. Aufl., Berlin u.a. 1992

Schubert, M., Preisindizes als Inflationsindikatoren, Frankfurt/Bern 1981

Siebert, H., Außenwirtschaft, 5. Aufl., Stuttgart 1991

ders., Geht den Deutschen die Arbeit aus?, München 1994

ders., Ökonomische Theorie der Umwelt, Tübingen 1978

ders., Ökonomische Theorie natürlicher Ressourcen, Tübingen 1983

Statistisches Bundesamt, Statistisches Jahrbuch, versch. Jahrgänge

dass., Volkswirtschaftliche Gesamtrechnungen, Fachserie 18, Reihe 1.2: Konten und Standardtabellen, Wiesbaden 1993

Steinmann, G., Bevölkerungswachstum und Wirtschaftsentwicklung, Berlin 1974

ders., Inflationstheorie, Paderborn u.a. 1979

Stobbe, A., Volkswirtschaftliches Rechnungswesen, 7. Aufl., Berlin u.a. 1989

Ströbele, W., Inflation, 2. Aufl., München/Wien 1984

Teichmann, U., Grundlagen der Wachstumspolitik, München 1987

ders., Grundriß der Konjunkturpolitik, 4. Aufl., München 1988

ders., Wirtschaftspolitik, 3. Aufl., München 1989

Tichy, G., Konjunktur, 2. Aufl., Berlin u.a. 1994

Vosgerau, H.–J., Konjunkturtheorie, in: Handwörterbuch der Wirt-schaftswissenschaft, Bd. 4, Stuttgart u.a. 1978

ders., Wachstumstheorie II: neoklassische, in: Handwörterbuch der Wirtschaftswissenschaft, Bd. 8, Stuttgart u.a. 1980, S. 492ff

Wagner, H., Stabilitätspolitik, 2. Aufl., München/Wien 1992

Wan, H.Y. jr., Economic Growth, New York u.a. 1971

Wasmund, P.–R., Erschöpfbare Ressourcen, Gleichgewicht und wirt-schaftliches Wachstum, München 1985

Welfens, P.J.J., Theorie und Praxis angebotsorientierter Stabilitäts-politik, Baden-Baden 1985

Westphal, U., Makroökonomik, Berlin u.a. 1988

Wicke, L., Umweltökonomie, 2. Aufl., München 1989

Willms, M., Internationale Währungspolitik, München 1992

Woglom, G., Modern Macroeconomics, Glenview/London 1988

Wohltmann, H.-W., Grundzüge der makroökonomischen Theorie, München/Wien 1994

Woll, A., Wirtschaftspolitik, München 1984

Zimmermann, H. und *K.-D. Henke*, Finanzwissenschaft, 6. Aufl., München 1990

Sachverzeichnis